VOGELVRIJ

SYTZE VAN DER ZEE

Stempeldag (1999)
Vergeten legende (2001)
Zuidwal (2003)
Dochters van Khadija (2004)
Potgieterlaan 7 (herziene editie, 2005)
Anatomie van een seriemoordenaar (2006)

DE BEZIGE BIJ

Sytze van der Zee

Vogelvrij

De jacht op de Joodse onderduiker

2010
DE BEZIGE BIJ
AMSTERDAM

De auteur ontving voor *Vogelvrij* een stipendium
van Schrijversvereniging 'De Bezige Bij'.

Eerste druk januari 2010
Tweede druk februari 2010
Derde druk maart 2010
Omslagontwerp Studio Jan de Boer
Omslagillustratie Getty Images
Foto auteur Keke Keukelaar
Vormgeving binnenwerk Peter Verwey, Heemstede
Druk Thieme Boekentuin, Apeldoorn
ISBN 978 90 234 5432 8
NUR 686

www.debezigebij.nl

Hij ligt in een driepersoonskamer in een bed aan het raam, een oude man, maar ook een van de grootste verraders in de Nederlandse geschiedenis. Als ik hem in het Nederlands groet en vervolgens vraag of hij deze taal nog spreekt, reageert hij met: '*Bitte*... uh?' Ik herhaal in het Duits mijn vraag, of hij, na per slot van rekening een verblijf van meer dan twintig jaar in Nederland, de taal nog machtig is. Hij schudt het hoofd: 'Dat spreek ik niet.' Dan verzoekt zijn dochter hem op afgemeten toon mee te komen, ze wil iets bespreken.

Onderweg naar de cafetaria van het ziekenhuis zegt Bernhard Joseph ineens dat hij naar de wc moet. Terwijl we staan te wachten, smaalt zijn dochter: 'Het zou me niets verbazen als hij niet meer terugkomt. Dat hij simuleert een of andere aanval te hebben gekregen. Hij is een geboren acteur.' Maar ik denk dat hij nu wil weten wat er speelt. In de lift zag ik hem verschillende keren naar mij gluren.

In de cafetaria leg ik hem uit dat ik een boek schrijf over het verraad van de mensen in het achterhuis, maar dat ik me ook verdiep in andere verraadzaken, zoals de zijne. Hij luistert naar me zonder dat hij iets van emotie toont. Dan begin ik mijn vragen te stellen. Klopt het dat u vanaf 1937 in Nederland verbleef? De eerste jaren met uw vader Berthold, uw moeder Lina en uw zuster Resi? 'Klopt allemaal.'

'Ik ben geschokt door wat ik hoor,' zegt zijn dochter.

Toen de oorlog uitbrak, ging u voor de SD werken... 'Ja.'

Zegt de naam Estella de Kromme u iets, of Puck de Kromme? 'Nee, die heb ik nooit gehoord.'

Maar ze woonde toch bij u in de Händelstraat, in het pension van uw moeder? 'Daar heb ik inderdaad gewoond, maar ik heb haar niet gekend.'

En de naam Ans van Dijk?

'Zegt me niets.'

Inhoud

Voorwoord

Machteloos, vogelvrij verklaard: aldus omschreef een jonge onderduiker, de dan vierentwintigjarige Abraham Cohen, in zijn oorlogsdagboek de gevoelens waar hij voortdurend mee worstelde. En zo moeten zich ook al die andere duizenden Joodse onderduikers hebben gevoeld, op hun schuiladres ergens in de stad, op het platteland. Vogelvrij in eigen land waren ze. Om opgejaagd, gedeporteerd en vermoord te worden.

Laten we even – bij wijze van spreken dan – de genocide in Rwanda vergeten, en die in Cambodja, de Sovjet-Unie van Josef Stalin, het communistische China van Mao Zedong, Srebrenica, ook de Armeniërs in Turkije. Want wat er in Nederland gebeurde tijdens de Duitse bezetting, is volstrekt uniek en de cijfers spreken voor zich: terwijl hier meer dan 70 procent van de Joden werd vermoord (102 000 van de 140 000), bedroeg dit aantal voor België 42 procent (25 000 van de 60 000), voor Frankrijk 36 procent (90 000 van de 250 000) en voor Italië 17 procent (7500 van de 45 000).

Het fascistische regime van Benito Mussolini weigerde simpelweg Joden te deporteren, al had het wel anti-Joodse maatregelen genomen. Het beste heeft Denemarken het gedaan, maar de prijs lijkt navenant. De – altijd voor onbaatzuchtig versleten – Deense vissers hadden namelijk voor het in de zomer van 1943 overzetten van 7200 van de achtduizend Joden en zevenhonderd niet-Joodse familieleden naar het neutrale Zweden een fors bedrag bedongen en kregen dat ook. Twaalf miljoen Deense kronen, omgerekend naar huidige maatstaven zo'n tien miljoen euro.

Met dit alles slaat Nederland in West-Europa verreweg het bedroevendste figuur en schaart zich in het rijtje van traditioneel antisemitische landen als Polen (89%), Hongarije (82%), Roemenië (50%), Joegoslavië (77%), Slowakije (82%), Letland (77%), Litouwen (83%), Oekraïne (60%) en Wit-Rusland (65%).

In zijn boek *Edith Stein and Anne Frank* stelt de Amerikaanse oud-hoofdaanklager bij het Tribunaal in Neurenberg, Robert M.W. Kempner, de vraag aan de orde hoe het mogelijk was dat de *Endlösung* zich in Nederland zo snel en rimpelloos kon voltrekken. Hij beroept zich in dit verband op een uitlating van Adolf Eichmann, de man die vanuit Berlijn leiding aan het vernietigingsprogramma gaf: '*In den Niederlanden war das eine Pracht!*'

Toen Kempner de voormalig *Befehlshaber der Sicherheitspolizei und des SD* in Den Haag, Wilhelm Harster, tijdens diens proces hierover aan de tand voelde, noemde deze vier redenen:

a. het in Nederland uitstekend functionerende registratiesysteem (namelijk van gemeentebesturen en bevolkingsregisters die zonder een woord van protest de Joden registreerden en een grote, vetgedrukte J van Jood op hun persoonsbewijzen plaatsten);
b. de concentratie van Joden, voornamelijk in Amsterdam;
c. de kopgeldpremies;
d. de geografische ligging tussen Duitsland en het bezette België.

'Hij bedoelde daarmee,' schrijft Kempner dan, 'dat het in vergelijking met andere landen moeilijker was uit de omsingeling te vluchten. Hierbij had hij in West-Europa Frankrijk en België op het oog.' Ook de Amerikaanse historicus Raul Hilberg voert in zijn boek *Destruction of the European Jews* de geografische ligging als een belangrijke factor aan: 'De Joodse gemeenschap van zo'n 140 000 mensen had zich hoofdzakelijk in de kustprovincies Noord- en Zuid-Holland gevestigd en het patroon ervan was in overweldigende mate stedelijk, met tachtigduizend Joden alleen al in Amsterdam. Het was alsof de Nederlandse Joden al in de val zaten.'

Kempner wijst er echter op dat Harster niet de voornaamste reden noemde: het gegeven dat de medewerkers van Reinhard Heydrich, het hoofd van het *Reichssicherheitshauptamt* in Berlijn, en van Eichmann nog veel rücksichtsloser in Nederland optraden dan in andere West-Europese landen. Maar er ontbreekt nóg iets aan de opsomming: het gebrek aan morele en mentale weerbaarheid bij de overgrote meerderheid van de bevolking.

Na de vlucht van het staatshoofd, koningin Wilhelmina, en de regering naar Engeland moesten de secretarissen-generaal de lopende zaken op de departementen afwikkelen, maar ze legden zich algauw willoos neer bij de dictaten van de bezetter. De Hoge Raad bleef hierbij niet achter door begin oktober 1940 de zogeheten ariërverklaring te ondertekenen, waarmee het hoogste Nederlandse rechtscollege zijn Joodse president, mr. L.E. Visser, desavoueerde.

De onderwerping voltrok zich op alle niveaus en het mag geen wonder heten dat de collaboratie en het verraad zulke grote vormen hebben aangenomen. Bij het Nationaal Archief in Den Haag liggen zo'n 450 000 dossiers van mensen tegen wie de organen van de Bijzondere Rechtspleging wegens hun gedrag tijdens de bezetting een onderzoek hebben ingesteld. Van alle bezette landen heeft Nederland het relatief grootste contingent van Waffen-ss'ers geleverd. Naar schatting hebben 23 000 jonge Nederlandse mannen het *Feldgrau* van deze formatie gedragen, al meenden hoge Duitse ss-officieren later dat het er aanzienlijk meer moeten zijn geweest.

Gegeven het feit dat het verzet volgens de historicus dr. Loe de Jong, schrijver van het standaardwerk *Het Koninkrijk der Nederlanden in de Tweede Wereldoorlog*, niet meer dan vijftigduizend mannen en vrouwen heeft geteld, heeft de gemiddelde Nederlander tien keer meer kans een 'fout' familielid te hebben dan een verwant die bij het verzet heeft gezeten. Niet meegerekend de mensen die zich in de laatste maanden van de oorlog bij de illegaliteit aansloten.

Zo'n 'foute' Nederlander was mijn vader en vandaar dat het onderwerp Tweede Wereldoorlog me altijd heeft beziggehouden. Toen ik door een speling van het lot in contact kwam met een man die me vertelde dat zijn vader, een NSB'er die voor de *Sicherheitsdienst* werkte, Anne Frank en de andere mensen in het achterhuis had verraden, zat ik er weer middenin. Ik ploegde in het Nationaal Archief in Den Haag en het Nederlands Instituut voor Oorlogsdocumentatie in Amsterdam bij elkaar zo'n driehonderdvijftig dossiers door. Dikke mappen die na de processen in de tweede helft van de jaren veertig niet of nauwelijks meer waren geraadpleegd en die betrekking hadden op jodenjagers en op het verraad van Joodse onderduikers. Want daarover gaat dit boek.

Dat ik tijdens mijn research steeds dieper heb kunnen graven, laag voor laag, heb ik mede aan enkele mensen te danken die me aan de juiste informatie hielpen en me in staat stelden nieuwe ingangen te vinden. In eerste instantie zou ik willen noemen Yvonne Prins van het Centraal Bureau voor Genealogie in Den Haag, Hubert Berkhout van het Nederlands Instituut voor Oorlogsdocumentatie in Amsterdam en Gijs Boink van het Nationaal Archief in Den Haag. Zonder de betrokken medewerking van archivarissen, documentalisten en bibliothecarissen heeft een researchende schrijver nu eenmaal weinig kans van slagen.

Een belangrijke bron van informatie vormden bovendien de website Digitaal Monument Joodse Gemeenschap in Nederland en de site van de Oorlogsgravenstichting. Vaak lees je: SD-rechercheurs hebben zo- en zoveel joden gearresteerd. Als zou het om een statistisch gebeuren gaan. Een mechanische handeling. In het streven de slachtoffers uit de anonimiteit te halen heb ik hen zo veel mogelijk bij naam willen noemen en in noten proberen aan te geven waar zij zijn vermoord en wanneer.

Sytze van der Zee, januari 2010

DEEL I

Junior

Donderdag 4 juli 2002

De man komt meteen ter zake en met een schorre, ongearticuleerde stem verzucht hij dat hij het niet meer aankan. Eerst al die publiciteit over dat boek en dan vandaag op de radio de melding dat het Nederlands Instituut voor Oorlogsdocumentatie een onderzoek naar het verraad gaat instellen. Het groeit hem allemaal boven het hoofd en hij wil om die reden mij dringend spreken.

Doordat ik de afgelopen maanden aan een boek heb gewerkt, heb ik het nieuws hoegenaamd niet gevolgd, maar wat hij zegt, moet kennelijk bekend worden verondersteld. Koortsachtig pijnig ik mijn geheugen tot ik, ook om tijd te rekken, hem naar zijn naam vraag. Temeer daar ik die inderdaad niet goed heb verstaan. Hij heet Ton Ahlers, zegt hij. 'Junior,' voegt hij er nadrukkelijk aan toe. En vaag begint me iets te dagen.

Heeft het misschien met het verraad van Anne Frank te maken? De man beaamt dat en zegt dan bijna gretig: 'Dat is mijn vader, Tonny Ahlers, de verrader van de familie Frank. Het staat allemaal in een boek over Otto Frank. De kranten en de televisie hebben het groot gebracht.'

Ik heb er een paar artikelen over gezien, maar ik heb me er niet echt in verdiept. Hij zegt mijn boek over mijn jeugd als NSB-kind te hebben gelezen, *Potgieterlaan 7*, en hij wil weten hoe ik met de situatie zou omgaan waarin hij zich nu bevindt. Per slot van rekening hebben we wat dat betreft veel gemeen. Hij zou me graag op korte termijn ontmoeten, het liefst al morgen. Het lijkt me geen probleem, en we spreken voor vrijdagmiddag om vier uur af in café De Smoeshaan vlak bij het Amsterdamse Leidseplein.

Op de voorpagina van *Het Parool* staat 's avonds een berichtje dat het Nederlands Instituut voor Oorlogsdocumentatie, het NIOD, een vervolgonderzoek zal instellen naar het verraad. De aanleiding vormen twee boeken, het al in 1998 gepubliceerde *Anne Frank. De biografie* van de Duitse schrijfster Melissa Müller en het in maart van dit jaar verschenen *Het verborgen leven van Otto Frank* van de Engelse schrijfster Carol Ann Lee.

Het boek van Müller heb ik gelezen. Op zich prachtig geschreven en goed gecomponeerd, maar het wordt ontsierd door een weinig steekhoudende verraadtheorie. Ergens op driekwart van het boek heeft de schrijfster er nogal lukraak een pagina tussen gefrommeld met het verhaal dat de vrouw van een magazijnknecht, Lena Hartog-van Bladeren, het verraad heeft gepleegd. Omdat historici en journalisten deze theorie al vrijwel meteen hebben weerlegd, zal het NIOD zich hoofdzakelijk op het boek van Carol Ann Lee concentreren. De beide onderzoekers, David Barnouw en Gerrold van der Stroom, willen hiertoe de archiefstukken doornemen waarop Lee zich beroept. In *Het Parool* zegt Barnouw dat ze natuurlijk wel zullen luisteren, mocht de familie Ahlers 'interessante dingen' te vertellen hebben. Tegen het einde van het jaar willen ze hun bevindingen presenteren.

Maar later op de avond begint de twijfel aan me te knagen. Aan de ene kant belt niet iedere dag iemand die zegt dat zijn vader Anne Frank heeft verraden, aan de andere kant kan je mijn vader moeilijk vergelijken met een schurk die de moord op de personificatie van het Joodse lijden op zijn geweten heeft. In hoeverre maakt ons dat tot lotgenoten? En ben ik überhaupt wel de aangewezen persoon voor Ahlers om zijn hart uit te storten en van wie hij vervolgens misschien ook nog advies verwacht?

Tot ik bedenk dat ik er ook een professionele draai aan kan geven, in die zin dat ik hem zal vragen of hij eventueel wil meewerken aan een documentaire over zijn leven. Ik zou die film kunnen maken met mijn zoon Olivier, die documentairemaker is. Wat heeft het verraad in het leven van die Ton Ahlers aangericht? Het moet toch een verschrikkelijke nachtmerrie zijn als je ontdekt dat je vader het misschien wel beruchtste verraad uit de twintigste eeuw heeft gepleegd. Tegelijkertijd kunnen we nagaan wat de raakpunten tussen ons zijn, onze gemeenschappelijke ervaringen en gevoelens.

Vrijdag 5 juli 2002

In de Smoeshaan blijkt het drukker te zijn dan ik had verwacht. Een grijsblauwe wolk van sigarettenrook, luid geroezemoes. Aan de tafel onder de houten trap naar de eerste etage zitten een bebrilde man en een vrouw, voor hen een volle asbak, een stapeltje paperassen en twee mobieltjes. De man heeft een vlezig gezicht en grijzend donkerbruin, licht krullend haar. Zodra de vrouw mij ziet, stoot ze hem aan, waarna hij opstaat en aarzelend zijn hand naar mij uitsteekt. Nog steeds kan hij het niet bevatten, zegt Ahlers terwijl hij met trillende vingers een sigaret opsteekt. Hij heeft dikke wallen onder zijn bloeddoorlopen ogen en maakt overduidelijk de indruk een wanhopig man te zijn.

Wilde hij op dinsdagavond 12 maart – ja, die datum staat hem in zijn geheugen gegrift – naar een voetbalwedstrijd op Nederland 3 kijken, toen zijn buurman belde: je vader is op de tv. Zei hij nog: die is morsdood, maar toen hij omschakelde naar het NOS Journaal, zag hij, pang, de kop van zijn vader. Hij had werkelijk met open mond zitten kijken, al sneed het hem door zijn ziel. Daarna kwam die documentaire in *Andere Tijden*. Dus dat was een avondje Ahlers-televisie. Direct na afloop had hij zijn kinderen gebeld. In paniek bellen, bellen. Wat overkomt ons? En een strategie uitstippelen. Als het hommeles wordt, laat mij dan het woord voeren, had hij hun op het hart gebonden. Hij had er het dichtst bij gezeten en niemand was gebaat met indianen- en spookverhalen. Straks kladden ze het huis nog vol met hakenkruisen. Ton Ahlers is heus wel gewend dat de mensen hem onprettig behandelen, maar toen begon hij echt spoken te zien. Maar er gebeurde niets.

Tot diep in de nacht had hij naar de herhalingen van het journaal en de documentaire gekeken, al verbaasde de conclusie hem an sich niet. Ineens schoot hem weer het telefoongesprek te binnen dat hij zijn vader ooit hoorde voeren. Het moet ergens rond 1955 zijn geweest, ze hadden net een telefoonaansluiting, en hij lag in het kamertje ernaast op zijn stapelbed. Het ging over de familie Frank, een naam die zijn vader regelmatig liet vallen, en op een gegeven moment zegt-ie: 'Ik heb ze erin geholpen en ik heb ze eruit geholpen.' Net negen, tien jaar oud wist de jonge Ahlers meteen wat zijn vader bedoelde. Dat deze hen in staat had gesteld onder te duiken en hen vervolgens had verraden. En dat de Franks door zijn toedoen naar Auschwitz waren gedeporteerd. Een geheim dat Ton Ahlers sindsdien met zich had meegedragen. Maar die avond lag alles op straat, zegt hij en zijn stem breekt. Hij schuift zijn bril omhoog om met de rug van zijn hand de tranen weg te vegen die over zijn wangen biggelen.

Gelukkig zeiden heel veel mensen: het gaat om je vader, niet om jou, wij beoordelen jou op wat jíj bent. Met de mensen met wie hij dagelijks verkeerde, had hij mondeling gecommuniceerd, bij de anderen had hij in een briefje afstand genomen van de praktijken van zijn vader. Ook had hij gezegd dat hij in ieder geval geen antisemiet is. Daar mag geen enkel misverstand over bestaan. De dag na de uitzending had zijn vrouw Carolien het boek van Lee gekocht. Dacht hij dat er een paar pagina's over zijn vader in zouden staan, bleek bijna het hele boek over hem te gaan. Maar alles wat Lee heeft geschreven, klopt van a tot z. Er valt geen speld tussen te krijgen en dat had hij ook tegen de verslaggever van *de Volkskrant* gezegd.

Zijn oom Cas, een jongere broer van zijn vader, had die journalist gebeld en Carolien had contact opgenomen met de Amsterdamse uitgever van het boek, Balans. Op die manier kon hij het verhaal bevestigen dat zijn vader Otto Frank en diens gezin had verraden. Voor zoiets had die man zijn hand niet omgedraaid.

Als kind was hij doodsbang voor hem geweest. Er hoefde maar iets mis te gaan of een bord met eten knalde tegen de muur. Voor niets mishandelde-ie zijn vrouw, en ook Ton en zijn broer. Maar soms had je dagen dat je dacht: die is veranderd! Bij toverslag, zo aardig, en de jonge Ton tuinde er telkens weer in. Want dan moest je juist dubbel op je qui-vive zijn. Van het ene ogenblik op het andere sloeg zijn humeur om en trapte hij met iedereen ruzie. En alles komt weer boven, zegt Ton Ahlers, de herinneringen aan de verwaarlozing, de armoede, het geweld, de liefdeloosheid, ook van de kant van zijn moeder. Je bent weer terug in de tijd.

Na een ruzie met zijn vader had Ton in 1961 de knoop doorgehakt en het huis verlaten om op kamers te gaan wonen. En toen zijn vader op 4 augustus 2000 was overleden, toevallig op dezelfde dag als waarop zesenvijftig jaar geleden de inval in het achterhuis plaatsvond, woonde Ton Ahlers samen met zijn zuster de begrafenis bij om zich ervan te vergewissen dat-ie inderdaad het loodje had gelegd.

'Wat ik niet had ingecalculeerd, is de publiciteit,' zegt Ton Ahlers terwijl hij zijn zoveelste sigaret opsteekt. 'Na die uitzending dacht ik: wat interesseert de mensen zoveel jaar na dato nog de oorlog? Maar het leeft nog heel sterk, ook onder jonge mensen. Ik heb het echt onderschat, dat het zo vulkanisch zou terugkomen.'

En nou is-ie dood en flikt-ie hem nog een kunstje. Onverhoopt belandde hij in een mediacircus, waarin hij de regie over zijn leven compleet heeft verloren. Vandaar dat hij mij heeft gebeld, ook als oud-hoofdredacteur van *Het Parool*, die dagelijks met dat bijltje moet hebben gehakt. Hij vreest bovendien dat als het NIOD verslag heeft uitgebracht van het onderzoek, er opnieuw een vloedgolf van publiciteit zal losbarsten.

Zodra hij geld in de parkeermeter gaat stoppen, zegt zijn vrouw Carolien, die tot dusver heeft gezwegen, dat hij amper meer slaapt en tot diep in de nacht opblijft. Maar dat haar schoonvader de familie Frank heeft verraden, staat voor haar als een paal boven water. Die achtte ze tot alles in staat, letterlijk alles, en behalve dat hij met jonge meisjes knoeide, kon hij met z'n fikken ook niet van zijn eigen kleindochter afblijven.

Na Ahlers' terugkeer vraag ik hem, en ik voel me bijna schuldig, of hij zijn verhaal niet voor de camera wil vertellen. Olivier toonde zich meteen enthousiast toen ik hem vanmorgen belde. Ik leg Ahlers uit dat ik alles wil weten over zijn jeugd als NSB-kind, en wat het verraad in zijn leven heeft aangericht, zonder dat hij in enigerlei vorm het woord voor zijn vader voert, hem verdedigt of zijn handelwijze verklaart. Ik zal tijdens de opnames zijn sparringpartner zijn, maar het blijft zíjn verhaal, van iemand die net zo goed Jan Jansen had kunnen heten. En wat mij betreft beginnen we zo snel mogelijk. Ik heb uit zijn woorden opgemaakt dat Carol Ann Lee alles grondig heeft onderzocht, zodat we zijn relaas alleen nog moeten vastleggen.

Terwijl zijn vrouw met een sceptische blik wegkijkt, zegt hij het een prima plan te vinden, maar hij wil er toch nog een nachtje over slapen. Hij ziet er vooral tegenop herkenbaar in beeld te komen. Tot nu toe heeft hij dat vermeden. Maandag zal hij mij telefonisch uitsluitsel geven. En mocht hij het dan nog niet weten, dan kunnen we er altijd nog een keer over praten.

Maandag 8 juli 2002

Toen Ton Ahlers zei dat hij akkoord ging met die documentaire, klonk zijn stem niet meer zo klagelijk. Hij had het idee aan enkele mensen voorgelegd en de meesten vonden dat hij het moest doen, alleen zijn dochter heeft haar twijfels. Zijn vrouw stelt zich op het simpele standpunt dat als hij het wil, hij zich niet moet laten weerhouden. Zij zal zich er niet in mengen. We hebben afgesproken komende donderdag alles nog eens door te praten; later zal een derde gesprek volgen, dan met Olivier. In de tussentijd wil ik het boek van Carol Ann Lee lezen. De recensies die ik tot dusver heb gezien, zijn niet onverdeeld positief.

In *NRC Handelsblad* vraagt de filosoof en politicoloog Ido de Haan zich af of de speculaties van Lee wel de toets der kritiek kunnen doorstaan. Afgezien van het feit dat het boek 'krukkig' zou zijn vertaald, bevat het geen noemenswaardig notenapparaat, terwijl de schrijfster wel met citaten strooit, waarvan niet is na te gaan waaraan ze die heeft ontleend. Een ronduit vernietigend oordeel velt Jan Blokker in *de Volkskrant* met zijn constatering dat Lee niet alleen niet kan schrijven, maar ook niet kan ordenen.

Volgens hem komt ze om in alle correspondentie die ze heeft geraadpleegd, in alle feiten en feitjes die ze heeft verzameld, in alle Amsterdamse straatnamen die ze uit haar hoofd zou hebben geleerd. En wat ze helemaal niet zou kunnen, is zich inleven in 'andermans motieven, aandriften en zielenroerselen'. In feite zou Tonny Ahlers niet meer zijn dan een van die duizenden amorele scharrelaars die in de oorlog met meer of minder succes profiteerden van de halve anarchie waarin de Nederlandse samenleving verkeerde. Lee zou echter van deze kleine crimineel een grote, sinistere boef hebben gemaakt naar de beste traditie van de *bad guy* in de boeketreeks of de Hollywoodse B-films. Om al deze redenen zet Blokker vraagtekens bij Lee's verraadtheorie.

Daarentegen kent Ahlers' familie geen enkele twijfel, getuige artikelen in *de Volkskrant* en *Het Parool*. Een verslaggever van *de Volkskrant* heeft zowel met Ton als met diens oom Cas gesproken. De laatste verzekerde hem dat zijn broer Tonny het verraad zonder meer had gepleegd en er ook nog prat op ging. Als bewijs toonde hij de verslaggever een Joodse kandelaar die de familie Frank zou hebben toebehoord. Met zakken tegelijk had zijn broer het huisraad uit het achterhuis gesleept. Mogelijk zou dit, los van het kopgeld, zijn voornaamste drijfveer zijn geweest de onderduikers aan te geven. Maar hoe Cas Ahlers dit alles zo precies weet, terwijl hij naar eigen zeggen praktisch de hele oorlog op een duikbotenwerf in Bremen tewerk was gesteld, dat vermeldt het artikel niet.

Ook een zuster van Ton junior onderschrijft de verraadtheorie van Lee, waarbij ze refereert aan de kwalijke reputatie die haar vader alom heeft genoten. Een man wiens voornaamste ambitie het moet zijn geweest het leven van zijn medemensen te vergallen. 'Waar een

Ahlers is geweest, groeit geen gras meer,' placht hij volgens haar te zeggen, en na verloop van tijd wilde geen van zijn broers en zusters meer iets met hem te maken hebben. En het lijkt me sterk dat die mensen dergelijke aantijgingen zomaar uit hun duim zouden zuigen. Wie wil nou de broer, de dochter of de zoon zijn van een man die Anne Frank heeft verraden?

Donderdag 11 juli 2002

Ahlers schijnt in aanzienlijk betere doen dan een week geleden. Zo op het oog redelijk ontspannen en opgewekt. Hij woont in een rijtjeshuis in A. en het valt me op dat er niets aan de muur hangt. Voor hem op tafel een stapel boeken, fotoalbums en paperassen, met ernaast een paar blikjes Fanta en Coca-Cola. Hij vertelt dat hij mijn naam al een tijdje geleden op een briefje had genoteerd, maar dat hij heel lang heeft getwijfeld of hij zou bellen. Totdat hij in mijn boek over dingen las die hij ook heeft meegemaakt. Er moeten een kwart miljoen NSB-kinderen zijn, zegt hij, en altijd hoor je dezelfde verhalen. De onverdraagzaamheid in je jeugd. Het etiketje dat je onverbiddelijk krijgt opgeplakt: het zal wel hetzelfde slag zijn. Maar heeft niet ieder individu op deze wereld recht op zijn eigen plekje?

Hij slaat een boek open, *Jaren van verduistering* van Tini Visser. Er staan foto's in van de wijk in Amstelveen, naar zijn zeggen een NSB-enclave op het einde van de Amstelveenseweg en het begin van de Amsterdamseweg, waar zijn ouders het laatste jaar van de oorlog hebben gewoond. Op de Van der Hoochlaan 24, in een huis van een gedeporteerde Joodse familie. In die buurt hadden veel Joden geleefd, maar na hun verdrijving betrokken NSB'ers en Duitsers de woningen. Zodra de Duitsers het onderspit hadden gedolven, verhuisde het gezin Ahlers naar het adres Hoofdweg 396-I in Amsterdam.

Ton, op 28 mei 1945 geboren, bezocht er de Ten Kateschool, volgens hem de hel op aarde. Kwam hij 's ochtends op school, zei de juf: ga je wassen. Waarom? Omdat je vies bent. En zo ging dat elke dag om kwart voor negen. Moest hij zijn gezicht bij het fonteintje in de klas wassen. Drie jaar duurde dat. Later had hij gehoord dat die juf de pest aan NSB-kinderen had. Dat had iedereen toen toch? Overal werd hij uitgejouwd. Schaamde hij zich dood. Viezerik noemden ze hem. En op de ulo, de Daniël Goedkoopschool in Sloterdijk, zeiden ze tegen hem: je vader is een NSB'er. Begon een jongen op zijn moeder en zijn vader te schelden, had hij die gozer, nota bene de sterkste van de klas en een kop groter, compleet onder de grond gemoffeld.

En dat terwijl hij normaal helemaal niet zo was. Eerder schuchter en bescheiden. Niet erg handig met meisjes. Had hij vijftien, zestien jaar oud verkering met zijn eerste grote liefde, Julia, bonjourde haar ouweheer hem het huis uit. Mijn dochter gaat niet om met de zoon van een NSB'er, zei-ie. Verdrietig, ja dat was hij, maar ook heel erg kwaad. En het deed verdomd zeer. Maar wat kon je doen? Thuis erover praten was er niet bij. Als kind dacht hij dat het met hemzelf te maken had, of met zijn moeder. Van zijn vader wist hij niets. Die was er nooit nadat-ie op de grote vaart had aangemonsterd, op de Johan van Oldenbarneveldt. Om dan plotseling uit het niets op te duiken. Allemaal heel geheimzinnig. Zijn vader en moeder hulden zich in zwijgen, hadden met niemand in de buurt contact, ook niet met de school. En vroeg hij hun wat, dan kreeg hij meestal te horen: dat gaat je niets aan, bemoei je met je eigen zaken.

Later begreep hij dat zijn vader veel in de gevangenis had gezeten. Voor verraad, maar evenzogoed voor inbraak, winkeldiefstal, geknoei met jonge meisjes. De politie kwam regelmatig bij hen langs. Had-ie weer een diefstalletje gepleegd. De scheiding tussen het mijn en dijn was bij hem niet groot. Hij pikte van alles, van nietjes tot lippenstiften. Het was gewoon een afwijking, kleptomanie. Welke volwassen kerel gaat nou een lippenstift pikken?

Al die jaren bleef het armoe troef, niets konden ze zich permitteren, echt niets. Had zijn moeder niet gewerkt, als naaister in een atelier, dan waren ze simpelweg verhongerd. Tot ergens in 1956 de welvaart losbrak. Ging zijn moeder met een briefje van duizend gulden boodschappen doen. Kocht zijn vader in 1957 een tweedehands auto, een Renault, waarmee ze op vakantie gingen naar Italië. En in het jaar erop bezochten ze de wereldtentoonstelling in Brussel.

Het leek niet op te kunnen, tot er in 1960 even de klad in scheen te komen, maar een jaar later betrokken ze een ruime zeskamerflat op de Van Suchtelen van de Haarestraat 45 in Osdorp. 'Ik heb een uitkering op directeursniveau,' snoefde zijn vader tegen iedereen die het wilde horen. Ton Ahlers had al die tijd zijn kop gek geprakkiseerd waar ze opeens dat geld vandaan hadden. Zijn vader verdiende een schijntje, zat nog een jaar in Frankrijk om bij terugkomst een fotopersbureautje op te richten, *Foto-Press International*. Hij fotografeerde bouwsels, winkels, bedrijven, maar hij verkocht nauwelijks iets.

Tot Ton het boek van Lee las, want toen viel bij hem eindelijk het kwartje. Ineens begreep hij dat zijn vader niet alleen in, maar ook na de oorlog Otto Frank had afgeperst, en wel omdat die spullen aan de Wehrmacht had geleverd. De twee hadden elkaar in 1941 voor het eerst ontmoet, toen zijn vader de hand had weten te leggen op een voor Frank belastende brief; sindsdien hadden ze contact gehouden. Ook nadat de familie Frank op 6 juli 1942 was ondergedoken, bleef Otto's groothandel in het conserveringsmiddel pectine, Opekta, zijn vaders firma Petoma van sacharine en andere suikerproducten voorzien.

Die had dat bedrijfje in het voorjaar van 1942 opgezet, in de hoop een graantje mee te kunnen pikken van de leveranties aan de Wehrmacht. De naam Petoma had hij samengesteld uit de eerste twee letters van de naam van Tons broer, Peter, van zijn eigen naam, Tonny, en van zijn vrouw, Martha, al luidde de officiële naam *Wehrmacht Einkauf-Büro PTM*. Na de oorlog legde hij weer contact met Otto Frank, maar hoe lang hij hem heeft gechanteerd, valt niet te zeggen. Vermoedelijk tot diens dood in 1980. Het fijne weet Ton niet van het doen en laten van zijn vader, hij heeft in 1961 met hem gebroken vanwege een kwestie over een bromfiets.

'Had ik hem zo'n dreun gegeven dat-ie van de trap was gelazerd,' zegt hij gnuivend. 'Bleek-ie zijn neus te hebben gebroken, waarop-ie de politie belde. Was je agressief tegen hem geweest, dan pakte hij je. Hij was een echte rotzak. En wee je gebeente als hij een waas voor zijn ogen kreeg! Mijn moeder stond erbij en keek ernaar. Zij dekte mijn vader altijd, door dik en dun.'

Een pact met de duivel

Dat Carol Ann Lee de onderste steen boven heeft willen halen, daar laat ze geen twijfel over bestaan in het voorwoord van haar boek *Het verborgen leven van Otto Frank*. 'Ik bleef speuren in archieven die nog nooit geraadpleegd waren in verband met het verraad van Prinsengracht 263,' schrijft ze, 'terwijl ze toch materiaal bevatten dat daarmee rechtstreeks verband hield. Toen ik alle sporen had nagetrokken, kwam er een reeks onrustbarende feiten aan het licht. Uiteindelijk begreep ik waarom dit verhaal verborgen was gebleven.'

Het zou allemaal begonnen zijn met een ontmoeting die Otto Frank in maart 1941 op het Rokin had met de man van een voormalige medewerkster, Joseph Marinus Jansen, roepnaam Joop. Diens Joodse vrouw had in 1935 en 1936 als demonstratrice voor Opekta gewerkt, terwijl Jansen af en toe hielp bij het opzetten van stands op beurzen en een van hun zoons klusjes opknapte in het magazijn. Hoewel de man NSB'er was en reisleider bij het toneelgezelschap *Deutsches Theater in den Niederlanden*, meende Frank dat hij vrijuit kon praten. Op Jansens vraag of hij nog steeds dezelfde zaak had, Opekta, en nog grondstoffen ontving, antwoordde hij bevestigend, waarop Jansen vaststelde: 'De oorlog is toch gauw afgelopen.' Maar Frank dacht daar anders over: 'De oorlog zal niet zo gauw beëindigd zijn en Duitsland zal nog veel te verduren krijgen.'

Een maand later, op 18 april, meldde zich op het kantoor van Opekta een jongeman die zich als Tonny Ahlers voorstelde. Volgens Lee had deze al vóór de oorlog zijn sporen in het antisemitische, rechts-radicale milieu verdiend, om zich in de zomer van 1940 bij de NSB aan te sluiten. Hij vertelde Otto Frank dat hij NSB'er was, en vroeg hem of hij ene Jansen kende. Toen Frank wilde weten welke Jansen, overhandigde Ahlers hem een brief. Na de oorlog verklaarde Frank: 'In de door Jansen eigenhandig geschreven brief die was ondertekend met "Houzee, Jansen, lid 29992,"' – houzee was de

NSB-groet – 'las ik dat hij de Jood Frank had ontmoet die directeur was van de Opekta Maatschappij en aan die Maatschappij verbonden was, en dat ik mij beledigend over de Duitse Wehrmacht had uitgelaten.'

De brief bleek gericht aan de NSB, met het verzoek hem door te sturen naar de *Sicherheitsdienst*, de SD. Ahlers vertelde Frank dat hij als koerier tussen de NSB en de SD dienstdeed en zodoende de brief had onderschept. In het besef dat de man hem een grote dienst had bewezen gaf Frank hem een biljet van tien gulden. Een paar weken later zou Ahlers nog een keer langs zijn geweest en opnieuw stopte Frank hem 'zonder enige aandrang zijnerzijds' geld toe. De brief zelf liet Frank bij zijn advocaat achter, die hem vernietigde. Zeker Joden waren in die tijd wel voor minder opgepakt en vermoord. Maandenlang vreesde Frank dan ook dat hij Jansen opnieuw tegen het lijf zou lopen.

Volgens Lee had hij vanaf toen contact gehouden met Ahlers, die hem op een gegeven moment zou hebben gedwongen suikerproducten te leveren aan zijn bedrijf Petoma. In dezelfde tijd als waarin dit speelde, zou Frank ook op grote schaal zaken hebben gedaan met de Wehrmacht en Lee schrijft hierover:

> Otto Frank had een pact met de duivel gesloten, maar tot welke prijs valt nauwelijks te schatten. Door met de vijand samen te werken beschermde Frank niet alleen zijn eigen bedrijf, maar ook – hoopte hij – zichzelf en zijn gezin, want op dat moment begonnen de meeste Joodse mensen iets te beseffen van het oneindige gevaar dat hen bedreigde. Door alle oorlogsjaren heen leidde Frank in alle opzichten een dubbelleven. Niet alleen de zakelijke contacten obsedeerden hem, ook de alomtegenwoordige geest van Ahlers achtervolgde hem – een man nog niet half zo oud als hij, die zijn leven had gered, maar die hem in een wurggreep hield. We zullen nooit weten wat Frank voelde bij deze situatie waarin hij zich bevond, omdat hij er met niemand over praatte en geen verslag van zijn gedachten heeft nagelaten.

Ook nadat Otto Frank had besloten met zijn gezin onder te duiken, kon Ahlers op de leveranties van Opekta blijven rekenen, aldus Lee. Het ging hem voor de wind en dankzij zijn goede contacten met de SD kon hij in november 1943 een ruim appartement op de Jan van Eijckstraat 22-I in Amsterdam-Zuid betrekken, dat hij met het huisraad van gedeporteerde Joden meubileerde. In die periode raakte hij ook bevriend met de notoire Nederlandse SD'er Maarten Kuiper, in de woorden van Lee 'een van de productiefste verraders van ondergedoken Joden'. Maar het jaar daarop liepen de zaken minder voorspoedig en in de zomer zat Ahlers zo diep in de schulden dat hij het faillissement moest aanvragen en naar de Van der Hoochlaan in Amstelveen verhuisde.

Lee gelooft dat zijn benarde financiële situatie hem ertoe moet hebben gebracht om de acht onderduikers in het achterhuis te verraden en het kopgeld, veertig gulden per persoon op te strijken (omgerekend zo'n 280 euro: volgens een berekening van de Nederlandsche Bank zijn de prijzen tussen 1940 en 2007 met 1515 procent gestegen, wat betekent dat voor een min of meer vergelijkbaar pakket goederen en diensten in de consumptieve sfeer dat in 1940 tien gulden kostte, in 2008 rond 161,50 gulden moest worden betaald, ofwel 73,50 euro). Het bewuste telefoontje op 4 augustus 1944 had hij echter niet zelf gepleegd, maar zijn vriend Kuiper, die bovendien aan de inval had deelgenomen.

Zijn eigen soort

Ahlers en Otto Frank hadden elkaar na de oorlog weer snel gevonden, volgens Lee op 20 juli 1945, dus twee dagen nadat Frank had gehoord dat behalve zijn vrouw ook zijn twee dochters Margot en Anne het concentratiekamp niet hadden overleefd. Die vrijdag zou hij met Ahlers, die toen vastzat, voor het eerst weer hebben gesproken. Een maand later, op 21 augustus, schreef hij aan het Bureau Nationale Veiligheid, de voorloper van de BVD en de AIVD, 'toevallig' te hebben gehoord dat Ahlers in de strafgevangenis in Den Haag zou verblijven. Hij weidde vervolgens uit over zijn ontmoeting met Joop Jansen en vermeldde hoe Ahlers diens brief had onderschept. Op 27 november van dat jaar stuurde hij een tweede brief ten gunste van Ahlers.

Op basis van de agenda van Frank, waarin deze op verschillende data de naam van Ahlers heeft genoteerd, concludeert Lee dat de twee mannen elkaar in die periode zeker vier keer hebben ontmoet. 'Als Otto al verdenkingen had dat Ahlers betrokken was bij zijn eigen verraad,' schrijft ze, 'dan hield hij dat voorlopig voor zich; in 1946 begon het onderzoek naar zijn politieke betrouwbaarheid.' Namelijk of hij als geboren Duitser, Joods of niet, in de oorlog aan de goede kant had gestaan.

In de daaropvolgende jaren verdween Ahlers uit beeld om zich begin jaren zestig weer te manifesteren. Nadat de Oostenrijkse nazi-jager Simon Wiesenthal in 1963 de man had opgespoord die de leiding van de inval in het achterhuis had, de Weense politieman en voormalige *Kriminal-Oberassistent* Karl Josef Silberbauer, liet Ahlers op 27 december van dat jaar de betrokken instanties in Wenen weten ontlastend materiaal over Silberbauer te hebben. 'Otto Frank werkte tijdens de oorlogsjaren samen met nationaalsocialisten,' schreef hij in zijn in het Nederlands gestelde brief, 'en kan absoluut niet als voorbeeld dienen van wat zijn geloofsgenoten hebben doorstaan met nazi-Duitsland. Ik kan dit met meer bewijs staven.' Volgens hem dreigde Silberbauer het slachtoffer van een complot te worden en hij bood aan om in Wenen ten gunste van hem te getuigen. Mits justitie zijn onkosten zou vergoeden.

Op 15 januari 1964 richtte Ahlers zich rechtstreeks tot Silberbauer. Hij verzekerde hem: 'Het zal mij weinig moeite kosten te bewijzen dat Otto Frank/Opekta onder meer als leverancier van de Wehrmacht in 1941 eerder een profiteur en een verrader van zijn eigen soort kan worden genoemd.' In dit verband haalde hij Franks brief van 21 augustus 1945 aan, waarin deze Joop Jansen en diens zoon als de verraders van de onderduikers in het achterhuis zou hebben aangewezen: 'Toen deze zaak enige tijd geleden aan de orde was, heeft Otto Frank dit brutaalweg verzwegen. Ik weet precies waarom. Maar niettemin laat deze man zich "integer" en "representatief" noemen. De vraag is alleen: van wat?'

In werkelijkheid repte Otto Frank in zijn schrijven van 21 augustus met geen woord van het verraad. Hij ging vooral in op de kwestie met Jansens brief die Ahlers hem had overhandigd.

Beperkt Lee zich in de Nederlandse editie nog tot de suggestie dat Otto Frank na de oorlog chantabel zou zijn geweest, ze laat zich in een apart nawoord dat de uitgever als een los katerntje aan de Engelse editie toevoegde, aanzienlijk minder terughoudend uit. Het stuk draagt de titel *The enigma of Tonny Ahlers*, en ze heeft het geschreven op basis van de gesprekken die ze met Cas en Ton Ahlers heeft gevoerd. Het begint met een citaat van Ton Ahlers: 'Ik moet je vertellen dat het denkbeeld dat in je boek wordt geopperd, fout is. Mijn vader verraadde niet "vermoedelijk" Otto Frank en zijn gezin – hij heeft het absoluut zeker gedaan.'

Lee gebruikt beide mannen vooral als kroongetuigen om haar chantagetheorie te onderbouwen, temeer daar het bewijs, zoals ze zelf toegeeft, grotendeels *circumstantial* is. Volgens Cas begon de afpersing na Franks verhuizing in 1953 van Amsterdam naar Basel. Sindsdien zou zijn broer regelmatig aanzienlijke bedragen uit Zwitserland hebben ontvangen. Cas had zelfs een brief van Frank gezien met de zinsnede: 'De goederen zijn weer afgeleverd.' Waarmee hij het geld zou hebben bedoeld. Tonny Ahlers zou toen ook Cas hebben toevertrouwd dat hij de familie Frank had aangebracht, iets waarop hij trots scheen te zijn.

Op zijn beurt had Ton Ahlers ontdekt dat zijn vader elke maand een flink bedrag op een aparte bankrekening kreeg bijgeschreven, zodat hij spullen kon kopen die hij zich normaal niet kon permitteren. Bovendien reisden ze in de zomer af naar vakantieoorden die voor die tijd als tamelijk exotisch golden. 'Hij was zeer trots op zijn inkomen,' citeert Lee zoon Ton Ahlers. 'Hij kocht met dit geld voor iedereen in de familie geschenken.' Direct na de dood van Otto Frank in 1980 zou Tonny Ahlers de bankrekening hebben gesloten en verhuisde hij van de zeskamerflat aan de Van Suchtelen van de Haarestraat naar een uiterst bescheiden flatje, een woningwetwoning, aan de Willem Kloosstraat in Geuzenveld-Slotermeer.

Honderdmaal erger

Woensdag 24 juli 2002

Ton Ahlers ziet het helemaal zitten, die documentaire, hij wil er echt de tijd voor nemen. Met een gerust geweten kan hij zijn zaak in telecommunicatieapparatuur aan Carolien en zijn dochter overlaten. Gaat hij eindelijk de leugens en halve waarheden rechtzetten die in de kranten hebben gestaan. Hij beschouwt dat als zijn plicht, maar toen nog niemand wist dat zijn vader het verraad had gepleegd, zou hij het niet in zijn hoofd hebben gehaald om ermee naar buiten te komen. Volstrekt uitgesloten. Hij voelt zich nu van die last verlost, al heeft hij het soms nog behoorlijk moeilijk, zegt hij met een verontschuldigende grimas.

Ik heb Olivier meegenomen, maar hij geeft er de voorkeur aan vooral te luisteren als we de interviews voorbereiden. Kijken hoe het zit met de chemie tussen ons. Zo mogelijk willen we twee keer per week filmen, maar ik betwijfel of we dat tempo volhouden. Niet in de laatste plaats omdat ik overweeg Carol Ann Lee's verhaal nog eens kritisch onder de loep te nemen en op een aantal punten research te doen. Ik moet daarvoor in het NIOD en het Nationaal Archief in Den Haag zijn. En dan willen we de beide onderzoekers van het NIOD, David Barnouw en Gerrold van der Stroom, vragen of we hen mogen filmen als ze zich in het verraad verdiepen. Verder moeten we subsidie zien los te peuteren voor het financieren van de film.

Een week geleden hebben we een gesprek gehad met een producent over onder meer de vraag welke omroep eventueel in aanmerking zou kunnen komen. Zonder een zendgemachtigde kan je geen subsidie aanvragen, maar de man heeft er het volste vertrouwen in. Het verraad van Anne Frank, een dergelijke film moet je hoegenaamd overal ter wereld kunnen slijten, meende hij. Als wij de tekst aanleveren, verzorgt hij een brochure, simpel, rechttoe rechtaan, zonder tierelantijnen. Zodra we de eerste opnames hebben gemaakt, gaat hij de boer op.

Ik leg Ahlers nog eens uit dat we in eerste instantie zijn verhaal willen horen, over zijn jeugd als kind van een NSB'er, de zoon van bij wijze van spreken Jan Jansen. Zijn schooltijd, zijn ouderlijk huis. Maar dan is er nog iets wat ik graag zou willen weten, zeg ik. Hoe wist hij dat het om de familie Frank ging toen zijn vader door de telefoon zei: ik heb ze erin geholpen en ik heb ze eruit geholpen? Noemde hij in dat gesprek expliciet de naam Frank en in hoeverre praatte hij bij hen thuis überhaupt over de familie Frank?

Ahlers zegt dat ze op de lagere school een en ander over het verraad van Anne Frank te horen hadden gekregen. En dat hij wel eens met een buurjongen over verraad in de oorlog had gepraat. Verraad door Nederlanders welteverstaan. Omdat zijn vader het regelmatig over de familie Frank had, begreep Ton meteen dat er 'iets lelijks' was gebeurd. Maar pas later, na de publicatie van het dagboek van Anne Frank in Engeland en de Verenigde Staten, liep zijn vader er tegen familieleden en andere bezoekers over op te scheppen de Franks te hebben gekend. Toen Ton een nieuw vriendinnetje voor zijn verjaardag op bezoek had, vertelde zijn vader haar doodgemoedereerd dat hij de Franks had geadviseerd onder te duiken en dat hij een handelsrelatie met Otto had gehad. Hoe hij suiker versneed met de sacharine die deze hem leverde. Dat vond hij machtig interessant en iedereen die hen voor het eerst bezocht, zaagde hij erover door.

Hoe hij in de oorlog radio's in beslag nam om die weer door te verkopen. Hij maakte er geen geheim van. Daar leek-ie apetrots op te zijn. Maar wilde je het naadje van de kous weten, waarom dit, waarom dat, dan zei-ie: je kan niet alles vertellen. En dan het verhaal dat hij zich bij de NSB had aangesloten om informatie voor het verzet te verzamelen. Anders had hij geen foto's van verboden objecten kunnen maken. Maar voor zijn ondergrondse activiteiten had Ton Ahlers nooit een snippertje bewijs gevonden. Ook niet toen hij samen met Carol Ann Lee bij het Nationaal Archief het dossier van zijn vader doorspitte.

Al die jaren kwam er nooit een oud-verzetsman bij hen thuis over de vloer en hij had ook nooit een naam van een van hen horen noemen, wel Duitse namen. Zijn vader ging er prat op dat hij ze in de oorlog persoonlijk had gekend, Aus der Fünten bijvoorbeeld, maar ook iemand als de NSB-leider Mussert, en dat hij ze zo kon bellen als hij iets nodig had. Hij sprak echt met respect over hen, bewogen, op een andere snelheid.

Het leven van die man scheen één groot verzinsel en dat veranderde niet toen hij ouder werd. Schreef-ie, zich uitgevend voor journalist, brieven aan Albert Heijn om zijn beklag te doen over de beroerde kwaliteit van de pindakaas. Of ze maar even per ommegaande een paar honderd gulden op zijn rekening wilden storten, anders hing-ie het aan de grote klok. Ook bombardeerde hij de kranten met brieven, dat hij bijvoorbeeld foto's van bouwprojecten had. En dan de beide brieven over de zaak-Silberbauer. Ton Ahlers had ze hem zelf zien tikken, furieus op de toetsen van zijn oude schrijfmachine hamerend. De brieven dropen van haat en jaloezie, en vanaf dat tijdstip had zijn vader het uitsluitend nog over Otto Frank. Gek werd Ton ervan. Diste-ie hun telkens weer het verhaal op dat Otto Frank hem in de kofferbak van zijn auto het detentiekamp op de Amsterdamse Levantkade had uit gesmokkeld, toen hij hem geld kwam brengen. Zou nog kunnen ook, zegt Ton.

Ik snap dan iets niet, onderbreek ik hem. Had hij me niet verteld dat hij in 1961 met zijn ouders had gebroken en dat hij jarenlang geen contact meer met ze had? 'Ik kwam er nog wel eens op de zaterdag en ter gelegenheid van de verplichte nummers, de verjaardagen en zo,' zegt hij. 'In die tijd waren mijn ouders heel nadrukkelijk met hun nieuwe kinderen bezig, mijn beide zusjes, die veel later zijn geboren, in 1958 en 1959. Dat zeiden ze ook tegen mijn broer en mij: we zijn opnieuw begonnen.'

En hoe is sindsdien de relatie met zijn moeder? Zij leeft toch nog?

'Ik heb met haar ook goeie momenten gehad. Laat ik haar nou net de afgelopen weken weer hebben gesproken. Dat ze eindelijk eens open kaart moet spelen over de oorlog en mijn vader. Er leek enig schot in te zitten, tot ze plotseling afhaakte. Begon ze me weer van van alles te beschuldigen. Die vrouw leeft echt in leugens.'

Woensdag 31 juli 2002

Carolien neemt mij apart in de voorkamer om me te laten weten dat ze zich zorgen maakt: 'Je mag het dan wel mooi over het verhaal van de zoon van Jan Jansen hebben, maar ik denk dat het jullie in de eerste plaats toch te doen is om het verraad van de mensen uit het achterhuis, en dus om Tonny Ahlers. Maar dat verraad is van ondergeschikt belang. Laat dat nou erbuiten!'

Ik ben het niet met haar eens. Van het begin af heb ik benadrukt dat ik het verhaal van de zoon van Jan Jansen wil horen, over zijn jeugd, maar evengoed dat over het verraad. Anders zouden we hier niet filmen. Ton kwam er per slot van rekening zelf mee naar buiten, ook in kranteninterviews. 'Dat is allemaal goed en wel,' valt ze me in de rede, 'maar dan wil ik dat jullie in ieder geval de familie erbuiten houden, met name de kinderen.' En ze wil weten hoe lang het gaat duren, de opnames en zo, maar ik kan dat niet overzien.

Bij het NIOD wil ik nog het dossier van de Oostenrijkse SD'er Silberbauer bekijken. David Barnouw heeft me verteld dat het de hatelijke brieven van Tonny Ahlers bevat die Lee kennelijk mede op zijn spoor hebben gezet. In datzelfde telefoontje zei Barnouw trouwens er geen bezwaar tegen te hebben dat wij hem en zijn collega Van der Stroom tijdens hun overleg filmen. Echt spectaculair zal het niet worden, waarschuwde hij mij. Nieuwe aspecten zullen niet aan de orde komen. Al moeten we een verklaring ondertekenen dat we alles wat we horen, tot de verschijning van het rapport als strikt vertrouwelijk beschouwen. Maar dat vertel ik haar allemaal niet. Ik zeg wel dat ik bij het Nationaal Archief enkele dossiers ga inzien uit het Centraal Archief Bijzondere Rechtspleging, het CABR, onder andere van Tonny Ahlers. Over een paar dagen kan ik er terecht.

Volgens Carolien is het volstrekt verspilde tijd en moeite: 'Wat Ton je heeft verteld en wat in het boek van Lee staat, klopt tot op de punt en de komma.' Als ik betoog dat ik wil kijken of ik door verder onderzoek de theorie van Lee zo mogelijk beter kan onderbouwen, schudt ze geërgerd het hoofd. 'Dat is helemaal nergens voor nodig,' zegt ze.

We willen heel rustig beginnen, temeer daar hij uiterst gespannen lijkt. Voortdurend loopt hij door de kamer te ijsberen en rookt de ene sigaret na de andere. Ik zeg tegen hem dat we de herinneringen aan zijn jeugd verder zullen uitdiepen, waarbij hij mij eerder als lotgenoot moet zien, met wie hij een gedachtewisseling aangaat. We doen het zoals ik het in mijn boek heb gedaan, stapje voor stapje. Hij heeft het gelezen, dus moet hij snappen wat ik bedoel.

Niettemin heb ik er ambivalente gevoelens over. Hier heb je die diep ongelukkige man die ermee moet leven dat zijn ploertige vader de familie Frank heeft verraden, wat op zich weer, en laat ik er geen doekjes om winden, *gefundenes Fressen* is voor een journalist en schrijver. Toch gaat het me niet in de koude kleren zitten. Niet iedere dag komt iemand zijn hart uitstorten over dit soort ook voor mij netelige, emotionele onderwerpen. Soms verschuil je je achter je professie, maar dat lukt niet altijd en dan loop je voortdurend te piekeren hoe je de zaak weer onder controle krijgt.

Ik breng de punten ter sprake waarover we het al eerder hebben gehad, en hij doet zijn verhaal, en ik heb niet het idee dat hij liegt of overdrijft. Tegelijkertijd laat hij geen gelegenheid voorbijgaan om zijn vader aan de schandpaal te nagelen, al bezweert hij keer op keer dat rancune niet zijn drijfveer is. 's Avonds noteer ik in het dagboek dat ik sinds een paar dagen bijhoud:

> Ahlers na een halfuur redelijk op zijn gemak – ik weet zelf hoe gevoelig dit alles ligt – daarom niet direct confronteren – je hebt ge-

probeerd de regie over je leven terug te krijgen en opeens moet je die weer afstaan > gevoel dat je jeugd verkeerd is geregisseerd – praat steeds gemakkelijker – te gemakkelijk? – vooral gehad over algemene dingen, zijn broer, zijn jeugd – presenteert zich graag als de bescheiden, verlegen persoon.

Donderdag 1 augustus 2002

Een beetje leeg, antwoordt hij als ik informeer hoe hij zich na de opnames voelde. Hij had het in het begin best moeilijk gehad. En bij het slapengaan bleef het in zijn hoofd malen, ook doordat hij 's avonds had gekeken naar een documentaire over NSB-kinderen die de Evangelische Omroep toevallig uitzond. Dan hoor je hetzelfde wat hij had beleefd. Deuren die ze voor jou, een NSB-kind, dichthielden. Het allerergste vindt hij achteraf bezien dat je thuis niet met je vragen terechtkon: 'Maar zo hadden ze je nu eenmaal afgericht.'

Terwijl Olivier filmt, praat Ton Ahlers, en hij praat zonder emoties te tonen, op vlakke toon, over zijn jeugd, zijn vader, de school, de buurt, weer zijn vader, zijn grootouders. 'Je hebt mensen,' zegt hij, 'die een lekkere jeugd hebben gehad, op een goeie school hebben gezeten en konden doorleren. Ik had bijvoorbeeld best een technische opleiding willen volgen, maar ik mocht niet.' Hij had immers juist alles anders willen doen dan zijn vader, ook om maar niet in dezelfde fouten te vervallen. En ik begrijp wat hij bedoelt. Als hij nu aan iets begint, denkt hij vaak: hoe zou mijn vader het hebben aangepakt? Om vervolgens precies het tegenovergestelde te doen.

Honderduit praat hij en ik besluit er een meer confronterende vraag tussen te schuiven. Zou het kunnen dat zijn vader ook andere Joden dan de onderduikers in het achterhuis heeft verraden? Meteen schiet hij vol, het gezicht rood aangelopen. 'Ik heb er in zijn dossier niets concreets over gevonden,' antwoordt hij met een haperende stem. 'Hooguit aanwijzingen dat hij er niet te beroerd voor zou zijn. Maar de man kennende ben ik ervan overtuigd dat hij de Franks op zijn geweten heeft. Als hij al een geweten had. Hij had er belang bij van Otto Frank af te komen: hij kocht spullen van hem en Frank was zijn crediteur. En dan het feit dat hij er later zo over opschepte dat hij Frank had gekend. Tegelijkertijd moet ik vaststellen dat, zoals ze in het Engels zeggen, de *smoking gun* ontbreekt.'

Hij heeft zijn zin nog niet ten einde gebracht of hij springt overeind en loopt de kamer uit. Olivier knikt tevreden: tot dan hebben we voor vijf uur en zesenveertig minuten aan filmmateriaal. Volgende week donderdag gaan we verder, hebben we afgesproken.

Maandag 5 augustus 2002

Carol Ann Lee oogt jonger dan de foto van haar op de voorpagina van het magazine van de *Jerusalem Post*. Onder de kop *Frank disclosure*, oftewel 'Onthulling over Frank', poseert ze naast het standbeeld van Anne Frank bij de Amsterdamse Westerkerk. Ton Ahlers heeft me de fotokopieën gegeven van de twee artikelen die het magazine onlangs, op 19 en 26 juli, over Lee's boek heeft gepubliceerd. Het ene stuk behelst een interview met Ton Ahlers, die zich op de rug heeft laten fotograferen. Tegenover hem een glunderende Lee en de Israëlische journalist. In het andere stuk komt Lee uitvoerig aan het woord over 'het geheime leven van Otto Frank' en het verraad door Tonny Ahlers.

Ze vertelt erin dat ze al op achtjarige leeftijd het dagboek van Anne Frank las en dat het een enorme indruk op haar maakte. Vooral Annes relatie met haar ouders fascineerde haar dermate dat ze het dagboek keer op keer herlas. 'Mijn zuster is geestelijk gehandicapt en ik werd om die reden op school gepest,' zegt ze. 'Mijn moeder vertelde over de Holocaust en ik begreep dat toen ook gehandicapte mensen ter dood werden gebracht. Ik denk dat het dagboek me daarom zo lang bezighield.'

Geboren in 1969 in Yorkshire, groeide ze op in een klein dorp in Cornwall. 'Een verschrikkelijke plek voor tieners,' zei Lee eerder in een interview met het blad *Carp*. 'Daar wil je alleen weg.' Haar vader werkte als hovenier bij de gemeente, maar droomde er zijn hele leven van schrijver te worden. Jaar in jaar uit bleef hij verhalen opsturen naar kranten. Slechts één keer slaagde hij erin iets gepubliceerd te krijgen, een verslag van een scheepsramp, niettemin zou hij naar Lee's zeggen haar grote voorbeeld worden.

Op haar achttiende begon ze aan een biografie over Anne Frank, maar de uitgever vond haar nog te jong en haar schriftjes met aantekeningen verdwenen in de kast. Na aan de Manchester Metropolitan University kunstgeschiedenis te hebben gestudeerd, werkte ze een blauwe maandag in een winkel om zich vervolgens weer aan de biografie te wijden. In 1998 verscheen dan *Anne Frank 1929-1945 – Pluk de rozen op aarde en vergeet mij niet.*

Terwijl het boek in de Britse pers redelijk goede recensies kreeg, oordeelden de Nederlandse kranten over het algemeen minder positief. De kritiek kwam erop neer dat Lee een boek had geschreven voor bakvissen, meisjes van vijftien, zestien jaar. Anne Frank op haar hurken.

Eind 1999 trouwde de Britse in Amsterdam met een Nederlandse man, waarna ze drie maanden later van een zoon beviel. Inmiddels heb ik begrepen dat ze nog wel hier woont, maar niet meer bij haar man.

We hebben met Lee in café Luxembourg aan het Amsterdamse Spui afgesproken. Gekleed in een luchtige zwarte blouse en een grijswit gestreepte rok is ze een kokette verschijning, goedlachs, maar ik merk dat ze Olivier en mij met nauwelijks verholen argwaan monstert. Het hoge woord komt er algauw uit: ze vertrouwt Nederlandse journalisten niet. Hoe die Jan Blokker haar de grond in heeft geschreven!

Ze is er goed ziek van geweest. Vandaar dat ze niet staat te springen met ons in zee te gaan. Maar als ik heb uitgelegd dat het thema verraad me vanuit mijn achtergrond intrigeert en dat we Ton Ahlers vooral als getuige voor haar theorie zullen opvoeren, begint ze allengs te ontdooien.

Ze heeft er ook geen moeite mee als ik vraag wat de reden is dat ze het verhaal over Tonny Ahlers zo fragmentarisch in haar boek heeft verwerkt. 'Oorspronkelijk had ik een apart hoofdstuk over Ahlers geschreven,' zegt ze opgewekt, 'waarin ik hem als mogelijke verrader opvoerde. Maar mijn uitgever maakte bezwaar tegen die aanpak. Bovendien werd ik steeds zekerder van mijn zaak, naarmate ik verderging met mijn research. En toen Ton en Cas Ahlers contact opnamen, vielen alle stukjes op hun plaats.'

Waarom heeft ze eigenlijk niet eerder vóór de publicatie van de Nederlandse editie met hen gesproken? Ze lacht even voordat ze antwoordt: 'Dat is heel simpel. Ik wist niet waar ze woonden.' Nu ze die contacten heeft gelegd, biedt dat ongekende mogelijkheden. Lee overweegt een biografie over Tonny Ahlers te schrijven, ook op basis van nieuwe informatie. Ton junior heeft haar verzekerd dat zijn moeder die zou hebben, documenten en dikke pakken met foto's, en Lee hoopt dat ze daar dan over zal kunnen beschikken. Tot dusver heeft ze een keer met de bejaarde vrouw gesproken. Martha ontkende toen alles, het verraad, de chantage, al zei ze Otto Frank na de oorlog te hebben ontmoet. Hij zou haar zelfs een rondleiding in het achterhuis hebben gegeven.

Een paar weken later had Lee het opnieuw geprobeerd. De vrouw weigerde telefonisch hardnekkig een nieuwe afspraak te maken, zodat Lee in arren moede haar Nederlandse schoonvader meenam. Terwijl hij aanbelde, stond ze om de hoek te wachten om op het moment dat de deur openging tevoorschijn te komen. Toen de vrouw haar zag, riep ze dat ze de politie zou bellen als Lee haar bleef lastigvallen en ze smeet de deur voor haar neus dicht.

De Britse heeft intussen in het Amsterdamse Gemeentearchief het dossier ingezien dat de Sociale Dienst over Tonny Ahlers heeft bijgehouden. Een freelancejournalist die haar voor het *Het Parool* heeft geïnterviewd, Eric Slot, heeft haar daarbij geholpen. 'In dat dossier heb ik een notitie gevonden,' zegt Lee, 'dat Martha Ahlers na de oorlog ervan werd verdacht verradersdiensten voor de Gestapo te hebben verricht en dat ze als politiek even onbetrouwbaar gold als haar man. Volgens twee anonieme getuigen zou ze zelfs de Gestapo hebben gebeld over de onderduikers in het achterhuis. Maar het vreemde is dat er van haar geen sociaal dossier bestaat, net zomin als een CABR-dossier.'

Ze wil de nieuwe informatie gebruiken voor de Amerikaanse editie van haar boek die volgend jaar bij de gerenommeerde uitgeverij HarperCollins in New York zal verschijnen. Tot dan zal ze naar gegevens blijven zoeken om haar theorie verder te kunnen onderbouwen. '*Work in progress* heet dat,' zegt ze zelfverzekerd. Tegen die tijd hoopt ze ook te hebben uitgedokterd of Ton junior niet op de een of andere manier zijn moeder in bescherming neemt. Mocht dit het geval zijn, dan kan dat een deel van haar theorie op losse schroeven zetten. Niet de beruchte jodenjager Maarten Kuiper, maar Martha Ahlers zou dan Anne Frank en de anderen hebben verraden, al acht Lee dit niet erg aannemelijk.

Als ik voorstel informatie uit te wisselen, het zou tenslotte kunnen dat ook wij op nieuw materiaal stuiten, betrekt even haar gezicht. Op haar vraag hoe wij daaraan denken te komen, antwoord ik dat ik een paar dossiers wil inzien. Ik heb namelijk zo mijn twijfels op enkele punten. Lee knikt begrijpend: die twijfels heeft ze zelf ook, wat niet betekent dat ze niet achter haar theorie staat. Uiteraard stelt ze elke nieuwe inbreng op prijs, maar we kunnen hoe dan ook altijd bij haar terecht.

Dinsdag 6 augustus 2002

We wilden de rol van zijn moeder aan de orde stellen, haar volstrekt passieve gedrag bij alles wat haar man misdeed en ook haar mogelijke verradersspraktijken voor de Gestapo, maar Ton Ahlers heeft me vanmorgen laten weten dat hij de afspraak voor donderdag wil uitstellen. Hij heeft gisteren telefonisch met zijn drie jaar oudere broer Peter gesproken en wat hij in die vijf minuten hoorde, heeft hem diep geschokt. Het is allemaal veel en veel erger dan hij zich kan herinneren. Honderdmaal erger.

Tot dan hadden ze het nooit eerder met elkaar over hun jeugd en hun ouders gehad, maar in de loop van het gesprek bood Peter aan komende vrijdag verder opening van zaken te geven. Ton zal me zaterdag bellen voor een nieuwe afspraak.

Een te domme man

Uit het CABR-dossier van Anton Christiaan Ahlers, geboren op 29 december 1917 in Amsterdam, doemen de contouren op van een fantast en een kruimeldief. Een psychopaat van het zuiverste water, wiens belangrijkste vooroorlogse wapenfeit uit 1939 dateert. Op de avond van vrijdag 3 maart had hij met vier andere rechtsradicale relschoppers, allen lid van de zelf geproclameerde IJzeren Garde, twee klinkers door de ruiten van het kantoor van het Amsterdamse Comité voor Joodsche Vluchtelingen op de Lijnbaansgracht gegooid. Eromheen hadden de daders pamfletten gewikkeld met antisemitische teksten.

De politie kon de vijf mannen nog dezelfde avond oppakken. Volgens een bericht in de NSB-krant *Het Nationale Dagblad* werden ze ervan verdacht zich schuldig te hebben gemaakt aan 'andere feiten van deze strekking' die zich in Amsterdam hadden voorgedaan, zoals het besmeuren van het borstbeeld van de Joodse schrijver Herman Heijermans in het Leidsebosje. Ook zouden ze papieren hakenkruisen in de Bijenkorf hebben rondgestrooid. Maar de vijf stonden alleen terecht voor het gooien van de twee klinkers, een delict waarvoor de rechter hun elk zes maanden cel gaf.

De kappersbediende Ahlers was al eens eerder, eind 1936, wegens openlijke geweldpleging en mishandeling aangehouden, maar toen liep het nog met een sisser af. Op 25 juni 1937 volgde alsnog een veroordeling tot drie maanden gevangenisstraf door de rechtbank van Zutphen, ditmaal wegens inbraak en diefstal. In maart 1939, dus rond het tijdstip dat bij het Joodse comité de klinkers door de ruiten vlogen, nam hij deel aan het molesteren van NSB'ers in de Kalverstraat. Want de man die Lee steevast een NSB'er noemt en die zich tegenover Otto Frank daarvoor zou hebben uitgegeven, blijkt nooit lid van die partij te zijn geweest.

Volgens een anonieme notitie in zijn dossier behoorde hij vóór de oorlog tot 'zogeheten Looks terreurbende (antisemitisch)', genoemd naar Theo Look, oorspronkelijk een aanhanger van dr. Ernst Herman ridder van Rappard, de leider van de Nationaal-Socialistische Nederlandsche Arbeiderspartij. Een van de zeven Groot-Germaanse NSNAP's die in de politieke jungle van de jaren dertig het levenslicht zagen. Na een conflict met Van Rappard richtte Look zijn IJzeren Garde op, waarvan het in de notitie heet: 'Wordt in staat geacht tot terroristische daden.'

In het begin van de oorlog zat Ahlers – één meter tweeëntachtig, achterovergekamd, donkerblond haar, wipneus, schraal gezicht, gaaf gebit – nog wel korte tijd bij de NSNAP van Van Rappard. Hoewel hij een lidmaatschapskaart had, met nummer 4556, maar zonder pasfoto, betaalde hij nooit contributie. Met zijn kameraden van de NSNAP en van de Weer-Afdeling, de knokploeg van de NSB, maakte hij in de zomer van 1940 de binnenstad van Amsterdam onveilig.

Uitgerust met een fototoestel stond hij vooraan als rechts-radicale knokploegen bij cafés en restaurants die weigerden het bordje JODEN NIET GEWENSCHT op te hangen, de boel kort en klein sloegen. Aan de Duitsers verkocht hij met name de foto's van mensen die het waagden zich te verzetten. Uit die tijd dateren ook zijn contacten met de SD, maar toen hij Otto Frank voor het eerst ontmoette, was hij niet meer dan een onderbetaalde loopjongen van de SD en de *Sicherheitspolizei*, de Sipo.

Kennelijk hoopte hij er wat bij te verdienen door Frank de belastende brief van Joop Jansen in handen te spelen. Lee schrijft in dit verband: 'En al hield Otto in al zijn versies van de gebeurtenissen van 18 april 1941 vol dat hij, na een of mogelijk twee ontmoetingen, "de jongeman niet meer gezien of gesproken" had, het was gelogen. Volgens Ahlers was die eerste ontmoeting in het privékantoor van Otto het eerste van zijn geregelde bezoeken, en Otto's agenda uit 1945 toont een reeks van afspraken waarbij ze elkaar ontmoetten.'

Het duurde nog even voor Tonny Ahlers zich vaste informant, ook v-man, van *Vertrauensmann*, mocht noemen. De Duitsers gebruikten hem in eerste instantie uitsluitend als ze hem per se nodig hadden, zoals tijdens de Februaristaking in 1941. Hij wees toen commando-eenheden van de Waffen-ss in Amsterdam de weg, zodra die in allerijl op 25 en 26 februari moesten uitrukken om een bijeenkomst van stakers uiteen te drijven. Voor dat doel beschikte hij over een legitimatiebewijs, een *Ausweis*, op grond waarvan hij zich na spertijd op straat mocht bevinden.

Toen Tonny Ahlers echter na de oorlog moest terechtstaan, vormden niet zijn verraderlijke activiteiten de inzet, maar ordinaire diefstal. In juli 1947 veroordeelde de rechtbank in Zutphen hem voor dit delict tot anderhalf jaar gevangenisstraf. In diezelfde tijd liep in Zeist een politie-onderzoek tegen hem wegens meerdere inbraken. Daarentegen wist de Politieke Opsporingsdienst, de POD – in maart 1946 na een reorganisatie omgedoopt in Politieke Recherche Afdeling, de PRA – niet wat ze met hem aan moesten, zoals blijkt uit zijn zogeheten Staat van Inlichtingen: 'Deze zaak bestaat uit diverse kleinigheden en is mede het gevolg van de grote fantasie en vele praatjes van verdachte.' Weliswaar deed het gerucht de ronde dat hij twee Joden zou hebben verraden en huiszoekingen had verricht, maar de POD kon er geen vinger achter krijgen.

Ook de verhoren met voormalige SD'ers, voor wie Ahlers in de oorlog klusjes had opgeknapt, leverden weinig substantieels op. 'Hij was oorspronkelijk niet in actieve dienst van de SD, maar vroeg mij regelmatig om actief werk,' verklaarde zijn contactman bij de dienst, ss-*Untersturmführer* Kurt Döring. 'Ik vond hem een te domme man en plaatste hem bij de Fokkerfabriek om daar recherchewerk te doen. Ik gaf hem opdracht uit te kijken naar communistische propaganda en het verspreiden van pamfletten.' Na lang zeuren had Ahlers alsnog een bewijs van hem gekregen dat hij zich tijdens razzia's voor v-man mocht uitgeven, maar in feite zou hem louter en alleen zijn eigen profijt voor ogen hebben gestaan.

'Praktisch heb ik nooit iets aan hem gehad,' aldus Döring. 'Geldelijke vergoeding ontving hij nooit, hooguit een enkele maal een paar centen voor broodjes of andere dingen. Ook de woning in de Jan van Eijckstraat 22 kreeg hij door bluf en door gebruik te maken van het bewijs van vertrouwensman van de SD. Ik wist daar niets van. Mijn indruk van hem is dat hij een grote praatjesmaker is, erg dom en tot alles in staat.' Emil Rühl, een Sipo-collega van Döring en korte tijd de buurman van Ahlers in de Van Eijckstraat, liet zich in dezelfde trant uit: 'Het is een domme jongen met wie ik mij nooit heb ingelaten.'

En ik vermoed dat SD- en Sipo-mannen als Döring en Rühl een diepe minachting koesterden voor de Ahlersen van deze wereld, onder het motto: *Wir lieben den Verrat, aber wir hassen die Verräter.* Al die NSB'ers, Germaansche SS'ers, jodenjagers, informanten, verklikkers. Tenslotte beschouwden ze zichzelf als serieuze politiemannen die, al dan niet ideologisch bevlogen, de opdrachten van het hoogste gezagsorgaan in Berlijn, het *Reichssicherheitshauptamt*, slechts hadden uit te voeren. Naar hun gevoel hadden ze nauwelijks een keus, of ze moesten zich naar het oostfront laten sturen. Die keus hadden hun Nederlandse handlangers wel, maar die gaven er de voorkeur aan om van het verraden van hun landgenoten, Joden nog daargelaten, een broodwinning te maken.

Hoe ver die twee groepen van elkaar stonden, de Duitsers en de Nederlanders die onder hen hadden gediend, bleek na de oorlog in de interneringskampen. Van een verbroedering was geen sprake en de Duitsers wilden doorgaans niets meer met hen van doen hebben. Omgekeerd meden de Nederlandse politieke delinquenten hun voormalige broodheren als de pest. Dezen wisten immers wat de collaborateurs op hun kerfstok hadden en als het zo uitkwam, zagen de Duitsers er geen been in tegen hen te getuigen.

Ook Döring voelde geen enkele behoefte Ahlers te ontzien, nadat deze hem tot zijn grote woede ook nog eens van corruptie had beticht. Ongeacht de vraag hoeveel bloed een SD'er of Gestapoman aan zijn handen had, zelfs de bruutste, wreedste folterknecht voelde zich dan in zijn eer aangetast.

Uiteindelijk besloot de procureur-fiscaal van het bijzonder gerechtshof in Amsterdam op 5 augustus 1949 Ahlers voorwaardelijk buiten vervolging te stellen. Hij verloor wel voor een periode van tien jaar een aantal rechten, zoals het actief en passief kiesrecht. Er liep toen nog een onderzoek in hoeverre hij zich aan verraad zou hebben schuldig gemaakt, maar dat leverde niets op. Na zijn ontslag op 3 oktober 1949 uit de gevangenis in Alkmaar heette het opeens in een schrijven dat hij 'wegens dienstneming bij de SD' zijn Nederlanderschap had verloren, maar dit bleek een misverstand. 'Man blijft Nederlander,' noteerde de procureur-fiscaal op 15 december van dat jaar.

Sterk illegaal

In het dossier duikt de naam van Otto Frank pas op 21 augustus 1945 op, met diens eerste brief ten gunste van Ahlers. 'Ik voelde mij verplicht u het bovenstaande mee te delen,' schrijft hij, 'aangezien de heer Ahlers toentertijd volgens mijn mening mijn leven heeft gered, want was deze brief' – van de NSB'er Joop Jansen – 'in handen van den SS' – hij bedoelt de SD – 'gekomen, dan zou ik allang zijn gearresteerd en afgemaakt.' Maar terwijl Frank nog vervuld lijkt van dankbaarheid, schijnt Ahlers hem gladweg te hebben vergeten, althans afgaande op diens 'Beknopt rapport der illegale werkzaamheden', gedateerd 30 mei 1945.

Veertien pagina's lang probeert hij aan de hand van een reeks van voorbeelden aan te tonen hoeveel goede daden hij in de oorlog heeft verricht. 'Ik heb altijd bevorderd dat de mensen voor zo mogelijk 100% de indruk zouden krijgen dat ik in dienst van de SD was,' schrijft Tonny Ahlers, 'om op deze wijze gemakkelijker entree te krijgen bij NSB'ers en SD-spionnen. Dit is mij dan ook zonder veel moeite gelukt en het aantal door mij op deze wijze onderschepte aanbrengingen en gegeven waarschuwingen is zeer groot.' De naam Frank ontbreekt echter op zijn lijst. Of hij heeft die, uit vrees dat de

POD hem anders met het verraad van de mensen in het achterhuis in verband zou kunnen brengen, bewust niet vermeld.

Volgens Lee hebben Ahlers en Frank elkaar daarna vier keer ontmoet, op 20 en 23 juli en op 27 en 30 augustus 1945, waarbij zij verwijst naar notities in Franks agenda. Ze wekt hiermee de suggestie dat de twee de oude banden weer snel hadden aangehaald. Maar Otto Frank heeft zelf geschreven dat hij 'toevallig' van Ahlers' detentie had gehoord. Hij had zich daarop voor hem ingezet, al wist hij verder niets van 'de jongeman' af. In het in 1958 verschenen boek *Anne Frank, Spur eines Kindes* van de Duitse schrijver en radioman Ernst Schnabel vertelt hij dat hij na terugkeer uit Auschwitz 'de hulpvaardige vreemdeling' had gezocht.

'Hij zat in de gevangenis voor politieke misdadigers. Ik ging toen naar de commissie en zei: de man heeft mij eens het leven gered! Maar ze toonden mij zijn dossier en ik zag dat ik de enige was geweest die hij had gered. Alle anderen had hij verraden...' En er is geen enkele reden om aan Otto Franks voorstelling van zaken te twijfelen. Voor hetzelfde geld zijn de vier aantekeningen niet meer dan geheugensteuntjes, al hebben beide mannen elkaar naderhand inderdaad nog één keer gesproken.

Kort na Franks eerste brief liep Ahlers weer vrij rond en op 4 september wees hij twee politiemannen te paard in het Vondelpark 'de foute Ahlers' aan die in dienst zou zijn geweest van de SD. Nu had deze vijftigjarige Henk Ahlers een niet geheel smetteloos oorlogsverleden. Hij had voor allerlei Duitse instanties gewerkt en contributie voor de Nationaal-Socialistische Volkswelvaart opgehaald, maar hij had niets gehad met de SD.

Ook zijn familie geloofde dat er van persoonsverwisseling sprake was en nadat de politie hem had overgedragen aan een opsporingseenheid van de Binnenlandse Strijdkrachten, plaatste ze een advertentie: 'Wie kan inlichtingen geven over de SD'er Ahlers?' Het duurde toen nog tot 18 oktober voordat Henk Ahlers weer op vrije voeten kwam.

De tweede brief van Frank volgde op 27 november, maar er staat niet aangegeven aan wie hij hem heeft gericht. Uit een stempel erop blijkt dat de POD de brief in het dossier over Ahlers heeft opgenomen. Dit zou erop kunnen duiden dat de dienst naar aanleiding van de eerste brief Otto Frank om nadere informatie heeft verzocht. Deze bevestigde in de tweede brief, waarin hij het consequent over 'Alers' heeft, het verhaal over Jansen, om eraan toe te voegen: 'Toen de heer Alers enige maanden geleden uit de gevangenis was teruggekeerd, heeft hij mij bezocht en verteld hoe alles zich had afgespeeld. Uit zijn verdere mededelingen heb ik moeten opmaken dat hij sterk illegaal heeft gewerkt.'

De POD-rechercheurs vertrouwden het zaakje toch niet, waarop ze Ahlers in december opnieuw arresteerden, en vanaf dat moment schoof hij ongegeneerd Frank als getuige à decharge naar voren. In een zogenaamde Staat van Dienst die volgens een vastgeniet briefje van 28 december 1945 dateert, schrijft hij 'dat een zekere heer Frank door toeval achter mijn adres is gekomen en mij voor het onderscheppen van zijn brief' – van Joop Jansen – 'hoogst dankbaar was. Dat deze heer mij anders ook onbekend was gebleven.'

In een verhoor op 11 februari 1946 beweerde hij meer dan eens klikbrieven bij de SD te hebben ontvreemd: 'Een van deze brieven was een klacht tegen de Jood Frank, wonende Prinsengracht 263 in Amsterdam, die ik Frank persoonlijk overhandigde. Door toeval kwam de heer Frank aan mijn adres, zodat ik van hem nu, als getuige voor mij, steun kan ondervinden.'

Het meest opmerkelijke van het toch omvangrijke Ahlers-dossier lijkt me dat het geen enkele aanwijzing bevat voor Lee's theorie. Namelijk dat Tonny Ahlers in de oorlog meer dan twee keer Otto Frank heeft bezocht, dat hij hem zou hebben gechanteerd, dat Franks firma Opekta aan Petoma zou hebben geleverd en dat Ahlers op 4 augustus 1944 de mensen in het achterhuis heeft verraden.

Voor al deze beweringen heb ik geen snippertje bewijs gevonden en het heeft er veel van weg dat Lee een geheel eigen versie van het verraad heeft verzonnen die op vrijwel geen enkel punt overeenstemt met de feiten uit het dossier. Bij het schrijven van dit soort boeken is een grote mate van speurzin, combinatievermorgen en fantasie onontbeerlijk, maar het wordt heel wat anders als de fantasie op hol slaat en met de auteur op de loop lijkt te gaan.

Verboden toegang

Maandag 19 augustus 2002

Carolien belde vanmiddag of ik morgen om elf uur zonder Olivier en zijn camera bij hen thuis in A. kon komen. Na het laatste interview met Ton Ahlers zijn weer tweeënhalve week verstreken zonder dat ik hem heb gesproken. Hij zou die zaterdag bellen voor een nieuwe afspraak, maar liet het afweten. Ook die zondag geen telefoontje. Telkens als ik hem belde, meldde zijn mobiel dat het nummer op dat moment niet bereikbaar was, zodat ik 's middags met een bezwaard gemoed besloot naar zijn huis te rijden.

De zaak begint behoorlijk aan me knagen, ook doordat ik wil weten wat zijn drijfveren zijn. Gelooft hij nou werkelijk dat zijn vader het verraad heeft gepleegd of speelt hij een spelletje? En waarom houdt hij ons aan het lijntje? Hij heeft me toch niet zonder reden in vertrouwen genomen? Heet dat niet lotgenoten? Bij zijn huis aangekomen zag ik door de openstaande voordeur dat er een tuinfeestje aan de gang was. Met een drankje in de hand stond hij ontspannen met een paar mensen te praten. Hier had ik niets te zoeken en ik reed maar weer naar huis.

De dag daarop, maandag, luchtte ik 's avonds mijn hart bij een vriend. De frustraties, het gevoel van machteloosheid. Maar Rob zag het niet eens somber in, al waarschuwde hij mij bij het vertrek: 'Pas op! Ik heb het idee dat er een derde persoon in het spel is. Iemand die er belang bij heeft dat jullie van jullie voornemen afzien.' Toen ik vroeg wie die mysterieuze derde persoon dan wel zou kunnen zijn, zei hij dat er verschillende mogelijkheden waren: Ahlers' vrouw, zijn dochter, misschien Carol Ann Lee of anders een grote onbekende. Wie zal het zeggen? En toch voelde ik me een stuk beter.

Die dinsdag wilde ik van Ahlers weten of hij nu wel of niet met ons verderging, afspraak is afspraak, maar ik kreeg hem niet te pakken. Niet op de zaak, niet thuis, ook niet nadat ik op zijn voice-mail een boodschap had ingesproken. Later op de avond, rond tien uur, probeerde ik het nogmaals, maar Carolien, die al in bed lag, zei dat hij de hond uitliet. Ze zou een briefje klaarleggen dat ik had gebeld en voor alle zekerheid gaf ze me het nummer van haar eigen mobiel. Hij liet echter niets van zich horen en de volgende ochtend belde ik haar, maar ze zei meewarig dat ze me ook niet kon helpen: 'Ton is behoorlijk in de war en dat kan best even duren.'

Toen ik betoogde: 'Het heeft bij mij ook een en ander losgemaakt. En vergeet niet dat niet ik zijn leven ben binnen gewandeld, maar Tonny het mijne,' viel ze me in de rede. 'Dat is wel de ergste blunder die je kan begaan, hem Tonny in plaats van Ton te noemen,' zei ze op felle toon. 'Dan begrijp je echt niet waarom het gaat. Als je dat tegenover hem zou hebben gedaan, zou hij je dat nooit meer hebben vergeven.' Toch snapte ze ons probleem: ik moest haar maar morgen bellen, donderdag 15 augustus.

Carolien vertelde me die dag dat ze hem had aangeraden mij te bellen, maar ze betwijfelde of hij dat zou doen. Verantwoordelijkheid is nooit zijn sterkste punt geweest. Toen ik vaststelde dat hij dan toch nog een aardig bedrijf uit de grond heeft gestampt, lachte ze schamper. Zonder haar waren ze nog nergens en ze mag blij zijn als hij één middag in de week op de zaak verschijnt. Ook zaterdag en zondag belde ik haar, maar steeds liet ze weten dat hij nog niet aanspreekbaar was: 'Hij heeft een bordje om zijn nek hangen waarop staat: verboden toegang.' Op mijn vraag hoe lang dat zou kunnen duren, antwoordde ze met een diepe zucht: 'Weken, misschien maanden.'

Olivier en ik hebben in de tussentijd niet stilgezeten. Terwijl Olivier aan een opzet voor de film werkt, een *treatment*, heb ik bij het Gemeentearchief in Amsterdam een verzoek ingediend om het sociale dossier van Tonny Ahlers en zijn vrouw Martha in te zien. Verder hebben we behalve met onze eigen producent ook met een vrouw gesproken die de film internationaal zou kunnen slijten. Ze gelooft dat er zeker grote belangstelling voor zal bestaan, vooral in landen als Japan en de Verenigde Staten. Ze vereren daar Anne Frank meer dan in welk land ook.

De vrouw heeft een collega in Canada die voor ons de buitengewoon moeilijke Amerikaanse markt kan bewerken. Zelf zouden we met een *showreel* en een *treatment* kunnen komen op het internationale documentairefestival in Amsterdam, het IDFA, dat in december plaatsvindt. Tijdens een forum in Paradiso zouden we de film moeten pitchen. Maar het wordt voor ons wel steeds ingewikkelder het verhaal over te brengen: naarmate ik verder onderzoek doe, begint het alsmaar meer te kantelen. We hebben desondanks besloten vooralsnog aan Lee's verraadtheorie vast te houden, al voorzien we die hier en daar van kanttekeningen.

Dinsdag 20 augustus 2002

Ton Ahlers maakt een zwaar aangeslagen indruk, met dikke wallen onder de ogen. Direct bij binnenkomst vertelt Carolien me dat we zo meteen een gesprek zullen hebben met een psychotherapeut die ze nog kent uit de tijd dat ze borstkanker had. Als de vrouw met twintig minuten vertraging arriveert, laat ze Ton eerst aan het woord en hij maakt van zijn hart geen moordkuil. Dood- en doodnerveus voelt hij zich. En dan die rare dromen. Droomt hij dat hij op een hoge ladder staat en niet weet hoe hij eraf moet komen. Of dat hij zich in een gesloten ruimte zonder uitweg bevindt. Op haar vraag of hij soms veel drinkt, schudt hij gedecideerd het hoofd.

'Ik denk dat het te maken heeft met het gesprek dat ik met mijn broer heb gehad,' zegt hij. 'We hebben elkaar tien minuten telefonisch gesproken en toen ging bij hem de deksel weer op de put. Maar het was veel erger dan ik me kon herinneren. Ik dacht altijd dat ik een sleutelkind was, maar dat klopt niet eens.' Ze hadden 's middags thuis nooit te eten gekregen en daarom gingen ze vaak met andere kinderen mee naar hun huis, waar ze dan een hapje mochten mee-eten. En ook 's avonds hadden ze nauwelijks te eten gehad. Ton heeft het zich allemaal niet zo gerealiseerd, maar het heeft hem diep geschokt. De verwaarlozing, de liefdeloosheid van zijn moeder, het schrikbewind van zijn vader.

Als de psychotherapeut hem aanbiedt eens onder vier ogen te praten, richt Carolien zich ostentatief tot haar met de vraag of ze die documentaire eigenlijk wel zo'n goed idee vindt. En de gedachte flitst even door me heen dat de twee vrouwen dit alles hebben bekokstoofd om de film definitief de doodsteek toe te brengen. Maar hoewel de psychotherapeut benadrukt dat het zijn beslissing blijft en dat ze zich er niet in wil mengen, meent ze dat het zelfs heilzaam kan werken. 'Je zou die interviews als een klus moeten zien,' legt ze uit. 'Je zet de gebeurtenissen als het ware voor je op tafel en vervolgens vertel je erover. Dat heet externaliseren. Maar je moet oppassen dat je niet de verhalen van anderen tot de jouwe maakt.' Waarmee ze kennelijk het relaas van zijn broer bedoelt.

'Dus ik moet ook over de verwaarlozing thuis vertellen, en al die andere dingen?' vraagt hij.

'Daar zal je niet aan ontkomen. Maar heus niet iedereen zal vol begrip naar je verhaal luisteren. Sommigen zullen zich zelfs verkneukelen.'

Hij kijkt haar geschokt aan. 'Waarom zouden ze dat doen?'

'Ze zullen zeggen: met zo'n rotvader verdient de zoon geen beter lot. En ze zullen ook zeggen: hij heeft vast een aardje naar zijn vaartje.'

Na het vertrek van de vrouw vraag ik Ton Ahlers of hij misschien weer een afspraak met ons wil maken. 'Graag zelfs,' zegt hij. 'Wat mij betreft deze week. Vrijdag?' Ik wil niets liever en om hem op de nieuwe gesprekken voor te bereiden stel ik voor nog deze middag samen een aantal plaatsen uit onder meer zijn jeugd in ogenschouw te nemen. Te zijner tijd zullen we daar ook filmen. Ik heb echter besloten hem nog niet te confronteren met wat ik in het dossier van zijn vader heb ontdekt. Zoals het gegeven dat die geen lid van de NSB is geweest. Ik wil ermee wachten tot we weer gaan draaien.

Allereerst rijden we naar de Hoofdweg, een lange, rechte, saaie straat in de Amsterdamse wijk De Baarsjes. Een beetje verloren stapt hij er rond, ogenschijnlijk op zoek naar iets wat hij niet kan vinden. Maar je krijgt nooit terug wat je in je jeugd tekortkomt. Het maakt je hoogstens sterker, mogen we hopen. Zijn lagere school, de Ten Kateschool, bestaat niet meer, maar daar lijkt hij niet erg rouwig om. Vervolgens bezoeken we in het Amsterdamse Bos het Dachaumonument. Toen ik vroeg of hij het wel eens had gezien, bleek dat niet het geval. Hij wist niet eens dat het bestond.

Terwijl we onder een grauwe wolkenhemel over de grote grijze tegels lopen die tussen twee sparrenhagen een lang voetpad vormen, leest hij luid de in de tegels gegraveerde namen van de Duitse concentratiekampen voor. Dan draait hij zich naar mij om: 'Ik heb altijd heel veel respect en bewondering gehad voor verzetsstrijders en geallieerde soldaten die zijn gevallen. Elk jaar steek ik op 4 en 5 mei de vlag uit en ik ga ook naar de dodenherdenking. Al was ik eerst bang dat iemand zou roepen: ho, jij daar, jij hoort hier niet! En ik ben een paar keer langs geweest bij erevelden met oorlogsgraven, erg indrukwekkend.'

Heeft hij wel eens een concentratiekamp bezocht? 'Nee, nog nooit, maar ik zou graag Westerbork willen bezoeken. Alleen al die spoorrails! Ik zie wel eens kunst en dan denk ik: pft, wat bedoelen ze daar nou mee? Maar die rails in Westerbork die stoppen ineens en steken dan de lucht in. Erg knap die simpelheid.'

Was zijn vader eigenlijk een antisemiet? 'Hij zei wel eens rotjood, maar wie zei dat toen niet? Mijn moeder werkte voor een Joodse meneer, een heel aardige man, die nylon regenjassen maakte en met wie ze een behoorlijk hechte band had. Van de weeromstuit begon mijn vader dan op die rotjood met zijn jodenstreken te schelden.'

Als hij in zijn jeugd had kunnen kiezen, had hij dan liever een vader gehad die als verzetsheld was gefusilleerd? 'Ik ken een jongen wiens vader is gesneuveld toen hij nog niet was geboren. Hij zegt nu: had-ie maar niet zo stoer gedaan, dan had ik tenminste een vader gehad met wie ik in mijn jeugd had kunnen voetballen. Zo'n jongen was blij geweest met een vader die bij de NSB had gezeten.'

En hij, hoe zit het met hem? 'Ik had liever een vader gehad die was gesneuveld. Maar het is maar net vanuit welk perspectief je het bekijkt. Ik had het probleem dat mijn vader NSB'er was geweest en dat hij een onaangenaam mens was. Dus ik had twee problemen. Met een gesneuvelde vader kon je tenminste lekker opscheppen.'

Maar dan begrijp ik nog iets niet. Hij heeft me zelf verteld dat hij al jaren van het verraad weet: waarom trekt hij het zich dan toch allemaal zo aan? 'Omdat ik me tot voor kort nooit in het verleden heb verdiept. Ik had over de oorlog nauwelijks iets gelezen.'

En *Potgieterlaan 7* dan? 'Ik heb er hier en daar een stukje in gelezen. Ik ben toch al niet zo'n grote lezer.'

We bezoeken ook nog de Van der Hoochlaan, waar zijn ouders kort voor het einde van de oorlog hebben gewoond, om ten slotte op het stille, kale terrasje van het Amstelveense café-restaurant Albina te belanden. Vijfentwintig jaar geleden heeft hij in deze tent zijn huwelijksfeest gevierd met zijn eerste vrouw, zegt hij, daarna trouwde hij een Deense, die hem na vijf jaar van de ene dag op de andere zomaar liet barsten. En ik laat hem maar praten, over zijn eerste, zijn tweede, zijn derde vrouw, en over kennelijk zijn lievelingsonderwerp, antennes. Met een triest gezicht verzucht hij dat de kennis over deze branche in dit digitale tijdperk volledig verloren dreigt te gaan.

Als ik hem bij zijn zaak afzet, oogt hij tamelijk ontspannen. Ik suggereer om nog eens een hele middag alles door te praten, bijvoorbeeld aanstaande vrijdag of zaterdag in café Piet van Raak in Ouderkerk aan de Amstel. We kunnen dan ook afspraken maken over de draaidagen, de locaties, de verhaallijn. En mocht hij er behoefte aan hebben, dan knopen we er desnoods nog een paar van dit soort gesprekken aan vast. Het lijkt hem een prima idee, maar hij wil zich op dit moment nog niet vastleggen. Hij zal me vanavond bellen, dan heeft hij zijn agenda bij de hand. Maar we gaan in ieder geval door, verzekert hij me.

In totaal hebben we vanmiddag vier uur met elkaar gepraat en ik voel me leeg. Heeft hij me toch nog in de rol gedwongen die ik per se niet wilde spelen, namelijk die van therapeut. En dat terwijl ik niet meer weet wat ik wel of niet moet geloven van hetgeen hij te berde brengt. Of welke kant het met onze film op gaat.

Een zeldzame leugen

Een belangrijk thema in het boek van Lee vormen Otto Franks leveranties aan de Wehrmacht en dat hij zich als gevolg hiervan chantabel had gemaakt. 'Otto Frank had een pact met de duivel gesloten,' schrijft ze over diens zakelijke transacties, en de antisemieten van deze wereld zullen zich in de handen hebben gewreven. De hebzuchtige Jood die in weerwil van alles zaken met de vijand deed en klaarblijkelijk de dood van zijn vrouw en zijn beide dochters op de koop toe nam. Ook veel kranten en weekbladen slikten haar verhaal voor zoete koek. 'Otto Frank leidde een dubbelleven,' meldde de ochtendkrant *Trouw* op 13 maart 2002. En het Duitse opinieblad *Der Spiegel* bracht vijf dagen later een artikel onder de kop: *Kratzen am Mythos*. Krabben aan de mythe.

Maar in feite was er niets nieuws onder de zon, want vrijwel elk Nederlands bedrijf deed zaken met de bezetter. Een zakenman, Joods of niet-Joods, kon moeilijk zeggen dat hij om principiële redenen weigerde aan het Duitse leger te leveren. En nadat Ahlers aan Silberbauer had geschreven dat het hem weinig moeite zou kosten om Otto Frank als leverancier van de Wehrmacht aan de kaak te stellen, constateerde de Nederlandse rijksrechercheur, Arend Jacobus van Helden, op 5 februari 1964 in een rapport:

> Ten aanzien van het gestelde betreffende leveranties aan de Duitse Wehrmacht destijds dient te worden gesteld dat alle producenten in meerdere of mindere mate hun producten afleverden aan de Duitsers, ook al om hun bedrijven gaande te houden en hun personeel voor tewerkstelling in Duitsland te vrijwaren. De heer Ahlers, die zulks kan weten, heeft zelf een inkoopbureau voor de Duitse Wehrmacht gedreven.

Met zijn rapport reageerde Van Helden op een verzoek van het directoraat-generaal voor openbare veiligheid van het Oostenrijkse ministerie van Binnenlandse Zaken om verdere gegevens over Ahlers. De Oostenrijkse justitie had toen inmiddels de hand gelegd op diens beide brieven in de Silberbauer-zaak. De Rijksrecherche onderzocht op dat tijdstip de vraag of de magazijnknecht Willem Gerardus van Maaren de mensen in het achterhuis had verraden. In 1948 was hiernaar ook al zonder resultaat een onderzoek ingesteld, maar toen Wiesenthal vijftien jaar later Silberbauer had opgespoord, besloot de Nederlandse justitie de zaak te heropenen.

Over Ahlers merkte Van Helden nog op dat deze 'een fantasierijk iemand' was 'die het met waarheid en verdichting niet al te nauw neemt'. Zijn gedrag zou zich in de oorlog 'op de grens van strafbaar bedrog' hebben bewogen.

Ook Miep Gies, een voormalig medewerkster van Opekta en een van de helpers van de mensen in het achterhuis, heeft na de oorlog nooit een geheim van de leveranties gemaakt. In weerwil van een zinsnede in het boek van Lee die anders doet vermoeden: 'In een ongepubliceerd interview met het NIOD gaf Miep Gies toe dat ze tijdens de oorlog aan de Wehrmacht verkocht hadden [...].' Maar in het boek *Herinneringen aan Anne Frank*, dat in 1987 bij uitgeverij Bert Bakker verscheen, doet ze er in een gesprek met de Australische journaliste Alison Leslie Gold niet moeilijk over: 'Onze vertegenwoordigers doorkruisten Nederland en bleven bestellingen binnenbrengen op de Prinsengracht. Sommige van die bestellingen kwamen van Duitse legerplaatsen in het land.'

Rest de vraag waarom Carol Ann Lee wel een pathologische leugenaar als Ahlers gelooft zodra deze Otto Frank van verraad en allerlei duistere praktijken beticht, maar Franks woorden voortdurend in twijfel trekt. De toelichting die Frank op 21 augustus 1945 in de brief aan het Bureau Nationale Veiligheid geeft, namelijk dat hij in de oorlog twee keer Ahlers heeft ontmoet, waarna hij hem nooit meer heeft gezien, doet de Britse zelfs af als 'een zeldzame leugen'. Kennelijk omdat Otto Frank de euvele moed heeft gehad de hypothese te weerspreken die zijn biograaf vijfenvijftig jaar later zou gaan ontwikkelen.

Als Otto Frank al met de vijand zou hebben geheuld, dan beperkte zich dat tot het feit dat hij een vertegenwoordiger in dienst had die lid van de NSB was. Lee noemt Hendrik Pieter Daatselaar (geboren 14 maart 1887 in Baarn) in haar boek twee keer, zonder overigens zijn voornamen of initialen te vermelden. Ze schrijft dat Otto Frank hem niet over het onderduikplan had ingelicht, al wilde dat nog niet zeggen dat hij hem niet vertrouwde. Hij nam hem juist als voorbeeld om zijn dochter Anne in te prenten dat niet alle NSB'ers hetzelfde waren. 'Ik weet dat hij in zijn hart geen echte nazi is,' zou hij hebben gezegd.

Na de inval in het achterhuis duikt de man opnieuw op in het boek van Lee: 'Daatselaar, de vertegenwoordiger die lid was van de NSB, stelde Miep voor de Gestapo om te kopen om haar vrienden vrij te krijgen.' Alleen behoorde hij op dat tijdstip, zomer 1944, niet meer tot de NSB, want de kinderloze weduwnaar bedankte al in oktober 1943. Tijdens een verhoor legde Daatselaar uit dat hij een Duitse inlijving van Nederland hoopte te voorkomen door zich in juni 1940 aan te sluiten bij een organisatie die krachtig genoeg zou zijn om zich tegen dit voornemen te verzetten. En dat terwijl hij zich toch met veel punten uit haar programma niet kon verenigen.

Hij had dan ook geweigerd een functie te bekleden, voor het NSB-orgaan *Volk en Vaderland* en de organisatie Winterhulp te colporteren, vergaderingen te bezoeken of partij-insignes te dragen. Wel had hij in juni 1943 een aanvraag ingediend voor vrijstelling van de plicht tot inlevering van zijn Philips-radiotoestel. Om te voorkomen dat de mensen naar vijandige zenders als de BBC en Radio Oranje zouden luisteren, had de bezetter verordonneerd dat iedereen zijn radiotoestel moest inleveren.

In het najaar van 1943 zou Daatselaar echter tot inkeer zijn gekomen. 'Toen ik zag dat Mussert een knieval voor Hitler maakte en zich voor het Duitse karretje liet spannen, heb ik bedankt als lid van de NSB,' noteerde de verbalisant met rode inkt op een kattebelletje. Nadat Daatselaar bij de bevrijding was geïnterneerd, kreeg hij steun van Victor Kugler, een van de helpers van de mensen in het achterhuis, die beweerde niet te kunnen geloven dat zijn vertegenwoordiger lid van de NSB was geweest: 'Daatselaar heeft zich altijd anti-Duits uitgelaten en werd door het hele personeel volkomen vertrouwd.' En toen Kugler later had moeten onderduiken, zou hij Daatselaar hebben geschreven om met vermelding van zijn onderduikadres verslag van zijn ervaringen te doen.

Kuglers interventie mocht vooralsnog niet baten, maar hij gaf niet op. Op 18 mei 1946 benadrukte hij tegenover een PRA-rechercheur dat het bij Daatselaar in feite 'een zeer licht geval' betrof: 'Ook tijdens de oorlog was zijn houding uiterst sympathiek, vooral daar wij tot aan de arrestatie van ondergetekende door de Gestapo de hele oorlogsvoering en dergelijke aangelegenheden open en bloot met hem hebben besproken.' Het zou toen nog tot 22 juli van dat jaar duren voordat de procureur-fiscaal Daatselaar voorwaardelijk buiten vervolging stelde. Hij legde hem wel een boete van tweehonderdvijftig gulden op en ontzegde hem voor tien jaar het actieve en passieve kiesrecht.

De boodschapper

Zondag 1 september 2002

Het telefoontje van Eric Slot verraste me wel. Behalve dat ik van hem weet dat hij Lee aan het sociaal dossier van Tonny Ahlers heeft geholpen, ken ik hem als een vasthoudende freelancer die al jaren in het leven van de cineast Louis van Gasteren zit te wroeten, met name in een roofmoord die deze in de oorlog zou hebben gepleegd. Slot vertelde me dat toen hij gisteren Lee toevallig tegen het lijf liep, ze tegen hem had gezegd dat ik contact met haar zoek, maar dat ze niet meer met ons wil praten. Ook had hij begrepen dat er tussen mij en Ahlers moeilijkheden zijn gerezen en dat deze inmiddels met vakantie zou zijn vertrokken. Maar meer weet hij ook niet.

Zoals ik inderdaad had mogen verwachten, liet Ahlers de avond na onze omzwervingen door Amsterdam en Amstelveen niets meer van zich horen. Toen hij zich ook vrijdag niet meldde, probeerde ik eerst hem en vervolgens Carolien te spreken te krijgen. Ze bleek in vergadering, maar liet weten dat ze me zou terugbellen. Maar ze belde niet. Zaterdag kreeg ik haar eindelijk aan de telefoon, terwijl ze in een supermarkt inkopen deed. Ton zou problemen hebben met de batterij van zijn mobieltje, vertelde ze, en na al het gedoe met journalisten nam hij de vaste telefoon niet meer op. Van een afspraak bij Piet van Raak had ze nooit gehoord, maar met Ton was weer geen land te bezeilen. Carolien snapt niet dat hij niet gewoon de draad kan oppakken. Ze leeft haar eigen leven en daaraan heeft ze haar handen al vol.

Toen begon ze over de *treatment* die Olivier haar had toegestuurd. We hoopten dat we op die manier wat meer begrip bij haar zouden kunnen kweken, maar ze vond dat het te veel over Tonny senior ging, en ook over het verraad, dat haars inziens een bijzaak zou moeten zijn. Het boek van Lee zou juist voor iets veel groters staan: emotionele verwaarlozing en mishandeling door een psychopathische vader. Het zou hem wanhopig maken dat hij geen antwoorden krijgt op de vele vragen waarmee hij continu worstelt. Sinds de verschijning van het boek heeft hij de regie over zijn leven compleet verloren en functioneert nauwelijks meer.

Zijn laatste hoop, zijn moeder, weigert op zijn vragen in te gaan en ontkent alles. Bovendien heeft hij doorgaans al na twee, drie minuten ruzie met haar. En zijn broer Peter heeft het na dat ene telefoongesprek verder laten afweten. Een langer onderhoud heeft niet meer plaatsgevonden.

Hoewel ik, anders dan Carolien, niets in Lee's boek heb gelezen over emotionele verwaarlozing en zo, geef ik me er rekenschap van dat ik Ton Ahlers bij het beantwoorden van een aantal vragen blijkbaar niet heb kunnen helpen. Zoals de heikele vraag hoe hij een en ander moet verwerken. Maar de dingen verwerken betekent niet dat je ze wegpoetst, het betekent dat je ze gaandeweg een plaats geeft, zodat je het gevoel hebt je leven redelijk onder controle te hebben. En misschien zouden we gewoon het hele project moeten staken, maar dat wil ik niet, niet voor Olivier en niet voor mezelf. Ik zou in dat geval moeten erkennen dat ik professioneel een nederlaag heb geleden.

We hebben tot op dit moment vooral nog allerlei losse eindjes. Hoe we bijvoorbeeld de film moeten financieren, wat een allesbehalve simpele zaak blijkt te zijn. We willen verder met de redactie van *Andere Tijden* praten over de vraag, waarom die met zoveel aplomb de verraadtheorie van Lee heeft gebracht. Wat weten zij dat wij niet weten? En we hebben afgesproken met de beide NIOD-onderzoekers Barnouw en Van der Stroom dat we ze gaan filmen in de Jan van Eijckstraat, bij het huis van Tonny Ahlers, en bij de school aan de naburige Euterpestraat, na de oorlog omgedoopt in Gerrit van der Veenstraat. In dat gebouw zetelde het hoofdkwartier van de SD en de Sipo, met aan de overkant van het aangrenzende Adama van Scheltemaplein het kantoor van wat toen uiterst cynisch de

Zentralstelle für jüdische Auswanderung heette, het administratieve centrum van de terreur.

Omdat ik eigenlijk wel eens wilde weten wat er precies speelt, besloot ik 's avonds Eric Slot te bellen. Steeds meer begin ik het gevoel te krijgen dat Lee de film absoluut niet ziet zitten. En dat zij 'de derde persoon' moet zijn voor wie Rob mij die maandagavond waarschuwde. Het zint haar niet dat ik me nog eens in de zaak verdiep.

Wat ze wil, is dat als haar boek in de Verenigde Staten verschijnt, ze Ahlers en eventueel zijn oom Cas als kroongetuigen voor haar theorie kan laten opdraven, ditmaal voor interviews met *The New York Times* en CBS. Een Ahlers die gemotiveerd overkomt, overtuigd van het verraad van zijn vader. En niet een Ahlers die onder invloed van argumenten die het tegendeel bewijzen, lijkt te twijfelen. Dus wil ze al helemaal geen documentaire waarin we in de gesprekken met Ahlers uit de doeken doen dat haar theorie niet klopt. Ik vermoed dat ze hem om al deze redenen in overweging heeft gegeven, zo niet heeft overgehaald zijn medewerking te staken. Vandaar ook dat ze niet reageert op mijn verzoeken op haar voicemail en antwoordapparaat mij terug te bellen.

Of hij me kan vertellen wat nou precies de boodschap was die hij van haar moest overbrengen, vraag ik Slot. 'Dat ze niet meer met jullie wil praten.'

Zei ze niet tegen hem waarom? 'Verder heeft ze niets gezegd.'

Dat kwam zomaar uit de lucht vallen? 'Ze zei dat zij en Ahlers niet langer hun medewerking geven aan die documentaire.'

Dus zij sprak ook namens Ahlers? 'Kennelijk. Zijn dochter zou bezwaar tegen die documentaire hebben. Maar dat is ook alles wat ik weet. Ik ken jou en ik ken Lee, en daarom ben ik als boodschapper opgetreden. En verder niets.'

Vreselijke wroeging

Carol Ann Lee moet op de persoon van Maarten Kuiper zijn gekomen door een brief die een van de helpers van de mensen in het achterhuis, Johannes Kleiman, op 16 juli 1947 aan het PRA-bureau in het Hirschgebouw aan het Leidseplein heeft gestuurd. Een jaar eerder had een confrontatie plaatsgevonden in het Amsterdamse huis van bewaring aan de Amstelveenseweg met de voormalige Gestapo-rechercheurs Willem Grootendorst en Gezinus Gringhuis, beiden ervan verdacht te hebben deelgenomen aan de inval in het achterhuis. Kleiman schrijft dan: 'De rechercheur Kuiper die toen in Haren zat, moet ook bij de arrestatie aanwezig zijn geweest, maar is toen niet voorgeleid.'

Dat wil zeggen dat de PRA alleen een foto van Kuiper aan Otto Frank, Kleiman, Miep Gies en de andere helpers had getoond. Maar tijdens een verhoor op 26 januari 1948 ontkenden de twee ex-rechercheurs ooit 'een maat' te zijn geweest van de inmiddels ter dood veroordeelde Kuiper of met hem te hebben samengewerkt. Volgens Lee had echter 'de jodenjager' en Ahlers-vriend Maarten Kuiper juist een cruciale rol in het drama gespeeld.

Om aan te geven hoe dik bevriend de twee waren, voert de Britse aan dat Kuiper op 3 augustus, een dag vóór de inval, Ahlers' woning op de Jan van Eijckstraat 22-I had betrokken. Vervolgens zou hij een dag later voor Ahlers 'de SD'er' Julius Dettmann over de onderduikers op de Prinsengracht 263 hebben gebeld, die daarop 'de Gestapo en drie NSB'ers' onder leiding van de dan drieëndertigjarige Silberbauer op pad stuurde. Waarmee ze het verhaal van Otto Frank weerspreekt dat een vrouw de tip zou hebben gegeven.

Lee beroept zich om haar theorie te onderbouwen op een verklaring die het voormalige hoofd van de SD en de Sipo in Amsterdam, Willy Lages, in 1964 tijdens een verhoor in de zaak-Silberbauer had afgelegd. Hij zei toen dat de tipgever bekend was en dat zijn informatie in het verleden altijd op waarheid berustte. Op grond hiervan concludeert Lee dat Kuiper had gebeld. Maar daar blijft het niet bij: hij had volgens haar ook nog eens deelgenomen aan de inval.

Afgezien van het feit dat Nederlandse Gestapo-rechercheurs de inval deden en niet NSB'ers – wat niet wegneemt dat die rechercheurs lid waren –, bevat haar verhaal tal van onjuistheden. Eerder moest Lee in een interview met *Het Parool* erkennen dat ze de kwestie van de woning in de Jan van Eijckstraat had opgeklopt. Ahlers bleek namelijk al op 20 april 1944 te zijn vertrokken naar Amstelveen. 'Van die nadruk op de derde augustus heb ik spijt,' gaf ze in het interview toe. 'Het zegt inderdaad niets, zeker niet als die datum stond voor de administratieve inschrijving van Kuiper. Ik was er te veel door gefascineerd.'

De interviewers, Eric Slot en Paul Arnoldussen, stelden ook nog het bewuste telefoontje aan de orde. Of Kuiper met een tip zijn eigen dienst zou bellen. Maar Lee suggereerde dat het 'een intern telefoontje' kan zijn geweest, hoewel ze inmiddels niet meer uitsloot dat Ahlers zelf had gebeld. In werkelijkheid hebben Lages en Silberbauer zich er niet over uitgelaten of een vrouw of een man de tip heeft gegeven. Tijdens een verhoor op 6 december 1963 meende Lages dat Silberbauer het telefoontje had aangenomen en dat hij de tipgever kende. Silberbauer ontkende echter deze gang van zaken in een verhoor op 4 maart 1964 in aanwezigheid van de rijksrechercheur Van Helden.

Naar zijn zeggen kwam de tip binnen bij het hoofd van de Gestapo in Amsterdam, *Kriminalinspektor* en SS-*Obersturmführer* Dettmann. 'Ik had de indruk dat hij de informatie kort tevoren had gekregen,' zei Silberbauer, 'omdat het niet gebruikelijk was dergelijke dingen op de lange baan te schuiven. Zoals ik vaststelde had Dettmann tegelijkertijd de leider van de Hollandse rechercheurs, Kaper' – de Amsterdamse wachtcommandant Abraham Kaper van het voormalige Bureau Joodsche Zaken –, 'opdracht gegeven een groep van zes tot acht Hollandse rechercheurs te vormen en met mij contact op te nemen.'

Het probleem was alleen dat Dettmann en Kaper het toen niet meer konden navertellen. Terwijl Kaper wegens oorlogsmisdrijven die hij na zijn overplaatsing in Groningen had gepleegd, de doodstraf kreeg en op 29 juni 1949 werd geëxecuteerd, pleegde Dettmann op 25 juli 1945 in het Amsterdamse huis van bewaring aan de Amstelveenseweg zelfmoord door zich op te hangen.[1]

Silbertanne

Dan de vraag of Kuiper daadwerkelijk heeft deelgenomen aan de inval in het achterhuis. Na de oorlog vormde hij de personificatie van de door en door slechte, sadistische politieman. Temeer daar hij op 17 april 1945 de icoon van het communistische verzet, Hannie Schaft, in de duinen van Zandvoort een kogel door het hoofd had geschoten. Hij legde na zijn arrestatie meteen een bekentenis af, dit in tegenstelling tot de meesten van zijn collega's, die alles botweg ontkenden en veelal de dans ontsprongen.

'Ik heb gedurende de tijd dat ik bij de SD ben geweest, heel veel kwaad gedaan en ben een slechte Nederlander geweest,' zei Kuiper in een verhoor op 13 juli 1945. 'Goed geteld heb ik zeventien moorden op mijn geweten. Ik heb liever dat ik vandaag de kogel krijg dan morgen. Ik heb vreselijke wroeging en ik had ook graag terug gewild, maar ik kon niet meer. Het systeem van de Duitsers, vooral dat van de hoofdmoordenaar Lages, is zo dat als je er eenmaal bij was, je niet meer terug kon. Enerzijds werd je bedreigd door de illegalen en anderzijds door de Duitse SD-moordenaars.'

Geboren op 30 oktober 1898 in Den Haag trad Kuiper – één meter vijfennegentig lang, asblond haar, grijze ogen, ovaal gezicht – in 1925 in dienst van de Amsterdamse politie. Na zich in september 1940 te hebben aangemeld bij de NSB en het Rechtsfront (een nationaalsocialistische organisatie voor politiemensen en justitieambtenaren), kwam hij in april 1941 bij het Bureau Inlichtingendienst in de Nieuwe Doelenstraat. Hij kreeg tot taak communistische organisaties te bestrijden.

Een v-man, de oud-communist Henk van Meerland, placht dan voor Kuiper en twee Duitse Sipo-mensen uit te fietsen om op straat partijgenoten aan te wijzen. Op die manier konden ze zo'n tweehonderdvijftig veelal vooraanstaande communisten arresteren. Van Meerland, die voor elke aanhouding tien gulden ontving, omgerekend ongeveer zeventig euro, zou later door het verzet in een café aan de Oudezijds Achterburgwal worden geliquideerd.

Nadat de *Sicherheitsdienst* de Inlichtingendienst eind 1942 had ingelijfd, kreeg Kuiper tot taak de illegaliteit in het algemeen aan te pakken. Vanaf juli 1943 maakte hij deel uit van een *Sonderkommando* van de Gestapo dat het voornamelijk gemunt had op groepen die aanslagen op de Wehrmacht en andere Duitse instanties pleegden en sabotageacties uitvoerden. Hij hielp onder meer mee de communistische verzetsgroep CS-6 – naar het hoofdkwartier op Corellistraat 6 in Amsterdam – op te rollen. En op 12 mei 1944 arresteerde hij samen met Nederlandse en Duitse Sipo-rechercheurs Gerrit van der Veen, de oprichter van de verzetsorganisatie Persoonsbewijscentrale, kortweg PBC. Deze had tien dagen eerder deelgenomen aan een overval op het huis van bewaring aan de Amsterdamse Weteringschans en was daarbij gewond geraakt.

De bestrijding van het verzet vormde gedurende die periode Kuipers voornaamste taak, al kwam het ook voor dat hij Joodse onderduikers arresteerde, doorgaans mensen die of bij verzetsmensen zaten ondergedoken of zelf aan het verzet deelnamen. Vaak onderwierp hij ze aan zware mishandelingen om nieuwe adressen los te krijgen. Na de geallieerde landing op D-Day beschouwden de Duitsers de strijd tegen het verzet als een grotere prioriteit dan het opsporen van Joodse onderduikers. En Kuiper had de reputatie verworven op dit punt een expert te zijn, iemand die van wanten wist. Niet in de laatste plaats door zijn toedoen kon in de nacht van vrijdag 14 op zaterdag 15 juni 1944 een tweede overval door het verzet op het huis van bewaring aan de Weteringschans worden verijdeld[2].

Weliswaar brachten de Duitsers en hun Nederlandse handlangers het verzet regelmatig zware klappen toe, zeker in 1944, toen ze de ene verzetsleider na de andere oppakten, maar het verzet sloeg keihard terug en liquideerde aan de lopende band SD'ers, Sipo-rechercheurs, politiemannen, Landwachters en NSB'ers. Dit had al in 1943 dusdanige vormen aangenomen dat de leider van de Germaansche SS in Nederland, Voorman Henk Feldmeijer, toestemming vroeg om tot represailles te mogen overgaan.

Na veel heen-en-weer-gepraat gaf de hoogste Duitse politieautoriteit in Nederland, de *Höherer SS- und Polizeiführer* Hanns Albin Rauter, in het najaar opdracht voor een omvangrijke vergeldingsactie die als *geheime Reichssache*, topgeheim, de codenaam *Silbertanne* kreeg. Voor elk slachtoffer zouden Germaansche SS'ers in samenwerking met de Sipo drie Nederlanders ter plaatse doodschieten, bij voorkeur intellectuelen en tegenstanders van het naziregime.

De *Silbertanne*-acties begonnen in september 1943 en duurden het daaropvolgende jaar voort. Na de oorlog bekende Kuiper dat hij in 1944 aan verschillende ervan had deelgenomen, onder meer op 9 april in Velsen-Noord, in de nacht van 1 op 2 juni in Berkhout vlak bij Hoorn en op vrijdag 4 augustus in Purmerend. Dus op de dag van de inval in het achterhuis. Hij was die avond als chauffeur op pad geweest met de Duitse Sipo-man, SS-*Untersturmführer* Friedrich Christian Viermann, en twee Nederlandse SS'ers. De naam van het slachtoffer hadden ze twee dagen eerder op een lijstje gezet, toen Kuiper en de rechercheurs Friedrich Viebahn, Emil Rühl en Viermann in opdracht van hun chef Willy Lages Purmerend hadden verkend. Het verzet had daar twee Nederlandse Landwachters, leden van de gehate paramilitaire 'zelfbeschermingsorganisatie' van de NSB, geliquideerd.

De briefing voor de actie op 4 augustus vond in de loop van de middag plaats en het lijkt vrijwel uitgesloten dat Kuiper even tussendoor het achterhuis op Prinsengracht 263 hielp binnenvallen. Hij maakte verbeten jacht op verzetsmensen, zo wilden de Duitsers het ook, en hij was geen jodenjager. Na de oorlog zei Kuiper dat *SS-Hauptsturmführer* en *Kriminalkommissar* Walther Albers, de leider van de afdeling IV A (bestrijding van de illegaliteit en spionage), hem tegen zes uur op zijn kamer had ontboden om de laatste details te bespreken, maar Viermann noemde als tijdstip drie uur.

Bij zijn binnenkomst zaten er behalve Kuiper, Viebahn en Rühl zes mannen in burger, van wie hij later begreep dat het Nederlandse SS'ers waren die 'een speciale opdracht' hadden. Albers had hun uitgelegd dat het om de actie *Silbertanne* ging. Voor hij verdere instructies gaf, stelde hij eerst de elk vier man tellende commando's samen die ieder een moord voor hun rekening moesten nemen. Het *Silbertanne*-commando van Kuiper, met de Nederlandse SS'ers Sander Borgers en Hendrik Kromhout als de schutters, kreeg de naam op van de zesenvijftigjarige belastingambtenaar Johannes Kolijn, voor de oorlog lid van de voorloper van de PvdA, de SDAP, maar verder niet politiek actief.

Kuipers commando vertrok om kwart over zes uit de Euterpestraat, maar als gevolg van oponthoud onderweg arriveerde het pas om halfacht bij het huis van Kolijn op de Venedien 9. Toen de Duitser Rühl rond die tijd Purmerend binnen reed, kwam de auto van Kuiper hem met grote snelheid tegemoet. Ter hoogte van het huis van Kolijn zag hij een groep mensen staan, waaruit hij opmaakte dat de ploeg van Kuiper daar moest zijn geweest. Weliswaar hadden de beide SS'ers de ambtenaar neergeschoten, maar deze leefde nog. Een operatie mocht niet baten en Kolijn overleed dezelfde nacht om twee uur.

Een lastig karakter

Woensdag 11 september 2002

En plotseling belt Ton Ahlers 's avonds om halfnegen om te vertellen dat hij samen met zijn broer een paar dagen vakantie heeft gehad in Zuid-Frankrijk. Hij had me immers gezegd dat hij even een time-out wilde, maar ik herinner me daar niets van. In ieder geval voelt hij zich dusdanig opgeknapt dat hij weer de draad wil oppakken en met de documentaire verdergaat. Maar hij is het niet op alle punten eens met de brief die ik hem op zaterdag 7 september heb geschreven.

Ik had de behoefte alles eens op een rijtje te zetten, nadat Olivier en ik een dag eerder, op 6 september, met Eric Slot hadden gesproken. Naar zijn zeggen had hij inmiddels een mailtje van Lee ontvangen, waarin ze hem liet weten dat ze mij *not now, not ever* meer wilde ontmoeten. Hij nam aan dat ze hevig geschrokken moet zijn van wat ze allemaal teweeg heeft gebracht. De doorgedraaide Ahlers, de grote spanningen in diens gezin en eerder de harde kritiek in de kranten op haar boek, met name van Jan Blokker. Dat zou haar niet in de koude kleren zijn gaan zitten.

Op onze vraag of ze soms om al die redenen ook afziet van de publicatie in de Verenigde Staten, antwoordde hij ontkennend. Voor de rest zag Slot geen mogelijkheid om ons verder te helpen, al gaf hij wel het mailadres van Lee.

Olivier en ik besloten dat ik Ton Ahlers een brief en hij een mailtje aan Lee zou schrijven. Voor alles hoopten we eindelijk duidelijkheid te verschaffen, omdat we in de gesprekken die we met enkele omroepen voerden een allesbehalve goed figuur sloegen. Heette het eerst dat we werkten aan een documentaire over een man wiens vader de familie Frank heeft verraden, nu gaat diezelfde documentaire over een man die zegt dat zijn vader het verraad heeft gepleegd. Nog daargelaten dat wijzelf grote twijfels hebben. Bovendien verzwegen we dat hij voorlopig niet meer met ons wil praten. Toch blijft het volgens ons een interessant verhaal. Het zou spannende televisie kunnen opleveren als we hem met de feiten confronteren.

In de brief sprak ik er mijn verbazing over uit dat ik via Eric Slot en Lee moest vernemen dat hij niet meer met me wil praten, en wel vanwege het feit dat zijn dochter bezwaar tegen de documentaire zou hebben. Maar wat er volgens mij vooral speelt, is dat Lee hem als haar kroongetuige claimt, dit met het oog op de publicatie van haar boek in Amerika. Ze zal nooit haar hypothese geloofwaardig kunnen onderbouwen zonder dat iemand steeds maar weer bevestigt dat het allemaal klopt. En dan het gegeven dat hij mij voortdurend belooft een nieuwe afspraak te zullen maken, maar het telkens laat afweten. Misschien zou het een idee zijn om met hem, zijn vrouw en zijn dochter om de tafel te gaan zitten en te kijken hoe we het zullen aanpakken en waar huns inziens de schoen wringt.

Als ik Ahlers vraag op welke punten hij niet met mijn brief instemt, antwoordt hij dat hij dit niet telefonisch wil afhandelen. Hij zal vanavond nog Lee bellen en dan gaan we met z' n drieën om de tafel zitten. We zijn per slot van rekening volwassen mensen en we moeten eruit kunnen komen. Maar zou het misschien niet beter zijn als wij eerst met elkaar praten, opper ik. 'Ik ga het doen zoals ik denk dat het 't beste is,' zegt hij gedecideerd. 'Ik heb besloten de regie in eigen hand te houden en ik ben niet meer van plan die af te staan. Morgen moet ik naar de zaak om wat dingen te regelen, maar vrijdag zal ik je bellen voor een afspraak.'

Ook de contacten met andere leden van de Ahlers-familie verliepen tot dusver niet geheel naar wens. Ik heb oom Cas gebeld, maar die snauwde dat hij alles had gezegd wat hij op zijn lever had, en smeet de haak erop. Hij lijkt me toch al een wat verwarde man. In een interview beweerde hij opeens met grote stelligheid dat de vrouw van Ton Ahlers, Carolien, het boek over Otto Frank had geschreven. Achteraf bleek dat hij de namen Carolien en Carol Ann Lee door elkaar had gehaald.

Nu wil het toeval dat ik de ruwe, nog niet geredigeerde band heb gezien met het interview dat RTV Drenthe met hem had, en waarin hij hakkelend een onsamenhangend verhaal ophing. Niet alleen wist hij te vertellen dat de familie Frank in november 1944 in de Euterpestraat was opgepakt, maar ook zou zijn broer nooit 'een Jodenhater' zijn geweest. Op de vraag of deze de Franks had verraden, antwoordde hij eerst met nee om vervolgens aarzelend de vraag te bevestigen. Om er meteen aan toe te voegen dat zijn broer als lid van de NSB een dubbelrol had gespeeld door de ondergrondse allerlei informatie toe te spelen. 'Anders zouden ze hem heus wel hebben geliquideerd,' aldus oom Cas, die overigens eerlijk bekende het boek van Lee niet te hebben gelezen.

Toch had ik graag willen weten hoe het zit met die kandelaar van de familie Frank die hij naar zijn zeggen van zijn schoonzusje heeft gekregen. En die bovendien niet een Joodse, maar een gewone kandelaar blijkt te zijn. Heeft hij nooit overwogen die op echtheid te laten onderzoeken, bijvoorbeeld door de Anne Frank Stichting, of anders terug te geven aan de wettige erfgenamen? Een ander punt vormt zijn tewerkstelling in Duitsland. In het interview met RTV Drenthe doet hij het voorkomen alsof hij een ex-dwangarbeider zou zijn. In werkelijkheid vertrok hij in 1942 vrijwillig naar Bremen.

Iets minder vijandig reageerde Tons moeder Martha, die me nog wel kort aan de telefoon te woord stond. De eenentachtigjarige vrouw mopperde boos dat Lee alles bij elkaar had gelogen, zowel het verraad als hun zakelijke relatie met Otto Frank. 'Leugens, leugens, smerige leugens,' riep ze. Dat al die dingen onweersproken mochten worden gepubliceerd, noemde ze een grote schande. Toen ik de vrouw voorstelde een afspraak te maken – dan zou ze haar kant van de zaak kunnen belichten –, zei ze dat ze zich te ziek voelde voor een dergelijk gesprek. Misschien later, maar eigenlijk had ze helemaal geen zin om zich op haar leeftijd nog eens in deze klinkklare onzin te verdiepen.

Voor uitsluitsel met betrekking tot haar rol in en na de oorlog had ik graag in het Amsterdams Gemeentearchief haar dossier van de Sociale Dienst ingezien. Die map heeft wel bestaan, maar blijkt te zijn vernietigd. En ook het sociale dossier van Tonny Ahlers, dat ik wel heb kunnen raadplegen, verschaft geen duidelijkheid. Het bevat in ieder geval niet de notitie die Lee, zoals ze ons in café Luxembourg vertelde, zou hebben gevonden. Hierin zou hebben gestaan dat Martha volgens twee anonieme getuigen de Gestapo had gebeld over de onderduikers in het achterhuis. Wel heet het in een stuk van 4 oktober 1946: 'Vrouw is, doordat de man veel in SD-kringen vertoefde, buitengewoon sluw, achterdochtig en geraffineerd.'

En op 10 juli 1947 tekende een ambtenaar van de Sociale Dienst op: 'Dit zaakje is niet pluis. Vrouw moet politiek even onbetrouwbaar zijn geweest als man. Zij werd er destijds van verdacht verradersdiensten te hebben verricht voor de SD. Er kan echter niets bewezen worden.' Ook bij haar buren zou ze 'zeer slecht' aangeschreven staan: 'Reeds meerdere malen kwamen klikbrieven respectievelijk telefonische mededelingen binnen, die echter na onderzoek geen resultaat opleverden. De vrouw is zeer geslepen en mijns inziens is hier voortdurend opmerkzaamheid geboden.'

Over haar man staat geschreven: 'Ahlers zegt zelf een lastig karakter te hebben evenals alle Ahlers. Hij duldt geen onrecht, zegt alles wat hem niet bevalt en kan niet vleien. Door deze karaktereigenschappen is "men" tegen hem.' Een steeds terugkerend thema in het dossier blijken zijn talrijke ontsnappingspogingen. Het bevat een kort proces-verbaal van een verhoor dat op 28 juni 1946 naar aanleiding van zijn allereerste ontsnapping plaatsvond. De ambtenaren wilden van Martha Ahlers weten of ze zijn mogelijke verblijfplaats kende.

Eerder had Tonny Ahlers in het gedetineerdenkamp Levantkade rechercheurs van het Bureau Nationale Veiligheid het verhaal op de mouw gespeld dat er weerwolforganisaties in Amsterdam opereerden. Groepjes oud-nazi's die op allerlei slinkse manieren sabotageacties voorbereidden. Met het BNV onderhield hij warme contacten sinds hij regelmatig medegedetineerden verklikte die wilden vluchten. De geheime dienst had hem daarop achttien dagen verlof voor 'bijzondere opdrachten' gegeven, maar na twee weken sommeerden ze hem naar de Levantkade terug te keren.

Omdat hij zich niet als 'een kwajongen' liet behandelen, zoals hij later zei, had hij de volgende dag de benen genomen – volgens zoon Ton met behulp van Otto Frank – en niemand wist waar hij uithing. Ook zijn vrouw niet, zo beweerde ze althans. Drie maanden mocht Tonny Ahlers van zijn vrijheid genieten, tot de PRA hem op 20 september 1946 opspoorde en in het kamp Laren insloot. Hij ontsnapte weer op 5 november en volgens ambtenaren van de Sociale Dienst wist Martha ook dit keer waar hij zich verborgen hield, maar ook nu zweeg ze als het graf.

Zaterdag 14 september 2002

Het wordt eentonig, ik ben me ervan bewust, maar Ton Ahlers belde vrijdag niet. En ook vandaag niet, zodat ik het zelf maar weer probeer, maar hij neemt niet op. Vervolgens bel ik Carolien en die neemt wel op. Ze vertelt dat ze mee is geweest op vakantie naar Zuid-Frankrijk en dat het allemaal heel ontspannen was, doordat ze hadden afgesproken die hele kwestie even te laten rusten. Maar toen kwamen ze thuis en daar lag mijn brief. 'Je zet hem te veel onder druk,' zegt ze op verwijtende toon. 'En nu ik je toch spreek: ik vind ook dat je veel te veel in die zaak zit te spitten. Het lijkt wel of je hem niet gelooft.'

Het is geen kwestie van wel of niet geloven, leg ik uit. Maar ik kan me voorstellen dat ook zij willen weten of het allemaal wel klopt. Ik begrijp daarom niet wat het probleem zou kunnen zijn. 'Het probleem is,' zegt ze, 'dat hij niet op zoek is naar zijn vader, maar naar zijn thuis. Tonny is veel minder belangrijk dan je denkt, al hoop ik vurig dat hij het verraad niet heeft gepleegd.'

Ik dacht dat Ton op dat punt geen twijfels kende? 'Hij is zwaar van streek geweest en kan dus niet verantwoordelijk worden gehouden voor wat hij heeft gezegd, maar dat heeft niets met het boek van Lee te maken. Jullie zijn veel te veel gefocust op de schuldvraag, maar dat interesseert Ton en mij helemaal niet.'

Maar Carol Ann Lee interesseert het wel, zelfs zo dat ze onderhand alles in het werk stelt om de documentaire te verhinderen. 'We zien haar echt niet zo vaak als jij denkt en het klopt ook niet dat wij jou via haar hebben laten weten dat Ton je niet meer wenst te spreken. Dat is iets wat hij zelf moet beslissen. Maar ik kan je verklappen dat als haar boek in Amerika gaat verschijnen, niemand dit huis zal in komen om Ton te interviewen. Hij geeft voortaan geen interviews meer.'

En hoe zit het met onze film? 'Misschien komt Ton terug, misschien vertelt hij volgend jaar zijn verhaal, of anders over twee jaar. Ik laat dat aan hem over, al heb ik zo mijn gedachten.'

Wat zijn die dan? 'Ik vind dat jullie documentaire over de zoon van Jan Jansen moet gaan, het kind van foute ouders, en dat zijn vader niet eens aan de orde moet komen. Los dan nog van de vraag of ik het zo'n goed idee vind dat Ton herkenbaar op een film of een foto is te zien.' Ze zwijgt even en zegt dan: 'Klopt het dat jij in opdracht van het NIOD werkt? Wat zijn je contacten daar?'

We mogen de beide NIOD-onderzoekers filmen tijdens hun overleg en dat is alles. Ik doe niets stiekems, als ze dat misschien bedoelt. Hoe komt ze aan die onzin? 'Dat zeg ik niet.'

Gaan zij zelf nog met de onderzoekers praten? 'Ik laat dat aan Ton over, maar als ze een beetje hadden nagedacht, waren ze al veel eerder bij ons geweest. Tenslotte heeft zijn vader ook tegen anderen gezegd dat hij de Franks heeft verraden. Ton wist al zo lang dat zijn vader als dader werd genoemd, maar door het boek vielen de stukjes op hun plaats. De vraag is alleen of we ooit honderd procent zekerheid krijgen. Maar als ik de bewijzen voor het verraad zou hebben, en misschien heb ik ze wel gekregen of heb ik ze gehad, dan zou ik ze meteen laten verdwijnen.'

Ze spreekt in raadselen: net zei ze nog vurig te hopen dat hij het verraad niet heeft gepleegd en nu suggereert ze dat ze de bewijzen misschien wel heeft gehad. Wat is het nou precies? 'Dat zal ik maar in het midden laten. Mijn leven met Ton is al moeilijk genoeg en ik heb geen zin mijn huwelijk op het spel te zetten.'

Ter waarschuwing

Wat onze groot scoop zou worden, een van wereldformaat, groeit steeds meer uit tot een moeizame, tijdrovende zoektocht door de archieven. Toen ik er zo'n twee maanden geleden aan begon, had ik niet kunnen dromen dat ik me nog eens zou moeten verdiepen in de personen die op de een of andere manier een rol spelen in een boek over het verraad van de mensen in het achterhuis. En dan pluis je in het Nationaal Archief het dossier door van ene Joop Jansen, de man van de voor Otto Frank belastende brief en NSB-lid met stamboeknummer 29992.

Gezien het feit dat hij in het boek van Lee onderbelicht blijft, sloot ze kennelijk op voorhand de mogelijkheid uit dat hij wel eens het verraad zou kunnen hebben gepleegd. Slechts één keer, in een noot achterin, doet ze die suggestie. Maar het had welbeschouwd voor de hand gelegen dat Jansen de mensen uit het achterhuis zou hebben aangebracht.

Geboren op 28 juni 1887 in Hellevoetsluis leek Jansen voorbestemd om priester te worden, maar na drie jaar verliet hij het seminarium. Onder invloed van zijn eerste vrouw sloot hij zich bij een anarchistische groepering aan die de vrije liefde propageerde en haar leden opriep kerkdiensten te verstoren. Met haar had hij twee zonen, maar het huwelijk hield niet lang stand. Eind 1915 huwde hij de Joodse Jetje Bremer, met wie hij zes kinderen kreeg. Hij ontpopte zich als een man van twaalf ambachten en dertien ongelukken, zodat zijn vrouw zich gedwongen zag erbij te verdienen, onder meer als demonstratrice van Opekta op beurzen en bijeenkomsten van huisvrouwen.

Later opende ze een bloemenwinkel op de Amstelveenseweg in Amsterdam. Jansen zocht bij voorkeur baantjes in de theaterwereld, bij gezelschappen als dat van Willem Royaards en Herman Heijermans, alsook bij het Grand Theater en het Centraal Theater. Hoewel hij zich voor toneelspeler uitgaf, deed hij kantoorwerk. Of hij werkte er als souffleur, zoals bij het toneelgezelschap De Voortrekkers, dat in Duitsland voor Nederlandse arbeiders optrad.

Met de NSB kwam hij in 1934 in aanraking, toen hij op uitnodiging van een buurman een bijeenkomst in theater Bellevue bezocht. Hij was dermate onder de indruk dat hij zich nog dezelfde avond als lid opgaf. Bij zijn vrouw viel dit in minder goede aarde, wat ertoe leidde dat hij weer bedankte. Maar na de Duitse inval liet hij er geen gras over groeien en meldde zich voor zowel de NSB als haar knokploeg WA aan. En toen zich later dat jaar de mogelijkheid voordeed, gaf hij zich als lid van de Nederlandsche SS op. In de NSB vervulde hij verschillende functies, onder meer als blokleider, groepspropagandist en groepsorganisator. Tegelijkertijd liet hij zich als WA-man en SS'er tijdens rellen niet onbetuigd en bij een politiecharge op de Dam raakte hij gewond aan zijn knie.

Na de oorlog zei hij dat zijn vrouw Jetje niets van zijn politieke activiteiten mocht weten en dat hij zich om die reden op een adres in de Saxenburgerstraat bij het Vondelpark had laten inschrijven, maar volgens haar had hij er een vriendin wonen. Bovendien zou hij dit adres opgeven in de huwelijksadvertenties die hij in kranten plaatste, met de tekst: 'Eenzame en alleenstaande heer zoekt kennismaking.' Op het tijdstip dat hij Otto Frank op het Rokin ontmoette, in maart 1941, stelde het huwelijk niets meer voor. Zijn vrouw en hij sliepen apart en hij communiceerde met haar hoofdzakelijk via het NSB-weekblad *Volk en Vaderland* door bepaalde artikelen en zinsneden aan te strepen. Of hij krabbelde bij een bericht over een fusillering: 'Ter waarschuwing voor anti-Duitsche uitlatingen!'

Zijn vrouw betichtte hem er later van dat hij in die tijd ook op grote schaal verraad had gepleegd. Een van zijn kinderen, die heimelijk zijn zakken had doorzocht, vond er brieven gericht aan rijkscommissaris Arthur Seyss-Inquart, de Duitse stadhouder in Nederland, met de namen van ziekenhuisdoktoren en -verpleegsters die zich anti-Duits zouden hebben uitgelaten. Ook zaten er adressen van

Joodse Nederlanders in zijn portefeuille. 'Wat hij hiermee voorhad, kan ik slechts vermoeden,' zei zijn vrouw. 'Deze adressen werden door mij of een van de kinderen gewaarschuwd, opdat die mensen maatregelen zouden kunnen nemen.'

In juni 1941 verliet hij haar alsnog om bij een weduwe van een bakker op de Ptolemaeusstraat in te trekken, zonder dat hij voor zijn gezin de benodigde distributiekaarten had achtergelaten. En nadat Amsterdamse politiemannen in september 's ochtends om vier uur twee van zijn zonen wegens verzetsactiviteiten van het bed hadden gelicht, zou hij aanvankelijk geen vinger hebben uitgestoken. 'Hoe vind je dat?' had zijn vrouw Jetje tegen hem gezegd. 'Twee kinderen van je zijn gearresteerd en jij bent NSB'er!' Waarop hij zou hebben geantwoord: 'Nou ja, er moeten nu eenmaal slachtoffers vallen.' Pas maanden later ondernam hij iets, maar toen bleek het te laat voor zijn zoon Robert.

Nadat een Duitse rechtbank de tweeëntwintigjarige slotenmaker ter dood had veroordeeld, werd hij op 18 augustus 1942 in het concentratiekamp Neuengamme geëxecuteerd. Zijn andere zoon, Joseph, zou het daarentegen overleven.

Met de bakkersweduwe verhuisde hij in 1942 naar Den Haag en begon er op de Van Boetzelaerlaan een sigarenzaak, maar Jansen droomde van een carrière als burgemeester. Toen hij op zijn brieven nul op het rekest kreeg, volgde hij een SS-kaderopleiding in Lunteren, om vervolgens aan de lopende band bij NSB-organisaties als de Landstand en de Winterhulp te solliciteren. Ten slotte moest hij zich tevredenstellen met een baantje als 'reisleider' van het *Deutsches Theater in den Niederlanden*. De floormanager die voor het vervoer van de acteurs en de actrices en van de rekwisieten zorgde.

Begin augustus 1944, dus rond het tijdstip van de inval in het achterhuis, vertrok hij naar Winterswijk, waar hij de rekwisieten hielp opslaan en bewaken. Kort daarop hielden de Duitsers hem en de weduwe aan op verdenking spullen uit de opslag van het theater te hebben ontvreemd. Na zijn vrijlating in februari 1945 uit de gevangenis van Münster, keerde hij terug naar Winterswijk. Een maand later, op 31 maart, arresteerden mannen van de BS hem daar.

Een mysterieuze figuur

Toen PRA-rechercheurs tijdens een onderzoek probeerden te achterhalen, waarom Jansen zijn belastende brief over Otto Frank had geschreven, lieten ze het verraad van de mensen in het achterhuis buiten beschouwing. Om een volstrekt onduidelijke reden legden ze die relatie niet. Tijdens een verhoor zei Jansen op 4 december 1946 dat hij inderdaad 'onwillekeurig' met Frank over politiek had gesproken, maar dat hij zich de verdere toedracht hoegenaamd niet meer kon herinneren. Hij ontkende wel met klem de bewuste brief te hebben geschreven.

'Al zou ik door iets anders te verklaren op staande voet mijn vrijheid verkrijgen,' betoogde hij, 'dan nog zou ik bij mijn verklaring blijven.' En als er al een dergelijke brief zou bestaan, zou die in ieder geval niet in zijn handschrift zijn. Hij was per slot van rekening nooit een antisemiet geweest en had Frank altijd gerespecteerd als een hoogstaand man.

Ook het lidmaatschap van de NSB zou niets om het lijf hebben gehad. Hij hoopte op die manier zijn Joodse vrouw en half-Joodse kinderen tegen Duitse maatregelen te beschermen. Het stuklopen van zijn huwelijk weet hij aan zijn vrouw, die hem met 'haar zakelijke eigenschappen' een minderwaardigheidsgevoel had bezorgd: 'Als onze verhouding goed was geweest, zou het met mij nooit zover zijn gekomen en zou ik mijn heil niet hebben gezocht bij de NSB.'

Dat hij allerlei adressen in zijn portefeuille had gehad, zou volgens hem heel goed kunnen, maar het was nooit zijn bedoeling geweest die mensen aan te brengen. Op de vraag wat hij er dan mee wilde, bleef hij het antwoord schuldig. Verder bestreed hij dat hij nauwelijks iets zou hebben ondernomen om zijn zoon Robert vrij te krijgen. Behalve dat hij de deur bij de SD zou hebben platgelopen, had hij tientallen brieven gestuurd aan onder anderen *SS-Reichsführer* Heinrich Himmler, Rauter en de *Befehlshaber* van de Sipo en de SD in Den Haag. Hij zou zelfs hebben aangeboden om desnoods de plaats in te nemen van zijn zoon.

Opmerkelijk mild liet zijn vrouw Jetje – ze waren nog altijd niet gescheiden – zich over hem uit. 'Mijn echtgenoot is een mysterieus figuur,' zei ze in een verhoor, 'en ik betwijfel of hij wel de consequenties van zijn daden heeft overzien.' Dezelfde teneur had een brief waarin ze op 1 december 1948 schreef: 'Hij is een meeloper, iemand die het niet kan vinden, toch acht ik hem tot geen slechte daden in staat, omdat men al heel snel zijn medelijden kan wekken en hij zichzelf niet ontziet te helpen, ook al benadeelt hij zichzelf.' Zelf had ze overigens pas na de oorlog van de klikbrief gehoord.

Voor wat Frank betrof nam justitie aanvankelijk genoegen met de brief van 21 augustus 1945 aan het Bureau Nationale Veiligheid, waarin hij over Jansens brief schreef en een goed woordje voor Ahlers deed. Op 20 november 1946 vond alsnog een verhoor plaats. Na de gang van zaken te hebben geschetst stelde Frank vast: 'Ik heb nooit kunnen denken dat Jansen, die met een Joodse vrouw is gehuwd, zich voor een dergelijke praktijk zou lenen.' De PRA-rechercheurs wilden in 1947 ook Ahlers horen, maar die was in juli van dat jaar direct na zijn veroordeling wegens diefstal uit de gevangenis in Zutphen ontsnapt en bleek sindsdien spoorloos.

Kort voordat Jansen begin 1949 terecht zou staan, bepaalde de kantonrechter in Amsterdam dat eerst een zenuwarts een onderzoek naar zijn geestelijke vermogen moest instellen. En toen kwam de waarheid aan het licht: in een gesprek met de arts gaf hij toe de brief uit jaloezie te hebben geschreven. 'Het stak hem zeer dat zijn vrouw demonstratrice was bij de heer O.H. Frank. Dat was een man die wel zijn geld zelf verdiende, en hij bekent zichzelf dat hij wel eens heeft gedacht dat zijn vrouw hem ontrouw zou zijn met deze man. Bewust heeft hij het haar nooit verweten,' schrijft de arts die in zijn rapport Jansen als 'een hysterische psychopaat' kwalificeert.

In maart veroordeelde de kantonrechter hem dan voor onder

meer zijn brief over Otto Frank en zijn werkzaamheden voor het *Deutsches Theater in den Niederlanden* tot vierenhalf jaar gevangenisstraf. Als gevolg van het feit dat hij vanaf maart 1945 in voorarrest had gezeten, kwam hij twee maanden later vrij. Enkele weken eerder had zijn vrouw Jetje zich alsnog van hem laten scheiden, maar op 30 mei 1952 hertrouwden ze in Den Haag, waarna Joop Jansen vier maanden later, op 28 september, overleed.

Waarheidsvinding

Voordat ik Ton Ahlers weer sprak, waren we meer dan zeven maanden verder. De aanleiding vormde het rapport *Wie verraadde Anne Frank?* dat de onderzoekers van het NIOD, Barnouw en Van der Stroom, op vrijdagochtend 25 april tijdens een persconferentie presenteerden. Tot dan hadden Olivier en ik verder aan de film gewerkt, al begon het me allemaal steeds meer tegen te staan. Even leek het alsof we de impasse zouden doorbreken, toen Lee zomaar haar telefoon opnam. Talloze malen had ik vergeefs op haar antwoordapparaat en voicemail had ingesproken. *Hello Mrs Lee, can you please call me back?* En ik begon me langzamerhand een stalker te voelen. Ook had ze niet op Oliviers mailtje gereageerd.

Op mijn vraag waarom ze niet meer met me wenst te praten, antwoordde ze dat ze dat best wil, maar even behoefte had gehad aan rust in haar hoofd. Bovendien was ze een beetje kwaad op mij geweest: ik zou haar boek als *trash* hebben bestempeld. Rotzooi dus. Behalve dat haar boek van de onjuistheden wemelt, vind ik dat ze manipuleert, met de feiten knoeit om haar theorie te kunnen onderbouwen. Met als resultaat dat ze volstrekt ten onrechte de reputatie van Otto Frank door het slijk haalt. Neem alleen maar de kop in de Duitse zondagskrant *Welt am Sonntag* van 7 november 2002: '*Anne Frank vom Geschäftspartner ihres Vaters verraten*'. Anne Frank verraden door de zakenpartner van haar vader. Maar het klopt niet dat ik het woord *trash* in mijn mond heb genomen. En al zou ik het hebben gedacht, dan kan de Britse nog niet gedachtelezen.

In plaats van hier verder over uit te weiden legde ik haar uit dat er naar mijn mening, om het zacht uit te drukken, flinke lacunes in haar theorie zitten. Lee zweeg even voor ze opmerkte dat ze er zelf ook niet honderd procent zeker van was dat het zo zou zijn toegegaan. Wat dat aanging, moest ze nog allerlei dingen uitzoeken. Op mijn vraag, en het was een *lucky shot*, waarom ze mij bij de familie Ahlers als een soort spion van het NIOD had afgeschilderd, zei ze dat ze me geenszins had willen zwartmaken. Ze had alleen maar de mogelijkheid geopperd dat ik voor dat instituut zou werken. Toen ik voorstelde de zaak nog eens te bespreken, reageerde ze enthousiast. Het leek haar dan een goed idee ook Ton en Carolien Ahlers erbij te betrekken. Ze wilde het aan hen voorleggen en dan zou ze me nog dezelfde dag terugbellen. Maar ze belde niet meer terug.

We interviewden in november ook nog de eindredacteur van *Andere Tijden*, Ad van Liempt, nadat eerder een redactrice van hem ons had afgepoeierd. Volgens haar bestond er weinig reden voor een ontmoeting, 'behalve voor de gezelligheid en om als collega's onder elkaar nog eens het onderwerp door te nemen,' schreef ze. *Andere Tijden* is het te doen om 'waarheidsvinding', waarbij het 'voornamelijk om het eindeloos doorploegen van archieven etc. gaat, wat voor u verder weinig interessant is, lijkt mij'.

Om eraan toe te voegen: 'Kortom, als ik op dit moment veel tijd had, zou ik graag eens prettig met u om tafel zitten, maar aangezien mijn hoofd en schema op dit moment nogal vol zitten, moet ik van dit treffen afzien.'

Door zijn net verschenen, op zich indrukwekkende boek *Kopgeld* over de jodenjagers van de Colonne Henneicke als voorwendsel voor een interview te gebruiken lukte het ons alsnog Van Liempt voor de camera te krijgen. Maar hij reageerde als door een wesp gestoken zodra ik ook de weinig kritische uitzending over Lee's verraadtheorie ter sprake bracht. 'Aha, waarom zeggen jullie niet meteen dat het jullie daarom te doen is?' riep hij gepikeerd. En het scheen me toe dat de uitzending hem niet lekker zat, maar hij probeerde zich eruit te redden met het argument dat *Andere Tijden* niets anders had gedaan dan Lee's verhaal na te vertellen. De redactie kon moeilijk alle feiten nog eens gaan checken, maar wat hem betrof had ze al het menselijk mogelijke gedaan.

En we spraken met de Joodse documentairemaker en producent Willy Lindwer over de vraag hoe we een draai aan de film zouden kunnen geven, mocht Ton Ahlers het verder laten afweten. Toen ik een videoband met zijn in 1988 uitgezonden documentaire *De laatste zeven maanden. Vrouwen in het spoor van Anne Frank* had gezien, realiseerde ik me opnieuw hoeveel onmetelijk leed de Joden is aangedaan. Hoe rauw het allemaal nog moet zijn.

Urenlang zaten we met Lindwer in zijn kantoor onder zijn huis aan de Amstel te praten en het ging amper meer over de film, maar voornamelijk over onze jeugd en de oorlog. Maar ook hij wist niet wat we nog zouden kunnen ondernemen. Of we zouden moeten proberen uit te vissen, suggereerde hij, wie dan het verraad had gepleegd. Iets waarvoor ik eigenlijk niet veel voelde.

Zolang er geen beweging in de zaak zit, heeft het in ieder geval weinig zin om de omroepen te benaderen, bleek ons algauw tijdens gesprekken bij de VPRO. Toch wilden we nog niet opgeven en in januari 2003 mochten we dan eindelijk op Prinsengracht 263 filmen. Het kantoortje van Otto Frank, zijn agenda met vier keer de naam Ahlers, zonder voornaam of adres, kennelijk als een geheugensteuntje voor deze getraumatiseerde man. Het magazijn, het achterhuis, het kamertje dat Anne Frank noodgedwongen moest delen met de door haar verfoeide tandarts Fritz Pfeffer.

We hoopten dat het rapport van het NIOD een opening zou verschaffen. Het leek ons niet meer dan logisch dat Ton Ahlers zou willen reageren, temeer daar de onderzoekers geen spaan heel lieten van Lee's verraadtheorie. 'Uit alles blijkt,' schrijven ze over Tonny Ahlers in het honderdvier pagina' s tellende geschrift *Wie verraadde Anne Frank?*, 'dat hij weliswaar niet altijd aan de juiste kant van de wet leefde, maar dat hij vooral opviel door zijn opschepperij en onbetrouwbaarheid. En juist deze man is, naast zijn eigen familie, de voornaamste bron van Carol Ann Lee's these. Het feit dat sommige familieleden gezegd hebben dat Tonny inderdaad een slechterik was en zeker de familie Frank heeft verraden, zegt zonder nader bewijsmateriaal niet veel. In elk geval niet over de historische waarheid, hoogstens over de familieleden.'

Ook menen ze dat Lee 'kritischer' met haar bronnen had moeten omspringen. De Britse ziet Tonny Ahlers als een gewetenloze en gewiekste misdadiger met tal van Duitse connecties en desondanks gelooft ze bijna alles wat hij heeft gezegd. Zoals ze eveneens onvoorwaardelijk een kroongetuige gelooft, namelijk zoon Ton, 'die zich nu nog letterlijk een telefoongesprek zegt te kunnen herinneren dat hij bijna vijftig jaar geleden als zevenjarige heeft afgeluisterd'. Voor de rest ontrafelen de onderzoekers stukje bij beetje haar theorie, al geven zij geen antwoord op de vraag wie dan het verraad zou hebben gepleegd. Tamelijk laconiek constateren ze dat voor hetzelfde geld volgend jaar een nieuwe theorie kan worden gelanceerd en het jaar daarop weer een andere.

Nog dezelfde middag na de verschijning van het NIOD-rapport belde ik Ahlers en dit keer had ik hem meteen aan de lijn. Op mijn vraag of hij dan ten minste wilde reageren op de conclusies van het NIOD, antwoordde hij dat hij er inderdaad kennis van had genomen, maar het nu te druk had om iets te zeggen: 'Ik bel je vanavond terug. Dan praten we verder en maken we meteen een afspraak.'

DEEL II

Verraders

Er verstreken een paar jaar voor ik besloot me toch weer in het verraad van de onderduikers in het achterhuis te verdiepen. Toen Ton Ahlers opnieuw niet terugbelde en ook Carol Ann Lee niets meer van zich liet horen[3], besloten we het hele project te staken. Op die manier had het geen zin meer, en ik borg tamelijk gefrustreerd mijn aantekeningen en de fotokopieën van documenten op. Voor alles wilde ik eerst afstand nemen van de zaak-Ahlers. Die had meer bij me losgemaakt dan ik aanvankelijk wilde toegeven.

Na het boek over mijn jeugd, *Potgieterlaan 7*, had ik me bovendien voorgenomen niet meer over de Tweede Wereldoorlog te schrijven. Dat hoofdstuk had ik afgesloten, dacht ik, maar zo werkt het nu eenmaal niet. Die ervaring deed ik ook op toen ik op het verhaal over de vliegtuigpionier Frits Koolhoven stuitte, wiens naam vanwege zijn NSB-lidmaatschap uit de annalen bleek te zijn geschrapt. Het resulteerde in een boek en een tv-documentaire.

Wat verder meespeelde, was mijn levenslange fascinatie voor het verraad en het kwaad. De *evilness* van de nazi's, maar evenzogoed van bijvoorbeeld seriemoordenaars. Een categorie mensen over wie ik de afgelopen jaren twee boeken schreef. En ook na het telefoontje van Ahlers wist ik dat deze zaak me niet meer zou loslaten, maar het duurde nog even voor ik de draad weer oppakte.

Voor het verdere onderzoek besloot ik me niet zozeer op het verraad van het achterhuis te concentreren, als wel op de vraag wie voor Joodse Nederlanders en Joodse onderduikers in het bijzonder de grootste bedreiging vormde. Dit hield in dat ik allereerst meer te weten moest komen over de Nederlandse politie, die immers een belangrijke rol speelde bij de Jodenvervolging, en vervolgens over de jodenjagers van de speciale politiediensten en ten slotte over de mensen die het verraad pleegden.

Ik diende me er voor een beter begrip van hun beweegredenen en hun handelwijze rekenschap van te geven dat het verraad meerdere vormen kent. Waarom verklikte een vrouw haar Joodse buren, bracht een man op grote schaal Joodse onderduikers aan en ontpopte een politieman zich als meedogenloze jodenjager? Het gevaar loerde immers overal, in de persoon van verklikkers, NSB'ers, jodenjagers, collaborateurs, en zelfs op het oog onberispelijke, gerespecteerde burgers. Wat bracht iemand ertoe zich voor dergelijke praktijken te lenen?

Voor het plegen van een misdrijf als verraad bestaan ruwweg drie motieven. In het eerste geval gaat het om *hate-crime*, tijdens de bezetting ingegeven door puur antisemitisme. In het tweede geval kunnen twee partijen een conflict hebben gehad en wil de ene partij de andere een hak zetten. Uit broodnijd bijvoorbeeld. Vaak gebruikten boeren onderduikers als goedkope arbeidskrachten en het kwam voor dat een buurman dit als concurrentievervalsing beschouwde en hen verklikte. In het derde geval hoopte de dader er materieel beter van te worden, financieel, qua carrière. Iemand vroeg een gunst van de bezetter, maar kon die alleen krijgen als hij hem een dienst verleende. Het kon echter ook een combinatie van drijfveren zijn.

In zijn in 1981 verschenen boek *De collaborateur* citeert de psychiater Jaap Hofman de psychiatrische deskundige bij het naoorlogse bijzonder gerechtshof in Amsterdam, S.P. Tammenoms Bakker, volgens wie sommigen ook verraad 'zonder invoelbare reden' pleegden. Terwijl ze aan de ene kant een overmatige behoefte aan het beleven van emoties hadden, zouden ze aan de andere kant met hun zelfzucht, egocentriciteit en ijdelheid niet in staat zijn geweest zich te binden. Het merendeel van hen verraadde na de oorlog even gemakkelijk hun lotgenoten in de kampen en de huizen van bewaring, iets waarvoor Tonny Ahlers evenmin terugdeinsde,

'Voorzover er geen sprake was van een dwangsituatie,' schrijft Hofman, 'was het verraad bijna steeds het gevolg van haat of jaloezie, de behoefte een concurrent of een vijand uit te schakelen, waarbij impulsiviteit of een onvermogen een dergelijke daad te kunnen overzien, niet zelden een rol speelde.'

Veel verraad zou toen in min of meer verkapte vorm zijn gepleegd, bijvoorbeeld door in openbare gelegenheden op een zodanige manier over anderen te praten dat men het risico liep te worden afgeluisterd. 'Aldus kon men met behulp van een beetje zelfbedrog het geweten schoonhouden,' constateert Hofman. Maar wie per se anoniem wilde blijven, kon schriftelijk zijn buurman, collega of broer aanbrengen. Voor mensen die al nauwere banden met de Duitse en Nederlandse opsporingsinstanties hadden aangeknoopt, bestond de mogelijkheid de bezetter ter wille te zijn door in het verzet te infiltreren of celspionage te bedrijven om vervolgens de informatie aan de SD of de Gestapo te geven.

Verraad vond heel vaak plaats nadat mensen wegens zwarte handel, diefstal, onderduiken of contacten met het verzet in de handen van de Duitsers en hun Nederlandse handlangers vielen en onder de op hen uitgeoefende druk bezweken. Zodra de rechercheurs het vermoeden hadden dat ze met iemand hadden te maken die mentaal niet al te sterk in zijn schoenen stond, pasten ze zware intimidatie en ook fysiek geweld toe. Maar in genoeg gevallen hadden ze dit soort methodes niet of nauwelijks nodig. De doorslag gaven dan bij de arrestant veelal overwegingen als opportunisme, in de hoop materiële voordelen te verkrijgen, geldingsdrang, een rancuneuze levensinstelling of een diepgeworteld antisemitisme.

Na de oorlog hebben de bijzondere gerechtshoven en tribunalen vijfentwintighonderd Nederlanders – zo'n vijftienhonderd mannen en rond de duizend vrouwen – veroordeeld wegens het verklikken en het aangeven van Joden, verzetsmensen en onderduikers die zich aan de zogeheten *Arbeitseinsatz* in Duitsland onttrokken. Sinds jaar en dag liggen hun dossiers in het Nationaal Archief in Den Haag en het NIOD in Amsterdam te verstoffen. Ik heb er de afgelopen jaren nogal wat ingezien en ze bevatten stuk voor stuk hun eigen verhaal, doorgaans heel verschillend van elkaar, soms overlappend, maar alle even schokkend.

De namen van de daders raakten door de decennia heen in de vergetelheid. In enkele gevallen, bij de meest beruchte verraders en jodenjagers, hadden de kranten na de oorlog aandacht aan hun proces besteed. Meestal beperkten ze zich tot een bericht of een summiere vermelding van de strafmaat. Later heeft dr. Loe de Jong in zijn *Koninkrijk der Nederlanden in de Tweede Wereldoorlog* nog enkele zaken eruit gelicht, in hooguit twee, drie alina's. Andere, niet minder belangwekkende of schrijnende zaken kwamen niet of nauwelijks aan bod.

Toch moet dit alles nog slechts het topje van de ijsberg zijn geweest. De SD en de Gestapo hadden de meeste klikbriefjes vernietigd, met als gevolg dat er weinig bewijsmateriaal op het punt van incidenteel verraad bestond. Uit de verklaringen van Nederlandse jodenjagers blijkt echter dat zij mede waren aangewezen op de stille verklikkers en het staat ook vast dat in die jaren duizenden klikbriefjes zijn gepost of in de bus gestopt bij de SD, de Gestapo en de plaatselijke politie.

De weduwe Zilkens

Ik vond de brief samen met de daaruit voortgevloeide correspondentie bij het NIOD in een map en toen ik ze las, viel me vooral het triviale ervan op. Een drama in zakformaat. In tegenstelling tot de meeste verklikkers, die hun brieven met potlood in een krakkemikkige stijl op goedkoop papier krabbelden, gebruikte de weduwe H. Zilkens-van der Eerden uit Nijmegen geschept papier voor haar verzoek aan rijkscommissaris dr. Arthur Seyss-Inquart, de Duitse stadhouder van bezet Nederland.

In een regelmatig, sierlijk handschrijft schrijft de moeder van vijf kinderen op 23 mei 1941 dat haar twintigjarige dochter met een eenendertigjarige Joodse man wil trouwen zodra ze op 1 juli meerderjarig wordt. 'Hij is brutaal en treedt hier op, omdat er geen vader is. U Edelachtbare begrijpt dat ik hier groot verdriet van heb en U de enige is die hier een einde aan kan maken.' Zoals de rijkscommissaris wel zal snappen, heeft ze ernstig bezwaar tegen een huwelijk tussen beiden. Bij de man gaat het om 'M. Rozelaar, in Den Haag en Amsterdam'. Zijn oorspronkelijke adres luidde Johann Keplerstraat 23 in Amsterdam. Mocht Seyss-Inquart er werk van maken, dan verzoekt zij hem haar poste restante terug te schrijven.

De zaak is een kolfje naar de hand van het rijkscommissariaat, dat de brief doorstuurt naar de vertegenwoordiger van de Duitse commissaris-generaal voor bestuur en justitie op het departement van Binnenlandse Zaken. Deze legt de kwestie voor aan het hoofd van de afdeling binnenlands bestuur, mr. Johannes Marinus Kan, een zoon van de oud-minister en de broer van de later vermaarde cabaretier Wim Kan. Op 3 juli stuurt mr. Kan een afschrift van de brief aan het hoofd van de afdeling verkiezingen en burgerlijke stand van de gemeente Den Haag, P.C. Wesseling. Met het dringende verzoek de genoemde Rozelaar te ontbieden.

Bij die gelegenheid moet Wesseling hem op de moeilijkheden wijzen 'die kunnen ontstaan als hij niet afziet van zijn voornemen met mejuffrouw Zilkens tegen de zin van haar moeder een huwelijk aan te gaan'. Mr. Kan, die het na de oorlog zou brengen tot secretaris-generaal van het ministerie van Binnenlandse Zaken en lid van de Raad van State, voegt hier nog aan toe: 'Ik zal het zeer op prijs stellen, indien u de wens van de genoemde *Generalkommissar* ten uitvoer wil brengen, al ontveins ik mij niet dat u hiermee een precaire taak te vervullen zult hebben.'

Twaalf dagen later meldt de referendaris Wesseling met nauwelijks verholen trots dat hij eerst een en ander in het bevolkingsregister heeft uitgezocht voordat hij de man bij zich riep. En wat bleek? Afgezien van het feit dat Rozelaar eigenlijk Roselaar heet, Marcos Simon Roselaar, had deze niet voldaan aan de sinds 10 januari 1941 geldende registratieplicht voor 'niet-Arische personen', niet in Den Haag en niet in Amsterdam. Zijn ouders wonen daar in de Keplerstraat. Evenals zijn grootouders van vaderskant hebben zij zich wel gemeld en staan als 'vol-Jood' geregistreerd.

Bovendien had Wesseling ontdekt dat Roselaar in Den Haag van de Van Speykstraat 27 naar de Abrikozenstraat 211 was verhuisd, zonder dat hij dit – overeenkomstig de nieuwe Duitse verordening met betrekking tot Joodse Nederlanders – aan de gemeente had doorgegeven.

Na Wesseling een Argentijns paspoort te hebben getoond legt Roselaar tijdens het onderhoud uit dat hij, geboren op 17 februari 1910 in Buenos Aires uit een Russische moeder en een Nederlandse vader, zich als Argentijn beschouwt. Op 22 februari 1928 had hij zich op het Argentijns consulaat-generaal in Amsterdam ook als militair laten registreren. Twee jaar later zou hij naar dat land vertrekken om er in dienst te treden, maar inmiddels stond hij eveneens voor het Nederlandse leger ingeschreven. Toen de reis niet doorging, hadden ze hem in oktober 1931 wegens dienstweigering gearresteerd en in Kampen vastgezet. In overleg met Argentinië had Den Haag beslist dat hij in het Nederlandse leger dienst zou doen. Sindsdien heeft hij het zelfs tot reserve-eerste luitenant gebracht.

Wesseling beleert hem hierop dat hij zich wel Argentijn kan voelen, maar dat iemand die in het Nederlandse leger heeft gediend, gewoon Nederlander is en dat hij zich daarom als Jood moet laten registreren. 'Het resultaat van dit gesprek was,' schrijft de referendaris aan mr. Kan, 'dat Roselaar inzag dat het verkeerd was dat hij zich niet als Jood had aangemeld, mede omdat hij toegaf dat hij vol-Jood is. Hij besloot toen zich aan te melden, hetgeen hij diezelfde dag heeft gedaan.' Zoals mr. Kan hem had verzocht, heeft Wesseling ook het voorgenomen huwelijk aangekaart:

> Ofschoon dit deel van mijn opdracht niet zo vlot verliep als het eerste kon ik uiteindelijk Roselaar tot het inzicht brengen dat hij verkeerd deed onder deze omstandigheden het huwelijk door te zetten. Hij heeft mij verzekerd dat hij (zeker voorlopig) geen huwelijk met mejufrouw Zilkens zou aangaan.

Mr. Kan moet de brief van de referendaris vervolgens hebben doorgegeven aan het rijkscommissariaat of het bureau van de commissaris-generaal, gezien de aantekening die een Duitse ambtenaar er op 15 augustus 1941 op heeft gekrabbeld: *Vermerk: Voller Erfolg der Bemühung*. Notitie: volledig succes van de inspanning.

Politie

Laat ik vooropstellen dat de Duitsers verantwoordelijk waren voor de Holocaust. Wat niet wegneemt dat toch voornamelijk de gewone Nederlandse politie – met inbegrip van de marechaussee – in de eerste fase de grootste bedreiging vormde voor de Joodse gemeenschap. Haar verraad aan de rechtsstaat, de democratie, maar vooral aan de mensen die zij juist had moeten beschermen, de vogelvrijverklaarden, de ontrechten, geldt als een van de zwartste hoofdstukken in de Nederlandse geschiedenis.

Het scheen ook alsof het al die politiemannen en marechaussees geen enkele moeite kostte zich aan de zogenaamde Nieuwe Orde aan te passen. Al heel snel ontwikkelden ze in navolging van de bezetter een eigen jargon. Voortdurend benadrukten ze in hun processen-verbaal dat het bij de betrokkenen om een 'jodengezin' ging, een 'jodenkind', een 'jodenmeisje', een 'jodenjong'. Door die woorden steeds weer te herhalen, staccato, leken die een alsmaar hatelijker lading te krijgen.

Dit idioom komt voor in processen-verbaal opgesteld door NSB-politiemannen, maar evenzogoed van de hand van hun collega's die niet per se als pro-Duits golden en zich later in de oorlog zelfs bij het verzet aansloten. Het antisemitisme was een sluipend gif dat snel effect sorteerde. Het stelde de bezetter in staat de Joden verder te demoniseren en uiteindelijk te vernietigen.

De politie heeft na de oorlog van alles geprobeerd om het ontstane beeld bij te stellen en te corrigeren, met als resultaat een reeks van boeken waarin lokale geschiedschrijvers, veelal op instigatie van de politie zelf, haar handelwijze domweg doodzwijgen of anders de – zeker in de eerste oorlogsjaren – weinige positieve aspecten uitvergroten. Zoals de schrijver van het jubileumgeschrift *Gemeentepolitie Emmen, 1946-1971,* die over het feit dat de maatregelen van de bezetter de politie vaak voor ernstige gewetensconflicten stelden, opmerkt:

> Velen hebben toen blijk gegeven dat zij uit het goede hout waren en zich niet wilden lenen voor het verrichten van handlangersdiensten. In verscheidene gevallen werden Nederlandse politieambtenaren om die reden uit de dienst ontslagen of namen zij zelf ontslag. Anderen die in politiedienst bleven, zagen kans actief of passief verzet te plegen.

Boeken als *Van Schout tot Wout. De geschiedenis van de Utrechtse politie* (1985) en *Politie en justitie in Delft* (1980) reppen zelfs helemaal niet van de deportaties van de Joden, de betrokkenheid van de politie bij de aanhoudingen en de rol van de jodenjagers die deel uitmaakten van de speciale politiediensten in beide gemeenten. *Van Schout tot Wout* verscheen ter gelegenheid van de officiële opening van het Utrechtse hoofdbureau op 5 juni 1985, terwijl het Delftse boek een uitgave was van de gemeentelijke archiefdienst en de gemeentepolitie. De gemeentearchivaris en de waarnemend commissaris van politie verzorgden eendrachtig het voorwoord.

Op hetzelfde niveau beweegt zich de gepensioneerde politieman D.M. de Jaeger met zijn proefschrift *De houding van de Nederlandse politie tijdens de Tweede Wereldoorlog in de grote steden van Noord-Brabant.* De dan vijfenzeventigjarige De Jaeger, die in 1999 aan de Katholieke Universiteit Brabant in Tilburg promoveerde, verkondigt dat de politie jarenlang alles heeft gedaan om het effect van de Duitse maatregelen te ondermijnen en geen middel schuwde. 'Van het waarschuwen van op te halen personen tot het opmaken van valse ambtsedige rapporten of processen-verbaal,' schrijft hij. 'Gegeven opdrachten werden niet of slechts ten dele uitgevoerd, hetgeen door de burgerij en de illegaliteit op hoge prijs werd gesteld en eigenlijk ook werd verwacht.'

Dat hij een volstrekt vertekend beeld van de werkelijkheid geeft, blijkt wel uit een uitspraak die de bijzondere raad van cassatie in

Amsterdam als hoogste beroepsinstantie al in 1947 heeft gedaan. De raad constateert dat de meeste politiekorpsen van de hoogste tot de laagste rangen zwaar 'tegen het Vaderland en zijn bevolking' hebben gezondigd door te grote meegaandheid tegenover de bezetter. Zij zouden het leven, de vrijheid en het levensgeluk van vele goede en onschuldige burgers aan de eigen veiligheid hebben opgeofferd.

En wat de raad het ergste toeschijnt, is dat de leidinggevenden hun verantwoordelijkheid voor handelingen die de bezetter wenste, hebben afgewenteld op ondergeschikten. Weliswaar kan dit 'slaafsheid, wreedheid en dienstklopperij' in de lagere rangen niet verontschuldigen, maar met enig recht kunnen die zich beroepen op de medeschuld van hun meerderen, meent de raad.

Het gezin Bromet

Wie het verraad had gepleegd, kon de POD na de oorlog niet meer achterhalen, maar de klikbrief had rampzalige gevolgen. Niet het minst – zo blijkt uit een proces-verbaal dat ik in een map bij het NIOD vond – door toedoen van de bevoegde Nederlandse politionele autoriteiten die domweg weigerden een oogje dicht te knijpen en zich strikt aan de Duitse voorschriften hielden.

Op woensdag 12 augustus 1942 ontvangt de marechaussee in Tilburg een anonieme schriftelijke tip dat zich in het Brabantse Helvoirt 'een partij Joden' bevindt die geen ster draagt. Zij zouden in het bezit zijn van twee persoonsbewijzen, een met en een zonder een J van Jood; ook zou een van de documenten vals zijn. In plaats van de brief in de prullenbak te gooien reist de opperwachtmeester Th.M. Grob 's middags samen met een collega per motor spoorslags af naar het ten zuiden van Vught gelegen dorp en begeeft zich daar in gezelschap van de plaatselijke veldwachter naar de woning van een metselaar.

Zij treffen er een gezin aan, vader, moeder en vier kinderen, dat sinds drie weken op dat adres een paar kamers bewoont. Gevraagd naar hun persoonsbewijzen legt de vader, de achtendertigjarige textielhandelaar Hijman Bromet, uit dat die van hem, zijn vrouw Alice en zijn zestienjarige, in Düsseldorf geboren stiefdochter Marganne Chan, kind uit het eerste huwelijk van zijn vrouw, per ongeluk zijn verbrand. Hij heeft dit op het gemeentehuis van zijn woonplaats Wassenaar gemeld en daar hebben ze hem bij wijze van vervanging drie ontvangstbewijzen uitgereikt. Op de vraag van de opperwachtmeester of ze soms Joods zijn, antwoordt de man ontkennend: alle zes zijn ze protestant. Grob vertrouwt het niet, zodat hij besluit de gemeentesecretarie van Wassenaar te bellen en die meldt hem dat ze wel degelijk als Joods geregistreerd staan.

Als hij Bromet hiermee confronteert, geeft deze toe dat zodra ze de ontvangstbewijzen hadden gekregen, ze de ster van hun kleding hadden getornd en zonder vergunning naar Helvoirt waren vertrokken. In dat dorp hebben ze tegen niemand gezegd Joods te zijn, ook niet tegen de kamerverhuurster. En nog had opperwachtmeester Grob eronderuit kunnen komen, er valt altijd wel een uitvlucht te bedenken, maar hij besluit de gemeentepolitie in Wassenaar om instructies te vragen. Per ommegaande laat zij weten dat de commissaris zich in verbinding heeft gesteld met de Haagse bureauchef van het *Judenreferat* IV B 4 van de Gestapo, de SS-*Hauptscharführer* Franz Fischer. En dat die hem heeft gesommeerd het gezin Bromet over te brengen naar de *Aussenstelle* in Villa Windekind aan de Nieuwe Parklaan in Scheveningen.

Met het vervoer heeft de commissaris een hoofdagent belast, die hen de volgende dag in een politieauto ophaalt. De Bromets overnachten in de gevangenis van Scheveningen, waarop ze voorafgaande aan hun transport naar Westerbork nog wat kleding mogen ophalen in hun huis op Jonkerlaan 43, maar daar blijkt al een ander gezin te wonen. De Wehrmacht heeft het huis gevorderd en de inboedel door de roofinstantie *Hausraterfassung* laten opslaan nadat Hijman Bromet op woensdag 22 juli de knoop had doorgehakt en met zijn gezin naar Helvoirt de wijk had genomen. Zij hadden evenals elf andere Joodse gezinnen in Wassenaar een schriftelijke melding ontvangen dat ze op 23 juli zouden worden opgehaald om met verbeurdverklaring van hun bezittingen op transport te gaan.

Toen de politie op die donderdag bij de Bromets aanbelde, viste ze achter het net. 'Niemand thuis getroffen, vermoedelijk in ziekenhuis opgenomen,' meldde een politieman in een rapport aan de Duitse opdrachtgever, de *Zentralstelle für jüdische Auswanderung*. De agenten vingen die dag ook bot bij de advocaat Frits van Raalte: zowel zijn echtgenote Stephanie van Raalte-Schweitzer als haar vijfenzeventigjarige moeder Constance Schweitzer-Hainauer had zelfmoord gepleegd, terwijl Van Raalte zelf zou zijn verdwenen.

Begeleid door een agent vertrekt de familie Bromet in de loop van vrijdag 14 augustus naar Westerbork, maar daarmee kan de bezetter het hoofdstuk met betrekking tot de Joodse gemeenschap in dit dorp nog niet afsluiten. Op 10 december 1942 herinnert een ambtenaar van de Wassenaarse afdeling bevolking een hoofdagent-rechercheur eraan dat hij hem enige tijd geleden een lijst van alle nog in het bevolkingsregister opgenomen 'personen van Joodschen bloede' heeft verstrekt. Die lijst dient ter controle en de ambtenaar heeft uitgerekend dat Wassenaar nog vierenvijftig Joodse inwoners telt. Hij wil nu weten welke Joden niet meer op de aangegeven adressen wonen. 'Zo mogelijk met alle nadere gegevens, welke tot opsporing van hun verblijfplaats kunnen leiden,' schrijft hij.

Om die reden heeft hij lijsten, afkomstig van de politie, aan de brief vastgeniet: ze bevatten onder meer de namen van drie Joden die in het *Algemeen Politieblad* staan gesignaleerd, vanwege het feit dat ze zonder toestemming zijn vertrokken. Dat wil zeggen ondergedoken. De politie verzoekt derhalve om hun opsporing, aanhouding en voorgeleiding. Nog eens negentien anderen zijn eveneens zonder toestemming naar 'elders' verhuisd. Verder vermelden de lijsten vijftig namen van 'vermoedelijk geëvacueerden of door de *Sicherheitsdienst* aangehoudenen', onder wie die van Hijman Bromet en zijn gezin, die dan nog in Westerbork verblijven.

Bijna twee jaar later, op 8 oktober 1944, wordt moeder Alice Bromet-Flesseman in Auschwitz vermoord, achtendertig jaar oud, samen met haar kinderen, de elfjarige Yvonne Carla, de negenjarige Madeleine Alice en de tweejarige Philip Emanuel. Vader Hijman Bromet sterft op 31 december 1944 in het buitencommando Grünberg van het concentratiekamp Gross-Rosen in Silezië, het tegenwoordige Poolse Slonsk. De negentienjarige dochter van Alice, Marganne Elizabeth Henriëtte Chan, overlijdt op 29 februari 1945, volgens de website Joods Digitaal Monument in 'Midden-Europa'.

De spin in het web

Willy Lages, het hoofd van de *Aussendienststelle Amsterdam des Befehlshabers der Sicherheitspolizei und des SD für die besetzten niederländischen Gebieten*, stelde na de oorlog vast dat de Nederlandse politie de voornaamste steun voor de bezetter vormde: 'Zonder haar zou geen tien procent van de Duitse bezettingstaken uit te voeren zijn geweest. Ook zou zonder haar geen tien procent van het ingrijpen tegen de Joden mogelijk zijn geweest.' Wat niet wegneemt dat hij dan nog de man blijft die in Amsterdam aan alle touwtjes trok. De spin in het web die erop moest toezien dat de deportaties naar de vernietigingskampen Auschwitz en Sobibor soepel en vooral vlot verliepen.

Nederland sprak er dan ook schande van dat de minister van Justitie, Ivo Samkalden, nota bene hem, de ter dood veroordeelde en later levenslang gestrafte, in 1966 voortijdig 'op humanitaire gronden' vrijliet. Samkalden, zelf Joods, probeerde de gemoederen te sussen met de mededeling dat Lages op zeer korte termijn aan een ernstige ziekte – namelijk kanker – zou overlijden. De rust keerde geleidelijk terug tot de socialistische krant *Het Vrije Volk* op 19 november van dat jaar een interview met Lages publiceerde. De verslaggever, Nico van Heesch, een uitgetreden jezuïet, had voor die gelegenheid een zwart pak en een wit boordje aangetrokken en zich voor priester uitgegeven.

Vier, vijf dagen lang lag ik als jonge verslaggever van *Het Alge-*

meen Handelsblad op de loer in Lages' tijdelijke woonplaats Braunlage, een afgelegen dorp in het Duitse Harzgebergte. Ook ik, en met mij nog zo'n zeven, acht andere verslaggevers, wilde een interview, maar de voormalige SD-functionaris liet zich niet meer zien.

Een jaar of wat later keerde ik terug naar Braunlage. Het heette dat hij gezond en wel in het dorp rondwandelde, maar een zwager van hem verzekerde me dat zijn gezondheid hard achteruitging. Om mij ervan te overtuigen dat er ergere dingen in het leven bestonden dan de vermeende wandaden van *Herr* Lages, reed hij me naar de grens tussen de Bondsrepubliek en de DDR, een prikkeldraadhek dwars door een mijnenveld. Uiteindelijk zou Lages pas op 2 februari 1971 overlijden. Zoveel jaren na dato worstel ik me dan bij het Nationaal Archief door zijn dossier heen, veertien kartonnen archiefdozen, bij elkaar zo'n anderhalve meter.

Dat Willi Paul Franz Lages (5 oktober 1901, Braunschweig) bij de politie belandt, is min of meer toeval. Na de middelbare school volgt hij eerst een opleiding als delicatessenhandelaar – *Kolonialwarenhändler* – om de zaak van zijn vader te kunnen overnemen. Doordat deze als gevolg van diabetes zijn voeten heeft moeten laten amputeren en zich gedwongen ziet de winkel van de hand te doen, moet Lages zijn studie afbreken. Hij geeft zich dan op voor de politieschool in Bremen.

Eenmaal in actieve dienst brengt de intelligente, leergierige jongeman het al snel tot *Hauptwachtmeister*, brigadier, waarna hij een opleiding krijgt als politie-inspecteur. In 1930 kiest hij voor de *Kriminalpolizei*, de recherche, met als specialiteit inbraak, roof, oplichting en later moord. Lages meldt zich vier jaar later bij de Algemene SS en als hij zich datzelfde jaar laat overplaatsen naar de politieke politie, ook bij Hitlers NSDAP.

Hij moet bij de politieke politie de strijd aanbinden tegen delicten als hoogverraad, landverraad en spionage. Kennelijk onderscheidt hij zich zodanig dat hij kort na de overheveling in 1936 van de politieke politie naar de *Geheime Staatspolizei*, de Gestapo, tot commissaris promoveert. In 1940 werkt hij nog even bij de Gestapo-*Dienststelle* in de Oostenrijkse stad Klagenfurt, maar in oktober van dat jaar reist hij af naar Nederland. De in Den Haag gevestigde *Befehlshaber der Sicherheitspolizei und des SD*, kortweg de BdS, belast hem met de leiding van de plaatselijke *Aussenstelle.*

Nadat hij in februari 1941 bij wijze van 'speciale opdracht' een onderzoek heeft ingesteld naar de oorzaken van de Februaristaking, maakt hij twee maanden later opnieuw promotie. In de rang van *Kriminalrat* krijgt hij de leiding van de *Aussenstelle* in Amsterdam, de stad in Nederland waar veruit de meeste Joden wonen, zo'n tachtigduizend. Dit met inbegrip van Joden die sinds Hitlers machtsovername in 1933 uit Duitsland en Oostenrijk zijn gevlucht. Tegelijkertijd heeft hij het toezicht op de *Zentralstelle für jüdische Auswanderung*, het op 31 maart 1941 opgerichte centraal administratiekantoor voor de Joodse bevolking in heel Nederland alsook voor haar bezittingen.

Deze instantie bereidt samen met het *Judenreferat* van de Gestapo, de afdeling IV B 4, de deportaties voor en voert die ook uit. De SS-*Sturmbannführer* Lages moet hun activiteiten coördineren met die van andere Duitse diensten die ieder tijdens de grootscheepse plunder- en moordpartijen een graantje trachten mee te pikken. Op politioneel gebied controleert hij dan alles wat in de hoofdstad van belang zou zijn, hoewel zijn *Aussenstelle* nooit meer dan zestig Duitse functionarissen heeft geteld (de Nederlanders meegerekend had hij in totaal zo'n honderdzeventig medewerkers, inclusief chauffeurs en typistes).

Met de *Sicherheitsdienst* beschikt hij over een goed georganiseerde inlichtingendienst die een uitgebreid netwerk van V-mannen en -vrouwen heeft opgebouwd dat de bevolking bespioneert. Maar de SD-rechercheurs kunnen in principe geen arrestaties verrichten, dit in tegenstelling tot hun collega's van de *Sicherheitspolizei*, die wel executieve bevoegdheden hebben. De Sipo bestaat uit twee afdelingen, de Gestapo (*Abteilung* IV) en de *Kriminalpolizei* (*Abteilung* V), oftewel de recherche, die sinds de samenvoeging in september 1939 met de *Sicherheitsdienst* (*Abteilung* III, binnenland, en VI, buitenland) de ruggengraat vormen van Himmlers machtsconglomeraat, het *Reichssicherheitshauptamt* in Berlin, het RSHA. De andere *Abteilungen* houden zich bezig met de interne gang van zaken in het RSHA of spelen voor Nederland geen rol van betekenis.

Behalve dat de Gestapo evenals de SD een uitgebreid netwerk van informanten heeft, knapt ze vooral het vuile werk op. De terreur tegen de Joden, de deportaties, de bestrijding van het verzet, het folteren van arrestanten, de willekeurige executies en moorden. Al vervagen in de loop van de oorlog de grenzen tussen de SD en de Sipo allengs meer en meer, met als gevolg dat ook in het spraakgebruik het verschil wegvalt en op een gegeven moment iedereen die bij de *Dienststelle* werkt, een SD'er heet te zijn. Zodat iemand die het over een SD-rechercheur heeft, in feite een Gestapo-man kan bedoelen. En ook qua bevoegdheden luistert het niet meer zo nauw: SD'ers gaan net zo goed tot arrestatie over.

De nieuwe compagnieën

De bezetter kon met een gerust geweten het vuile werk aan de Amsterdamse politie overlaten nadat elke Nederlandse agent in augustus 1942 een loyaliteitsverklaring had moeten ondertekenen:

> Ik verklaar hierbij plechtig dat ik mijn ambt waarneem, de verordeningen en andere bepalingen van de rijkscommissaris voor het bezette Nederlandse gebied en van de hem ondergeschikte Duitse organen naar eer en geweten zal nakomen en mij zal onthouden van elke handeling gericht tegen het Duitse Rijk of de Duitse Wehrmacht. Dit bekrachtig ik met mijn handtekening.

Een maand lang haalden Amsterdamse politiemannen samen met de Duitse *Ordnungspolizei* – vanwege hun mosgroene uniform de *Grüne Polizei* genoemd, in de volksmond de Grünen of de groenen

– de Joden van hun huis op. Voor de slachtoffers vormde de politie nu eenmaal een vertrouwde instantie. Diezelfde agenten hadden hen eerder beschermd tegen het agressieve optreden van de knokploegen van de NSB en de NSNAP.

Bovendien speelde mee dat de meeste Joden voor de oorlog ondanks het wel degelijk aanwezige antisemitisme goed waren geïntegreerd en zodoende, naar zou blijken, een vals gevoel van veiligheid hadden ontwikkeld. De politie had het gezag om hen ervan te overtuigen dat alles op z'n pootjes terecht zou komen. En al vroeg een enkele agent zich af of het wel tot zijn taak behoorde bij nacht en ontij moeders met kinderen en bejaarden uit hun woning te halen, de overgrote meerderheid legde zich zonder morren neer bij de orders van de bezetter.

Die toonde zich uitermate tevreden, met name over het optreden van het rond 325 man tellende Politiebataljon Amsterdam, het PBA, dat op 15 mei 1941 was opgericht en in de volksmond naar de NSB-hoofdcommissaris Sybren Tulp ook wel de Tulppolitie werd genoemd. De manschappen hadden onder Duitse supervisie een semimilitaire scholing gekregen in het opleidingscentrum van de marechaussee in Schalkhaar om vervolgens als gekazerneerde eenheid in Amsterdam te worden gelegerd. 'De nieuwe compagnieën van de Hollandse politie maken op het punt van het Jodenvraagstuk een uitstekende indruk,' schreef de hoogste Duitse SS- en politiefunctionaris in Nederland, Rauter, op 24 september 1942 aan *SS-Reichsführer* Heinrich Himmler, 'en arresteren dag en nacht honderden Joden. Het enige gevaar dat zich voordoet, is de omstandigheid dat een van de politiemannen er hier en daar naast grijpt en zich met Joods eigendom verrijkt.'

Betrof het in september nog Joden die een zogeheten oproeping kregen uitgereikt – de mededeling dat ze voor 'tewerkstelling in Oost-Europa' op transport gingen –, in oktober moest het PBA alle Joden oppakken die zich in een woning bevonden. Oproeping of niet. In november trokken de mannen, die in koppels werkten, er zelfs drie weken achtereen elke avond op uit. Maar begin februari

1943 besloot de bezetter het bataljon te vervangen door de Vrijwillige Hulppolitie en het is niet duidelijk waarom.

Het zou kunnen zijn dat de mannen van het PBA zich toch nog op grotere schaal aan de Joodse bezittingen hadden vergrepen dan Rauter en de zijnen hadden verwacht. Maar volgens de schrijvers van het boek *Gif laten wij niet voortbestaan*, Marnix Croes en Peter Tammes, hadden ze in toenemende mate een weerzin tegen hun werk ontwikkeld, wat tot uiting kwam in het teruglopend aantal opgepakte Joden. De Vrijwillige Hulppolitie zou hierin verandering moeten brengen.

Rijkscommissaris Seyss-Inquart had deze nieuwe eenheid per verordening van 21 mei 1942 opgericht om, zoals het officieel heette, de politie bijstand te verlenen bij rampen, de bestrijding van ernstige gevaren en de handhaving van de openbare orde. In werkelijkheid speelde toen al op de achtergrond het voornemen haar in te zetten bij de deportatie van de Joden. De Hulppolitie zou in totaal zo'n tweeduizend man tellen, die onder bevel van de *Grüne Polizei* kwamen te staan. Hun uitrusting bestond uit een politie-uniform, een veldmuts of een politiepet zonder de gebruikelijke blauwe bies, een rode armband met een schildje, waarop de oranje-blanje-bleu kleuren van de NSB, en een revolver met zes patronen.

Algauw bewezen de hulpagenten hun nut voor de bezetter door zich nog hardvochtiger te gedragen dan de manschappen van het PBA. Niettemin maakten ook zij zich schuldig aan diefstal en plunderingen wat ertoe leidde dat ze op een gegeven moment alleen nog onder toezicht van een lid van de *Grüne Polizei* in actie mochten komen.

Twee hulpagenten waren eveneens betrokken bij een zaak waarop justitie na de oorlog in eerste instantie haar tanden leek stuk te bijten. Het slachtoffer, de vierenvijftigjarige gemengd gehuwde Paul Juchenheim, had op 6 april 1943 per ongeluk uit het raam van zijn woning aan de Berkelstraat in Amsterdam-Oost een papieren kolenzak laten vallen die de passerende Duitse *Feldwebel* Karl Rudolph op de mouw raakte, maar nadat Juchenheim zich vanuit het raam had verontschuldigd, leek de zaak afgedaan. Drie dagen later, op vrijdag, stond de *Feldwebel* 's avonds om tien uur samen met de beide hulpagenten en een *Grüne* als hun begeleider bij hem voor de deur.

De hulpagenten begonnen Juchenheim meteen te schoppen en in het gezicht te slaan, waarna ze hun mishandelingen, ondanks de protesten van zijn vrouw dat hij aan tbc leed, in de achterkamer voortzetten. Vervolgens sleepten ze de man naar buiten, waar Rudolph hem om de hoek van de straat, in de Oude IJsselstraat, twee keer door de borst schoot.

Nadat hij en de *Grüne* waren vertrokken, lag het zwaargewonde slachtoffer bewaakt door de hulpagenten meer dan een uur lang in een portiek. Een omwonende die hem een kussen onder het hoofd wilde schuiven, joegen ze weg. En tegen een ander, die met een glas water kwam, riep een hulpagent: 'Wat water! Breng dat zwijn maar ongebluste kalk.' Even later keerde de *Feldwebel* in gezelschap van een vrouw terug en schoot Juchenheim door het hoofd. Toen agenten hem in de portiek vonden, leefde hij nog, maar hij overleed kort erna in het Centraal Israëlietisch Ziekenhuis.

Dat de zaak nog een vervolg kreeg, kwam doordat de politie alle delicten aangaande Joodse bewoners aan de Sipo moest melden. De Sipo stelde een onderzoek in, dat al een dag na de moord in de arrestatie van de *Feldwebel* en de beide hulpagenten resulteerde. Er volgde zelfs nog een proces voor een *Feldgericht*, dat de hulpagenten als getuigen dagvaardde. De rechtbank zou de Duitse onderofficier tot vier jaar gevangenisstraf hebben veroordeeld, maar daar heb ik verder niets over gevonden.

Het had nog heel wat voeten in de aarde voordat de PRA kon achterhalen wie de beide grofgebekte hulpagenten waren geweest. Het ging om Adrianus Johannes Kienhuis (15 maart 1913, Amsterdam), van beroep bloemenverkoper, en Jozefus Franciscus Geijsberts (11 juli 1913, Amsterdam), van beroep kappersbediende. Na zijn vertrek bij de Hulppolitie had Kienhuis in september 1944 bij de nieuwe 'zelfbeschermingsorganisatie' van de NSB, de Landwacht, dienst genomen. Het tribunaal in Amsterdam veroordeelde hem op 14 mei 1948 tot zes jaar internering.

Geijsberts hoefde daarentegen niet meer voor deze zaak terecht te staan. Al eerder, op 30 december 1946, had hij wegens dienstverlening aan de vijand een jaar, acht maanden en achtentwintig dagen gekregen, namelijk de duur van het voorarrest. Bovendien ontkende hij in alle toonaarden.

'Werkverruimingsproject'

Terwijl de *Grüne Polizei* – intern *Der Faust* genaamd – in steden als Amsterdam, Rotterdam en Den Haag bij razzia's nauw samenwerkte met de politie, kwam zij in de middelgrote en kleine gemeenten en op het platteland nauwelijks of niet in actie. De *Zentralstelle* gaf een burgemeester simpelweg opdracht om door de plaatselijke politie of de marechaussee een op voorhand vastgesteld aantal Joden te laten oppakken en vervolgens op transport naar het *Judendurchgangslager* Westerbork te zetten.

In de instructie heette het dat als iemand de deur niet wilde openen, de politiemannen die moesten forceren en de bewoners goedschiks of kwaadschiks dienden mee te nemen, desnoods met geweld. En in maar één geval durfde een burgemeester, mr. dr. H.J. Wytema van de Drentse gemeente Beilen, in dat stadium het deportatiebevel naast zich neer te leggen. Hij moest dat bekopen met ontslag en twee maanden hechtenis.

Per slot van rekening hadden de burgemeesters de eerste stap al gezet door begin 1942 hun medewerking te verlenen aan het zogenaamde werkverruimingsproject dat de bezetter in staat stelde werkeloze Joodse mannen tussen zestien en vijfenzestig jaar naar werkkampen te sturen. De *Zentralstelle* had hen hiertoe gesommeerd lijsten in vijfvoud met de namen van Joodse inwoners op te stellen en naar Amsterdam te sturen. De burgemeester van Groningen, mr.

P.W.J.H. Cort van der Linden, weigerde als een van de weinigen aan deze oekaze te voldoen, met het argument dat de nieuwe maatregel 'een hoogst ongunstige indruk op een zeer groot deel van de bevolking' had gemaakt. Kort daarop moest hij het veld ruimen voor een NSB'er.

De eerste werkelozen hadden al in januari een oproep ontvangen zich medisch te laten keuren. Eenmaal goedgekeurd zouden ze naar een van de rond veertig werkkampen vertrekken die de *Zentralstelle* in samenwerking met de gewestelijke arbeidsbureaus en de Nederlandsche Heidemaatschappij in Oost- en Noord-Nederland had opgericht. Maar het enthousiasme bleek niet bijster groot en op 20 februari deden de voorzitters van de Joodsche Raad voor Amsterdam, mr. Abraham Asscher en prof. dr. David Cohen, een dringend appel op alle Joodse Nederlanders de Duitse voorschriften en bepalingen die op hen betrekking hadden 'stipt' te eerbiedigen en zich daaraan 'niet op enigerlei wijze' te onttrekken.

Het nieuwe project maakte deel uit van de strategie van de bezetter om de Joden verder te isoleren. Met de mannen in een kamp vormden de achtergebleven vrouwen, kinderen en bejaarden immers een gemakkelijke prooi. Als gevolg van allerlei anti-Joodse verordeningen hadden de meeste mannen hun baan verloren, maar de nietsvermoedende buitenstaander leek het niet meer dan logisch dat ze weer aan het werk gingen, desnoods in een kamp.

In het begin hadden de tewerkgestelden het nog niet eens zo beroerd, met redelijk voedsel en thuisverlof, maar in het voorjaar van 1942 verslechterde de situatie zienderogen. Toen ze nauwelijks meer te eten kregen, grepen omwonenden dit gretig aan door hun voor woekerprijzen voedsel te verkopen. 'Hyena's zijn het die met hun levensmiddelen aan de poort komen,' schreef een tewerkgestelde vanuit het kamp Kremboong bij Hoogeveen. 'Zo is er een die twee broden voor *f* 8,- te koop aanbood.' Omgerekend zo'n zesenvijftig euro.

In de maand september, toen de *Zentralstelle* al meer dan twintigduizend mensen naar het vernietigingskamp Auschwitz had gestuurd, huisvestten de werkverruimingskampen nog zo'n zevenduizend mannen. Maar in de nacht van vrijdag 2 op zaterdag 3 oktober ontruimde de *Grüne Polizei* in een bliksemactie alle kampen en transporteerde de resterende bewoners naar Westerbork. Diezelfde nacht verdwenen ook hun vrouwen en kinderen – sommigen hadden zich moeten melden, anderen werden opgepakt door de plaatselijke politie of de marechaussee – naar dat kamp, dit alles onder het mom van gezinshereniging. Behalve dat het sabbat was, vierde de Joodse gemeenschap die zaterdag Jom Kippoer: Grote Verzoendag en de belangrijkste Joodse feestdag.

Ten zeerste gedupeerd

Met de arrestaties hield de betrokkenheid van de politie allerminst op. In de grotere steden beschikten de korpsen voor de administratieve afwikkeling over een aparte Joodse afdeling die het transport naar Westerbork regelde en zorg droeg voor het in beslag nemen en het registreren van het huisraad, het verzegelen van de huizen en het overdragen van de sleutels aan de SD, de *Zentralstelle* of de roofbank Lippmann Rosenthal & Co. De inventarislijsten diende ze op te sturen naar een vertegenwoordiger van de *Abteilung Hausraterfassung*.

Deze roofinstantie van de *Zentralstelle* wikkelde de zaak dan verder af, zoals de ontruiming van de woning en de verkoop van het grondstuk, het huis en de eventuele gebouwen en winkel. De politie bleef nog wel het centrale punt voor het afhandelen van vragen aangaande kwesties die voortvloeiden uit de deportaties. Bij het NIOD vond ik een map met zo'n zeventig brieven van bewoners van Arnhem die in de tweede helft van november 1942 van de plaatselijke politie wilden weten of ze nog de spullen zouden terugkrijgen die ze bij inmiddels opgepakte Joodse winkeliers hadden afgegeven.

Op het tijdstip van de Duitse inval woonden in Arnhem meer dan tweeduizend Joden, van wie zeventienhonderd behoorden tot de Joodse gemeente, en nog eens driehonderd Joodse vluchtelingen. Nadat WA-mannen en NSNAP'ers eerder een paar maal een poging hadden gedaan de synagoge in brand te steken, vond de eerste razzia in de nacht van 13 op 14 september 1942 plaats, de tweede in de nacht van 2 op 3 oktober, de derde in de nacht van 17 op 18 oktober, de vierde op dinsdagavond 17 november en de laatste op donderdag 10 december. Die dag pakte de politie samen met leden van de SD-*Aussenstelle* en de NSNAP alle overgebleven volwassenen alsook vijfenzeventig Joodse mannen en vrouwen op die in bejaardenhuizen zaten, waaronder het Tehuis voor Israëlietische Oudelieden, *Beth-Miklot Lezikno*.

In april 1943 bleken er nog zes Joodse patiënten in de verschillende Arnhemse ziekenhuizen te liggen, die de politie alsnog met de resterende patiënten uit het Joodsch Ziekenhuis per autobus naar Westerbork bracht. Op last van de Sipo arresteerde ze ook drie geneesheer-directeuren die weigerden te vertellen of ze nog Joodse patiënten hadden. Vijf van hun collega's hadden daar geen moeite mee gehad.

In een van de brieven die ik uit de dikke stapel selecteerde, schrijft een pensionhoudster drie dagen na de razzia van 17 november aan de hoofdcommissaris: 'Dinsdagavond is er een Jodin uit mijn gemeubileerde kamer gehaald. Nu kan ik aanstaande maandag de kamer verhuren. Gaarne had ik dat U Edele toestemming gaf om de kamer te ontsluiten, daar er toch niets van haar is, want ze heeft haar koffer met goed meegenomen.' Vier dagen later krijgt de vrouw haar zin, getuige een notitie op haar brief: 'Sleutel teruggegeven op 24-11-'42 – geen goederen aanwezig.'

Het antwoord op het verzoek van Aaltje Salomons bleef daarentegen niet bewaard. Zij informeert op 25 november of ze uit de kelder van de verzegelde kruidenierszaak van haar zusters op Nieuwstad 43 een pan met ingelegde eieren en een pot met ingemaakte groente mag halen. Deze winkel vormt ook het onderwerp van een brief waarin een vrouw klaagt dat zij zich 'ten zeerste gedupeerd' voelt. Zij heeft namelijk bij de 'Gezusters Salomons' bonnen voor suiker, gort, meel, vermicelli, havermout en jam afgegeven[4].

De meeste brieven hebben betrekking op spullen die voor reparatie zijn bestemd, onder anderen bij de naaister 'mejuffrouw' Van West, Parkstraat 71, en de horlogemaker Henri van Zuiden, Jansplaats 8. 'Daar genoemde persoon' – Van West – 'sinds vorige week met onbekende bestemming is vertrokken en Joods blijkt te zijn,' schrijft een man, 'verzoekt ondergetekende beleefd om uw bemiddeling teneinde wederom in het bezit van de vermelde textielgoederen te geraken.' Namelijk een coupon stof en een overhemd.

De klanten van Van Zuiden proberen veelal zo goed en zo kwaad als het gaat het horloge of het sieraad te beschrijven dat ze ter reparatie bij hem hebben achtergelaten. 'Het is een Zwitsers uurwerk, vierkant met metalen band die niet helemaal meer in orde is en van het horloge is het knopje af,' schrijft er een. Een ander in onbeholpen hanenpoten: 'Een dameshorloge dublé, er zit een bantje aan, kleur rood.' En een volgende: 'Het uurwerk heeft een verzilverde wijzerplaat met zwarte Arabische cijfers en dito wijzers. Het uurwerk liep goed, doch een asje van de slinger was gebroken.'[5]

Wat aan de brieven opvalt, is dat niemand, maar dan ook werkelijk niemand met één woord rept van het plotselinge verdwijnen van een stadsgenoot. De mensen keken de andere kant uit en begonnen pas te morren zodra ze zelf op de een of andere manier hinder ondervonden. Of zoals de politicoloog Ido de Haan in zijn boek *Na de ondergang* constateert:

> De ondergang van de Joden speelde zich af om de hoek, voor de deur, op de trap, in de huiskamer. *Iedereen* kon zien dat ze ontrecht, mishandeld en vernederd werden. En al konden waarschijnlijk de meesten zich geen voorstelling maken van de wijze waarop de Joden zouden worden gedood, sommigen waren zelfs niet in staat het leed dat zich zo dichtbij afspeelde, onder ogen te zien.

Speciale politiediensten

Nadat de bezetter en zijn Nederlandse handlangers het overgrote deel van de Joodse bevolking hadden gedeporteerd, luidde de *Höherer* SS*- und Polizeiführer* Rauter als commissaris-generaal voor het veiligheidswezen de volgende fase in. Hij verordonneerde dat elk politiekorps in een grote of middelgrote stad de beschikking diende te krijgen over een speciale dienst. Met de Gestapo en de SD zouden deze diensten in de jacht op Joodse onderduikers een fijnmazig net moeten vormen dat vrijwel heel Nederland omspande.

De Nederlandse secretaris-generaal van Justitie, de NSB'er mr. J.J. Schrieke, had hiertoe al een eerste aanzet gegeven door begin mei 1942 kort na de invoering van de Jodenster de politie te instrueren dat zij Joden ook bij de kleinste overtreding van een Duitse verordening voor overdracht aan de SD moest vasthouden. Wat betekende dat dezen als zogeheten strafgeval via het *Polizeiliche Durchgangslager* Amersfoort op transport gingen naar het concentratiekamp Mauthausen, en daarmee een wisse dood tegemoet.

In steden als Amsterdam, Rotterdam, Den Haag en Utrecht ontstonden speciale ploegen van politiemannen, doorgaans NSB'ers, die de Joden continu op de nek zaten door te controleren of dezen zich wel stipt aan de talloze verordeningen hielden. Niet fietsen, niet reizen, niet hengelen, niet telefoneren, niet studeren. Een algeheel bezoekverbod voor parken, dierentuinen, cafés, restaurants, hotels, schouwburgen, bioscopen, cabarets, concerten, bibliotheken, sportaccommodaties, musea.

Vanaf juli 1942 hielden deze diensten zich bij uitstek bezig met het opsporen en het arresteren van Joodse onderduikers. De Duitsers lieten dit aan de Nederlandse politie over, waardoor zij zich met hun toch al onderbemande bezettingsapparaat op andere zaken konden concentreren. Zoals op het toenemend verzet, met name organisaties die Joden hielpen en sabotage pleegden. Toch beschikte niet elke middelgrote gemeente over een eigen speciale dienst. Soms stelden een NSB-burgemeester en zijn commissaris zich op het standpunt dat het gehele korps jacht diende te maken op onderduikers. In andere gevallen knapten de Nederlandse SD-rechercheurs van de plaatselijke *Aussenstelle* het vuile werk op.

Dat de meeste korpsen in kleinere gemeenten geen eigen dienst hadden, maar een beroep deden op die uit een naburige grote stad, maakte de Duitsers niets uit: voor hen telde alleen het resultaat. Vandaar ook dat de jodenjagers vaak elkaar beconcurrerend kriskras door Nederland trokken, al dienden ze officieel toestemming te vragen aan een plaatselijke dienst om er arrestaties te mogen verrichten. In de dagelijkse praktijk werkte het echter anders.

Voorzover ik heb kunnen nagaan, waren de voornaamste speciale politiediensten:

Amersfoort:	Politieke Dienst
Amsterdam:	Bureau Joodsche Zaken
Apeldoorn:	'Jodenploeg'
Breda:	Politieke Politie
Delft:	Politieke Politie, kortweg PoPo
Den Haag:	Documentatiedienst
Dordrecht:	Politieke Politie
Eindhoven:	Preventieve Politie
Enschede:	Politieke Dienst
Gouda:	Politieke Dienst
Groningen:	Bijzondere Recherche
Haarlem:	Inlichtingendienst
Helmond:	Politieke Politie
Leiden:	Documentatiedienst
Nijmegen:	Politieke Dienst, later Algemene Dienst
Rotterdam:	Groep X, later Groep 10
Tilburg:	Preventieve Recherche
Utrecht:	Centrale Controle, later Bijzondere Recherche

Velsen:	Inlichtingendienst
Zwolle:	Politieke Dienst

De ongeveer vijftig jodenjagers van de in, maar ook buiten Amsterdam opererende Colonne Henneicke niet meegerekend, telden de speciale diensten samen meer dan driehonderd politiemannen. Dus Nederlandse rechercheurs die specifiek jacht op Joodse onderduikers maakten en daarvoor een kopgeldpremie incasseerden.

Hierbij zijn overigens buiten beschouwing gelaten de bijzondere diensten, commando's en eenheden, die de bezetter voor allerlei verschillende doeleinden uit Nederlandse mannen had geformeerd. In de laatste maanden van de oorlog gebruikte hij die in Friesland, Groningen en Drenthe voor de bestrijding van het verzet en het opsporen van onderduikers, zowel Joden als mannen, die zich aan de *Arbeitseinsatz* onttrokken. Een belangrijke rol bij de klopjacht speelden daar onder meer de *Zollgrenzschutz* en het voormalige *Kontroll-Kommando*, de *Arbeitskontrolldienst*.

Op het platteland van Friesland gaf de Sipo de Landwacht de vrije hand. De 'zelfbeschermingsorganisatie' van de NSB bestond in die provincie uit zestig beroeps- en tweehonderdvijftig hulpkrachten, op zich geen grote groep, niettemin vormden deze mannen een acuut gevaar voor onderduikers. Oorspronkelijk had de Joodse gemeenschap in Friesland zo'n negenhonderd mensen geteld, maar intussen hielden zich er naar schatting drieduizend Joden verborgen.

Ook in de andere delen van het land – vooral in Twente, op de Veluwe en in de kop van Noord-Holland – waren Landwachters actief. Enkelen van hen ontpopten zich als felle jodenjagers, al bleef de hoofdtaak van deze gehate formatie het met alle mogelijke middelen in het gareel houden van de bevolking.

Bloedgeld

In de drie grote steden, waar ook de meeste Joden woonden, had Rauter al eind 1940 een begin gemaakt met zijn plannen door nieuw leven te blazen in de plaatselijke inlichtingendiensten, vanuit de overweging dat de medewerkers ervan het beste wisten wat er in hun eigen stad speelde. De diensten moesten uitgroeien tot een verlengstuk van de Gestapo en de SD die landelijk amper vierhonderd Duitse medewerkers telden. Begin 1941 resulteerde dit in een wederopstanding van de drie inmiddels gelijkgeschakelde diensten: in Rotterdam de Afdeeling Inlichtingendienst, in Den Haag de Documentatiedienst en in Amsterdam vanaf april het Bureau Inlichtingendienst, dat eerder nog in mei 1940 was opgeheven.

Zij moesten de vijanden van de Nieuwe Orde opsporen: mensen die naar Engelse radio-uitzendingen luisterden, propaganda voor het Koninklijk Huis maakten, Hitler en het Duitse Rijk beledigden. Ook behandelden ze zaken met betrekking tot Joden. Of die zich wel aan de Duitse verordeningen hielden. Hun doelstellingen veranderden in de loop van 1942, toen de bezetter meer vaart zette achter de deportatie van Joodse Nederlanders, met als gevolg dat alsmaar meer Joden onderdoken.

Loe de Jong schat in zijn *Koninkrijk der Nederlanden in de Tweede Wereldoorlog* het aantal onderduikers op 25 000. Van hen zouden er vierduizend tussen 15 juli 1942 en 1 oktober 1943 zijn opgepakt en tussen 1 oktober 1943 en 3 september 1944 nog eens vijfduizend. Andere schattingen gaan uit van 27 000 onderduikers, namelijk zo'n vijf-, zesduizend kinderen en meer dan twintigduizend volwassenen, van wie de Duitsers en hun Nederlandse handlangers er negenduizend opspoorden. Zelf becijferden functionarissen van het *Judenreferat* IV B 4 in september 1943 het aantal op twintigduizend.

De speciale eenheden in Amsterdam, Rotterdam, Den Haag en Utrecht omvatten in de eerste helft van 1942 niet meer dan een paar man. Doorgaans beperkten ze zich tot het aanhouden van Joden die een overtreding zouden hebben begaan, bijvoorbeeld door zich zonder ster op de straat te begeven. Wie ook nog een vervalst persoonsbewijs bezat, moest er rekening mee houden flink onder handen te worden genomen. De rechercheurs wilden dan weten van wie de arrestant het document had gekocht. Vaak verdween de leverancier voor onbepaalde tijd naar een concentratiekamp.

Toch glipten er naar de zin van de bezetter nog te veel Joden door de mazen van het net, want in april 1943 lanceerde de *Befehlshaber* van de Sipo en de SD in Den Haag, dr. Wilhelm Harster, een premiestelsel dat alleen voor Nederlandse politiemannen – dus niet voor Duitse – gold. De premie bedroeg aanvankelijk twee gulden vijftig per opgepakte Joodse onderduiker, maar de SD verdubbelde het bedrag als mocht blijken dat de arrestant zich ook nog aan een andere overtreding had schuldig gemaakt.

Hoewel de Sipo tevreden vaststelde dat het stelsel merkbaar effect had, verhoogde de *Befehlshaber* de premie algauw, eerst tot vijf gulden, vervolgens tot zeven gulden vijftig, daarna tot vijfentwintig gulden en ten slotte in juli 1944 tot veertig gulden. 'Bloedgeld', zoals de Amsterdamse SD-rechercheur Gerrit Reinier Mozer het noemde. Ook gewone burgers hadden er recht op, mits zij een zaak onder eigen naam aanbrachten. Het kwam voor dat iemand een anonieme tip gaf om pas het kopgeld te claimen nadat de politie de onderduikers had opgepakt.

In de loop van 1943 breidden de speciale diensten in de grote steden zich flink uit. Bijna zonder uitzondering hadden de leden zich aangesloten bij de NSB, de NSNAP of de Germaansche SS. Er zaten rabiate Jodenhaters onder, doorgedraaide psychopaten en sadisten, maar ook mannen die normaal hun werk meenden te doen. Met dit verschil dat ze geen bekeuringen uitschreven voor verkeersovertredingen, maar jacht maakten op onderduikers.

Sommigen beweerden later eigenlijk helemaal geen hekel te hebben gehad aan Joden. 'Ik was nooit antisemiet,' betoogde Mozer, een van de felste jodenjagers, op 22 maart 1947 tijdens zijn proces. 'Ik heb nooit geweten dat de Joden die ik arresteerde gevaar liepen door de Duiters te worden vermoord. Wanneer ik dat had geweten, zou ik nooit aan deze arrestaties hebben meegeholpen. Ik heb altijd gedacht dat de Duitsers de Joden ergens in Polen bij elkaar zouden brengen om hen afgescheiden te houden van de niet-Joden.'

Anderen deden daarentegen niet moeilijk over hun antisemitische gezindheid. 'Ik heb tijdens de Duitse bezetting de mij in mijn politiedienst gegeven opdrachten uitgevoerd, zonder erover na te denken of deze opdrachten goed of niet goed waren,' zei de voormalige SD-rechercheur Cornelis Johan Nibbelink op 11 augustus 1948. 'Ik heb mij laten leiden door mijn nationaal-socialistische overtuiging en mijn hekel aan Joden.'

Het 11e Bureau

De verreweg omvangrijkste speciale politiedienst, het Amsterdamse Bureau Joodsche Zaken, gaat op 1 juni 1942 van start. Naar aanleiding van de oprichting van het '11e Bureau van het Hoofdbureau' laat NSB-hoofdcommissaris Tulp in een dagorder weten: 'Dit bureau is in het bijzonder belast met alle zaken welke voortvloeien uit de verordeningen de Joden betreffende.' De rechercheurs moeten eveneens gevallen onderzoeken waarbij Joden zich schuldig zouden hebben gemaakt aan bedrog, zwarte handel en diefstal.

Met de leiding van het nieuwe bureau belast Tulp commissaris Rudolf Wilhelm Dahmen von Buchholz (30 december 1889, Den Haag). Een alcoholist zonder enige politie-ervaring, maar een overtuigde nationaalsocialist die over de juiste connecties beschikt, met bovendien een dochter die bij de SD werkt en een zoon als Waffen-SS'er aan het oostfront. Hij heeft de Koninklijke Militaire Academie in Breda bezocht om na een korte officiersloopbaan in 1927 naar Philips in Eindhoven over te stappen. Vier jaar later belandt hij op het regeringsbureau voor de uitvoering van de Tarwewet, maar hij verliest in 1939 zijn baan vanwege het lidmaatschap van een reeks van fascistische splintergroepen.

Dahmen von Buchholz meldt zich na de Duitse inval aan als lid van de NSNAP en later ook als begunstigend lid van de Nederlandsche SS. Bij de NSB is hij niet welkom en als reden noemde hij na de oorlog 'de persoonlijke vijandschap tussen Mussert en mij'. Hij besluit dan studie te maken van 'het Jodenvraagstuk' en de vrijmetselarij, 'aangelegenheden waarin ik goed thuis ben geraakt'. Op voorspraak van zijn buurman, de plaatsvervangende leider van de NSB en de protagonist van de radicale Groot-Germaanse vleugel, mr. Meinoud Marinus Rost van Tonningen, zorgt Rauter ervoor dat Tulp hem op 17 februari 1942 benoemt tot 'commissaris van politie voor bijzondere doeleinden'.

Tulp zit met hem behoorlijk in de maag, tot hij in mei zijn kans schoon ziet en Dahmen von Buchholz met het nieuwe Bureau Joodsche Zaken opscheept. Volgens de voormalige wachtcommandant van het bureau, brigadier-rechercheur Abraham Kaper, bleek al spoedig dat de ex-beroepsofficier zijn taak niet aankon. 'Aan dat bureau heerste grote wanorde,' zei Kaper op 21 oktober 1945 tijdens een verhoor. 'Het merendeel van het personeel deed wat het goed dacht en oneerlijkheden kwamen meerdere malen voor als gevolg van de slechte leiding.'

De rechercheurs stelen er als de raven en Dahmen von Buchholz doet niet voor hen onder. Zijn kamer puilt uit van geroofde spullen: fototoestellen, prismakijkers, bontmantels, dozen met dure sigaren. Ook heeft hij zijn mensen gesommeerd alle in beslag genomen flessen drank bij hem persoonlijk af te geven. Om zo nu en dan half leeggedronken flessen onder hen te verdelen. Hij ontfermt zich daarnaast over de juwelen en de kunstvoorwerpen, met het argument dat hij die aan de bevoegde Duitse instanties wil overhandigen, maar kennelijk hapert er iets. Verschillende keren roept Lages hem bij zich op het matje zodra er weer eens schilderijen of gouden munten zijn verdwenen.

Kaper karakteriseerde Dahmen von Buchholz na de oorlog als een hardvochtig man en een uitgesproken antisemiet. Toen de ontslagen Joodse politieman Benjamin de Levie de commissaris een smeekbrief stuurde, gedateerd 24 september 1942, nam deze niet eens de moeite te antwoorden. De Levie herinnerde 'de Weledel Gestrenge Heer' er in de brief aan dat zijn oud-chef Kaper hen zeven weken geleden aan elkaar had voorgesteld. Bij die gelegenheid had deze uiteengezet 'wat voor politieman hij is geweest en welke principes hij is toegedaan', schrijft De Levie in een zwierig handschrift.

Hij hoopte destijds uitstel te krijgen voor tewerkstelling in een werkkamp, maar inmiddels hadden ze hem ingeschakeld bij het Amsterdamse werkobject Westhaven. Ditmaal verzocht hij de commissaris zich bij de Duitse autoriteiten voor hem in te zetten zodat hij niet 'voor de uitzending naar Duitsland' in aanmerking hoefde te komen. Maar de eenenvijftigjarige oud-politieman sprak voor dovemansoren. Hij en zijn vrouw Rosa de Levie-Lezer stierven op 30 september 1943 in Auschwitz in de gaskamer.

In de loop van 1942 wordt Joodsche Zaken van acht tot zo'n twintig man uitgebreid. Nadat de *Befehlshaber* in Den Haag op 12 oktober het Bureau Inlichtingendienst wegens aanhoudende fricties tussen het hoofd ervan en Lages heeft opgeheven, krijgt het Bureau versterking (al gaan de meeste rechercheurs rechtstreeks naar de SD.) Begin 1943 ziet Lages zijn kans schoon om zich ook van Dahmen von Buchholz te ontdoen als hij Joodsche Zaken met ingang van 9 februari bij de Sipo detacheert en het bureau overplaatst van het hoofdbureau aan de Marnixstraat naar de Paulus Potterstraat 6.

Lages verklaarde na de oorlog dat hij mede tot de reorganisatie had besloten, doordat de rechercheurs op steeds grotere schaal Joodse goederen stalen, met voorop Dahmen von Buchholz. Bij hem liet hij zelfs eens huiszoeking verrichten. De commissaris stond met de mond vol tanden toen Lages vroeg hoe hij aan al die kostbare spullen kwam die ze er hadden aangetroffen. Dahmen von Buchholz had echter een heel andere verklaring voor zijn vertrek.

'Ik ben ervan overtuigd,' zei hij, 'dat de chef van de SD deze overgang heeft bewerkstelligd, omdat ik te veel door de vingers zag.' Bovendien wilde hij niet onder Duitse leiding staan, hoewel hij zich zeker niet als anti-Duits beschouwde, en ook had hij genoeg van

'Joodse aangelegenheden', voegde hij eraan toe: 'Ik was toen blij dat ik er vanaf was.'[6]

Niet voor de pers

De oud-commissaris kon later wel beweren dat hij wonder wat deed om dingen door de vingers te zien, maar de zogeheten 'meldingen' van het Bureau Joodsche Zaken die bewaard zijn gebleven vertellen een heel ander verhaal. En zij vormen schokkende lectuur, ook door het volstrekt banale, zo niet potsierlijke karakter van de overtredingen.

Veel arrestaties vinden plaats vanwege het feit dat het slachtoffer geen ster draagt of zijn geld en bezittingen bij niet-Joden heeft ondergebracht en zodoende zou hebben onttrokken aan de verplichte inlevering bij de roofbank Lippmann Rosenthal & Co. Of dat hij geen gehoor heeft gegeven aan de oproep zich te melden voor een werkkamp. Maar er zitten ook andere gevallen tussen. Zoals dat van de achtendertigjarige Emanuel Vet, die op 10 juli 1942 in het postkantoor aan de Waalstraat van een publieke telefoon gebruik heeft gemaakt, 'niettegenstaande hem dit door een ambtenaar was verboden', heet het. Hij blijft in bewaring om aan de SD te worden voorgeleid[7], maar deze onheilspellende zinsnede staat onder vrijwel elke melding.

Dan is er de zesentwintigjarige Mina Sluyter die op 24 juli op het bureau moet verschijnen, op verdenking dat ze 'een arische vrouw' heeft bezocht, met wie zij een homoseksuele relatie zou hebben[7]. En de loonslachter Leo Denneboom, die op 25 oktober in zijn huiskamer een bioscoopfilm voor zo'n vijfentwintig mensen, overwegend kinderen, heeft vertoond. Tegen een entree van één gulden per persoon. De rechercheurs hebben zijn filmprojector en alle films die ze in het huis vonden in beslag genomen. Evenals al die anderen maakt Leo Denneboom de gedwongen gang naar de SD[7].

Of neem Maurits Wijnschenk, een eenenveertigjarige koopman

uit de Tilanusstraat, die zee- en riviervis heeft gekocht, 'zonder hiertoe gerechtigd te zijn'. Joden mogen geen vis, vlees, groente en fruit meer kopen bij niet-Joodse winkels, maar Joodse winkels bestaan bijna niet meer. Het Bureau Joodsche Zaken had Wijnschenk op 27 oktober ontboden en hij gaf hieraan nog gehoor ook[7].

Voor de drieëndertigjarige Rosina Jeannette Schuijer valt er helemaal niets te kiezen als het bureau haar op woensdagavond 18 november ontbiedt: ze zit namelijk al vast. Toen ze eerder op transport zou gaan naar Westerbork, had ze kans gezien te ontvluchten, maar rechercheurs hadden haar weer gearresteerd nadat het bureau een anonieme tip had gekregen. De verklikker schrijft na haar aanhouding hoeveel deugd hem of haar dat doet. De vrouw had met de Hongaarse pianist Sandor Vidak samengewoond en de hele muziekwereld zou veel last van haar hebben gehad. Ze zou 'brutaal en erg tegen de NSB' zijn. Doordat veel musici een Duitse vrouw hebben, zou Rosina voortdurend ruzie hebben gemaakt.

'Stuurt u ze uit onze naam maar gauw door naar Polen, daar hoort ze,' aldus de anonieme verklikker. 'Ze is van de week weer een dag bij Vidak geweest, maar is godzijdank gauw weer opgepikt.' Om eraan toe te voegen: 'Van de week, heb ik gehoord, heeft ze wraak gezworen, toen ze vrij was. Ik dacht, nu moet ik de politie maar eens voor haar waarschuwen.'[7]

Enkele meldingen hebben betrekking op niet-Joden die een van de vele tegen de Joden gerichte verordeningen zouden hebben overtreden. Mensen die hen op de een of andere manier hebben geholpen, met persoonsbewijzen, distributiekaarten of onderduikadressen. Zo brengt een Beverwijkse adjunct-inspecteur op vrijdagmiddag 11 december om tien over twaalf de agent Leonardus Hendrikus Martinus van der Hoorn op omdat deze een Joods kind in zijn woning verborgen heeft gehouden.

Volgens een melding blijft Van der Hoorn in bewaring 'ter voorgeleiding voor de SD', maar om vier uur mag hij na te zijn verhoord alsnog vertrekken. De melding geeft uitdrukkelijk aan dat deze zaak niet voor 'het generale rapport en de pers' is bestemd. Dezelfde notitie staat bij een melding over een andere agent, de vijftigjarige Hielke van der Velde uit Smallingerland, die goederen uit een voorheen door een Joodse familie bewoond huis zou hebben gestolen. Het bureau draagt hem wel aan de SD over.

Evenmin bestemd voor de pers, zoals er met potlood bij staat gekrabbeld, blijkt de melding over een inval op donderdagavond 10 december 1942 in een huis op het Amsterdamse Meerhuizenplein 9-II. Bij die gelegenheid hebben vier rechercheurs acht onderduikers opgepakt, alsook de zesentwintigjarige leerbewerker Cornelis Franciscus van Willes. Verloofd met een van de onderduikers, Dora Werkendam, een twintigjarige tassenstikster, had hij hun een schuilplaats gegeven. Tot de aangehoudenen behoorde haar broer Max, een kunstschilder die afgezien van het feit dat hij geen ster droeg en een vervalst persoonbewijs had, een automatisch pistool kaliber 7.65 mm met zeven patronen bezat. Bovendien liep hij in een zwart WA-uniform rond.

Terwijl de onderduikers op transport gaan naar de SD en – met uitzondering van Max Werkendam – vervolgens naar Westerbork[8], stelt het bureau Van Willes de volgende dag op vrije voeten. Dit geluk heeft ook de visventer Pieter van Altena, die op 5 januari 1943 met een berisping wegkomt. De gemeenteveldwachter van het eiland Marken had hem twee dagen eerder betrapt toen hij op straat vis verkocht aan Joodse klanten. Dezelfde behandeling valt de Joodse ondernemer Herman Louis Wijnbergen uit Eindhoven ten deel nadat twee rechercheurs hem op zaterdag 30 januari hebben opgepakt, op verdenking geld en goederen aan een niet-Joodse man in bewaring te hebben gegeven, wat nu eenmaal als een ernstig vergrijp geldt.

Desondanks laat het bureau hem 's middags op last van Dahmen von Buchholz vrij en mogelijk bedoelde de commissaris deze zaak toen hij zei dat hij te veel door de vingers had gezien. Maar voor de veertigjarige Herman Wijnbergen betekende het alleen maar uitstel, geen afstel: hij wordt in april 1944 alsnog in Auschwitz vermoord.

De onguurste elementen

Dahmen von Buchholz schatte het aantal Joden dat het bureau onder zijn leiding had opgepakt op tussen de zeshonderd en duizend, dit met inbegrip van de zogenaamde jodenbegunstigers, mensen die Joden aan een onderduikadres hielpen. Terwijl de Joden zonder meer op transport gingen naar Westerbork, verschilde de behandeling van de helpers. Het kwam voor dat een rechercheur genoegen nam met de smoes van de bewoner dat deze niet wist met Joden te maken te hebben: hij, of zij, zou hebben gedacht dat het gewoon pensiongasten waren.

De rechercheur legde hem dan een boete op die hij moest betalen aan het door Hitler geannexeerde *Deutsche Rote Kreuz* of aan de NSB-organisatie Winterhulp. Maar voor hetzelfde geld verdween de helper in een concentratiekamp, zeker als de Gestapo hem of haar ervan verdacht banden te onderhouden met het verzet.

Na de oorlog noemden de betrokken rechercheurs en Sipo-functionarissen uiteenlopende aantallen onderduikers die ze in Amsterdam hadden opgepakt. Volgens Douwe Capelle, een van de ijverigste jodenjagers, ging het in de periode februari 1943 tot maart 1944 om in totaal zesduizend *straffällige* Joden – dus mensen die een strafbaar feit begingen –, van wie vierduizend door Nederlandse politie-instanties waren aangebracht. Het door de Sipo ingelijfde Bureau Joodsche Zaken, dat in september 1943 al meer dan vijftig rechercheurs telde, zou de resterende tweeduizend onderduikers hebben opgespoord. Kaper had het tijdens zijn proces zelfs over tienduizend aangehouden Joden, maar dit getal lijkt sterk overdreven. Eerder ligt het rond de zesduizend.

Zeker met de komst in februari 1943 van SS-*Untersturmführer* en *Kriminalsekretär* Otto Albert Kempin als het nieuwe hoofd van het bureau nam de druk op de rechercheurs om te presteren toe. Hij noemde zichzelf overigens na de oorlog heel bescheiden verbindingsman op de Amsterdamse *Aussenstelle* tussen de Duitse en de Nederlandse Gestapo-afdeling IV B 4, het voormalige Joodsche

Zaken, maar in werkelijkheid deelde hij er de lakens uit. In een relatief korte periode slaagde hij erin duizenden Joden en honderden verzetsmensen op te sporen.

Kempin toonde zich in ieder geval een betere, efficiëntere organisator dan zijn voorganger. Vooral doordat hij van het werk voor het bureau, niet het minst door het premiestelsel, een lucratieve job maakte. Een rechercheur verdiende gemiddeld zo'n tweehonderdtien gulden per maand, rond veertienhonderd euro, maar als hij 's avonds op jacht ging naar onderduikers, kon hij flink overuren maken en met de premies streek hij honderden guldens op.

'Er waren dagen dat ik driehonderd gulden extra verdiende door het arresteren van Joden,' zei de rechercheur Pieter Schaap in een verhoor op 5 september 1945. Naar zijn zeggen hield hij de meeste Joden aan, omdat hij de meeste v-mannen en -vrouwen had: 'Er zijn wel maanden geweest dat ik acht- tot negenhonderd gulden extra verdiende. Nooit heb ik mij iets toegeëigend van het door mij in beslag genomen geld en de waardeartikelen.'

Een wel zo ingrijpende maatregel van Kempin bleek de introductie van het systeem van v-mannen en -vrouwen – in het Nederlandse politiejargon ook wel 'loodsje' genoemd –, waarmee de SD, de Gestapo en de geheime dienst van de Wehrmacht, de *Abwehr*, al in Duitsland goede resultaten hadden behaald. Weliswaar beschikten de meeste rechercheurs allang over eigen informanten en ook over in de onderwereld geronselde hulpkrachten, maar Kempin zette een netwerk van geregistreerde en betaalde beroepsverraders op. Behalve dat ze voortaan een vast inkomen hadden of anders meedeelden in de premies, ontvingen ze een percentage – eerst vijf, later tien procent – van de in beslag genomen goederen.

'Dat waren in de regel de onguurste elementen, zowel christenen als Joden,' merkte de voormalige Amsterdamse SD-rechercheur Hendrik Blonk, bijgenaamd Poppesnor, na de oorlog op. Het liefst had Kempin mensen die voorheen zelf illegaal werk hadden verricht en het klappen van de zweep kenden. Ook rekruteerde hij bij voorkeur v-personen die goede contacten in Joodse kringen hadden en een actieve rol hadden gespeeld bij de hulpverlening aan Joden.

Tijdens het proces tegen de Joodse verraadster Ans van Dijk beweerde Schaap dat ze bij de Sipo en de SD net zoveel informanten konden krijgen als ze wilden, ook Joodse. Zelf zou hij zo'n tien v-personen hebben gehad en hoewel zijn verklaringen doorgaans met een korreltje zout dienden te worden genomen, klopte ditmaal zijn verhaal.

Henneicke

In de jacht op het kopgeld vormde de Colonne – of *Kolonne* – Henneicke een geduchte concurrent van de jodenjagers van het voormalige Bureau Joodsche Zaken. De *Recherchegruppe* Henneicke was oorspronkelijk een van de vier onderafdelingen oftewel colonnes van de *Abteilung Hausraterfassung*, de roofinstantie die weer onderdeel uitmaakte van de *Zentralstelle für jüdische Auswanderung*. Als administratief centrum zorgde de *Hausraterfassung* voor het inventariseren van de inboedel van de huizen waar Joden hadden gewoond. Het personeel had een dienstverband met Lippmann Rosenthal, die belast was met opsporen en het beheer van Joods vermogen, met uitzondering van het meubilair, dat weer onder een andere roofinstantie viel, de *Einsatzstab Reichsleiter Rosenberg*.

De naamgever van de colonne, Willem Christiaan Henneicke (19 maart 1909, Amsterdam), had voorheen allerlei losvaste baantjes gehad, onder meer als reiziger in stofzuigers en snorder met goede contacten in de Amsterdamse onderwereld en bij de Sipo. Amper lid van de NSB nam hij in juni 1942 dienst bij de *Abteilung Hausraterfassung* om er de leiding te krijgen over een colonne van inventarisatoren. In eerste instantie had hij opdracht de plunderpartijen door zijn mensen de kop in te drukken, maar in die opzet slaagde hij nauwelijks.

De colonne bleef een grote dievenbende, bestaande uit langdurig werklozen, ongeschoolde arbeiders, maar ook hele en halve criminelen. Toen in de laatste fase van de deportaties steeds meer Joden onderdoken, begonnen Henneicke en de zijnen vanaf maart 1943 jacht op hén te maken. Ze beperkten zich niet tot Amsterdam, maar pakten overal in het land mensen op, zonder dat ze overigens arrestatiebevoegdheid hadden. En soms namen de jodenjagers ook aan razzia's deel, zoals op zondag 20 juni 1943.

Doordat de colonne tot meer dan vijftig man uitgroeide, zag ze zich gedwongen te verhuizen naar een groter pand aan de Noorder Amstellaan, de latere Churchilllaan. De mannen hadden op zich een goed inkomen, maandelijks tussen de tweehonderd en tweehonderdzeventig gulden, en dat terwijl de meeste Nederlanders in die tijd moesten rondkomen van een loon dat tussen de honderd en hondertachtig gulden lag. Daarnaast ontvingen ze kopgeldpremies, verder zeven gulden vijftig per dag aan verblijfskosten buiten Amsterdam, één gulden vijftig per dag aan koffiegeld, vergoedingen voor overwerk en reiskosten, alsook een dubbele toeslag voor werken op zondag.

Na nog geen halfjaar besloot Lages echter de colonne met ingang van 1 oktober 1943 te ontbinden. Later ontkende hij dat de Duitsers enige bemoeienis zouden hebben gehad met de groep van Henneicke; dat ze haar bijvoorbeeld in het leven hadden geroepen. Niettemin erkende de Sipo wel stilzwijgend het bestaan.

Tijdens het proces tegen Eddy Moesbergen, voormalig lid van de colonne, ging de procureur-fiscaal van het bijzonder gerechtshof in Amsterdam uit van 3633 arrestaties. Van zijn kant becijferde dr. Loe de Jong in *Het Koninkrijk der Nederlanden in de Tweede Wereldoorlog* het aantal op 'meer dan 3400': in de periode van 5 april tot 8 juli 1943 2915, in de maanden augustus en september nog eens 513. Daarentegen komt Ad van Liempt in zijn boek *Kopgeld* op acht- tot negenduizend Joden.

Hij baseert zich op een stuk van Henneicke zelf, terwijl hij als uitgangspunt een berekening neemt van de PRA-rechercheur Wijnand Prasing, die kort na de oorlog samen met zijn collega C.J. Verduin onderzoek naar de colonne verrichtte. De rechercheur noemde het aantal van achtduizend in het proces tegen Lages. Volgens hem viel dit op te maken uit de betaalstaten die Lages, de betaalmeester en het hoofd van de *Zentralstelle*, SS-*Hauptsturmführer* Ferdinand Hugo aus der Fünten, hadden getekend. De beide PRA-rechercheurs konden bovendien beschikken over de in 1947 opgedoken administratie van de colonne die betrekking had op eerst tweehonderd opgepakte Joden, vervolgens achthonderd en ten slotte drieduizend.

'Uit de volgnummers heb ik schattenderwijs becijferingen gemaakt,' zei Prasing tijdens het proces, 'en zodoende ben ik op een totaal van omstreeks achtduizend gekomen. Uit het onderzoek is ook gebleken dat de leden zelf strafgevallen creëerden, doordat zij bij het aanbrengen van de door hen gearresteerde Joden in het daarover door hun chef op te maken rapport lieten opnemen dat zij kippenbotten en vruchtenschillen bij die Joden hadden gevonden. Het bezit van gevogelte en fruit was de Joden toen niet toegestaan.'[9]

Café Witteveen

Na de ontbinding van zijn colonne ging Henneicke in een los dienstverband voor de Gestapo werken, met dit verschil dat hij voortaan hoofdzakelijk op verzetsstrijders joeg. Even scheen het als zou hij tot inkeer zijn gekomen, toen hij zich op de avond van 5 september 1944 bij een man meldde van wie hij wist dat deze banden had met de illegaliteit. Na de oorlog verklaarde de man dat Henneicke zich 'in verband met de toen heersende verwarrende toestand' grote zorgen zou hebben gemaakt: 'Elk ogenblik verwachtte hij, en ook wij, de geallieerde legers in Amsterdam. Ik vertelde hem toen dat het in zijn eigen belang was als hij mij de hem bekende handlangers van hem en de Duitsers noemde.'

De voormalige jodenjager had daarop een beëdigde verklaring afgelegd, maar het lijkt weinig aannemelijk dat hij werkelijk een streep onder zijn verleden wilde zetten. Die vijfde september zou de Nederlandse geschiedenis ingaan als Dolle Dinsdag, de dag dat in het hele land collaborateurs het hazenpad kozen. Vermoedelijk heeft Henneicke een moment van zwakte gekend, maar toen hij besefte dat het allemaal niet zo'n vaart zou lopen, greep hij de nieuw ontstane situatie juist aan om onder de schuilnaam Chris met het verzet contacten te leggen, in het voornemen er binnen te dringen. In deze richting wijzen ook de gebeurtenissen in de daaropvolgende weken.

Dat die contacten hebben bestaan, blijkt eveneens uit een anonieme brief, waarin de schrijver ervoor waarschuwt dat Henneicke in een verzetsorganisatie is geïnfiltreerd: 'Onbekend of dit met medeweten is van SD. Deze waarschuwing afkomstig van SD-spion.' Tijdens een verhoor op 11 juni 1945 vertelde de Duitse Sipo-man Rühl dat Henneicke in het najaar van 1944 met 'een belangrijke mededeling' bij hem kwam. Deze zou toen al enige tijd deel hebben uitgemaakt van een verzetsgroep om de leden te kunnen bespioneren en hen te zijner tijd te arresteren.

Henneicke had naar zijn zeggen twee mannen leren kennen, volgens Rühl 'een Jackie' en 'een Pierre of Piet', die een aanslag op Lages beraamden en informatie van hem wilden hebben. Later wezen beiden in café Witteveen aan de Ceintuurbaan een politieman aan, een zekere Elias, hun opdrachtgever. Ze bedoelden de rechercheur Pieter Jacobus Elias, onder de verzetsnaam Harry lid van de Knokploeg-Amsterdam. Henneicke moet hem hebben gekend, als een van de twee politiemannen die vanaf april 1942 voor de *Zentralstelle* zijn corrupte, diefachtige bende van inventarisatoren op de vingers moesten kijken. Wat Rühl en waarschijnlijk ook Henneicke toen niet wisten, was dat Elias in de zomer van 1944 samen met een collega een recherchebureau had opgericht dat voor de KP informatie verzamelde over de Sipo en haar netwerk van V-mannen en -vrouwen.

De oud-*Kolonneführer* werd daarop door Rühl naar Lages gebracht en bij die gelegenheid zou hij behalve de naam van Elias ook die van een zekere 'Otto' hebben laten vallen. Op vrijdag 17 november 1944 hielp hij vervolgens in café Witteveen 'Jackie' en 'Pierre of Piet' te arresteren. Achter de verzetsnaam 'Jackie' verschool zich het KP-lid Jan de Groot, die er kort na zijn arrestatie in slaagde de benen te nemen. De ander bleek de zesentwintigjarige student medicijnen Pieter Arnoldus Roodenburgh te zijn. Na een mislukte vluchtpoging naar Engeland deed hij vanuit Amsterdam koerierswerk, maar toen de route naar Zwitserland afgesneden raakte, begon hij voor de KP-Amsterdam als hoofd Interne Controle Dienst informatie te verzamelen over Gestapo-agenten.

Een Sipo-commando onder leiding van de SS-*Sturmscharführer* Heinz Wintgen arresteerde dezelfde avond de rechercheur Elias, die net terugkeerde van een illegaal voedseltransport naar Alkmaar. Daarentegen ontsnapte 'Otto', zoals de verzetsnaam luidde van V. Ph. Vermeer, de leider van de KP-Amsterdam, later ook 'Martin' genaamd.

Tijdens een huiszoeking bij Elias vonden de Sipo-mensen een tas met voor hem belastende documenten, onder meer over een kort tevoren door het verzet geliquideerde V-man uit Berlijn. Verder lagen er 'afwerpwapens', wapens die geallieerde toestellen hadden gedropt: pistolen, stenguns, handgranaten, alsook delen van een parachute. Nadat Henneicke Roodenburgh aan de Sipo had overgedragen, onderwierp die hem aan een verscherpt verhoor, wat inhield dat ze hem zwaar mishandelden, maar hij gaf geen krimp. Bij wijze van represaille voor een aanslag op een spoorlijn bij Uitgeest werd hij samen met twee andere *Todeskandidaten* op 17 december bij die spoorlijn gefusilleerd. Ook Elias vond die dag in Amsterdam de dood voor een vuurpeloton.

Henneicke moest er al eerder aan geloven. Mannen van de organisatie Raad van Verzet schaduwden hem al enige tijd en toen hij op vrijdag 8 december 's ochtends om negen uur zijn benedenhuis op Linneausparkweg 79 verliet, een huis dat voorheen een Joodse familie had toebehoord, wachtten ze hem op. Zodra hij ter hoogte van nummer 25 fietste, stapte een van hen uit de portiek en schoot de jodenjager van zijn fiets. De lijkschouwer telde later vijf kogelinslagen: twee in het hoofd, één in de rechterarm, één in het linker- en één in het rechterbeen. Henneicke liet een vrouw, een zoon en drie stiefkinderen achter.

Documentatiedienst

Hoewel meer gericht op de bestrijding van het verzet, deed de Haagse speciale politiedienst, de Documentatiedienst, niet veel onder voor het Bureau Joodsche Zaken. Enkele Haagse jodenjagers verwierven landelijke bekendheid met hun nietsontziende, wrede optreden. Tot hen behoorden Maarten Spaans, Cornelis Leemhuis, Steven Pegels, vanaf maart 1942 het hoofd, en Kees Kaptein, later verbonden aan de afdeling *Judenflucht* en *Judenkapital* van het Gestapo-referaat IV B 4. Vermoedelijk had het ermee te maken dat de SD en de Sipo hun hoofdkwartier in Den Haag hadden, op het Binnenhof en het Plein. Vaak trokken de Haagse rechercheurs samen op met hun collega's van het *Judenreferat*, tijdens razzia's en ook bij de klopjacht op Joodse onderduikers.

Opgericht in november 1940 gold de Documentatiedienst als een voortzetting van de Inlichtingendienst, een oorspronkelijk nogal elitaire club die informatie verzamelde voor de generale staf en de eigen hoofdcommissaris. Na de Nederlandse capitulatie ontdekten de Duitsers dat de dienst over een schat van interessante informatie beschikte, doordat zijn agenten jarenlang links- en rechts-radicale partijen en organisaties hadden bespioneerd en buitenlandse collega's in de gaten hielden.

Op last van Rauter transformeerde de NSB-hoofdcommissaris van Den Haag, mr. P.M.C.J. Hamer, eind 1940 de dienst in een op nationaalsocialistische leest geschoeide politieke recherche, de Documentatiedienst. Bij de officiële oprichting op 1 januari 1941 bestond hij uit twaalf rechercheurs, bijna allen NSB'ers, die opdracht kregen nauw samen te werken met de Sipo en de SD alsook de inlichtingendienst van de Wehrmacht, de *Abwehr*.

Aanvankelijk behandelden de Haagse rechercheurs vooral kwesties van meer politieke aard. De processen-verbaal maken melding van delicten als het neuriën van het liedje *Wilhelmientje, kom toch weer terug*, het dragen van een rood-wit-blauwe halsdoek, de verspreiding van anti-Duitse geruchten en het afscheuren van Duitse propaganda-affiches. Een rechercheur noteerde dat toen een commentaarstem in de bioscoop de retorisch bedoelde vraag: 'Wie twijfelt nog aan de overwinning van Duitsland?' stelde, de bezoekers eenstemmig riepen: 'Allemaal!' De dienst rapporteerde verder over de sfeer in het politiekorps, hield toezicht op vergaderingen en organisaties en controleerde boekwinkels en bibliotheken op verboden lectuur.

Twee rechercheurs van de Documentatiedienst, Leonardus Adrianus Poos en Marten Slagter, beiden even ambitieus als uitgekookt, hielden zich niettemin met serieuzere zaken bezig en in maart 1941 rolden ze de toen nog vooral Haags georiënteerde verzetsorganisatie Ordedienst op. De Duitsers doodden op zondag 3 mei 1942 tweeënzeventig van hen in het concentratiekamp Sachsenhausen met een nekschot. Op maandag 11 mei volgden nog eens vierentwintig executies.

Ook bij de ontmanteling van de tweede OD hadden beiden een belangrijke inbreng. Op 24 augustus 1942 arresteerden ze de feitelijke leider van de OD, generaal jhr. W. Roëll, de oud-bevelhebber van het Nederlandse veldleger. Ze hadden toen al de overstap gemaakt naar de Gestapo: *Abteilung* IV A van de *Befehlshaber der Sipo und des SD*, bestrijding van spionage en sabotage. Later lieten ze in het kader van het zogeheten *Englandspiel* talloze Nederlandse geheim agenten die door Britse RAF-toestellen waren gedropt, in de val lopen.

Vanaf het moment dat in 1942 de deportaties begonnen, veranderde alles voor de Documentatiedienst. Met rond veertienduizend geregistreerde Joden had Den Haag de op Amsterdam na grootste Joodse gemeenschap in Nederland. Van de 561 arrestaties die de Documentatiedienst dat jaar verrichtte, hadden 231 betrekking op Joodse onderduikers, 151 op Joden die een overtreding hadden begaan en 49 op zogenaamde jodenbegunstigers. De rest zou zich hebben schuldig gemaakt aan illegale activiteiten, verboden wapenbezit en in één geval 'politieke moord'.

Om de voorbereidingen van de deportaties hoefde de dienst zich echter niet te bekommeren, die kon hij aan de Haagse Joodse raad overlaten. Dit college beheerde zelfs in het gebouw van het *Judenreferat* op de Nieuwe Parklaan 76 in Scheveningen, Villa Windekind, een eigen cartotheek. Op basis van informatie uit het Haagse bevolkingsregister, de *Zentralstelle* en het kamp Westerbork hielden daar vier door de raad gedetacheerde medewerkers de gegevens over alle Joodse Hagenaars bij. De bureauchef van het referaat, SS-*Hauptscharführer* Franz Fischer, bijgenaamd *Judenfischer*, had hen op een aparte kamer gezet en na de oorlog zei hij: 'Zij waren mijn beste krachten, zelfs nog beter dan de Duitsers die mij ter beschikking waren gesteld.' Desondanks had hij ze na twee jaar 'op hun eigen verzoek' naar Westerbork gedeporteerd.

De procedure hield in dat Fischer in overleg met de *Zentralstelle* opgaf hoeveel Joden er op transport moesten, waarna de raad het verlangde aantal aan de hand van de gegevens uit de cartotheek wijk- en straatgewijs liet indelen. Voor het geval dat er uitvallers zouden zijn, voegden ze er nog een paar extra namen aan toe. Mits het quotum maar klopte. De raad had ook met het *Judenreferat* afgesproken dat het de mensen over de ophanden zijnde deportatie zou informeren. Dat dit hen wellicht op het idee zou kunnen brengen om te vluchten, had Fischer ingecalculeerd.

'Het kwam wel eens voor dat enige personen onderdoken,' zei hij na de oorlog, 'maar dit percentage woog bij lange na niet op tegen de aantallen die wel konden worden gearresteerd, terwijl de namen en adressen steeds volledig en goed waren.' De lijsten van de *Zentralstelle* klopten namelijk niet altijd. Wel zo belangrijk was dat de slachtoffers dan al met hun bagage klaarstonden.

Het werd de Haagse rechercheur Leemhuis eveneens zo maar in de schoot geworpen, nadat hij in 1943 onder de schuilnaam Van Dam met hulp van de Joodse V-man Jacob Lion Mendels in de plaatselijke afdeling van de Ordedienst had kunnen infiltreren. Toen hij op een avond de kwartiercommandant van de OD voor de Schilderswijk, Bertus van Oort, thuis bezocht, klaagde deze steen en been over een Joodse onderduikster. De Haagse Ella Betty Polak, die ze op een adres in Rotterdam hadden ondergebracht, zou er haar helpers terroriseren. Ze dreigde de SD een lijst met de namen van veertig vooraanstaande OD'ers in handen te spelen, als het verzet haar niet beter zou behandelen.

Tot dusver had de vrouw al op verschillende adressen gezeten en de mannen wisten niet meer wat ze met haar aan moesten, zodat ze ten einde raad hadden besloten haar te elimineren. Van Oort, in het dagelijkse leven bode bij het zogeheten Bureau voor Afwikkeling van Militaire Aangelegenheden, het voormalige departement van Defensie op het Lange Voorhout, vroeg Leemhuis of hij misschien niet iemand kende die hen hierbij een handje kon helpen. Van Dam alias Leemhuis wilde dit zelf wel voor hem opknappen: toevallig had hij voor de vrouw een geschikt adres in Hilversum.

De SD-rechercheur haalde Ella Polak nog dezelfde avond in Rotterdam op. Hij vertelde de vrouw dat hij haar als huishoudster bij een alleenstaande, vermogende heer in Hilversum zou onderbrengen. In plaats daarvan reed hij met haar linea recta naar Den Haag en pas bij aankomst in het gebouw van de Documentatiedienst besefte ze dat ze erin was geluisd. De rechercheurs doorzochten uitgebreid haar koffer, maar een lijst met de namen van leidende verzetsmensen zat er niet in. Een aanbod van de vrouw om als informant voor de SD te gaan werken wees Leemhuis van de hand. De volgende dag zette hij haar op transport naar Westerbork.[10]

In juli 1943 zou Den Haag dan *judenfrei* zijn. Niet meer dan vijfhonderd van de elfduizend gedeporteerde Joden keerden na de oorlog terug, terwijl zo'n tweeduizend mensen die kans hadden gezien onder te duiken, overleefden. De Documentatiedienst zou tussen de zeventienhonderd en tweeduizend Joden hebben opgepakt, van wie een jodenjager als Maarten Spaans er alleen al driehonderdzestig voor zijn rekening nam. De laatste maanden van de oorlog hielden de rechercheurs zich voornamelijk bezig met de bestrijding van het verzet, onder meer als onderdeel van het *Sonderkommando*-Leemhuis.

Groep x

Wat de de Rotterdamse speciale politiedienst Groep x – later Groep 10 – onderscheidde van de andere diensten, was dat bijna alle leden uit de straatdienst kwamen. Bij de selectie van de rechercheurs en de rond zestig hulpagenten die van oktober 1942 tot eind 1943 van de dienst deel uitmaakten, gold als criterium niet zozeer kennis van zaken als wel de politieke gezindheid. Haast alle leden van Groep 10 hadden zich bij de NSB aangesloten en soms ook bij de Germaansche SS. Maar juist de ervaring die ze in de straatdienst hadden opgedaan, droeg ertoe bij dat ze, gepokt en gemazeld, nog sluwer en nog gewetenlozer te werk gingen.

Als stuwende kracht ontpopte zich inspecteur – na de reorganisatie van de politie in maart 1943 kapitein – Jacob Breugem (26 november 1906, Rotterdam), lid van de Germaansche SS en vanaf augustus 1941 hoofd van de Afdeeling Inlichtingendienst, de voorloper van Groep 10. Hij stond bekend als enerzijds zeer professioneel en anderzijds berekenend en meedogenloos. Eigenschappen die bij een jodenjager een perfecte combinatie opleverden.

Zijn carrière bij de politie begon hij in juli 1927 als klerk in Hillegersberg, waarop hij drie jaar later naar Rotterdam vertrok om er tot inspecteur op te klimmen. Na zijn benoeming bij de Inlichtingendienst breidde hij allereerst de staf met zo'n twintig NSB-politiemannen uit. Toen de Rotterdamse hoofdcommissaris J.J. Boelstra de dienst in september 1942 ophief en het personeel als Groep x bij de recherche indeelde, behield Breugem de leiding.

Dat hij nog leefde, mocht een wonder heten, nadat het verzet enkele maanden eerder, op 4 mei 1942, een aanslag op hem had gepleegd. De eerste in een reeks van aanslagen op foute politiemannen in Rotterdam. De dader belde 's avonds bij hem thuis op Beatrijsstraat 60A aan om op het moment dat Breugem opendeed twee schoten te lossen, maar hij trof geen doel. Hij nam de benen, waarna de inspecteur de achtervolging inzette en het vuur opende. De man schoot terug en raakte dit keer Breugem wel, in diens long en lies.

Tot de voornaamste taken van Groep 10 behoorden het opsporen en aanhouden van Joden die geen gehoor gaven aan de oproep voor transport naar Westerbork. De rechercheurs pakten verder mensen op die Joden hielpen, verzetsstrijders, zwarthandelaren en mannen die zich aan de *Arbeitseinsatz* of krijgsgevangenschap onttrokken. Ze moesten daarnaast de bezittingen van gedeporteerde Joden bewaken, maar vaak ontaardde dat in diefstal en ordinaire plunderpartijen. Voor de jacht op Joodse onderduikers kon Breugem over zes tot acht rechercheurs beschikken, de 'Jodenploeg'.

In 1941 verbleven er in Rotterdam zo'n 8300 zogeheten vol-Joden, naast de tweeënhalfduizend half- of kwart-Joden en de gemengd gehuwden. Op 30 juli 1942 kregen de eerste tweeduizend vol-Joden een oproep zich te melden bij het verzamelpunt Loods 24 aan de Entrepotstraat op het terrein van de Gemeentelijke Handelsinrichtingen, maar slechts elfhonderd gaven hieraan gehoor. Vanaf die datum dreven de Duitsers en hun Nederlandse handlangers hun slachtoffers, voor de buitenwereld aan het oog onttrokken door een muur, bijeen in het houten gebouw aan de spoorlijn. Het sluitstuk vormde op 26 februari 1943 het leeghalen van de Joodse tehuizen in Rotterdam, het weeshuis, de bejaardentehuizen en het ziekenhuis. Niet meer dan tweeduizend zouden er uiteindelijk overleven.

Onder Breugem, die op 19 juni 1943 de eed van trouw op Hitler aflegde, ontwikkelde Groep 10 zich tot een soepel functionerend apparaat dat blindelings de bevelen van de Sipo uitvoerde. In zijn proefschrift *Handhaven onder de Nieuwe Orde* schat dr. Frank van Riet het aantal Joden dat deze gevreesde en gehate eenheid heeft opgepakt op rond duizend, waarbij de rechercheurs zich in het algemeen op *straffällige* Joden concentreerden, die een van de vele

Duitse verordeningen hadden overtreden. Het woord genade kenden de rechercheurs niet en in de loop van de oorlog pleegde het verzet op negen van hen een aanslag. Zes overleefden het niet en twee raakten zwaargewond.

De tweede aanslag na Breugem gold in september 1943 de rechercheur Philippus Hendrikus Bruijn, opperwachtmeester bij de staatspolitie. Binnen Groep 10 leidde hij de afdeling sociale zaken, die regelmatig razzia's hield op arbeidsplichtigen en zwarthandelaren. Na in de Vroesenlaan van zijn fiets te zijn geschoten overleed hij ter plaatse. De Sipo loofde nog een beloning van tienduizend gulden uit, maar dat leverde niets op. Naar aanleiding van zijn begrafenis schreef het blad van de Kameraadschapsbond, *De Nederlandsche Politie*:

> Hij was een zeer werkzame, plichtsgetrouwe politieman en voor allen met wie hij omging, een zeer goede kameraad. Een soms wat ruwe bolster doch allen die hem kenden, wisten dat hij een goed hart in zich droeg. Niets was hem te veel, immer tot helpen bereid en vooral voor hen die verdrukt werden, sprong hij in de bres. Hij is gevallen voor zijn plicht.

In hetzelfde nummer staat een uitgebreid verslag van de begrafenis van luitenant-kolonel G.J. Kerlen, hoofdcommissaris van politie in Utrecht en waarnemend politiepresident, geliquideerd door Truus van Lier, lid van de verzetsgroep CS-6. In die fase besteedde *De Nederlandsche Politie* in bijna elk nummer wel aandacht aan de begrafenis van een politieman of een marechaussee, het slachtoffer van 'een sluipmoordenaar' of 'een laffe sluipmoordenaarshand', 'op de meest laaghartige wijze in de rug geschoten'.

Tussen maart 1943 en januari 1945 zou het verzet vierendertig politiemannen hebben geliquideerd en op bijna elke begrafenis gaven hoge Duitse functionarissen en leidende NSB'ers acte de présence. Kennelijk in het streven de mannen in het veld een hart onder de riem te steken, dat zij er niet alleen voor stonden. De teneur van de toespraken bleef altijd dezelfde: het Nederlandse volk mag over een aantal zaken anders denken dan wij, maar het keurt ook deze moordaanslagen af. Of zoals NSB-leider Mussert het op de begrafenis van Kerlen verwoordde: ‘Deze daad kan onmogelijk worden toegejuicht door ons volk, omdat wij geen volk zijn van brandstichters en moordenaars. Slechts een kleine, goed georganiseerde groep heeft zich op deze terreurdaden toegelegd.’

Ook Jacob Breugem haalde niet het einde van de oorlog: hij kwam op dinsdag 28 november 1944 ‘door een noodlottig misverstand’ om het leven, wist *De Nederlandsche Politie* te melden. Eind 1943 had hij zich laten overplaatsen naar Amersfoort, waar hij in de rang van majoor de leiding van het korps kreeg. De politie daar genoot toch al een bedenkelijke reputatie, niet het minst doordat zij de transporten van gevangenen uit het *Polizeiliches Durchgangslager* Amersfoort naar de Duitse grensstad Bentheim begeleidde. Om te voorkomen dat die zouden kunnen vluchten gespten ze hun een zogeheten transportstok om het been. Breugem richtte er als een van zijn eerste ambtshandelingen de Politieke Politie op, bestaande uit vier rechercheurs, van wie hij twee uit Rotterdam meenam, beiden jodenjagers met een geduchte staat van dienst.

Over de omstandigheden die tot zijn dood hebben geleid, bestaan twee versies. In die van Frank van Riet, de schrijver van *Handhaven onder de Nieuwe Orde*, hadden verzetsmensen heel listig de Duitse militaire politie, de *Feldgendarmerie*, erin laten tuinen. Een van hen had haar in een anoniem telefoontje wijsgemaakt dat Breugem als zeer onbetrouwbaar bekendstond en bovendien op grote schaal met *Ausweise* knoeide. Twee gendarmen die nieuw waren en dus de commissaris niet kenden, besloten hem aan de tand te voelen.

Op hoge toon sommeerden ze hem mee te komen naar het kantoor van de *Feldgendarmerie*, maar toen hij hun vroeg zich te legitimeren, trokken ze hun pistool. Hierop stortte Breugem zich op de ene gendarme, wie hij diens pistool afhandig maakte, waarna de andere hem doodschoot. ‘Wat de illegaliteit in Rotterdam niet was gelukt, kregen ze in Amersfoort door een list wel voor elkaar,' stelt Van Riet tevreden vast.

Volgens de andere versie had het verzet voor het vervaardigen van een vals laissez passer het stempel van de commissaris laten namaken. Een verzetsman, Jan Pouleyn, reikte de pasjes uit aan mensen die aan de IJssellinie werkten en op die manier vrij konden oversteken, maar in het najaar van 1944 pakte de *Feldgendarmerie* hem op, vermoedelijk na een tip van de vrouw van een kroegbaas. Pouleyn zou haar man een pasje hebben geweigerd.

Bij nadere bestudering stelden de gendarmen vast dat de in beslag genomen pasjes het stempel van Breugem droegen, waarop twee van hen bij de commissaris verhaal wilden halen. Toen ze op zijn huisadres verschenen, dacht deze met vermomde verzetsmensen te maken te hebben en pakte zijn pistool. De beide mannen bleken net iets sneller en schoten hem dood.

Groep 10 zelf veranderde in maart 1944 in *Fahndungskommando* van de *Aussenstelle* Rotterdam, opsporingscommando van de SD en de Sipo, om in de laatste maanden van de oorlog de terreur nog verder op te voeren. Niettemin kreeg van de rechercheurs alleen Marinus Jansen de doodstraf, niet zozeer voor wat hij in Rotterdam had misdaan als wel voor zijn betrokkenheid bij de *Silbertanne*-moorden en de bloedige terreur die hij in Groningen had uitgeoefend. Op 12 februari 1949 werd hij terechtgesteld. De anderen zaten een gevangenisstraf uit en kwamen in de jaren vijftig weer op vrije voeten.

Centrale Controle

Bij elke speciale politiedienst had je altijd wel een of twee rechercheurs die de toon zetten. De Centrale Controle in Utrecht had zo iemand in de persoon van Jan Smorenburg (11 februari 1900, Utrecht), hoewel deze zoon van een politieman aanvankelijk helemaal niet in de voetsporen van zijn vader wilde treden. Hij kon goed tekenen en schilderen en als twaalfjarige mocht hij op een atelier voor kerkelijke kunst een opleiding voor glaskunstschilder volgen. Toen hij na zijn militaire dienst geen baan in deze branche kon vinden, belandde hij in 1921, ook op aandringen van zijn vader, alsnog bij de politie. Via de straatdienst kwam Smorenburg na negen jaar bij de recherche, waar hij onderzoek instelde naar onder meer steunfraude en delicten die betrekking hadden op de NSB. Om zich in zijn vrije tijd aan zijn grote liefde te wijden: schilderen.

Niemand zou deze apolitieke, extroverte man dan ook van sympathie voor het nationaalsocialisme hebben verdacht. Temeer daar hij in de maanden voor de Duitse inval nog NSB'ers en in Nederland wonende Duitsers had helpen interneren. Tot hij in november 1940 mede het initiatief nam voor de oprichting van de kring Utrecht van het Rechtsfront, een NSB-organisatie van politiemannen en justitieambtenaren. Drie maanden later sloot hij zich ook bij de NSB aan. Hij deed er onderzoek naar de antecedenten van bestaande en nieuwe leden, voor welk doel hij gebruikmaakte van de politiearchieven. Dat hij in april 1942 een leidende functie kreeg bij de inmiddels gereorganiseerde Politieke Recherche, wekte toen nauwelijks meer verbazing. Die baan scheen Jan Smorenburg op het lijf geschreven.

In 1931 opgezet, beperkte de Politieke Recherche-oude-stijl zich tot het controleren van het eigen politiepersoneel, maar in de loop der jaren kreeg ze meer taken toebedeeld, zoals het registreren van zogeheten staatsgevaarlijke elementen, met name communisten en oud-Spanjestrijders. De dienst, die zo'n vijftien man telde, zat op de bovenverdieping van het bureau Tolsteeg. Na de verhuizing in januari 1942 naar kamer 14 op het hoofdbureau, ging hij vanaf juli van dat jaar officieel Centrale Controle heten. Al stond hij ook bekend als Kamer 14.

Vanaf dat tijdstip moesten de rechercheurs in eerste instantie de Joodse gemeenschap in de hele provincie in de gaten houden en verder Joodse onderduikers en verzetsmensen opsporen en arresteren. Ze assisteerden daarnaast de Sipo bij het oppakken van

Jehova's getuigen, zigeuners en ondergedoken mannen voor de *Arbeitseinsatz* en begeleidden de transporten naar de kampen Westerbork, Vught en Amersfoort. Intern controleerden ze het korps op anti-Duits gedrag en ze bedreven in de eigen gelederen propaganda voor de Nieuwe Orde.

De algemene leiding had een kapitein van de staatspolitie, P.I.M. Thijssen, een gewelddadig man die ook door zijn eigen mensen om zijn despotisch optreden werd verafschuwd. Hij mishandelde zijn arrestanten en molesteerde vrouwelijke gevangenen seksueel. Toen hij ook nog eens op grote schaal bleek te stelen, stuurden de Duitsers hem in 1943 de laan uit.

Smorenburg, die zich toch al weinig van Thijssen aantrok, had vooral te maken met hoofdcommissaris Kerlen. Deze liet hem geheel de vrije hand, met als gevolg dat de corruptie op de Centrale Controle steeds grotere vormen aannam. Wie betaalde, kon heel veel voor elkaar krijgen en met name de ondervoorzitter van de plaatselijke Joodse raad, Frits Elzas, maakte daar handig gebruik van. Hij liep in en uit op het bureau en de twee mannen gingen zo amicaal met elkaar om dat Smorenburg Elzas gekscherend met 'rotjood' begroette en de vicevoorzitter hem met 'landverrader'. Maar de rechercheur wilde er wel beter van worden.

Hij verdiende honderdvijftig gulden per maand, ook voor die tijd bepaald geen vetpot, en voor de vrijlating van een Joodse arrestant vroeg hij tussen de duizend en tweeduizend gulden. Desondanks kwam het ook voor dat hij Elzas waarschuwde voor ophanden zijnde arrestaties. Soms deed hij dat belangeloos, maar doorgaans liet hij zich voor een tip betalen. Ten aanzien van Joodse kinderen en onderduikverleners hadden Smorenburg en zijn rechercheurs echter hun eigen beleid, dat haaks stond op dat van de Sipo en de andere speciale politiediensten. De kinderen mochten vaak bij hun onderduikouders blijven, of anders brachten Smorenburg en Elzas hen naar het kantoor van de Joodsche Raad in Amsterdam.

De jodenjagers – Smorenburg prefereerde zelf de betiteling 'mensengrijper' – lieten de helpers veelal ongemoeid, mits deze een verklaring ondertekenden dat ze de onderduikers op eigen initiatief hadden aangegeven. En een paar maal zou Smorenburg zelfs de handtekening van een helper hebben vervalst. Aan de andere kant deinsde hij er niet voor terug zijn slachtoffers kaal te plukken voor hij ze aan de Sipo overdroeg. Per slot van rekening had hij niet voor niets de bijnaam 'de schrik van Utrecht' verworven. In één geval liet hij een Joodse paardenslager dertigduizend gulden voor een vrije aftocht betalen. Toen twee van zijn rechercheurs, die zich als verzetsmensen voordeden, de man naar het station hadden gebracht, zetten ze hem daar op de trein naar Westerbork.

De klopjacht ging een nieuwe fase in nadat rijkscommissaris Seyss-Inquart een verordening had uitgevaardigd dat Joden zich vanaf 23 april 1943 niet meer in de provincies Utrecht, Noord-Holland en Zuid-Holland mochten ophouden. De Joodse gemeenschap in de stad Utrecht telde in mei 1940 rond veertienhonderd mensen, die verspreid over de stad woonden, zodat razzia's weinig zin hadden. In plaats daarvan haalden rechercheurs van de Centrale Controle en agenten van de surveillance- en de verkeersdienst, bijgestaan door het Politiebataljon en de Vrijwillige Hulppolitie, hun slachtoffers 's avonds laat van hun huis op. Zo'n vierhonderd Joodse Utrechters zouden de bezetting overleven.

In september 1943 had Smorenburg het bij de Duitsers verbruid, toen Joodse arrestanten hem ervan betichtten hun bezittingen te hebben ingepikt. Rechercheurs van de *Aussenstelle* Amsterdam stelden op last van Lages, onder wie Utrecht ressorteerde, een onderzoek in naar de Centrale Controle. Bij een huiszoeking vonden ze in de woning van Smorenburg onder meer gouden voorwerpen en persoonsbewijzen van Joden. Nadat hij een halfjaar in voorarrest had gezeten, veroordeelde een SS- *und Polizeigericht* in Velp hem tot een straf gelijk aan de duur van het voorarrest. Hij keerde weer terug bij de politie, eerst op een administratieve afdeling in Den Haag, later in Amsterdam, waar hij gewone politiezaken kreeg te behandelen.

Met de liquidatie op 3 september 1943 van hoofdcommissaris Kerlen en de val van Smorenburg verslechterde de situatie in Utrecht zienderogen. De Sipo raakte actiever dan tot dusver betrokken bij de klopjacht op onderduikers en vooral verzetsmensen. Ze pakten ook Frits Elzas op, die meteen na de arrestatie van zijn beschermheer was ondergedoken. Hij overleed volgens het Joods Digitaal Monument in december 1944 in Tsjechowitz, een *Aussenlager* voor dwangarbeiders bij Auschwitz, dertig jaar oud. Vanaf maart 1944 moest de Centrale Controle plaatsmaken voor de Bijzondere Recherche. Een dienst die aanzienlijk gewelddadiger en brutaler te werk ging. De rechercheurs folterden bijna standaard en accepteerden geen steekpenningen.

Smorenburg stond pas in 1949 terecht voor het bijzonder gerechtshof in Amsterdam, dat hem op 19 maart tot veertien jaar gevangenisstraf veroordeelde, maar de bijzondere raad voor cassatie bracht zijn straf terug tot elf jaar. Tijdens zijn proces betoogde de voormalige rechercheur dat hij weliswaar Joden had opgepakt, zoals naar zijn zeggen ook andere politiemannen hadden gedaan, maar dat hij nooit een van hen had verraden. Hij overleed op 6 januari 1957 in Utrecht.

Johannes Meijer

Tot de politiemannen die de tekenen des tijds verstonden en zich geheel vereenzelvigden met het nieuwe bewind, behoorde Johannes Meijer (26 januari 1897, Assen), sinds juli 1941 commissaris van politie in Apeldoorn. Nadat de *Befehlshaber* van de Sipo en de SD opdracht had gegeven de provincies Gelderland en Overijssel *judenfrei* te maken, liet Meijer er geen gras over groeien en richtte in september 1942 geheel overeenkomstig de wens van de *Höherer SS- und Poleizeiführer* Rauter zijn eigen speciale politie-eenheid op. Of zoals zijn mannen zichzelf noemden: de Jodenploeg.

Volgens zijn CABR-dossier treedt Meijer – één meter zesentachtig, mager, spits gezicht met grote neus, dunne lippen, priemende ogen – in 1915 na zijn hbs-examen als volontair in dienst van de politie in Harlingen. Hij toont zich een gretige leerling en al twee jaar later volgt in zijn nieuwe standplaats Gouda wegens gebleken dienstijver zijn benoeming tot adjudant-inspecteur, maar Meijer voelt zich toch meer tot het militaire handwerk aangetrokken en nog hetzelfde jaar gaat hij in dienst. Als hbs'er komt hij op de officiersopleiding en verwerft gedurende de Eerste Wereldoorlog de rang van tweede luitenant. Meijer werkt nog even bij de politie in Assen, maar na zijn ontslag in 1919 stapt hij over naar de journalistiek.

Hij vindt een baan als verslaggever bij het populaire geïllustreerde weekblad *Het Leven*, om er op zijn manier aan participerende journalistiek te doen. In de wetenschap dat hij het meer van zijn onderwerpkeuze dan van zijn schrijfstijl moet hebben, speelt hij voor kermisklant, psychometrist of waarzegger en schrijft vervolgens over zijn belevenissen. Later brengt hij het tot reisredacteur en reist door heel Europa. Talloze malen bezoekt hij Duitsland, waar hij de desastreuze inflatieperiode, de opkomst van het nationaalsocialisme en Hitlers machtsovername van nabij beleeft.

Mensen die hem in die periode leerden kennen, karakteriseerden hem later als een aardige, hulpvaardige man die van alles wilde, maar niet over de capaciteiten beschikte. Volgens een van hen had Meijer een minderwaardigheidscomplex, wat hem tot een gemakkelijke prooi van de NSB zou hebben gemaakt. Dit zou in 1933 hebben geresulteerd in zijn eerste contacten met NSB-leider Mussert en een aspirant-lidmaatschap van de partij. Twee maanden later bedankt hij alweer, met het argument dat hij zich er toch niet thuis voelt.

Vanaf 1937 werkt hij als journalist op de sectie documentatie van de afdeling Middenstand van het ministerie van Economische Zaken, maar hij moet in 1939 vanwege de mobilisatie weer onder de wapenen. Na in maart 1940 tot reservekapitein te zijn bevorderd, helpt hij op 10 mei tijdens de Duitse inval het vliegveld Ypenburg te heroveren. Een heldendaad die hem als het aan zijn bataljonscommandant zou hebben gelegen de allerhoogste militaire onderscheiding in Nederland had opgeleverd, de Militaire Willemsorde. Maar door zijn gedrag in de oorlog werd die voordracht later niet gehonoreerd. Meijer hield er alleen een felicitatie aan over.

Hij sluit zich in september 1940 weer aan bij de NSB alsook bij de nieuw opgerichte, zoveel radicalere Nederlandsche SS. Na de oorlog noemde hij als belangrijkste reden voor zijn toetreding tot de SS dat hij op die manier 'medezeggenschap wilde en kon krijgen over de lotsbeschikking van ons eigen Nederlandse volksdeel in de Europese gemeenschap'. In overleg met de leider van de SS, Voorman Henk Feldmeijer – deze noemde zichzelf overigens Feldmeyer: dat klonk Duitser –, neemt hij op 1 november ontslag bij het ministerie. Hij kan zich dan als lid van de SS-staf in de rang van SS-opperschaarleider volledig op zijn nieuwe taken concentreren, de militaire vorming van de nieuwe eenheid en het opstellen van een exercitiereglement.

Behalve dat hij er administratief werk verricht, selecteert hij WA-mannen voor de SS, waarbij hij speciaal op het uiterlijk dient te letten. Of de kandidaat er wel 'Germaans' genoeg uitziet: blauwogig, blond, minimaal één meter zeventig. Een hoogtepunt vormt voor Meijer, dan inmiddels tot hoofdschaarleider bevorderd, een mars door Den Haag aan het hoofd van een SS-eenheid, maar in het voorjaar van 1941 besluit hij een nieuwe stap in zijn carrière te zetten. En dan gaat het ineens snel.

Hij is maar net tot kapitein van de marechaussee in Den Haag benoemd of hij wordt een maand later, op 13 juni, overgeplaatst naar het Politie Opleidings Bataljon in Schalkhaar, het POB. Vrijwilligers, de beruchte Schalkhaarders, krijgen daar een op SS-leest geschoeide opleiding tot politieman. Nog geen maand later komt alweer een nieuwe benoeming uit de lucht vallen, commissaris van politie in Apeldoorn, en al op 23 juli vindt de installatie plaats. Later zou hij zeggen dat hij net zo lief militair was gebleven.

Dat Meijer wellicht niet van deze baan heeft gedroomd, is iets waar zijn oude strijdmakkers van de SS en ook van de WA geen boodschap aan hebben. Kennelijk bij wijze van welkomstgroet én als signaal dat er een andere wind gaat waaien, bekladden ze op de eerste dag van zijn indiensttreding de synagoge aan de Paslaan in Apeldoorn met hakenkruisen en richten binnen vernielingen aan. Een week later doen ze het nog eens dunnetjes over en stichten in het kerkgebouw brand.

Hoewel hij het na de oorlog ontkende, moet hij van de plannen hebben geweten. Als de politie op de avond van de drieëntwintigste een van de daders heeft opgepakt en naar het bureau heeft gebracht, zorgt Meijer voor zijn onmiddellijke vrijlating. Na de man demonstratief de hand te hebben geschud laat hij hem door een agent met de auto naar huis brengen.

Een van zijn eerste ambtshandelingen betreft de arrestatie van zes Joodse mannen. Vanaf 30 juni 1942 mogen Joden niet meer fietsen, heeft de bezetter verordonneerd, en daarom moeten ze hun rijwiel inleveren. Maar Meijer verdenkt de zes ervan dat ze op 24 juni niet hun eigen nieuwe fiets hebben gebracht, maar een oude die ze voor een paar tientjes zouden hebben aangeschaft. Hun eigen aanzienlijk duurdere fiets zouden ze stiekem hebben verkocht. Uit het onderzoek dat hij laat instellen, blijkt dat de metaalhandelaar Asser de Jong inderdaad zijn Simplex Cycloïde-fiets zonder toestemming van de *Zentralstelle* voor 240 gulden van de hand heeft gedaan aan een vertegenwoordiger van zijn bedrijf. En ook heeft hij een fiets met nieuwe banden geruild tegen een met oude banden.

Nadat een van de zes heeft kunnen aantonen dat hij de verordening niet heeft overtreden, draagt Meijer de vijf anderen aan de Sipo over, die hen op transport zet naar Westerbork.[11] Al spoedig doet in Apeldoorn het gerucht de ronde dat de commissaris zijn eigen oude fiets voor een door een Joodse man ingeleverd rijwiel heeft verruild. Tijdens een verhoor gaf hij na de oorlog toe dat hij dit inderdaad had gedaan, maar hij zou op aandringen van een Waffen-SS-officier zo hebben gehandeld.

Open Broeders des Heeren

Meijer rekruteert als eersten voor zijn nieuwe speciale eenheid de Schalkhaarders en NSB'ers Jan Lamberts en Cornelis Willem van den Berg. Beiden hebben tot dan deel uitgemaakt van de economische dienst, maar krijgen van de commissaris opdracht voortaan Joodse onderduikers op te sporen en te arresteren. Vervolgens doet Meijer een beroep op de vijftigjarige brigadier Jannes Doppenberg om de leiding op zich te nemen.

Doppenberg, die op de economische dienst zijn sporen heeft verdiend bij de jacht op zwarthandelaren, moet nieuwe mensen aantrekken, V-mannen en -vrouwen ronselen en de boel organiseren. Zelf heeft Meijer tenslotte geen kaas gegeten van het politiewerk, laat staan van dit soort activiteiten. Na de oorlog schrijft een inspecteur die nog in Apeldoorn met hem had gewerkt in een verslag:

> Hij dweepte met de SS, was een fanatieke antisemiet en huldigde bij zijn geringe wetskennis de opvatting dat niet de letter, maar de geest

> van de wet diende te worden toegepast. Deze laatste opvatting kwam in feite hierop neer dat SS'ers en NSB'ers praktisch straffeloos waren, dat Nederlanders niet aangesloten bij deze organisatie zwaarder strafbaar waren, indien zij iets bedreven wat tegen de belangen van deze organisatie of haar leden indruiste, dat daarentegen Joodse personen enkel verplichtingen en geen rechten hadden.

De nieuwe chef breidt de dienst met twee man uit, de wachtmeester Huibertus Oosterdijk en Johan Diedrich Pelk. Terwijl het SS-lid Oosterdijk in de straatdienst heeft gezeten, werkt Pelk als hulpportier bij de politie, maar hij mag van Meijer toch meedoen. Ondanks het feit dat hij geen opsporingsbevoegdheid heeft, zal hij een groot aantal arrestaties verrichten. Later brengt hij het bij de Politieke Dienst in Nijmegen tot wachtmeester. In bijzondere gevallen kan Meijer een beroep doen op de gepensioneerde politie-inspecteur Cornelis Koker, lid van de NSNAP en een hardvochtige, brutale man die zijn arrestanten intimideert en mishandelt.

Hij helpt mee arrestaties te verrichten in Apeldoorn, maar ook in Loosdrecht en Hilversum. De aangehouden Joden brengen ze dan naar Apeldoorn. Als ze op 23 maart 1943 tijdens een tussenstop in Amersfoort een uur moeten wachten, houdt Koker op het station nog eens drie Joden aan.[12] Een keer neemt hij een Joodse vrouw bij wie hij een tas met diamanten ter waarde van 150 000 gulden in beslag heeft genomen, omgerekend zo'n miljoen euro, mee naar huis. Hij kan de bonkaarten niet vinden die ze nog bij zich zou hebben, en laat haar door zijn vrouw fouilleren. De tas met diamanten verdwijnt naderhand spoorloos, maar Koker hield na de oorlog bij hoog en laag vol dat hij hem op het politiebureau had afgegeven.

Om het grote belang van hun werk te onderstrepen nodigt Meijer de nieuwe ploeg bij hem thuis op Jachtlaan 40 uit. Hij geeft hun te verstaan dat ze een geheel vrij mandaat krijgen voor het oppakken van Joden en van mensen die zich in woord of daad anti-Duits gedragen. Waarmee een periode van anarchie en volstrekte willekeur in Apeldoorn en omgeving aanbreekt. Diefstal en plunderpartijen door Meijers ploeg zijn dan aan de orde van de dag.

Een Joodse zakenman moet dat ervaren als een groep NSB'ers en SS'ers onder aanvoering van de Schalkhaarder Van den Berg zijn huis binnendringt en een grote partij levensmiddelen wegsleept. Hele zakken met erwten, bruine bonen en Amerikaanse bloem, alsook dozen met rijst en zeep. De man doet zijn beklag bij de NSB-burgemeester, die de recherche opdraagt een onderzoek in te stellen, maar Meijer steekt daar een stokje voor. Met het argument dat Joden geen bezit mogen hebben en dat er bij hen dus geen diefstal kan worden gepleegd, laat hij de man op beschuldiging van 'zwarte handel' inrekenen.

De jodenjagers kunnen er een aardig bedrag bijverdienen nadat de *Befehlshaber* begin 1943 heeft beslist dat de *Aussenstellen* voor elke opgepakte Joodse onderduiker een premie moeten uitbetalen. Een Duitse stenotypiste van de *Aussenstelle* Arnhem herinnerde zich na de oorlog dat ze de eerste maand Doppenberg en Oosterdijk een groot bedrag aan kopgeld had overhandigd, tussen de achthonderd en duizend gulden.

De procedure behelsde, vertelde ze, dat de rechercheurs een lijst met de namen van arrestanten inleverden die ze aan de SD hadden overgedragen. Aan de hand van de lijst schreef de stenotypiste drie kwitanties uit die ze de betrokken rechercheur liet ondertekenen. Daarvan stuurde ze er een naar de *Befehlshaber* in Den Haag, een naar het *Reichssicherheitshauptamt*, het hoofdkwartier van de SD in Berlijn, en een bleef op de *Aussenstelle*.

Soms kreeg een rechercheur een extra premie, zoals Oosterdijk, die voor de arrestatie van vierentwintig Joden nog eens honderd gulden ontving. Daarentegen kwamen Lamberts en Van den Berg nooit voor kopgeld in aanmerking. De *Aussenstelle* had beiden eerst op verdenking van malversaties en vervolgens van diefstal tijdens huiszoekingen geschorst. Wat niet wegnam dat ze in overleg met Meijer gewoon doorwerkten.

Direct vanaf zijn benoeming stelde Meijer alles in het werk om het leven van de Joodse bewoners tot een hel te maken en niemand kon hem van dit voornemen weerhouden, ook de burgemeester van Apeldoorn niet. Toen de politie begin 1943 tijdens een onderzoek naar verdwenen Joodse bezittingen een kist met antiek Delfts aardewerk ontdekte, gaf Meijer op donderdag 7 januari Van den Berg opdracht vader Jozeph en zoon Maurits Philips te arresteren. Onder het voorwendsel dat de verstopte kist van hen zou zijn, wat niet klopte. Die had toebehoord aan een andere Philips, maar deze zou zijn ondergedoken.

De vrouw van Maurits, Alida Philips-de Jong, deed hierop de volgende dag, vrijdag, haar beklag over het eigenmachtig optreden van Meijer bij de net benoemde NSB-burgemeester, mr. D.F. Pont. Deze beloofde haar dat hij de zaak met de commissaris zou bespreken, maandagmorgen om elf uur zou hij uitsluitsel geven. Maar zover kwam het niet. Die maandag liet Meijer 's ochtends om negen uur de vrouw, haar moeder en haar drie kinderen oppakken om hen samen met de beide mannen aan de SD over te dragen, die hen naar Westerbork stuurde. En dat terwijl Philips senior en junior in de plaatselijke Joodse raad zaten en dus op een sperlijst stonden.

Om het allemaal nog eens flink aan te dikken liet Meijer in het voor de SD bestemde proces-verbaal zetten: 'De commissaris van politie voegt hier nog aan toe dat de beide Joden zich in de oorlog 1914-1918 rijk hebben gestolen aan de Nederlandse weermacht door vleeswaren te verkopen en die niet af te leveren en staan bij het politiekorps ongunstig bekend.' Nog dezelfde dag nam de *Hitlerjugend* de woning van Maurits en Alida Philips-de Jong aan de Van Heutszlaan in gebruik.[13]

Zelf zou Meijer maar één keer met zijn ploeg eropuit zijn getrokken, op zondagavond 17 maart 1943. Doppenberg en Pelk zochten toen een elfjarig Joods jongetje dat de benen had genomen. Tijdens een huiszoeking bij de familie Jonker op de Korteweg in Apeldoorn hadden ze een dag tevoren een Joodse vrouw, de eenenzeventigjarige Sophia Lopes Cardozo-Amerongen, ongemoeid gelaten, maar zondag keerden ze met Meijer terug om haar alsnog op te pakken. Op de vraag van de woedende gastvrouw aan Pelk of hij dat nou leuk werk vond, Joden arresteren, smaalde hij: 'Ik wel. Al zou ik er vandaag nog twintig ophalen.' Toen ze hem toebeet dat hij het dubbel terug zou krijgen, had hij haar uitgelachen.[14]

Meijer verklaarde na de oorlog dat ze bij de familie Jonker terechtkwamen via een vrouw uit het Gooi, lid van de sekte Open Broeders des Heeren, die onderduikers zou helpen. Ook de Jonkers zouden er deel van hebben uitgemaakt. 'Ik interesseerde mij voor alle bijzondere gevallen die buiten het alledaagse gedoe vielen,' zei hij. 'Zo ben ik eens op een zondagmorgen toen enige personen van de sekte Jehova's getuigen op het politiebureau waren ingesloten, speciaal naar het bureau gegaan om bij het verhoor tegenwoordig te zijn. Ook heb ik een Chinees die was ingesloten, op mijn kamer verhoord door middel van een tolk die ik voor dit doel speciaal uit Amsterdam had laten komen.'

Een eerlijk en oprecht mensch

Op de familiefoto's zitten Meijers vrouw Wubbina Willemina en hun dochters er een beetje verloren bij, als figuranten, terwijl hij stram in uniform gestoken recht in de camera blikt. Nergens kan ik iets vinden, een verklaring, een woord, een brief, waaruit zou blijken dat hij ook nog een menselijke kant heeft gehad. Hij had twee dochters, een van hen een nakomertje, en zijn CABR-dossier vermeldt over zijn vrouw alleen dat ze een bestuurlijke functie had bij de plaatselijke afdeling van de Nederlandsche Volksdienst, een niet rechtstreeks aan de NSB gelieerde hulporganisatie.

Over zijn eigen gezindheid mag geen enkele twijfel bestaan en op 22 mei 1943 legt Meijer in het opleidingscentrum in Schalkhaar ten overstaan van SS-Voorman Feldmeijer de eed van trouw op Hitler af. Volgens zijn dossier hebben hij en zijn rechercheurs tussen oktober 1942 en augustus 1943 honderdeenentachtig Joden en enkele tientallen helpers opgepakt, maar de PRA nam aan dat het aantal 'ongetwijfeld' veel hoger moet zijn geweest. Niet alle arrestanten stonden vermeld in de dagelijkse politierapporten.

Het kwam regelmatig voor dat de rechercheurs de aangehouden Joden rechtstreeks op transport stelden naar de *Aussenstelle* in Arnhem of naar Westerbork. Doordat de meesten van hen niet zouden terugkeren, viel nauwelijks te achterhalen wie precies tot hun slachtoffers behoorden. De helpers kwamen veelal na korte tijd weer op vrije voeten. De betrokken rechercheur schreef dan in het proces-verbaal dat hij een hechtenis van drie tot zes weken voldoende achtte. Maar soms ook liet hij aan de afdeling Joodse zaken van de *Aussenstelle* weten dat aan een helper 'niets verloren' was, wat inhield dat deze op transport naar een concentratiekamp kon.

Haar grootste slag slaat Meijers ploeg in de nacht van woensdag 14 op donderdag 15 juli 1943, als Doppenberg, Lamberts en Van den Berg om elf uur een inval doen in het pension Elja-Zamy aan de Van Golsteinlaan 18 in Ugchelen. De *Aussenstelle* heeft Van den Berg wegens de toe-eigening van Joods eigendom geschorst, maar hij moet van Meijer toch mee. In het pension, een witgepleisterde villa aan het einde van een beukenlaan, vinden ze drie onderduikers, vader Samuel, moeder Ida en zoon Kurt Weinberg. Lamberts zei na de oorlog dat de oude Weinberg hem had gesuggereerd eens in de boerderij achter het pension te gaan kijken, daar zouden nog zeventien onderduikers zitten, maar hij trof er geen mens aan. Volgens een getuige had Lamberts toen gezegd: 'Er is niemand, maar hun nest is nog warm en het stinkt er naar Joden.'

Nadat de rechercheurs met de pensionhoudster Evertje van Raai-Hooijer en haar man Jan Dirk hebben gesproken, verklaren dezen zich bereid de onderduikers die zich in de bossen blijken te hebben verstopt terug te lokken door het afgesproken signaal 'koekoek' te roepen. Inmiddels heeft de jonge Weinberg de benen genomen en zich bij het huis verstopt, vanwaar hij de rechercheurs en de familie Van Raai kan afluisteren. 'De koffie is klaar,' hoort hij vader Van Raai tegen Doppenberg zeggen. 'Ga je mee een jodencognacje drinken?'

Even later passeert de oudste zoon, Barend Dirk, die hem verbaasd vraagt: 'Johan' – de schuilnaam van Weinberg luidt Johan Goldstein – 'ben jij hier nog?' Om eraan toe te voegen: 'Maak dat je wegkomt, want als vader je ziet, geeft hij je zo aan Doppenberg over.' Weinberg verzoekt hem dan zijn windjack uit het schuurtje te halen, wat de man ook doet, maar hij moet vervolgens vaststellen dat driehonderd gulden en een pakje sigaretten eruit zijn verdwenen. Als niet alle Joodse onderduikers gehoor geven aan de lokroep, sluiten Barend Dirk, zijn broer Dirk Gijsbert en een toekomstige schoonzoon, Wim Keune, zich aan bij de klopjacht van de rechercheurs, elk met een provisorische witte band om de arm.

Keune dreigt daarbij een Joodse jongen, de achttienjarige Alfred Morpurgo, die zich achter een stapel hout heeft verborgen en weigert met hem mee te komen, met een baksteen op het hoofd te slaan. Ze sporen die nacht twaalf van de in totaal tweeëntwintig onderduikers op, die ze de volgende ochtend aan de Sipo uitleveren. Zoals gebruikelijk laat die het aan de marechaussee over om de arrestanten naar Westerbork te begeleiden.[15] Doppenberg neemt ook vader Van Raai mee, maar stelt hem na een paar uur alweer op vrije voeten.

Die donderdag duurt de klopjacht onverminderd voort op de tien mensen die kans hebben gezien te vluchten, onder wie Simeon Boas en zijn vrouw, de kunstschilder Maria Boas-Zelander. Zij hebben zich onder de valse naam Verbrugge bij mensen enkele straten verderop verstopt, waar ze zich veilig wanen tot Dirk van Raai junior plotseling 's avonds voor het huis opduikt. Het lijkt hun dan het beste ervandoor te gaan, maar zodra ze merken dat hij hen volgt, geven ze het op.

De vrouw die hen aan onderdak had geholpen, vertelde na de oorlog: 'Ze kwamen even later terug in huis en begaven zich naar de kraan van de waterleiding en haalden een poeder uit een doosje dat zij innamen. Hierop zei de man: "Kom, we gaan een eindje wandelen." Na dit te hebben gezegd gaven ze elkaar een zoen en namen afscheid. Ik begreep toen dat ze zich hadden vergiftigd.'

Dan ziet de vrouw hoe de twee, de arm om elkaars middel geslagen, de straat uit wandelen om op het moment dat een politiewagen arriveert in elkaar te zakken. Van Raai heeft namelijk de politie gebeld met de mededeling dat hij twee gevluchte onderduikers heeft opgespoord. Na in allerijl naar het Juliana-ziekenhuis in Apeldoorn te zijn gebracht verblijven Simeon en Maria Boas daar tot 25 juli, waarna de Sipo hen alsnog op transport naar Westerbork zet.[16] De andere vluchtelingen zijn hun al voorgegaan, onder wie de moeder van Alfred, Charlotte Morpugo-de Klerk, die zich met haar andere kinderen, de veertienjarige Bernard, de twaalfjarige Betsy en de vijf en een halve maand oude baby Marcel, op de Veluwe had verstopt.

Haar kinderwagen heeft nog een tijdje op de binnenplaats van het Apeldoornse politiebureau gestaan, nadat Doppenberg en Lamberts er ruzie over hadden gekregen. De ploegleider eiste de wagen op voor zijn dochter, terwijl Lamberts hem aan zijn vrouw wilde geven.

Binnen enkele dagen had Meijers ploeg ook alle overige gevluchte onderduikers aangehouden,[17] maar in de tussentijd pakte zij in pension Elja-Zamy nog twee mensen op die er niet ondergedoken hadden gezeten. Het toeval wil dat als de drie rechercheurs een dag na de inval, op vrijdag 16 juli, daar naar geld en kostbare spullen zoeken, er een ongeveer veertigjarige man met een Joods meisje arriveert.

De man schijnt Evertje van Raai te kennen en tijdens een gesprek in de huiskamer vraagt hij haar of ze het meisje wil helpen onderduiken. De vrouw antwoordt dat ze hierover moet nadenken en verlaat vervolgens de kamer. Nog geen twee, drie minuten later stormen de rechercheurs binnen en arresteren beiden. Terwijl Doppenberg hevig vloekend tegen de man tekeergaat en hem dreigt dood te schieten, roept Lamberts: 'Ik begrijp niet dat jij als getrouwde kerel met een ander meisje op stap gaat!'

Wat de man vooral verdacht maakt, is dat hij een groot geldbedrag op zak heeft, 2172,50 gulden en elfhonderd Rijksmark – bij elkaar omgerekend meer dan twintigduizend euro –, maar als Doppenberg wil weten waarvoor hij dat nodig heeft, doet hij er het zwijgen toe. Op het politiebureau in Apeldoorn stellen de rechercheurs een proces-verbaal op en een mutatie meldt dat het bij de man om Johannes Post gaat, geboren op 4 oktober 1906 in Oosterhesselen, landbouwer en wethouder van zijn geboorteplaats.

Het meisje heet volgens haar persoonsbewijs Theodora van Zuilen, geboren op 1 april 1920 in Rijnsburg, zonder beroep en woonachtig op de Sassenstraat 45 in Zwolle. Weliswaar zouden beiden ervan worden verdacht 'te behoren bij een organisatie tot het verbergen van Joden', aldus de mutatie, maar de rechercheurs hebben absoluut niet in de gaten dat ze een topman uit het verzet hebben opgepakt.

Afkomstig uit een streng gereformeerd Drents boerengezin met twaalf kinderen en zelf vader van acht kinderen raakt Johannes Post in 1942 daadwerkelijk bij het verzet betrokken. De goed uitziende, charismatische boer ontpopt zich al spoedig als een vermetele verzetsstrijder – eerst onder de verzetsnaam Hemke van der Zwaag, later gebruikmakend van het pseudoniem Johannes van Setten – die niet alleen in het oosten van het land, maar ook in Amsterdam groot aanzien zal genieten. Na in eerste instantie Joden op onderduikadressen te hebben ondergebracht stapt hij in aansluiting op de april-meistakingen in 1943 over naar het gewapend verzet.

De stakingen vormden een reactie op de Duitse beslissing om de leden van de voormalige Nederlandse krijgsmacht naar Duitsland af te voeren, met de bedoeling hen in het kader van de *Arbeitseinsatz* tewerk te stellen. Om het sterk gestegen aantal onderduikers, Joodse en niet-Joodse, aan distributiebescheiden en vervalste persoonsbewijzen te helpen zet het verzet knokploegen op die in de behoefte moeten voorzien. Posts KP overvalt als onderdeel van de organisatie rond het illegale blad *Trouw* een reeks van registratie- en distributiekantoren, maar zodra hem in Drenthe de grond te heet onder de voeten begint te worden, trekt hij naar het westen.

Zijn ploeg opereert dan onder meer op de Veluwe, waar ze opnieuw overvallen pleegt.

Doppenberg, die het allemaal niet vertrouwt, een Joods meisje met een persoonsbewijs zonder de J van Jood, legt haar die vrijdagmiddag nogmaals het vuur aan de schenen. 's Avonds kan hij om kwart voor zeven Meijer triomfantelijk melden dat ze in werkelijkheid Celine Johanna Kuijper heet, roepnaam Lientje, geboren op 4 februari 1923 in Rotterdam. Onder de schuilnaam Thea zou ze koerierswerk hebben verricht. Tot dan had de twintigjarige kapster geruime tijd bij Post ondergedoken gezeten, maar deze had besloten haar en haar vriend aan een nieuw adres te helpen.

Voor Doppenberg Post aan de tand kan voelen, neemt deze op zaterdagochtend 17 juli de benen. Ze pakken hem nog dezelfde dag, maar zondagavond slaagt hij erin met hulp van een politieman opnieuw te ontsnappen en ditmaal voorgoed. Daarentegen mislukt een ontsnappingspoging van Celine Kuijper. Nadat de Sipo haar vervolgens naar Westerbork heeft gebracht, weigert ze een aanbod van het verzet haar te bevrijden, uit angst dat de Duitsers represailles tegen haar medegevangenen zullen nemen.

In wat achteraf haar laatste brief blijkt te zijn schrijft ze: 'Ik ben vol goede moed en ben ervan overtuigd dat alles in orde komt.' Maar het komt niet in orde en op 24 augustus gaat ze op transport naar Auschwitz. Drie dagen later wordt ze direct na aankomst vermoord.

Doppenberg en Lamberts, die kennelijk doorhebben dat ze in de zaak-Johannes Post een enorme blunder hebben begaan, laten het er niet bij zitten en beginnen een klopjacht. In het tot de gemeente Oosterhesselen behorende dorp Nieuwlande, de woonplaats van Post, pakken ze zijn broer Jan op. Ze vinden in zijn boerderij een exemplaar van het verzetsblad *Vrij Nederland*, maar laten hem na een verhoor weer lopen

De beide rechercheurs blijven verbeten zoeken, tot het verzet Doppenberg op 20 oktober 1943 liquideert. Volgens het tweewekelijks orgaan van de NSB-Kameraadschapsbond, *De Nederlandsche*

Politie, was daarmee 'een eerlijk en oprecht mensch met een warm hart' gevallen. Maar hij zou wel de dood van zeker zestig Joden en talloze verzetsmensen op zijn geweten hebben.

Schrikbewind

Het lijkt geen zuivere koffie, maar het lukt de POD na de oorlog niet om er een vinger achter te krijgen wie het verraad heeft gepleegd. Het verhaal dat de oude Weinberg de tip over de onderduikers in de boerderij heeft gegeven, kunnen de rechercheurs algauw naar het rijk der fabelen verwijzen. Er bestaat met name verdenking tegen vader Van Raai, die herhaaldelijk problemen wegens clandestien slachten heeft gehad. Het zou kunnen zijn, denkt men, dat hij het met Meijer op een akkoordje heeft gegooid. Strafvrijheid in ruil voor de Joden. Tot enkele onderduikers, die er eerder hebben gezeten, en buren een boekje opendoen over Evertje van Raai en haar jongste zoon Dirk Gijsbert.

Dezen hadden volgens een rapport van de BS, sectie Ugchelen, in pension Elja-Zamy een waar schrikbewind uitgeoefend en onderduikers gaven de vrouw zelfs de bijnaam 'de *Ortskommandant*'. De twee zouden de Joden hebben geslagen en hun bedorven eten hebben voorgezet. Een getuige noemde moeder en zoon 'sadisten' die uitsluitend en alleen achter hun geld aan zaten.

Evertje van Raai speelt zelf de vermoorde onschuld, maar de rechercheurs vermoeden dat het allemaal doorgestoken kaart moet zijn geweest. Dat ze Meijer heeft gebeld met de mededeling: ik heb zo- en zoveel onderduikers, kom ze maar halen, maar wel op een manier dat niemand mij verdenkt. De reden zou kunnen zijn dat de vrouw zich bekocht had gevoeld. Terwijl een onderduiker normaal zo'n veertig, vijftig gulden per week voor kost en inwoning betaalde, had Evertje tien gulden gevraagd. Bij nader inzien zou ze dat veel te weinig hebben gevonden en in deze zin had ze zich ook tegen mensen uit de buurt uitgelaten. Met Meijer zou ze vervolgens een deal hebben gesloten, in die zin dat hij haar voor elke arrestant tien gulden premie zou geven.

Onduidelijk blijft in hoeverre de andere gezinsleden van het verraad hebben geweten. Over veel getuigen kan de POD niet beschikken. Van de onderduikers hebben alleen het echtpaar Weinberg en hun zoon Kurt de oorlog overleefd. Samuel Weinberg kreeg in de Eerste Wereldoorlog een hoge onderscheiding, het IJzeren Kruis, en om die reden had hij zijn Duitse nationaliteit mogen behouden. In plaats van naar het vernietigingskamp Sobibor gingen hij en zijn vrouw Ida op transport naar het concentratiekamp Bergen-Belsen. Daar trok hij de aandacht van een Duitse officier, die voor een overplaatsing van het echtpaar naar een kamp met een milder regime, Theresienstadt, zorgde.

Ida Weinberg verklaarde na de oorlog: 'Bij ons vertrek naar het politiebureau stond de gehele familie Van Raai bij de deur. Het is mij toen opgevallen dat de vrouw van Van Raai stond te lachen, toen ik werd weggevoerd.' En een niet-Joodse gast had de hoogzwangere schoondochter tegen een Joods echtpaar dat de rechercheurs voor niet-Joods hadden versleten en dat weer gewoon wilde gaan slapen, horen zeggen: 'Maak dat u wegkomt! Mijn schoonouders hebben zelf de boel verraden.' Maar de schoondochter ontkende dit te hebben gezegd.

Een van Meijers rechercheurs, Oosterdijk, verklaarde dat Evertje al eerder Joodse onderduikers aan Doppenberg had verraden. Op die manier zou ze haar man, die de Centrale Controledienst wegens clandestien slachten had opgepakt, vrij hebben gekregen. En ook Johannes Post zou ze erbij hebben gelapt door de kamer uit te lopen en de aanwezige rechercheurs gauw te informeren dat deze een Joods meisje bij haar in het pension wilde onderbrengen. Letterlijk zou ze hebben gezegd: 'Er is hier iemand van de organisatie met een jodenmeisje. Hij komt vragen of er voor haar plaats is.' Nadat Post de eerste keer uit het politiebureau had kunnen ontsnappen, zou ze hem nogmaals hebben verraden.

Volgens een stuk uit het dossier van Meijer hadden enkele onderduikers bij haar in het krijt gestaan, zoals het echtpaar David en Judith van Zwanenbergh, van wie ze nog tachtig gulden te goed had. Evertje stapte om die reden de eerste zaterdag na de inval naar verwanten van het echtpaar, de familie Van Leeuwen. Bij hen zat het dochtertje van de Van Zwanenberghs, Betsy, ondergedoken. Toen Evertje in de deuropening stond, zou ze plotseling Johannes Post door de gang hebben zien lopen, die zich bij de familie zou hebben verstopt; vervolgens had ze de politie gewaarschuwd.

Maar Geert C. Hovingh komt in zijn boek *Johannes Post, exponent van het verzet* met een geheel andere lezing van het gebeuren. Post zou na zijn vlucht op het Martktplein van Apeldoorn zijn beland, waar een paar kermisklanten hun woonwagens hadden neergezet. Hij had zich in een wagen verstopt, maar toen hij in de gaten kreeg dat de politie tijdens haar zoektocht naar hem honden wilde inzetten, besloot hij zich over te geven.

Hoe het ook zij, een week later belde Evertje van Raai opnieuw aan bij de familie Van Leeuwen om de tachtig gulden op te eisen. Nadat de man de deur had dichtgeknald, had ze geroepen: 'Ik zal je wel krijgen!' Bij wijze van schadeloosstelling voor de gederfde inkomsten zou ze al de meeste bezittingen van de gearresteerde mensen hebben ingepikt. Ook had ze er herhaalde malen bij Doppenberg op aangedrongen haar aan een financiële tegemoetkoming te helpen, zo getuigde de rechercheur Van den Berg na de oorlog.

Begin augustus zou ze Doppenberg bij een van haar bezoeken een adres in Deventer hebben gegeven, van familie van haar die van vijf Joodse onderduikers af wilde. Doppenberg, Van den Berg en nog twee andere rechercheurs vertrokken op 15 augustus 1943 in een huurauto om na vijf kwartier zoeken op het bewuste adres de vijf te arresteren, onder wie een zwangere vrouw.[18]

Van den Berg zou kort daarna nog een keer Evertje van Raai in pension Elja-Zamy hebben bezocht. Ze had hem toen getipt dat op een adres bij het Apeldoornse gehucht Woeste Hoeve een paar Joodse onderduikers zaten. Ook zou zich de Joodse slager Polak op een adres in het ten zuiden van Zutphen gelegen dorp Brummen verborgen houden, maar de rechercheur had naar zijn zeggen met deze informatie niets gedaan.[19]

Ondanks de successen die Meijer toch in de ogen van de Duitsers moet hebben geboekt, trekt hij in augustus 1943 aan het kortste eind in de reeks van aanvaringen met burgemeester Pont. Deze heeft hem vooral zijn eigenmachtige handelen in de zaak van de Joodse familie Philips kwalijk genomen. Op 31 augustus 1943 treedt Meijer aan als commandant van de nieuwe Politie Officiersschool, de POS, in Apeldoorn. Een klein jaar later, op 1 juni 1944, krijgt hij opnieuw de leiding van een politiekorps, ditmaal van Hilversum, maar na anderhalve maand legt hij die functie alweer neer en neemt dienst bij de Waffen-SS.

Al eerder heeft hij SS-Voorman Feldmeijer gevraagd aan een officiersopleiding op de SS-*Junkerschule* in de Beierse stad Bad Tölz te kunnen deelnemen. In plaats daarvan bezoekt hij een voorbereidingscursus van twee maanden in het Oostenrijkse Graz, waarna hij zich SS-*Hauptsturmführer* mag noemen, kapitein. Tot een door hem zo vurig gewenste *Fronteinsatz* komt het niet meer. Hij moet zich bij de Landstorm melden – vanaf november 1944 de SS-Waffen-Grenadier-Brigade Landstorm Nederland –, maar wordt zwaar ziek. Eenmaal genezen neemt hij zitting in het *Feldgericht* van de Landstorm in Groningen. Bij de komst van de geallieerde troepen vlucht hij op de fiets over de Afsluitdijk naar zijn dan in Bodegraven gelegerde onderdeel, om zich na de Duitse capitulatie bij de BS te melden.

Tijdens zijn proces in 1948 voor het bijzonder gerechtshof in Zutphen beweerde hij dat hij niet had geweten wat zijn ploeg uithaalde. Hij gaf uitsluitend 'de algemene opdrachten' door die merendeels van andere korpsen of de Sipo kwamen. 'In de regel kreeg ik van een en ander pas kennis, wanneer ik de dagrapporten las,' verklaarde hij. Dat hij die dingen niet eerder wist, kwam doordat de rechercheurs niet onder hem vielen, maar rechtstreeks onder de Sipo. Wel had hij altijd al het vermoeden gehad, zei Meijer, dat de opgepakte Joden naar Westerbork werden gestuurd.

Nadat de procureur-fiscaal de doodstraf had geëist, veroordeelde het hof hem tot twintig jaar gevangenisstraf. Het wilde hiermee rekening houden met zijn moedige gedrag tijdens de gevechtshandelingen in de meidagen van 1940, maar in hoger beroep maakte de bijzondere raad van cassatie, in weerwil van het feit dat die ook zijn gedrag prees, er levenslang van. Meijer kwam in afwachting van de uitkomst van zijn gratieverzoek op vrije voeten tot de rechtbank eind 1949 besliste dat hij, ook vanwege vluchtgevaar, zijn straf moest uitzitten. Toen hij zich hierop bij de gevangenis in Scheveningen meldde, zou hij aan een ernstige depressie lijden.

Negen jaar later, op 12 juni 1958, zette justitie zijn levenslang op grond van een gratiebesluit om in twintig jaar. Hij had op dat tijdstip tweederde van zijn straf uitgezeten, de korte onderbreking in 1949 niet meegerekend, zodat hij meteen vrijkwam. Hij bleef wel levenslang uitgesloten van het passieve en actieve kiesrecht, ondanks zijn pogingen in augustus 1971 om die terug te krijgen. Meijer overleed op 26 juli 1975 in het Zwitserse Bülach, achtenzeventig jaar oud.[20]

Ganzevles

Hij had de reputatie een tamelijk sfinxachtige man te zijn, de behanger, beddenmaker en stoffeerder Gerardus Johannes Hendrikus Ganzevles (19 september 1898, Putten). Een man die vooral niet wilde opvallen. Als ik in de Cornelis Drebbelstraat in Hilversum vraag of iemand zich zijn naam nog herinnert, vang ik overal bot. Zelfs de man die nu in zijn huis op nummer 18 woont, heeft nooit van hem gehoord. En ik vermoed dat hij het niet anders gewild zou hebben, Ganzevles. Ook zijn CABR-dossier bevat nauwelijks persoonlijke gegevens over hem, en helemaal niets over zijn familieachtergronden en zijn opleiding. Behalve dan dat hij met de Belgische Dieudonnée Marie Jeanne Marguerite Vercheval uit het bij Luik gelegen Waalse dorp Herstal was getrouwd en geen kinderen had.

Volgens getuigenverklaringen van toenmalige buurtbewoners gold Ganzevles als een op zich hulpvaardige man die met de meesten op vriendschappelijke voet verkeerde. Hij vertelde hun dat hij voor de communisten werkte, of voor de verzetsgroep Vrij Nederland. Na de oorlog kon bijna niemand geloven dat hij een v-man was geweest van de Sipo, en dat terwijl het illegale blad *Vrij Nederland* hem toch al in 1943 als Gestapo-agent had ontmaskerd.

In feite had Ganzevles nooit interesse getoond voor politiek en om die reden zou hij zich ook niet bij de NSB hebben aangesloten. De hele oorlog actief in de zwarte handel voelde hij zich er blijkbaar niet thuis. Tijdens zijn verhoren beweerde hij dat hij er min of meer toevallig was ingerold. In het voorjaar van 1942 zou hij een man tegen het lijf zijn gelopen, die hem toevertrouwde iemand uit Diemen te kennen die als zogeheten passeur samen met een zwarthandelaar uit Eindhoven Joden hielp overbrengen naar België en ook naar Zwitserland. Een tocht van vier Joden naar België zou duizend gulden per persoon opleveren, naar Zwitserland zelfs vijfduizend gulden.

De man polste hem of hij misschien geen mensen wist die wilden vluchten. Ganzevles, die veronderstelde dat het om zwendel ging, zo verklaarde hij althans na de oorlog, stapte naar de *Feldgendarmerie* in Hilversum, die hem in een auto naar de SD in Amsterdam bracht. Daar sprak hij af dat hij het spelletje zou meespelen om vervolgens hen te tippen.

Korte tijd later, in juni, ontmoette hij een voormalige buurman, wie hij het verhaal opdiste dat hij contact had met een organisatie die het vervoer van Joden naar België kon regelen. De man kende toevallig mensen in Amsterdam, de familie Goldberg, een kleermaker en zijn vrouw die daar graag met hun twee kinderen heen wilden. Nadat Ganzevles met het echtpaar had gesproken, pleegde hij overleg met de passeur en de beide anderen. Ze kwamen overeen dat Ganzevles het gezin op een nog te bepalen uur en dag naar het Centraal Station zou brengen, waar twee passeurs het zouden opwachten.

Het pakte echter allemaal anders uit. Zodra hij de Goldbergs op het tweede perron aan hen had overgedragen, arresteerden Nederlandse Gestapo-agenten in burger onder leiding van een geüniformeerde Duitser het hele gezelschap.

Na de oorlog vertelde Ganzevles dat hij van Goldberg een aanbetaling van vijfhonderd gulden had gekregen voor de kosten van het transport van de vijf koffers naar het station. Een dag vóór de arrestaties betaalde hij hiervan een karretje. Hij hield nog driehonderdvijftig gulden over, maar toen hij die aan de Duitser wilde geven, zou deze hebben gezegd: 'Hou ze maar.' De man zou hem bij die gelegenheid de toezegging hebben gedaan dat ze de beide kinderen weer vrij zouden laten. Maar Ganzevles kon niet zeggen of de Duitser zich ook aan zijn woord had gehouden.

In de daaropvolgende maanden maakte hij voortdurend nieuwe slachtoffers om tussendoor trouw zijn premies te komen innen, eerst op het bureau aan de Paulus Potterstraat, later na de verhuizing van het bureau in het gebouw van de *Zentralstelle* op het Adama van Scheltemaplein. Ook hielp hij mee bij het opsporen van met name begraven Joodse eigendommen, voor welk doel hij met een wichelroede werkte. Een keer had hij in het bureau van de wachtcommandant Kaper een demonstratie gegeven. De Sipo nam hem hierop mee naar Heemstede, toen ze daar een begraven kist met effecten zochten, maar ze vonden niets.

Hoewel algauw in verzetskringen het gerucht de ronde deed dat hij niet te vertrouwen zou zijn, lukte het Ganzevles steeds weer gegadigden te strikken, voor een reis naar België of een nieuw onderduikadres. Hij hield hun dan voor dat hij alleen al over meer dan vijftig adressen in Noord-Brabant beschikte.

Doorgaans opereerde hij in het diepste geheim en de mensen die de onderduikers hadden gehuisvest, wisten niet waar die van de ene dag op de andere konden zijn gebleven. Tot ze een bericht ontvingen uit Westerbork, zoals in het geval van Hartog van Bergen, die samen met zijn vrouw door Ganzevles naar Zwitserland zou worden weggebracht. Hij had hem al een voorschot van tweeënhalfduizend gulden gegeven. Twee maanden later schreef Van Bergen zijn voormalige gastheer een briefkaartje dat de Sipo hen had gearresteerd, op het moment dat ze met Ganzevles het station binnen gingen.

De man uit Hilversum stelde altijd als strikte voorwaarde dat wilde iemand met hem in zee gaan, deze voor drie maanden voldoende geld moest meenemen en in die periode geen enkel contact met de buitenwereld mocht hebben. Hij verlangde daarnaast een handgeld van vijfentwintig gulden per persoon per dag. Dit had ook een hulpverlener te horen gekregen, toen hij voor twee gezinnen nieuwe onderduikadressen zocht. De eerste keer dat Ganzevles bij hem langskwam, had hij foto's van de koninklijke familie bij zich, zodat de man geloofde dat het wel in orde was. Hij bracht hem in contact met de vrouw bij wie de onderduikers zaten. Enkele weken later hielp de vrouw hem uit de droom met het verhaal dat de Sipo beide gezinnen kort na het bezoek van Ganzevles had opgepakt.

'Ik heb me vrijwillig in dienst gesteld van de SD,' zei Ganzevles na de oorlog, 'omdat ik een hekel aan Joden had en er voor het aanbrengen van Joden goed betaald zou worden.' Nadat hij eerder had bekend drieënveertig Joden en zes niet-Joden te hebben verraden, had hij het later over tweeënvijftig slachtoffers, in dit geval uitsluitend Joden.

Een keer had hij zelfs zeventien onderduikers tegelijk aangebracht die op de Ruitersweg 79 in Hilversum hadden gezeten. En toen ik in het dossier van Ganzevles over deze zaak las, stuitte ik op een verklaring van hem over een van de onderduikers, een mevrouw Hamel. Zij zou getrouwd zijn met Meijer Hamel, die 'een ijzerfabriek op de Groest' in Hilversum had. 'De echtgenote van Meijer Hamel was ook op bedoeld adres ondergedoken,' had hij tijdens een verhoor gezegd, 'en mede de dupe geworden van mijn verraad.'

En ik vroeg me af of zij misschien de moeder zou kunnen zijn van het roodharig, sproetige meisje dat evenals ik eind jaren vijftig, begin jaren zestig het Nieuwe Lyceum in Hilversum bezocht, Renée Hamel. Hadden we in dezelfde klas gezeten en had ik geen weet gehad van het drama in haar leven? Haar vader had immers een zaak in oude metalen en later in sanitair op de Groest gehad.

Renée woonde allang niet meer in Hilversum en het familiebedrijf had voorgoed de deuren gesloten, maar ik slaagde erin haar op te sporen. Het bleek om haar overgrootmoeder te gaan, Sanne Hamel-van Tijn, de weduwe van de al voor de oorlog overleden oprichter van het bedrijf, Meijer Hamel. Ze bracht me wel in contact met de zoon van een overlevende van de Ruitersweg en een achterneef van haar, die me het dagboek van zijn vader, Abraham Cohen, liet lezen. Rechttoe rechtaan, soms in samengebalde woede, dan weer verdrietig, maar heel zorgvuldig heeft hij de lijdensweg van de onderduikers opgetekend.

De zwervers van Oranje

Geboren op 9 april 1918 in Amsterdam woont Abraham Cohen in 1941 met zijn ouders en zijn drie jaar jongere broer Gerry op het Waterlooplein 51-I. Hij heeft er een baantje bij zijn vader, die marktkramen verhuurt. Maar als de Duitsers op zaterdag 23 en zondag 24 februari bij wijze van vergelding voor de dood van de WA-man

Hendrik Koot in de Jodenhoek meer dan vierhonderd Joodse mannen tussen de achttien en vijfentwintig jaar oppakken, verblijven hij en zijn broer Gerry toevallig ergens anders.

Voor Abraham, die zich op 21 september 1940 met Rebecca Corper, roepnaam Beppy, heeft verloofd, geeft deze razzia de doorslag om met een huwelijk nog te wachten tot de situatie verbetert. Die verslechtert echter zienderogen en in juli 1942 besluiten Abraham en Gerry onder te duiken. Eerst overwegen ze nog met de hele familie naar Zwitserland te vluchten, maar het risico lijkt hun te groot.

Op woensdag 15 juli reizen ze per trein naar Hilversum om daar bij Beppy's broer Jaap en diens niet-Joodse vrouw Ans een kennis van hen te ontmoeten, Dirk Romviel, een tweeënveertigjarige weduwnaar en incasseerder, bij wie ze kunnen onderduiken. Na hun spullen in Amsterdam te hebben opgehaald keren ze, vermomd en wel, 's avonds om kwart over acht terug naar Hilversum. 'Zonder incidenten kwamen wij in Dirks huisje op Ruitersweg 79 aan,' schrijft Abraham. 'Het noodzweet stond ons op het gezicht van de ondergane spanning. Hoe gelukkig we waren een onderdak te hebben, kan ik niet beschrijven en we hoopten tot rust te komen en kwamen inderdaad tot rust.'

Twee weken later, op zaterdag 1 augustus, neemt ook zijn verloofde Beppy er haar intrek. Zij en haar ouders hebben in Hilversum gewoond, waar ze een zaak op de Langestraat hebben gehad. Voor de oorlog heeft haar vader nog voor het communistische blad *De Tribune* gewerkt. Later zamelde hij geld in voor het illegale blad *De Waarheid*, dat hij ook hielp verspreiden. Tot hij en zijn gezin eerder dat jaar samen met alle Joden in Noord-Holland naar het *Judenviertel* in Amsterdam moesten verhuizen.

Beppy vertelt de beide broers dat de Sipo de man van hun oudere zuster Liesje, Jacob Haringman, heeft opgepakt. Op het tijdstip van zijn aanhouding, donderdag 16 juli, had hij de diamanten bij zich waarin Abrahams vader al zijn geld had gestoken. Tot overmaat van ramp heeft ook iemand de levensmiddelen die hij voor hen zou bewaren, gestolen. 'Woest was ik dat ze ons dit hadden aangedaan.

Op het moment staan we machteloos, vogelvrij verklaard, maar ik hoop na afloop van de oorlog mij te kunnen wreken, want naam en toenaam zijn mij bekend. Die nacht van zaterdag op zondag kon ik niet slapen, hevige hoofdpijn en ik kon wel huilen van verdriet over Jacob en hoe ze ons hebben bestolen.'

Ze krijgen vier dagen later de volgende jobstijding: rechercheurs hebben een broer van Beppy, Ies Corper, diens vrouw Hertl en hun zoontje Lowietje op het Centraal Station gearresteerd, toen die met de trein naar Zwitserland wilden vluchten. 'Hoe vreselijk veel vertrouwen hebben ze gehad in iemand die hen zou helpen, en hij heeft hen in de val gelokt. Ook op die man hoop ik me na de oorlog te kunnen wreken.' Verzetsmensen slagen er echter in Lowietje uit de crèche tegenover de Hollandsche Schouwburg te smokkelen, waarna de ouders van Beppy zich over het kind ontfermen. Abraham meent dan te weten dat zijn zwager Jacob Haringman, Ies Corper en diens vrouw Hertl via Westerbork op transport gaan naar Duitsland: 'Hoe zal het hun vergaan? Hoe zullen ze zich houden? Steeds vraag ik me dat af. Elke nacht slaap ik met ze in.' [21]

Er is na de komst van Beppy een maand verstreken als ze op vrijdagavond 4 september gezelschap krijgen van bekenden van Abraham: het echtpaar Benjamin en Saartje de Leeuw-van Allemans. Zij probeerden naar Zwitserland te vluchten, maar kwamen de grens niet over. Amper vierentwintig uur later arriveert Abrahams zuster Liesje, die uitvoerig uit de doeken doet hoe slecht de Joden het in de hoofdstad hebben. 'Mijn hart deed mij pijn van dat weerzien; ik was blij. Ik omhelsde haar, zij schreide in mijn armen en ook ik kreeg tranen in mijn ogen. Ik sprak haar moed in, dat we verder moeten en dat Jacob, haar man, terug zal komen. Ik moest de kamer verlaten en ging op bed liggen om ook eens goed in huilen uit te barsten, daar zijn we mensen voor.'

Op 16 september ontvangt Abraham het bericht dat na zijn schoonouders ook zijn ouders, Manus en Jansje Cohen-Allegro, een goed onderduikadres hebben gevonden. Ze zitten bij Romviels vriendin Adriana Nieuwkerk-Dolman, roepnaam Sjaan, en haar moeder op Leeghwaterstraat 71 in Hilversum. Lowietje hebben ze kunnen onderbrengen bij Beppy's broer Jaap en diens vrouw Ans.

Ze hokken inmiddels met z'n zessen in het kleine arbeidershuisje dat uit twee kamers, een keukentje en een zolder bestaat, maar op woensdag 11 oktober komen er nog eens drie bij, de zevenenzeventigjarige Wolf Jacob Corper, roepnaam Willem, en zijn twee ongetrouwde dochters Marianne en Elisabeth, beiden rond de vijftig. Geen familie overigens van Beppy Corper. Dan staan op zaterdagochtend 21 november in alle vroegte de ouders van Beppy, Levie en Heintje Corper-Hamel, voor de deur: ze blijken simpelweg op straat te zijn gezet. 'Hoe kan men dat over zijn hart verkrijgen? Vreselijk is het. De mensen voelen de tijd niet aan, waarin wij leven.'

Zijn schoonmoeder heeft nog wel nieuws voor hen. Ze heeft gehoord dat haar zoon Ies en zijn vrouw Hertl zich in de gevangenis tot dusver goed hebben gehouden. Hertl heeft zelfs nog een brief gestuurd met het verzoek aan haar schoonzusje Beppy of deze later voor haar kindje, Lowietje, wil zorgen. Ze denk niet dat ze ooit nog terugkomt.

De dagen verstrijken voor de rest in een monotoon ritme. 'Elke dag hetzelfde liedje,' verzucht Abraham. 'Om twaalf uur 's middags staan we op, eten en brengen verder de middag door met lezen, schrijven, af en toe tekenen of slapen, een praatje, weer schrijven. Half zeven avondeten, een kopje thee, een babbeltje, weer schrijven, of lezen, een broodje eten en dan rond twaalf uur naar bed. Zo ben ik twaalf uur wakker en twaalf uur slapend. Steeds weer plannen maken voor de toekomst als ik de oorlog overleef.'

Abraham schrijft behalve zijn dagboek ook brieven, vooral aan zijn ouders in de Leeghwaterstraat. Voortdurend probeert hij zijn zwaar depressieve moeder moed in te spreken. Maar zelf heeft hij het soms ook moeilijk en zijn boosheid richt zich dan met name tegen de Engelsen, die de oorlog zouden verlengen om er geld aan te verdienen: 'Eerst begreep ik het ook niet, maar in deze harde tijd heb ik het geleerd. Mijn leven lang zal ik de Engelse regeringspersonen vervloeken. Zij zijn de hoofdoorzaak van ons lijden.'

Tot zijn grote opluchting mag hij op woensdagavond 25 december even de straat op en hij wandelt stijf gearmd met zijn verloofde Beppy door de villawijken van Hilversum. Ook in de daaropvolgende dagen waagt hij zich regelmatig 's avonds op straat, wat niet ongevaarlijk is. Het blijkt allemaal van korte duur. De jaarwisseling voltrekt zich weer in mineur en Abraham ziet het even niet meer zitten: 'De mentaliteit van de mensen gaat sterk achteruit. Ze bestelen elkaar bij de beesten af. Als je je rijwiel even voor de deur laat staan, ben je hem kwijt. Uit treinwagens wordt op grote schaal gestolen. Kofferdiefstallen op de perrons van de stations. Op zedelijk gebied ook achteruitgang. Ongehuwde moeders van zestien jaar zijn haast normaal te noemen. Veel meisjes in het ziekenhuis met geslachtsziekte.'

Op maandag 15 februari 1943 vindt er 's avonds om halfnegen opnieuw uitbreiding plaats, met de komst van twee kleinzonen van de oude Willem Corper, de twaalfjarige Joseph en de negenjarige Flip Corper. Zij zaten al in de trein naar Westerbork, toen Duitse soldaten hen hadden helpen vluchten. En weer laat Betty's broer Ies Corper van zich horen: door middel van een mondelinge boodschap heeft hij zijn schoonzusje Ans gemeld dat het goed met hen gaat. 'Gelukkig, mijn vreugde kan ik niet beschrijven. Ik kan dus aannemen dat het ook goed gaat met Jacob en de anderen. Ze moeten wel hard werken en krijgen weinig te eten, maar als ze er maar doorheen komen.'

Ze zijn dan met z'n dertienen en de spanningen nemen voortdurend toe. Er verstrijkt amper nog een dag dat ze elkaar niet in de haren vliegen. Bovendien botert het niet tussen Saartje de Leeuw en de anderen. 'Een raar soort mens,' noemt Abraham haar, 'zeer egoïstisch.' Om de haverklap schopt ze ruzie, vooral met haar man, en iedereen vreest dat haar hysterische gekrijs de aandacht van de omwonenden zal trekken. Op een gegeven moment gilt ze zelfs dat ze zich van kant gaat maken. Dan dient zich op maandag 30 maart 's avonds om tien uur een derde kleinzoon van de oude Corper aan, de achttienjarige Wolf Corper, roepnaam Wim.

Een maand later, op woensdag 5 mei, staat de vijftiende onderduiker voor de deur, een oudtante van Abraham, Sanne Hamel-van

Tijn, die hij als 'omoe' opvoert. Ze moest weg op het schuiladres waar ze zat. De zestiende, ditmaal een oudtante van Beppy, Grietje Dresden-Scheffer, arriveert op maandag 7 juni, maar Abraham weet heel pertinent dat ze maar tijdelijk zal blijven. Op donderdag 9 juli komen daar 's avonds nog eens Valk Beekman en zijn vrouw Klara Beekman-Hamburger bij, en Abraham verzucht sarcastisch: 'Hoe meer zielen, hoe meer leed.'

Maar vijf dagen later vertrekt de jonge Wolf naar de Leeghwaterstraat, om daar zijn moeder, Elizabeth Corper-van Coevorden, gezelschap te houden. Hiermee zijn ze met z'n zeventienen, al schrijft Abraham regelmatig dat enkelen naar een ander adres zullen verhuizen, maar om onduidelijke redenen gaat dat niet door.

Dat Dirk Romviel er steeds weer in slaagt hen van voedsel te voorzien, lijkt een wonder. Het moet geen sinecure zijn geweest, gezien de problemen die er permanent over distributiekaarten bestonden. 'Was ik de ene dag bevrijd van de zorgen of we onze levensmiddelenkaarten zouden krijgen,' noteert Abraham, 'dan was het de andere dag de zorg over het financiële gedeelte. Rekening houden dat de mogelijkheid bestaat om verraden te worden, en ik kan zo wel tot in het oneindige doorgaan.'

En dan staat er niet meer dan een kort zinnetje: '6 Aug. Jaap gepakt.' Een zinnetje met een bijzondere lading. Wat Abraham namelijk niet heeft opgeschreven – vermoedelijk uit angst dat de Duitsers zijn dagboek zouden kunnen vinden en de aantekeningen tegen de broer van Beppy zouden gebruiken – is dat deze als communist direct bij het begin van de oorlog onderdook en sindsdien ondergronds werk heeft verricht.[22]

In de loop van 1943 groeit de wanhoop en Abraham windt zich alsmaar meer op over de Engelsen en de Amerikanen, die kennelijk geen einde aan de oorlog willen maken, tot er geruchten over een 'tweede front' de ronde doen: 'Even zuchten. Oh, als het toch werkelijk eens ging gebeuren, dat zou onze bevrijding betekenen. Vrij over straat te lopen, je eigen zaken zelf te behandelen. Ik kan er haast niet aan denken, want een koortsachtig gevoel maakt zich van mij meester. Wat een uitkomst, het mooiste wat ik ooit van mijn leven zal kunnen meemaken. Vrijheid!'

Maar als er niets gebeurt, noteert hij op 15 november: 'Nog anderhalve maand en 1943 is voorbij. Het jaar waar alle hoop op was gevestigd, is op niets uitgelopen. Alles is gebaseerd op de hoop dat de oorlog gauw zal aflopen. Ik weet het niet meer. Hoe ik heb gehoopt en hoe ik heb gedacht, steeds was het mis. Ik ben niet in staat neer te schrijven hoe verbeten ik ben. Engeland en Amerika moordenaars!!'

En tien dagen later, op 25 november: 'Berlijn is de afgelopen week vier keer zwaar door de Engelsen en de Amerikanen gebombardeerd. Het schijnt hun bedoeling te zijn om op zo'n manier Duitsland op de knieën te dwingen. Het is een gemeen staaltje om naar zulk een wapen te grijpen, want duizenden vrouwen, kinderen, grijsaards vinden zo hun dood, worden verminkt of zijn dakloos met verlies van have en goed. Maar wie heeft er medelijden met ons? Geen Engelsman of Amerikaan, maar zéér zeker geen Duitser.'

Ook over de Nederlandse regering in Londen maakt Abraham zich steeds bozer. 'Bedriegers' zijn het: 'En dan de zwervers van Oranje, die spreken vol medelijden over de Joden, maar doen totaal niets om ons leed te verzachten. Tuig, tuig.' Het dagboek eindigt op 2 april 1944, met de constatering dat de Russische troepen de Hongaarse en Roemeense grens zijn overgetrokken en dat delen van België onder water staan om een eventuele geallieerde inval het hoofd te bieden. 'Invasie, invasie, waar blijft die???'

Menslievendheid

Bijna anderhalf jaar na de oorlog, in oktober 1946, schrijft Abraham Cohen een nawoord en hij begint met de hartenkreet: 'Als kind was ik al bang mijn ouders, broer en zuster te moeten verliezen. Ik heb gebeden en gesmeekt ze in de lengte van jaren te mogen behouden, maar door verraad van één Nederlander zijn ze vermoord.' Dan doet hij kort verslag van de inval op dinsdag 4 april 1944:

’s Morgens kwart voor negen, Gerry en ik worden door gegil gewekt. Er komt iemand de trap naar onze zolder op. Ik zie eerst een revolver, dan een hand, een arm, een hoed en dan als hij geheel boven is, schreeuwt hij ons toe naar beneden te gaan. Dat was de eerste kennismaking met een Hollandse SD’er. Beneden waren er nog zes.

Nadat de zeventien onderduikers hun bagage hebben gepakt, vraagt een van de rechercheurs naar Romviel, maar niemand zegt iets. Ook niet als hij hun te verstaan geeft dat ze anders hun bagage niet mogen meenemen. De SD-mannen brengen hen naar buiten, waar een kordon Hilversumse politiemannen de straat heeft afgezet. Abraham schrijft dan: ‘Meneer Beekman, die één van de laatsten was en het bangst voor zijn bagage, zwichtte en verraadde aan de SD waar Dirk was. Gerry en ik mochten voor onze lotgenoten de bagage halen. Toen dit alles was gebeurd, moesten wij instappen.’

Rechercheurs rijden daarop naar het opgegeven adres op de Leeghwaterstraat. Romviel treffen ze er niet aan, wel arresteren ze zijn vriendin Sjaan Nieuwkerk, het echtpaar Cohen alsook Elizabeth Corper en haar zoon Wim. Alvorens naar Westerbork te worden gestuurd, gaan alle eenentwintig onderduikers eerst op transport naar Amsterdam. De rechercheurs die de inval hebben gedaan, onder wie Pieter Schaap, Douwe Capelle, Klaas Nap en Jan van den Berg, vallen namelijk onder het voormalige, inmiddels door de Gestapo ingelijfde Bureau Joodsche Zaken. Sjaan brengen ze nog dezelfde dag naar het concentratiekamp Vught.[23]

Alleen Abraham Cohen en Beppy Corper hebben overleefd. Nadat beiden naar Auschwitz waren gedeporteerd, belandde Beppy eerst in Auschwitz-Birkenau en vervolgens in *Block 10*, het medische experimenteerblok van dr. Josef Mengele. Terug in Nederland ontfermt ze zich, zoals haar schoonzusje Herta wenste, over Lowietje. In 1946 trouwen Abraham en Beppy met elkaar.

Als Abraham in dat jaar nog eens het huisje aan de Ruitersweg gaat bekijken, raakt hij toevallig in gesprek met de mensen die erachter wonen. Ze vertellen hem dat ze na de inval naar voedsel in de woning hadden gezocht en toen twee dagboeken vonden, die ze in een kast hadden bewaard. Die blijken van hem en zijn schoonvader Levie Corper te zijn (dat van Levie Corper gaat later alsnog verloren).

Het echtpaar emigreert in 1948 naar de Verenigde Staten, waar het in Los Angeles twee kinderen krijgt. Abraham Cohen, die in de textiel werkzaam is geweest, overlijdt op 9 februari 1974, vijfenzestig jaar oud.

Een belangrijk thema vormt na de oorlog de vraag wie de onderduikers zou kunnen hebben aangebracht. Nogal wat buurtbewoners geloven dat als Romviel al niet zelf het verraad heeft gepleegd, hij in ieder geval met de verrader onder één hoedje heeft gespeeld. Ook de zoon van het vermoorde echtpaar Beekman, Emile, laat zich in deze zin uit in een brief aan justitie. Hij stuurt twee brieven mee die Romviel eind 1944 aan een familielid van hem heeft geschreven.

In de eerste, ongedateerde brief refereert deze aan zijn 'mensenlievendheid' om in één adem een tegemoetkoming in de kosten van zijn levensonderhoud te vragen. Over het verraad merkt hij op: 'Hoe het is gekomen, is mij nog een raadsel. Vermoedelijk zijn ze weer aan het kibbelen geslagen, wat een beetje luidruchtig is geweest. Dat gebeurde meer, soms om een appel of een wortel.' Op 1 december volgde een tweede brief:

> Weigert u mij te helpen, dan ben ik verplicht net zo te handelen als uw familie met mij heeft gedaan. Met het mes op mijn keel hebben ze mij gedwongen hen te helpen. Dus wat moest ik doen om de anderen en mezelf te redden? Daarom raad ik u aan ook mij te helpen op hun kosten, voordat er verdere narigheid uit voortkomt.

Bovendien beticht Emile Beekman Romviel ervan zijn ouders in de val te hebben gelokt. Zij zaten met nog negen andere mensen ondergedoken in een schuur op de Veluwe bij Voorthuizen, maar toen ze daar in de zomer van 1943 groot gevaar liepen, beloofde hij hen aan een nieuw adres te helpen. In Hilversum hing hij ineens het verhaal op dat het niet doorging, waarop hij hen meenam naar het al propvolle huisje aan de Ruitersweg. Het enige wat hij wilde, was de onderduikers uitmelken, concludeert Emile Beekman, en toen hij niet meer voldoende aan hen verdiende, had hij ze verraden.

Het heeft nog even wat voeten in de aarde voordat de POD een onderzoek begint, maar dan hagelt het beschuldigingen aan het adres van de man uit Hilversum. Zo weet een zwager van Emile Beekman zich nog te herinneren dat Romviel hem eind april 1944 had bezocht om het kostgeld voor zijn schoonouders, zeshonderd gulden voor drie maanden, te innen terwijl hij verzweeg dat beiden op dat tijdstip al waren opgepakt. Een nicht die het niet vertrouwde, had vervolgens de waarheid aan het licht gebracht.

Een andere getuige had hem zelfs horen klagen dat hij steeds meer problemen met de Joden kreeg en dat als het hem ging vervelen, hij ze zou aangeven. En een kennis van Romviel komt met het verhaal dat deze de verlaten woningen van de onderduikers had leeggeplunderd. Hij ging er prat op dat hij onder de ogen van de Duitsers huisraad uit het huis van de familie Corper op Waterlooplein 8 had weggesleept. Verder was er nog een kwestie met levensmiddelenkaarten die hij voor vijf gulden van een distributieambtenaar kocht om ze voor vijftig tot zestig gulden aan de onderduikers te verpatsen. Goudgeld zou hij dan ook aan die mensen hebben verdiend, meer dan dertigduizend gulden.

Abraham Cohen laat zich als enige gematigd positief over zijn voormalige gastheer uit. Hij gelooft stellig dat deze aanvankelijk uit menslievendheid handelde, wat ook zou blijken uit het feit dat hij eerst geen kostgeld vroeg. Pas na lang aandringen toonde Romviel zich bereid een wekelijks bedrag van drie gulden vijftig per persoon te accepteren, het eten en dingen als toiletspullen niet meegerekend. De andere onderduikers kwamen eveneens op die voorwaarde binnen, maar volgens Abraham Cohen veranderde de situatie van lieverlede en werd het 'meer een handelsaangelegenheid waar geldelijk voordeel aan verbonden was'. Hij verkocht hun dan voor één gulden vijftig een liter geitenmelk om zijn dure sigaretten van tien gulden per pakje te kunnen bekostigen.

Help de onderduikers

Die eerste jaren na de oorlog zijn een heel emotionele tijd, waarin de wonden nog vers blijken en de zenuwen blootliggen. Er heerst alom ontreddering. Verdriet en euforie wisselen elkaar af. Ook zit de angst nog altijd diep. Met als gevolg dat op getuigenverklaringen vaak geen peil valt te trekken. De mensen hebben een vaag vermoeden over iets en dus zou het zo kunnen zijn gebeurd. Nu is Dirk Romviel allesbehalve een heilige, maar als de POD dieper in de zaak begint te spitten, sommige getuigen nog eens verhoort en ook hem aan de tand voelt, kantelt het beeld langzaam maar zeker.

Na in het verhoor grif te hebben toegegeven dat hij met die dreigbrief een stomme streek heeft uitgehaald, legt hij uit – en een getuige zou zijn verhaal kunnen bevestigen – dat die was ingegeven door boosheid. Toen hij het echtpaar op een adres in Hilversum wilde afzetten, kreeg hij te horen dat de gastvrouw op het punt stond te bevallen en dat het niet meer goed uitkwam. De heer Beekman, wie hij inmiddels had toevertrouwd meerdere onderduikers te hebben, zou hem daarop hebben toegebeten: 'Je moet ons meenemen, want anders gaan jullie er allemaal aan. Dan verraad ik jullie!'

Romviel had beiden toen maar in zijn huisje op de Ruitersweg gehuisvest, in de hoop voor hen en ook voor andere onderduikers elders een adres te vinden. 'Dagelijks schreeuwden ze in Engeland door de radio: help de onderduikers!' schrijft hij vanuit het ziekenhuis aan justitie. Hij ligt daar vanwege een zenuwverlamming en een hardnekkige infectueuze beenwond.

> Ik heb gedaan wat ik kon, maar het werd niet gewaardeerd. Duizenden Nederlanders hadden kunnen helpen, maar ze hebben gezwegen. Vele malen ben ik erop uitgetrokken om schuilplaatsen te zoeken om mijn mensen te verspreiden, maar als er dan toch nog adressen waren, vroegen ze prijzen die niet te betalen waren, doordat we niet wisten hoe lang ze moesten onderduiken. Of ze wilden een waarborg van duizenden guldens.

Ook voor het feit dat hij na de inval op vrije voeten bleef, kan hij een verklaring geven. Doordat hij steeds meer onderduikers kreeg, niet door ze te lokken, maar omdat ze gewoon familie en kennissen van elkaar waren, had hij besloten bij zijn vriendin Sjaan op de Leeghwaterstraat in te trekken. Toen hij op de dag van de inval 's ochtends naar zijn huis op de Ruitersweg liep, zag hij groene politieauto's voor de deur staan. Hij haastte zich terug naar de Leeghwaterstraat om de vier onderduikers te waarschuwen, maar ook daar stond een politieauto, waarop hij besloot bij kennissen uit het verzet onder te duiken. Zodra bleek dat ze hem niet langer zochten, kwam hij weer boven water.

En dan het verhaal van die dertigduizend gulden: in plaats van dat hij goudgeld had verdiend, leed hij een zware strop, zeker twintig- tot dertigduizend gulden. Behalve dat de Sipo al zijn geld en zijn huisraad in beslag had genomen, hadden de buren zijn kippen, konijnen en geiten gestolen. Enkele onderduikers hadden daarnaast nog een schuld van duizenden guldens bij hem uitstaan. Ze hadden geen cent meer gehad en hij had met hen afgesproken dat ze hem dan maar na de oorlog moesten betalen.

Ook vanwege geldnood had mevrouw Betsy Corper-van Coevorden hem verzocht een antieke kast uit haar verzegelde woning aan het Waterlooplein te halen, maar op een veiling had die niet meer dan 175 gulden opgebracht. En voor de rest had hij nergens anders huisraad weggehaald.

Geconfronteerd met de verklaringen van Romviel begint de ene getuige na de andere terug te krabbelen. Zo sluit de zwager van Emile Beekman opeens niet meer uit dat Romviel het kostgeld een paar dagen vóór de inval heeft opgehaald. En achteraf beschouwd weet hij het eigenlijk wel zeker. Ook de getuige die Romviel had horen zeggen dat als het hem ging vervelen, hij de onderduikers zou aangeven, lijkt te twijfelen. Het zou heel goed kunnen, meent hij, dat diens vriendin Sjaan iets dergelijks te berde heeft gebracht.

Hoewel justitie alle andere punten tegen Romviel laat vallen, beticht zij hem er wel van dat hij zich ten koste van Joodse landgenoten zou hebben verrijkt. Hij moet op 13 december 1946 terechtstaan voor het tribunaal in Hilversum, wat hem in een brief de verzuchting ontlokt: 'Zo ben ik tot de conclusie gekomen dat ik fout ben geweest en nooit gehoor had moeten geven aan de oproep uit Engeland van doe zus of zo, en dat ik had moeten zeggen: ieder voor zich en God voor ons allen.' Veertien dagen later, op 27 december, spreekt het tribunaal hem vrij.

Ganzevles ontving voor het verraad van de onderduikers aan de Ruitersweg een premie van zegge en schrijve vierhonderd gulden, zo'n 2800 euro. Blijkbaar gaf hij er hierna de brui aan en hield zich alleen nog met de zwarte handel bezig, want zijn CABR-dossier vermeldt geen gevallen van verraad meer.

In oktober 1944 arresteerden de Duitsers hem tijdens een razzia op mannen die zich onttrokken aan de verplichte *Arbeitseinsatz* en stelden hem tewerk in de buurt van Ede, maar een paar weken later nam hij de benen. De Canadese *Field Security* hield hem op 8 mei 1945 aan en opnieuw vluchtte hij, ditmaal uit de Nederlandse Seintoestellenfabriek in Hilversum, waar hij met vele andere collaborateurs, verraders en NSB'ers gedetineerd zat. Na zich op de hei tussen Hilversum en Laren te hebben verstopt, schreef hij een brief aan een verzetsman wie hij een volledige bekentenis beloofde.

Tijdens de verhoren zei hij niet te weten wat er gebeurde met de mensen die hij had aangebracht, al gaf hij wel opening van zaken: 'Ik heb met elkaar tweeënvijftig gevallen, waarbij uitsluitend Joden betrokken waren, aan de SD in Amsterdam doorgegeven. Ik heb ook het echtpaar Goudsmit, de gehele familie Meijer die in de Den Texstraat woonde,[24] en zoals ik mij nog herinner, De Jong, wonende in Naarden,[24] overgegeven aan de SD. Maar ik heb ook een man en een vrouw, de namen weet ik niet meer, maar ze woonden aan de Van Dijcklaan in Naarden,[24] overgegeven aan de SD.'

Hij ontkende echter dat hij van zijn slachtoffers geld of sieraden had afgepakt, maar in werkelijkheid kneep hij ze onderweg naar een zogenaamd veilig schuiladres uit. Met het alleszins redelijk klinkende argument dat ze met elkaar het risico dienden te delen.

Over het verraad van de Ruitersweg vertelde hij dat hij de tip had gekregen van een Hilversumse kennis, Jan Keetelaar, volgens hem een echte Jodenhater, die net als hij in de zwarte handel had gezeten. Nog dezelfde avond was Ganzevles naar de Ruitersweg gegaan. Hij had er aangeklopt, maar niemand deed open. 'Ik hoorde wel kuchen en snapte toen dat het in het huis niet safe was,' zei hij op 23 juni 1945. Om eraan toe te voegen: 'Als Keetelaar mij deze tip niet had gegeven, zouden deze Joden waarschijnlijk gespaard zijn gebleven, althans ik had hen dan niet kunnen verraden, want ik had van hun aanwezigheid in dat huis niet geweten.'

Johannes Joseph Keetelaar (5 september 1902, Bussum), een ongehuwde monteur, bestreed echter iets met de zaak te maken te hebben gehad en tijdens een onderzoek slaagden de POD-rechercheurs er niet in om ook maar een snippertje bewijs boven water te halen. Op 17 juni 1946 veroordeelde het bijzonder gerechtshof in Amsterdam Ganzevles ter dood, waarna op woensdag 5 februari 1947 de executie plaatsvond. Zijn weduwe Dieudonnée keerde volgens een aantekening in het dossier terug naar haar geboortedorp Herstal.

Hoewel de officier-fiscaal bij het hof in Amsterdam Keetelaar op 10 juli 1948 bij gebrek aan bewijs onvoorwaardelijk buiten vervolging stelde, weigerde met name Romviel zich bij deze gang van zaken neer te leggen. En dat terwijl hij de man drie jaar eerder nog had vrijgepleit. In een verklaring zei hij op 7 oktober 1948: 'Het is mij bekend geworden dat Jan Keetelaar, thans wonende in Hilversum, Rigelstraat, aan Ganzevles heeft meegedeeld dat bij mij in huis Joden zaten ondergedoken. Deze Keetelaar rijdt nu in een auto rond en schijnt geheel vrijuit te gaan, terwijl hij de oorspronkelijke verrader is.'

Maar de procureur-fiscaal weigerde het onderzoek te heropenen en twee jaar later, op 5 oktober, overleed de broodbezorger Romviel als een verbitterd en berooid man, vijftig jaar oud.

Biesheuvel

In tegenstelling tot commissaris Meijer van Apeldoorn, die zich voor alles een militair voelde, zag Adrianus Biesheuvel zichzelf als de perfecte politieman. Afgaande op zijn CABR-dossier krijg ik het idee dat het hem allemaal niet uitmaakte wat hij deed. Surveillance, recherchewerk, verkeerscontrole, jacht op Joodse onderduikers. Hij schrok voor geen enkele opdracht terug. Ambitieus en fanatiek. Ogenschijnlijk onvermoeibaar. Dat hij bij de Leidse Documentatiedienst belandde, zou in feite louter toeval zijn. In november 1942 opgericht door korpscommissaris Ulrich Koenraad Louis Emile Hoffmann, een felle NSB'er die nauwe banden onderhield met de Sipo en de *Grüne Polizei*, telde de dienst twee rechercheurs, maar die leken vaak dag en nacht in touw, zowel in Leiden alsook in andere plaatsen, tot in Amsterdam toe.

Biesheuvel (op 2 mei 1909 geboren in het Zuid-Hollandse Hardinxveld) werkt na de ulo en vervolgens de militaire dienst enkele jaren als hulpagent in Katwijk. Kennelijk krijgt hij daar de smaak te pakken, want op 1 december 1933 volgt een benoeming tot gemeenteveldwachter in Vianen. Als hij acht jaar later overstapt naar de gemeentepolitie in Ede, laat hij zich begin 1942 drie maanden lang op cursus sturen naar het Politie Opleidings Bataljon in Schalkhaar. Een opleiding met een duidelijk nationaalsocialistische signatuur, al is Biesheuvel zelf geen lid van de NSB of de NSNAP en zal hij het ook nooit worden.

De cursus bestaat voornamelijk uit vormingslessen over de Nieuwe Orde en het valt hem niet mee, zoals blijkt uit de brieven aan zijn ouders, waarin hij zich over 'de Pruisische opleiding' beklaagt. 'Het is alles NSB wat de klok slaat,' schrijft hij op 17 januari 1942. 'Het is hier vliegen, hardlopen, uitkafferen, schelden, vloeken, razen.' Hij constateert dan dat als je nooit iemand hebt gehaat, ze je dat wel in Schalkhaar leren, om vervolgens te verzuchten:

> Het is gewoon treurig en bijna niet uit te houden. Maar ja, je moet en als ik een vak kende, dan wist ik het wel. Wij met onze burgerlijke democratische gedachten en dat willen ze hier hervormen, maar eer ze van mij een Hitler-man hebben gemaakt, dan ga ik liever met lucifers langs de deur.

In 1942 getrouwd laat hij zich vanwege de gezondheidstoestand van zijn vrouw op 1 maart 1943 naar haar geboortestad Leiden overplaatsen. Het politiekorps telt daar op dat tijdstip rond honderdvijftig man, die op één agent na actief hebben deelgenomen aan het ophalen van Joden. De Joodse gemeenschap omvat in het begin van de oorlog 372 mensen, van wie er 137 onderduiken. Van de in totaal zeshonderd Joden die in de stad een schuilplaats hebben gevonden, heeft meer dan de helft dankzij het Leidse verzet overleefd, maar aan korpscommandant Hoffmann lag het niet.

Sinds hij op 1 mei 1942 de leiding heeft gekregen, net vierendertig jaar oud, tracht hij de leden van zijn korps voor het nationaalsocialistische gedachtegoed te winnen. Hij heeft hiertoe op het hoofdbureau leesplekken ingericht met brochures en bladen als de *Germanische Leithefte*, *De Beestmensch* en *Werkend Volk*. Hun superieuren moeten de agenten over de inhoud van de *Leithefte* overhoren om te checken of ze dat vormingsblad inderdaad hebben gelezen. Of anders kunnen ze tijdens de verplichte dienstbesprekingen die Hoffmann heeft geïntroduceerd hierover van gedachten wisselen.

Ook dienen politiemannen voortaan bij het opmaken van processen-verbaal en het beoordelen van collega's rekening te houden met de eisen van de Nieuwe Tijd. En doen ze dat niet, dan laat hij ze in rang terugzetten of schrapt hun periodieke salarisverhoging. De commissaris wil op die manier ook het militaire karakter van de politie benadrukken.

Minder zeker van zijn zaak voelt Hoffmann zich kennelijk als het zijn persoonlijk welzijn betreft. Dagelijks laat hij zich 's ochtends door een arrestantenwagen van huis ophalen en 's avonds weer terugbrengen, terwijl er elke nacht een politieman op wacht staat voor zijn woning. En naarmate de oorlog voortduurt, groeit zijn angst. Steeds weer neemt de commissaris nieuwe veiligheidsmaatregelen, tot hij ook het politiebureau in een streng beveiligd bastion heeft veranderd, met schietgaten en een prikkeldraadafzetting die onder stroom kan worden gezet.

Op het tijdstip dat Biesheuvel – flink postuur, blond vlashaar, smal gezicht, felle, stekende ogen – in Leiden arriveert, bestaat de Documentatiedienst al vier maanden. De formele leiding heeft luitenant Hendrik Kruizinga, maar in werkelijkheid deelt de Sipo er de lakens uit. Bovendien werken de rechercheurs vaak in opdracht van de Haagse Documentatiedienst, die zo'n beetje als grote broer fungeert. De opperwachtmeester Biesheuvel komt in de plaats van een rechercheur die niet voldoet en teruggaat naar de gewone recherche.

Hij krijgt als partner de dan zevenendertigjarige rechercheur eerste klas Wilhelmus de Groot (3 september 1905, Vleuten), roepnaam Willem, een felle jodenjager en lid van zowel de NSB als de Germaansche SS. 'Ik kan niet zeggen of Biesheuvel zelf heeft verzocht bij de dienst te worden geplaatst of dat De Groot mij soms heeft verzocht Biesheuvel aan hem toe te voegen,' zei Hoffmann na de oorlog. 'De Groot was een stille, geslepen kerel en een gemene vent. Biesheuvel was veel openhartiger, kon zijn mond goed gebruiken en hij was wel actief en had een heldere kijk op zijn zaken.'

Een van Biesheuvels eerste wapenfeiten in Leiden is op woensdag 17 maart 1943, zestien dagen na zijn indiensttreding, de ontruiming van het Centraal Israëlietisch Wees- en Doorgangshuis *Machseh Lajesoumim*, toevlucht van het kind. Met de grote tuin lijkt het ruime gebouw aan de Roodenburgerstraat op de hoek van de Cronesteinkade de ideale plek voor kinderen. De secretaris van het weeshuisbestuur spreekt in 1929 bij de opening van het gebouw dan ook de wens uit dat dit het begin zal zijn 'van een geschiedenis, waarvan, zo God wil, het einde nimmer zal komen'.

Als de Duitsers in maart alle Joden uit Leiden willen deporteren, denken de meesten dat het niet zo'n vaart zal lopen. Velen, ook de leiding van het weeshuis, beschikken immers over een officiële verklaring dat er bij hen ziektes heersen als tbc, roodvonk en schurft. En in de stellige overtuiging dat de Duitsers als de dood zijn voor besmettelijke ziektes, hopen ze hen op die manier buiten de deur te houden. Maar die laten het vuile werk simpelweg aan de Leidse politie over.

Nog een etmaal vóór de razzia hadden verzetsmensen, die door politiemannen waren gewaarschuwd, 's avonds op de directeur van het weeshuis, Nathan Italie, ingepraat om tenminste een deel van de kinderen te laten onderduiken, maar hij weigerde dat. Hij zei dat hij tot het laatst toe voor 'zijn kinderen' wilde blijven zorgen. En bovendien vertrouwde hij op God. Ook op de middag ervoor deed een verzetsman een dringend beroep op Italie de deur open te zetten en de jongens en meisjes naar buiten te sturen, voor verscheidene hadden ze al een onderduikadres, en opnieuw weigerde hij.

De ontruimingsactie begint 's middags om kwart over vijf met de omsingeling van het gebouw. Onder leiding van de NSB-opperluitenant Steven van Musscher en de rechercheurs Biesheuvel en De Groot doen er tien tot twaalf Leidse politiemannen aan mee. Al hebben anderen het later over twintig, zelfs vijfentwintig man. De eenenvijftig kinderen krijgen nauwelijks de tijd om hun rugzakjes van rood-wit gestreept markiesdoek te pakken. Ze mogen geen speelgoed en boeken meenemen, wel stevige schoenen en warme kleding. Nadat de politiemannen de kinderen naar het station hebben gebracht, de groten te voet, de kleineren in een bus, keren ze terug om het weeshuis te plunderen.

Ook Nathan Italie en zijn gezin zitten – samen met negen personeelsleden – bij de arrestanten, maar in de trein naar Westerbork ziet hij opeens de ernst van de situatie in en schrijft met een potlood een briefkaart aan een verzetsman in Leiden. Hij verzoekt de man hem als Barneveld-geval bij de Joodse raad te laten registreren. Joodse intellectuelen en hun gezin kunnen namelijk voor vrijstelling van deportatie in aanmerking komen door zich te melden voor een speciaal kamp bij Barneveld. Maar het is te laat.

Vijf dagen later vertrekken Italie, zijn vrouw, zijn twee kinderen en zo'n twintig weeshuiskinderen naar Sobibor om meteen bij aankomst op 26 maart te worden vermoord. In het voormalige weeshuis vestigen de Duitsers een *Jugendheim*.

Een gemene rol

Biesheuvel komt als jodenjager voor de eerste keer in actie op woensdag 9 juni 1943. Hij pakt dan samen met De Groot op de Herengracht 74 in Leiden vijf onderduikers op. Ze nemen ook de helper wegens 'jodenbegunstiging' mee. Helemaal glad schijnt het niet te zijn verlopen en Biesheuvel zou zelfs hebben geschoten op een Joodse man die probeerde te vluchten. Een dag later halen ze nog eens vijf mensen uit het huis ernaast, nummer 76A. 'Als verdacht van als Jood veranderen van woonplaats zonder vergunning,' heet het in het proces-verbaal.[25] Bovendien arresteren ze de man die de vijf heeft verborgen, de zestigjarige Wilhelm Christiaan Evert, en dragen hem met de Joden aan de Sipo over.[26]

Na de oorlog verklaarde Biesheuvel dat hij direct de volgende dag Hoffmann te kennen had gegeven niets voor dit soort werk te voelen. 'Ik wil niets met politiek te maken hebben,' zou hij hebben gezegd. De commissaris zou toen hebben geantwoord: 'Man, dit is geen politiek. Als je het niet doet, beschouw ik deze weigering als dienstweigeren en dan donder ik je de kast in. Want ik ben verantwoordelijk.' Biesheuvel had er met zijn vrouw Alida over gepraat en ze kwamen tot de slotsom dat er niets anders op zat dan in de situatie te berusten. Hij had nu eenmaal een gezin.

In de daaropvolgende weken en maanden gaat het slag op slag, in Sassenheim, Utrecht, Enkhuizen, Strijen, Roosendaal, Noordwijk, Dordrecht, Rotterdam, maar hun grootste vangst doen ze in de nacht van zaterdag 24 op zondag 25 juli 1943 in Hillegom. Op verschillende adressen pakken ze tijdens een razzia in de Patrimoniumbuurt twaalf Joden en vijf helpers op, die ze per trein naar het politiebureau in Leiden overbrengen.

Nadat ze tussendoor op zondagmiddag een Joodse vrouw en haar helper op de Hertzogstraat 28 in Den Haag hebben gearresteerd, keren ze tegen het einde van de middag met een arrestantenwagen terug naar Hillegom om nog drie onderduikers op te pakken. Op dat adres zou ook een anderhalfjarig kind moeten zitten, maar als ze dat niet vinden, slaat De Groot de bewoner van het huis met zijn pistool de tanden uit de mond. Ten slotte halen ze het meisje uit een schuilplaats en geven het aan een gearresteerde Joodse vrouw, die ervoor moet zorgen totdat ze het in de nacht van zondag op maandag naar Leiden zullen brengen. De beide jodenjagers zijn dan van zaterdagavond tien uur tot maandagmorgen drie uur aan één stuk in touw geweest.

Dan duikt Biesheuvel eind augustus ineens op in zijn oude standplaats Ede. Kennelijk moet hem iets te binnen zijn geschoten wat hij was vergeten. In juni 1942 had namelijk de Landelijke Organisatie voor hulp aan onderduikers, de LO, de familie Hoog op de Brouwerstraat 32 gepolst of ze een Joodse familie wilden opnemen. Omdat ze het een beetje riskant vonden, besloten ze een Edese politieman in vertrouwen te nemen, en laat dat nou net Biesheuvel zijn. Niet alleen zou hij voor persoonsbewijzen zorgen, maar ook beloofde hij hen meteen te waarschuwen, mocht er gevaar dreigen.

Inderdaad had hij hen een keer gebeld, maar vervolgens hadden ze niets meer van hem gehoord. Behalve dan dat hij naar Leiden zou zijn vertrokken. Tot maandagavond 30 augustus om elf uur een auto voor het huis van de familie Hoog stopt en even later de bel klinkt. Zodra de vrouw het raampje in de voordeur opent, schijnt iemand haar met een zaklantaarn in het gezicht, terwijl hij op dringende toon zegt: ‘Maak de deur open! Wij komen de Joden weghalen die hier zijn. U hoeft nergens bang voor te zijn.’

De vrouw geeft hieraan gehoor, waarop drie mannen binnenstappen die de trap op lopen, naar de schuilplaats van de onderduikers. Even later komt een van hen weer naar beneden en vraagt de vrouw: 'Herkent u mij niet? Ik ben Biesheuvel.' Als ze hem er woedend van beticht 'een gemene rol' te hebben gespeeld, zegt hij buiten gehoorsafstand van zijn collega's dat hij alle moeite heeft gedaan haar telefonisch te bereiken.

Die collega's zijn Biesheuvels vaste partner De Groot en de Edese politieluitenant Abraham Kipp, een beruchte jodenjager.[27] Nog dezelfde nacht haalt een politiewagen de onderduikers op, de Duits-Joodse familie Metzger. Na een geldkistje met 950 gouden tientjes in hun auto te hebben geladen, rijden de drie rechercheurs naar Veenendaal. Op de Boschlaan pakken ze daar nog eens zeven onderduikers op die de arrestantenwagen dinsdagochtend in alle vroegte naar Leiden transporteert. De familie Metzger gaat vandaar door naar de Haagse Documentatiedienst, waar ze op de lijst van gezochte personen staat.[28]

Eind 1943, begin 1944 verrichten Biesheuvel en De Groot tot twee keer toe arrestaties in Hilversum, de eerste keer volgens het procesverbaal 'op eigen initiatief'. Ze houden op de Multatulilaan 32 het gezin Scheffelaar aan, vader, moeder en zoon, die ze op het spoor zijn gekomen door de arrestatie van de orgelreparateur Matthijs Jacobus Keveling. Deze heeft zich aan de *Arbeitseinsatz* in Duitsland onttrokken door onder te duiken, maar viert de kerstdagen bij zijn ouders in Leiden en daar rekenen de beide rechercheurs hem op maandag 27 december in.

Uit angst dat ze hem alsnog naar Duitsland zullen sturen, sluit Keveling een deal met hen. In ruil voor hun toezegging dat ze hem aan een *Ausweis* voor vrijstelling van de *Arbeitseinsatz* zullen helpen, vertelt hij dat op zijn schuiladres in Hilversum, Egelstraat 21, een Joodse man woont, Wim Scheffelaar, wiens vrouw en zoon zich elders verbergen. Om in hun onderhoud te voorzien werkt de man bij de boekhandel Harkema op de Havenstraat.

De volgende dag, op dinsdag, reizen de rechercheurs met Keveling af naar Hilversum. Op dinsdagmiddag zijn de winkels er altijd dicht en dan verblijft Scheffelaar bij zijn vrouw Beatrice, met wie hij in juni 1940 is getrouwd. Zij had toen al een zoon, Mattheus Nico, die hij als de zijne heeft erkend. Keveling weet de naam van de straat en het huisnummer niet meer, maar kan wel het huis aanwijzen. Scheffelaar, met wie hij in de afgelopen maanden bevriend is geraakt, heeft hem een keer meegenomen.

Na hun arrestatie op de Multatulilaan ontkent Scheffelaar Joods te zijn en toont hun zijn persoonsbewijs, waarin inderdaad geen J van Jood staat. Ze laten hem vrij, maar dragen zijn vrouw en zoon over aan de SD. In werkelijk is de in Paramaribo geboren Scheffelaar wel degelijk Joods. Keveling kreeg overigens nooit zijn *Ausweis*, maar hoefde ook niet naar Duitsland.[29]

De tweede inval vindt op vrijdag 14 januari plaats in een rusthuis op de Surinamelaan 15-17. Een zwart geüniformeerde WA-man wacht Biesheuvel en De Groot op bij het station om hen mee te nemen naar het café van zijn vader, ook een NSB'er. Nadat een tweede WA'er zich even later bij hen heeft gevoegd, informeren ze beiden over hun voornemen. De mannen moeten de voor- en de achterkant van het rusthuis in de gaten houden, maar een van hen begint tegen te sputteren zodra hij hoort dat ze de te goeder naam en faam bekendstaande huisarts dr. Salomon Citroen willen oppakken. Terwijl De Groot zijn legitimatiekaart van de SD tevoorschijn haalt, bijt hij hem toe dat een WA-man onder geen beding zijn medewerking aan dit soort acties mag weigeren.

Ze worden in het tehuis ontvangen door de hoofdverpleegster, wie ze meedelen dat ze alle kamers willen zien. Zonder veel succes controleren ze de persoonsbewijzen van de bewoners, tot ze op de bovenverdieping een oude Duits-Joodse man aantreffen, die ze mee naar beneden nemen. Als De Groot de Sipo om instructies gaat bellen wat ze met de man aan moeten, neust Biesheuvel verder rond. En dan ontdekt hij dat het rusthuis uit twee afzonderlijke panden bestaat en dat ze dus alleen nog nummer 15 hebben geïnspecteerd.

Hij stapt hierop het andere pand binnen en daar loopt hij een man tegen het lijf die zich als dokter Citroen legitimeert.

De arts doet nog een vluchtpoging, maar nadat Biesheuvel, voor de andere bewoners duidelijk hoorbaar vloekend en scheldend, een paar waarschuwingsschoten uit zijn dienstpistool heeft gelost, blijft hij staan. Hij krijgt nog wel toestemming zijn koffer te pakken, bij welke gelegenheid de rechercheur zijn sigaretten inpikt. Of hij ook zijn geld en gouden horloge heeft gestolen, kon hij zich na de oorlog niet meer herinneren. Met de trein brengen ze de arts over naar het politiebureau in Leiden.[30] Daarentegen mag de bejaarde man van de Sipo in het rusthuis blijven, althans voorlopig.

Voor Ons Lieven Heer

En dan gebeurt er iets wat ik bij het doornemen van Biesheuvels CABR-dossier niet had voorzien. Ik wilde er een beeld van geven hoe een speciale politie-eenheid in een kleinere stad functioneerde. Het brutale, rücksichtslose optreden van beide jodenjagers schokte me, elke vorm van menselijkheid leek hun vreemd en niemand kon ze nog stoppen. Tot ik al lezend halverwege het dossier op een procesverbaal stuitte met betrekking tot een gebeurtenis op maandag 17 januari 1944, drie dagen na de arrestatie van dokter Citroen.

Het lijkt een routineklus, als Biesheuvel en De Groot zich die maandagochtend naar Rijnsburg begeven. Ze hebben een tip gekregen dat een zekere Piet van Egmond in de Dubbele Buurt een van de vijf kinderen Philipson uit Leiden verborgen houdt. Zeven maanden eerder, op 23 juni 1943, hebben ze de vader, Jacob Philipson, voormalig administrateur van het ontruimde Joodse weeshuis, opgepakt op Oude Rijn 48 in Leiden, het onderduikadres van zijn schoonouders Jacob en Saartje Simons-Soosman.[31]

Bij aankomst in Rijnsburg vragen ze een voorbijganger de weg, maar deze stuurt hen naar het verkeerde adres en na enig zoeken bellen ze tegen twaalf uur bij Dubbele Buurt nummer 26 aan. Als

Jannetje van Egmond-de Mooy de deur opendoet, zeggen de twee mannen van de SD te zijn. Ze willen haar man spreken, maar hij blijkt niet thuis, waarop ze zonder veel omhaal haar huis binnen stappen en haar, het zestienjarige dienstmeisje en een niet-Joodse onderduiker die zich voor een bezoeker uitgeeft, aan een verhoor onderwerpen. Biesheuvel in de voorkamer, De Groot in de achterkamer.

Jannetje van Egmond moet bij de De Groot komen, die haar vraagt of ze een Joods kind in huis heeft. Op haar ontkenning wijst de rechercheur naar het meisje naast haar bij de divan: 'En dat kind dan, dat is toch niet uw kind?' De vrouw legt hem uit dat het meisje een logeetje is, het kind van haar broer die in Zeist woont. Zij en haar man hebben dit de amper tweeënhalfjarige Sara Lea Philipson ook ingeprent, tegelijkertijd hebben ze haar geleerd pappa en mamma tegen hen te zeggen. Opeens kijkt Sara, die met haar pop heeft staan spelen, De Groot aan en vraagt: 'Mamma, wat komt die man doen?'

'Dat is je moeder niet!' sneert de rechercheur. 'Jij bent een jodenkind van Philipson.' Als Jannetje van Egmond dat blijft ontkennen, begint de man allerlei strikvragen aan het kind te stellen. Even later voegt ook Biesheuvel zich bij hem, waarna beide politiemannen hevig tekeergaan tegen het meisje. Dat ze een jodenkind is, en dat ze haar zullen meenemen. Maar eerst wachten ze de thuiskomst van haar man de jodenvrind af, bijt Biesheuvel de vrouw toe. Piet van Egmond komt echter niet opdagen en zij vermoedt dat iemand hem heeft gewaarschuwd. Terwijl ze daar zo zitten te bekvechten, de vrouw met het kind tegen zich aan gedrukt, stapt rond één uur een man die ze nooit eerder heeft gezien de kamer binnen. 'Is Van Egmond thuis?' vraagt hij haar.

Ze heeft maar net geantwoord dat hij er niet is of de man trekt een pistool en schiet op De Groot, die in elkaar zakt. Vervolgens lost de man nog twee schoten op Biesheuvel, maar deze heeft zich al onder de tafel verborgen. De man draait zich daarop om en loopt heel kalm het huis uit. Biesheuvel, die zich kennelijk realiseert dat hij toch iets moet ondernemen, gaat op een sukkeldrafje achter hem aan om een paar keer in de richting van de man te schieten zonder hem te raken. 'Daarvoor deed Biesheuvel ook te zenuwachtig,' zei Jannetje van Egmond na de oorlog, 'en deed hij zijn best niet om hem te pakken te krijgen.' Zelf maakt ze van de verwarring gebruik om het dienstmeisje het kind in de armen te duwen opdat deze het in veiligheid kan brengen.

De plaatselijke huisarts Edzard Ebel van der Laan bezoekt net patiënten, zodat zijn vrouw Jobien de zwaargewonde opperwachtmeester de eerste hulp verleent en een ambulance belt. 'Maar ik had met De Groot, die stervende was, geen medelijden,' zei Jannetje van Egmond later. 'Zulke ontaarde kerels verdienen niet beter en waren toch handlangers van de moffen.' Even later arriveert de ambulance die de jodenjager naar het ziekenhuis in Leiden brengt, waar hij kort na aankomst de geest geeft, achtendertig jaar oud en vader van twee kinderen.

Van zijn kant laat Biesheuvel er plotseling geen twijfel over bestaan dat hij wraak wil. Woedend schreeuwt hij tegen de doktersvrouw: 'Ik zal niet rusten voordat er tien mannen uit Rijnsburg tegen de muur zijn gezet voor de dood van mijn collega De Groot.' Maar als de Leidse politie met steun van de *Grüne Polizei* 's avonds een razzia houdt, schijnt de hele mannelijke bevolking van de aardbodem te zijn verdwenen. Jannetje van Egmond, haar man en haar dochtertje duiken onder, in Sliedrecht, terwijl de kleine Sara met het dienstmeisje meegaat en de oorlog zal overleven.

Biesheuvel zou naar zijn zeggen nog zelf een onderzoek hebben ingesteld, in het verloop waarvan hij een verdachte had aangehouden. Ze verdachten de man ervan ook al eerder aanslagen en overvallen te hebben gepleegd, maar in dit geval vonden ze geen bewijzen.

Maar heeft het zich allemaal precies zo voltrokken als Jannetje van Egmond na de oorlog heeft verklaard? Soms verschillen getuigenverklaringen op al dan niet ondergeschikte punten, soms spreken ze elkaar tegen, maar het dienstmeisje van toen, Albertha Colijn, heeft een volstrekt afwijkende lezing van het gebeuren. De tweeentachtigjarige vrouw, die overigens toen niet door de POD is verhoord, vertelde me in mei 2009 dat Jannetje van Egmond kort voor de schietpartij toestemming van de SD-rechercheurs had gekregen te vertrekken: ze moest naar de dokter. Op het moment dat de schutter via het klompenhok de kamer binnenkwam, zat Sara bij Albertha Colijn op schoot.

Toen hij riep *'Sicherheitspolizei!'* – en dus niet 'Is Van Egmond thuis?' –, sprongen beide jodenjagers in de houding, waarop hij eerst De Groot neerschoot, maar zodra hij zijn pistool op Biesheuvel richtte, ketste het. De man nam vervolgens de benen, met achter hem aan Biesheuvel, die in het wilde weg om zich heen schoot. Albertha Colijn rende op haar beurt met het kind aan de hand het huis uit, dwars door het land naar het huis van haar ouders.

Wie er gelijk heeft, valt niet meer te achterhalen. Van alle betrokkenen leven alleen nog Albertha Colijn en Sara Philipson, maar de laatste vertelde me door de telefoon vanuit Israël dat ze zich van het gebeuren niets kan herinneren. Ze weet alleen nog dat ze heel hard door een zonovergoten weiland rende. Alsof haar leven ervan afhing, wat ook zo was. Die beelden staan haar op het netvlies gegrift.[32]

Hoe het zij, ook de versies van Jannetje van Egmond en Albertha Colijn vertellen nog maar het halve verhaal. Toen namelijk de beide rechercheurs in Rijnsburg de weg naar Piet van Egmond in de Dubbele Buurt vroegen, herkende de voorbijganger hen als Biesheuvel en De Groot, de notoire jodenjagers uit Leiden. Na hen in de verkeerde richting te hebben gestuurd waarschuwde hij meteen de groentekweker Van Egmond, bijgenaamd Piet Sik, die zich op zijn beurt naar de pastorie van de gereformeerde kerk in Rijnsburg repte. Daar woonde een broer van de verzetsman Johannes Post, dominee Henk Post, en Van Egmond wist dat het verzet de pastorie als hoofdkwartier gebruikte.

Johannes Post, zijn andere broer Marinus en Jan Wildschut zaten er net uit te blazen van een overval die zij als knokploeg op het gemeentehuis in Leiderdorp hadden gepleegd. Ze maakten het gehele plaatselijke bevolkingsregister, de gemeenteadministratie en talloze blanco persoonsbewijzen buit. Post leerde de beroepsmilitair Johannes Wilhelmus Wildschut in 1943 kennen, toen deze ondergedoken zat in Nieuwlande, de woonplaats van Post. De voormalige wachtmeester bij de Blauwe Huzaren, en na de capitulatie nog even ambtenaar bij de Radio-Controledienst van de PTT, sloot zich algauw aan bij de verzetsgroep van Post.

Afgezien van het feit dat tussen de Drentse boer en de huzaar een hechte vriendschap ontstond, kon Post een ervaren schutter goed gebruiken. Wildschut pleegde meerdere liquidaties en bij een van die gelegenheden zou hij de in verzetskringen gevleugelde woorden hebben gesproken: 'Het is me wat, meneer, om iemand zomaar voor Ons Lieven Heer te plaatsen.' Weinig KP'ers zouden ook aan zoveel overvallen hebben deelgenomen als hij. De drie mannen logeerden in die tijd bij dokter Van der Laan, maar zaten vaak in de pastorie van ds. Post te delibereren met andere verzetsmensen.

Toen Van Egmond de drie mannen een wapen vroeg, waarmee hij de jodenjagers wilde neerschieten, leek hun dat niet zo'n goed idee. Hij liet dat beter over aan een professionele schutter als Jan Wildschut. Al betwist Albertha Colijn ook deze versie. Volgens haar kreeg Van Egmond – voor haar toen 'ome Piet', hoewel ze later, in 1963, nog met hem zou trouwen – eveneens een wapen. Hij zou Biesheuvel moeten doodschieten, maar doordat deze de voordeur van het huis aan de Dubbele Buurt had afgesloten, kon hij niet binnenkomen.

In haar in eigen beheer uitgegeven boek *Wij een volk* beschrijft een voormalige koerierster, Martha van Huessen-Pikaar, hoe Wildschut een paar dagen later op een schuiladres in Breda verslag doet aan Johannes Post en andere leden van de knokploeg:

> Zenuwachtig begint hij te vertellen: 'Na dat schot in Rijnsburg ben ik dadelijk naar de kerk [de r.-k. kerk in Katwijk] gegaan. Ik heb ge-

> biecht en ik heb vergeving gevraagd.' Dan begint hij te huilen. 'Ik hoop dat nooit meer te hoeven doen, het is niets voor mij. Ik zie hem steeds vallen, ik kan maar niet tot rust komen, maar het moest toch, jongens, het kon toch niets anders?' Johan [Johannes Post] kijkt hem ernstig aan. 'Die kerel heeft al zoveel goede mensen de dood ingestuurd.' Dan wordt Jan wat rustiger.

Als het inderdaad zo zou zijn toegegaan zoals Martha van Huessen heeft beschreven, dan moet dat een bijzondere reden hebben gehad. Niet omdat Wildschut ineens overliep van berouw of iets van dien aard, maar eerder omdat hij aan het eind van zijn Latijn was. Uitgeput en opgejaagd. De leden van de knokploeg trokken er dag en nacht op uit, waarbij ze constant nieuwe schuilplaatsen moesten zoeken. Jan Wildschut stond binnen de KP bekend als een koelbloedige killer die voor hetere vuren had gestaan en nog geen maand na het gebeuren in Rijnsburg liquideerde hij in Spijkenisse een onderluitenant van politie die voor de Sipo werkte.[33]

Een zware jongen

De schrik zit er bij Biesheuvel goed in en kort daarop vraagt hij overplaatsing aan, maar eerst moet hij het resultaat van het onderzoek afwachten dat het directoraat-generaal voor het politiewezen tegen hem instelt. Volgens de bezetter maakt een politieman zich namelijk strafbaar als hij een dader laat ontsnappen. Op 8 februari 1944 verzoekt de directeur-generaal het *SS- und Polizeigericht* in Den Haag de zaak te seponeren. Met het argument dat het bij Biesheuvel 'om een bijzonder flinke en plichtsgetrouwe ambtenaar' gaat 'die uitsluitend voor Duitse belangen opkomt'. Hij suggereert het daarom bij disciplinaire maatregelen te laten. Kennelijk vormt dit alles geen beletsel de jodenjager die maand tot hoofdwachtmeester te bevorderen.

Voordat Biesheuvel naar zijn nieuwe standplaats Schagen vertrekt, arresteert hij nog op 2 maart in opdracht van de Amsterdamse SD twee Joodse vrouwen die op de Leuvenstraat 1 in Leiden zaten ondergedoken. Hij begint op 1 juli bij de marechaussee en het lijkt alsof hij de oude Biesheuvel als een afgedragen jas in Leiden heeft achtergelaten. Na de oorlog ging hij er prat op 'veel illegaal werk' te hebben verricht en ook onderduikers te hebben geholpen. Vaststaat dat hij de bewoners regelmatig voor razzia's en fietsenvorderingen heeft gewaarschuwd. Zodra hij ook nog eens een paar keer een opdracht van de Duitsers weigert uit te voeren, heeft hij voorgoed het vertrouwen van zijn groepscommandant en de andere collega's gewonnen.

Hij keert na de Duitse capitulatie terug naar Leiden, waar de BS hem op 10 mei huisarrest oplegt. Als hij zich twee weken later voor een verhoor moet melden, blijkt hij te zijn gevlucht. Ze houden hem kort daarop in Schagen aan, maar laten hem meteen vrij. Hij reist weer af naar Leiden en daar wordt hij op 26 mei daadwerkelijk in hechtenis genomen.

Op de schriftelijke vraag wat de vermoedelijke reden van zijn aanhouding kan zijn, antwoordt hij: 'Dat weet ik niet. Volgens het door mij ontvangen schorsingsbesluit zou ik tijdens de bezettingstijd niet de juiste houding hebben aangenomen als politieman.' En op de vraag of hij pro-Duits is geweest: 'Ik heb geen pro-Duitse gevoelens en geen Duitse relaties. Op het politiebureau kwam ik wel met de SD in contact, omdat ik bij de Documentatiedienst was.'

De PRA heeft uitgerekend dat hij in de periode tussen 9 juni en 28 december 1943 zo'n honderdtwintig Joden en tegen de tien onderduikverleners heeft opgepakt, maar Biesheuvel schuift alle schuld af op De Groot. Zijn collega kende de adressen en het tijdstip en hij trof ook de voorbereidingen. Dat zou eveneens voor de aanhouding van dokter Citroen gelden, volgens Biesheuvel naar aanleiding van een tip uit Leiden. 'Maar ik moet hierbij opmerken,' zei hij in een verhoor, 'dat wij, De Groot en ik, in verschillende plaatsen in Nederland ondergedoken Joden hebben gearresteerd. De Groot was nogal veel op pad en wat hij deed, weet ik niet. Ik geef toe dat in de meeste gevallen verraad in het spel was, hoewel ik bijna geen enkele bron weet vanwaar het verraad kwam. De Groot heeft mij daaromtrent nimmer inlichtingen gegeven.'

De PRA-rechercheurs verhoren ook de niet-Joodse vrouw van Citroen en zij vertelde dat ze in mei 1941 waren gescheiden om te voorkomen dat ze door de Duitse maatregelen financiële en materiële schade zouden lijden. Zich er geen rekenschap van gevend dat het huwelijk nog enige bescherming bood en hij door de scheiding vogelvrij zou worden. Ze hadden afgesproken dat ze direct na de oorlog zouden hertrouwen en dat hij in de tussentijd in een rusthuis zou wonen, waar zij en de kinderen hem dagelijks zouden bezoeken. Legaal stond hij ook op dat adres bij de afdeling bevolking van de gemeente Hilversum ingeschreven, wat niet wegnam dat hij groot gevaar liep. De provincie Noord-Holland heette toen immers *judenfrei* te zijn.

De vrouw geloofde dat het verraad op het conto kwam van de in Leiden wonende derde vrouw van haar inmiddels overleden vader, dit vanwege een erfeniskwestie. Deze ontkende echter ten stelligste iets met de zaak te maken hebben, al gaf ze toe een hartgrondige hekel aan het echtpaar Citroen te hebben. Op zijn beurt houdt Biesheuvel vol met eigen ogen te hebben gezien dat De Groot ettelijke keren de suikerwarenwinkel aan de Stationsweg in Leiden bezocht, waar de vrouw werkte. Zij zou er als 'gezelschapsdame' met de eigenaar van de winkel samenwonen. Maar hoe de vork precies in de steel steekt, kan Biesheuvel niet zeggen. De Groot had hem zoals altijd zonder opgaaf van redenen meegenomen naar Hilversum.

Bij de zaak in Ede zou zijn collega op identieke wijze te werk zijn gegaan. Tijdens een huiszoeking zou deze een paar dagen eerder een briefkaart hebben gevonden met het schuiladres van de Joodse familie Metzger. Dat Biesheuvel van de onderduikers bij de familie Hoog wist, bestrijdt hij verontwaardigd. 'Ik ben geen NSB'er. Ook heb ik geen opdrachten uitgevoerd voor de *Sicherheitspolizei*, terwijl ik evenmin een antisemiet ben.' Pas in Ede hoorde hij van De

Groot wat er ging gebeuren. Maar de rechercheur die deze zaak alsook de andere heeft onderzocht, heeft zo zijn twijfels:

> Het komt mij niet aannemelijk voor dat verdachte Biesheuvel een willoos werktuig is geweest, lopende aan de leiband van De Groot of zijn korpscommandant. Verdachte was daarvoor een te actief politieman en heeft volgens bekomen inlichtingen steeds in zijn dienst voortvarendheid aan de dag gelegd. Deze activiteit heeft hij tijdens zijn werkzaamheden bij de Documentatiedienst in Leiden geheel ter beschikking gesteld van de dienst.

De Groot zou weliswaar 'een gesloten en fanatiek man' zijn geweest, meent de PRA-rechercheur, maar als politieman scheen hij toch de mindere van de zoveel voortvarender Biesheuvel, die beslist niet klakkeloos uitvoerde wat zijn partner hem had opgedragen. En afgezien van het feit dat ze altijd instemden met de aan hen verstrekte opdrachten, had Biesheuvel nooit enige moeite gedaan om overplaatsing aan te vragen.

De PRA-rechercheurs hebben ook hun oor te luisteren gelegd bij de politie in Ede en daar betitelden ze hem als 'een onbetrouwbaar en leugenachtig persoon'. Zelf komen ze in november 1946 tot de conclusie dat Biesheuvel 'een zware jongen' en 'een uiterst geraffineerd figuur' is. 'In verband met de ernst van de door hem gepleegde feiten' dringen ze aan op een internering in de Cellenbarakken. Dit uit de Eerste Wereldoorlog daterend complex bij de Scheveningse strafgevangenis dat vijfhonderd cellen omvat, kreeg tijdens de bezetting de bijnaam Oranjehotel. Sindsdien zitten er onder strenge bewaking oorlogsmisdadigers vast.

In 1948 staat Biesheuvel dan terecht voor het bijzonder gerechtshof in Den Haag. Nadat de procureur-fiscaal veertien jaar gevangenisstraf heeft geëist, veroordeelt het hof hem op 14 december 1948 tot dertien jaar. Hij sterft op 31 december 1986 in Katwijk.

Klinkenberg

Het intrigeerde me meteen, een burgemeester als jodenjager. Hoe kwam iemand in die functie erop zich hiervoor te lenen? Veel wisten we tot dusver niet van hem, Frederik Daniel Gijsbert Klinkenberg (16 januari 1901, Apeldoorn), burgemeester van het Veluwse dorp Putten.

Je hebt burgemeesters gehad die als NSB-lid alles hebben gedaan om het de nieuwe machthebbers naar de zin te maken. Je hebt er gehad die geen lid zijn geweest, maar hun toch lippendienst hebben bewezen, zoals die van Lemsterland, mr. Marinus Krijger. In plaats van dat hij in oktober 1943 na een telefoontje van de Haagse Sipo zes Joodse onderduikers in zijn gemeente waarschuwde, liet hij ze door zijn eigen politiemensen arresteren.[34] En je had Klinkenberg, die als overtuigd lid van de Germaansche SS de bestrijding van het internationale Jodendom als zijn voornaamste taak zag en daar op zijn manier een bijdrage aan wilde leveren.

Frits Klinkenberg verdient in de jaren dertig de kost als assuradeur, maar hij heeft grote moeite het hoofd boven water te houden. Hij verhuist van de ene plaats naar de andere en in 1934 sluit hij zich in Wassenaar bij de NSB aan om na korte tijd weer te bedanken. Eenmaal terug in Apeldoorn meldt hij zich op 19 november 1940 opnieuw aan. Alleen op die manier kan hij immers lid van de Nederlandsche – vanaf 1 november 1942 Germaansche – SS worden, maar daar weigeren ze hem vanwege zijn leeftijd. Pas nadat de leiding later dat jaar de leeftijdsgrens heeft opgetrokken, openen de rijen van de *Schutzstaffel* zich voor hem. Maar wat Klinkenberg tot die stap heeft bewogen, zijn motieven, de verdere voorgeschiedenis, vermeldt zijn CABR-dossier niet.

Hij brengt het al snel tot plaatselijk leider van de Storm-Apeldoorn, en vervolgens in 1941 tot leider van de kring Oost-Veluwe. In die hoedanigheid dringt hij op woensdag 23 juli – op dezelfde dag dus dat commissaris Meijer in functie treedt – aan het hoofd van een bende WA-mannen en NSNAP'ers de synagoge aan de Paslaan binnen en richt er vernielingen aan. Een week later, op vrijdag 1 augustus, trekken ze 's avonds om halftwaalf opnieuw naar de synagoge. Klinkenberg heeft het ditmaal allemaal bekokstoofd met de fotograaf Sytze Gjalt Brusse, lid van de knokploeg van de NSNAP, de SA, en samen hebben ze de *Aussenstelle* in Arnhem en Meijer van hun voornemen in kennis gesteld. Een onderofficier van de *Luftwaffe* heeft alvast enkele vaten met zeventig liter benzine klaargezet.

Terwijl Klinkenberg met zijn vrouw op de hoek van de Paslaan en de Regentesselaan op de uitkijk staat, forceren Brusse en de anderen de achterdeur en stichten brand in het achterste gedeelte. Maar op het moment dat ze zich uit de voeten willen maken, verschijnt opeens de politie ten tonele en houdt enkelen van hen aan. Een van de WA-mannen vertelde na de oorlog dat ze hen weer had laten lopen toen er eentje had geroepen: 'Doe niet zo stom! Jullie commissaris weet ervan.'

Klinkenberg, die financieel volkomen aan de grond zit, hoopt met zijn optreden in de gunst van de Duitsers te komen en in augustus 1941 sluit hij zich nog een blauwe maandag aan bij de NSNAP. Zodra blijkt dat iemand niet gelijktijdig lid van de NSB en de NSNAP kan zijn, bedankt hij weer. 'Hij was een zeer ruw en bruut persoon die over lijken zou gaan als hij er zelf voordeel van kon hebben,' zei later een voormalig NSNAP-lid dat hem nog uit die periode kende.

Het liefst zou Klinkenberg burgemeester willen worden en hij solliciteert naar het burgemeesterschap van Groesbeek en Rheden, maar beide keren wijzen ze hem af. Zijn bestuurlijke ervaring beperkt zich tot een volontariaat op een gemeentesecretarie, maar in plaats van dat hij er geld verdiende, moest hij er vijfhonderd gulden per jaar op toebetalen, en hij heeft het diploma administratie gehaald. In het najaar van 1941 lukt het dan eindelijk: de secretaris-generaal van het departement van Binnenlandse Zaken benoemt hem op voordracht van het rijkscommissariaat met ingang van 15 november tot burgemeester van het dan negenduizend inwoners tellende Putten.

Vijf dagen later vindt in de raadzaal de installatie plaats en veel goeds voorspelt het niet. Klinkenberg had ook de leider van de Nederlandsche SS uitgenodigd, maar Voorman Feldmeijer had andere verplichtingen. Als zijn waarnemer verschijnt in vol ornaat de stafchef van de SS, J.L. Jansonius. De oudste wethouder houdt in aanwezigheid van Klinkenbergs derde vrouw Antoinetta – hij trouwt in tien jaar tijd viermaal, twee keer met dezelfde vrouw –, diens vierjarige dochtertje en enig kind, alsook tal van zwart geüniformeerde SS'ers, WA-mannen en NSB'ers een verzoenlijke rede.

Kennelijk in de hoop dat Klinkenberg, eenmaal in functie, zal bijdraaien, heeft de wethouder zich laten inspireren door Spreuken 1 uit het Oude Testament: 'Mijn zoon, verlaat de leer uwer moeder niet want zij zal uwen hoofde een aangenaam toevoegsel zijn en ketenen om uw hals.'

De nieuwe, in burgerkostuum gestoken burgemeester benadrukt echter dat hij zich voor alles door het SS-devies zal laten leiden: 'Mijn trouw is mijn eer.' Tevreden constateert hij dat de Puttenaren door hun betrekkelijke isolement en hun grote Germaanse deugden erin zijn geslaagd het ras zuiver te houden. 'De verwording van de democratie had op u niet die invloed die zij elders wel had. Dankzij uw grote raszuiverheid staat gij meer open voor het nationaal-socialisme dan gij wellicht zelf vermoedt.'

De van God gezondene

Klinkenberg – vlezig drankgezicht, felle ogen, strak achterovergekamd haar – laat er geen gras over groeien en stelt alles in het werk om het vreedzame, orthodox-calvinistische dorp in een SS-bolwerk te transformeren. Terwijl hij er als stormleider van district 3, Veluwe West, steevast in zwart uniform rondparadeert, laat hij zijn manschappen op het Marktplein exercitieoefeningen doen. Aan het schieten neemt de burgemeester deel met een jachtgeweer dat de plaatselijke NSB hem heeft verstrekt.

Voortdurend trekt hij erop uit om met name WA-mannen voor de SS te ronselen, ook colporteert hij voor het NSB-orgaan *Volk en Vaderland* en voor de Winterhulp. En begin 1942 organiseert hij op een zondagmorgen, als het hele dorp in de kerk zit, een propagandamars met zo'n dertig SS'ers uit andere plaatsen. Voor deze gelegenheid heeft hij de vlag van de Nederlandsche SS, een zwart veld met de witte Sig-runen, op de toren van de hervormde Oude Kerk laten hijsen.

In dat jaar gaat hij, dan meestal gekleed in jagersgroen, ook steeds vaker op pad om Joodse onderduikers op te sporen. Hij heeft van de SD volmacht gekregen voor de hele provincie Gelderland, maar bij voorkeur concentreert hij zich op Putten, Ermelo en Ede. In en rond de laatste gemeente, waar de Joodse gemeenschap negentig mensen telt – tweeënvijftig zouden er overleven –, zitten meer dan tweehonderd Joden uit het gehele land ondergedoken. De Duitsers en hun Nederlandse handlangers pakken de helft ervan op, van wie slechts veertien zouden terugkeren.

Dat de arm van Klinkenberg heel ver reikt, moet de eenentwintigjarige Jacob Emanuel Souget ervaren. Vanaf november 1941 werkte hij in de Puttense buurtschap Halvinkhuizen bij een boer op het land, tot hij begin maart 1942 hoorde dat een NSB'er over hem had gezegd: 'Die Jacob, dat is vast een Jood.' Waarop hij besloot naar zijn ouders in Bussum terug te keren.

Het kost de burgemeester nog wat speurwerk, maar dan verzoekt hij in mei de Bussumse politie Souget te arresteren en naar Putten over te brengen. De vader besluit zijn zoon te vergezellen om diens zaak te kunnen bepleiten. In afwachting van het transport loopt Klinkenberg als een getergd dier voor het gemeentehuis heen en weer. Wanneer vader Souget zegt dat hij hem graag wil spreken, snauwt deze hem toe dat hij, een Jood, hier niet eens mag zijn, maar de vader heeft wel degelijk een reisvergunning.

Binnen in het gemeentehuis geeft Klinkenberg als verklaring

voor de arrestatie dat Jacob Souget zonder zijn toestemming en zonder zijn medeweten in Putten verbleef. Op de tegenwerping van de vader dat zijn zoon zich toch niet heeft misdragen, antwoordt de burgemeester: 'Ik ben een antisemiet en ik lever hem uit aan de *Sicherheitspolizei*.' De vader probeert Klinkenberg op andere gedachten te brengen, of die wel beseft aan welke gevaren hij de jongen blootstelt, en hij wijst op het ellendige lot van de Joodse jongemannen in het kamp Mauthausen. En hij vraagt of Klinkenberg zelf kinderen heeft. Maar deze laat zich niet vermurwen, ook niet door een smeekbrief van de moeder, die hij niet eens beantwoordt. Jacob Souget gaat eerst naar het huis van bewaring in Arnhem en vandaar naar Westerbork.[35]

Klinkenberg jaagt trouwens niet alleen op Joden, hij zit ook achter verzetsmensen aan en na zijn arrestanten zwaar te hebben mishandeld om nieuwe adressen en andere informatie los te krijgen draagt hij ze over aan de Sipo. Een vaste ploeg van mannen heeft hij niet. Hij kan altijd rekenen op de onderluitenant Aris de Man, groepscommandant van de marechaussee in Nunspeet, diens collega in Putten, de onderluitenant Harm Lanting, tevens lid van de ss, de opperwachtmeester J. Jansen, alsook zijn gemeenteopzichter Jille Haaitsma en diens adjunct, de ss'er D. Zehnpfennig.

Vanaf maart 1943 werkt hij regelmatig samen met de hoofdwachtmeester Gerrit Fredrik Stap van de marechaussee in Putten. Een rabiate Jodenhater die voorheen vanuit zijn standplaats Didam de Joden in de Achterhoek terroriseerde. Hoewel Klinkenberg gelooft dat Stap hem voortdurend een hak probeert te zetten en de hoofdwachtmeester op zijn beurt een hartgrondige hekel aan de burgemeester heeft, schijnen de twee mannen op de een of andere manier tot elkaar te zijn veroordeeld.

Een grote vangst doen ze op maandag 22 maart 1943 en het begint met een inval door Klinkenberg in een Brem en Den geheten zomerhuisje in de buurt van Ermelo. De eigenaar, de vierenzestigjarige Frederik Keyzer, een Utrechtse fabrikant van gietmodellen, heeft het vanaf zomer 1942 verhuurd aan de Joodse familie Staal uit

Amsterdam, man, vrouw, drie kinderen en een grootmoeder. Die maandagavond hebben de Staals bezoek van de Amsterdammer Hugo Hirsch, die in Ermelo ondergedoken zit, verder van een niet-Joodse kennis met de naam G.M.R.H. Meinlieff, en Keyzer zelf.

Ze zitten met z'n allen in de woonkamer te praten wanneer er om kwart over tien wordt aangebeld. Niet op de geheime bel die Keyzer speciaal voor bekenden heeft laten construeren, maar op de gewone bel. Ze weten dan dat ze moeten oppassen. Zodra Keyzer de deur op een kier heeft geopend, schreeuwt een man: 'Politie!' Op hetzelfde moment dringen drie in burger geklede mannen het huis binnen. Als een van hen roept: 'Ik ben de burgemeester van Putten!' protesteert Keyzer: 'Maar het is hier de gemeente Ermelo.'

Hij brengt de drie eerst naar de keuken, zodat de ouders de tijd krijgen om met de kinderen te vluchten. In plaats daarvan rennen die in paniek en gillend van angst door de woning. Op de voet gevolgd door zijn beide handlangers, gemeenteopzichter Haaitsma en diens adjunct Zehnpfennig, stuift Klinkenberg met het pistool in de hand de kamer binnen en brult dat allen de handen omhoog moeten steken. Nadat ze hieraan gehoor hebben gegeven, smaalt hij of ze soms bij elk belletje zo door het huis hollen en gillen.

Tijdens een huiszoeking vinden ze twee kinderen en de grootmoeder verstopt in de gangkast. De oudste zoon, Ebie, die op de slaapkamer onder zijn bed lag, moet zijn handen in de nek leggen en voor Haaitsma uit lopen, maar opeens neemt hij de benen en rent, ondanks de kogels die de gemeenteopzichter op hem afvuurt, het bos in. Terwijl algauw blijkt dat de familie Staal Joods is, ontkent Hirsch ten stelligste dat te zijn.

In alle commotie proberen Keyzer en Meinlieff nog Klinkenberg te bepraten om voor de Staals een uitzondering te maken en hen te laten lopen. Volgens het verslag dat de fabrikant na de oorlog van het gesprek maakte, had Meinlieff betoogd: 'Het geeft toch geen pas voor mensen zoals u en wij om andere mensen naar de gaskamer te sturen.' Hiermee refererend aan de radio-uitzendingen waarin de BBC en Radio Oranje sinds 26 juni 1942 herhaaldelijk melding maakten van gaskamers en van het vergassen van Joden in Polen.

Klinkenberg antwoordde daarop: ‘Oh, die gaskamers, dat is helemaal niet waar. Ze gaan naar Westerbork. Daar blijven ze een hele tijd zitten en daar is het heel goed.’

Ook Keyzer had uiting gegeven aan zijn afschuw van de vervolging van de Joden, per slot van rekening het uitverkoren volk, waarop Klinkenberg hem toebeet: ‘Joden en communisten, dat is één pot nat.’ Om hem in één adem door te vragen: ‘Verwacht u van het communisme hulp?’

‘Ik verwacht van het communisme geen hulp, maar ook niet van het nationaalsocialisme,’ zei Keyzer. ‘Ik verwacht geen hulp van Duitsland en ook niet van Engeland, maar alleen van God.’

‘Adolf Hitler is de van God gezondene.’

‘Ik ken maar één die van God gezonden is, namelijk Jezus Christus, en dat is mijn enige leider die ik erken. Andere leiders erken ik niet.’

‘U weet toch wel,’ vroeg Klinkenberg, ‘dat er in de Hebreeënbrief staat dat de machten die boven u zijn gesteld, moeten worden gehoorzaamd?’

‘God moet men meer gehoorzamen dan mensen,’ meende de fabrikant, die vervolgens vroeg of hij samen met de onderduikers mocht bidden, maar Klinkenberg stond dat niet toe.

‘Ik kan hier niets meer aan doen,’ had hij schouderophalend gezegd. ‘Wij wachten nu op de hoofdwachtmeester Stap.’

Kort daarop arriveert de telefonisch gealarmeerde Stap, die de arrestanten bij binnenkomst toebuldert: ‘Als er iemand gekke dingen uithaalt, of de kamer verlaat, schiet ik die door z’n donder!’ Na de persoonsbewijzen in ontvangst te hebben genomen en de namen te hebben genoteerd, wijst hij Klinkenberg erop dat het persoonsbewijs van Hirsch niet deugt. Deze zou helemaal geen christen zijn, zoals de man beweert. Ze besluiten hem eens flink aan de tand te voelen, maar eerst brengen ze alle arrestanten twee aan twee aan elkaar geboeid te voet naar het politiebureau in Putten.

De jodenjagers dwingen daar Hirsch zich uit te kleden om te zien of hij is besneden. Als dat het geval blijkt te zijn, brult Klinkenberg terwijl hij en Stap de man schoppen, slaan en met het hoofd tegen de muur beuken: 'Verrekte vuile rotjood, wij zullen jou wel eens leren je mond open te doen!' Het gaat minutenlang zo door, tot ze op het idee komen de kleding van de hevig bloedende Hirsch nog eens goed te doorzoeken en dan vinden ze een foto van huize Vinkenslag op de Ericalaan 12 in Ermelo.

Klinkenberg vermoedt dat in dat pension wel eens meer onderduikers zouden kunnen zitten, maar als ze er poolshoogte gaan nemen, treffen ze er niemand aan. Ze doen huiszoeking in naburige woningen en op een adres houdt Stap twee Joodse vrouwen aan. In een andere woning pakken ze de zieke moeder van Hirsch op, de negenenzestigjarige Selma Hirsch-Rosendahl, die ze aan handen en voeten geboeid naar het ziekenhuis Salem in Ermelo vervoeren.

Al deze mensen hadden oorspronkelijk in huize Vinkenslag gezeten, maar inmiddels gewaarschuwde helpers hadden hen in allerijl naar andere adressen gebracht. De mannen arresteren ook een aantal van die helpers, onder wie de verloofde van Meinlieff. Op dinsdagmorgen lichten ze rond zes uur bij een huisarts in Ermelo nog de twaalfjarige Nathan Bachrach uit Arnhem van zijn bed en nemen beiden mee. Onder de naam Nico Peters gaf de jongen zich voor het neefje van de arts uit. In totaal heeft Klinkenberg die nacht zestien mensen aangehouden. De SD zet de negen Joodse onderduikers, ook Selma Hirsch-Rosendahl, binnen enkele dagen op transport naar Westerbork.[36]

Amper vier dagen na de inval, op donderdag 25 maart, pakt de burgemeester samen met Stap, de onderluitenant Aris de Man en de opperwachtmeester Jansen in Ermelo de Joodse familie Leons op, die nog gewoon in haar eigen huis woont.[37] Er bestaat weliswaar voor het politiepersoneel nog geen algemene opdracht om Joden te arresteren, maar hij weet dan al dat deze lastgeving binnen enkele dagen, op 6 april, per circulaire zal afkomen en bezit een volmacht van de SD om alvast te kunnen beginnen. De beschikking van Rauter houdt namelijk in dat alle Joden met ingang van 10 april 1943 de provincies Friesland, Drenthe, Groningen, Overijssel, Gelderland, Limburg, Noord-Brabant en Zeeland moeten verlaten en zich in het kamp Vught dienen te melden.

Oneervol ontslag

Volgens zijn CABR-dossier verricht Klinkenberg een van zijn laatste arrestaties op zaterdag 27 maart 1943, samen met Stap, De Man en Jansen. Ze hebben een tip gekregen dat bij een boer in de buurt van Harderwijk een Joodse vrouw met haar dochtertje zou zitten, maar die blijken verdwenen. Na de boer onder zware druk te hebben gezet vertelt deze dat Grietje Härtz-van der Hoeden met de driejarige Jetje naar haar schoonvader Hartog Härtz in Harderwijk is vertrokken. De jodenjagers arresteren in de nacht van zaterdag op zondag in de Luttekepoortstraat behalve de moeder en het kind ook de schoonvader en diens zesendertigjarige dochter Flora.[38]

Alleen klopt het niet dat dit een van zijn laatste arrestaties zou zijn geweest. Kort hierna gaat hij met Haaitsma en diens adjunct Zehnpfennig op zoek naar een Joodse vrouw, toevallig ook een moeder met een driejarig dochtertje. Beiden zouden bij een boer in Putten zitten, maar de drie vinden slechts een beslapen bed. De vrouw had zich nog tijdig kunnen verstoppen; van het meisje zegt de boer dat zij zijn kleindochter is.

Hij weet dat Klinkenberg de gewoonte heeft na een inval zonder resultaat onverwachts terug te komen en zodra ze weer zijn vertrokken, raadt hij Ruchla Roet-Frenkiel aan met haar dochter Greta bij een kennis, een boer in Telgt, onder te duiken. Maar deze verwacht elk moment een huiszoeking en durft het niet aan. Ruchla Roet loopt met haar kind van het ten westen van Ermelo gelegen gehucht terug naar de boerderij in Putten om er zich in de bosjes te verstoppen. Het grootste gevaar lijkt geweken tot Klinkenberg, gestoken in jagersgroen, 's ochtends in alle vroegte weer opduikt en het geschrei van Greta moeder en kind noodlottig wordt.[39]

In de daaropvolgende maanden concentreert de burgemeester zich voornamelijk op de bestrijding van het verzet. Wat hem niet belet in april 1943 met de Germaansche SS te breken, nadat die hem oneervol heeft ontslagen. Kennelijk in de veronderstelling dat ze hem willen dwingen dienst aan het oostfront te nemen, heeft hij geweigerd de eed van trouw op Hitler af te leggen. In een brief aan de NSB-leiding klaagt hij over de druk die ze van alle kanten op hem uitoefenen, en dat terwijl hij al tweeënveertig jaar is. Hij kan de *Führer* beter dienen in zijn huidige functie.

Klinkenberg en zijn mannen – onder wie Jille Haaitsma, die zich vanaf 1 juli 1943 bij wijze van beloning gemeentearchitect mag noemen – brengen het verzet klap op klap toe en het duurt tot begin 1944 voordat het iets terug probeert te doen. Verzetsmensen plegen op donderdagavond 13 januari een aanslag op de inmiddels tot onderluitenant bevorderde Stap. De burgemeester woont die avond een bijeenkomst van de luchtbeschermingsdienst bij en tot zijn grote woede informeren ze hem pas na afloop over de schietpartij. Hij verwijt Stap, die het allemaal ongedeerd heeft overleefd, zich niet aan de voor dergelijke gevallen voorgeschreven procedure te hebben gehouden. Stap had hem meteen moeten verwittigen.

De onderluitenant kan als excuus aanvoeren dat hij het te druk heeft gehad met het verhoren van een van de twee aanslagplegers, leden van de KP-Ede, die ze hebben kunnen pakken. Hij heeft er met zijn gummiknuppel nog een paar namen uitgeslagen alvorens de zwaargewonde man aan een buikschot bezwijkt. De KP wilde namelijk niet alleen Stap uit de weg ruimen, maar ook de gehate gewestelijke commandant van de marechaussee, de overste J.E. Feenstra, tevens waarnemend politiepresident in Arnhem.

De illegaliteit verwachtte dat hij spoorslags naar Putten zou vertrekken als hij van de liquidatie zou horen, en ze had twee mannen bij de spoorwegovergang in het dorp geposteerd. Toen de aanslag was mislukt, riep de leiding hen weer inderhaast terug. Al reisde Feenstra wel degelijk naar Putten af om samen met een ploeg

SD'ers, onder wie Maarten Kuiper, een klopjacht op de betrokken verzetsmensen te ontketenen.

Tussen Klinkenberg en Stap komt het dan niet meer goed en de onderluitenant vraagt op aandringen van de burgemeester overplaatsing aan. Twee maanden later, op 7 maart, vertrekt hij naar het Gelderse dorp Ruurlo in de Achterhoek.

Stap gelooft opnieuw een goede vangst te hebben gedaan als hij op 1 mei 1944 in Ruurlo een man arresteert bij wie hij tijdens het fouilleren onder diens kleding op het lichaam verborgen een getypte brochure vindt, gericht tegen de Duitsers en hun Nieuwe Orde. Ook heeft de arrestant meer distributiebescheiden bij zich dan hij kan verantwoorden. Terwijl Stap hem met een pistool onder schot houdt, roept hij: 'Ik ken u! U bent een ondergedoken Joodse KP'er uit Enter.' En als de man niet reageert: 'Beken nu maar dat je die Jood uit Enter bent en zeg maar met wie je in verbinding staat.'

De onderluitenant weet niet dat hij in werkelijkheid de gereformeerde dominee Frits Slomp voor zich heeft. Afkomstig uit het ten zuidwesten van Hengelo gelegen Enter staat de predikant in verzetskringen bekend als Frits de Zwerver en bij wijze van vermomming heeft hij zijn haren zwart geverfd. Hij weigert iets los te laten en nog dezelfde dag brengt Stap hem naar de Sipo in Arnhem, die ook niet beseft dat zij een leidende figuur uit het verzet, nota bene de oprichter-voorzitter van de Landelijke Organisatie voor hulp aan onderduikers, in handen heeft. Nog voor Slomp op transport gaat naar de *Polizeigefängnis* Scheveningen, bevrijden leden van de Landelijke Knokploegen hem uit de gevangenis van Arnhem.

In Ruurlo werkt Stap veel samen met de overste Feenstra, die na de oorlog de doodstraf zou krijgen om op 29 augustus 1946 te worden geëxecuteerd. De onderluitenant zelf valt in handen van een paar BS'ers, die hem voor op de motorkap van hun jeep zetten en door het dorp rijden. Iedereen die enige behoefte voelt, mag hem een klap of een vuistslag in het gezicht geven, waarna de BS'ers hem meer dood dan levend in een hondenhok gooien. De mensen kunnen daar de oud-marechaussee tegen entreegeld bezichtigen en de nieuwsgierigen komen van heinde en verre toegestroomd. Zes maanden lang brengt hij zonder medische hulp in het hok door.

Het bijzonder gerechtshof in Arnhem veroordeelt hem op 6 oktober 1948 tot levenslang, maar de bijzondere raad van cassatie zet bij arrest van 31 mei 1950 het vonnis om in twintig jaar. De raad laat als verzachtende omstandigheid meewegen dat hij in enkele gevallen mensen heeft geholpen en 'matigend' tegenover de Landwacht optrad en verder dat hij na de bevrijding ernstige mishandelingen heeft ondergaan. Stap overlijdt op 19 februari 2004 in Doetinchem.

Klinkenberg doet het na het vertrek van Stap rustiger aan, maar nu krijgt hij problemen met de NSB. In die partij spreken velen schande van zijn gedrag en doordat ook de Germaansche SS haar handen van hem heeft afgetrokken, staat hij er alleen voor. In september 1944 moet hij zich wegens wangedrag als burgemeester verantwoorden bij de procureur van de Hoge Raad van Discipline van de NSB. Als gevolg van Dolle Dinsdag gaat dat niet door.

Hij legt op 7 september zijn functie neer, maar het is niet duidelijk waar hij op zondag 1 oktober verblijft. De Wehrmacht pakt op die dag bij wijze van represaille voor een aanslag door het verzet 661 mannen op, van wie 602 via het kamp Amersfoort naar het concentratiekamp Neuengamme gaan. Slechts achtenveertig zouden overleven. Zelf zei Klinkenberg na de oorlog dat hij net in die tijd een paar dagen van het toneel was verdwenen vanwege een onderzoek dat de Duitsers tegen hem instelden.

Helemaal uit de gratie lijkt hij toch niet te zijn, gezien het feit dat de *Beauftragte* van de rijkscommissaris in Gelderland hem eind oktober tot waarnemend burgemeester van Borculo benoemt. Een geallieerd vliegtuig heeft op 24 oktober in de buurt van Etten de burgemeester en de locoburgemeester van het stadje gemitrailleerd. In Borculo blijkt Klinkenberg als een blad aan de boom te zijn omgedraaid en direct na aankomst verwijdert hij het portret van NSB-leider Mussert en een paar dagen later ook dat van Hitler uit zijn werkkamer.

Hij ontpopt zich in het stadje, zo schrijft een PRA-rechercheur in een rapport, nadrukkelijk als een tegenstander van de SD, waarmee hij dan ook permanent overhoopligt. Telkens weer weet hij razzia's te voorkomen en volgens de rechercheur heeft hij in Borculo nooit opdrachten gegeven 'die in strijd waren met onze Nederlandse wetgeving'.

Het mag allemaal niet meer baten en in april 1949 eist de procureur-fiscaal bij het bijzonder gerechtshof in Arnhem levenslange gevangenisstraf, door te brengen in een rijkswerkinrichting. Hij noemt Klinkenberg in zijn requisitoir 'een gestroomlijnde schurk' die zich op een afschuwelijke wijze aan 'mensonterende jachtpartijen' heeft schuldig gemaakt. 'Een gestoorde seksuele natuur, ontspoord door drankmisbruik.' In feite zou de oud-burgemeester de doodstraf verdienen, maar de procureur-fiscaal acht dit op psychiatrische gronden niet haalbaar.

Nadat Klinkenbergs advocaat als verzachtende omstandigheid onder meer heeft aangevoerd dat zijn cliënt tijdens diens detentie dermate zwaar zou zijn mishandeld dat zijn nieren bijna niet meer functioneren, veroordeelt het hof hem conform de eis. In april 1951 zet de bijzondere raad van cassatie dit vonnis om in twintig jaar gevangenisstraf. Klinkenberg gaat na zijn vrijlating in België wonen. Hij overlijdt op 9 april 1979 in Heerlen, achtenzeventig jaar oud.

Harry Evers

Hij dacht vermoedelijk te horen tot de groep van onaantastbaren voor wie geen zee te hoog ging. Vanaf 19 oktober 1942 jodenjager bij de Politieke Politie in Dordrecht dook hij in de meidagen van 1945 weer op als stafofficier van de Binnenlandse Strijdkrachten. Gedetacheerd bij de geallieerde inlichtingendienst *Field Security* maakte Harry Evers ditmaal jacht op oorlogsmisdadigers en vijandelijke agenten. En hij zou ertussendoor zijn geglipt als niet een dwarse verzetsman, de sergeant-majoor Max van Pelt, de kat de bel had aangebonden.

Na de oorlog beweerde Evers immers dat hij juist op advies van Van Pelt tot de Politieke Politie toetrad om daar te spioneren en tips aan het verzet te kunnen gegeven, maar deze ontkende dat categorisch. In een pamflet dat de verzetsman in een oplaag van vijfduizend op 14 juli 1945 onder de kop 'Tot hiertoe en niet verder!' in Dordrecht liet verspreiden, schreef hij:

> De vroegere moffenknecht-jodenvervolger Harry Evers, Herradesstraat 40 te Dordrecht (adres op 5 mei 1945), verschuilt zich met grote brutaliteit en geheel ten onrechte achter mijn naam.
>
> Het heet dat hij indertijd op mijn bevel dienst zou hebben genomen bij de zogeheten Politieke Politie te Dordrecht. *Niets is evenwel minder waar.*
>
> Maar, steunend op dit leugenachtig verzinsel, wist genoemde collaborateur er bij verrassing zelfs in te slagen zich schoon te praten.
>
> Echter, ik wil onder geen enkele voorwaarde tot zulk eerherstel bijdragen, en daarom ter voorkoming van vergissingen, voorlopig deze ene brief...

Evers toonde zich allerminst onder de indruk en sloeg vier dagen later terug door een Joods lid van de BS dat het had gewaagd een aanklacht tegen hem in te dienen, te laten arresteren. De man betichtte hem ervan dat hij begin 1943 opdracht had gegeven diens ouders, het echtpaar Levisson, met een ziekenwagen op te halen uit een bejaardentehuis in het ten zuiden van Schiedam gelegen Poortugaal. Een getuige vertelde later dat toen hij Evers vroeg of hij het niet verschrikkelijk vond twee zulke bejaarde, zieke mensen te moeten meenemen, deze laconiek had geantwoord: 'Ja, ik ben er ook maar voor aangewezen.'

De moeder, Jette Levisson-de Boers, ging op transport naar Westerbork en vervolgens naar het vernietigingskamp Sobibor.[40] De demente Mozes Levisson, een vierentachtigjarige voormalige logementhouder uit Dordrecht en vader van twaalf kinderen uit twee huwelijken, mocht terug naar het tehuis en overleed daar op 9 januari 1943.

Op 18 juli 1945 liet Evers Simon Levisson ontbieden door de POD, die hem ontwapende en eerst in de Benthienkazerne en vervolgens in het huis van bewaring opsloot. Na zeventien dagen kwam hij zonder één keer te zijn verhoord weer op vrije voeten. Maar de commotie die het pamflet had veroorzaakt, duurde onverminderd voort en hiermee begon een zaak die jarenlang zou voortslepen. Niet in de laatste plaats doordat Evers een uiterst gehaaide straatvechter bleek die behalve zijn niet geringe charme ook alle trucs en listen in de strijd wierp.

Steeds weer wist hij mensen te bewegen een voor hem gunstige getuigenverklaring af te leggen. Vooral mensen uit de illegaliteit, maar daar liep, afgezien van een kleine harde kern van echte verzetsstrijders, ook van alles rond. Opportunisten, gelukzoekers en avonturiers. En de meesten van hen hadden er werkelijk geen flauw benul van wat hij precies in de oorlog had uitgespookt.

Als buitenechtelijk kind geboren op 20 mei 1918 in Tilburg groeit Henricus Maria Evers op bij zijn grootouders die naar Antwerpen verhuizen als hij negen jaar is. Hij bezoekt er de moderne handelshumaniora, te vergelijken met de havo, waarna hij op het conservatorium pianoles en een vijfjarige cursus notenleer volgt.

Volgens zijn eigen conduitestaat legde hij alle examens met de hoogste cijfers af. Daarna zou hij diploma's in werktuigkunde, werktuigmachines, scheepsbouw en scheepsmachines hebben behaald, terwijl hij tal van sporten had beoefend, zoals boksen, jiujitsu, sabelschermen, zwemmen, roeien, paardrijden, gymnastiek en auto- en motorrijden. Evers sloot zich ook nog aan bij de nationalistische Vlaamsche Studentenbeweging, maar in 1937 keert hij terug naar Nederland teneinde zijn dienstplicht te vervullen.

Hij brengt het tot sergeant bij de verbindingsafdeling van het Regiment Infanterie in Breda, om er voor vijf jaar bij te tekenen. Als de oorlog uitbreekt, neemt hij aan de gevechtshandelingen bij de Zevenbergse Hoek deel, maar belandt na allerlei omzwervingen in Zeeland. Ook nadat Nederland heeft gecapituleerd, duren daar de gevechten nog voort tot de troepen zich op 17 mei overgegeven. Evers meldt zich in juli bij de Opbouwdienst, een initiatief van rijkscommissaris Seyss-Inquart, die met het opzetten van allerlei projecten als wegenaanleg, ontginning en drainage 'de werkeloze soldaat' wil helpen 'zijn krachten aan de wederopbouw van zijn land te wijden'.

Hoewel de bezetter uitentreuren benadrukt dat het hierbij niet om een Arbeidsdienst gaat zoals die in Duitsland bestaat, blijkt dat wel het geval. In totaal geven zich zo'n 65 000 beroeps- en dienstplichtige militairen op, zowel officieren als onderofficieren en soldaten. Evers leert er ook de gedemobiliseerde sergeant-majoor Van Pelt kennen, met wie hij contact zou blijven houden.

Via de Opbouwdienst belandt hij in augustus 1940 bij de politie in Dordrecht, die dan zo'n honderddertig man telt. Als agent 2de klasse komt hij eerst in de straatdienst en in het najaar van 1941 bij de rechercheafdeling prijsbeheersing; in februari 1942 krijgt hij de leiding ervan. Hij werkt er samen met onder anderen de NSB-agent Theodoor Reinhard Gerhard Lukassen, die in de loop van 1942 door de *Aussenstelle* Rotterdam wordt belast met de oprichting van een politieke recherche, de Politieke Politie, kortweg PoPo. Lukassen vraagt hiervoor de opperwachtmeesters Johan Vink en Herman Geerard Feodor Wolsink, alsook Evers.

Evers zei na de oorlog dat hij dit toen met Van Pelt had besproken. Nadat deze te kennen had gegeven de leiding te hebben van een militaire verzetsorganisatie met de naam de 17de Divisie, adviseerde hij mee te doen. Evers zou tot taak hebben gekregen onder de codenaam Mario als leider van de afdeling inlichtingendienst, Sectie K, 'de vijandelijke gelederen' te penetreren en zich over ophanden zijnde acties te informeren. Tegelijkertijd zou Van Pelt hem hebben opgedragen een knokploeg op te richten. Om naar buiten toe de schijn op te houden trad Evers meteen toe tot de NSB-organisatie Rechtsfront.

Vanaf dan trekt hij er regelmatig op uit, niet alleen in Dordrecht, maar ook in omliggende gemeentes die geen politieke politie hebben. Zoals in Zwijndrecht, waar hij op 16 maart 1944 op verzoek van de NSB-burgemeester samen met Wolsink en enkele leden van de *Feldgendarmerie* een inval doet en drie onderduikers en hun helper, de hoofdonderwijzer Tjepco Adriaan Nawijn, oppakt.[41] In een telefoongesprek zou Evers naderhand van 'een kostelijke buit' hebben gesproken.

Ook plundert hij even hard mee met Lukassen en de anderen en hij maakt er een gewoonte van uit de woningen van opgepakte Joden de brandstof weg te halen, kolen, cokes, briketten, hout. 's Avonds komen ze vaak terug naar een inmiddels verzegeld huis, de rechercheurs van de Politieke Politie, de collega's van de *Feldgendarmerie* en hun liefjes, om er tijdens een uitbundige braspartij de achtergebleven etenswaren op te eten en de flessen drank soldaat te maken.

In één geval hadden ze hun oog laten vallen op het huis van een lid van de Dordtse Joodse raad. Toen Evers hoorde dat deze de SD een bezwaarschrift had gestuurd naar aanleiding van de arrestatie door de Politieke Politie van acht Joden die wetsrollen hadden verstopt, had hij de man woedend toegebeten: 'Nu gaan jullie naar Polen!' Diezelfde avond roept hij, terwijl ze in het huis aan het feesten zijn: 'Wat stinkt het hier! Je kan goed ruiken dat er een Jood heeft gewoond.'

Het leven lijkt voor de jodenjagers een groot festijn en regelmatig komt het voor dat als Evers tijdens een inval een piano ziet staan, hij erop begint te spelen, bij voorkeur Engelse foxtrots. Hij speelt die eveneens op de feestavonden van de plaatselijke afdelingen van de NSB en de Germaansche SS.

Een uitgesproken Joods type

In januari 1943 neemt Arie den Breejen de leiding over van Lukassen, die door de *Aussenstelle* wegens wangedrag naar Schiedam wordt overgeplaatst. Hij leidt aan Dordtse kant een van de grootste operaties, waarbij Evers betrokken is geweest. Ze start op maandagmorgen 25 oktober 1943 en duurt tot dinsdagochtend vroeg. Er nemen acht rechercheurs aan deel: twee van de Haagse Documentatiedienst, Cornelis Johannes Kaptein en Bernardus Johannes Huls, twee van de gelijknamige dienst uit Leiden, Adriaan Biesheuvel en Willem de Groot, en vier van de Dordtse PoPo, Den Breejer, Wolsink, Vink en Evers.

Het begint met een tip die de Leidse dienst over onderduikers in Roosendaal heeft gekregen. Ze bespreken de zaak met hun Haagse collega's en dezen stellen voor samen op pad te gaan. Dan kunnen ze meteen in een dag tijd de adressen afwerken die de Hagenaren nog in Dordrecht en Utrecht hebben. De vier jodenjagers ontmoeten elkaar die maandagochtend op het station Hollands Spoor en nemen daar de trein naar Dordrecht. Op het adres Vlak 7 bij de Nieuwe Haven zouden onderduikers zitten, maar het blijkt om maar één jongen te gaan, de achttienjarige Jaap Bachrach; de anderen hebben kort tevoren het huis verlaten.

Kaptein, die de leiding heeft, neemt de bewoonster, Cornelia de

Jong, mee naar de zolder en vraagt haar daar naar het schuiladres van de ouders van de jongen. Hij wil ook weten wie als de contactpersoon van de onderduikers optreedt en wie haar aan bonkaarten heeft geholpen. De vrouw weigert in eerste instantie iets te zeggen, maar als hij haar bedreigt met de buis van een stofzuiger, noemt ze de naam van Hendrik den Engelsen, een stoker bij de plaatselijke gasfabriek: hij zou haar de bonkaarten hebben verschaft. Ze arresteren de man, die algauw bekent dat de opperwachtmeester Gijs van Bemmelen voor de bonkaarten zorgt.

In de stellige overtuiging dat er veel meer speelt en dat ze mogelijk zelfs een complete ondergrondse organisatie op het spoor zijn, belt Kaptein voor assistentie met zijn collega Den Breejen. Deze geeft hierop aan twee rechercheurs in burger opdracht Van Bemmelen op de politiepost aan de Dordtse Diepenbrockstraat op te pakken en naar het hoofdbureau over te brengen. En dan verrichten de jodenjagers op grond van de informatie die Kaptein uit de arrestanten slaat – 'gezwollen gezichten, bloed in de mond', vermeldt een proces-verbaal – de ene arrestatie na de andere. De rechercheurs lijken blindelings de weg in de huizen te kennen, al zijn ze er nooit eerder geweest, en lopen linea recta naar de schuilplaatsen.

Tegelijkertijd pikken ze van alles mee: bij Den Engelsen een geldtrommel met zestienhonderd gulden en bij een andere arrestant, de Joodse metaalhandelaar Jacob van Dam, sieraden en zilverwerk. Ze halen uit zijn safe bij de Twentsche Bank zeven biljetten van duizend gulden, een biljet van vijfhonderd gulden, twaalfhonderd gulden in kleinere biljetten en vier pandbrieven van elk duizend gulden van de Eerste Nederlandsche Scheepvaartmaatschappij.

In de woning van de familie Van As aan de Vlietweg vinden ze een radiotoestel en een geldtrommel met erin twintigduizend gulden. Een van de SD-mannen grist een bundeltje bankbiljetten uit de trommel en steekt dat in zijn zak. Het geld stamt van het Joodse echtpaar Gobits, dat op de zolder verborgen heeft gezeten. Ze vermoeden dat zich op dit adres ook nog een Joods kind heeft verstopt en daarom geeft Kaptein de Dordtse rechercheur Wolsink opdracht de kinderen die op de zolder liggen te slapen nog eens goed te bekijken.

Op de vraag van Wolsink aan een jongetje hoe hij heet, antwoordt het: 'Bennie de Koning.' Na de oorlog vertelde een kraamverpleegster die bij de familie Van As op kamers woonde, dat ze met z'n allen de zesjarige Bennie hadden ingeprent dat hij altijd moest zeggen dat hij De Koning heette en niet Cohen. 'Wolsink vroeg toen,' aldus de vrouw, 'hoe de naam van zijn moeder luidde en toen zei het arme kind: "Saartje", waarop Wolsink zei: "Haha, toch een Joodje!' Daarop deed hij het pyjamabroekje van de kleine jongen naar beneden en zei: "Het is een Jood." Dit kind moest toen mee.'

Ook pakken ze de twaalfjarige Esther Velleman op, die ondergedoken heeft gezeten bij de spoorwegbeambte D. van Gilst. Normaal heeft hij vier onderduikers, maar zodra ze horen van de arrestatie van Den Engelsen, vertrekken drie van hen nog diezelfde middag halsoverkop op eigen gelegenheid. Esther heeft hij bij zijn schoonouders ondergebracht. Hij gelooft dat het meisje daar veilig is, tot de jodenjagers hem die maandagavond arresteren. 'Hoewel ik ook trachtte de schuilplaats van het kind niet te noemen,' zei Van Gilst na de oorlog, 'werd het vuur mij zo nauw aan de schenen gelegd dat ik ten slotte onder bedreiging met zware straffen het adres heb genoemd waar ik dat kind had gebracht. Dat kind is daarna door Wolsink en een SD-agent opgehaald.'

De vierentwintigjarige André Lezer, die zich tijdens de inval bij de familie Schuurman op het balkonnetje achter de keuken heeft verstopt, krijgen ze eveneens te pakken, maar Johanna Schuurman slaagt erin een baby van tien maanden te redden. 'Ook het kleine kind wilden ze toen eerst meenemen,' vertelde ze later, 'omdat het een uitgesproken Joods type was, maar omdat ik bleef volhouden dat het niet van Joodse afkomst was, maar dat het een kind was van een vriendin van mij uit Amsterdam, mocht ik toen het kind houden, onder mededeling dat het kind de volgende dag wel zou worden gehaald.'

Johanna Schuurman laat het zover niet komen en nog dezelfde

avond duikt ze met het hele gezin onder. Met inbegrip van haar man, die voorlopig vrijkwam, op voorwaarde dat hij zijn ondergedoken zoon zou melden. Alle gezinsleden, ook het kind, overleefden de oorlog. In totaal pakten de jodenjagers in één etmaal eenendertig mensen op, van wie achttien Joden.[42]

De hoer van Stalin

Evers had volgens een stuk in zijn CABR-dossier de hand gehad in de arrestatie van meer dan tweehonderd mensen, Joden en niet-Joden, al beweerde hij zelf dat het 'zeker niet meer dan vijftig Joden' zouden zijn. Desondanks liep hij na de Duitse capitulatie vrij rond, dit tot grote woede van vele Dordtenaren. Als een van de eersten arresteerde hij voor de *Field Security* zijn oude kompaan uit het verzet, Max van Pelt. Deze had een radiozender in huis en Evers betichtte hem ervan dat hij die door ondergedoken oud-nazi's voor een zogenaamde weerwolfactie wilde laten gebruiken. Sabotage of zelfs een staatsgreep.

Wat Evers zich hiermee op de hals had gehaald, bleek in juli 1945. Nadat Van Pelt zijn pamflet had laten verspreiden, kwam er zo'n enorme stortvloed van ingezonden brieven binnen bij plaatselijke week- en dagbladen dat het provisorisch bestuur, het Militair Gezag, zich gedwongen zag een uit drie juristen bestaande zuiveringscommissie te benoemen die de zaak moest onderzoeken.

Tijdens een verhoor betichtte Evers Van Pelt ervan dat deze de boel had opgelicht. De verzetsorganisatie de 17de Divisie had niet eens bestaan en de vermeende leider had het geld en de schenkingen in eigen zak gestoken. Ook hij, Evers, zou er aanvankelijk zijn ingestonken, maar hij constateerde al na twee maanden dat alles heel anders was dan wat Van Pelt hem voorspiegelde. Van militaire spionage kon al helemaal geen sprake zijn. Gelukkig kwamen zijn tips aan de illegaliteit toch te bestemder plaatse terecht, wist hij.

Mede om die reden had hij in augustus 1944 gehoor gegeven aan een oproep om op de Politie Officiersschool in Apeldoorn een opleiding te volgen. Toen de leiding van de school een maand later de cursus vanwege de oorlogshandelingen onderbrak, keerde hij terug naar Dordrecht en promoveerde zelfs kort daarop tot adjudant van de korpschef. 'Ik berustte in het tragikomische van mijn toestand,' zei Evers, 'omdat mijn functie het verzet grotendeels ten goede kwam.'

Van Pelt vertelde de commissie op 2 augustus 1945 dat hij Evers eind 1941 had gepolst of hij illegaal werk wilde doen, maar dat die zich niet bijster geestdriftig toonde. De politieman verklaarde zich wel bereid een sectie K op te zetten, een ploeg voor de liquidatie van verraders. Daarna bleef het stil tot Van Pelt eind 1942 hoorde dat een zekere Evers bij de Politieke Politie dienstdeed. De gewisheid dat het hierbij om Harry Evers ging, kreeg hij een paar maanden later, waarop hij opnieuw contact met hem zocht. In het gesprek dat ze hadden, betitelde Evers koningin Wilhelmina als 'de hoer van Stalin' en onderduikers als 'parasieten' die hij naar Duitsland wilde jagen. Ook zei hij dat hij Joden niet als mensen zag en hun uitroeiing als 'eerste stap naar een betere wereld' beschouwde.

Toen het er na de capitulatie van Italië op 8 september 1943 naar uitzag dat Duitsland de oorlog ging verliezen, nam Evers een wat minder fel standpunt in, maar ook toen zou hij nooit in opdracht van Van Pelt voor het verzet hebben gewerkt en ook nooit tips hebben gegeven. 'Mij is geen enkel geval bekend waarin Evers nuttig werk voor de Nederlandse zaak heeft verricht,' verzekerde Van Pelt de commissie.

Volgens een Joodse getuige wist iedereen dat Evers had geholpen bij de arrestatie van vele Joden. 'Mijn mening over hem is de volgende,' zei hij, 'in het begin stond hij pertinent aan Duitse kant. Toen de kansen gingen keren, heeft hij zijn rok uitgetrokken, omgedraaid en is hij naar de goede kant overgelopen. Naar mijn mening zijn dergelijke mensen voor de samenleving zeer gevaarlijk en ik vertrouw hem heden ten dage nog niet.'

Niettemin sprak de commissie zich op 10 augustus uit voor een volledige rehabilitatie, maar veel mensen namen hier geen genoegen mee en opnieuw stonden de kranten vol met boze ingezonden brieven. Toen ook het georganiseerd verzet, dat zich tot dusver op de vlakte had gehouden, aandrong op een grondig onderzoek, besloot justitie de zaak in handen te leggen van de procureur-fiscaal bij het bijzonder gerechtshof in Den Haag. Om Evers kennelijk uit de wind te houden plaatste het Militair Gezag hem over van de *Field Security* naar het Bureau Nationale Veiligheid in Scheveningen, dat hem met de leiding van het bureau in Utrecht belastte.

Nadat de procureur-fiscaal in eerste instantie had laten weten dat hij de conclusie van de zuiveringscommissie deelde en de zaak definitief gesloten achtte, liet justitie die in december 1945 toch heropenen. Zij onthief Evers alsnog uit zijn functie om hem twee maanden later, op 14 februari, te arresteren. Het proces vond begin 1948 plaats en in weerwil van de vijfentwintig getuigen à decharge die de advocaat liet opdraven, slaagde de Haagse aanklager erin de oud-rechercheur als een hardvochtige antisemiet aan de kaak te stellen. Hier stond een man terecht die Joden voor 'smouzen' en 'smerige rotjoden' uitschold en dingen riep als: 'Joden zijn lafbekken.' En: 'Ik maak een sport van het ophalen van Joden.'

Zo schreeuwde hij op maandagavond 15 november 1943 tegen de zevenjarige Mietje Viskoper: 'Kom hier, smous! Het stikhok moet je in!' Waarmee Evers de gaskamer bedoelde. Die avond had hij namelijk samen met zijn chef Den Breejen en drie Duitse *Feldgendarmen* een inval gedaan in het huis van een serveerster, bij wie het kind ondergedoken zat. Na de slaapkamer van de vrouw te zijn binnengedrongen haalden de mannen met veel misbaar alles overhoop, tot Den Breejen onder de deken keek en riep: 'Hier hebben we de smous!'

Beiden moesten zich aankleden, maar net toen ze zouden vertrekken, nam Mietje de benen en rende een naburig café binnen. Al spoedig verscheen Evers met een getrokken pistool en nam het kind weer mee. De caféhouder, die woedend protesteerde, had hij toegebeten: 'Als je je smoel niet houdt, schiet ik je voor je donder.'[43]

Evers voerde ter verdediging aan dat hij dit soort dingen wel had moeten zeggen om in zijn rol te blijven, opdat zijn collega's van de Politieke Politie geen argwaan zouden krijgen. Om die reden had hij ook een keer kopgeld aangenomen, maar hij had dat geld meteen aan een oom geschonken die met een Joodse vrouw was getrouwd. Een overlevende, Meijer Michiel Cohen, vroeg zich daarop af waarom Evers, als hij daadwerkelijk in het geheim voor het verzet zou hebben gewerkt, nooit één Jood een tip had gegeven over een ophanden zijnde razzia. Van de driehonderdtwintig mensen die de Joodse gemeente in Dordrecht begin mei 1940 telde, overleefden niet meer dan vijfenzestig.

Op 10 maart 1948 veroordeelde het Haagse bijzonder gerechtshof Evers tot acht jaar gevangenisstraf, maar de bijzondere raad van cassatie vernietigde aan het einde van het jaar het vonnis en verwees de zaak naar het hof in Den Bosch. En daar begon in februari 1950 het hele theater van voren af aan, met opnieuw als inzet de vraag: steunde hij de vijand of steunde hij het verzet? En weer volgde een veroordeling, ditmaal tot drie en een half jaar gevangenisstraf. Evers kwam meteen op vrije voeten, waarna hij nog veertig jaar leefde om op 8 december 1991 in het Brabantse Veldhoven te overlijden.

Gecalmeyerd

En Marcos Simon Roselaar, de Joodse man die door zijn toekomstige schoonmoeder, de Nijmeegse weduwe Zilkens-van der Eerden, werd aangebracht bij Seyss-Inquart, hoe verging het hem? Nadat hij zich onder druk van het Haagse hoofd burgerlijke zaken, Wesseling, heeft laten registreren, moet hij de harde realiteit onder ogen zien. Wat inhoudt dat alle Duitse anti-Joodse verordeningen voortaan ook op hem van toepassing zijn. Wil hij overleven, dan moet hij zijn weg weten te vinden in het administratieve labyrint dat de bezetter heeft gecreëerd. En in het voorjaar van 1942 stuit hij tijdens zijn speurtocht op een Duitse ambtenaar die bij de commissaris-generaal voor bestuur en justitie, dr. Fritz Wimmer, als *Judenreferent* de leiding heeft van de afdeling *Innere Verwaltung* oftewel binnenlands bestuur.

Joodse Nederlanders kunnen bij deze dr. Hans Calmeyer bezwaar aantekenen als ze op grond van – al dan niet vervalste – afstammingsdocumenten menen dat ze ten onrechte als zogenaamde *Volljuden* staan geregistreerd, omdat ze in feite half-Joods zijn, dus twee in plaats van drie of vier Joodse grootouders hebben. De Duitsers beschouwen iemand als Joods, indien hij of zij minstens drie Joodse grootouders heeft of twee Joodse grootouders, maar ingeschreven staat bij een Joodse kerkelijke gemeente of met een Joodse vrouw respectievelijk man is getrouwd.

Hoewel niet geheel onomstreden geldt Hans Georg Calmeyer (23 juni 1903, Osnabrück) als een van de meest kleurrijke, tot de verbeelding sprekende Duitsers uit de bezettingstijd. Na zijn studie rechten vestigt hij zich in 1932 als advocaat in zijn geboortestad. Hij doet vooral strafzaken, maar in 1933 wordt hij van de balie uitgesloten op grond van een verordening van het Pruisische ministerie van Justitie. De beschuldiging luidt dat hij met het marxisme zou sympathiseren en Joods personeel in dienst heeft. Een jaar later mag hij weer aan de slag. In tegenstelling tot de meesten van zijn vakgenoten sluit hij zich niet aan bij Hitlers NSDAP, al geeft hij zich als autobezitter wel op voor het *Nationalsozialistische Kraftfahr-Korps*, het NSKK.

Calmeyer komt in 1939 bij de Wehrmacht onder de wapenen, bij de *Luftnachrichtenkompanie*, die vanaf mei 1940 in Nederland opereert. Hij leert er een hoge ambtenaar van het rijkscommissariaat kennen die hem eind 1940 een baan aanbiedt op de afdeling *Innere Verwaltung*. Na op 3 maart 1941 in dienst te zijn getreden krijgt hij er al spoedig de leiding, in welke hoedanigheid hij als het ware beslist over leven en dood van duizenden mensen. Hij heet een erudiete, innemende man te zijn, een liefhebber van poëzie, proza en muziek, wiens vriendenkring overwegend uit tegenstanders van het nazibewind bestaat. Maar naargelang de oorlog voortduurt, verkrampt hij steeds meer en gedraagt zich onberekenbaar en humeurig.

Iedereen hijgt hem in de nek, de SD en de Gestapo, de ambtenaren van het rijkscommissariaat die hem smalend *Juden-Calmeyer* noemen. En niet te vergeten al die radeloze Joodse mensen die Calmeyer als hun allerlaatste strohalm zien. 'Wie als fatsoenlijk mens door de speling van het lot op zulk een post geplaatst wordt, lijdt onherstelbare schade aan lichaam en ziel,' constateert dr. Loe de Jong in *Het Koninkrijk der Nederlanden in de Tweede Wereldoorlog*. Daarentegen heeft mr. Abel Herzberg niet veel met hem op. In zijn *Kroniek der Jodenvervolging* schrijft hij dat Calmeyer weliswaar geen lid van de NSDAP was, maar dat hij ook geen tegenstander was: 'Hij wilde het tegendeel van alles zijn.'

Volgens zijn dossier dat bij het Centraal Bureau voor Genealogie in Den Haag deel uitmaakt van de Calmeyer-collectie, stuurt Marcos Simon Roselaar samen met zijn vader Philip op 22 mei 1942 Calmeyer een brandbrief, met het verhaal dat ze een ernstige fout hebben gemaakt bij de registratie. Weliswaar hebben ze opgegeven vier Joodse grootouders te hebben, maar dat klopt niet. Philip zou namelijk niet als vol-Joods gelden: zijn natuurlijke vader blijkt een zekere Frans van der Plaat en niet Izaak Roselaar. De laatste kan dit bevestigen, daarentegen zijn Frans van der Plaat en Philips moeder Mathilda overleden. Verder wijst Marcos erop dat zijn eigen moeder, Flora Roselaar-Breslofskaia, op 19 oktober 1888 in de Russische stad Lubny geboren, in tegenstelling tot wat ze heeft verklaard, helemaal niet Joods is.

Ze sturen een schrijven mee van de Duitse *Verwalter* oftewel beheerder van de Nederlandse vestiging van Burroughs N.V., een Amerikaans bedrijf, dat rekenmachines produceert. Terwijl vader Philip een meubelmakerij heeft gehad, werkt Marcos als vertegenwoordiger voor Burroughs in Den Haag. De *Verwalter* laat weten dat hij in afwachting van een beslissing in het afstammingsonderzoek het ontslag van Roselaar heeft uitgesteld. Alles draait dan om de vraag of – de wel degelijk Joodse – Flora Breslofskaia al dan niet christin zou kunnen zijn. Nadat Calmeyer op 5 juni 1942 in een interne notitie heeft vastgesteld dat hij haar heeft verzocht om nadere informatie, maar dat zij niets meer van zich heeft laten horen, lijkt er in november weer beweging in de procedure te komen.

De gemeentesecretarie in Amsterdam, afdeling bevolkingsregister en verkiezingen, verzoekt in een brief met rood gestempeld 'spoed' erop het hoofd van de in Den Haag gevestigde Rijksinspectie van de Bevolkingsregisters, J.L. Lentz, om de aanmeldingsformulieren van Philip Roselaar en diens vrouw. Dezelfde Jacobus Lambertus Lentz wie de dubieuze eer toekomt voor de Duitsers het bijna perfecte identiteitsbewijs te hebben ontworpen, het beruchte persoonsbewijs. Hij laat de formulieren opsturen, maar vervolgens blijft het weer maandenlang stil.

Kennelijk in de overtuiging dat dit wel eens de stilte voor de storm zou kunnen zijn, doet Roselaar vanaf april 1943 alsof hij alles in het werk stelt om het oorspronkelijke Russische paspoort van zijn moeder boven water te krijgen. Zo nodig kan hij – aan de hand van de correspondentie die hij met het Zweeds gezantschap in Berlijn en de oud-zaakgelastigde van het keizerlijke Rusland in Den Haag, Pavl Konstantinovitsj Poustochkine, heeft gevoerd – aantonen dat het aan hem niet heeft gelegen. Hij had immers maar al te graag het onomstotelijke bewijs willen presenteren dat ze tot het 'arische ras' behoort.

Op 12 augustus legt hij in een brief aan Calmeyer uit dat ze zich per vergissing als Joods heeft aangemeld, omdat ze maar gebrekkig Nederlands spreekt. Thuis is namelijk de voertaal Spaans. Ook stuurt hij een kopie van een brief mee waarin Poustochkine verzekert dat de voornamen van haar ouders, Grigory en Lia, 'zeer veel voorkomende christelijke (Grieks-orthodoxe) doopnamen' zijn.

Calmeyer antwoordt twee maanden later dat hij Philip Roselaar, vrouw Flora en zoon Marcos voorlopig als G1 heeft ingedeeld: 'gemengdbloedigen eerste graad'. Al acht hij de bewering dat Philip door een niet-Joodse vader zou zijn verwekt 'in menig opzicht dubieus'. Alle drie dienen zich wel binnen zes maanden te onderwerpen aan een erfbiologisch onderzoek door prof. dr. Hans Weinert, hoofd van het Antropologisch Instituut van de universiteit in Kiel.

Marcos Roselaar kan dan dit hoofdstuk afsluiten. Tijdens de Duitse inval in mei 1940 lag hij als eerste luitenant met een mortiercompagnie van het 5de Regiment Infanterie in de buurt van Amersfoort en hij had zich in juni 1943 als krijgsgevangene moeten melden, maar liet het om de een of andere reden afweten. Daarop hebben de Duitsers hem op 9 december in Den Haag aangehouden en eerst naar het kamp Amersfoort en vervolgens naar het krijgsgevangenkamp Mühlberg gebracht.

Zijn ouders moeten echter in mei 1944 opdraven bij prof. Weinert, een aan morfine verslaafde pseudowetenschapper, die ten aanzien van moeder Flora concludeert dat 'de grote en grofgebouwde vrouw' geen Joodse indruk maakt. Daarentegen zou bij vader Philip wel 'Joodse invloed' te bespeuren zijn. Op 15 juni 1944 hakt Calmeyer dan de knoop door met de beslissing dat vader, moeder en zoon voortaan definitief als *G1 (Mischling 1. Grades)* staan geregistreerd.

Hij zal deze beslissing ook doorgeven aan de Rijksinspectie van de Bevolkingsregisters en de *Zentralstelle für jüdische Auswanderung*.

Beschermengel

Hoeveel Joden Calmeyer heeft gered, blijft een punt van discussie. In totaal hebben zo'n 4800 mensen een verzoek ingediend. Toen hij na de oorlog in Scheveningen vastzat, zei hij tijdens een verhoor in april 1946: 'Zonder mijn inspanningen zouden ongeveer zeventienduizend mensen meer uit Nederland zijn gedeporteerd dan in werkelijkheid is gebeurd.' Maar dit lijkt grootspraak.

Terwijl De Jong het aantal geredde mensen op minstens drieduizend schat en Yad Vashem op iets minder, heeft prof. dr. Jacques Presser het in *Ondergang – De vervolging en verdelging van het Nederlandse Jodendom 1940-1945* over enkele honderden. Van zijn kant komt de historicus Coenraad Stuldreher op basis van steekproeven in afstammingsdossiers van het rijkscommissariaat niet verder dan hooguit honderdtachtig tot tweehonderd.

En dan nog: ook al zou de afdeling *Innere Verwaltung* niet meer mensen officieel hebben 'gecalmeyerd' – zoals het heette als iemand van vol-Jood half-Jood werd –, dan heeft Calmeyer duizenden de gelegenheid geboden onder te duiken. Zolang de procedure liep, hadden ze een zogenaamde sperre en bleven ze van deportatie gevrijwaard. Joden die in eerste instantie nog geen onderduikadres hadden gevonden, konden op die manier verder zoeken.

De ex-*Judenreferent* keerde in oktober 1946 terug naar Osnabrück om er zijn advocatenpraktijk voort te zetten. Toen in 1965 de twee delen van Pressers *Ondergang* verschenen, las hij die naar zijn zeggen in één nacht, toch samen meer dan duizend pagina's. Naderhand verklaarde hij dat hij zich bevrijd voelde door 'de vrijspraak' van Presser. Hij overleed in 1971 aan een acuut hartinfarct, al waren er ook die geloofden dat hij zelfmoord had gepleegd.

Eenentwintig jaar later, in 1992, kreeg hij als 'Rechtvaardige onder de Volkeren' postuum de Yad Vashem-medaille verleend. In een lezing zei de Israëlische historicus Joseph Michman, die als lid van de commissie hem had voorgedragen:

> Het succes van Calmeyer was – in retrospectief gezien – zeer groot, maar wij moeten bedenken dat hij daarvoor psychisch een zeer hoge prijs heeft betaald. Elke dag had hij contact met de ergste antisemieten en moest hij zich zo gedragen als zou hij dezelfde opvatting hebben als zij.

Desondanks ontpopte hij zich als 'de beschermengel van de Joden', aldus Michman. Ook zijn geboortestad Osnabrück eerde hem, maar volgens Stuldreher bestond voor al dit eerbetoon geen enkele reden. De historicus beschuldigde in 1998 tijdens een lezing in Osnabrück Calmeyer ervan talloze Joodse Nederlanders de gaskamer in te hebben gestuurd. In het gunstigste geval zou hij kil en onverschillig zijn geweest, in het ongunstigste een *Schreibtischtäter*. Hierop liet de Yad Vashem-commissie navraag doen, maar toen dit niets opleverde, zag ze geen enkele reden haar mening omtrent Calmeyer te herzien.

Marcos Roselaar trouwde na zijn terugkeer uit krijgsgevangenschap op 25 augustus 1945 Hendrika Cornelia Wieringa, een vrouw van gereformeerden huize die hij al twee jaar eerder had leren kennen en met wie hij twee dochters kreeg. In 1953 vertrok hij met zijn gezin voor zijn oude bedrijf Burroughs naar Colombia. Drieënhalf jaar later vestigde hij zich in Peru. Vanaf 1963 woonde hij op Curaçao, waar hij in de computerbusiness stapte en yogales gaf. Hij overleed daar op 7 oktober 1970 ten gevolge van een medische fout bij de behandeling van prostaatproblemen, zestig jaar oud.

Volgens zijn dochter Lya praatte hij al die jaren nooit over het verleden of over zijn Joodse afkomst, dit ook vanwege het antisemitisme in Zuid-Amerika. Hij zei dan dat hij geen godsdienst had. Pas op Curaçao hoorde ze van een rabbijn dat haar vader Joods was.

En hoe liep het met de vrouw af, die de klikbrief schreef, de Nijmeegse weduwe H.J.J.M. Zilkens-van der Eerden (19 december 1884, Boxtel)? Bij het bombardement dat Amerikaanse B-24 Liberators op dinsdag 22 februari 1944 – al dan niet per ongeluk – op de binnenstad van Nijmegen uitvoerden, kwam een van haar dochters, de zeventwintigjarige Marie, om het leven. De bommenwerpers legden ook haar huis op de Oude Stadsgracht 3 in de as. Bijna achthonderd mensen stierven die dag in de vuurzee, duizenden raakten gewond.

De weduwe verhuisde in oktober 1945 naar een noodopvang in Den Bosch. Of justitie toen over haar brief aan Seyss-Inquart beschikte, valt niet meer na te gaan, maar de vrouw ging in ieder geval vrijuit. In 1954 vestigde ze zich in Oisterwijk, om negen jaar later, op 29 juli 1963 in Den Bosch te overlijden.

DEEL III

Van gejaagden tot jager

En dan een vorm van verraad die na de oorlog weinig aandacht heeft gekregen, maar voor onderduikers als Anne Frank en de andere mensen in het achterhuis een wel zo grote bedreiging heeft gevormd: het Joodse verraad. Ik bedoel hiermee niet wat Abraham Cohen op zijn Hilversumse schuiladres in zijn dagboek schreef over de Joodsche Raad voor Amsterdam en wat veel Joden toen en ook later zeiden: 'Bij de Joodsche Raad begint het verraad.' Ik bedoel het verraad door individuele Joodse Nederlanders en vluchtelingen, en het zijn er aanzienlijk meer geweest dan dr. Loe de Jong in *Het Koninkrijk der Nederlanden in de Tweede Wereldoorlog* aangeeft.

Terwijl hij het in deel 6 over 'enkele gevallen' heeft, waarin de bezetter Joden gebruikte 'die hun eigen leven trachtten te redden door als verrader van andere Joden op te treden', spreekt hij in deel 12 van 'vermoedelijk minstens enkele tientallen'. Volgens hem zijn desondanks de meesten gedeporteerd.

Vele duizenden pagina's heeft hij nodig gehad om de gebeurtenissen in bezet Nederland en het toenmalige Nederlands-Indië te beschrijven, maar het Joods verraad beslaat nauwelijks drie pagina's. Ook prof. Presser en mr. Abel J. Herzberg behandelen dat thema in respectievelijk *Ondergang* en *Kroniek der Jodenvervolging* slechts in de marge. En prof. mr. A.D. Belinfante constateert in zijn boek *In plaats van Bijltjesdag*:

> Veel vervolgingen van gearresteerde Joden die bij hun verhoor andere onderduikers hebben verraden, heb ik niet gevonden. Dat ligt in de rede. Een gearresteerde Jood werd, ook al had hij een enkel geval verraden, toch gedeporteerd. Velen kenden bovendien niet anders dan hun onderduikadres, dat uiteraard bekend was, en een schuilnaam van hun contactman.

Hoe gevoelig het allemaal ligt, blijkt ook als ik Willy Lindwer vertel dat ik min of meer toevallig de namen van een reeks van Joodse verraders heb gevonden. 'Ga je vingers hier niet aan branden!' bezwoer hij mij. 'Dat is van zo'n andere dimensie.' In die zin dat er een wereld van verschil zou bestaan tussen het verraad door Joden en niet-Joden.

Terwijl niet-Joden doorgaans uit vrije wil konden besluiten verraad te plegen, hadden hun Joodse landgenoten slechts de keus uit twee mogelijkheden: of ze werkten mee of ze gingen op transport naar Westerbork en vervolgens naar een vernietigingskamp. Ook dit verraad vormde volgens Lindwer, evenals het instituut van de Joodse raden, onderdeel van het duivelse, door de nazi's uitgebroede plan de Joden zelf het vuile werk te laten opknappen. Om ze van slachtoffers daders te maken.

Ik stuitte op die namen toen ik in het NIOD op zoek naar jodenjagers het *Signalementenblad* las. In dit door het verzet uitgegeven blad staan in alfabetische volgorde verraders, Nederlandse SD- en Gestapo-agenten, en verklikkers, met signalement en vaak met leeftijd, adres, taakomschrijving, pseudoniemen en de beschuldigingen tegen de betrokken vrouw of man. In de trant van: 'Kool is een type met een zeer inferieur karakter.' En: 'Kenmerk van hem is zijn walgelijk dik hoofd en valse ogen. Zeer gevaarlijk.'

Het initiatief voor het blad nam in 1943 de leider van de verzetsorganisatie Ordedienst, jhr. Pieter Jacob Six, nadat enkele politiefunctionarissen hem het idee aan de hand hadden gedaan. Voor de informatie zorgden hoofdzakelijk Amsterdamse politiemannen die connecties hadden met de illegaliteit. Medewerkers van de rijksrecherchecentrale verschaften de losse foto's; ze haalden die uit de collectie ontvangstbewijzen-persoonsbewijs bij de Rijksinspectie van de Bevolkingsregisters. Van het blad verschenen vijf nummers in een oplaag variërend van honderd tot vijfhonderd exemplaren. Er heeft nog een tweede signalementenblad bestaan, *Het Contra Blad*, maar het bleef in dit geval bij een eenmalig bulletin in november 1943.

Toen ik het *Signalementenblad* van augustus 1944 doornam, viel me op dat er relatief veel Joodse mannen en vrouwen als verrader in stonden. Ik begon ze te tellen en uiteindelijk kwam ik op vijfentwintig namen, iets wat me toch wel verraste. Mijn kennis beperkte zich tot een paar namen. Ik kende het boek *Als slachtoffers daders worden*, waarin de journalist Koos Groen het leven beschrijft van de Joodse verraadster Ans van Dijk. Ook had ik zo goed en zo kwaad als het ging de tamelijk ingewikkelde affaire gevolgd met Friedrich Weinreb in de hoofdrol. De man die zich nog even als de redder van honderden lotgenoten een held mocht wanen, nadat prof. Presser in *Ondergang* over hem had geschreven:

> De Jood Weinreb is de zondebok geworden, heeft voor het tekortschieten van talloze niet-Joden geboet. Hij moest gefaald hebben, óók gefaald, omdat zij gefaald hadden. Als er geen Joodse verraders waren, moest men ze uitvinden. De paar die men na de oorlog berechtte, betekenden te weinig. Hier nu was er een van het formaat dat voldeed.

De kleine Shoah

Toen ik erachter probeerde te komen wat er van al die beschuldigingen in het *Signalementenblad* klopte, stelde ik vast dat het blad er in sommige gevallen naast zat. Zo meldde het over een Joodse groentehandelaar, Juda van den Berg: ‘Deze was de grootste ploert onder de Joden; heeft zeker 500 Joden opgehangen.’ Ofwel erbij gelapt, aangebracht. Hij zou hiervoor tien procent van de waarde van de in beslag genomen bezittingen hebben ontvangen, althans van het goud, het zilver en het contant geld. Vanaf 5 juni 1944 had hij in Amsterdam op de Jan van Eijckstraat 19 gewoond, maar na 27 september van dat jaar zou hij onvindbaar zijn.

In het CABR-dossier van Juda van den Berg (30 januari 1909, Amsterdam) kon ik echter geen enkele aanwijzing vinden dat hij zo grootschalig verraad zou hebben gepleegd. Wel had hij als chauffeur en koerier van de Joodsche Raad regelmatig levensmiddelen en geld verduisterd. Hij deed dit niet zozeer om zichzelf te verrijken als wel om mensen in Westerbork te helpen, al stak hij ook een en ander in eigen zak. Nadat een NSB'ster aan de SD had doorgebriefd dat hij Joodse kinderen van het opvangterrein aan de Amsterdamse Polderweg naar buiten had gesmokkeld, arresteerden ze hem op 1 juni 1944. Dus vier dagen voordat hij volgens het *Signalementenblad* naar de Jan van Eijckstraat zou verhuizen, hoewel het wel weer klopt dat hij nog in die straat heeft gewoond.

Hij verbleef tachtig dagen in het huis van bewaring om vervolgens op 3 september vanuit Westerbork met zijn vrouw Judith en zijn zoon Jonas naar Auschwitz te worden gedeporteerd. In dezelfde laatste trein als waarin Anne Frank, haar ouders en haar zusje Margot zaten. Op 10 maart 1945 bevrijdden de Russen Van den Berg, maar terug in Nederland kreeg hij meteen de POD achter zich aan.

Justitie betichtte hem er onder meer van dat hij geld zou hebben geïncasseerd voor ondergedoken kinderen, en dat terwijl die al hoog en breed op de trein naar een vernietigingskamp in Polen zouden zijn gezet. Bovendien zou hij kampbewoners in Westerbork die hem geld hadden toevertrouwd, hebben geflest. De POD-rechercheurs verhoorden een reeks van mensen, onder wie Van den Berg zelf, maar het leverde weinig relevants op. Laat staan bewijzen of getuigenverklaringen dat hij vijfhonderd mensen had verraden. Ten slotte besloot de officier-fiscaal bij het bijzonder gerechtshof in Amsterdam op 16 juli 1949 de zaak te seponeren.

De doorslag gaf het feit dat Van den Berg 'zeer waardevolle diensten' had bewezen aan een medewerker van de Joodsche Raad, Walter Süsskind, door een groot aantal kinderen te helpen onderduiken. Op grond hiervan concludeerde de officier-fiscaal: 'Van den Berg is een typische Waterlooplein-figuur, buitengewoon handig, met een groot gebrek aan morele remmen, maar die toch blijk geeft een warm kloppend hart te bezitten.' Mede dankzij Süsskind – die overigens zonder medeweten van de raad handelde – konden zo'n zeshonderd Joodse kinderen uit de Hollandsche Schouwburg, het verzamelcentrum voor deportatie naar Westerbork, worden gered.

Het *Signalementenblad* toonde zich niettemin in tal van andere gevallen betrekkelijk goed geïnformeerd en van lieverlede vond ik in dossiers en naslagwerken steeds meer namen en lijsten met namen van Joodse verraders, in totaal meer dan honderdtwintig. Enkelen van hen hadden tientallen, soms meer dan honderd onderduikers verraden en ik vroeg me af of historici als De Jong en Presser dit echt niet hebben geweten. Temeer daar de kranten over de processen van een aantal van deze verraders hebben bericht.

Tot ik me realiseerde dat het alles te maken moet hebben gehad met de taakverdeling die in de eerste decennia na de oorlog bestond op grond van een soort stilzwijgende overeenkomst. Namelijk dat historici als De Jong, Presser, Herzberg en ook Ben Sijes de Joodse kant zouden belichten, de Duitse verordeningen, de razzia's, de klopjacht op onderduikers, Westerbork, de deportaties, de genocide, en hun niet-Joodse collega's de andere facetten, het verzet, de NSB, de rol van de politie, de Hongerwinter, de *Arbeitseinsatz*.

Ik denk dat De Jong, Presser en Herzberg bewust het aspect van de Joodse verraders nagenoeg buiten beschouwing hebben gelaten en wel om twee redenen. In de eerste plaats uit gêne dat Joden lotgenoten zoiets hadden aangedaan. Vermoedelijk viel het heel moeilijk te bevatten dat zij zich aan dergelijke praktijken konden bezondigen, al erkende Presser met het motto 'homo homini homo' voor zijn boek *De nacht der Girondijnen* dat de mens nu eenmaal honderd keer erger is dan een wolf. Terwijl een wolf alleen voor voedsel doodt, doodt de mens voor macht, politiek, genot. Hij verraadt zijn naasten en dient degenen die hij haat.

In de tweede plaats moeten ze geschrokken zijn van het na de oorlog sterk toegenomen antisemitisme. Tegen deze achtergrond wilden ze kennelijk geen olie op het vuur gooien door over het Joodse verraad uit te weiden. Ook uit vrees dat ze negatieve stereotypen zouden kunnen aanwakkeren. En vandaar dat De Jong zich heel summier beperkte tot een handjevol verraders, van wie hij drie in een voetnoot vermeldde.

Dat antisemitisme had immers onder invloed van de Duitse propagandamachine dieper wortel geschoten dan menigeen voor mogelijk had gehouden, maar wie vóór de oorlog zijn ogen en oren goed de kost had gegeven, wist dat er wel degelijk een voedingsbodem bestond. Of zoals de auteur Anne de Vries, bekend van zijn romans over de Drentse jongen Bartje en over Johannes Post, het in 1946 in een bijdrage aan het boek *Den vijand wederstaan* verwoordde:

> Laten wij het nu maar eerlijk bekennen en het ronduit neerschrijven, want alleen de waarheid heeft nog een kans om ons vrij te maken: wij moesten de Joden niet. Ondanks het feit dat wij dagelijks met hen omgingen en zaken met hen deden, waren wij bijna allen, wat wij met een onzuivere term plegen te noemen: antisemiet. Reeds als kinderen had het vreemde, het aparte, de geheel eigen sfeer van de Joodse gezinnen, indruk op ons gemaakt en de welhaast bijgelovige afkeer van de Joden, die in ons land heerste, was ons door allerlei spreekwijzen en opmerkingen ingedruppeld.

Zeker in een stad als Amsterdam met zijn grote Joodse gemeenschap leefden beide bevolkingsgroepen grotendeels langs elkaar heen, wat ertoe leidde dat de bezetter de Joden in betrekkelijk snel tempo kon isoleren. Ook de Februaristaking, waarmee delen van de bevolking hun solidariteit met de Joden wilden betuigen, kon daaraan niets veranderen (het ging bij deze vooral door de communisten geïnstigeerde actie overigens om meer dan alleen een solidariteitsbetuiging). Toen de Joden vanaf 2 mei 1942 een gele ster moesten dragen, toonden de meeste Nederlanders zich in eerste instantie geschokt, maar algauw raakten ze eraan gewend dat de Duitsers de Joden als duidelijk herkenbare minderheidsgroep stigmatiseerden.

Hun gevoelens van schaamte omdat ze niets hadden ondernomen, probeerden ze te overschreeuwen door bijvoorbeeld te argumenteren dat de Joden voor de oorlog toch wel onevenredig grote invloed hadden gehad. En dat die zich wel als erg makke schapen naar de slachtbank lieten leiden. Ook mensen die normaal als antinationaalsocialistisch en anti-Duits golden, uitten zich soms in deze zin en zelfs in de illegaliteit dachten verscheidenen er zo over. In zijn boek over het verzet in Limburg, *Het verborgen front*, constateert dr. A.P.M. Cammaert dat meer dan eens bij verzetsmensen achter een positieve houding antisemitisme verborgen ging en dat er, zoals overal, ook Jodenhaters onder zaten. Volgens hem zijn er gevallen bekend waarin illegalen Joden hebben verraden.

De overlevenden hoefden na hun terugkeer in de Nederlandse samenleving dan ook op niet veel mededogen en empathie te rekenen. Prof. dr. Isaac Lipschits, hoogleraar eigentijdse geschiedenis aan de Rijksuniversiteit van Groningen en schrijver van het boek *De kleine sjoa. Joden in naoorlogs Nederland*, zei jaren later dat die periode voor de Joden 'ronduit verschrikkelijk' was. Regelmatig kwam het voor dat mensen die probeerden datgene te claimen wat hun toekwam – hun woning, huisraad, sieraden – opmerkingen naar het hoofd kregen geslingerd als: 'Ze hebben je zeker vergeten te vergassen?' Of dat iemand binnen gehoorsafstand sneerde: 'Die lui hebben weer net zoveel praatjes als vroeger. Hebben ze dan nog hun lesje niet geleerd?'

In christelijke kringen waren er mensen die serieus verkondigden dat de Duitsers nu eenmaal aan de Joden 'Gods vloek' hadden voltrokken. K. Norel, een destijds in calvinistische kring gevierd schrijver van stichtelijke romans, moest zelfs wegens belediging van een bevolkingsgroep terechtstaan, nadat hij in 1948 voor het gedenkboek van het verzet had geschreven:

> Want de Joden mogen geen helden zijn, geslepen zijn ze zeker. Tot de registratie van de Joden hebben ze meegewerkt. Gedwee vulden ze de formulieren in waarin gevraagd werd of ze tot het Joodse ras behoorden. Toen zij radiotoestellen en hun rijwielen moesten inle-

> veren, liepen zij als hazen. Aan de verplichting tot het dragen van de davidsster werd algemeen gehoor gegeven, ook door degenen die een zeer weinig Joods uiterlijk hadden. Pas toen de nazi's hun grijpvingers naar hun vermogen en huisraad uitstrekten, werden zij wakker. En toen ook goed. Met grote sluwheid hebben zij voor ongetelde miljoenen onttrokken aan de vijand.

De rechter sprak Norel overigens vrij.

Complimentje

De Jong, Presser en de anderen hebben vergoelijkend als excuus aangevoerd: die verraders konden nauwelijks anders, ze hadden geen keus. Misschien klopt dat in sommige gevallen, in de meeste overige niet. In plaats van dat ze hun kans grepen en onderdoken, collaboreerden ze tot het bittere einde met hun kwelgeesten. Van gejaagden werden ze jagers die ogenschijnlijk zonder veel wroeging hun aandeel in de buit incasseerden.

Verraad werkt nu eenmaal als een drug, verslavend. Je bent als Joodse man of vrouw van al je rechten beroofd, geknecht, zonder enig gevoel van eigenwaarde, en dan heb je ineens macht. Macht over leven en dood. En de mensen die je eerder vol minachting hebben bejegend, jij en de jouwen met ratten hebben vergeleken, de Nederlandse rechercheurs en hun Duitse opdrachtgevers, blijken je nodig te hebben. Je bent weer iemand, maar je telt niet alleen mee, mag hen zelfs bij de voornaam noemen, ook kan je je dankzij de privileges die je krijgt laten gelden.

De ex-vriendin van Ans van Dijk vertelde na de oorlog het navrante verhaal dat deze altijd glunderend thuiskwam als ze weer een complimentje van Otto Kempin, bij het Gestapo-referaat IV B 4 belast met Joodse strafzaken, had gekregen. Die verachte Joodse, lesbische vrouw spande zich daarna alleen nog maar meer in en de Duitsers beloonden haar royaal. Terwijl de Joden beroofd van elke bron van inkomsten verkommerden, leefde Ans van Dijk met haar kliek op grote voet. Tot ze na de Duitse capitulatie toch nog aan het kortste eind trok en voor een vuurpeloton eindigde. Ze was hiermee weliswaar de enige Joodse verraadster – en de enige vrouw – die werd geëxecuteerd, maar beslist niet de enige Joodse v-persoon die heelhuids het einde van de oorlog haalde.

Afgezien van de verraders die spoorloos verdwenen of die door het verzet werden geliquideerd, hebben immers – in tegenstelling tot wat De Jong en Belinfante schrijven – nog heel wat informanten overleefd. Althans de mannen en vrouwen die voor de Duitse bezetter en zijn Nederlandse handlangers iets hadden betekend. Niet de mensen die eenmalig twee, drie adressen noemden en daarmee dachten hun hachje te hebben gered. Om te overleven moest je meer presteren.

En één verrader die Loe de Jong juist in zijn boek liet overleven, de uit Den Haag afkomstige v-man Jacob Lion Mendels, die van de Gestapo in de verzetsorganisatie Ordedienst moest infiltreren, werd op 31 maart 1944 in Auschwitz vermoord. De Jong hechtte te veel geloof aan de bewering van de Haagse SD-rechercheur Spaans dat Mendels samen met zijn ouders het einde van de oorlog in het relatief betere kamp Theresienstadt had beleefd. Maar Adolf en Bertha Mendels-Gotschalk hadden al eerder, op 3 september 1943, in Auschwitz hetzelfde lot ondergaan als dat hun zoon zeven maanden later nog te wachten stond.

Leo Abas

Misschien meer dan wie ook hield hij me bezig, Leo Harry Abas (16 juli 1905, Hamburg). Overal dook hij op, in een alinea in een getuigenverklaring, in twee, drie zinnetjes in een document, zonder dat ik naar mijn gevoel echt greep op hem kreeg. Als een fantoom leek hij rond te waren en zodra ik dacht dat het verhaal wellicht toch zo in elkaar zat, bleek precies het tegenovergestelde het geval. Over tal van Joodse v-mannen en -vrouwen bestaat nauwelijks informatie, maar zeker voor wat betreft de verraders van het eerste uur blijft het veelal gissen. Voorzover ze de oorlog overleefden en niet spoorloos verdwenen, hulden ze zich nadien in stilzwijgen of ontkenden botweg alles.

Abas behoort tot wat ik als de eerste categorie zou willen omschrijven: naar Nederland gevluchte Duitse Joden die al vóór 1940 voor de SD, de Gestapo of de inlichtingendienst van de Wehrmacht, de *Abwehr*, werkten of er kort na de Nederlandse capitulatie in dienst traden. Maar wat deze man ertoe heeft bewogen zich te laten ronselen door de *Abwehr*, is volstrekt onduidelijk. De politie heeft hem verschillende keren verhoord, in maart en april 1940 na zijn arrestatie op verdenking van 'berichtgeving' naar Duitsland, spionage dus, maar hij had voor alles een verklaring. Zelfs voor de zendapparatuur en de enorme collectie foto's van Nederlandse marineschepen en militaire Fokker-vliegtuigen die de politie bij een huiszoeking in zijn woning op de Amsterdamse Michelangelostraat 13 had gevonden.

Tijdens de verhoren diste Abas de rechercheurs het verhaal op dat hij in 1937 op aanraden van vrienden de wijk had genomen naar Nederland. Hij had toen wegens een overtreding van de wet op de eretekens een paar dagen in de gevangenis van Hamburg gezeten. Als handelaar in scheeps- en vliegtuigmodellen had hij op een vliegtuigje een hakenkruis laten schilderen, wat streng verboden bleek. De verhuizing naar Amsterdam vormde op zich geen probleem. In Hamburg geboren als zoon van een Nederlandse vader en een Duitse moeder had hij de Nederlandse nationaliteit, al sprak hij wel beter Duits dan Nederlands.

Hij betrok een etage in de Nieuwe Kerkstraat om een jaar later kort na zijn huwelijk met de Joodse Sophie Wiener, een in Berlijn-Wilmersdorf geboren stenotypiste, naar de Eemsstraat te verhuizen. Zijn brood verdiende hij als vertegenwoordiger van machines voor schoenmakerijen, maar in 1938 wilde hij zich naar zijn zeggen weer toeleggen op de vervaardiging van vliegtuigmodellen. Hiertoe keerde hij naar Hamburg terug, waar hij 'toevallig' in contact kwam met de juridische adviseur van de Heinkel-vliegtuigfabriek, dr. Zum Sturheck.

Deze zorgde ervoor dat hij voor een salaris van honderd gulden per maand plus provisie het bedrijf in Nederland kon vertegenwoordigen. En ze beloofden hem dat mocht Heinkel in Nederland een vliegtuigfabriek oprichten, hij er directeur van zou worden. Voor Heinkel reisde Abas ook enkele keren af naar het buitenland, zoals naar Frankrijk. Hij moest in de haven van Bordeaux toezien op het transport van Heinkel-gevechtstoestellen naar het fascistische Spanje van Franco, dit om te verhinderen dat communistische havenarbeiders die zouden beschadigen. Verder had hij tot tweemaal toe geprobeerd in Engeland vliegtuigmotoren te kopen.

Toen in 1939 de oorlog uitbrak en een Nederlandse Heinkel-vestiging voorlopig van de baan leek, had het Duitse bedrijf een gebaar willen maken door de dertienhonderd gulden huur per jaar van Abas' nieuwe huis in de Michelangelostraat voor zijn rekening te nemen. Daarnaast kende het hem een maandelijkse onkostenvergoeding van tussen de tweehonderd en de tweehonderdvijftig gulden toe. Hij kon hiervan de kosten van het levensonderhoud en een dienstbode betalen.

Regelmatig bezocht hij het exportbureau van Heinkel in Hamburg, tot de politie hem in februari 1940 bij terugkeer in de buurt van het Groningse dorp Vlagtwedde aanhield, op verdenking illegaal de grens te zijn gepasseerd. Hij had toen aangevoerd dat hij om ongestoord naar het buitenland te kunnen reizen geen stempel in zijn paspoort wilde hebben en daarom 'de stille grens' bij Nieuweschans of Bourtange verkoos. De politie besloot hierop een kijkje in zijn huis te nemen.

Over de radioapparatuur zei Abas dat hij die voor een tientje in de zogeheten Jodenhoek in Amsterdam had gekocht om er – vanwege experimenten met vliegtuigmodellen – 'meetproeven' en 'golfmetingen' mee te kunnen doen. 'Stabiliteitsmetingen', zoals hij ze omschreef. Op de vraag van de Groningse rechercheurs of hij de apparatuur misschien ook gebruikte voor het seinen van informatie naar Duitsland, legde hij uit dat hij in 1925 als seiner bij de marine had gediend, maar dat hij al jaren niet meer had geoefend: 'Ik haal slechts vijfentwintig tot dertig letters per minuut en dan nog met fouten.'

Voor wat betreft de antenne die hij had gespannen tussen de stijl van een slaapkamerdeur en een boom in de tuin: die draad gebruikte Abas niet voor de zender, maar voor de ontvanger. Tegen zes uur 's avonds luisterde hij altijd op zijn slaapkamer naar het Engelse nieuws op de korte golf. En de vele foto's van schepen en militaire vliegtuigen, beweerde hij, dienden als voorbeeld voor het vervaardigen van kinderspeelgoed.

De rechercheurs legden Abas steeds meer het vuur aan de schenen, maar ze kregen geen greep op hem. Toen ze hem voorhielden dat het Heinkel-exportbureau in werkelijkheid een spionageadres was, sputterde hij tegen: 'Ik heb pas bij mijn verhoor door de politie vernomen dat het in Nederland als zodanig bekendstond.' Ook namen ze de persoon van dr. Zum Sturheck onder de loep, van wie Abas op hun verzoek een beschrijving gaf.

Volgens hem zou deze zo'n vijfenvijftig jaar oud en 'groot van gestalte' zijn, een weduwnaar die met zijn zoon in de Papenhuderstrasse 1 in Hamburg woonde. Ze toonden hierop twee foto's aan Abas, die meende dat dr. Zum Sturheck wel eens op de ene zou kunnen staan, maar niet op de andere: 'De man op deze foto is mij geheel onbekend.' Waarop ze uit de doeken deden dat op beide foto's dezelfde persoon stond en wel 'een zekere Dierks', maar Abas zei die naam nooit eerder te hebben gehoord. Toen ze hem voorhielden dat Dierks ook op Papenhuderstrasse 1 woonde, wuifde Abas dat weg met het argument dat naar zijn weten op dit adres een soort pension zat, waar meer mensen woonden.

Schoenfournituren

Net wanneer justitie in Groningen een proces tegen Abas voorbereidt, vallen Duitse troepen op 10 mei 1940 Nederland binnen. Meteen na zijn ontslag uit het huis van bewaring neemt hij contact op met zijn verbindingsman bij de *Abwehrstelle* Hamburg, *Abteilung I*, Gerhard August Gottfried Dierks, belast met spionage in neutraal en geallieerd gebied. Als *Sonderführer* heeft *Oberleutnant zur See* Dierks, bijgenaamd Mops, voornamelijk tot taak agenten te rekruteren.

De *Abwehr* mag dan als onderdeel van het *Oberkommando der Wehrmacht* – Hitlers persoonlijke staf in zijn hoedanigheid als opperbevelhebber – op een aantal terreinen met de SD samenwerken, beide diensten beschouwen elkaar toch als rivalen. De leiding van de *Abwehr* heeft kapitein-ter-zee, later viceadmiraal Wilhelm Canaris, een oude rot in het vak die al vanaf de Eerste Wereldoorlog een cruciale rol speelt in het Duitse geheime-dienstwerk. Vanuit de centrale in Berlijn stuurt hij de vijftien zogeheten *Abwehrstellen* in Duitsland aan, met inbegrip van die in het geannexeerde Oostenrijk en het Sudetengebied. Elk van deze plaatselijke bureaus bestaat uit drie afdelingen: spionage, sabotage en contraspionage, en beschikt over zijn eigen netwerk van agenten en informanten.

Na de oorlog vertelde Dierks dat hij Abas voor de eerste keer in oktober 1939 in het aan de provincie Groningen grenzende Duitse dorp Bunderneuland had ontmoet. Deze stapte toen bij hem en zijn broer Hilmar, eveneens een *Abwehr*-man, in de auto om met hen naar Dierks' Oost-Friese woonplaats Leer mee te rijden. Vanuit deze stad reisde hij door naar Hamburg om er bij de *Abwehrstelle* – kortweg AST – een opleiding te krijgen, hoewel hij volgens Dierks al kon seinen. Bij terugkomst in Nederland moest Abas informatie over de Nederlandse luchtverdediging en vliegvelden verzamelen. Later zou hij er in een brief prat op gaan, aldus een getuige, dat hij in die tijd ook springstoffen voor Ierse vrijheidsstrijders Engeland had binnengesmokkeld.

Mogelijk heeft Abas nog in verbinding gestaan met de *Abwehr*-veteraan kapitein-ter-zee Andreas Richard Protze (18 juli 1876, Barnewitz). Uit getuigenverklaringen blijkt dat ze elkaar in ieder geval hebben gekend. Protze, schuilnaam Paarman – maar ook: Onkel Richard, Schneider, Manning, Petersen en Wagner –, heeft dan een netwerk van informanten in Nederland opgebouwd, onder wie enkele rechercheurs van de Haagse Documentatiedienst. En dat terwijl hij over maar één vaste medewerker beschikt: zijn secretaresse en nicht Helena Olga Clara Skrodzki (op 20 december 1897 geboren in Lyck, het toenmalige Oost-Pruisen), schuilnaam Tante Lientje, maar ook Tante Lena, Tante Olga en Helena Schneider.

Goed bevriend met Canaris mocht Protze in 1938 na zijn pensionering in Berlijn als hoofd van de afdeling contraspionage de tweemanspost *Sonderstelle P* in Nederland opzetten. Bij wijze van dekmantel werkte hij met Helena Skrodzki voor het *Deutsche Verkehrsbüro* in de Kalverstraat om vandaar rechtstreeks aan Berlijn te rapporteren over de activiteiten van Franse, Engelse en andere buitenlandse agenten. Het neutrale Nederland speelde in het Europese krachtenveld een centrale rol en vandaar dat van Duitse zijde niet alleen Protze er spioneerde, maar ook de *Abwehrstellen* Münster, Hamburg, Wilhelmshaven en München.

In weerwil van het feit dat Abas zich niet bovenmatig schijnt te hebben ingespannen, leeft hij op grote voet. Tot grote ergernis van Dierks' broer Hilmar steekt hij vooral veel geld in de inrichting van het huis op de Michelangelostraat, dat hij in januari 1940 heeft betrokken. Nadat zijn huwelijk die zomer op de klippen loopt – op 14 mei 1941 scheiden hij en Sophie Wiener officieel[44] –, gaat hij er samenwonen met de dan vierentwintigjarige naaister Estella de Kromme, roepnaam Puck, de dochter van een Joodse schoenmaker uit de Rijnstraat. Hij heeft haar onder de codenaam Hans aangeworven voor de *Abwehr*, die haar maandelijks een bedrag van tweehonderd gulden betaalt. Ook knapt de vrouw regelmatig klusjes op voor de roofinstantie *Devisenschutzkommando* in Amsterdam.

Volgens het *Signalementenblad* werkte Abas eveneens samen met de Amsterdamse pensionhoudster Sophia Kruse, een lid van de NSB en de Nationaal-Socialistische Vrouwenorganisatie, de NSVO. Zij zou al voor de oorlog de *Abwehr* allerlei diensten hebben verleend en wel nadat haar minnaar Hilmar Dierks haar zou hebben aangeworven. Maar afgezien van het feit dat de vrouw na de bevrijding tegenover een rechercheur van het Bureau Nationale Veiligheid alles ontkende, blijkt nergens uit dat zij en Abas elkaar hebben gekend of dat zij voor hem heeft gewerkt.

Abas ronselt wel andere informanten voor de *Abwehr*, onder wie de NSB'er Hermanus Cornelis Olij, een broer van Sam Olij, rechercheur van het Bureau Joodsche Zaken. Ze ontmoeten elkaar vóór de Duitse inval in de trein van Amsterdam naar Den Haag, waar ze met elkaar in gesprek raken. Als Abas over een nieuw procedé begint voor het bedrukken van zijde, papier, metalen en steen, toont Herman Olij interesse. Na een afspraak te hebben gemaakt komen ze echter niet tot zaken.

Het duurt dan nog even voordat Olij met Abas in zee gaat, maar vanaf dat moment kan niemand zijn opkomst meer stoppen, zoals een getuige het formuleerde. Om zo onopvallend mogelijk als *Abwehr*-agent te kunnen opereren helpt Dierks hem aan een Duits paspoort op naam van dr. Armand Bosch, *philosofischer Doktor*, woonachtig in Leer.

In de daaropvolgende jaren bouwt Herman Olij een compleet zakenimperium op, met vestigingen in Amsterdam, Brussel, Parijs,

Berlijn en Krakau. Hij handelt met de Duitsers in van alles en nog wat, van camouflageverf, leer en textielwaren tot motorjachten, houtbewerkingsmachines en betonmolens, en het kan al helemaal niet meer op als hij voor de Wehrmacht mag gaan inkopen.

Ook Leo Harry Abas verdient met zijn handel in sigaren, spiritualiën en porselein geld als water, maar dan stuurt Dierks hem eind 1941, begin 1942 voor een geheime missie naar het onbezette, vanuit Vichy bestuurde deel van Frankrijk. 'Zogenaamd in opdracht van Unilever om olie in Frans-Marokko te kopen', aldus een getuige na de oorlog.

Dierks vertelde zelf in een verhoor over de afloop van dit avontuur: 'Ik geloof niet dat het hem is gelukt in Afrika te komen, hoewel hijzelf beweerde er wel te zijn geweest. Voor het geval dat de opdracht zou slagen, hadden wij de bedoeling de vaartuigen die Abas zou benutten om olie te halen, te gebruiken voor het overzetten van onze agenten.'

In werkelijkheid pakken de Fransen Abas op en veroordelen hem wegens spionage ter dood, maar op Duitse voorspraak laten ze hem een dag voor zijn executie vrij. Terug in Nederland moet hij vaststellen dat Olij inmiddels ook voor andere *Abwehrstellen* als v-man werkt, zowel voor de AST Hamburg als de AST Wilhelmshaven. Bovendien loopt zijn relatie met Puck de Kromme stuk en in de zomer van 1942 verhuist de vrouw naar de Cornelis Schuytstraat.

Dierks heeft na de landing in november 1942 van de geallieerden in Noord-Afrika weer heel andere plannen met Abas. Hij wil hem daar met nog een paar Nederlandse mannen droppen als *Funker*, radiotelegrafist. Ze kunnen dan achter de troepen militaire inlichtingen verzamelen en die aan de Duitsers doorseinen. Medewerkers van Dierks slagen erin vijf jonge mannen te ronselen, onder wie een Surinaamse neger die ze de schuilnaam Jumbo geven.

De vijf krijgen hun opleiding in Brussel en oefenen vervolgens maandenlang, maar geen van hen bereikt ooit Noord-Afrika. De Surinamer reist in het voorjaar van 1944 via Parijs en Bordeaux naar Lissabon af en vertrekt vandaar per schip naar Brazilië om bij aankomst in São Paulo prompt met zender en al te worden opgepakt.

De *Abwehr* heeft op dat tijdstip al bij gebrek aan resultaat de maandelijkse toelage van driehonderd gulden aan Abas stopgezet. Om hem in staat te stellen vrij naar Duitsland te reizen en er eventueel zaken te doen verschaft Dierks hem *Grenzübertrittscheine*, doorlaatbewijzen. Het huis op de Michelangelostraat kan Abas zich niet meer permitteren en op 19 juni 1943 verhuist hij naar de Stadionweg 44. Nog even probeert hij het als handelsagent in schoenfournituren, maar dan besluit hij zich helemaal op de smokkelhandel toe te leggen. Hij reist af en aan naar Hamburg tot de SD hem daar in september 1943 arresteert. Volgens Dierks had hij zich tegenover een SD-man voor communist uitgegeven.

Ondanks de pogingen van de *Sonderführer* zijn voormalige V-man vrij te krijgen, verdwijnt deze naar het concentratiekamp in de gevangenis van Fuhlsbüttel bij Hamburg. Abas gaat vervolgens op transport naar Buchenwald, maar keert later terug naar het KZ Fuhlsbüttel, in het toenmalige jargon afgekort tot *Kola-Fu*. Als de Engelse troepen naar Hamburg oprukken, brengt de kampleiding in april 1945 alle gevangenen over naar Kiel. Terwijl hij volgens zijn jongere zuster Ilse Constance sindsdien als vermist geldt, menen verschillende getuigen hem nog in augustus 1945 in Amsterdam te hebben gezien. Gekleed in een Canadees uniform zou hij toen het Amstelhotel en het Parkhotel hebben bezocht.

Naar aanleiding van hun verklaringen verzoekt de Recherche Afdeling, die is toegevoegd aan de *Field Security Officer*, de chef opsporingsdienst van het Bureau Nationale Veiligheid om nadere informatie. Ze stuurt hiertoe een signalement van Abas op: een meter achtenzestig, middelgroot postuur, blauwe ogen. Maar dit alles levert niets op. Desondanks kan niet worden uitgesloten dat de oud-*Abwehr*-agent Abas inderdaad de oorlog heeft overleefd en onder een andere identiteit zijn heil elders heeft gezocht.

De familie Joseph

Op een grijze, regenachtige vrijdagochtend in april 2009 zit hij eindelijk tegenover mij, oog in oog: Bernhard Joseph, zesentachtig jaar oud. Sinds een paar dagen ligt hij met hartproblemen in het Sankt Johannis-Krankenhaus in het West-Duitse Landstuhl. Gekleed in een blauwe ochtendjas oogt de kleine, smalle man, ook zijn leeftijd in aanmerking genomen, nog redelijk vitaal. De dikke, witgrijze haardos, het spitse gezicht, de geprononceerde neus, de donkerbruine ogen waakzaam.

Iemand als Leo Harry Abas vormde wellicht geen rechtstreekse bedreiging voor Joodse Nederlanders, maar Bernhard Joseph deed dat wel. Hij heeft van het verraad geleefd om na verloop van tijd ook zijn vader Berthold en zijn drie jaar jongere zuster Therese Maria Johanna, roepnaam Resi, mee te sleuren. Hoewel justitie na de oorlog moeder Lina Joseph-Bloch ongemoeid heeft gelaten, zijn verschillende getuigen er heilig van overtuigd dat zij eveneens in het complot heeft gezeten. Het verraad zou zogezegd een familieaangelegenheid zijn geweest.

Geboren op 25 januari 1923 in de Duitse stad Breslau, sinds 1945 het Poolse Wroclaw, bezoekt Bernhard Joseph er de openbare lagere school tot hij en zijn zuster Resi als *Volljuden* naar de Joodse school naast de oude synagoge moeten, aldus het verhaal dat hij in Amerikaanse gevangenschap op papier zet. Nadat mannen van de BS hem namelijk op dinsdag 19 december 1944 in Kerkrade hebben gearresteerd, leveren ze hem uit aan de inlichtingendienst van het Amerikaanse leger, het *Counter Intelligence Corps*, het CIC, dat de jongeman van spionage verdenkt. De Amerikanen onderwerpen hem aan een uitgebreid verhoor, waarna hij opdracht krijgt alles op te schrijven.

Volgens dat verslag had vader Berthold in Breslau een herenconfectiezaak gehad, maar zou er als gevolg van de voortdurende pesterijen door de nazi's geen droog brood meer te verdienen vallen. Eerst wilden ze naar Brazilië en vervolgens naar Palestina emigreren, en toen dat niet lukte, besloten ze in januari 1937 naar Amsterdam te verhuizen. Ze bleken na de Duitse inval ook daar niet veilig en in februari 1943 probeerde Bernhard Joseph naar Zwitserland te vluchten, maar de Duitsers hadden hem gepakt en opgesloten. Hij schrijft dan:

> Nadat ik daar ongeveer anderhalve week had gezeten, werd ik voor de Gestapo gebracht, waar een kleine, donkere man in burger, wiens naam ik niet ken, tegen mij zei: 'U weet wat u te wachten staat. U zult naar een concentratiekamp gaan en na een paar weken zult u terugkomen, maar zo als dit...' Waarop hij mij een kleine urn liet zien. Dit verschrikkelijke symbool van de dood schokte mij vreselijk. 'Maar ik geef u nu de laatste kans... Werk voor ons.' Vanaf dat ogenblik was ik een willoos werktuig van de Gestapo.

Het klinkt allemaal diep tragisch, huiveringwekkend, maar een jaar later dist hij een ander verhaal op. En vervolgens komt hij met weer een totaal nieuwe versie aanzetten. Bernhard Joseph is namelijk een pathologische leugenaar. Het leven van deze verraders lijkt sowieso één grote leugen en dat maakt het niet gemakkelijker hun praktijken en levenswandel te reconstrueren. Hetzelfde geldt voor de jodenjagers en alle andere handlangers van de bezetter.

In de wetenschap dat deze mannen en vrouwen er alles aan hebben gedaan om zich vrij te pleiten, dien je hun verklaringen met een behoorlijke korrel zout te nemen. Het is immers heel vaak niet wat het schijnt te zijn.

De kunst blijft getuigenverklaringen te vinden die hun verhaal tenminste onderbouwen, completeren of weerleggen. Temeer daar ze heel goed wisten dat justitie een bekentenis doorgaans niet beloonde. Wie bekende, kreeg veelal een zwaardere straf dan wie ontkende, alle bewijzen en ooggetuigen ten spijt. Toen Maarten Kuiper spontaan opbiechtte zeventien moorden op zijn geweten te hebben, was zijn lot bezegeld. En velen die aanvankelijk ook een bekentenis hadden afgelegd, herriepen die later en bleven leven.

Bernhard Joseph ontkende iets in alle toonaarden om het een paar maanden later met even groot gemak toe te geven, zoals zijn lidmaatschap van de *Hitlerjugend*. Na dit in een verhoor op 24 juli 1945 te hebben bestreden ging hij er later zelfs prat op dat hij tot hun vertrek naar Nederland bij deze organisatie had gezeten. Zijn ouders hadden dit niet geweten, omdat de school het initieerde. 'In de *Hitlerjugend* werd ik politisch en militaristisch in de Duitse geest opgeleid,' verklaarde hij volgens het proces-verbaal. 'Persoonlijk voelde ik zeer veel voor dit systeem. Mijn vader was in de oorlog van 1914-1918 *Marine-Seeflieger* geweest en had veel onderscheidingen. Ik was daar trots op en hield dit als voorbeeld.'

Wat in ieder geval wel klopt, is dat het gezin de eerste jaren slechts met de grootste moeite in Amsterdam het hoofd boven water kan houden. Vader Berthold (29 augustus 1895, Bromberg), die in Breslau onder meer in een lingeriebedrijf en een dassenfabriek had gewerkt, beleeft het ene zakelijke fiasco na het andere. Dat ze het nog bolwerken, hebben ze aan moeder Lina te danken: zij opent op hun huisadres, Händelstraat 5, een pension. Bernhard Joseph bezoekt het Amsterdamsch Radio Instituut in de Van Woustraat, maar hij spreekt dermate slecht Nederlands dat hij de school na vier maanden moet verlaten.

Bij gebrek aan een werkvergunning lukt het hem niet aan de slag te komen, ook niet als volontair, zodat hij zijn moeder in het pension helpt, terwijl hij daarnaast lampenkappen vervaardigt en asbakken beschildert. Dan loopt hij kort na de Duitse inval een oude schoolkameraad uit Breslau op straat tegen het lijf. Deze leidde het *Hitlerjugend*-vendel waarvan Joseph deel heeft uitgemaakt, en bij hem stort hij zijn hart uit. Dat hij geen werk kan vinden en dat ze hem telkens weer een werkvergunning weigeren. Zijn voormalige klasgenoot weet raad en brengt hem naar het bureau van de SD en de *Sicherheitspolizei*, dan nog op de Herengracht gevestigd.

Joseph heeft er een gesprek met het hoofd van de Gestapo-afdeling IV B 4, SS-*Obersturmführer* Klaus Barbie, de latere 'beul van Lyon' en de moordenaar van Frankrijks beroemdste verzetsheld Jean Moulin, en ook hem maakt hij deelgenoot van zijn misère. Maar Barbie weet raad. Hij zal ervoor zorgen, belooft hij, dat Joseph in Duitsland een opleiding als politieman krijgt, en ook zal hij wel even met Berlijn diens 'arisering' regelen. In afwachting hiervan kan de jongeman alvast als *Beobachter* in dienst treden, als waarnemer dus, belast met het verzamelen van inlichtingen over de stemming onder de bevolking.

De SS-*Obersturmführer* stelt wel als voorwaarde – aldus de latere lezing van Bernhard Joseph – dat hij de eed van trouw tegenover hem persoonlijk aflegt. Wat inhoudt dat hij over zijn activiteiten voor de SD niet uit de school mag klappen. Naar zijn zeggen dolblij eindelijk werk te hebben gevonden, zou hij zich ter plaatse hebben laten beëdigen. Maar Barbie weigert hem een document te geven, een *Ausweis* of iets van dien aard, waaruit zou blijken dat hij voor de SD werkt. Met het argument dat hij nog in de opleiding zit. Ook krijgt hij geen enkele bevoegdheid en komt hij niet in aanmerking voor een wapen en een uniform.

Na de oorlog zei Bernhard Joseph dat hij zich altijd al voor zijn land had willen inzetten. Niet alleen vanwege zijn Duitse opvoeding, met name in de *Hitlerjugend*, maar vooral omdat hij dit als zijn plicht tegenover zijn vaderland beschouwde. 'In Nederland kon ik jarenlang geen werk krijgen doordat de instanties mij geen werkvergunning verstrekten. Toen ik dan ook als Duitser bij deze instantie wel werk kon krijgen, heb ik dit met beide handen aangegrepen, de consequenties hiervan niet beseffende.'

Op het tijdstip dat Bernhard Joseph – één meter 76, flink postuur, zwart glad, achterovergekamd haar, dunne lippen, grote, kromme neus – voor de SD aan de slag gaat, is hij amper zeventien. Onder de codenaam Bubi, het verkleinwoord van het Duitse *Bube*, jochie, schrijft hij wekelijks een *Stimmungsbericht*. De *Abteilung III* bundelt dat elke vrijdag met de verslagen van de andere informanten tot een *Lagebericht*, een twintig pagina's tellend rapport over alles wat eventueel voor de bezetter van belang zou kunnen zijn. Zoals de gesprekken die de informanten in trams, treinen, winkels en bioscopen hebben afgeluisterd.

De verslagen hebben verder betrekking op zaken als de voorstellingen van het *Deutsches Theater in den Niederlanden*, de preken van dominees en pastoors, het aantal huwelijken van Nederlandse vrouwen met Duitsers en de houding van de bevolking ten aanzien van leidende NSB'ers. De SD verstuurt de *Lageberichten* in eerste instantie naar het *Reichssicherheitshauptamt* in Berlijn en de *Befehlshaber* van de Sipo en de SD in Den Haag, maar ook naar enkele *Aussenstellen*.

Joseph verschijnt doorgaans twee, drie keer per week in het hoofdkwartier van de SD in de Euterpestraat om er de laatste informatie door te geven. Regelmatig krijgt hij er een foto in handen gedrukt van personen over wie hij inlichtingen moet inwinnen. Mannen en vrouwen die de SD van verzetsactiviteiten, sabotage of belediging van het Duits gezag verdenkt. De Nederlandse portier vertelde na de oorlog dat hij opdracht had telkens als Joseph het gebouw betrad, te roepen: '*Der Jude Bubi ist da!*' Op zijn beurt begroette deze de SD-rechercheurs met *Heil Hitler*.

Als de bezetter in 1942 de klopjacht op de Joodse Nederlanders verder opvoert, verlegt hij gaandeweg zijn actieradius naar mensen die de Duitse verordeningen overtreden. Hij valt dan rechtstreeks onder Otto Kempin, belast met de Gestapo-afdeling Joodse strafzaken, bij wie hij zijn *Stimmungsberichten* aflevert die tevens tips bevatten aangaande Joden. Met een potlood schrijft de *Kriminalassistent* er de naam van de rechercheur op die een bepaalde zaak moet behandelen. Terwijl hij de verslagen van de andere informanten anoniem laat, vermeldt hij op die van Joseph steevast diens naam. Tegen een Nederlandse SD-rechercheur zou hij eens hebben gezegd dat wat Bubi aanbracht, altijd in orde was.

Bernhard Joseph lijkt een geprivilegieerde positie te hebben verworven en om zijn werk voor de SD zo optimaal mogelijk te kunnen verrichten ontvangt hij een vrijstelling van het sinds 6 juli 1942 geldende telefoonverbod voor Joden. Een briefje met de bondige mededeling: *Darf von öffentlichen Fernsprechstellen gebrauch machen.* Maar dan wordt hij op dinsdag 14 juli tijdens een razzia in Amsterdam-Zuid gearresteerd en naar de *Zentralstelle* overgebracht. Op die dag pakken de Amsterdamse politie en de *Grüne Polizei* in totaal zo'n zevenhonderd meest jonge Joodse mannen op. De Duitsers, die vierduizend niet-Nederlandse Joden hadden opgeroepen zich op zondag 5 juli te melden voor 'tewerkstelling' in Duitsland, vinden dat te weinig mannen gehoor hebben gegeven.

Mochten er zich niet genoeg melden, zo verkondigen ze, dan zullen ze alle zevenhonderd naar Mauthausen sturen. Na de razzia's van het vorige jaar weet iedereen wat dat betekent: een wisse dood. Zijn vader krijgt nog wel de gelegenheid om op de binnenplaats van de *Zentralstelle* afscheid van hem te nemen, maar als hij ervoor pleit zijn zoon te laten gaan, geven ze hem te verstaan dat hij zich moet wenden tot de SD. Hij spreekt er met de opvolger van de naar Lyon overgeplaatste Barbie, de SS-*Untersturmführer* Rudolf Hassel, en die zorgt ervoor dat Bernhard Joseph nog dezelfde dag vrijkomt. De Duitsers laten op 17 juli ook de meeste anderen vrij.

Na de oorlog verklaarde Berthold Joseph – maar net als zoonlief was hij niet in zijn eerste leugen gestikt – dat Bernhard vervolgens open kaart had gespeeld en hem het lidmaatschap van de *Hitlerjugend* alsook zijn werkzaamheden voor de SD had opgebiecht. Hij zou daar zo verbolgen over zijn geweest dat hij zijn zoon de toegang tot het ouderlijk huis had ontzegd. Toen deze een paar dagen later weer voor de deur stond, had Berthold Joseph zijn hand over het hart gestreken en hem weer binnengelaten. Mede uit vrees, beweerde hij, dat zijn zoon anders de SD zou kunnen inschakelen.

Behoeftige omstandigheden

Een van Bernhard Josephs eerste verraadzaken betrof volgens zijn CABR-dossier Rebecca Ensel. Niet alleen was zij bevriend met zijn zuster Resi, maar ook kwam hij regelmatig bij haar over de vloer. Als Rebecca in het najaar van 1942 op transport gaat naar het *Judendurchgangslager* Westerbork, slaagt ze erin op de Borneokade uit de trein te springen. Op weg naar haar huis aan de Bachstraat om er een paar kledingstukken te halen passeert ze het pension van de familie Joseph in de Händelstraat. Bernhard, die voor het raam zit, komt meteen naar buiten, waarop het meisje hem over haar ontsnapping vertelt.

Ze heeft nog maar net wat spullen in een koffertje gepakt of twee Nederlandse Sipo-agenten bellen aan en nemen haar mee. De mannen blijken goed op de hoogte te zijn over wat er zich heeft afgespeeld en de enigen die dit tot dusver wisten, zijn Rebecca zelf en Bernhard Joseph. Doordat het meisje voor een tweede keer kan vluchten, overleeft ze alsnog de oorlog.

Kort erop verraadt hij ook zijn vriendin Nelly Liebermann. Zij wil via België en Frankrijk naar Zwitserland vluchten en bespreekt uitgebreid haar plannen met hem. Op een dag acht ze de tijd rijp en vertrouwt hem toe dat ze de volgende ochtend afreist. Nelly neemt nog dezelfde middag afscheid van familie, vrienden en kennissen, terwijl hij haar op haar rondgang begeleidt. Maar als ze in alle vroegte haar huis in de Milletstraat verlaat, de sieraden van haar ouders in haar kleding verstopt, ziet ze Bernhard Joseph samen met twee geüniformeerde SD'ers aan de overkant van de straat staan. Hij wijst naar haar en voor het meisje het weet, hebben de mannen haar in de boeien geslagen, maar evenals Rebecca overleeft ze. Minder geluk heeft zijn ex-verloofde Metha Judith Tailleur.

In het voorjaar van 1943 dringt hij er bij haar op aan onder te duiken en verschaft haar alvast een schuiladres. Ook belooft hij Metha aan nieuwe identiteitspapieren te helpen. Als de drieëntwintigjarige tailleuse bepakt en bezakt van haar kamer op de Albert Cuypstraat

230-II naar het opgegeven adres loopt, houden twee Nederlandse SD-rechercheurs haar op de hoek van de Jan Steenstraat aan. Ze brengen de jonge vrouw naar de *Zentralstelle*, waar Metha een neef van haar, Abraham Pach, aantreft. Werkzaam bij de *Expositur*, een afdeling van de Joodsche Raad die de trait-d'union vormt met de *Zentralstelle*, bezoekt hij praktisch dagelijks deze laatste instantie. In een paar woorden schildert ze hem wat ze heeft meegemaakt. Op zijn vraag of nog iemand anders van haar voornemen wist, antwoordt ze dat alleen Bernhard Joseph ervan op de hoogte was.

Pach, die hem toch al nooit vertrouwde, vreest dat hij nog meer slachtoffers zal maken. Diezelfde avond haast hij zich naar de ouders van Metha, Simon en Raatje Tailleur-van Cleef, die op Sarphatipark 101-III wonen, om hen over de arrestatie van hun dochter te informeren. Zijn tante vertelt hem dat de SD inmiddels ook haar man en een zoontje heeft ingerekend. Ze zat op Metha te wachten, maar de vrouw raakt na wat ze van Pach heeft gehoord zo van streek dat ze zich bij de SD wil melden. Terwijl Pach haar dit uit het hoofd probeert te praten, ziet hij ineens Bernhard Joseph buiten heen en weer lopen. Blijkbaar wil die zich ervan vergewissen of de SD wel het hele gezin heeft opgepakt.[45]

Vanaf het najaar van 1942 trekt Bernhard Joseph er ook regelmatig samen met zijn vader op uit, al verklaarde Berthold Joseph na de oorlog dat hij pas in de zomer van 1943 voor de SD begon te werken. Volgens hem had Kempin hem toen voor de keus gesteld, nadat twee SD-rechercheurs hem in maart wegens handel in biljetten van duizend gulden – Joden mogen deze biljetten niet meer bezitten – hadden opgepakt. Of hij draaide de gevangenis in of hij hielp zijn zoon bij het verzorgen van de *Stimmungsberichten*. Waarop hij tegen heug en meug voor het laatste koos, 'zodat ik ook niet voor de *Arbeitseinsatz* in Duitsland in aanmerking zou komen'. Hij kreeg de schuilnaam Bubi senior.

Een van de mensen die ze erin laten tuinen, is in maart 1943 de Joodse handelaar Barend Buitekant. Vader Berthold speelt voor deze gelegenheid de geïnteresseerde koper die 75 000 gulden, omgerekend een half miljoen euro, in diamanten wil beleggen. Maar hij zou niet met zo'n groot bedrag over straat durven te gaan en vraagt Buitekant of deze misschien niet met de diamanten naar zijn huisadres op de Händelstraat kan komen. De man stemt hiermee in, maar neemt zekerheidshalve een niet-Joodse buurvrouw mee die de diamanten in haar handtas stopt. Joden mogen ook die niet meer bezitten.

Op de Händelstraat 5 doet Bernhard Joseph open, die zich hoogstverbaasd toont: zijn vader is toevallig net een paar minuten geleden naar Buitekants huis vertrokken. De handelaar en zijn buurvrouw zijn bijna weer thuis op het Pretoriusplein als vier Amsterdamse SD-rechercheurs, onder wie Kaptijn en Oude Wolbers, hen op de fiets klemrijden. Ze brengen beiden naar de *Dienststelle* aan de Paulus Potterstraat, waar Kaptijn de diamanten uit de handtas haalt. Vervolgens ontbiedt hij Buitekants vrouw, maar nadat zij bij wijze van boete honderd gulden aan de NSB-hulporganisatie Winterhulp heeft gedoneerd, mag zij weer naar huis, terwijl haar man op transport gaat naar Westerbork.[46]

De twee Josephs hebben hiermee een goede vangst gedaan, gezien het feit dat ze recht hebben op een percentage van de buit. Al ontkende Bernhard Joseph na de oorlog ooit geld te hebben aangenomen. En aan deze zaak zou hij evenmin iets hebben verdiend. Zijn enige bemoeienis zou zijn geweest dat hij de SD had ingeschakeld, omdat hij het zaakje met de diamanten niet vertrouwde: 'Uit ervaring weet ik dat mijn vader zich voor Joden die in nood of behoeftige omstandigheden verkeerden, sterk heeft ingezet. Hierbij ging hij vaak lichtzinnig te werk, zodat ik bezorgd over hem was.'

Wat hij de SD precies had gemeld, kon hij zich niet meer herinneren: 'Het was ook niet direct mijn bedoeling de mensen te laten arresteren, doch meer om een onderzoek te laten instellen. Ik wist op dat moment niet dat er jodenmensen in betrokken waren. Naar ik meen ben ik persoonlijk naar de SD gegaan om de zaak te bespreken. Mijn vader weet van deze handelingen van mij niets af.'

Maar de buurvrouw die Buitekant had vergezeld, kende geen enkele twijfel: 'Voor mij staat vast dat Berthold Joseph schuldig is aan de dood van bovengenoemde jodenmensen. Hij heeft Buitekant er op een smerige manier in laten lopen.'

Café De Paris

Een belangrijk werkterrein voor Bernhard Joseph vormt café De Paris op de hoek van de Beethovenstraat en de Corellistraat. In haar dagboek *Het verstoorde leven* schrijft Etty Hillesum over de gebakken bot die ze er kreeg voorgezet: 'Onvergetelijk zowel wat prijs als wat kwaliteit betreft.' Het café behoort vanaf 15 september 1941 met de lunchroom Delicia, eveneens aan de Beethovenstraat, en zes cafés in de Jodenbuurt rond het Waterlooplein tot de weinige Joodse etablissementen die een voorlopige vergunning hebben om open te blijven. De exploitanten moeten wel bordjes voor het raam ophangen met de tekst 'Joodsch lokaal. Alleen toegankelijk voor Joden' en '*Für Wehrmacht verboten*'.

In 1939 geopend door Leonie Rabl-Fraenkel groeit café De Paris uit tot een van de voornaamste trefpunten voor met name Duitse Joden in Amsterdam-Zuid. De overgrote meerderheid van de rond vijftienduizend Duits-Joodse vluchtelingen woont immers in de hoofdstad. Deze groep bestaat overwegend uit gegoede middenstanders, maar ook uit kunstenaars en intellectuelen die in het gebied rond het Merwedeplein en de Beethovenstraat zijn neergestreken. Ze leven als het ware in een Duitstalige enclave, met een Duitse boekhandel, zaken die Duitse worst en Duits brood verkopen, Duitse restaurants en tearooms. Het '*Bei uns ist alles besser*' ligt de emigranten schijnbaar in de mond bestorven.

Als in juni 1940 de knokploegen van de NSB en de NSNAP de straten van Amsterdam onveilig maken, nemen ze ook café De Paris op de korrel. Ze hebben het gemunt op zaken met een Joodse eigenaar of met overwegend Joodse klanten. Na eerst op donderdag 6 juni het interieur van café De Kroon kort en klein te hebben geslagen en een dag later acht winkelruiten bij de Bijenkorf te hebben ingegooid, bestormen zo'n twintig leden van de NSNAP op zaterdagavond 8 juni het terras van café De Paris om vervolgens binnen voor drieduizend gulden schade aan te richten. Op 12 februari 1941 moet het café het opnieuw ontgelden.

Een voormalige kelner van café De Paris, Louis van Amerongen, vertelde na de oorlog dat de familie Joseph regelmatig in de zaak kwam eten. Op een gegeven moment verscheen Bernhard Joseph vrijwel elke ochtend stipt om tien uur en bleef er de hele dag zitten. Hij onderhield zich continu met andere bezoekers, bij voorkeur Joden zonder ster, die hij op borrels trakteerde. Zodra ze waren opgestapt, ging Bernhard Joseph altijd even telefoneren en verliet kort daarop de zaak.

Van Amerongen en ook andere mensen die de Josephs niet vertrouwden, deden weliswaar pogingen nieuwkomers te waarschuwen, tegelijkertijd konden ze niet verhinderen dat Bernhard hen aansprak. Met eigen ogen had de kelner gezien hoe hij niet-Joden volgde die in het café koosjer eten voor onderduikers hadden gehaald, waarna ze op straat door SD'ers werden gearresteerd. Ook de oude Berthold, zijn vrouw, een vlecht op het hoofd gespeld, en zijn dochter Resi zaten dagen achtereen in de zaak te spioneren, maar tijdens razzia's in de buurt bleken ze opeens in geen velden of wegen te bekennen. Toch durfden Van Amerongen en de exploitante, Leonie Rabl-Fraenkel, hun niet de toegang te weigeren.

In café De Paris ontmoet Bernhard Joseph eind 1942 de voormalige 'concubine van Abas', zoals het *Signalementenblad* Puck de Kromme betitelt. Zij heeft na Abas nog enkele maanden een relatie gehad met de Amsterdamse politie-inspecteur Bram Harrebomée, een felle NSB'er, die vanaf juni 1941 mede de leiding had van het Bureau Inlichtingendienst, in feite een filiaal van de SD. Samen met de rechercheurs Maarten Kuiper en Wouter Cornelis Mollis maakte hij er jacht op communisten. Na de opheffing van de dienst in de zomer van 1942 kwam hij op het hoofdbureau bij de afdeling economische zaken.

Ergens in november van dat jaar had Harrebomée, voor het oog van de wereld keurig getrouwd en vader van twee kinderen, Puck de Kromme alweer de bons gegeven. Hij zou het in april 1943 tot politiecommandant in Velsen brengen, waar hij met zijn mannen van de plaatselijke Inlichtingendienst een schrikbewind uitoefende.[47]

Puck de Kromme werkt, als ze Bernhard Joseph ontmoet, enkel nog voor het *Devisenschutzkommando*. Of de twee daadwerkelijk een relatie hebben gehad, blijft onduidelijk. Volgens een getuige hebben ze nog samengewoond op het Raphaëlplein vlak bij de Euterpestraat om na korte tijd weer uiteen te gaan. Nadat Kempin begin 1943 Bernhard Joseph heeft gesommeerd haar als potentiële v-vrouw van het bureau Joodsche Zaken onder zijn hoede te nemen, neemt deze zijn toevlucht tot een list.

Hij spreekt met Kempin af dat die hen zal laten volgen zodra ze café De Paris hebben verlaten. Ze zullen samen naar de kruising Beethovenstraat-Apollolaan oplopen en als ze daar ieder hun weegs gaan, moet een Gestapo-man haar arresteren.

Kempin stuurt de rechercheur Pieter Schaap, die Puck de Kromme aanhoudt en op het bureau aan de Paulus Potterstraat insluit. Na een paar dagen laat hij haar weer vrij, maar de schrik zit er bij de vrouw goed in en ze huurt meteen op voorstel van Bernhard Joseph een gemeubileerde kamer in het pension van zijn moeder. Desondanks bezwoer vader Berthold na de oorlog dat zijn zoon 'geen intiem contact' met haar had gehad. Naar zijn zeggen verliet ze 's ochtends vroeg de woning om pas 's avonds terug te keren en het was hem opgevallen hoe spaarzaam de vrouw leefde.

Tijdens een verhoor op 7 mei 1948 zei Bernhard Joseph dat ze alleen vriendschappelijk met elkaar hadden verkeerd. Ze gingen een paar keer uit, naar café De Paris, en ook bezochten ze samen dansmiddagen. Kennelijk, zo vermoedt de PRA, op zoek naar mensen die geen ster droegen of even uit hun schuiladres opdoken in het voornemen zich een uurtje te amuseren. Bernhard Joseph kan zich dan inmiddels vrij bewegen, nadat Kempin hem, zijn ouders en zijn zuster in de loop van 1943 definitief heeft vrijgesteld van de verplichting een Jodenster te dragen. De *Kriminalassistent* heeft hem ook aan een vals persoonsbewijs geholpen, zonder de J van Jood, op de naam van Dirk Buijs, geboren op 30 augustus 1916 in Amsterdam, van beroep boekhouder.

'Deze Joseph werkte zeer goed voor onze dienst,' zei Kempin na de oorlog. En volgens Pieter Schaap, die Berhard Joseph 'een van de grootste v-mannen' noemde, zou Kempin hem eens hebben toevertrouwd dat als Duitsland de oorlog zou winnen, 'Bubi de enigste [sic] Jood zou zijn die ongemoeid zou worden gelaten'. Zelf probeerde Bernhard Joseph na de oorlog in het eerste verhoor zijn verdiensten voor de SD in een ander perspectief te plaatsen door te beweren dat hij half-Joods was, wat inhield dat hij geen ster hoefde te dragen. In werkelijkheid waren zijn beide ouders Joods en tot de vrijstelling had hij een ster gedragen.

In die tijd bezoekt de broer van Puck de Kromme, Bernard, haar regelmatig en op zijn vraag waarom de familie Joseph geen ster opheeft, antwoordt ze dat vader en zoon voor de Duitsers werken. Met name Bernhard Joseph zou 'onmisbaar' zijn. Dat zijn zuster Puck ook over goede connecties met de bezetter beschikt, blijkt als hij zich in het voorjaar van 1943 moet melden bij de *Zentralstelle*. De tweeëntwintigjarige winkelbediende heeft er geen idee van wat ze willen, maar omdat hij geconstateerd heeft dat zijn zuster zich 'als een christen vrij op straat' begeeft, polst hij haar of ze wellicht iets kan regelen. Met de toezegging dat ze het in orde zal brengen, steekt ze zijn persoonsbewijs in haar tas.

De volgende dag staan twee Nederlandse SD-rechercheurs bij hem voor de deur. Ze informeren waarom hij zich niet bij de *Zentralstelle* heeft gemeld. Hij legt uit dat hij een niet-Joodse vrouw heeft en om die reden dacht dat hij als gemengd gehuwde niet aan de oproep gehoor hoefde te geven. Een van de rechercheurs, Schaap, wil zijn persoonsbewijs zien, maar als Bernard zegt dat zijn zuster dat heeft, toont hij hem triomfantelijk een document, met de woorden:

'Is dit het misschien?' Ze nemen hem mee naar de *Zentralstelle*, en daar geeft een hoge Duitse SD-functionaris hem te verstaan dat hij het aan zijn zuster heeft te danken dat ze hem niet vasthouden. Wel moet hij zich volgende week zaterdag in de Hollandsche Schouwburg aan de Plantage Middenlaan melden.

Buiten staat zijn zuster hem al op te wachten, die op zijn woedende vraag wat voor spelletje ze eigenlijk speelt, antwoordt dat de SD zijn persoonsbewijs heeft gekregen van een relatie wiens naam ze niet wil noemen. Die zaterdag meldt hij zich zoals bevolen bij de Hollandsche Schouwburg, vanwaar hij op transport gaat naar Westerbork. Kort daarna arriveren ook zijn ouders, Abraham en Alida de Kromme-Sweijd, in het kamp, maar terwijl Bernard na twee maanden op vrije voeten komt, deporteren de Duitsers hen naar Oost-Europa.[48]

Bernard de Kromme probeert de draad weer op te pakken, tot hij op een avond thuiskomt en vaststelt dat zijn vrouw is verdwenen. Pas de volgende dag hoort hij dat de SD haar met een groot aantal andere mensen heeft ingerekend. Zijn zuster, die er kennelijk meer van weet, heeft het over 'een heel grote zaak' waarin zijn vrouw verwikkeld zou zijn geraakt. Drie dagen lang kookt ze voor hem en doet het huishouden, maar dan verschijnt Bernhard Joseph op een ochtend bij hem in de winkel. Hij vertelt dat de SD Puck heeft aangehouden in de verzegelde woning van hun ouders aan de Rijnstraat; ook zou ze zonder ster hebben rondgelopen.

Joseph stelt voor naar de Hollandsche Schouwburg te gaan, in de hoop dat ze haar daar te spreken krijgen. Na veel heen-en-weergepraat lukt dat, maar als ze hun verzoekt haar koffer met kleding te brengen die op haar kamer in het pension klaarstaat, zegt Bernhard Joseph dat de SD die in beslag heeft genomen.

Zodra de Duitsers tien dagen later zijn vrouw hebben vrijgelaten – het blijkt een misverstand te zijn –, besluit Bernard de Kromme de familie Joseph te bezoeken, die inmiddels van de Händelstraat naar de Joubertstraat 5-II is verhuisd. Hij weet dat zijn zuster onder meer sieraden en een groot bedrag aan geld bezat, afkomstig van hun ouders, maar Bernhard Joseph bezweert hem dat de SD werkelijk alles heeft meegenomen. Tot Bernard de Kromme een paar weken later Resi in de bontmantel en op de schoenen van zijn zuster ziet rondstappen.

Resi Joseph (24 maart 1926, Breslau) bevestigde na de oorlog dat ze omstreeks die tijd inderdaad een bontmantel had gekregen, maar ze dacht dat die van een oudtante was geweest. Op 29 april 1943 hadden namelijk Amsterdamse SD-rechercheurs Auguste Grünbaum-Kierski uit het pension gehaald. Zij wilden de achtenzestigjarige vrouw al eerder, in februari, aanhouden, samen met drie andere bejaarde pensiongasten, het echtpaar Max en Hedwig Matheus-Herz en Wilhelm Nathan Sohn, maar ze scheen te ziek en de rechercheurs hadden haar voorlopig ontzien.

Later heette het dat Bernhard de vier had verraden, toch zou het heel goed kunnen dat in ieder geval tante Auguste op rekening kwam van Puck de Kromme. Dat zij de SD, mede op zijn instigatie, er met een telefoontje aan had herinnerd dat ze de vrouw nog moesten ophalen.[49] Al leek Kempin deze mogelijkheid uit te sluiten. 'Hij verraadde zelfs zijn eigen tante,' zei hij na de oorlog, om te illustreren dat zijn voormalige V-man over lijken ging.

Over de schoenen merkte Resi op dat die niet van Puck konden zijn geweest, want die had de schoenmaat van een volwassen vrouw en zij was 'nog maar een meisje van nog geen achttien jaar'. Resi had trouwens nooit geweten dat Puck voor de SD had gewerkt. Evenmin had ze er een idee van waar zij kon zijn gebleven. Toen ze haar broer ernaar vroeg, had hij een ontwijkend antwoord gegeven. Van haar kant kende Puck de Kromme, die als 'extra gestrafte' in de Hollandsche Schouwburg zat opgesloten, geen enkele twijfel dat de familie Joseph haar erin had geluisd.

In die zin liet ze zich ook tijdens het luchten uit tegenover een medegevangene. Dat de Josephs haar hadden laten oppakken, ondanks het feit dat die haar voor veertigduizend gulden aan een sperstempel hadden geholpen. Deze gevangene hoorde eveneens van een SD-man dat vader en zoon Joseph 'zeker tachtig christenmensen' hadden verraden. Dat Puck de Kromme het bij het rechte eind had gehad, bleek na de oorlog.

Kempin deed toen uit de doeken dat hij haar op verzoek van Bernhard Joseph door Schaap in het pension – en niet in het huis van haar ouders – had laten arresteren. Zijn V-man vond dat ze te weinig deed voor de Sipo en daarom zou hij 'een grief' tegen haar hebben gehad. Maar Schaap had een andere lezing: 'Bubi bracht de Jodin Puck de Kromme aan bij Kempin, omdat ze meerdere malen geslachtsgemeenschap zou hebben gehad met arische mannen. Bubi gaf verder aan Kempin door dat zij voor wat jodenzaken betrof voor de SD onbetrouwbaar was.'

Bij haar aanhouding had ze Schaap nog een brief getoond met de tekst dat ze voor de SD werkte. Niettemin nam hij de vrouw die naar zijn zeggen ook haar ouders en haar broer verraadde, mee naar het bureau aan de Paulus Potterstraat. Op 7 augustus ging Puck de Kromme naar Westerbork om op 24 augustus naar Auschwitz te worden gedeporteerd, waar ze drie dagen later stierf, zesentwintig jaar oud. Van het gezin De Kromme overleefde alleen Bernard de oorlog.

Bernhard Joseph pretendeerde in mei 1948 dat hij zich van het hele gebeuren niets kon herinneren. Hij wist niet meer of de SD bij hen thuis spullen van Puck de Kromme in beslag had genomen of dat zijn zuster haar kleding had gedragen. Ook had hij nooit eerder gehoord dat Puck met 'christenmensen' zou zijn omgegaan. Hij ontkende alleen heel pertinent dat hij haar op de een of andere slinkse manier in de val zou hebben gelokt.

Besmettingsgevaar

Gaandeweg ontwikkelt Bernhard Joseph zich tijdens de bezetting tot de spin in het web. De rücksichtslose V-man die inmiddels niet meer alleen opereert, zijn vader daargelaten, maar ook de samenwerking zoekt met andere Joodse verraders. Hoewel niet altijd met succes, zoals in het geval van de voormalige huishoudster Roza Boektje (29 november 1923, Den Haag), bijgenaamd Bobbi. Na eind 1941 te zijn ondergedoken in een louche pensionnetje aan de Amsterdamse Reguliersgracht leeft de Haagse van de zwarte handel tot een informant van de SD haar voorstelt zijn V-vrouw te worden. Ze incasseert alvast een voorschot van vijfhonderd gulden, waarop ze met de noorderzon vertrekt.

Roza keert in de loop van 1943 terug naar Amsterdam om er in oktober in café Savoy op het Leidseplein door twee SD-rechercheurs te worden gearresteerd. Voor de keus gesteld verklaart ze zich bereid in dienst van de SD te treden. Een van de rechercheurs, Eddy Moesbergen, wil dan wel dat ze voor Bernhard Joseph gaat werken. Van hem kan ze de kneepjes van het vak leren. Bobbi alias Roza Boektje ontmoet Bernhard Joseph op de Weteringschans en daar vertelt hij haar dat hij van de Gestapo Joodse onderduikers moet opsporen.

Hij wil van haar dat ze zich voor verzetsvrouw uitgeeft om op die manier adressen los te peuteren. De Gestapo zal haar hiervoor betalen, net zoals die hem heeft betaald voor het aanbrengen van verschillende mensen. Maar nadat hij haar naar zijn huis heeft meegenomen en haar distributiebescheiden heeft gegeven, laat Roza Boektje nooit meer iets van zich horen.[50]

Bernhard Joseph heeft wel in meer of mindere mate succesvol samengewerkt met Rudi Wafelman, Egon Hans Kochmann, Hans Günther Blancke en Philip Nort. Op Nort na waren allen tot de sluiting van café De Paris in augustus 1943 en de deportatie van Leonie Rabl-Fraenkel stamgasten.[51] Nadat Wafelman in 1942 een gevangenisstraf wegens een zedendelict had uitgezeten, liet hij zich strikken door het *Judenreferat* in Den Haag. Hij gaf er tips aan door die hij veelal van derden kreeg. 'Heeft als V-man voor de SD gewerkt en de arrestatie van talrijke Joden begunstigd,' heet het in een notitie in zijn flinterdunne dossier.[52]

De werkeloze bankwerker Blancke (op 13 september 1919 geboren in het Duitse Lüdenscheid) werkte als informant voor de SD sinds die hem op 3 maart 1942 uit Westerbork had gehaald. Hij gaf zich vanaf toen uit voor verzetsman die onderduikers naar Frankrijk kon helpen vluchten, maar na verloop van tijd vertrok hij zelf voor de Duitse bouworganisatie *Organisation Todt* naar dat land. In het voorjaar van 1944 keerde hij naar Amsterdam terug en huurde op de Deurloostraat 47-III een kamer.

Ook een andere handlanger, de musicus Kochmann (24 mei 1919, Berlijn) kwam vrij uit Westerbork, op 15 juli 1942, waarschijnlijk omdat hij kon aantonen half-Joods te zijn. Ze trokken veel met elkaar op, al zou Kochmann volgens een getuige altijd bang zijn geweest dat Bernhard Joseph hem zou verraden.

Met Blancke en Kochmann heeft Bernhard Joseph nog in de zomer van 1944 de voorbereidingen getroffen voor een grotere vangst in het Brabantse Oss. Ze hebben samen die plaats ettelijke keren bezocht om er de boel te verkennen. De ouders van Blancke hebben daar voor de oorlog gewoond en zelf heeft hij er tot voor kort omgang gehad met een verpleegster van een Joods bejaardentehuis, Bertha Zilverberg.

Hij weet zodoende dat er in het tehuis nog een aantal Joodse mannen en vrouwen verblijft. En bovendien kent hij een Joods gezin, vader en moeder Hes en hun zeven kinderen, dat nog in hun eigen huis mag blijven wonen. De oudste dochter, Mia, heeft een jaar geleden roodvonk gehad en er zou nog besmettingsgevaar bestaan. Blancke heeft zowel de mensen in het tehuis als de familie Hes bij de SD in Amsterdam aangebracht, maar omdat hij inmiddels weer dienst heeft genomen bij de *Organisation Todt*,[53] stuurt Kempin Bernhard Joseph mee met drie rechercheurs van Joodse strafzaken: Moesbergen, Harm Krikke en Johannes van Kooten.

Op vrijdag 4 augustus – dezelfde dag waarop de inval in het achterhuis plaatsvindt – vertrekken ze 's ochtends in alle vroegte naar Oss. Bij aankomst, tegen zeven uur, wijst Bernhard Joseph eerst het huis van de familie Hes op Heuvel 79 aan. Terwijl Krikke achterblijft om het gezin te bewaken, brengt hij Moesbergen naar het huis van Bertha Zilverberg op de Kruisstraat 36. Hij loopt met Van Kooten door naar het rusthuis, maar dan beslist Moesbergen dat ook Bertha Zilverberg moet meekomen.

De dertigjarige vrouw voelt zich totaal overrompeld, temeer daar ze dacht dat de plaatselijke politie haar zou waarschuwen voor een inval. Bij het rusthuis ziet ze Bernhard Joseph op straat staan praten met een van de SD-rechercheurs. In eerste instantie snapt ze niet wat hij hier heeft te zoeken. Ze beschouwt hem per slot van rekening als een vriend, iemand die ze te eten heeft gegeven, in de veronderstelling dat hij in Amsterdam honger leed. Maar ineens beseft ze hoe de vork in steel zit.

Als hij haar in de gaten krijgt, vraagt hij of ze misschien niet met hem wil samenwerken. 'Om zodoende de zekere dood die mij in Westerbork of in Auschwitz wachtte, te ontgaan,' zoals de vrouw het later uitdrukte. Woedend vliegt ze hem naar de keel om hem vervolgens, als de rechercheurs haar hebben weggetrokken, uit te kafferen.

Het wachten is op een vrachtwagen van de Wehrmacht die de achttien arrestanten naar Amsterdam moet overbrengen. In de tussentijd mag Bertha Zilverberg nog onder geleide van een rechercheur boodschappen doen. De vrachtwagen vertrekt 's middags om vier uur, maar vanwege ruimtegebrek nemen Krikke en Moesbergen Bertha en de twee oudste meisjes Hes, de twaalfjarige Mia en de elfjarige Rosina, mee in de trein. Niet zonder dat de drie, zoals gebruikelijk in dit soort gevallen, hun treinkaartje zelf hebben betaald.[54]

Bernhard Joseph verklaarde na de oorlog niet te hebben geweten dat de rechercheurs deze mensen zouden arresteren. Hij dacht dat het om een onderzoek ging en dat hij alleen de huizen moest aanwijzen. Eenmaal in Oss zag hij geen kans meer eronderuit te komen, ook meende hij dat niemand hem zijn handelwijze zou aanrekenen. Hij zat immers toen nog altijd in de opleiding voor politieman. Desondanks had het gebeuren in Oss voor hem de doorslag gegeven, zei hij, om in de loop van augustus bij zijn vriendin Gerda Kortis in Heerlen onder te duiken.

Afkomstig uit een NSB-familie werkte zij in Amsterdam als dienstmeisje bij een vriend van hem, maar ze keerde die zomer terug naar Limburg. Uit angst van rassenschande te worden beticht zou Bernhard Joseph expres een paar dagen later dan zij zijn vertrokken.

Modetekenares

Qua sluwheid en gewetenloosheid heeft vader Berthold – volgens een beschrijving in zijn dossier: '1,65 meter, kort, gezet, gezicht rond, peper-en-zoutkleurig, achterovergekamd haar, ogen bruin, scheef geplaatste neus, kleine mond met zeer dunne lippen, veel gouden tanden en stifttanden, Nederlands met een sterk Duitse tongval' – weinig ondergedaan voor zijn zoon.

Als hij met een Joodse kameraad uit de Eerste Wereldoorlog heeft afgesproken, seint hij gauw de SD in. Hij zal de oud-frontstrijder bij het verlaten van het pension de hand schudden zodat de even verderop verdekt opgestelde rechercheurs weten dat ze die man moeten hebben. Na zijn arrestatie brengen ze hem naar de *Dienststelle*, waar hij meteen, zonder verder enige pressie, zijn vrouw verraadt. Die blijkt een relatie te hebben met een kunstschilder uit het Gooise Laren.

Ook ziet Berthold Joseph er geen been in zijn eigen dochter, net zeventien jaar, als informant voor de SD te ronselen. Als hij het meisje in de zomer van 1943 heeft verteld dat Bernhard en hij voor de Duitsers werken, polst hij haar of zij ook niet haar steentje zou willen bijdragen. Op die manier kan ze helpen voorkomen dat de familie naar Polen moet. Resi stemt in, weliswaar 'na hevige gewetensstrijd', zoals ze na de oorlog zei, en meldt zich bij de SD. Maar tijdens een verhoor bestreed Berthold Joseph dat het zo zou zijn toegegaan.

'Ik sta hier gewoon verstomd van,' zei hij. 'Hoe zij iets dergelijks kan verklaren, is mij een raadsel.' Volgens hem stond op een dag iemand van de SD bij hen voor de deur die haar verzocht naar het bureau in de Euterpestraat te komen. Ondanks zijn furieuze protesten ging Resi toch en hij zou zich er dusdanig over hebben opgewonden dat hij haar bij thuiskomst niet had gevraagd wat ze er had gedaan en wat ze had afgesproken. Zelf had hij tenslotte ook nooit iets te maken willen hebben met de SD. Los dan van het feit dat hij zijn zoon af en toe een handje hielp met het verzorgen van de *Stimmungsberichten*: 'Ik wilde het leven van mijzelf en mijn huisgenoten redden. Ik heb nooit geweten dat de jodenmensen zouden worden vergast in Duitsland.'

Wat Resi – dik, zwart halflang haar, beetje bol gezicht, grote neus – precies voor de SD heeft gedaan, blijkt niet duidelijk uit haar CABR-dossier. In verhoren geeft ze precies datgene toe wat niet meer te ontkennen valt om vervolgens aan haar verklaring een geheel eigen draai te geven. Ze bekent dat ze zich enkele keren als celspion heeft laten opsluiten bij mannelijke arrestanten, maar bestrijdt dat dezen haar iets van belang hebben verteld of dat ze dingen aan de SD zou hebben doorgebriefd.

De POD kan echter niet de verdenking hardmaken dat Resi voormalige klasgenoten zou hebben verraden die als leerling-verpleegster naar de Joodse psychiatrische inrichting Het Apeldoornsche Bosch vertrokken. Kort na hun aankomst zouden Nederlandse SD-rechercheurs de meisjes hebben gearresteerd en geen van hen overleefde. Mogelijk dat Resi hen nog kende uit de tijd toen ze een opleiding als modetekenares volgde. Doordat de meisjes als gevolg van de Duitse verordeningen geen baan konden vinden, probeerden ze bij een Joodse instantie aan de slag te komen. Resi werkte zelf als dienstbode, terwijl ze daarnaast manicuurde, maar zij hoefde vanaf 1943 dan ook geen ster meer te dragen.

De POD-rechercheurs kunnen een andere zaak, die in het voorjaar van 1944 speelt wel goed onderbouwen. Haar broer Bernhard had Kempin getipt dat bij hun buurvrouw op de Joubertstraat, mevrouw Clara Havas-Teitelbaum, regelmatig een Joodse onderduiker over de vloer kwam, een vriend van haar zoon Eugenio die in Westerbork zat. De man zou in de Czaar Peterstraat wonen, maar als de

SD-rechercheurs Moesbergen, Out en Krikke een inval doen, treffen ze er alleen twee Joodse vrouwen aan, Marie IJzerman-Trompetter en haar zuster Beppie van Thijn-Trompetter.

Op grond van in beslag genomen documenten stelt Moesbergen vast dat het bij de voortvluchtige man om de drieëndertigjarige chauffeur Machiel IJzerman gaat, de echtgenoot van Marie IJzerman. Enkele dagen later hoort Bernhard Joseph dat hij de volgende dag naar Amsterdam zal komen om 's avonds tegen halftien mevrouw Havas op het Amstelstation te ontmoeten. Zij heeft dan die dag haar zoon in Westerbork bezocht. IJzerman, die wil weten hoe het met Eugenio gaat, zal haar naar huis vergezellen. Moesbergen verlangt dat Bernhard de gezochte man zal identificeren, maar als die het wegens ziekte laat afweten, moet Resi mee. Zij heeft bij haar bezoeken aan mevrouw Havas Giel IJzerman een paar keer gezien.

In een verhoor op 2 januari 1946 betwistte Resi echter deze toedracht. Ze zou helemaal niet hebben geweten dat IJzerman er zou arriveren, ze hield enkel een vriendin gezelschap: 'Door een ongelukkige omstandigheid kwam Giel eveneens naar het station om de buurvrouw af te halen. Hij stapte op mij af, maar nadat hij een vijftal minuten met mijn vriendin Bep en mij had gepraat, werd hij gearresteerd door Krikke en zijn blonde collega' – Joop Out – 'die met getrokken revolver de mensen op een afstand hield.' Om er verontwaardigd aan toe te voegen: 'Uit vrije wil was ik ongetwijfeld nooit tot dit lugubere werk gekomen.'

Maar volgens haar vriendin, evenals Resi manicure, klopt dit verhaal domweg niet: 'Een feit is dat zowel Resi als ik wist dat Giel IJzerman ook op het station zou komen om mevrouw Havas af te halen en ik weet mij nog zeer positief te herinneren dat wij het daarover hadden. Een van ons moet nog de opmerking hebben gemaakt dat Giel zo lang wegbleef.'

Moesbergen vertelde in een verhoor op 31 oktober 1945 dat hij bij de arrestatie Giel IJzerman als de zoon van 'de mij persoonlijk bekende Bram IJzerman' had herkend: 'Ik zei tegen Krikke dat die man een half-Jood was en slaagde erin in verband met deze omstandigheid, ofschoon ik wist dat het bezijden de waarheid was, de invrijheidstelling van die door Resi aangewezen man te bewerkstelligen. Die twee Jodinnen die wij in de Czaar Peterstraat arresteerden, zijn naar Westerbork doorgestuurd. Wat er verder van hen is geworden, weet ik niet.' In werkelijkheid deporteerde de SD ook IJzerman naar Westerbork.

Ongeveer de eerste die hij in dat kamp tegen het lijf loopt, is zijn vriend Eugenio, tegen wie hij zijn verbazing erover uitspreekt dat de rechercheurs onmiddellijk hem arresteerden, hoewel hij absoluut geen Joods uiterlijk heeft, terwijl ze Resi, die dat wel heeft, ongemoeid lieten. Al na veertien dagen gaan hij, zijn vrouw en zijn schoonzusje op transport naar Auschwitz.[55] Mevrouw Havas, die ze in eerste instantie ongemoeid hebben gelaten, pakken ze naderhand alsnog op.[56] Volgens haar zoon Eugenio, die de oorlog overleefde, gebeurde dit vermoedelijk op aanstichting van de familie Joseph, maar Bernhard ontkende dat ten stelligste: hij had juist een goed woordje voor haar bij Moesbergen gedaan.

De hoop van de POD-rechercheurs dat wellicht Moesbergen uitsluitsel in deze zaak zou kunnen geven, bleek ongegrond. Hij liet ze in een volgend verhoor weten dat hij zich had bekeerd en daarom 'uit religieuze overwegingen' geen andere mensen meer wilde belasten, laat staan namen zou noemen.

Haar Enigste Broer

Het blijft curieus dat het verzet vader en zoon Joseph niet heeft geliquideerd, zoals het met een reeks van andere verraders wel heeft gedaan, zowel Joodse als niet-Joodse. Ettelijke keren hebben mensen hierop aangedrongen, maar er gebeurde niets. Een van hen kreeg zelfs te horen dat ze al met de vader hadden afgerekend. Ze zouden echter de zoon willen laten leven om van hem te vernemen wat er bij de *Sicherheitsdienst* speelde. Als zou Bernhard Joseph heimelijk informatie doorgeven.

Desondanks waarschuwde het verzet herhaaldelijk voor hen, zoals het *Signalementenblad*, dat schreef: 'Oppassen voor deze Joodse familie.' En het verzetsblaadje *De Luisteraar. Weekblad voor de goede kant* meldde in juli 1944:

> Een zekere Joseph (of Josef) en wel vader en zoon zijn Joden, lopen echter vrij en zonder ster. Zij staan in dienst van de SD. Men waarschuwe dus zoveel mogelijk voor deze verraders. Voorzover bekend hebben deze smeerlappen vroeger een groentenwinkel aan de Parnassusweg te Amsterdam (of in de nabijheid) gehad.

En inderdaad had Berthold Joseph in 1939 op de Parnassusweg een groentezaak, maar moest die bij gebrek aan de benodigde vergunningen verkopen. In ieder geval namen andere verzetsbladen deze waarschuwingen over, wat voor Bernhard Joseph reden moet zijn geweest de wijk te nemen naar Zuid-Limburg. Al beweerde hij later dat zijn besluit was ingegeven door de arrestaties in Oss. Kempin vertelde na de oorlog dat de illegale pers 'Bubi' dusdanig had blootgesteld dat de SD hem niet meer als V-man kon gebruiken.

Nadat de geallieerden het zuiden van Nederland hebben bevrijd, treedt Bernhard Joseph op 22 september 1944 als tolk en chauffeur in dienst van de U.S. First Army. Er bestaan twee foto's van hem in Amerikaans uniform, de ene kennelijk in een studio gemaakt. Een helm scheef op het hoofd, een onzekere, non-descripte blik in de ogen, een vage glimlach om de lippen, sigaret in de hand. Op de andere foto zit hij op een motor, zijn gezicht schuin naar de camera gewend. Hoewel hij al die tijd niets te doen had gehad, had hij op die manier, zei hij later in een verhoor, toch zijn steentje aan de bevrijding bijgedragen.

Als de Amerikanen alle vrijwilligers ontslaan, keert Bernhard Joseph op zondag 17 december terug naar zijn vriendin Gerda Kortis in Heerlen om twee dagen later 's nachts om twaalf uur in Kerkrade te worden gearresteerd. Hij zit eerst bij de Amerikanen vast, die hem, de voormalige V-man, van spionage verdenken, waarna hij op

17 april 1945 in het huis van bewaring in Maastricht belandt. Kort na de bevrijding van Noord-Nederland laat het Militair Gezag hem naar het kamp Vught en vervolgens naar Amsterdam overbrengen.

De BS heeft op dat tijdstip ook al zijn zuster Resi aangehouden. Een kennis had haar op 5 september 1944, Dolle Dinsdag, met het oog op 'de onberedeneerde woede van de bevolking' – zoals Resi het formuleerde –, geadviseerd Amsterdam te verlaten. Ze had in Venlo onderdak gevonden bij kennissen van haar broer.

Hun ouders hebben zich dan nog aan een arrestatie kunnen onttrekken. Zij hebben de benen genomen naar Berlijn, waar ze sindsdien onder de valse naam Ernst en Liselotte Ubbing leven. Vader Berthold als coupeur, moeder Lina als huishoudster van een bejaard echtpaar. Pas nadat ze een woning op de Schweinfurthstrasse 69 in het stadsdeel Dahlem hebben gevonden, nemen ze weer hun eigen naam aan. Ze leiden er een teruggetrokken bestaan tot de Britse *Field Security* hen op donderdag 21 maart 1946 op Nederlands verzoek arresteert en in de gevangenis van Berlijn-Tegel opsluit.

Een Nederlandse opperwachtmeester van de parketwacht verhoort daar de volgende dag Lina Joseph, maar dat levert niets op. In een notitie stelt hij vast dat de vrouw niets anders deed dan huilen, al heeft hij het gevoel dat ze meer van alles af weet. 'Zij deelde mij mee dat zij al jaren levensmoe was,' schrijft hij, 'en verzocht mij haar te willen doodschieten. Ik deelde de vrouw mee dat ze maar rustig in haar cel over alles moest nadenken, dan zou ik haar na enige tijd opnieuw een verhoor afnemen.'

Zaterdag vindt in de woning een huiszoeking plaats, dit op last van de Nederlandse militaire missie in Berlijn. Na de vrijlating op 11 april van Lina Joseph volgt zestien dagen later de uitlevering van Berthold Joseph aan Nederland.

Als eerste staat Resi eind 1946 terecht en aan de vooravond van haar proces heeft Bernhard Joseph in een brief aan de procureur-fiscaal van het bijzonder gerechtshof in Amsterdam voor een milde straf gepleit: 'Dat ondergetekende hoopt en verwacht dat u dit jonge

– maar veel en zwaarbeproefde – leven niet verder zult afbreken, maar indien U Edel Gestrenge dit kunt sparen en beschutten, de dank incasseert van iemand die veel heeft geleerd en begrepen. Die iemand is: Haar Enigste Broer, haar enigste Bezit in deze verlaten en losgeslagen wereld.' Op 11 november 1946 veroordeelt het hof de twintigjarige vrouw tot drie jaar gevangenisstraf.

Het proces tegen vader en zoon Joseph begint in het najaar van 1948. De PRA heeft voor deze gelegenheid een lijst met de namen van zevenenvijftig slachtoffers opgesteld die Bernhard aan de SD zou hebben uitgeleverd en die zijn omgekomen of vergast. Met als jongste de tweejarige Samuel Aaron Salmij Hes en als oudste de tachtigjarige Isaac Elsbach. Maar de recherche wijst erop dat het werkelijke aantal vermoedelijk 'aanmerkelijk hoger' ligt, alleen heeft zij over de anderen geen verdere gegevens kunnen vinden. Tijdens een verhoor sprak de SD-rechercheur Schaap zelfs over 'honderden Joden'.

Nelly Liebermann keerde weliswaar terug, en ook Rebecca Ensel, om eventueel – ten tijde van zijn proces woont Nelly in New York, op 47 Fort Washington Avenue – zelf te kunnen getuigen. En Abraham Pach doet dat voor zijn oom en tante, maar er zijn veel mensen verraden zonder dat er een haan naar kraaide. Niemand kwam hún verhaal vertellen. Nadat de procureur-fiscaal tegen Bernhard Joseph de doodstraf heeft geëist, veroordeelt het hof hem tot twintig jaar en zijn vader tot achttien jaar.

In hoger beroep gooit Bernhard Joseph het over een heel andere boeg door zijn Duitse afkomst te benadrukken. Iemand die het in het begin van de oorlog als zijn heilige plicht had gezien zich als 'soldaat' te melden en zich sindsdien aan zijn eed gebonden achtte. Onder geen beding had hij 'deze eed van trouw' willen breken. In een *Verteidigungsschrift des Reichsdeutschen Bernhard Joseph* wijst hij erop dat hij dan wel Joods mag zijn, maar dat hij dit nooit zo heeft ervaren, 'omdat ik als kind door mijn Duitsdenkende ouders in nationaal-vaderlandse zin werd opgevoed'.

Bovendien zouden zijn overgrootvader, grootvader en vader als

Duitse soldaat hebben gediend, 'zodat een zekere militaire traditie in onze familie voorhanden is'. Volgens hem komt daar nog eens bij dat bewoners van een grensstreek, zoals de mensen uit zijn geboortestad Breslau, 'een heel bijzonder sterk ontwikkeld nationaal gevoel' hebben dat voortvloeit uit een eeuwenlange strijd om de grenzen.

Over de beschuldiging dat hij Joden heeft aangebracht, merkt hij op dat de Duitsers hun niet wegens 'hun godsdienst of hun ras' hebben gearresteerd, maar omdat de Joden 'overeenkomstig de bevelen van het Zionistisch Wereldcongres vijandige daden tegen de Duitse bezettingsmacht' voorhadden: 'Dit betekent dat ze zich als agenten gedroegen die door een vijandige mogendheid werden ingezet om de oorlogsvoering van de tegenstander actief te dwarsbomen.'

De bijzondere raad van cassatie toont zich niet bijster onder de indruk van zijn betoog, al zeggen de rechters nog wel rekening te willen houden met zijn jeugdige leeftijd. Ten aanzien van beiden zien ze als verzachtende omstandigheid 'dat zij als zogenaamde Duitse Joden, evenals nagenoeg alle Joden hier te lande, tijdens de bezettingsjaren in zeer moeilijke omstandigheden hebben verkeerd'. De raad handhaaft desondanks de straf van Bernhard Joseph, maar brengt die van zijn vader terug tot vijftien jaar. Na tweederde van zijn straf te hebben uitgezeten komt Berthold Joseph, zwaar hartpatiënt, in 1955 vrij.

Bachstrasse

Het leek me het meest logisch het spoor van zijn ouders te volgen, wilde ik erachter komen waar Bernhard Joseph na zijn vrijlating in 1957 kon zijn gebleven. Tenslotte vormden zij in de oorlog een hechte familie en ik kon me indenken dat ze ook erna nauw contact hielden. Terwijl ik in het duister tastte omtrent zijn mogelijke verblijfplaats, had ik van zijn ouders tenminste een naoorlogs adres in Berlijn-Dahlem: Schweinfurthstrasse 69. Mijn digitale zoektocht bracht me kriskras door Duitsland, waarbij ik aan elk verzoek voor informatie over vader en moeder Joseph de vraag koppelde of ze op de betrokken afdeling burgerzaken misschien ook gegevens hadden over Bernhard en Resi. Maar elke keer ving ik op dit punt bot.

Ik kwam wel aan de weet dat het ouderpaar in 1959 van zijn nieuwe adres in Berlijn-Mariendorf naar het ten noorden van Frankfurt gelegen Bad Nauheim was verhuisd. Twee jaar later overleed Berthold Joseph daar op 23 februari 1961, zevenenzestig jaar oud. Zijn weduwe vertrok in 1963 naar Bad Homburg ten zuiden van Bad Nauheim. Van Bernhard Joseph wist ik intussen nog steeds niets. Zijn verblijfplaats of zijn mogelijke overlijdensdatum was mij onbekend, tot ik eind 2008 van burgerzaken in Bad Homburg een mail ontving dat Lina Joseph-Bloch daar op 16 augustus 1978 in een bejaardentehuis was overleden. Met de toevoeging dat ze sinds december 1975 een tweede woning had gehad in Bad Waldsee.

En op dat moment wist ik dat ik beethad. De weduwe scheen me niet iemand toe die zich een tweede huis in dit *Kurort* kon permitteren en al googelend vond ik in het Duitse telefoonboek zijn naam en adres: Joseph Bernhard, *Kaufmann*, Johann-Sebastian-Bachstrasse 2, 88339 Bad Waldsee.

Als ik samen met Olivier die opnames wil maken, bij zijn appartement aanbel, op een gure, regenachtige namiddag in april 2009, vertelt een bovenbuurvrouw mij dat zijn zoon of dochter hem een week of wat geleden heeft meegenomen. Waarheen weet de oude vrouw niet. Of ze wil het niet zeggen. Dat hij ooit zal terugkomen, sluit ze uit, gezien zijn slechte gezondheid. We komen in gesprek, ook over de vraag wat voor man hij is, en ze verzekert me dat weinig mensen zich zo voorkomend en hoffelijk gedragen als hij.

Op mijn vraag of ze wel eens heeft gehoord dat hij een uiterst bedenkelijk oorlogsverleden heeft, reageert de vrouw in eerste instantie vol ongeloof en vervolgens hevig verontwaardigd. Hoe kom ik aan die belachelijke onzin? Als ik haar vertel dat hij in Nederland voor de SD en de Gestapo heeft gewerkt en voor oorlogsmisdaden is veroordeeld, scheldt ze me uit voor *Lügner* alvorens ze de deur dichtknalt.

De volgende dag keren we naar de Bachstrasse terug om met een paar buurtbewoners te praten. Misschien weten zij waar hij nu verblijft. Veel levert het niet op, behalve dan dat ze ons weten te vertellen dat hij na zijn pensionering reisleider is geworden. Reizen was sowieso zijn lust en zijn leven. Net als we op het punt staan weg te rijden, stopt pal achter ons een groene politiewagen. Twee agenten stappen uit en vragen of we ons kunnen legitimeren. Op hetzelfde moment duikt uit het niets de bovenbuurvrouw op, die druk op een van de politiemannen begint in te praten, terwijl ze met een beschuldigende vinger naar ons wijst.

Het blijkt dat zij de politie heeft ingeschakeld. Ze vindt dat we ons hoogst verdacht gedragen, legt een agent me uit. Ik met mijn vreemde verhalen en vragen, en Olivier met zijn camera.

Het regent onophoudelijk, het is guur en Bernhard Joseph lijkt onvindbaar, maar uiteindelijk krijg ik dan toch zijn nieuwe adres. In een gehucht op zo'n driehonderd kilometer van Bad Waldsee, niet ver van Kaiserslautern en de Amerikaanse basis Ramstein. Het dorp is zo klein dat het niet eens op de kaart staat. Ik bel aan bij het laatste huis aan de rand van het boerendorp, maar niemand doet open. Dan hoor ik een mannenstem achter me: 'We hebben het al gehoord. Hij is een *Kriegsverbrecher*.'

De man stelt zich voor als de schoonzoon van Bernhard Joseph. De bovenbuurvrouw die voordat ze me begon uit te schelden, beweerde het nieuwe adres niet te kennen, heeft hem gebeld. Als ik naar zijn vrouw vraag, neemt hij me mee naar de zijkant van het huis. Hij wijst daar naar een donkerharige, struise vijftiger die met een bezem boven op een afdakje staat te schrobben.

B. (ze wil anoniem blijven) zegt dat ze zo verschrikkelijk geschrokken is van het telefoontje uit Bad Waldsee dat ze iets moest doen. Schrobben, poetsen, boenen. Ze vraagt me wat ik van haar vader weet en als ik mijn verhaal doe, valt me op dat zij en haar man mijn woorden geen moment in twijfel trekken. Ontdaan legt ze uit dat ze helemaal van niets wist. Van zijn verblijf in Nederland, zijn werk voor de SD en de Gestapo, het verraad, de veroordeling, de gevangenschap. Ze hoort het voor de eerste keer, maar eigenlijk verbaast het haar niet eens.

En ze vertelt dat hij hen, haar moeder, een domineesdochter, haar oudere zusje en haar in de steek liet, toen ze nog klein was, twee, drie jaar oud. Terwijl zij drieën in armoede leefden, had hij zich nooit om hen bekommerd. Pas later, nadat B. was getrouwd, bezocht hij met zijn tweede vrouw haar en haar beide dochters. Woonachtig in Frankfurt verdiende hij er zijn brood als vertegenwoordiger van Nescafé, maar na zijn pensionering verhuisde hij naar Bad Waldsee. In 2008 overleed zijn vrouw en al enkele maanden later ging hij op zoek naar een nieuwe. Vanwege zijn slechte gezondheid heeft de dochter zich, ondanks alles, gedwongen gezien hem bij haar in huis te nemen.

Sinds een paar dagen ligt hij na een – in haar woorden – 'piepklein hartinfarctje' in het Sankt Johannis-Krankenhaus in Landstuhl. 'Maar ik hoop dat hij gauw doodgaat,' verzucht ze. 'Ik heb helemaal niets met die man.' Op mijn vraag of zijn zuster Resi eigenlijk nog leeft, antwoordt ze dat die in Australië woont, getrouwd en wel, met kinderen en kleinkinderen. Eens in de zoveel tijd belt ze haar broer.

's Avonds overleggen Olivier en ik in het enige café in de buurt van ons hotel, een soort thuishonk van de in Duitsland toch verboden Hells Angels, wat ons nu te doen staat. Ook in Kaiserslautern plenst het continu en het lijkt allemaal voor niets. Tegen halftien besluit ik zijn dochter te bellen of we misschien niet met haar meekunnen als ze hem morgen zou bezoeken. Ze vindt het een goed idee: ik kan hem dan confronteren met zijn verleden. Ik weet immers zaken die zij niet weet en ze gelooft stellig dat hij anders alles zonder meer zal ontkennen. Hij is nog heel goed bij de tijd en beslist niet op z'n mondje gevallen.

Voor we kamer 5 binnen stappen, Olivier met een verborgen handcamera in ons kielzog, fluistert B. me toe: 'Als ik omval, moet je me opvangen.'

Hij ligt in een driepersoonskamer in een bed aan het raam, een oude man, maar ook een van de grootste verraders in de Nederlandse geschiedenis. Als ik hem in het Nederlands groet en vervolgens vraag of hij deze taal nog spreekt, reageert hij met: '*Bitte* ... uh?' Ik herhaal in het Duits mijn vraag, of hij, na per slot van rekening een verblijf van meer dan twintig jaar in Nederland, de taal nog machtig is. Hij schudt het hoofd: 'Dat spreek ik niet.' Dan verzoekt zijn dochter hem op afgemeten toon mee te komen, ze wil iets bespreken.

Onderweg naar de cafetaria van het ziekenhuis zegt Bernhard Joseph ineens dat hij naar de wc moet. Terwijl we staan te wachten, smaalt B.: 'Het zou me niets verbazen als hij niet meer terugkomt. Dat hij simuleert een of andere aanval te hebben gekregen. Hij is een geboren acteur.' Maar ik denk dat hij best wil weten wat er speelt. In de lift zag ik hem verschillende keren naar mij gluren.

In de cafetaria leg ik hem uit dat ik een boek schrijf over het verraad van de mensen in het achterhuis, maar dat ik me ook verdiep in andere verraadzaken, zoals de zijne. Hij luistert naar me zonder dat hij iets van emotie toont. Dan begin ik mijn vragen te stellen.

Klopt het dat u vanaf 1937 in Nederland verbleef? De eerste jaren met uw vader Berthold, uw moeder Lina en uw zuster Resi? 'Klopt allemaal.'

'Ik ben geschokt door wat ik hoor,' zegt zijn dochter.

Toen de oorlog uitbrak, ging u voor de SD werken... 'Ja.'

Zegt de naam Estella de Kromme u iets, of Puck de Kromme? 'Nee, die heb ik nooit gehoord.'

Maar ze woonde toch bij u in de Händelstraat, in het pension van uw moeder? 'Daar heb ik inderdaad gewoond, maar ik heb haar niet gekend.'

En de naam Ans van Dijk? 'Zegt me niets.'

Hans Günther Blancke, een vriend van u? Zwijgend schudt hij het hoofd, zoals hij ook doet als ik de namen noem van Rudi Wafelman en Egon Hans Kochmann. Bent u ze misschien vergeten? 'Ik ben soms vergeetachtig, maar ik ben er zeker van dat ik die namen nooit eerder heb gehoord.'

En Oss, herinnert u zich nog dat u in die stad was? 'Daar ben ik nooit geweest,' zegt hij beslist. De handen over elkaar, zijn ogen strak op mij gericht.

Op 4 augustus 1944 hebt u er met Nederlandse SD-rechercheurs achttien Joden helpen oppakken. 'Dat kan niet zijn. Ik heb nooit van Oss gehoord.'

Maar het staat toch in uw dossier? 'Ik ben nooit in Oss geweest.'

Hebt u dan niet voor de SD gewerkt onder de codenaam Bubi? 'Dat klopt.'

Bubi junior, en uw vader als Bubi senior? 'Mijn vader heeft helemaal niets te maken gehad met de SD.'

Hij is toch tot vijftien jaar gevangenisstraf veroordeeld? 'Ja, wegens economische delicten.'

Ook uw zuster Resi is veroordeeld. 'Daar weet ik niets van. Zij heeft er nooit iets mee te maken gehad.'

Ze kreeg drie jaar gevangenisstraf... 'Kan je je voorstellen wat ik heb doorstaan?' vraagt zijn dochter hem. 'Het hele flatgebouw in Bad Waldsee weet sinds gisteren dat je een oorlogsmisdadiger bent. Wat kan ik nog meer verwachten?'

Hij vertrekt geen spier en als hij blijft zwijgen, stel ik voor dat hij eindelijk eens schoon schip maakt. Honderden slachtoffers heeft hij op zijn geweten. 'Ik?'

Het gerechtshof achtte in ieder geval zevenenvijftig gevallen bewezen, mensen die zijn vermoord en vergast... 'Ik heb de hele nacht niet geslapen,' zegt zijn dochter. 'Ik weet niet meer wat ik wel en wat ik niet moet geloven.'

Waarom geeft u geen opening van zaken? 'Waarom zou ik dat doen?'

Opdat tenminste uw dochter weet wat er is gebeurd, afgezien dan nog van de nabestaanden van uw slachtoffers? 'Als ze het wil weten, zal ik het haar vertellen.'

Hebt u spijt van wat u hebt gedaan? 'Ik was toen zeventien jaar. Een paar jaar daarvoor had ik bij de *HJot* [afkorting voor *Hitlerjugend*] gezeten en toevallig liep ik in Amsterdam de leider van mijn groep tegen het lijf...'

'Ik wist helemaal niet dat je in Amsterdam hebt gewoond,' zegt zijn dochter, 'en dat je Hollands kan spreken.'

'Niet meer. Maar op die manier ben ik bij Klaus Barbie gekomen en die heeft me verzocht *Stimmungsberichten* te maken.'

'Wat zijn dat, *Stimmungsberichten*?' vraagt zijn dochter.

'Dat is een verslag met de reacties van de bevolking op de Duitse maatregelen.'

U hebt toen ook een eed afgelegd. 'Een eed?'

Dat staat in uw dossier. U hebt dat na de oorlog zelf verklaard. 'Dat klopt niet.'

Tot 1942 hebt u inderdaad *Stimmungsberichten* geschreven, maar toen de deportaties begonnen, hebt u ook Joden verraden. 'Ik heb daar niet aan meegedaan.'

Er is toch niet voor niets de doodstraf tegen u geëist? Dat was vanwege verraad. 'Dat hebben ze me ten laste gelegd.'

Nadat u in eerste instantie alles had ontkend, hebt u later een reeks van dingen toegegeven. Klopt dat dan niet? Beseft u wel dat ze u alleen vanwege uw jeugdige leeftijd niet de doodstraf hebben gegeven? 'Ja, dat weet ik.'

U kwam twee, drie keer per week bij de SD op de Euterpestraat. 'Was dat niet in de buurt van de Händelstraat?'

En als u er binnenstapte, groette u met *Heil Hitler*. 'Ik? Nee nooit.'

Na de oorlog zei u dat u in de Duitse geest was opgevoed. Uw vader was piloot bij de marine geweest en ook u wilde zich voor het Duitse Rijk inzetten... 'En voor mijn familie.'

Wat verdiende u als *Beobachter* met het schrijven van de *Stimmungsberichten*? 'Geen pfennig.'

Maar u moest toch leven? 'Ik leefde op de zak van mijn ouders.'

En toen u als v-man voor de Gestapo ging werken? 'Ik heb nooit geld gekregen.'

Maar die PRA-rechercheurs verzonnen dat toch niet allemaal? Dat u minstens zevenenvijftig mensen heeft verraden. 'Dat weet ik niet.'

U bent toch niet tot twintig jaar gevangenisstraf veroordeeld voor iets wat u niet hebt gedaan? 'Volgens de Hollanders had ik voor de Duitsers gewerkt.'

Maar alleen voor het schrijven van *Stimmungsberichten* kreeg je geen twintig jaar. 'Wat wilt u eigenlijk van mij?'

Ik wil weten hoe u op die tijd terugkijkt. Wat denkt u, wat voelt u? Maar het enige wat u te berde brengt, is dat het allemaal niet klopt en dat het niet heeft plaatsgevonden. 'Dat zeg ik niet. Wat ik bedoel, is dat Barbie ervoor heeft gezorgd dat ik niet naar Auschwitz zou gaan als ik de *Stimmungsberichten* zou schrijven. En dat heb ik vijf jaar lang gedaan.'

En al die zaken die in uw dossier staan? 'Dat weet ik niet.'

Dan heeft u er ook geen bezwaar tegen dat ik uw dossier lees en alles opschrijf? 'Nee, dat heb ik niet.'

Zegt café De Paris u iets? 'We hebben daar gezeten, met elkaar gediscussieerd. Verder niets.'

Wanneer kwam u vrij? 'In 1957, 1958. Ik weet het niet meer precies.'

'In 1958 is mijn zuster geboren,' zegt zijn dochter. 'Of is dat soms niet mijn zuster? Na dit kan je immers alles verwachten. Ik geloof nu aan niets meer, zelfs niet aan de Lieve-Heer. Is ze soms mijn zuster niet?'

'Dan ben ik in 1957 vrijgelaten. Ik heb toen je moeder tijdens een *Kur* in Bad König leren kennen.'

Na uw arrestatie diste u steeds weer een ander verhaal op. De ene leugen na de andere. Hebt u nooit eens de behoefte gehad het echte verhaal te vertellen? 'Dat heb ik nu gedaan.'

Daar geloof ik niets van. Waarom vertelt u niet de waarheid? 'Ik heb dat gedaan.'

Zijn dochter staat op. 'Ik moet even naar buiten,' zegt ze. 'De frisse lucht in.'

Het is zelfs uw plicht, zeker ten opzichte van uw dochter, het hele verhaal te vertellen. 'Denkt u dat mijn dochter het erg vindt als ze hoort wat haar vader heeft gedaan?'

Natuurlijk vindt ze het erg, niet het minst doordat ze het van mij heeft moeten horen. 'Dat is treurig, treurig. Maar ik ben veroordeeld en heb mijn straf uitgezeten en nu ben ik een zieke man die nog een paar maanden heeft te leven.'

U hebt nog geluk gehad. Voor hetzelfde geld hadden ze u na de oorlog gefusilleerd. 'Ik had liever gehad dat ze me tegen de muur hadden gezet, dan was me veel bespaard gebleven.'

Hebt u er nooit met iemand over gesproken? 'In de eerste plaats: met wie? En in de tweede plaats was het geen mooi verhaal. Dat je in de gevangenis hebt gezeten.'

Voor een dochter of een zoon is het een verschrikkelijk verhaal: een vader die als V-man voor de SD en de Gestapo heeft gewerkt. 'Dat laatste heeft men mij toen ten laste gelegd. Maar u kunt me geloven of niet, ik heb in die tijd ook moeilijkheden gehad, in de *HJot* en bij Barbie, omdat ik geen ariër was. Toch geloofde ik in Hitler en ik had me vast voorgenomen mijn vaderland te dienen. Bij het leger kon ik niet terecht, dus ging ik naar de SD.'

Zegt u de naam Rebecca Ensel iets? Zwijgend schudt hij het hoofd. Dezelfde reactie krijg ik als ik de namen van Nelly Liebermann en Metha Tailleur noem.

Maar met Metha Tailleur bent u nog verloofd geweest. 'Ik heb nooit een verloofde gehad.'

Bent u nog wel eens in Nederland terug geweest? 'Nee, nooit.'

Hebt u uw eerste of tweede vrouw dan niets over uw verleden verteld? 'Dat heb ik niet. Na mijn vrijlating ben ik naar Frankfurt gegaan om een nieuw leven op te bouwen. Maar nu is alles kapot. Laten we een einde aan dit gesprek maken.'

Devisenschutzkommando

De machthebbers in het Derde Rijk streefden de complete uitroeiing van de Joden na, maar eerst wilden ze hun al hun bezittingen afpakken. Hiermee hielden zich verschillende roofinstellingen bezig die hun slachtoffers tot op het bot moesten uitknijpen. Een ervan, het *Devisenschutzkommando*, kortweg DSK, zette daarbij het liefst Joodse mannen en vrouwen in. Mensen die volgens de Duitse verordeningen een vermogensdelict hadden gepleegd en de keus kregen: of ze gingen naar Westerbork of ze hielpen het DSK verdwenen Joodse bezittingen op te sporen. Bij voorkeur goud, diamanten, sieraden, buitenlandse valuta's en effecten.

Enkele tientallen bezweken, in de veronderstelling dat ze geen mensen hoefden te verraden. Zonder zich er rekenschap van te geven dat bezittingen nu eenmaal ook een eigenaar hebben en dat van het een wel eens het ander zou kunnen komen. Deze mensen zou ik tot de tweede categorie van Joodse verraders willen rekenen.

Het DSK maakte deel uit van het *Devisenfahndungsamt*, dat in de meest brede zin de handel in deviezen controleerde. Oorspronkelijk had Himmlers *Reichssicherheitshauptamt* op dat gebied geen zeggenschap, maar liet het toezicht over aan de *Zollfahndungsstellen*, de douanerecherche die onder het Rijksministerie van Financiën ressorteerde. In 1935 kwam hierin verandering met de oprichting van een centraal orgaan voor de coördinatie van alle deviezenonderzoeken in Duitsland. Na de bezetting van Nederland, België en Frankrijk richtte dit *Amt* in elk van de drie landen een DSK op, veelal bemand door ambtenaren van de Duitse douanerecherche die weer nauw samenwerkten met de SD.

In Amsterdam had het *Kommando* zijn hoofdkantoor eerst op de Herengracht en later op de Keizersgracht, steeds in hetzelfde gebouw waarin ook de Nederlandse Douane-Recherchedienst zetelde, die hiermee onder curatele stond. Het had verder filialen in Rotterdam, Groningen en Nijmegen. In de eerste weken na de Nederlandse capitulatie moest het DSK 'in Duits oorlogsbelang' zorg dragen voor een onmiddellijke inbeslagneming van alle deviezen- en goudvoorraden bij Nederlandse banken en kredietinstellingen, de blokkering van privékluizen en geheime deposito's alsmede de bestrijding van overtredingen van de deviezenverordeningen.

Het DSK begon zich in de loop van 1941 steeds meer toe te leggen op het opsporen van Joods vermogen en schrok daarbij voor geen enkel middel terug om de bezitters erin te luizen. Dat gold eveneens voor de handel in uitreisvergunningen die rijke Joden konden kopen. In een aantal gevallen mochten ze inderdaad naar het buitenland vertrekken, maar dikwijls lieten medewerkers van het *Kommando* hen in de val lopen.

De Joodse Magda Levy (17 december 1920, Posen) werkte hiertoe samen met twee DSK-agenten die ze meenam naar een potentiële gegadigde. Een van de Duitsers vertelde hem dan dat een uitreisvergunning tienduizend gulden kostte. Zodra ze het geld hadden ontvangen, gingen ze tot arrestatie over. Een keer beloofden de agenten een met Magda Levy bevriende bonthandelaar voor vijfentwintigduizend gulden een vergunning. Toen de man het geld had betaald, hielden ze hem aan op beschuldiging van omkoping van een ambtenaar.

De voormalige prostituee had het eerste jaar van de bezetting in deze stiel al enige ervaring opgedaan. Samen met haar toenmalige vriend Leonardo van der Graaf – in werkelijkheid heette hij Leendert – hielp ze mensen voor bedragen tussen de vijftien- en vijftigduizend gulden aan de papieren, waarmee die het land konden verlaten, om na hun vertrek met enkele handlangers de verlaten huizen leeg te plunderen. In oktober 1940 kwam aan de samenwerking een abrupt einde toen de Gestapo Van der Graaf arresteerde en naar Berlijn overbracht. Magda Levy, inmiddels SD-informant, verlegde daarop haar werkterrein naar café De Paris.

'Een van de gevaarlijksten die in Amsterdam opereren,' noemde een getuige haar in 1942, toen hij in Londen een verklaring aflegde bij de voorloper van het Bureau Nationale Veiligheid, de Politie-Buitendienst. Voor de Duitsers vormde dit alles geen beletsel om haar naar Auschwitz te deporteren. Magda Levy overleefde het kamp, maar toen de stateloze vrouw in 1946 geen toestemming kreeg naar Nederland terug te keren, verdween ze voorgoed uit het zicht. Het vermoeden bestond dat ze een Amerikaanse militair trouwde.

De zaak tegen Van der Graaf – de Gestapo liet hem na enkele maanden vrij – werd eind mei 1947 geseponeerd. De officier-fiscaal achtte niet bewezen dat hij met Magda Levy had samengewerkt.

Alle informanten van het DSK, Joodse en niet-Joodse, in het laatste geval vrijwel uitsluitend vrijwilligers, figureerden in de administratie onder een nummer en niet op naam. Ze vielen elk onder een ambtenaar die hen moest aansturen. In principe had een informant recht op eerst vijf, later tien procent van de koerswaarde van de in beslag genomen deviezen en ook van het goud, de zogeheten aanbrengprovisie. Bij waardepapieren gold de toenmalige beurskoers, terwijl een taxateur van de roofbank Lippmann Rosenthal & Co de tegenwaarde voor sieraden en kunstvoorwerpen bepaalde. Voor diamanten bestond geen vaste regeling.

Het *Kommando* werkte nauw samen met de Douane-Recherchedienst bij arrestaties, huiszoekingen, inbeslagnemingen en ook verhoren, behalve als het Joodse arrestanten betrof. De bezetter beschouwde Joodse Nederlanders als stateloos en stelde zich op het standpunt dat ze als zodanig moesten worden behandeld. Bovendien dienden overtreders van een *Judenvermögensverordnung* sowieso aan de Sipo te worden uitgeleverd.

Hoewel Joodse informanten dus een belangrijke inbreng hadden, moest het hoofd van het DSK in Amsterdam, Oskar Gerbig, toch telkens opnieuw een sperstempel aanvragen voor vrijstelling van deportatie. In een brief, gedateerd 12 september 1942, schreef hij aan het hoofd van de *Zentralstelle*, SS-*Hauptsturmführer* Aus der

Fünten, over vijf Joodse *Vertrauensleute*: 'Het gaat daarbij om mijn meest verdienstelijke en betrouwbaarste agenten, die merendeels al sinds langere tijd voor mij werkzaam zijn.' Vervolgens somde hij hun namen op alsook die van hun vrouwen en kinderen, die eveneens in aanmerking zouden moeten komen. Uit het op de brief gestempelde *Gesperrt* valt op te maken dat Aus der Fünten het verzoek heeft ingewilligd.[57]

Zeven maanden later, op 15 april 1943, vroeg Gerbig naar aanleiding van een gesprek dat hij kennelijk de dag tevoren met Aus der Fünten had, om vrijstelling van ditmaal zeven v-mannen.[58] Tegelijkertijd liet hij weten dat de *Zentralstelle* drie van de vijf uit zijn vorige brief kon deporteren. Hij gaf nog een vierde, niet eerder genoemde naam, vermoedelijk van een informant die niet voldeed of die weigerde verder mee te doen.[59]

Van twee informanten zette de DSK-man de naam op beide sperlijsten. Een van hen, Alfred Bornstein, had zijn brood verdiend als zogeheten remisier, een tussenpersoon die effectenmakelaars klanten en orders bezorgde. Volgens een getuige, een procuratiehouder van de Rotterdamsche Bank in Amsterdam, had hij hem eens toevertrouwd dat de mensen van het DSK hem regelmatig ontboden om inlichtingen over met name effecten te geven. En één keer had de bankemployé Bornstein daar zien rondlopen 'met een grote sigaar in de mond', maar hij achtte het zeer onwaarschijnlijk dat de Duitsers zaten te wachten op 'een klein Joods bankiertje'. Dezen hadden hun eigen banken die dit soort informatie konden verstrekken.

Hij vermoedde dat ze Bornstein eerder als v-man gebruikten, wat inderdaad het geval bleek. Deze hoefde geen ster meer te dragen en ook had hij nog steeds telefoon toen de Duitsers dat voor Joden hadden verboden. Maar hoe en wanneer het DSK hem heeft ingelijfd, valt niet meer te achterhalen.

Op 29 juli 1942 refereerde Bornstein in een brief onder het opschrift *Geheim, vertraulich* aan de verdiensten die hij de voorgaande twee jaar voor het *Kommando* en indirect ook voor de SD zou hebben gehad. Hij vroeg om die reden vrijstelling voor zichzelf, zijn vrouw en zijn dochter Vicky: 'Daarbij zou ik nog willen opmerken dat ik de bezitter ben van het erekruis van de Rode-Kruismedaille 3e klas en de Hongaarse oorlogsmedaille.' Weliswaar kreeg Bornstein tot twee keer toe respijt, maar ook hij ontsnapte niet.

Uit waardering voor de diensten die hij het DSK had bewezen, zou de *Zentralstelle* hem, zijn vrouw en zijn dochter naar Theresienstadt hebben gestuurd, een kamp met een milder regime. Desondanks belandden de drie op 1 juli 1944 in Auschwitz om nog dezelfde dag te worden vermoord.[60]

Kurt Jacubowski

Ook van een andere DSK-informant, Kurt Jacubowski (20 maart 1903, Gostyn, Polen), valt de levensloop slechts bij stukjes en beetjes te reconstrueren. Met zijn vrouw Herta en zoon Klaus in de jaren dertig kort na Hitlers machtsovername naar Nederland geëmigreerd, vestigde hij zich op Middenweg 195 in Amsterdam. Hij verdiende zijn brood als ontwerper van damesjaponnen en vermoedelijk leerde hij beroepshalve ook zijn vriendin, de Joodse modeontwerpster Else Hirschberg-Cohn (30 mei 1896, Altona, Duitsland) kennen. Zij kwam in november 1933 met haar man en beide dochters, Margot en Thea, vanuit Berlijn naar Amsterdam.

Nadat haar man, eigenaar van een atelier voor damesconfectie, in 1934 zelfmoord had gepleegd, trok Jacubowski een jaar later – rond de tijd waarin zijn vrouw Herta van hun dochter Renate beviel – bij haar in. Op 4 april 1938 scheidde hij van zijn vrouw, die drie jaar later hertrouwde.[61] Maar over de vraag hoe Jacubowski vervolgens bij het *Devisenschutzkommando* belandde, geeft geen enkel document, proces-verbaal of getuigenverklaring, uitsluitel. Het enige wat het hoofd van het DSK, Oskar Gerbig, zich na de oorlog van zijn voormalige informant wist te herinneren, was dat hij een man zonder scrupules en 'zeer geldzuchtig' zou zijn.

Terwijl Jacubowski kennelijk bij het DSK een min of meer beschermde status had verworven, gold dat niet voor zijn vriendin Else Hirschberg. Om tenminste de Nederlandse nationaliteit te verkrijgen sloot ze op 6 mei 1942 een schijnhuwelijk met de koopman Abraham van Dam, de vader van haar schoonzoon Alfred. De verbintenis duurde amper vier maanden: in het najaar pakten de Duitsers haar nieuwe man op en stuurden hem naar Westerbork.[62]

Volgens de binnenhuisarchitect Salomon Asscher hadden Else en haar dochter Thea, roepnaam Teddy, van het begin af samen met Jacubowski onder één hoedje gespeeld. In een brief aan justitie, gedateerd 17 juli 1945, beschuldigde hij hen ervan ook hem en zijn gezin te hebben verraden. En toen DSK-agenten hem op zaterdag 28 oktober 1942 hadden opgepakt, nam Jacubowksi, met wie hij oorspronkelijk zelfs op vriendschappelijke voet verkeerde, het verhoor af. In zijn brief schreef Asscher:

> Deze man deed het voorkomen alsof hij Rijksduitser was en anti-nazi en wist op deze wijze het vertrouwen van veel mensen te winnen die in nood verkeerden. Hij drong zich in veel kringen in en verraadde zijn slachtoffers. Ook onder studenten schijnt hij te hebben gewerkt. In Joodse kringen gaf hij de mensen goede raad, terwijl hij hen later bij de SD aangaf.

De drie zouden op die manier ook de families Pakter, De Haan en Hes hebben verraden.[63] Asscher betitelde moeder en dochter Hirschberg als 'uiterst geraffineerde misdadigers', al geloofde hij dat ze 'bij een scherpe ondervraging en een behoorlijke voorbereiding beslist door de mand [zouden] vallen.' Maar de twee vrouwen ontkenden na de oorlog zijn aantijgingen. 'Het is absoluut niet waar,' zei Teddy Hirschberg, 'dat ik de familie Asscher of enige andere Joodse mensen heb aangebracht of verraden. Integendeel, ik heb juist al die jaren veel illegaal werk verricht en wel spionagediensten [...] Ik ben over deze beschuldiging zeer verontwaardigd daar ik juist altijd tegen het naziregime heb geageerd.'

Wel zo zwaarwegend waren de beschuldigingen aan het adres van Else en haar dochter Teddy dat ze hadden meegewerkt aan de zwendelpraktijken van Jacubowski, schuilnaam Koert Smit, en een kompaan van hem, François Pierre Vergonet (14 juli 1906, Leeuwarden), schuilnaam Van Dijk. De beide mannen hadden een organisatie opgericht die vermogende Joden voor veel geld in Friesland hielp onderduiken om hen daar leeg te plunderen. Jacubowski, Else en Teddy leverden de gegadigden; Vergonet, een voormalige onderwijzer die herhaalde malen wegens zedendelicten en oplichting in de gevangenis had gezeten, zorgde voor de schuiladressen.

Alleen al voor het vervoer naar Friesland dienden de onderduikers per persoon vijftienhonderd gulden neer te tellen, omgerekend zo'n tienduizend euro. Bij hun aankomst moesten de meesten vaststellen dat hun koffers spoorloos waren verdwenen, nadat ze op gezag van Jacubowski hun kostbaarheden erin hadden gestopt. Voor eventuele noodgevallen en bij wijze van investering in de toekomst, zoals hij het formuleerde. Vervolgens kwam Vergonet steeds weer met nieuwe vorderingen voor hand- en kostgeld die doorgaans in de duizenden guldens liepen, en wie durfde te protesteren, beet hij toe: 'Als je je mond niet houdt, ga je met de muziek mee.'

Maar volgens het Friese verzet, de KP, bleef het niet bij uitknijpen: Vergonet en zijn handlangers zouden de onderduikers ook aan de SD uitleveren. Het leek te toevallig, al die arrestaties op de plaatsen die hij bezocht, zowel in Friesland als in Groningen, in Drenthe en op de Veluwe. Enkele verzetsmensen pleitten er daarom al een tijdje voor hem te liquideren. Tot Nederlandse SD-rechercheurs Vergonet op donderdag 16 oktober in zijn woning arresteerden en het probleem uit de wereld scheen te zijn geholpen, maar vier dagen later liep hij weer vrij rond.

Na de oorlog verklaarde de SD'er Fransoos Exaverus Lammers dat toen hij hem in Leeuwarden bij het begin van het verhoor vroeg of hij wist waarom hij vastzat, Vergonet ja had geknikt. Op zijn vraag of hij misschien iets over zijn 'illegalenwerk' kon vertellen, antwoordde de oud-onderwijzer: 'Oh, dat is heel wat.' Waarna hij zou hebben gezegd: 'Ik kan het beste alles maar vertellen. Mijn spel is nu toch uit. Ik ben bereid allerlei inlichtingen over de organisatie te verstrekken en met de SD samen te werken.' Om de rest van de middag opening van zaken te geven. Over zijn werk, de verzetsmensen met wie hij had gewerkt, en ook over de schuilplaatsen van zo'n vijfendertig Joden.

De SD had Vergonet 's avonds naar Groningen overgebracht en hem onder een valse naam in het huis van bewaring opgesloten. Op maandag 20 oktober hadden ze hun nieuwe V-man op handslag vrijgelaten. Het Friese verzet besloot nog diezelfde dag tijdens een nachtelijke bijeenkomst in het dorp Rinsumageest hem uit de weg te ruimen. De volgende dag, dinsdag, hielden SD-commando's razzia's in Murmerwoude en Rinsumageest, maar doordat het verzet de onderduikers tijdig had kunnen waarschuwen, bleef de vangst beperkt.

Een dag later, woensdag dus, stond Vergonet samen met een SD-rechercheur totaal onverwachts bij Jacubowski op de Stadionweg 103-II voor de deur. Ze zouden ruzie hebben gekregen en het liep zo hoog op dat de onbekende SD-man op aandringen van Vergonet zijn pistool trok en Jacubowski voor de ogen van diens vriendin doodschoot. Maar waarover het conflict ging, is niet bekend. Else van Dam-Cohn hield zich na de oorlog van den domme. Ze wist niets meer te vertellen dan dat ze Van Dijk alias Vergonet had herkend: 'Deze zou een voormalige illegaal werker zijn geweest die destijds alle onderduikadressen voor de SD oprolde.'

Vergonet moest er op maandagavond 27 oktober 1943, vijf dagen na de dood van Jacubowski, ook aan geloven. Een lid van de Groningse KP liquideerde hem op de Petrus Campersingel in de stad Groningen. In 1944 maakte de Friese dichter-politicus Fedde Schurer het *Lied op den verrader Frans Vergonet.* Het bestond uit zestien coupletten, met als eerste en laatste vers:

Hoort het lied van een verrader
Beeld van schrik voor kind en vader
Hoort verraders mee en let
Op het zwerven en sterven
van uw vriend Vergonet!
[...]
Zoo ten schande van de dorpen
Zoo, door God en mensch verworpen

Was het einde van Vergonet
Ieder vreeze die dit leze
's Hemels ijz'ren wraak en wet.

Nu ze er helemaal alleen voor stonden, begonnen Else van Dam en Teddy een bordeel in de Amsterdamse Johannes Verhulststraat dat voornamelijk door soldaten van de Wehrmacht en leden van de *Grüne Polizei* werd gefrequenteerd. Bijna anderhalf jaar voorzagen ze op die manier in hun levensonderhoud, tot een arrestatieploeg van de BS beide vrouwen op 26 mei 1945 aanhield. Justitie betichtte hen ervan voor de Gestapo te hebben gewerkt, maar zij ontkenden alles. Steun kregen ze van een paar mannen die in het verzet zouden hebben gezeten. Zij verklaarden dat de twee informatie over razzia's en overvallen aan hen hadden doorgegeven; ook zou Teddy onderduikers aan persoonsbewijzen en stamkaarten hebben geholpen.

Vermoedelijk deden hun getuigenverklaringen de POD besluiten zich niet al te intensief met deze zaak bezig te houden. Bijvoorbeeld met de toch niet oninteressante vraag hoe het kon dat twee Joodse vrouwen in de laatste oorlogsjaren zomaar vrij rondliepen. Dat Teddy toen geen ster meer droeg, had ze naar haar zeggen 'uitsluitend op eigen risico' gedaan. Hetzelfde gold voor het feit dat ze gewoon fietste. Ten slotte resulteerde het onderzoek in het advies in ieder geval haar onvoorwaardelijk buiten vervolging te stellen.

Op 30 september 1947 stuurde de officier-fiscaal bij het bijzonder gerechtshof in Amsterdam de procureur-fiscaal de dossiers van beide vrouwen toe. Hij tekende hierbij aan dat de zaak hem 'zeer dubieus' voorkwam, 'dat er verraad mogelijk is, doch wellicht onbewijsbaar'. Hij adviseerde derhalve de zaak te seponeren, 'temeer daar het hier Joden betreft'. De procureur-fiscaal volgde dit advies op, wat mede gebeurde op grond van een verklaring van Alfred van Dam, de vader van culinair journalist Johannes van Dam. En dat terwijl deze direct na de oorlog nog een klacht tegen de twee vrouwen had ingediend.

In zijn – niet gepubliceerde – dagboek *Mijn levensloop* had hij toen geschreven: 'De werkzaamheden van Kurt c.s. bestonden hierin dat hij met Teddy en mijn schoonmoeder samen Joden uitplunderde en ze daarna aan de Duitsers overleverde... Zij zouden zelfs ons niet sparen.' In die zin dat ze hem nog naar het leven zouden hebben gestaan door de minnaar van Teddy, een *Grüne*, van wie ze ook een kind had, met zijn liquidatie te belasten, omdat hij zijn spullen bleef terugeisen. Die waren tijdens de overtocht naar Friesland zogenaamd gestolen.

Hij bleek op 13 juni 1945 als een blad aan de boom te zijn omgedraaid. In zijn verklaring beweerde hij dat Vergonet hem met 'geraffineerde opstokerij' ertoe had aangezet zijn schoonmoeder en schoonzuster van allerlei zaken te beschuldigen, zoals 'het verrichten van werkzaamheden ten behoeve van het Duitse Rijk'. Inmiddels zou Alfred van Dam hebben ingezien dat hiervoor geen enkel bewijs bestond:

> Dat hij nu overtuigd is dat E. van Dam en Th. Hirschberg integendeel het Nederlandse volk door hun verbinding met Duitse instanties zeer belangrijke diensten hebben bewezen, waartegenover hem geen enkele verkeerde handeling bekend is.

Betje Wery

Bij het DSK stond ze bekend als *Vertrauensmann* no. 196 en meer dan enige andere Joodse informant van deze roofinstelling liet Betje Wery een spoor van verraad achter. Ze zette vol raffinement haar vallen uit, en dat terwijl ze op het eerste gezicht toch een tamelijk naïeve, allesbehalve snuggere indruk maakte. 'Dit mondaine, niet onaantrekkelijke jonge vrouwtje,' zoals een verslaggever van *Elseviers Weekblad* haar kort na de oorlog beschreef. 'Niet groot, zeer modieus, beetje dik, glanzend donker haar en mooie, wat domme ogen.'

Geboren op 26 augustus 1920 in Rotterdam bezoekt de dochter van een Joodse moeder en een half-Joodse vader eerst twee jaar de huishoudschool en vervolgens drie jaar de mulo. Betje Wery, die eigenlijk Elisabeth Werij heet, gaat in 1939 de verpleging in, maar al na vier maanden stuurt de leiding haar wegens 'ongeschiktheid' weg. Nadat ze in december van dat jaar voor winkeldiefstal twee weken onvoorwaardelijk heeft gekregen, zet de rechter het vonnis om in een voorwaardelijke straf. Als ze in januari 1940 haar toekomstige man ontmoet, Franciscus Antonius Cornelis Tuerlings, roepnaam Frans, een vertegenwoordiger in handschoenen, werkt ze in Rotterdam als verkoopster in een Bata-schoenenwinkel.

Ook uit vrees dat de Duitsers gemengde huwelijken zouden kunnen verbieden, zo verklaarde ze na de oorlog, treedt ze in de zomer van 1940 tot de rooms-katholieke kerk toe. Zodoende konden ze op 17 september 1941 'arisch' trouwen. In dezelfde maand, augustus 1942, dat haar man voor zichzelf begint en in hun woonplaats Vught een agentuur in lederwaren en damesschoenen opzet, houden de Duitsers Betje Wery in Rotterdam aan en sturen haar naar het *Polizeiliche Durchgangslager* Amersfoort. Afgezien van het feit dat ze zonder ster zou hebben rondgelopen, had Seyss-Inquart opdracht gegeven alle katholieke Joden op te pakken. Dankzij een invloedrijke Duitse zakenrelatie van haar man komt ze op last van de *Aussenstelle Herzogenbusch* dezelfde dag weer vrij.

Naar aanleiding hiervan tekenen haar geschrokken ouders op 13 augustus bij dr. Calmeyer, hoofd *Innere Verwaltung*, bezwaar aan tegen hun registratie als driekwart Joods (in het toenmalige jargon: J3). Zij komen met het verhaal aanzetten dat de uit Gorkum afkomstige grootmoeder van moederskant, Kaatje Marits, die als vol-Joods geldt, in werkelijkheid het buitenechtelijk kind van de 'ariër' Arie de Vries zou zijn. Ze hebben zelfs twee stokoude mannen bereid gevonden te getuigen dat het hierbij in Gorkum om een publiek geheim zou gaan. Een maand later, op 18 september, laat Calmeyer weten dat ze een vrijstelling hebben, een sperre, zolang het afstammingsonderzoek nog loopt.

Het duurt dan nog acht maanden voordat Betje Wery en haar broer Abraham bericht ontvangen van het Rijksbevolkingsregister dat ze voortaan als nakomelingen van twee Joodse grootouders staan geregistreerd, G1 dus, en als half-Joden geen ster meer hoeven te dragen. Het bureau baseert zich op het oordeel van Calmeyer, volgens wie de familie de half-Joodse origine van de grootmoeder 'geloofwaardig' heeft aangetoond. Betje Wery en haar broer zouden hiermee afstammen van een vol-Joodse grootmoeder en een kwart-Joodse grootvader van vaderskant en van een vol-Joodse grootvader en half-Joodse grootmoeder van moederskant. Calmeyer weigert echter de status van de ouders te herzien, zodat de vader half-Joods en de moeder vol-Joods blijven.

De uitspraak betekent voor Betje Wery dat ze voorlopig niets meer heeft te duchten, ook niet als ze zou scheiden. Haar huwelijk staat op springen sinds Tuerlings zwart in diamanten en effecten handelt. Hij smijt met geld, drinkt te veel en doordat hij voortdurend vreemdgaat, heeft hij een geslachtsziekte opgelopen. Na de oorlog noemde Betje Wery zich 'een temperamentvolle vrouw', maar vanaf toen weigerde ze nog met hem te slapen, al zou ze hem destijds nooit met een andere man hebben bedrogen. Wel begint ze op zijn aandringen in de zomer van 1943 een lesbische relatie met een vriendin.

In de loop van dat jaar legt haar man zich steeds meer toe op het smokkelen van deviezen tussen Nederland en België tot hij in december onder mysterieuze omstandigheden met zijn auto in België te water raakt en verdrinkt. Nadat de Duitsers in de auto en ook bij een huiszoeking allerlei belastend materiaal hebben gevonden, nemen ze de woning in beslag. De jonge weduwe vertrekt naar Amsterdam, waar ze al spoedig een appartement huurt op de Rubensstraat 26, schuin tegenover het hoofdkwartier van de SD en de Sipo aan de Euterpestraat.

Evenals haar man handelt ze in effecten, goud, juwelen en ook in damesschoenen en lederwaren, maar in februari 1944 loopt ze tegen de lamp als ze samen met een tussenpersoon, jhr. Pierre Just de la Paisières, codenamen Willems, Pierre en Rijkevorsel, in Antwerpen illegaal diamanten wil kopen. Op het moment dat ze de deal sluit – 'een prutszaak', zoals ze die later noemde –, legitimeert hij zich als DSK-agent.

Na de oorlog vertelde ze – maar Betje Wery was een dwangmatige leugenaar – dat de NSB'er Just de la Paisières had gedreigd haar ouders te zullen oppakken en naar Polen te laten sturen, tenzij zij voor het DSK zou gaan werken. In de daaropvolgende weken brengt ze de ene zaak na de andere aan door zich voor koper of tussenhandelaar uit te geven. Ze informeert links en rechts of niet iemand briljanten te koop heeft, of goud, of effecten en zodra het op zakendoen aankomt, schakelt ze het DSK in. Doordat Betje Wery het notitieboekje van haar man met de adressen van allerlei handelaren heeft teruggekregen, kan ze hen stuk voor stuk erin luizen. Ook schuimt ze de gelegenheden af die hij bezocht, zijn stamcafé Richter in de Reguliersbreestraat, de Poort van Cleef.

In een café in de binnenstad ontmoet de vrouw de onderwereldfiguur en DSK-medewerker Andries Riphagen, bijgenaamd Al Capone, met wie ze niet alleen een relatie begint, maar voor wie ze ook informatie verzamelt. 'Die gewetenloze schurk uit de onderwereld,' zoals Lages deze voormalige handlanger van Henneicke eens noemde. Een Nederlandse stenotypiste bij de *Aussenstelle*, bovendien getrouwd met een SD-rechercheur, schatte na de oorlog het aantal Joden dat Riphagen samen met zijn kompaan, de latere SD-rechercheur Joop Out, had verraden, op zo'n vijfhonderd.

'Deze personen, Joop Out, een heer om te zien, blond, fors uiterlijk, trok met een been, en Andries Riphagen, eveneens fors uiterlijk, maar ordinaire Amsterdamse uitspraak, lang achterovergekamd haar tot in de nek, zwart, brachten voornamelijk schatrijke personen aan,' zei ze in een verhoor, 'en zijn hierdoor zelf ook schatrijk geworden. Ze waren een soort bordeelhouders en kwamen uit de onderwereld van Amsterdam. Ze beweerden dat ze overal papieren voor hadden en naar Zwitserland of ieder ander land konden vertrekken.'

Ontbijt met champagne

De premies die Riphagen Betje Wery voor haar werkzaamheden betaalt, liggen meestal rond de honderd, honderdvijfentwintig gulden. Daarnaast verdient ze er een en ander bij met het mede-organiseren van rouletteavonden. De exploitant geeft haar tussen de vijfendertig en vijftig gulden per keer, maar de vrouw doet het niet zozeer voor het geld. Ze gebruikt die avonden voornamelijk om contacten te leggen en om te kijken of iemand goed bij kas is.

Ze organiseert ook zelf af en toe een rouletteavond in haar appartement. Onder haar gasten bevindt zich begin mei 1944 de niet onbemiddelde zakenman Cornelis Arie Hartog, roepnaam Charly. Ze heeft hem leren kennen, toen ze voor een relatie uit Rotterdam met hem onderhandelde over de verkoop van zijn aandeel in het café Quartier Latin in de Leidsestraat. In de gesprekken zat weinig schot, maar na die rouletteavond lijkt het ijs gebroken en Betje Wery vraagt of hij niet iemand kent die haar aan persoonsbewijzen kan helpen. Ze heeft er twee nodig, beweert ze, voor meisjes die bij haar in huis ondergedoken zitten.

Hartog maakt zelf niet deel uit van het verzet, maar heeft wel contact met de verzetsman Gerhard Badrian. Deze Duits-Joodse vluchteling woont met zijn vriendin Anne-Marie Appelboom-Dey afwisselend bij Hartog op de Vijzelstraat 76 en bij een wederzijdse vriendin, Lieselotte Meder-Edelmuth, een gemengd gehuwde Joodse. Daarnaast heeft Hartog hem een bedrijfspand op de Stadhouderskade 155 als opslagruimte verhuurd.

Hij weet niet dat Badrian, onder de schuilnamen Max Albert of Alberts, Bernhard en Kleine Hans, een leidende rol heeft in de Persoonsbewijscentrale, kortweg PBC. Deze zeer actieve en tot dan succesvolle verzetsorganisatie overvalt aan de lopende band distributiekantoren en verstrekt in de periode 1943-1944 meer dan een half miljoen valse documenten, waaronder veertigduizend persoonsbewijzen en honderdduizend distributiekaarten.

Gestoken in een SS-uniform heeft Badrian deelgenomen aan enkele spectaculaire bevrijdingsacties van gevangengenomen verzetsmensen. Hij speelde die rol zo overtuigend en zo arrogant dat de bewakers niet eens naar zijn papieren durfden te vragen. Ook deed hij op zaterdag 29 april 1944 mee aan de overval op de Landsdrukkerij in Den Haag en vervolgens in de nacht van zondag op maandag aan de mislukte overval op het huis van bewaring aan de Weteringschans. De leider van de PBC, Gerrit van der Veen, raakte hierbij gewond, maar slaagde erin te ontsnappen.

Door verraad, waarvan de toedracht nooit is opgehelderd, konden SD-rechercheurs hem op 12 mei oppakken. Volgens Maarten Kuiper hadden ze een tip gekregen van een niet door hem bij naam genoemde V-man dat Van der Veen zich in een huis op de Keizersgracht – Kuiper bedoelde de Prinsengracht – verborgen hield, maar na er te zijn binnengevallen konden ze hem niet vinden. Tot de Duitser Ernst Wehner riep dat hij de man had.

'Toen ik naderbij kwam, zag ik een persoon onder een in een kamertje geplaatst bed vandaan kruipen,' vertelde Kuiper na de oorlog. 'Deze persoon was in nachtgewaad, maar zonder onderbroek. Aan zijn geslachtsdeel hing een slangetje. Wehner deelde hem mee dat hij zich moest aankleden, wat hij ook deed. Hierop is deze persoon, die later Gerrit van der Veen bleek te zijn, door Wehner gearresteerd en per auto overgebracht naar het huis van bewaring aan het Kleine Gartmanplantsoen.' Een maand later, op 10 juni, veroordeelde een SS- *und Polizeigericht* Van der Veen en zes van zijn kameraden ter dood, waarna ze dezelfde avond in de duinen bij Overveen werden gefusilleerd.

Als Charly Hartog rond die tijd Betje Wery onder haar schuilnaam Bella Tuerlings voorstelt aan Badrian, heeft deze formeel de leiding van de PBC. Hij raakt algauw verkikkerd op haar en zij maakt van de gelegenheid gebruik om hem en zijn vriendin Anne-Marie Dey, schuilnaam Annemie, praktisch elke dag op de Vijzelstraat te bezoeken. Ze leert er ook twee andere leden van de PBC kennen, Frits Boverhuis, schuilnaam Bart, en Frans Meijer, schuilnaam Joost. Nog altijd handelt ze in lederwaren, zoals aktetassen, portefeuilles en schoenen, en als Lieselotte Meder-Edelmuth een paar schoenen nodig heeft, geeft Anne-Marie Dey haar het adres van Bella alias Betje Wery. De vrouw koopt een paar, al vindt ze geen schoenen in haar eigen maat.

Zodra Betje Wery gelooft dat ze Badrians vertrouwen heeft gewonnen, vraagt ze hem of hij haar niet aan valse persoonsbewijzen kan helpen voor twee onderduiksters die in haar huis zitten. Volgens hem moet dat geen enkel probleem opleveren. Als hij haar een paar dagen later zoals gebruikelijk 's avonds na een bezoek met zijn auto naar huis brengt, laat hij onderweg weten dat ze over enkele dagen twee persoonsbewijzen kan ophalen.

Na de oorlog zei ze tijdens een verhoor op 23 augustus 1945 dat ze net in die periode serieus overwoog onder te duiken en Badrian om hulp te vragen. Ze zou van gedachte zijn veranderd toen hij haar in de auto een papier op naam van een SD-agent en een pistool toonde. Dat hij in een auto rondreed en nog wel met een Duits kenteken, had ze al vreemd gevonden, maar vanaf dat moment zou ze hem al helemaal niet meer hebben vertrouwd.

'Ik dacht toen dat Max' – Badrian – 'wellicht toch een SD-agent kon zijn,' zei ze, 'en ik durfde hem daardoor niet meer in kennis te stellen van het feit dat ik wilde onderduiken. Ik wil u deze gedachtegang als volgt verklaren dat ik bijna niet kon veronderstellen dat een goede illegale werker zo onvoorzichtig kon zijn om mij als betrekkelijke vreemde, en in ieder geval oningewijde, zoveel te vertellen. Daar kwam nog bij dat ik in Amsterdam toen een slechte naam had en dat hij als belangrijke illegale werker toch wel informatie over mij had kunnen krijgen.'

Betje Wery zou hierop de knoop hebben doorgehakt en had het DSK willen inschakelen. Temeer daar ze omstreeks die tijd in een ruzie verwikkeld zou zijn geraakt, en vreesde – maar dit verhaal diste de vrouw tijdens verhoren telkens weer op – dat haar ouders anders gevaar zouden lopen. Maar haar contactman Riphagen meende dat ze met deze zaak niet bij het DSK moest zijn, en bovendien legde ze eerst maar eens de hand op die valse documenten.

Toen ze die van Badrian had gekregen, zouden ze beiden naar Kurt Döring, de leider van de *Dienststelle* in de Paulus Potterstraat, zijn gestapt. Deze toonde zich volgens Betje Wery aanvankelijk niet bijster geïnteresseerd, maar dat veranderde bij toverslag nadat hij op hun aandringen de zaak aan Lages had voorgelegd.

Vergezeld door Riphagen brengt Betje Wery nog dezelfde middag verslag uit aan onder anderen Lages en de Duitse SD-rechercheurs Herbert Oelschlägel, Arno Albani en Walther Albers. Dat Badrian mensen aan valse persoonsbewijzen helpt en dat hij en vermoedelijk ook de andere 'terroristen' wapens hebben.

Na haar te hebben aangehoord zegt Oelschlägel – een van de meest gehaaide en gevreesde SD'ers, van wie het heette dat hij zijn arrestanten zelfs hypnotiseerde – dat hij Badrian, naar zijn weten een Duitse Jood, al langer in het vizier heeft. Lages gelast daarop zijn rechterhand en de leider van de afdeling IV A, de SS-*Hauptsturmführer* en *Kriminalkommissar* Albers, een *Sonderkommando* te formeren, een arrestatieteam. Albers geldt als de man van het vuile werk die de executiepelotons commandeert en bij vier *Silbertanne*-moorden betrokken zou zijn geweest.

Vervolgens komt het plan de campagne aan de orde hoe ze Badrian te grazen zullen nemen. Een van de SD'ers oppert hem in de woning van Hartog aan de Vijzelstraat te overweldigen, maar Oelschlägel vindt dit te riskant. 'Hij vroeg mij toen of Alberts' – Badrian dus – 'wel eens in mijn woning was geweest,' zei Betje Wery in een verhoor. 'Ik ontkende dat, maar vertelde dat Alberts mij wel eens naar de deur had gebracht. Hij vroeg toen waar ik woonde. Ik noemde mijn adres, waarop Oelschlägel mij met grote ogen aankeek. Even later begon hij te lachen. Op mijn vraag waarom hij lachte, deelde hij mij mee dat hij mijn buurman was. Hij vroeg toen of ik de juffrouw was die de grammofoon altijd zo hard liet spelen. Ik beaamde dat en wij lachten.'

Betje Wery hield namelijk na de oorlog bij hoog en laag vol dat toen ze op de Rubensstraat 26 een appartement huurde, ze niet wist dat op dit adres uitgerekend vier Duitse SD-agenten woonden, onder wie Oelschlägel. Kennelijk wilde ze met alle geweld voorkomen dat justitie haar er op de een of andere manier van zou betichten in deze zaak met voorbedachten rade te hebben gehandeld, wat de kans op de doodstraf aanzienlijk zou hebben vergroot.

Oelschlägel suggereert dan dat zij Badrian naar haar appartement meeneemt. Zij vertelt daarop de SD'ers dat de verzetsman al een keer tegen haar heeft geklaagd over Hartog, die hij loslippig vindt, en dat hij daarom een ander onderkomen zoekt. Vervolgens bedenken ze dat Betje Wery hem op de mouw zal spelden dat ze het voornemen heeft naar België te vertrekken en haar appartement wil onderverhuren. Terwijl ze hem de op de tweede verdieping gelegen woning toont, kunnen de mannen van het *Sonderkommando* zich buiten op straat en op de eerste verdieping van het buurhuis verschansen Daar bevindt zich op nummer 28 Oelschlägels woning. Zodra Badrian na de bezichtiging de trap afloopt, zullen zij door de verbindingsdeur het huis via de overloop binnenkomen en dan zit hij als een rat in de val.

Als Betje Wery Badrian aanbiedt haar appartement over te nemen, voelt hij daar wel voor. Hij zoekt al een tijdje een nieuw operationeel centrum voor de PBC. Op vrijdag 30 juni zal het dan gebeuren, maar eerst lunchen ze op de Vijzelstraat: Betje Wery, Badrian, Frans Meijer, Frits Boverhuis en Anne-Marie Dey. Er heerst een uitgelaten stemming, met Betje Wery als gangmaakster. Na afloop stelt ze voor nog dezelfde middag gezamenlijk haar appartement te bekijken, wat algemeen instemming vindt, maar Meijer bedenkt zich ineens en zegt dat hij naar de kapper gaat.

In de Rubensstraat toont ze hun de kamers, de zolder en, voor noodgevallen, een vluchtroute over het dak. Voor Badrian en de anderen bestaat er geen twijfel meer, deze woning lijkt hun ideaal als uitvalsbasis. Nadat Betje Wery heeft laten weten dat ze niets extra boven op de huur vraagt, vormt ook de prijs, honderd gulden per maand, geen belemmering. 'Alleen maakte ik de bepaling dat als ik eventueel eens uit België in Amsterdam was, ik dan een kamer moest hebben om te overnachten,' zei ze in een verhoor. 'Ik kon deze komedie zo goed spelen omdat ik immers tevoren inderdaad het plan had gehad om mijn woning te verhuren en naar België te gaan. Nu was alles komedie.'

Nadat ze hebben afgesproken de zaak over een paar dagen af te ronden, lopen ze de trap af, Badrian voorop, achter hem Boverhuis, Anne-Marie Dey en dan Wery. Tot ze de verbindingsdeur tussen Rubensstraat 26 en 28 bereiken en Oelschlägel plotseling tevoorschijn komt, een pistool in de hand. Achter hem staan meerdere mannen, onder wie Wouter Mollis en de Duitsers Hans Brückmüller, Matthias Schmitz en Albers, als hij in het Nederlands roept: 'Handen omhoog!'

De Amsterdamse SD-rechercheur Mollis, met zijn schele glazen oog een opvallende verschijning, vertelde na de oorlog dat ze Badrian wilden overweldigen op het moment dat hij de deur passeerde, maar toen ze die opentrokken, bleek hij zich al op de trap naar de begane grond te bevinden. In twee, drie sprongen dook de verzetsman die af om zich in het portaal beneden om te draaien en een pistool te trekken. 'Hans Brückmüller loste toen een schot op hem,' aldus Mollis. 'De man rende echter na dit schot naar buiten, waarna verschillende schoten weerklonken.'

Tijdens het daaropvolgende vuurgevecht schoot Badrian op de Nederlandse SS-*Sturmmann* Joseph Heinen, die met andere SD-mannen buiten voor de deur stond, maar werd zelf dodelijk getroffen. Maar de leider van het *Sonderkommando*, Albers, meende dat Brückmüller Badrian al op de trap had geraakt. Gealarmeerd door het schieten zou Heinen de benedendeur hebben opengetrokken, waarop Badrian, terwijl hij ineenzakte, op hem had gevuurd. Beiden vielen op het trottoir neer, maar hoewel de verzetsman toen al dood zou zijn geweest, schoten de SD-mannen hun pistolen op hem leeg. Heinen bezweek twee dagen later aan zijn verwondingen.

'Ik had natuurlijk zelf willens en wetens meegeholpen aan deze arrestatie,' zei Betje Wery in een verhoor, 'maar ik had tevoren niet de minste gedachte gehad dat er een werkelijke schietpartij zou plaatsvinden. Tevoren had ik bij het DSK wel meer mensen onder bedreiging van revolvers zien arresteren, maar daarbij was nooit geschoten. Ik was dus zelf ook van de kook.'

Het commando rekent vervolgens Boverhuis, die eveneens een wapen bij zich zou hebben gehad, Anne-Marie Dey en, voor de vorm, Betje Wery in. Alle drie hadden zich inderhaast op de tweede verdieping verstopt. Op hetzelfde tijdstip doet de Sipo invallen in het huis op de Vijzelstraat 76, waar ze Charly Hartog arresteert,[64] en in het bedrijfspand op de Stadhouderskade 155. Volgens een vrouw die op Rubensstraat 26 woonde, stapte Betje Wery een kwartier na het gebeuren handenwrijvend bij haar binnen. 'Zo, dat heb ik fijn voor elkaar gekregen,' zou ze opgewekt hebben geroepen.

Lages, die beseft dat zijn informant groot gevaar loopt door het verzet te worden geliquideerd, brengt haar nog die middag onder in een appartement bij de *Dienststelle* op de Paulus Potterstraat 6. In dat pand zit nu de *Anlaufstelle*, waar burgers sinds de verhuizing van het Bureau Joodsche Zaken naar het Adama van Scheltemaplein discreet hun informatie kwijt kunnen. Een huishoudster, *Fräulein* Bruns, ontfermt zich er voor de komende weken over haar.

In eerste instantie zou het hoofd van de *Aussenstelle* haar 's avonds nog bezoeken, maar hij meldt zich pas de volgende ochtend om acht uur. Tijdens het ontbijt met champagne die hij door zijn chauffeur laat halen, verontschuldigt hij zich voor zijn afwezigheid de avond tevoren, maar hij had het te druk gehad met verhoren. Hij wil haar echter een groot compliment maken en vraagt wat ze wil hebben voor het aanbrengen van deze zaak. Als Lages haar duizend gulden geeft, omgerekend zo'n zevenduizend euro, weigert ze, maar hij stopt het geld in haar zak en ze laat het zo. In een verhoor zei ze dat ze het geld op zich goed kon gebruiken.

Die dag brengen de twee samen door, terwijl Betje Wery piano voor hem speelt en *Fräulein* Bruns de maaltijden verzorgt. Na samen nog te hebben gedineerd hebben ze seks, waarop de SS-*Sturmbannführer* vertrekt. 'Die dag is Lages als een heer tegen mij opgetreden,' verklaarde ze.

In totaal verblijft ze zes weken op de Paulus Pottterstraat en vervolgens drie weken in een suite in de Beethovenstraat. Ook zou ze nog een keer Lages in diens appartement aan de Apollolaan 125 hebben bezocht. Ze hadden toen in het restaurant De Smorre gedineerd en bij die gelegenheid zou Betje Wery hem uit 'gewetenswroeging' de duizend gulden hebben teruggegeven.

Na de oorlog vertrouwde ze een celgenote toe dat hij regelmatig met vrienden bij haar langskwam om er drinkgelagen te houden. Zodra hij 's nachts de anderen de deur uit had gebonjourd, moest Betje Wery naakt in lange, zwarte zijden kousen op een tafel voor hem dansen. En toen ze eens met elkaar in bed kropen en zij hem vroeg hoe hij het vond om het met een Joodse te doen, had hij geantwoord: *'Ach was Jüdin. Du Satansknochen.'*

Ook Oelschlägel bezoekt haar drie, vier keer op haar schuiladres. Hij hoopt dat ze hem toch iets meer informatie kan verschaffen over de spoorloos verdwenen Frans Meijer. 'Ik was bang voor Oelschlägel,' zei ze na de oorlog. 'Hij keek door mij heen. Ik vermoed ook dat hij wist dat ik een Jodin was, hoewel dat nooit met zoveel woorden is gezegd.' Op zijn aandringen gaat ze bij Lieselotte Meder-Edelmuth langs, de Joodse vrouw die eerder schoenen van haar wilde kopen en bij wie Badrian nog op kamers had gezeten.

Betje Wery alias Bella Tuerlings begint het gesprek met de vraag of de vrouw al schoenen in haar maat heeft gevonden, wat niet het geval blijkt. Als ze vervolgens naar de schietpartij informeert, zegt Lieselotte Meder er nooit iets over te hebben gehoord. Ook voor de rest doet ze alsof haar neus bloedt om direct erna aantekeningen te maken van het gesprek dat ze hebben gevoerd.

Bella: 'Heeft u ook iets van onze vrienden gehoord?'

Ik antwoordde ontkennend.

Bella: 'Weet u dan niet wat er is gebeurd?'

Ik antwoordde opnieuw ontkennend.

Bella: 'Precies weet ik het ook niet, maar de een vertelt dat Badrian in de gevangenis zit, de ander dat hij over de grens is gevlucht en weer anderen zeggen zelfs dat hij is doodgeschoten.'

Ik vroeg toen waarom hij zou zijn doodgeschoten of in de gevangenis zou zitten.

Bella: 'Weet u dan niet dat hij illegaal heeft gewerkt?'

Ik antwoordde dat Badrian een huisvriend was en dat ik niets van zijn illegale activiteiten af wist. En dat een illegale werker niet met zijn illegale werkzaamheden te koop loopt.

Bella: 'Kent u Joost?' Met wie ze Frans Meijer bedoelde.

Ik antwoordde weer ontkennend.

Bella: 'Hij was toch kortgeleden bij u?'

Op dat moment dacht ik dat ze Joost hadden geschaduwd en dat zodoende zijn bezoek aan mij bekend was. Anderzijds kon deze opmerking van Bella ook een truc zijn geweest om mij erin te laten lopen. Ik heb bevestigd dat er inderdaad enige tijd geleden iemand aan mijn deur naar Badrian had geïnformeerd, maar ik zei dat ik de man niet kende.

Bella: 'Hoe zag die man eruit?'

Ik zei dat ik hem slechts terloops had gezien.

Bella: 'Ik zal het u maar zeggen. Ik heb een persoonsbewijs nodig. De SD heeft mijn huis in beslag genomen en ze zoeken mij en nu wil ik proberen over de Belgische grens te komen.'

Ik antwoordde dat ik haar daar niet aan kon helpen en dat ik van het bestaan van valse persoonsbewijzen niet eens af wist.

Bella: 'Joost kan mij er zeker aan helpen. Als Joost soms bij u mocht komen, bel mij dan even, dan kom ik bij u om deze aangelegenheid met hem te bespreken.'

Ik zei nogmaals dat ik Joost helemaal niet kende.

Bella: 'Dan moet ik mij vergissen.'

Ik zei toen dat zij zich zeer zeker vergiste, waarop Bella vroeg even een taxi te mogen bellen. Na te hebben gebeld draaide zij zich plotseling om en vroeg hoe ik nog aan een telefoon kwam. Ik antwoordde haar dat dit kwam omdat mijn man Rijksduitser was.

Bella: 'Waarom is uw man dan niet onder dienst?'

Omdat ik haar niet kon vertellen dat ik Jodin was, heb ik gezegd dat mijn man vrijgesteld was van militaire dienst, daar hij een zaak dreef en onmisbaar was.

Spy-Catcher

Het verzet heeft Betje Wery vogelvrij verklaard en nadat de Sipo een verzetsman heeft aangehouden met een pistool en een foto van haar op zak, raadt Lages haar eind augustus 1944 aan de wijk te nemen naar België. Opdat ze daar *Aufträge* kan vervullen, krijgt ze van hem een vervalst persoonsbewijs op naam van Elisabeth Stips, geboren op 15 mei 1917 in Amsterdam, woonachtig op de Louizalaan 315 in Brussel. Niettemin vestigt ze zich in Antwerpen, waar ze veel met Duitse officieren uitgaat. Ook werkt ze weer voor het DSK en in een van haar eerste zaken verraadt ze een vroegere kennis van haar man die illegaal zeventigduizend frank wilde wisselen.

Aan premie ontvangt ze tien procent, zevenduizend frank ofwel zwart duizend gulden. Maar in een volgende zaak verspeelt ze uit eigen zak drieduizend gulden die een zwarthandelaar als voorschot wilde hebben, waarna hij niets meer van zich liet horen. In de trein naar Brussel, om deze financiële strop op het DSK-hoofdkwartier te bespreken, raakt ze in gesprek met twee mannen. De ene, een reus van een kerel, stelt zich voor als Chris Brands, de andere als Joop Ameling. Ze vermoedt dat het illegalen zijn, in haar woorden 'terroristen', en besluit een uitnodiging van Brands voor een bezoek aan hem te aanvaarden.

De reus die in Brussel op Rue Villain XIV 41 woont, vertrouwt haar bij hun eerste ontmoeting in een café toe dat hij de leiding heeft van het Belgische verzet, de Witte Brigade. Hij toont haar een tas met erin documenten, een pistool en kogels. Ze spreken nog een keer af en dan vertelt hij dat zijn echte naam Christiaan Lindemans luidt en dat hij graag zou willen dat ze een boodschap overbrengt aan zijn broer Jan, een verzetsman die in Rotterdam woont. Betje Wery moet alleen maar tegen hem zeggen dat alles in orde is, dan weet hij genoeg.

De vrouw verklaart zich hiertoe bereid, ook in de hoop op die manier in de Witte Brigade te kunnen infiltreren, maar als ze op de terugweg clandestien het Albertkanaal wil oversteken, snijden Canadese troepen haar de weg af. Na een paar dagen bij haar schoonouders in Kaatsheuvel te hebben gelogeerd probeert ze het nogmaals en ditmaal lukt het wel. In Antwerpen hoort ze dat Lindemans dienst bij de Canadezen heeft genomen en in Brussel verblijft. Tijdens een ontmoeting in de Belgische hoofdstad vraagt Lindemans, nu gekleed in een Canadees battledress, haar het geallieerde hoofdkwartier informatie te verschaffen over de legering van Duitse troepen in Nederland.

Betje Wery belooft hem hieraan te helpen, maar vooralsnog geniet de dan vierentwintigjarige vrouw met volle teugen van het mondaine Brusselse uitgaansleven dat kort na bevrijding in alle intensiteit opbloeit. Ze laat zich door de ene geallieerde officier na de andere fêteren en het liefst logeert ze in hotel Palace. Nadat ze een nacht het bed heeft gedeeld met een Poolse kapitein, groet een Nederlandse officier haar op een ochtend in de hotellobby met *'bonjour'*. Betje beantwoordt zijn groet in het Nederlands, waarop de man zich hoffelijk als majoor Oreste Pinto voorstelt en zij zich weer als Elisabeth Stips bekendmaakt. Ze praten een tijdje over koetjes en kalfjes en uiteindelijk spreken ze met elkaar af.

Hoewel uiterlijk bepaald geen ladykiller – 'een schrale, gebogen lopende man met buitenwaarts staande voeten', aldus een beschrijving – oefende Oreste Pinto (9 oktober 1889, Amsterdam) met zijn felle doordringende ogen en schorre stem een grote aantrekkingskracht uit op vrouwen. Opgegroeid in de Amsterdamse Swammerdamstraat, in een buurt bevolkt door mensen uit de Joodse middenstand, studeerde hij aan de Sorbonne in Parijs filologie. Een vriend bracht hem daar in contact met de Franse spionagedienst *Deuxième Bureau* en zo begon zijn carrière als inlichtingenman.

De eerste jaren van de oorlog screende Pinto als hoofd van de Nederlandse sectie van de Britse contraspionagedienst MI5 de zogeheten Engelandvaarders op Duitse agenten. Hij zou uitzonderlijk goed hebben kunnen verhoren en later ging hij er prat op elf spionnen te hebben ontmaskerd, van wie de Britten er negen ophingen. In oktober 1942 stapte hij over naar de Nederlandse spionagedienst, de op 82 Eaton Square in Londen gevestigde Politie-Buitendienst, die onder het ministerie van Justitie ressorteerde.

Toen hij in september 1944 met de nieuw opgerichte Netherlands Counter Intelligence Service als onderdeel van de legergroep van de Britse veldmaarschalk Bernard Montgomery naar Normandië vertrok, kreeg hij de rang van reservemajoor. Volgens Pinto, die zichzelf als een superagent beschouwde, van alle markten thuis, een globetrotter die vloeiend meerdere talen sprak, had hij die bevordering al veel eerder verdiend.

De ontmoeting in de lobby van hotel Palace is minder toevallig dan Betje Wery denkt. Pinto, op dat tijdstip hoofd van de Nederlandse contraspionagedienst in Brussel, zoekt Christiaan Antonius Lindemans alias King Kong. Hij verdenkt hem ervan de plannen voor de Britse luchtlandingen op 15 september 1944 bij Arnhem, Operatie Market Garden, aan de *Abwehr* te hebben verraden.

Al van het begin af had hij het unheimische gevoel dat de gorilla-achtige man niet deugde, maar hij had geen harde bewijzen. Een eerste concrete aanwijzing kreeg hij tijdens een verhoor van een Nederlandse *Abwehr*-agent die vertelde dat King Kong al langer voor de Duitse geheime dienst werkte. Sinds kort heeft Pinto informatie dat Betje Wery met hem contact heeft gehad en nu de man ineens spoorloos schijnt te zijn verdwenen, hoopt hij van haar meer te horen.

Hij vertrouwt haar al na een paar dagen toe dat hij zo'n jaar of twintig in Engeland heeft gewoond en bij de geheime dienst zit. En hij legt uit dat hij de opsporing van politiek verdachte Nederlanders in België voorlopig als zijn voornaamste taak ziet. Op haar beurt onthult Betje Wery haar echte naam. Ze heeft naar haar zeggen in België moeten onderduiken, omdat haar man zaliger een heel slechte reputatie had en er veel Duitsers bij hen over de vloer kwamen.

Kort erop krijgt ze in haar hotel bezoek van twee Nederlandse legerkapiteins, die haar over Lindemans verhoren. Als ze zich daar bij Pinto over beklaagt, zegt hij dat de mannen voor zijn dienst werken, om vervolgens haar ook zelf aan een verhoor te onderwerpen. Maar veel stelt het allemaal niet voor. Ze hebben inmiddels een relatie en hij schenkt haar een gouden speld en een ring met diamanten. Na de oorlog zei Betje Wery hierover: 'In België heb ik veelvuldige afspraken met Pinto gehad en ik was de laatste tijd ook wel intiem met hem, waarmee ik geslachtsgemeenschap bedoel.'

Volgens haar converseerden ze doorgaans in het Jiddisch: ze vonden dat wel zo 'gezellig'. Hij zou haar toen ook hebben gevraagd of ze voor zijn inlichtingendienst wilde werken zodra hij die in Den Haag op poten had gezet.

Als hij haar tijdens een rendez-vous vertelt dat hij op korte termijn het bevrijde deel van Nederland zal bezoeken, verzoekt ze hem een brief aan haar schoonouders in Kaatsheuvel te posten. En misschien zou hij ook in Vught bij een kennis kunnen informeren naar haar door de Duitsers in beslag genomen huis. Terug in Brussel zegt hij dat hij de brief niet heeft gepost, maar persoonlijk bij haar schoonouders heeft afgegeven. 'Ik vermoedde toen dat Pinto informaties omtrent mij had ingewonnen en hij bevestigde dat.' Hij zou haar bij die gelegenheid hebben gewaarschuwd dat ze in Vught op een arrestatielijst stond, en om die reden had hij haar een terugkeer naar Nederland ontraden.

Desondanks wil ze graag haar schoonouders bezoeken en als Pinto begin december 1944 opnieuw naar het bevrijde gebied afreist, vraagt ze hem haar mee te nemen. Na hierin te hebben toegestemd tikt hij eigenhandig op een simpel blocnotevelletje een bewijs van politieke betrouwbaarheid:

> Afschrift
> Brussel, 7.12.1944
> Ondergeteekende verklaart
> hierdoor dat
> Mevr. de Wed. Elisabeth Tuerlings,
> Geboren Wery,
> geboren te Rotterdam op
> 26 Augustus 1920
> door mijn dienst is gehoord,
> en door mij als politiek betrouwbaar
> en goed Nederlandsch is bevonden.
> de Res. Majoor
> w.g. Pinto
> Hoofd Sub. Sectie 3, Sectie III
> M.G. [Militair Gezag]

Hun wegen scheiden zich in het Brabantse Kaatsheuvel en het zal drie jaar duren voor ze elkaar terugzien.

Een goed kind

De BS arresteert Betje Wery een dag voor Kerstmis, op zondag 24 december 1944, in Den Bosch. Aanvankelijk ontkent ze alle beschuldigingen, maar op woensdag 22 augustus 1945 geeft ze tijdens een verhoor toe alles bij elkaar te hebben gelogen en kondigt aan open kaart te zullen spelen. Zowel over haar werkzaamheden voor het *Devisenschutzkommando* in Amsterdam en Antwerpen als over het verraad van Badrian en van de andere mensen van de Persoonsbewijscentrale. Op 1 november 1947 begint het proces tegen haar voor het bijzonder gerechtshof in Amsterdam.

Het openbaar ministerie heeft Oreste Pinto als getuige gedagvaard. Hoewel hij zich dan reserveluitenant-kolonel mag noemen, heeft zijn carrière zware averij opgelopen. Na de arrestatie op 28 oktober 1944 van Lindemans alias King Kong zat deze de eerste maanden in Camp 020, een verhoorcentrum van de geheime dienst MI5 in de Londense wijk Richmond, zodat Pinto hem pas in april 1945 kon verhoren. De man bekende voor de *Abwehr* te hebben gewerkt, maar bestreed dat hij de plannen voor de luchtlandingen bij Arnhem had verraden.

Voor Pinto begonnen de problemen zodra uitlekte dat hij Betje Wery op alle mogelijke manieren had gesauveerd en haar zelfs een 'betrouwbaarheidsverklaring' had gegeven. Het Bureau Nationale Veiligheid stelde een onderzoek in, wat resulteerde in het dwingende advies aan Pinto, inmiddels in dienst van het BNV als onder meer instructeur, om zelf ontslag te nemen. Op 15 oktober 1945 gaf hij hieraan gehoor.

Ten tijde van zijn dagvaarding heeft hij alweer een nieuwe baan: hoofd van de in Amsterdam gevestigde Afdeling recherche van het commissariaat-generaal voor de Nederlandse Economische Belangen in Duitsland. Een hele mondvol, maar veel stelt die functie niet voor. Volgens het transcript weidt Pinto als getuige vooral uit over zijn ontmaskering van Lindemans en over het grote belang van de hulp die Betje Wery hem bij zijn onderzoek heeft gegeven. Zij zou hem 'verschillende gegevens' over de verrader hebben verstrekt die hij weer had verwerkt in zijn rapport *Contacts with King Kong*.

De president begrijpt alleen niet waarom hij een bewijs van politieke betrouwbaarheid heeft afgegeven, terwijl er letterlijk niets goeds over de verdachte in het dossier staat. Maar Pinto ziet dat toch anders: vanuit geallieerd standpunt beschouwd was zij in het najaar van 1944 juist wel goed geweest, doordat ze hem informatie had verschaft over 'vijandelijke personen en gevaarlijke spionnen' die hij dankzij haar kon arresteren. Wat ze voorheen in Amsterdam had gedaan, zegt Pinto, kan hij moeilijk beoordelen, maar ze knapte voor hem tot twee keer toe een klus op in bevrijd Zuid-Nederland en elke keer keerde ze gewoon terug naar Brussel.

'Om daar samen pret te maken!' schampert de president. 'U bent dus op haar verklaringen afgegaan. Het lijkt mij zeer wonderlijk op de verklaringen van zo iemand af te gaan. Zij stond op de lijst van mensen die noodzakelijk uit de weg moesten worden geruimd. Ik begrijp dus niet hoe zij plotseling aan een betrouwbaarheidsverklaring van iemand op uw positie kwam.'

'Ik heb dit in overleg met mijn Engelse collega's gedaan,' zegt Pinto (maar ook hij is niet in zijn eerste leugen gestikt).

Daarop mengt de procureur-fiscaal zich in het kruisverhoor: 'De verdachte heeft in haar proces-verbaal verklaard dat u op de hoogte was van haar verleden en dat zij intieme omgang met u heeft gehad. Is dat zo?'

'Ik wil deze omgang niet ontkennen. Tot op zekere hoogte komt dit in mijn vak meer voor. De betrouwbaarheidsverklaring heeft daar echter niets mee te maken.'

'Was het in uw dienst geoorloofd dergelijke relaties aan te gaan?'

'Zeer zeker.'

'Ik heb geen hoge dunk van een overheidsfunctie,' constateert de president, 'waarin deze dingen voorkomen.'

De procureur-fiscaal laat zich intussen niet van zijn à propos brengen: 'Verdachte heeft verklaard dat u na uw reis naar Holland haar zou hebben verteld dat zij op de lijst stond om te worden gearresteerd en dat u haar zou hebben geadviseerd niet naar Nederland terug te keren.'

'Dat is volkomen onwaar. Ik heb zoiets nooit gezegd.'

'Het maakt de indruk dat verdachte een betrouwbaarheidsverklaring van u persoonlijk heeft gekregen als een soort beloning voor de verhouding die u met haar had.'

'Dit is een volkomen verkeerde voorstelling van zaken. Die verklaring heeft daar niets mee te maken.'

'Hoe kon u een dergelijke verklaring afgeven aan iemand die zoveel had misdaan?'

'Ik heb eerst een onderzoek naar haar gedragingen ingesteld.'

'Waar?'

'In Kaatsheuvel.'

'Bij wie heeft u deze inlichtingen ingewonnen?'

'Bij de schoonouders van verdachte.'

'Is dat voor iemand van de geheime dienst voldoende?'

'Ook bij de buren van haar schoonouders heb ik geïnformeerd.'

'Het is toch wel heel erg dat het hoofd van onze geheime dienst in België een dergelijke verklaring afgeeft over iemand van wie iedereen in Nederland wist wat voor schandelijke rol zij in oorlogstijd had gespeeld en dat een onderzoek bij schoonfamilie en buren daarvoor voldoende wordt geacht.'

En even lijkt het alsof niet Betje Wery terechtstaat, maar Oreste Pinto. 'Zoals ik al daareven zei,' sputtert hij dan tegen, 'ik heb dit gedaan in overleg met mijn collega's.'[65]

Het proces loopt op z'n einde als de procureur-fiscaal plotseling meedeelt dat Betje Wery vier getuigen heeft omgekocht die een meinedige verklaring hebben afgelegd. Voor de president zit er niets anders op dan het proces te verdagen en de resultaten van het onderzoek door de Rijksrecherche af te wachten.

Tot de vier behoren de Jodenverraadster Jeanne Valkenburg en haar zuster Helena. Zij hebben alle twee verklaard dat nadat Jeanne Betje Wery voor het eerst in een café op het Rembrandtplein ontmoette, deze hen beiden een paar dagen later mee naar huis nam om schoenen te passen. Ineens verscheen Riphagen toen daar ten tonele, die ze tegen Wery hoorden zeggen: 'Als je niet die illegalen met mij gaat aangeven' – met wie hij Badrian en de anderen van de PBC zou hebben bedoeld – 'dan zal ik, vuile rotjodin, je ouders laten weghalen en naar Polen laten brengen.'

Rijksrechercheurs verhoren op maandag 12 januari 1948, dus twee dagen voor haar executie, ook Ans van Dijk, die nog samen met Jeanne Valkenburg en Betje Wery in het huis van bewaring cel D-II-12 heeft gedeeld. Ze vertelt dat de twee vrouwen elkaar pas na de oorlog tijdens hun detentie hebben leren kennen. Ook zou ze erbij zijn geweest toen ze de zaak hadden bekokstoofd en Jeanne de getuigenverklaring over Riphagen 'in elkaar gedraaid' had. Vervolgens zou een PRA-rechercheur ervoor hebben gezorgd dat Betje Wery Lages onder vier ogen kon spreken: ze wilde hem vragen alle schuld op Riphagen te schuiven.

Twee maanden later, in maart 1948, biecht Betje Wery de ware toedracht op. 'Wij waren zeer vertrouwelijk met elkaar en Valkenburg bemoederde mij erg. Ze zei altijd dat ze het vreselijk vond dat ik die nog zo jong was, misschien de doodstraf zou krijgen.' De vrouw had daarop voorgesteld samen met haar zuster Lena dat verhaal over Riphagen op te hangen. Op die manier zou de indruk worden gewekt als zou Betje Wery na zijn bedreigingen geen kant meer uit kunnen. Maar dat verhaal klopt niet, geeft Betje toe. En ook al die andere verhalen over Riphagen en Just de la Paisières, dat die haar zouden hebben bedreigd, heeft ze simpelweg verzonnen.

Nadat het hof begin mei 1948 het proces heeft hervat, eist de procureur-fiscaal de doodstraf. In een brief, gedateerd 4 mei 1948, schrijft haar vader Ferdinand aan de president dat hij 'het ontstellende bericht' uit de krant heeft vernomen, om eraan toe te voegen: 'Ik hoop dat u van dit schrijven notitie wilt nemen, aleer u tot rechtspraak overgaat. Mijn dochter is altijd een goed kind geweest, zowel voor ons als voor haar omgeving.'

Dat het zover heeft kunnen komen, zou de schuld van haar man zijn. Bovendien wijst de vader erop dat van zijn familieleden er vierenvijftig zijn vergast, onder wie zijn drieëntachtigjarige moeder,[66] en van zijn vrouw zevenendertig verwanten:

> Kunt u zich onze toestand indenken, nu wij dit vreselijke met mijn dochter er nog bij hebben? Ik hoop dan ook dat u ons kind voor ons wilt sparen en dat u haar een andere straf dan deze wilt opleggen.

Het hof veroordeelt haar op zaterdag 15 mei tot levenslang, bij welke gelegenheid de president haar 'een verdorven en gevaarlijke vrouw' noemt. Zij verdient volgens hem zwaar te boeten 'voor hetgeen zij jegens haar landgenoten misdeed' en haar 'blijvende uitsluiting van de samenleving' moet als 'een veiligheidsmaatregel in het belang van de Nederlandse volksgemeenschap' worden gezien.'

Op 2 maart 1949 verwerpt de bijzondere raad van cassatie haar beroep, maar vijf jaar later loopt Betje Wery, dan vierendertig jaar, na een herziening van haar straf alweer vrij rond. Zij trouwt op 14 november 1959 een voormalige SD'er uit Groningen, Mijndert Vonk (15 november 1919, Amsterdam), die zij in de gevangenis heeft ontmoet. Na voor twee moorden, poging tot moord en doodslag ter dood te zijn veroordeeld had Vonk gratie gekregen.

Het echtpaar begint in 1967 in Schiedam een huwelijksbemiddelingsbureau, het contactcentrum Trait-d'Union, dat ze een jaar later naar hun nieuwe woonplaats Ede verplaatsen. In de daaropvolgende jaren breiden ze gaandeweg uit met twee nieuwe bureaus, de Stichting Partnercentrum en Video Partners. Weinig mensen kennen hun achtergrond, tot ze eind 1979 in de publiciteit opduiken. *Telegraaf*-journalist Henk van der Meijden heeft hen voor zijn TROS-programma *TV Privé* ingehuurd om ongehuwde vrouwen aan de man te helpen brengen. Er bestaat forse kritiek en algauw storten de kranten zich ook op het duistere oorlogsverleden van het paar, maar Betje Vonk-Wery snapt niets van alle opwinding.

Volgens haar heeft de concurrentie uit jaloezie over het succes van de uitzending hun verleden opgerakeld. 'Het is allemaal waar, maar het is veertig jaar geleden,' zegt ze tegen een verslaggever van de *Leeuwarder Courant*. 'Wij hebben onze straf uitgezeten. En bovendien moeten de omstandigheden waaronder dat allemaal gebeurde, in aanmerking worden genomen. Ik was toen pas twintig en mijn man eenentwintig. Wij waren zogenaamde jeugdgevallen. Daarom kregen we later ook herziening van ons vonnis.' Nadat de TROS heeft besloten met de huwelijksmiddeling via de tv te stoppen, verdwijnt het echtpaar weer in de anonimiteit. Betje Vonk-Wery overlijdt op 16 oktober 2006 in Ede, zesentachtig jaar oud.

Oorlog in het donker

Onder de getuigen in het proces tegen Betje Wery bevindt zich ook Willy Lages, maar er komt geen onvertogen woord jegens haar over zijn lippen. Zijzelf vertrouwde een celgenote toe nog altijd zwaar verkikkerd op hem te zijn, en dat ze een keer innig gearmd in de arrestantenwagen op weg naar het paleis van justitie hadden gezeten. Kennelijk wil hij haar in de getuigenbank ontzien, zoals ook de verslaggever van *Elseviers Weekblad* in 1947 constateert:

> Lages, evenals Döring en Albers, wordt als getuige voorgeleid, doch dit blijkt geen succes te zijn. De heren hebben zich voorgenomen in Nederlandse aangelegenheden geen mond meer open te doen. [...] Lages met zijn nagenoeg naakte schedel, waar achterom nog een mottig randje haar verwijlt, staart met kleine prikogen naar een punt ongeveer een meter boven het hoofd van de president.

Niettemin moet Betje Wery voor de voormalige SS-*Sturmbannführer* een van de velen uit de reeks Nederlandse vrouwen zijn geweest met wie hij iets heeft gehad. Zeker de eerste drie jaar heeft hij een tamelijk comfortabel, ontspannen bestaan geleid. Hij hangt veel rond in Amsterdamse nachtclubs en andere uitgaansgelegenheden, maar verkiest de Savoy op het Leidseplein om er de Argentijnse flamencodanseres Dolly Dolores, in zijn woorden *die tolle Dolores*, het hof te maken. Gevreesd bij zijn mannen om zijn woede-uitbarstingen geldt hij als een zware drinker en soms bedrinkt hij zich drie dagen achtereen.

Zijn rechercheurs zouden het als een erezaak hebben beschouwd om juist dan zo veel mogelijk arrestaties te verrichten, hoofdzakelijk onder Joden. Ook de meesten van hen drinken veel, zowel in diensttijd als erna, en drank vormt nooit een probleem. De Amsterdamse distilleerderij Lucas Bols levert voor een vriendenprijs drank aan de SD, vier gulden vijfenzeventig voor een fles jenever en vijf gulden voor een fles likeur. Ook in de tijd dat de doorsneeburger zich dit soort gedistilleerd allang niet meer kan permitteren.

Met zijn vriendinnen gaat Lages meestal dineren in het Amsterdamse restaurant De Smorre of anders De Gerstekorrel in de Damstraat. De POD heeft nog een onderzoek ingesteld tegen een van zijn maîtresses, Lijda Cornelia Bos, roepnaam Lydia, die in het najaar van 1944 bij hem in zijn appartement op de Apollolaan 125 introk en grote invloed zou hebben gehad. Zij zou er bij Lages op aan hebben gedrongen een kennis van haar, de vijfentwintigjarige student Robbert Cijfer, aan wie ze een hartgrondige hekel had, te laten fusilleren. De politie pakte hem op toen hij in spertijd illegale blaadjes verspreidde. Uit vergelding voor een aanslag op een autobus van de Wehrmacht schoten de Duitsers hem op 11 april 1945 dood.

Bos woont ook regelmatig de dienstbesprekingen bij die Lages dikwijls op zijn huisadres houdt. Later zou de vrouw beweren heimelijk voor het verzet te hebben gewerkt, maar als Lages na een tip van een V-man opdracht geeft een aantal kopstukken uit de Amsterdamse illegaliteit op te pakken, waarschuwt ze geen van hen, al kent ze hun namen.

Na de oorlog ontkent de vrouw dat Lages op haar verzoek Robbert Cijfer heeft laten executeren. Bos geeft wel toe dat ze genoeg invloed heeft gehad om eventueel de vrijlating van de student te bewerkstelligen. Ze zou die stellig hebben aangewend, als zijn familie een beroep op haar had gedaan. Uit het onderzoek blijkt dat Bos inderdaad in vijf, zes merendeels lichtere gevallen voor veel geld bij Lages heeft bemiddeld. In één geval voor 150 000 gulden aan sieraden, omgerekend meer dan een miljoen euro.

Lydia Bos kan haar huid redden door met de Canadezen aan te pappen en volgens haar CABR-dossier kondigde ze in augustus 1945 zelfs haar verloving met een eerste luitenant aan. De procureur-fiscaal besluit haar in februari 1947 onvoorwaardelijk buiten vervolging te stellen.

Ook Lages ontspringt de dans, en dat terwijl de bijzondere raad van cassatie op 12 juli 1950 zijn beroep tegen de doodstraf verwerpt. Koningin Juliana weigert echter in 1952 tot twee keer toe het executiebevel te ondertekenen, met het argument dat het onmenselijk zou zijn iemand na zeven jaar nog terecht te stellen. Bij Koninklijk Besluit wordt zijn vonnis op 23 september van dat jaar omgezet in levenslang.

Tijdens zijn proces had hij met verve de rol van de wijze politieman-oude-stijl gespeeld, een gepijnigde ziel die zich er rekenschap van gaf dat de opdrachten die hij van hogerhand kreeg, verschrikkelijke consequenties hadden. Maar hij verzekerde de rechters dat hij ze zo correct mogelijk had uitgevoerd. Om die reden zou hij ook acties als de *Silbertanne*-moorden hebben afgekeurd. Onder het axioma dat als je vergeldingsmaatregelen neemt, je dat tenminste aan professionals moet overlaten en niet aan een paar heethoofden van de Germaansche SS.

Desondanks heeft Lages wel opdracht tot de *Silbertanne*-moorden gegeven en zeker in het laatste oorlogsjaar heeft hij op grote schaal executies laten uitvoeren. Zijn dossier in het Nationaal Archief bevat een hele doos vol met lijsten, waarop de namen staan van niet alleen honderden verzetsstrijders, maar ook van talloze willekeurig opgepakte mannen, soms nog kinderen, soms bejaarden, die voor een vuurpeloton de dood vonden.

In een zelfgeschreven getuigenverklaring uit 1946 verzucht hij dat de *Krieg im Dunkeln* – de oorlog in het donker – in Nederland nu eenmaal ongemeen hard was. En hoewel de Sipo zich moest aanpassen aan de strijdmethodes van de tegenstanders en er aan de oorlogsbevelen niet viel te tornen, hadden hij en zijn mannen niet dezelfde middelen toegepast als de vijand. In een groot aantal individuele gevallen zouden zij juist consideratie hebben getoond met de bijzondere situatie van een bezet volk. Zo zou hij zich enkele keren met succes hebben verzet tegen de keiharde represailles die de Wehrmacht voor ogen hadden gestaan.

Bij hem prevaleerde altijd het onderzoek naar de dader en hij had ook streng verboden arrestanten in de gevangenissen of tijdens verhoren op de *Dienststelle* te mishandelen. Wat niet wil zeggen dat het niet op grote schaal gebeurde, al dan niet met medeweten van Lages. Niettemin verlangde 'de strijdmethode van de illegale tegenstander' volgens hem een volledige Duitse inzet:

> Een samenwerking met de vijand was verraad aan miljoenen Duitse mensen geweest. Een dergelijke eerloze gezindheid beschouwde ik voor mijzelf en mijn ondergeschikten als de zwaarste misdaad. Ik heb mijn plicht gedaan en daarbij toch rekening gehouden met de humanitaire eisen. Moge in de beoordeling van mijn handelwijze het oude Romeinse rechtsprincipe opgeld doen: Fiat justiticia [sic] et pereat mundus [Moge het recht zegevieren, al vergaat de wereld].

In zijn verweer gaat Lages met geen woord in op de rol die hij bij de maatregelen tegen de Joodse Nederlanders heeft gespeeld, de razzia's en de deportaties. Hij vermeldt de *Zentralstelle* alleen terloops, als een instantie waarvan hij het *Oberaufsicht* had, het toezicht. Ook tijdens de verhoren doet hij het voorkomen alsof het zich allemaal buiten hem om heeft voltrokken. Als hem wordt gevraagd hoeveel Joden de *Zentralstelle* uit Amsterdam naar het kamp Westerbork heeft overgebracht, veinst hij dat niet te weten.

Om eraan toe te voegen: 'Ik kan u wel verklaren dat vermoedelijk eind 1943 door de Duitse bezettende macht in Nederland werd aangenomen dat afgezien van de ondergedoken Joden het Jodenvraagstuk in het bezette Nederlandse gebied was opgelost.'

Betje Wery

Tonny Ahlers

Maarten Kuiper

Dr. Hans Georg Calmeyer

Oreste Pinto

Jeanne Valkenburg

Frits Klinkenberg
Burgemeester van Putten

De familie Joseph, zittend v.l.n.r.: Resi, moeder Lina, Bernhard.
Staand: vader Berthold

Centrale Controle Utrecht. Zittend van links naar rechts: kapitein P.I.M. Thijssen, hoofdcommissaris G.J. Kerlen en kapitein G. van Grootheest. Staande v.l.n.r.: J. Smorenburg, N. de Jong, W.J. Arendsen, J. van Tricht en G.J. van Cleef

Mozes Brandon Bravo met zijn vriendin Dora Thea Emondt en hun kinderen

Karl Josef Silberbauer

Pieter Schaap

Gezinus Gringhuis

Jacob Breugem

Willem Grootendorst

Abraham Kaper

Ans van Dijk tijdens haar proces (foto: Ben van Meerendonk/AFH, collectie Internationaal Instituut voor Sociale Geschiedenis, Amsterdam)

G.J.H. Ganzevles

Willem Henneicke

De Apeldoornse politiecommissaris en SS’er Johannes Meijer met zijn gezin

Het hoofd van de *Aussendienstelle* Amsterdam van de SD en SIPO,
Willy Lages, tijdens zijn proces

De vaste tipgevers

De voormalige wachtcommandant van het Bureau Joodsche Zaken, Kaper, schatte tijdens een verhoor op 30 september 1948 het aantal klikbrieven dat hij dagelijks ontving, anoniem of onder naam, op tussen de dertig en vijftig, Maar volgens hem kwamen de voornaamste tips over Joodse onderduikers toch van mensen die, voor de keus gesteld, gingen werken voor een speciale politiedienst, de *Zentralstelle*, de Colonne Henneicke of rechtstreeks voor het *Judenreferat* IV B 4 van de Gestapo. Informanten die ik tot de derde categorie zou willen rekenen.

Hij maakte hierbij wel een onderscheid tussen vaste tipgevers en mensen die mondeling, schriftelijk of telefonisch een zaak aanbrachten. 'De vaste tipgevers werden onder de rechercheurs verdeeld, als deze hen tenminste niet zelf hadden gekweekt' – waarmee Kaper bedoelde: geronseld en opgeleid. 'In dat geval werkten ze voor de betrokken rechercheur zelf.'

In principe betaalde hij als wachtcommandant de premies uit aan de betrokken rechercheurs, die er op hun beurt voor dienden te zorgen dat de informanten hun aandeel ontvingen. Kempin had zich belast met de uitbetaling van de aanbrengprovisie. Op dat punt maakte de *Dienststelle* geen verschil tussen Joden en niet-Joden, al ontkenden de meeste Joodse V-mannen en -vrouwen later categorisch geld te hebben aangenomen. Maar evenals het DSK moesten ook deze diensten steeds weer voor hun Joodse informanten een sperstempel bij de *Zentralstelle* aanvragen.

Het hoofd van de Amsterdamse IV B 4-afdeling, de *Kriminalsekretär* en SS-*Untersturmführer* Rudolph Hassel, vertelde in een verhoor dat hij voor het opstellen van de sperlijst maandelijks van de betrokken Duitse ambtenaren korte memo's – 'kleine notitiepapiertjes' volgens het proces-verbaal – ontving met de naam van de te sperren man of vrouw. Hij liet die dan uittikken, met de gebruikelijke toevoeging: 'De op de lijst genoemde personen zijn Joodse v-personen, respectievelijk hun familieleden, die lange tijd voor afdeling IV B 4 met voortdurend succes werkzaam zijn geweest. Zij kunnen op grond van het dienstbelang niet worden gemist.'

Een keer had Hassel een man op de sperlijst gezet die niet als v-man voor de SD werkte, maar die hij nog uit Duitsland kende. Hij beschouwde deze Fritz W. Königsberger als een goede kennis en op die manier wilde hij hem voor 'eventuele moeilijkheden' behoeden. Köningsberger overleefde dan ook de oorlog en vestigde zich erna in San Francisco. Maar voor de rest ontkende Hassel bemoeienis te hebben gehad met het selecteren van de informanten voor de lijst.

'Alleen de met de schrijfmachine geschreven namen, voornamen, adressen en daarachter de oude spernummers zijn door mij aan de hand van genoemde notities geschreven,' zei hij. 'De verdere aantekeningen en kenmerken op genoemde lijst zijn niet door mij erop gezet, maar door de *Zentralstelle für jüdische Auswanderung*, met uitzondering van mijn ondertekening.' Zijn werk zou slechts hebben bestaan uit simpele administratieve handelingen als het verdelen van binnengekomen dossiers, processen-verbaal en andere schriftelijke stukken onder de rechercheurs. Zodra de stukken weer terugkwamen, corrigeerde hij ze op taalfouten.

Op de lijst die Hassel op 18 juni 1943 had opgesteld, stonden de namen van vijftien mensen, van wie de meesten niet de oorlog overleefden. Ditzelfde geldt voor de lijst van het hoofd van het Bureau Joodsche Zaken, commissaris Dahmen von Buchholz. In een brief, gedateerd 23 september 1942, verzocht hij de *Aussenstelle* vier Joden die voor zijn bureau als informant werkten te sperren. Het ging om de marktkoopman Juda Heide, de kleermaker Emanuel Louis Katz, de slager Samuel Katz en de bedrijfsleider David Kok.[67]

Toen een PRA-rechercheur na de oorlog Dahmen von Buchholz naar deze lijst vroeg, zei de oud-commissaris dat hij zich die niet meer kon herinneren, maar hij wist wel dat hij meer van dergelijke verzoeken had gedaan. Doorgaans zou de *Aussenstelle* die hebben afgewezen. 'Het betrof hier veelal Joden,' zei hij, 'die nog niet waren gearresteerd, maar die zich tot verraad ten opzichte van rasgenoten wilden gaan verlagen om zodoende uit de handen van de Duitsers te blijven. Ook boden gearresteerde Joden zich daar wel voor aan om alsnog te voorkomen dat ze zouden worden uitgezonden. Dit verraad zou uiteraard bestaan uit het aanbrengen van personen die de Joodse verordeningen hadden overtreden.'

Er bestaat nog een lijst die het Amsterdamse bureau Bijzondere Rechtspleging, de communistische tegenhanger van de POD, na de oorlog op basis van gegevens uit het archief van de *Zentralstelle* heeft samengesteld. Erop staan zestig namen, voornamelijk van Joodse informanten die een vrijstelling hebben gekregen. In enkele gevallen vermeldt de lijst hele families die voor de Sipo zouden hebben gewerkt, onder wie Isaäc Papegaay, zijn vrouw Eva Papegaay-Prys en hun dochters Mimi en Janny. Zij hadden een vrijstelling gekregen van de tweede man van de *Zentralstelle*, SS-*Hauptsturmführer* Karl Wörlein, maar het bleek slechts uitstel.[68]

Ook de broers Frits en Paul Berets overleefden de oorlog niet, nadat ze als informanten voor de afdelingen IV B 4 en IV A van de Gestapo hadden gewerkt. Beiden gingen op 28 oktober 1943 op transport naar Westerbork en vandaar naar Theresienstadt, maar terwijl Paul Berets in Auschwitz belandde, kwam zijn broer Frits in Buchenwald terecht.[69] Na de oorlog stelde de POD nog een onderzoek in, maar dat leverde niets meer op dan wat al op de lijst stond aangegeven.

Philip Nort

Op de sperlijst van Hassel staat ook een man wiens naam tijdens en ook na de oorlog rondzong, onder verraders en collaborateurs, in processen-verbaal en processtukken, maar die in weerwil van alles een schimmige figuur bleef. De op 11 oktober 1895 in Den Bosch geboren Philip Nort had volgens het *Signalementenblad* in de jaren dertig nog bij de gloeilampenfabriek Philips gewerkt om in 1936 naar Amsterdam te verhuizen. Vanaf 1939 woonachtig in de Sint Antoniebreestraat verdiende hij zijn brood als marktkoopman.

Toen de bezetter de terreur tegen de Joden steeds meer opvoerde, begon hij in verlaten woningen in te breken, tot hij in de zomer van 1942 tegen de lamp liep. Na door de SD voor de keus te zijn gesteld ontpopte hij zich als een uiterst gehaaide, actieve V-man die, veelal gewapend met een pistool, heel Nederland afstroopte op zoek naar onderduikers en hun verborgen bezittingen. Ook lapte hij als 'Joodsche valman' – aldus Schaap – mensen erbij.

Hij werkte daarnaast voor *Kriminalkommissar* Walter Julius Horak, de leider van de *Sonderdienststelle der Gruppe V*, een in Den Haag gevestigde speciale eenheid die als onderdeel van de Rijksrecherchecentrale de zwarte handel en clandestien slachten bestreed. Ze onderzocht verder inbraken op distributiekantoren en de vervalsing van bonkaarten. Nort kwam met Horak in contact via de V-man Jos Pijpers, een Haagse biljartmaker en souteneur, die evenals hij vaak rondhing in restaurant De Roode Leeuw aan het Damrak.

Toen Pijpers hem een keer een diamanten ring te koop aanbood, vertrouwde Nort hem toe dat hij en zijn gezin gevaar liepen te worden gedeporteerd en vroeg hij hem of Pijpers niet iets voor hen kon doen. Deze besprak de kwestie met Horak, die Nort bij zich ontbood en hem voorstelde als pseudokoper te helpen bij de bestrijding van de zwarte handel. Hij zou dan op provisiebasis betaald krijgen.

Volgens een op 6 mei 1943 verzonden brief van de *Befehlshaber* van de Sipo en de SD aan de *Zentralstelle* zou Nort sindsdien voor bijna een miljoen gulden aan producten die onder de distributie vielen, uit de zwarte handel hebben gehaald. Om die reden hoefde hij voorlopig geen ster te dragen, iets wat 'van het allergrootste politieel belang' zou zijn. 'Hij is voor de verdere bestrijding van de zwart- en sluikhandel absoluut nodig,' luidde de conclusie. Vandaar dat ook zijn vrouw Kaatje Nort-Kets de Vries, zijn zuster Betje ten Bosch-Nort en zijn vader Meijer Philippus Nort in aanmerking zouden moeten komen voor een sperstempel. Zijn zoon Meijer Philip Nort, geboren op 6 juni 1922 in Den Bosch en een bakkersleerling, was toen al op 30 september 1942 in Auschwitz vermoord.

Een van zijn grootste successen boekte Nort in oktober 1943 bij het Brabantse Zevenbergen, waar hij een ondergrondse schuilplaats opspoorde met auto's en talloze fietsen, motoren en autobanden. De tip kreeg hij van de plaatselijke chef van politie, die meteen een aandeel in de buit opeiste. Tijdens een onderzoek ter plaatse ontving hij informatie over twee onderduikadressen, het ene bij een slager en het andere bij een landarbeider. Maar toen de Amsterdamse SD-rechercheurs Douwe Capelle, Albert Lodder en Klaas Nap onder leiding van Schaap op de middag van 1 november bij het huis van de landarbeider arriveerden, bleken de onderduikers verdwenen.

Nadat Schaap met het concentratiekamp had gedreigd, riep de dochter van de landarbeider: 'Vader, zeg het maar! Dan blijft u tenminste vrij.' De man lokte vervolgens de zes onderduikers, die zich in het veld hadden verstopt, met een smoes terug naar zijn huis, waarop de SD-rechercheurs hen inrekenden. Hoewel ze de landarbeider met rust lieten, bleef hij zich zorgen maken. Na de oorlog vertelde hij in een verhoor: 'Enige dagen later heb ik Piet Schaap een brief geschreven, omdat ik bang was dat ik toch zou worden weggehaald. Hij heeft toen een kip van mij gehad.'

Ook bij de slager arresteerden ze zes onderduikers en diens vrouw schreef Schaap eveneens een brief en stuurde hem een konijn en een stukje vet. Ze kreeg een brief terug, waarin hij schreef dat ze zich niet ongerust hoefde te maken.

In het algemeen werkte Nort veel samen met Pijpers, de wegens omkoping geschorste Haagse rechercheur en V-man Cornelis Schouten en de textielhandelaar Theo Reus. Ze verdienden als pseudokopers soms duizenden guldens aan provisie – volgens Reus een keer zelfs een bedrag van 25 000 gulden – tegelijkertijd brachten ze Joodse onderduikers bij de SD aan.

Na de oorlog vertelde Kaper dat Nort op dit punt een heel eigen, kenmerkende manier van werken had. Eerst hielp hij die mensen aan een schuiladres, waarna hij een plattegrondje van de buurt en het huis maakte om vervolgens de SD op hen af te sturen. 'Hij ontving dan een bepaald percentage van wat op die Joden werd gevonden en van hun bezittingen,' legde de voormalige wachtcommandant uit. 'Bovendien kreeg hij een premie van de SD voor het aanbrengen.'

Volgens Kaper had hij hen ook in 1943 getipt over vijf onderduikers in het gehucht Westenholte bij Zwollerkarspel, al durfde de Amsterdamse SD-rechercheur Douwe Capelle daar niet zijn hand voor in het vuur te steken. 'Wel is zeker,' zei hij, 'dat iemand verschillende keren bij ons heeft geïnformeerd of we die Joden uit de omgeving van Zwolle al hadden opgehaald. En omdat het niet direct naast de deur was, zal het wel enige tijd hebben geduurd voor wij die arrestatie konden verrichten.'[70]

Over de manier waarop Nort op 1 maart 1944 de dood vond, doen verschillende verhalen de ronde. In één versie heet het dat het verzet hem zou hebben geliquideerd. Een zekere Van Schaik weet in een brief, gedateerd 21 november 1944, vrijwel zeker wat zich die eerste maart heeft afgespeeld:

> Bij nadere informatie van de laatste tijd bleek mij dat hij hoogstwaarschijnlijk in Eindhoven door de Duitsers zelf is doodgeschoten. Hij was gepakt voor een zwart handeltje; van de kant van Amsterdam is nog moeite gedaan hem vrij te krijgen, maar dat heeft dan blijkbaar niet mogen baten.

Ook de Amsterdamse SD-rechercheur Schaap, normaal goedgeïnformeerd, meende dat Nort in Eindhoven zou zijn overleden, maar dan wel in een politiecel aan een ziekte. Daarentegen geloofde Kempin dat de V-man was doodgeschoten, naar hij had gehoord in Scheveningen, terwijl de Amsterdamse rechercheur Hendrik Blonk met weer een heel ander verhaal kwam.

Hij vertelde dat de politie Nort had aangehouden naar aanleiding van een rapport dat hij, Blonk, zelf over een oplichtingszaak had opgesteld. Ze hadden hiervoor ook twee van diens handlangers opgepakt, de v-man Schouten en Reus. Nort zou vervolgens bij een auto-ongeluk om het leven zijn gekomen toen hij vanuit de *Polizeigefängnis* Scheveningen op transport ging. Al geloofde Riphagen alias Al Capone dat hij het allemaal in scène had gezet en de oorlog gewoon had overleefd.[71]

Lientje Fransman

Het lijkt alsof ze buiten haar eigen lichaam is getreden, Caroline Fransman (10 maart 1919, Rotterdam), roepnaam Lientje, als ze na de oorlog in een brief aan justitie de omstandigheden schildert waaronder ze vanaf eind 1942 met haar ouders, broer en schoonzusje ondergedoken zat. De vrouw voert zichzelf en haar familie nadrukkelijk in de derde persoon op, terwijl ze schrijft: 'Een jaar hebben zij op de ellendigste wijze met zeven mensen geleefd. Door verraad werden zij in oktober 1943 door de SD gearresteerd en ten slotte overgebracht naar de gevangenis in Scheveningen, waar zij' – Lientje Fransman dus – 'drie weken heeft gezeten.'

Sinds 14 mei 1940, het bombardement van Rotterdam, heeft ze dan ook een en ander meegemaakt. Zelf kan Lientje Fransman met haar pasgeboren baby nog het vege lijf redden, maar haar man, de winkelbediende Isidore David van der Stam, sterft in de vuurzee. Ruim twee jaar later, op 4 augustus 1942, trouwt ze opnieuw, in Den Haag, met de koopman Jonas Fresco. Het huwelijk heeft amper drie weken geduurd als de Duitsers haar tweede man bij een razzia oppakken.[72] Ze besluit dan onder te duiken en met een vervalst persoonsbewijs op naam van Johanna van Ameron vindt ze onderdak op verschillende adressen, het laatst in Tilburg.

Lientje Fransman, een opvallend attractieve verschijning, loopt daar vrij rond. Op een dag leert ze in een café de vijfenveertigjarige Frits Goossens kennen, een NSB-sympathisant en een bouweraannemer van Duitse vliegvelden, met wie ze in de zomer van 1943 een relatie begint. Tot de Tilburgse politie haar samen met haar broer Jonas en zijn hoogzwangere vrouw Mary arresteert en haar twee weken later terugstuurt naar Den Haag. Na een maand volgen haar broer, zijn vrouw en hun inmiddels op 1 november geboren baby Jopie Paulina. In het Sipo-hoofdkwartier Villa Windekind valt

Lientje Fransman in handen van Cornelis Johannes Kaptein, roepnaam Kees of Kappie, oorspronkelijk van de Documentatiedienst, sinds 1942 gedetacheerd bij het *Judenreferat* van de Gestapo, afdeling *Judenflucht und Judenkapital*.

Op 21 maart 1915 geboren in Klaten in het toenmalige Nederlands-Indië keerde Kaptein op driejarige leeftijd terug naar Nederland. Na de mulo-B, boekhouden en handelsrekenen, diende hij tot de capitulatie vijf jaar lang als sergeant in het leger om vervolgens naar de Haagse politie over te stappen. In 1941 sloot hij zich aan bij de NSB, de Germaansche SS en het Rechtsfront. De eerste indruk die de mensen van hem kregen, was van een niet onsympathieke man, of zoals een psychiater hem na de oorlog typeerde: 'Een man met wat men noemt een open gelaat.' Een krant beschreef hem als tenger met een scheef hoofd en een smal gezicht, met ogen die frank en vrij de wereld in keken.

In werkelijkheid maakte Kaptein deel uit van de groep van de meest gewelddadige rechercheurs die standaard hun arrestanten mishandelden. Om hen te intimideren sprak hij bij voorkeur Duits en toen een Joodse vrouw die hij na haar arrestatie had geslagen, zei dat ze toch niets had gedaan, snauwde hij haar toe: '*Ich bin der grösste Judenhasser auf der ganzen Welt. Meine Name ist Kaptein.*' En bij invallen zou hij zich hebben voorgesteld als: 'Ik ben Kaptein, de grootste jodenbeul van Nederland.'

Tijdens het verhoor speelt Kaptein kat en muis met Lientje Fransman. Terwijl hij het ene moment tegen haar tekeergaat, het pistool voor hem op tafel, en haar uitscheldt, liefkoost hij haar het volgende moment. Kust, betast de vrouw. En hij belooft dat als zij voor hem gaat werken, hij ervoor zal zorgen dat zij en haar familieleden zullen worden gespaard. In haar brief van na de oorlog schrijft ze dat de rechercheur haar 'op de schandelijkste wijze' had misbruikt:

> Hij heeft haar bij deze handelingen steeds voor ogen gehouden dat het aan haar lag of haar ouders niet of wel in een strafkamp, waar zij de meest gruwelijke behandeling zouden ondervinden, werden

> gebracht. Hij hield de doodsangst bij haar steeds wakker en dreigde haar herhaaldelijk met haar ouders, broer en diens vrouw en pasgeboren kindje naar Polen te sturen.

Als hij haar die avond te voet naar de *Polizeigefängnis* Scheveningen brengt, hemelsbreed twee, drie kilometer, dwingt hij haar onderweg op een grasveldje seks met hem te hebben. Bij aankomst wil hij nogmaals in een verhoorkamertje. Een paar dagen later vertelt Kaptein haar dat hij met zijn chef heeft gesproken en haar een aanbod mag doen. Mocht zij bereid zijn drie maanden lang voor hem als informant te werken, dan zullen ze haar familieleden niet naar een strafkamp sturen, maar naar een 'evacuatiekamp'. Wat inhoudt dat die te zijner tijd naar het buitenland kunnen vertrekken. Lientje zelf en haar nog ondergedoken dochtertje mogen na die periode naar Amerika emigreren om er een nieuw bestaan op te bouwen.

Er verstrijken drieënhalve week voordat ze het aanbod accepteert. 'Tot wanhoop gedreven heeft zij eindelijk hierin toegestemd,' schrijft ze in 1946, 'maar waar het enigszins mogelijk was, heeft zij gefaald. Kaptein heeft haar dat ook steeds voorgehouden en daardoor maakte hij haar het leven nog onmogelijker.'

Na de oorlog verklaarde de rechercheur dat ze, om te bewijzen dat ze geen dubbelspel speelde, in ieder geval vóór haar vrijlating hem verschillende adressen had moeten verstrekken. Hij zou een adres van haar aan de Leidse Documentatiedienst hebben doorgegeven, die daarop twintig Joden arresteerde. Ook zou ze hebben verklapt waar de schoonouders van haar tweede man hun geld verstopten en waar haar schoonzusje met haar man en kind op de Haagse Hoefkade zat ondergedoken.

Op voorwaarde dat ze nog meer adressen levert, mag Lientje Fransman op 15 november 1943 de gevangenis verlaten. Voortaan zal ze ditmaal onder de schuilnaam Jopie van Amerongen voor Kaptein werken. Hij wil dat ze niet alleen onderduikers opspoort, maar ook in verzetsorganisaties infiltreert, voor welk doel ze het hele land afreist, Noord-Holland, de Haarlemmermeer, Utrecht, Apeldoorn, Arnhem. Veel zou het niet hebben opgeleverd en op 27 juli 1945 zei hij in een verhoor: 'Zij is nooit tot enig resultaat gekomen. Integendeel. Zij heeft meerdere zaken verknoeid. Volgens mij is zij voor dit werk ongeschikt geweest. Zij was geregeld dronken en ging veel op stap met diverse mannen.'

Om die reden had Kaptein gedreigd haar naar Theresienstadt te sturen, maar hij had er naar zijn zeggen weinig fiducie in gehad dat dit dreigement effect zou hebben: 'Ze was te stom om voor de duvel te dansen.'

Adrie Waterreus

Een van de mannen met wie ze geregeld uitgaat, is een oude bekende, de schatrijke Tilburgse bouwer-aannemer Frits Goossens. Opdat ze op vrije voeten blijft, laat hij zich door Kaptein afpersen, aan wie hij meer dan zevenduizend gulden betaalt: drieduizend op de hand en vierduizend aan leningen. Tegelijkertijd mainteneert hij haar met een wekelijkse toelage van zeven- tot achthonderd gulden, al heeft ze in die tijd ook nog regelmatig seks met Kaptein. Begin 1944 raakt Lientje Fransman zelfs zwanger, maar ze laat zich door een vrouw in Den Haag aborteren.

Ze blijft intussen gewoon aan Kaptein namen doorgeven van onderduikers en verzetsmensen. Een van hen, Wim Zeelt, ontmoet ze tijdens een treinreis. Gevallen voor haar charmes vertrouwt hij haar toe naar het buitenland te willen afreizen, via Parijs naar Spanje. Lientje vraagt hem haar mee te nemen, waarop ze samen de nacht doorbrengen in het Oranje-Hotel in Breda. De volgende ochtend zegt ze dat ze voor hun vertrek eerst nog wat dingen moet afhandelen. Ditmaal slaapt ze met hem in haar kamer aan de Pieterstraat 9 in Den Haag.

Kort voor de twee die dag het huis zullen verlaten, tekent Zeelt op een blad papier hoe ze de reis naar Spanje zullen maken. Na de schets in haar handtasje te hebben gestopt belt Lientje Fransman Kaptein, die de man laat arresteren.[73]

Ze verraadt ook twee Joodse vrouwen, Betje Fresco en Nettie Chasler, die ze twee weken eerder, in november 1943, in de trein heeft ontmoet. Ze had hun toen gevraagd of ze misschien wisten hoe ze aan een schuilplaats en een vals persoonsbewijs kon komen. Betje Fresco gaf haar hierop hun onderduikadres op de Groot Hertoginnelaan. Nog maar net hebben ze op 8 december Lientje Fransman binnengelaten of de Gestapo staat voor de deur en neemt alle drie mee.[74] Voor de keus gesteld verklaart Betje Fresco (16 juli 1918, Amsterdam), roepnaam Beppie, zich bereid onderduikers op te sporen. Kaptein zal haar de adressen verschaffen, waarop zij onder de schuilnaam Adrie Waterreus dient na te gaan of er Joden zitten.

Direct na de oorlog ontkende Beppie Fresco dat ze ooit inlichtingen aan de Gestapo had verschaft als gevolg waarvan onderduikers of verzetsmensen gevaar hadden gelopen. Later bekende ze een Joodse man, Jacob Papier, die op Noordeinde 87 bij zijn niet-Joodse vrouw zat ondergedoken, te hebben verraden. De Sipo zocht hem wegens verzetsactiviteiten, nadat hij eerder als v-man voor het referaat IV B 4 had gewerkt. Papier zou overigens de oorlog overleven.

Ook had de Gestapo achttien onderduikers kunnen aanhouden op grond van de informatie die Beppie Fresco had verkregen door in de trein een Joodse vrouw uit te horen. Tegenover een kennis zou ze zelfs hebben toegegeven een stuk of veertig mensen te hebben verraden. Maar in april 1944 stond haar dit werk dermate tegen dat ze de benen nam naar België.[75]

Lientje Fransman volgde in augustus van dat jaar haar voorbeeld door in Tilburg onder te duiken, op hetzelfde adres waar de politie haar een jaar eerder had opgepakt. In de voorgaande maanden dronk ze steeds meer en volgens haar Haagse pensionhoudster was ze permanent aangeschoten sinds ze begin 1944 bij haar op de Albertinestraat 1 introk. Ze verraadde er meteen de Joodse dienstbode, die Kaptein nog dezelfde dag liet ophalen. Zelf ontkende ze tegenover de pensionhoudster Joods te zijn, tot deze haar op een avond dronken hoorde roepen, terwijl ze met haar vriend Frits Goossens en een vrouw op haar kamer zat: 'Ik ben een vuile pestjodin, mijn vader en moeder zijn pestjoden. Ik verraad iedereen.'

Kaptein bleef tot het einde toe jacht maken op Joodse onderduikers, in het laatste jaar van de oorlog als lid van een in Den Haag opererend *Sonderkommando* dat het vooral op verzetsmensen had voorzien. Hij bekende na zijn arrestatie 1750 Joden te hebben opgepakt, maar tijdens het proces klaagde hij dat hij zijn bekentenis onder dwang had afgelegd. De POD-rechercheurs zouden hem zwaar hebben mishandeld door met gummiknuppels op zijn gezicht en lichaam te slaan, en één keer zou hij het bewustzijn hebben verloren. Hij hield het toen op honderdtachtig gearresteerde Joden. Op 6 april 1948 veroordeelde het bijzonder gerechtshof in Den Haag hem ter dood.

Voor de zaak in hoger beroep diende, stelde een psychiater op verzoek van Kapteins advocaat een onderzoek in dat resulteerde in de conclusie dat ze met 'een uitgesproken psychopaat' hadden te maken. Nadat de bijzondere raad van cassatie op 13 oktober 1948 zijn beroep had verworpen en koningin Juliana op 11 maart 1949 zijn verzoek om gratie had afgewezen, scheidde ook nog zijn vrouw van hem. Tot zijn executie zocht de jodenjager steun in het geloof: 'Zo goddeloos ik tot nu toe was gedurende mijn leven, zo vast en overtuigd ben ik nu in Zijn bestaan.'

Na zijn fusillering op 21 juli 1949 bleek dat de bijzondere raad van cassatie een tweede verzoek tot revisie dat Kapteins advocaat een dag voor de terechtstelling had ingediend, niet in beraad had genomen. Hij voerde in de petitie aan dat zijn cliënt bepaalde geestelijke afwijkingen vertoonde, onder meer als gevolg van de ernstige mishandelingen door zijn vader. Had de raad dit geweten, meende de advocaat, dan zou het hebben geleid tot vrijspraak of ontslag van rechtsvervolging, maar zeker tot een lichtere straf. Toen de president aanbood de petitie alsnog te behandelen, zag de raadsman daarvan af.

Lientje Fransman stond al in december 1946 voor het bijzonder gerechtshof in Den Haag terecht. In een schriftelijke verklaring betichtte Kaptein haar ervan achtenvijftig Joodse onderduikers te hebben verraden, onder wie haar eigen broer en schoonzusje.[76] Een van haar tips zou zelfs hebben geleid tot de arrestatie van achtentwintig mensen in Dordrecht, waarmee Kaptein vermoedelijk doelde op een gemeenschappelijke actie van de Haagse en Leidse Documentatiedienst en de Dordtse Politieke Politie op maandag 25 oktober 1943.

Onder leiding van Kaptein pakten de jodenjagers die dag eenendertig mensen op, van wie achttien Joden. Maar in de dossiers heb ik niets kunnen vinden wat erop wijst dat Lientje Fransman daarin de hand zou hebben gehad. Desondanks staat het vast dat ze een groot aantal mensen heeft aangebracht, en volgens de procureur-fiscaal had dit reden kunnen zijn de doodstraf tegen haar te eisen. Gezien 'de zekere pressie' die Kaptein op haar had uitgeoefend, vroeg hij op 28 december twintig jaar gevangenisstraf.

Op 10 januari 1947 veroordeelde het hof haar tot twaalf jaar. Het zag als een verzachtende omstandigheid het feit 'dat Joden eind 1943 door de steeds krassere maatregelen zich als het ware als vogelvrijverklaarden moesten beschouwen, aan wie zich ieder ogenblik het noodlot kon voltrekken gearresteerd en gedeporteerd te worden naar kampen, waar de dood hun wachtte.'

De groep Ans van Dijk

Een onderbuurvrouw, toen een meisje van een jaar of tien, kan zich als een van de weinigen in de straat, de Jekerstraat in de Amsterdamse Rivierenbuurt, nog Ans van Dijk herinneren. Als ze thuiskwam, zette ze haar fiets – een zwarte dienstfiets van de SD – bij een lantaarnpaal tegenover hun huis. Ze droeg altijd een lange regenjas en een herengleufhoed, en vandaar dat een vriendinnetje van de onderbuurvrouw haar 'de herenmevrouw' noemde. Ze zei nooit wat. Groette niet, geen lachje. Er kon geen woord af. De vrouw had ook nooit gezien dat er mensen op bezoek kwamen en volgens haar wist eigenlijk niemand in de buurt wie ze was.

Inderdaad ging Anna van Dijk (24 december 1905, Amsterdam), roepnaam Ans of Annie, doorgaans als man gekleed, met een deukhoed op en in een donkergrijs herenkostuum, wanneer ze op zoek naar slachtoffers de stad afstruinde. Dag en nacht trok de vrouw eropuit, waarbij ze verschillende schuilnamen gebruikte: behalve Annie de Jong ook Fietje van Dam en Ans Querido, naar Abraham Querido, met wie ze tot november 1940 nog officieel getrouwd was. En ze leek evenals Bernhard Joseph bijna iedereen uit het verraderscircuit te kennen, Joods en niet-Joods.

Toen POD-rechercheurs haar na de oorlog verhoorden, somde ze de ene naam na de andere op. Vaak correct, soms ook niet. Ze scheen trots te zijn op haar kennis, al gaf ze er de voorkeur aan zichzelf als willoos slachtoffer af te schilderen. In werkelijkheid vormde Ans van Dijk het brein van een groep mensen die de dood van talloze onderduikers op het geweten heeft gehad.

'Een uiterst actieve en sluwe ploeg die zeer effectief opereerde. Niet alleen in Amsterdam, maar ook in Enkhuizen, Schiedam, Zeist en Den Helder,' schrijft de journalist Koos Groen in zijn boek *Als slachtoffers daders worden*. Na de oorlog bekende Ans van Dijk 'de verblijfplaats van minstens zestig ondergedoken Joden' te hebben verraden, maar het moeten er aanzienlijk meer zijn geweest. Ze gaf namelijk alleen datgene toe wat niet meer te loochenen viel. Haar ex-vriendin Johanna Maria de Regt, roepnaam Mies, verklaarde tijdens het proces dat Ans van Dijk alles in een boekje had bijgehouden: 'Ze heeft mij verteld dat er wel honderd namen in stonden. Dit boekje heeft zij verscheurd toen wij in Den Haag samenwoonden.'

Volgens Kaper, de oud-wachtcommandant van het Bureau Joodsche Zaken, ging het om 'niet minder dan vijf- tot zevenhonderd ondergedoken Joden'. En een getuige, Theodora Polak-Huber, had het zelfs over negenhonderd slachtoffers die Ans van Dijk samen met een handlanger had aangebracht. De vrouw zou dat hebben gehoord van Schaap, Ans van Dijks voornaamste contactman, maar de SD-rechercheur hield het zelf op zo'n honderd.[77] 'Verdachte was de beste verraadster van de tien die destijds voor mij werkten,' voegde hij eraan toe.

Nadat Ans van Dijk – één meter vijftig, tenger postuur, smal wit gezicht, donkere bril, kortgeknipt donkerrood haar – eind 1941 vanwege de Duitse anti-Joodse verordeningen haar hoedenwinkel Maison Evani op de Nieuwendijk heeft moeten sluiten, neemt ze meteen voorzorgsmaatregelen. Ze had zich al niet als Joodse laten registreren, vermoedelijk ook omdat ze een lesbische relatie had en zich dus kwetsbaar achtte. Maar dan verft ze haar haar blond en schaft zich een vals persoonsbewijs aan op naam van Alfonsia Maria de Jong.

Ze weet zich erdoorheen te slaan met de handel in valse persoonsbewijzen en in schuiladressen tot ze in januari 1943 besluit zelf bij mensen op de Marco Polostraat 192-II onder te duiken. Daar zet ze haar handel voort en na de oorlog vertelde haar hospita dat toen ze Ans van Dijk vroeg hoe deze aan al die adressen kwam, ook die waar de mensen hun juwelen en kostbaarheden verstopten, ze antwoordde: 'Tsja tante Dien, daar moet je een *Köpfke* voor hebben – en ik ben een Jodin, ik sla overal geld uit.' Door verraad, volgens haar van de Joodse informant Sammie Polak uit de Marco Polostraat 239hs, met wie ze eerder heeft samengewerkt, valt ze in handen van Schaap, die haar na vijf dagen hechtenis voor de keus stelt.

Tijdens haar proces zei ze 'een krankzinnige angst' te hebben gehad en dat ze daarom had ingestemd. Toen Schaap volhield dat hij haar nooit had bedreigd, zei ze: 'Hij liegt. Ik ben daartoe gedwongen, anders werd ik doodgeschoten. Ik ben natuurlijk in de gelegenheid geweest om onder te duiken, maar ik had geen contact met mensen bij wie ik zou kunnen onderduiken. Later, toen ik eenmaal bezig was met het verraderswerk, wilde niemand mij meer hebben.'

Normaal moet een informant in spe eerst vijf tot tien onderduikadressen noemen voordat de SD hem of haar vrijlaat, maar Ans van Dijk mag zomaar vertrekken. Volgens Schaap omdat ze zonder een ogenblik te aarzelen instemde met zijn voorstel. Hij laat haar schuiladressen opsporen en daarnaast dient ze op de adressen die hij verschaft na te gaan of daar onderduikers zitten. Door bijvoorbeeld tegenover de bewoners van het huis voor te wenden dat ze zelf een schuilplaats zoekt en of die mensen haar niet kunnen helpen. En Ans van Dijk laat er geen gras over groeien, zo voortvarend pakt ze het aan.

Kempin prees haar na de oorlog als 'een prima kracht', terwijl Schaap zei: 'Ze bracht alles aan wat ze te pakken kon krijgen. Ze heeft haar eigen familie verraden en daar ging zij prat op. Ik meen dat het haar broer was met zijn vrouw en kind die waren ondergedoken in de Swammerdamstraat. Dat heeft zij geheel vrijwillig gedaan en wij vonden het toen vreselijk.' Schaap, zelf een meedogenloze jodenjager die geen genade kende, had het over haar broer Jacob, diens vrouw Marianne en hun drie kinderen.[78]

Van haar kant voerde Ans van Dijk aan dat Schaap haar voortdurend achter de vodden zat en dat het voor haar onmogelijk bleek van 'deze beestmens' los te komen. 'Ik heb deze werkzaamheden onder volledige hypnose gedaan,' schreef ze in een brief aan de procureur-fiscaal. 'Geheel zonder eigen wil. Ik wil hierbij nog even onder uw geëerde aandacht brengen dat mijn beide ouders krankzinnig zijn gestorven.' Haar moeder, Kaatje Blik, in 1919 en haar vader Aron in oktober 1939, in de Joodse psychiatrische inrichting Het Apeldoornsche Bosch. Maar haar ex-vriendin Mies de Regt had niet de indruk dat ze veel last van gewetensproblemen had gehad of bang voor Schaap zou zijn geweest.

'Ze was in de wolken als ze een pluimpje had gekregen van Kempin,' zei ze, 'en ik heb er niets van gemerkt dat ze er ooit spijt van had dat ze zoveel mensen bij de SD aanbracht. Ze ging er dag en nacht op uit. Volgens mij heeft zij er een sport van gemaakt.' Ook had ze menigmaal tijdens ruzies gedreigd Mies de Regt en haar twee kinderen door de SD te laten arresteren: 'Zij was een duivelin in mensengedaante.'

Eieren met spek

Vanaf juni 1943 woont Ans van Dijk op de Nieuwe Prinsengracht 54-II in bij haar nieuwe relatie Mies de Regt, een moeder van twee kinderen, die ze in een café heeft leren kennen. Nadat ze haar heeft wijsgemaakt voor de verzetsgroep rond het blad *Vrij Nederland* te werken, vertelt ze een paar weken later wat ze echt voor de kost doet. Diezelfde zomer sommeert Schaap haar een jonge Joodse vrouw die voor de SD gaat werken onder haar hoede te nemen. Branca Simons (28 april 1918, Amsterdam) heeft een niet-Joodse man, Wim Houthuijs – die zich overigens Houthuys noemt –, maar deze zit wegens diefstal uit verlaten Joodse woningen in het concentratiekamp Vught.

Opgegroeid in uiterst arme omstandigheden moet Branca Simons al op haar dertiende aan het werk, als plakster van regenkleding. Ook na met Houthuijs te zijn getrouwd blijft ze hetzelfde geestdodende werk doen en ze zou later tegen haar advocaat zeggen: 'Ik was te stom voor iets anders.' Ze had gehoopt een gezin te kunnen stichten, maar Houthuijs, een man van twaalf ambachten en dertien ongelukken, verdient niet eens genoeg om hen beiden te onderhouden. En die ene keer dat ze eindelijk zwanger raakt, krijgt ze nog een miskraam. Begin 1941 betrekken ze om de hoek van de Vijzelstraat de tweede etage op de Kerkstraat 225, met onder hen een niet-Joodse vrouw en haar zoon en gelijkvloers een Joodse man, Henry van Adelsbergen, zijn niet-Joodse vrouw en hun kinderen.

Aanvankelijk gelooft Branca Simons – één meter zestig, slank figuur, langwerpig gezicht met uitstekende jukbeenderen, donker, later geblondeerd haar, lichtbruine ogen – als gemengd gehuwde veilig te zijn. De angst slaat toe na de arrestatie op 3 oktober 1942 van haar ouders en haar broertje Meijer.[79] Ze trekt zich dit dermate aan dat ze enige tijd op de psychiatrische afdeling van het Amsterdamse Wilhelmina Gasthuis wordt opgenomen. Net in die tijd, in oktober dus, pakt de politie haar man op, zodat ze op zoek gaat naar een onderduikadres, dit mede op advies van een nieuwe onderbuurman, Salomon Vos, die op de eerste etage een kamer heeft gehuurd.

Branca Simons vindt een kamer in de Govert Flinckstraat en bovendien schaft ze zich een vals persoonsbewijs aan. Regelmatig houdt ze zich vanaf dan op in een huis dat Salomon Vos op de Schimmelstraat 15-I heeft, waar hij twaalf onderduikers huisvest, tot SD-rechercheurs daar op een dag een inval doen. Schaap vertelde na de oorlog dat de tip kwam van een Joodse man die ze Ome Daan noemden en met wie hij vermoedelijk de verrader Daniël Blom bedoelde, roepnaam Daan. Deze had hem eerder een tip gegeven over een onderduikadres op de Bernard Zweerskade. Er zouden drie Joden zitten, maar Schaap en de zijnen troffen er vierentwintig aan.[80]

De informant wist dit keer te melden dat de gezochte Salomon Vos die ze ervan verdachten aan een gewapende overval te hebben deelgenomen, zich op de Schimmelstraat verborgen hield. Voorheen maakte ook de Amsterdamse Inlichtingendienst jacht op hem. In 1936 nog chef-etaleur van de textielzaak Plotske in de Ferdinand Bolstraat runt Vos op de Keizersgracht 235 een zogeheten rendez-voushuis met verschillende raamprostituees, onder wie zijn eigen vriendin Elisabeth Catharina Stroomberg (16 juli 1911, Amsterdam), roepnaam Bep.

Elke vrouw dient de helft van haar inkomsten aan hem af te staan. Nog liever perst hij klanten af, in één geval een rijke Joodse onderduiker die desondanks regelmatig zijn schuilplaats verliet om het bed met Bep Stroomberg te delen. In oktober 1942 nam Salomon Vos hem met drie handlangers die zich voor Gestapo-agent uitgaven, voor vijftigduizend gulden te grazen. Kort daarna zag hij zich gedwongen zelf onder te duiken.

Bij de inval krijgen Schaap, Gerrit Mozer en Cornelis van Vreeland Salomon Vos niet te pakken – deze blijkt door een openstaand luik te zijn gevlucht –, maar wel rekenen ze dertien onderduikers in, onder wie een jonge vrouw die beweert bij haar grootmoeder op bezoek te zijn. Algauw stellen ze vast dat de vrouw een vervalst persoonsbewijs heeft en als Joodse geen ster draagt. Tijdens een verhoor op het Bureau Joodsche Zaken geeft Branca Simons haar echte naam.

De SD-rechercheur Mozer belooft haar vrij te laten, mits zij hen helpt onderduikers op te sporen. Hoewel voortaan vaste V-vrouw met een loon van vijftig gulden per week plus levensmiddelenkaarten, krijgt ze in eerste instantie een dagelijkse meldingsplicht. Onder de schuilnaam Jopie Vis – of zoals de rechercheurs haar vanwege haar rood geverfde haar noemen: Rooie Jopie – verraadt ze als eerste een bejaarde Joodse vrouw die sinds kort onder haar op de Kerkstraat 225 bij de niet-Joodse vrouw en haar zoon inwoont. De SD neemt daarop alle drie mee. Na de oorlog verklaarde een buurvrouw dat toen ze Branca Simons hierover had verteld, deze zou hebben geantwoord: ‘Dat heb ik gedaan, want ik kan beter mensen verraden dan dat ik zelf naar Polen moet.’

Een paar dagen later draagt Schaap haar op het adres van Salomon Vos uit te vissen. Als Branca Simons suggereert dat Vos mogelijk bij zijn vriendin Bep Stroomberg op de Keizersgracht 235 zit, doen de rechercheurs er een inval, maar ze vinden hem niet; ze arresteren wel zijn vriendin. De mannen halen vervolgens Branca Simons van huis op om met haar langs de verschillende adressen te rijden waar hij zou kunnen verblijven, en op de Keizersgracht ziet de vrouw opeens Salomon Vos wegfietsen. Een rechercheur zet met haar achter op de bagagedrager de vervolging in. Ze rijden naar de Govert Flinckstraat, en daar ontdekt ze haar verdwenen fiets voor de deur.

Na binnen poolshoogte te hebben genomen meldt ze de rechercheurs even later dat er licht op een kamer brandt, maar dat de deur op slot zit. De mannen bellen de Euterpestraat voor versterking die kort daarop verschijnt. De SD'ers trappen kordaat de deur in en doorzoeken de woning, maar ze treffen er niemand aan, tot Branca Simons oppert eens in de kast te kijken.

'Zij vertelde ons toen dat er in die kast aan een spijker die in de rechterzijwand zat, een handdoek hing,' verklaarde na de oorlog een van de rechercheurs. 'Deze handdoek hing voor een gleuf. Wij moesten de handdoek er afhalen en aan de spijker trekken, waardoor de wand kon worden weggetrokken en er een schuilplaats bloot kwam. Dit deden wij, waardoor wij in de schuilplaats een man vonden. Van de man kan ik mij alleen nog herinneren dat hij een Jood was en Vos heette. De Jood is door de drie mensen van de Euterpestraat meegenomen in hun auto en naar het bureau gebracht, waar zij Piet Schaap ervan in kennis stelden.'

Schaap vertelde tijdens een verhoor dat hij Salomon Vos had gevraagd of deze niet voor de SD wilde werken, maar de man weigerde dat zonder meer. De SD-rechercheur zei toen dat hij hiermee ook zijn vriendin Bep Stroomberg vrij zou krijgen en om hem verder onder druk te zetten liet hij haar naar de verhoorkamer brengen. Vos toonde zich allerminst onder de indruk en zou haar hebben toegebeten: 'Als jij om mij of jezelf vrij te krijgen Joden gaat verraden, breek ik je bij terugkomst allebei je benen.'[81]

'Dat ik mij deze woorden zo goed herinner,' zei Schaap, 'komt doordat Vos mijn inziens de eenigste [sic] Jood was die een dergelijke houding dorst aan te nemen.' De rechercheur beweerde dat hij toen, teneinde de vrouw in vrijheid te kunnen stellen, een paar onderduikers die hij had opgepakt, op haar naam zou hebben gezet alsof zij hen had verraden. Maar dat was nog maar het halve verhaal: de PRA ontdekte dat de twee toen inmiddels een relatie hadden gekregen. Volgens Ans van Dijk lokte Bep Stroomberg, bijgenaamd Zwarte Bep, samen met haar zuster Tiny op voorstel van Schaap Joodse mannen naar het rendez-voushuis op de Keizersgracht. Vervolgens belden ze de rechercheur, die de mannen dan wegens 'rassenschande' oppakte.[82]

De etage onder die van Branca Simons op de Kerkstraat blijft trouwens niet lang leeg. Joodsche Zaken legt er beslag op om er een zogeheten jodenval in te richten, een lokadres. Ook gebruiken de rechercheurs de etage voor vergaderingen, feestjes en rendez-vous met hun liefjes, vaak meisjes van de *Dienststelle*, maar ook gewone Amsterdamse vrouwen. Branca Simons maakt de woning schoon, zorgt voor bier en schnaps, bakt na de drinkgelagen 's ochtends vroeg eieren met spek voor de mannen en heeft er als het zo uitkomt seks met Schaap.

Op een of andere vreemde manier werkt het goed tussen beide vrouwen, de uiterst geraffineerde, goedgebekte Ans van Dijk en de zo op het oog niet al te snuggere, bangelijke Branca Simons. Vermoedelijk heeft het ermee te maken dat Ans van Dijk al snel verkikkerd raakt op haar twaalf jaar jongere pupil. De twee lijken de eerste tijd onafscheidelijk, zowel tijdens hun zoektochten naar onderduikers alsook privé.

Ze vergezelt dan Branca Simons bij haar bezoeken aan familieleden, onder wie haar schoonmoeder in de Marnixstraat. Als de vrouw zich op een avond bezorgd afvraagt wat er met haar zoon Wim zal gebeuren na zijn vrijlating uit Vught – misschien stellen ze hem in Duitsland tewerk – zegt Ans van Dijk laconiek: 'Dan werkt hij maar met ons mee.'

'Met jullie? Wat voor werk hebben jullie dan?'

'Ja, dat moest u eens weten, maar uw zoon zal wel met ons móeten meedoen,' smaalt Ans van Dijk die, zonder Wim Houthuijs ooit te hebben ontmoet, een verschrikkelijke hekel aan hem heeft. 'Hij eet er ook van.' Waarmee ze de voedselpakken en de sigaretten bedoelt die Branca Simons naar hem in het kamp stuurt.

In augustus 1943 krijgen de vrouwen versterking, nadat de SD-rechercheur Mozer een nieuwe v-vrouw van hem, Rosalie Roozendaal (30 juli 1924, Amsterdam), en haar moeder heeft ondergebracht bij Ans van Dijk en haar vriendin Mies de Regt. Hij helpt hen twee weken later op 1 september aan een tot voor enkele dagen terug door Abraham Hamburger bewoond appartement,[83] een ruime, gemeubileerde woning op de Jekerstraat 46-II die tevens als 'jodenval' moet dienen. Mozer stelt wel als voorwaarde dat Ans van Dijk en Mies de Regt de woning eerlijk met zijn nieuwe aanwinst delen.

Opgegroeid in een gegoed Amsterdams milieu verhuist Rosalie Roozendaal in 1938 op veertienjarige leeftijd naar Hilversum. Haar gescheiden moeder trouwt dan met de huisjesmelker Hartog Simon de Jonge om er vervolgens een pension te beginnen. Een proces-verbaal meldt dat het meisje door toedoen van haar stiefvader 'een beroerde jeugd' heeft gehad. Behalve dat hij haar van de hbs haalt en dwingt een baan als leerling-verkoopster bij de modewinkel Gerzon te nemen, mishandelt hij haar tijdens zijn woedeaanvallen, tot de voogdijraad Rosalie in een pleeggezin plaatst.

Ze krijgt er de gelegenheid typen, steno en handelscorrespondentie te leren, terwijl ze volop mag sporten: tafeltennis, hockey en zwemmen bij de Hilversumse club De Otters. In juni 1943 besluit ze onder te duiken, waarop ze na allerlei omzwervingen via haar voormalige verloofde René Sonnenfeldt op de Nieuwe Prinsengracht 54-III terechtkomt, bij een vrouw die zich als Ans de Jong voorstelt. Zij levert Rosalie op haar verjaardag, 30 juli, onder de schuilnaam Yvonne van Doorn op haar nieuwe onderduikadres af, Nieuwe Prinsengracht 20-II.

Ans de Jong weet het meisje er in de daaropvolgende dagen van te overtuigen dat ze ook haar moeder en stiefvader, die zich tot dan in

Hilversum verborgen houden, naar Amsterdam moet laten overkomen. Op 18 augustus haalt René Sonnenfeldt het paar op, maar als hij het bij Ans de Jong heeft afgezet, moet zij opeens dringend even weg. Bij terugkomst zegt ze dat ze hen naar hun nieuwe onderduikadres zal brengen. Ze zijn amper onderweg of de SD-rechercheur Schaap pakt hen bij de Blauwbrug op.

Een dag later vallen hij en zijn collega's Nap, Mozer en Capelle de Nieuwe Prinsengracht 20-II binnen en arresteren er drie onderduikers, Rosalie Roozendaal en het echtpaar Benjamin en Eva de Vries-Samson, dat er net sinds acht dagen zit.[84] Nog geen halfuur na de inval staat Ans de Jong voor de deur bij de dochter van de helpers: ze heeft van de arrestaties gehoord en wil weten of ze misschien iets kan doen.

Tijdens een verhoor geeft Mozer Rosalie Roozendaal te verstaan dat hij haar en ook haar ouders zal vrijlaten uit de Hollandsche Schouwburg, mits zij voor de SD gaat werken. Ze antwoordt hem dat ze alleen haar moeder wil; haar stiefvader interesseert haar niet.[85] De rechercheur brengt vervolgens het negentienjarige meisje samen met haar moeder onder bij een voor haar oude bekende: Ans de Jong, die Ans van Dijk blijkt te heten. En die, zoals ze na de oorlog toegaf, hen allen aan de SD had verraden.

De versliecheraarsters

Terwijl haar moeder, Elisabeth de Jonge-Gosschalk, voor de steeds met haar gezondheid kwakkelende Mies de Regt het huishouden doet, leert Rosalie Roozendaal van Ans van Dijk de fijne kneepjes van het vak. Ze verdient dan vijftig gulden per week en daarnaast zorgt de SD voor levensmiddelenkaarten en kleding. Rosalie is een snelle leerling en als eerste geeft ze een voormalige zakenpartner van haar vader Siegfried Roozendaal, Jan Engels, bij de Gestapo aan.

De man zou haar vader hebben verraden om vervolgens diens bezittingen te kunnen inpikken, zoals zijn schilderijen, mahoniehouten meubelen en effecten. Vervolgens bezoekt ze een kennis, de beeldhouwer Leon Kinsbergen op de Karel du Jardinstraat 11, van wie ze weet dat hij vier Joodse vrouwen en een Joods jongetje heeft verborgen. Ze vertelt hem dat ze twee van hen, Serafina Anstadt en Selma Bleiberg, alsook het jongetje aan een veiliger adres kan helpen en neemt hen mee naar de Jekerstraat.

Zes dagen later belt ze Mozer met de mededeling dat hij hen kan weghalen. Diezelfde dag rijden zij en Ans van Dijk – 'de twee versliecheraarsters', noemde de oud-wachtcommandant van Joodsche Zaken, Kaper, hen na de oorlog: Jiddisch bargoens voor verraadsters – op hun dienstfiets naar de Karel du Jardinstraat om ook de arrestatie van Kinsbergen, diens verloofde Rosa Swalef en Sara Limburg te bewerkstelligen.[86]

Maar Ans van Dijk toont zich niet gauw tevreden. Mede onder druk van Schaap, die alsmaar vraagt: 'Waar blijven de Joden?', spoort ze Rosalie Roozendaal voortdurend aan met nieuwe adressen te komen. Tegelijkertijd prent ze haar het belang in van een goede band met haar contactman Mozer. 'Wees lief voor Mozer,' zegt ze dan, 'want van hem hangt alles af.' Tot Rosalie Roozendaal op een zondagmiddag van Ans van Dijk te horen krijgt dat hij haar die avond om halfacht op de *Dienststelle* in de Paulus Potterstraat verwacht. Ze meldt zich daar en na een paar glaasjes likeur te hebben gedronken en gebak en chocolade te hebben gegeten, ontmaagdt hij haar, althans volgens de versie van Rosalie Roozendaal.

Na de oorlog verklaarde Mozer, een ervaren politieman, die al in 1923 in dienst trad bij de Amsterdamse politie, dat ze geen likeur hadden gedronken, maar thee, en dat ze geen gebak en chocolade hadden gegeten, maar zijn brood met gerookte paling. 'We hebben toen de avond gezellig vrijend doorgebracht. Ik ben naar boven gegaan in het dienstgebouw en heb de nacht met haar doorgebracht en vleselijke gemeenschap met haar gehad. Ik heb haar lichaam op het kritieke moment verlaten, zulks op verzoek van Rosalie, ter voorkoming van zwangerschap. In het geheel heb ik toen driemaal gemeenschap met haar gehad.'

Een essentieel punt vormde tijdens de verhoren blijkbaar de vraag of hij haar daadwerkelijk had ontmaagd, zoals Rosalie Roozendaal beweerde. Volgens het proces-verbaal in haar CABR-dossier had ze gezegd: 'U vraagt mij of ik bij de eerste vleselijke gemeenschap die ik met Mozer had, pijn heb gehad en of ik bloed ben kwijtgeraakt. Hierop kan ik u meedelen dat ik wel pijn heb gehad en heb gehuild, maar ik weet niet of ik bloed ben kwijtgeraakt. Ik verklaar dat ik voordien nooit gemeenschap heb gehad.'

Daarentegen ontkende Mozer dat hij misbruik had gemaakt van zijn positie en ook dat hij haar had ontmaagd: 'Ik wist dat Rosalie geen meisje van onbesproken gedrag was, omdat zij mij had meegedeeld dat ze al eerder gemeenschap had gehad met de commandant van het kamp Westerbork. Hij had voor haar een kamer gehuurd in de stad Assen en heeft haar daar bezocht en onderhouden. Bij wijze van tegenprestatie heeft hij haar als Jodin uit arrest vrijgelaten.' Wel had de voormalige SD-rechercheur het gevoel dat Ans van Dijk hem toen een vieze streek had geleverd.

'Ik vermoed dat ze Rosalie naar mij heeft toegestuurd en daarna mijn vrouw een tip heeft gegeven om mij zodoende in moeilijkheden te brengen. Dit viel mij op, omdat mijn vrouw op de morgen na de bewuste nacht om zeven uur ook al aan de *Dienststelle* kwam, hetgeen zij anders nooit deed.'

Regelmatig lokken de vrouwen onderduikers mee naar de woning in de Jekerstraat om hen daar te laten oppakken. Mies de Regt herinnerde zich na de oorlog een geval waarbij twee jongens en een meisje drie, vier dagen in haar huis hadden gezeten. Bij binnenkomst zeiden ze haar nog goeiedag, maar de vrouw had verder niet met hen gesproken en hen ook niet gewaarschuwd, hoewel ze wist wat het drietal te wachten stond. Ze zou veel te bang zijn geweest, beweerde ze, voor Ans van Dijk en Rosalie Roozendaal.

Achteraf had ze hun wel op het hart gebonden geen mensen meer mee te nemen. 'Ondanks mijn waarschuwing bracht Van Dijk kort daarna een man en een vrouw in mijn woning die na een paar dagen door de SD zijn weggehaald. Dat waren ook ondergedoken Joden. Meer mensen zijn er niet uit mijn woning gehaald.' Maar een fietsenmaker die op nummer 66 onder een poort zijn werkplaats had, vertelde tijdens het proces tegen Ans van Dijk een heel ander verhaal.

Dikwijls kwam de vrouw bij hem in de zaak telefoneren en hij hoorde haar zeggen: 'Piet, kan je komen?' Met wie ze kennelijk haar contactman Pieter Schaap bedoelde. Even later reed er dan een overvalwagen van de SD de straat in. De fietsenmaker zou er zeker tachtig tot negentig keer getuige van zijn geweest dat SD-rechercheurs mensen arresteerden die zich op nummer 46 bevonden of net het pand hadden verlaten.

Volgens Ans van Dijk had Mies de Regt gewoon in het complot gezeten: 'Zij moet niet zeggen dat zij onschuldig is, want zij wist dat wij voor de SD werkten en zij heeft daar haar voordeel van gehad,' zei ze op 30 oktober 1945 tijdens een verhoor. 'Als zij niet akkoord was gegaan met ons werk, had zij die mensen toch kunnen waarschuwen dat zij in de val waren gelokt. Zij was van alles op de hoogte. Als zij haar medewerking niet had verleend, hadden wij die mensen niet in de woning in de Jekerstraat kunnen lokken.

U moet haar, mevrouw De Regt, beschouwen als een pooier. Ik was verliefd op mevrouw De Regt en heb alles voor haar gedaan. Zij heeft van mij geprofiteerd en wist hoe ik het geld verdiende. Als zij zegt dat zij tegen het werk van ons was, dan had zij dat moeten zeggen. Dat heeft zij niet gedaan.'

Half oktober 1943 heeft Rosalie Roozendaal er genoeg van. Tegen Mozer, met wie ze inmiddels een relatie heeft en die haar overstelpt met cadeaus – zoals een gouden horloge, een gouden ring, een paraplu, en ook geld – zegt ze van het lesbisch gedoe in de Jekerstraat te gruwen. Ze weigert nog verder met Ans van Dijk te werken en eist andere woonruimte voor zichzelf en haar moeder, het liefst buiten Amsterdam. Dankzij een voormalige collega van Joodsche Zaken, Bastiaan van den Berg, in de rang van opperluitenant waarnemend hoofd van de politie in Baarn, vindt Mozer in dat dorp een paar kamers op de Nicolaas Beetslaan 2.

In Baarn gebruikt Rosalie Roozendaal voortaan de schuilnaam Yvonne van Doornik of anders Yvonne van den Berg. Regelmatig krijgt ze er bezoek van Mozer, die ook goed kan opschieten met haar moeder, Elisabeth de Jonge, en haar zelfs met *Mutti* aanspreekt. Zelf moet Rosalie in aanwezigheid van derden de zesenveertigjarige jodenjager 'oom Nico' noemen. Stijf gearmd wandelen ze door het dorp en na de oorlog vertelde de vrouw dat ze seks hadden in het Baarnse Bos.

Voor wat het verraderswerk betreft houdt hij haar zo veel mogelijk uit de wind. In de wetenschap dat een Joodse v-vrouw die niemand aanbrengt gevaar loopt, zegt Mozer tegen haar: 'Je moet mij helpen en voor de rest matsen we het wel.' Dit houdt in dat ze enkele keren voor de show naar een andere stad moet reizen om daar in een hotel te overnachten. Op een afgesproken tijdstip dient ze Mozer op kantoor te bellen. Zodra hij haar aan de lijn krijgt, roept hij: 'Wat zeg je? Zeven? Geweldig hoor!'

En dan tegen zijn collega's op de kamer: 'Jongens, horen jullie wat een prachtval! Ze werkt toch maar geweldig, die meid.' Vervolgens zet hij de onderduikers die hij zelf heeft opgepakt op een lijst die zij een dag later bij de *Dienststelle* komt ondertekenen, ook om de premie te kunnen opstrijken.

Desondanks heeft het allemaal weinig toekomstperspectief, beseft Rosalie Roozendaal, zodat ze besluit op zoek te gaan naar een schuiladres. Net als ze een man heeft gevonden die haar wil helpen, een administrateur bij de Baarnse politie, staat Ans van Dijk voor haar neus. Rosalie Roozendaal heeft haar en Branca Simons bericht dat de Joden als 'gebraden duifjes' in Baarn rondfladderen en Ans komt nu poolshoogte nemen. Een paar dagen later keert ze terug samen met Mies de Regt en Branca Simons, waarop ze met z'n vieren naar café-restaurant La Promenade trekken.

Ze hebben maar net op het terras plaatsgenomen of er passeren een man en een vrouw, van wie Branca Simons zegt dat ze hen uit Amsterdam kent: het zou om een Joods echtpaar gaan. De vier volgen hen, tot ze bij het station stilstaan. Terwijl Branca Simons en

Mies de Regt ze in de gaten houden, haasten Rosalie Roozendaal en Ans van Dijk zich naar het politiebureau. Geassisteerd door de agent Th.P. Boender gaat opperluitenant Van den Berg meteen met hen mee. Het proces-verbaal meldt dan dat Rosalie Roozendaal op de bagagedrager van Boender wilde plaatsnemen, maar dat hij had voorgewend dat zijn achterband te zacht zou zijn.

Nadat de twee politiemannen het paar, dat met de trein naar Utrecht wilde, hebben opgebracht, fouilleren Ans van Dijk, Rosalie Roozendaal en Branca Simons hen en controleren hun persoonsbewijzen. Op aandringen van Ans van Dijk onderwerpt een agent beide documenten aan een nader onderzoek en met een loep stelt hij vast dat ze vals zijn. Het komt nog tot een aanvaring tussen Ans van Dijk en Van den Berg als hij weigert haar een auto ter beschikking te stellen. Tijdens een kort verhoor heeft het paar namelijk verteld dat op de Frederik Hendriklaan 58 in Zeist vier onderduikers zitten. Na ampele overweging neemt de opperluitenant contact op met de burgemeester van Baarn, een lid van de Germaansche SS, die hem sommeert de V-vrouw ter wille te zijn.

De drie V-vrouwen dringen in Zeist de woning binnen, waar ze drie onderduikers, twee vrouwen en een man, te pakken krijgen. Met hulp van de politieman Boender slaagt een vierde, een Joodse man, er nog in door een wc-raampje te ontsnappen. De Baarnse politie zorgt op last van Ans van Dijk voor het transport van de in totaal vijf arrestanten naar Amsterdam. In een verklaring die Boender op 9 juli 1946 aflegde, heet het:

> Zowel in Baarn als in Zeist is het mij opgevallen dat bedoelde vrouwen zeer aanmatigend, uiterst brutaal en op ergerlijke wijze tegen hun soortgenoten optraden. In het bijzonder viel mij dit op van de kleinste van de vrouwen, die naar ik mij herinner een bril droeg [namelijk Ans van Dijk] en als leidster van het onderzoek en de arrestatie optrad.

In december komt voor Rosalie Roozendaal alles in een stroomversnelling als Mozer ernstig ziek wordt en Kempin onder druk van Schaap eist dat ze weer naar Amsterdam verhuist. Mocht ze weigeren, dan laat hij haar en haar moeder naar Polen deporteren. Op opperluitenant Van den Berg hoeft ze niet meer te rekenen: een economische rechter, een NSB'er, heeft hem wegens het vervoer van clandestien geslacht vlees tot drie jaar gevangenisstraf veroordeeld.

Nadat het *Signalementenblad* haar als V-vrouw aan de kaak heeft gesteld en de huisbaas haar dientengevolge de huur heeft opgezegd, huurt ze een woning in de Busken Huetstraat in Amsterdam, maar ze kan niet meer haar draai vinden. Kennelijk om tijd te winnen verraadt ze begin 1944 een jonge Joodse vrouw, Bertha Sternfeld, die ze uit Hilversum kent.[87] Op 22 januari hakt ze dan de knoop door en duikt met hulp van de Baarnse politieadministrateur onder in het ten zuiden van Nijmegen gelegen Heumen, bij de beeldhouwer-tekenaar Walter Jacques Maris, rayonleider van de Landelijke Organisatie voor hulp aan onderduikers. Haar moeder vindt een schuilplaats in Meerlo ten noorden van Roermond.

Het vieze wijf

In enkele maanden tijd heeft Branca Simons zich van een schuchtere, bangelijke jonge vrouw ontwikkeld tot een sluwe intrigante zonder enige scrupules. Hoe geraffineerd ze haar nichtje Dina Gabay-Smeer het hemd van het lijf vraagt als ze haar in januari 1944 op straat tegen het lijf loopt. Dina vertrouwt haar toe dat ze een afspraak heeft met iemand die haar en haar baby, de acht maanden oude Serica, aan een nieuw adres zal helpen. Ze zitten dan nog ondergedoken in hotel Trianon.

Meteen waarschuwt Branca Simons haar contactman Schaap, die de jonge vrouw, haar baby en de helper oppakt. Tegelijkertijd zorgt hij ervoor dat de SD eveneens Dina's ouders arresteert, al valt nergens uit op te maken in hoeverre Branca Simons hierin de hand heeft gehad.[88]

Evenals Ans van Dijk stroopt zij voortdurend Amsterdam af op zoek naar slachtoffers, waarbij ze het voordeel heeft dat bijna niemand weet wat ze doet. Daarentegen staat haar collega inmiddels toch vrij algemeen bekend als Duitse spionne, agente van de Gestapo of verklikster. Maar juist om die reden kloppen er altijd weer mensen bij haar om hulp aan, in de hoop op voorspraak, bemiddeling, een goed woordje bij de SD.

Zo ook haar niet-Joodse vriendin, de handwerkster Stien Hanou, die in januari 1944 de verloofde van haar zuster Corrie, de verkoperetaleur Simon van Hoorn (28 oktober 1923, Amsterdam), met haar in contact brengt. Hij heeft een niet-Joodse – inmiddels overleden – vader, maar een Joodse moeder, Rachel van Hoorn-Groenteman. Een week geleden heeft de SD haar aangehouden, op beschuldiging dat ze in haar huis op de Vrolikstraat 108-I twee Joodse jongens verborg.

Op een zaterdagmiddag, tijdens een bezoek aan Stien Hanou en haar partner, de half-Joodse fotolaborante Lien d'Oliveijra, vertelt hij Ans van Dijk over de arrestatie van zijn moeder. Hij vermoedt dat haar beste vriendin, Anna Wiersma-Ensel, haar heeft verraden. De SD rekende ook haar in, maar dezelfde middag liep de vrouw weer vrij rond. Sindsdien zit Simon van Hoorn met zijn twaalfjarige zusje Sophie opgescheept en hij wil van Ans van Dijk weten – ze geeft zich tegenover hem uit voor Ans de Jong van de verzetsgroep Vrij Nederland – of zij hem niet kan helpen zijn moeder vrij te krijgen.

De vrouw neemt de jongeman mee naar de keuken en daar vertrouwt ze hem toe dat ze zelf ook Joods is en sinds haar arrestatie bepaalde werkzaamheden voor de SD moet verrichten. Dan vraagt ze hem of hij een foto van zijn moeder bij zich heeft. Als hij haar die toont, vertelt ze haar toevallig enkele dagen geleden op de Euterpestraat te hebben zien binnenbrengen, voor zover ze weet inderdaad als gevolg van verraad door Anna Wiersma. Ze gelooft echter niet dat ze veel voor hem kan betekenen, maar als hij laat doorschemeren nogal wat onderduikadressen te kennen, wil ze best een afspraak met Schaap regelen.

Na de oorlog zei ze dat Simon van Hoorn wat dat betrof niet helemaal een onbeschreven blad bleek. Volgens haar had hij al eerder, zoals ze het uitdrukte, 'geknoeid met die lui van de SD'.

Schaap belooft in een gesprek dat ze zijn moeder op afzienbare termijn zullen vrijlaten, op voorwaarde dat hij voor Joodsche Zaken gaat werken. Om zijn goede wil te tonen zegt Van Hoorn bereid te zijn een paar adressen te geven, maar de rechercheur vindt dat hij eerst maar eens in de leer moet gaan bij Ans van Dijk. Schaaps wil is wet en Ans van Dijk neemt Simon van Hoorn en zijn zusje Sophie vier weken lang in haar huis op.

De eerste onderduikers die ze samen in de val lokken, zijn Marcus Pels en zijn vrouw Hendrika uit Amsterdam. Ze hebben een schuilplaats in Utrecht, maar zoeken een ander adres. Eind maart 1944 komen ze over naar Amsterdam om bij een kennis van hen, Chris Rugge op de Javastraat 49, Simon van Hoorn en Ans van Dijk te ontmoeten. Na wat heen-en-weer-gepraat nemen de twee hen mee naar Simon van Hoorns kamer op de Eerste Van Swindenstraat 127-I. Pels vertelt hun daar dat hij zijn geld bij Rugge in bewaring heeft gegeven: mocht hem en zijn vrouw iets overkomen, dan weten ze dat tenminste.

Het paar verblijft enkele dagen op het nieuwe schuiladres, tot Amsterdamse SD-rechercheurs beiden op 31 maart 1944 oppakken en naar de *Zentralstelle* brengen. Een uur later leveren ze er ook Rugge af, bij wie ze 43 000 gulden, omgerekend zo'n driehonderdduizend euro, in beslag hebben genomen, en verder een partij goud, diamanten en effecten.[89]

Van Hoorn geeft nog zeker twee andere adressen aan Ans van Dijk, van de tailleuse Aaltje van Colle-Scheffer[90] en een meisje dat volgens zijn CABR-dossier Puk of Puck zou hebben geheten (na de oorlog beweerde hij dat hij haar precieze naam niet meer wist). Wat de Duitsers er niet van weerhoudt zijn moeder alsnog naar Polen te deporteren. Dan hoort hij bij toeval dat niet Anna Wiersma haar heeft verraden, maar Ans van Dijk en hij besluit haar uit de weg te laten ruimen, voor welk doel hij toenadering zoekt tot een verzetsman die hem bij dit voornemen wil helpen.

Allereerst zorgt de man ervoor dat de volledig berooide Van Hoorn van het verzet wekelijks vijfentwintig gulden aan steun krijgt. Een paar dagen later arrangeert hij een ontmoeting met iemand die over een vuurwapen beschikt en de liquidatie voor zijn rekening wil nemen. Het beste zou dan zijn als Van Hoorn een weekje op reis zou gaan. Zonder een bericht achter te laten vertrekt hij haastjerepje met zijn verloofde Corrie Hanou naar Brussel. Maar hij weet niet dat Corrie, die hij in vertrouwen heeft genomen, vlak voor hun vertrek in tranen de partner van haar zuster, Lien d'Oliveijra, over de geplande moordaanslag heeft verteld en dat deze meteen Ans van Dijk telefonisch heeft gewaarschuwd.

Terug in Amsterdam loopt Van Hoorn eind mei op het Rembrandtplein Branca Simons en haar uit Vught vrijgelaten man Wim Houthuijs tegen het lijf. Branca, die ook van zijn moordplan weet, stelt hem voor het in de Jekerstraat met Ans van Dijk uit te praten. Bij binnenkomst blijkt deze hem al boven aan de trap op te wachten, terwijl ze smaalt: 'Zo Simon, wat heb ik van je gehoord? Ben je van plan mij dood te laten schieten?' De volgende ochtend weet ze hem ertoe te overreden mee te gaan naar de *Dienststelle* aan het Adama van Scheltemaplein. Met het argument dat ze bij de SD zijn doodsbedreigingen aanhangig heeft gemaakt, maar dat hij gewoon moet zeggen dat het allemaal fantasie was: hij wilde haar helemaal niet doodschieten.

In gezelschap van Lien d'Oliveijra, Mies de Regt, Branca Simons en de zusters Stien en Corrie Hanou trekken ze naar de *Dienststelle*. Eenmaal op de kamer van Schaap laat Ans van Dijk er geen twijfel over bestaan dat ze hem erin heeft geluisd. 'Hier is hij!' roept ze triomfantelijk. 'Hij is van plan mij dood te schieten.' Schaap slaat Van Hoorn direct in de boeien om hem vervolgens hardhandig te verhoren.

Hij zit drie maanden in het huis van bewaring aan de Weteringschans waarna hij naar het concentratiekamp Amersfoort wordt gestuurd. In een brief aan de POD beklaagde hij zich er na de oorlog over dat ze hem daar kreupel hadden geslagen: 'Dat alles hebben we te danken aan zo'n vuile stinkjodin die voor de SD werkte.' En dat 'het vieze wijf' ook zijn moeder en de twee bij haar ondergedoken jongens had verraden, hierover kon volgens hem geen enkele twijfel bestaan.

Het zwaard van Damocles

In een brief, gedateerd 2 december 1954, probeerde Wim Houthuijs vanuit de gevangenis een beeld te schetsen wat hij na zijn vrijlating op 1 maart 1944 uit het kamp Vught aantrof: 'Bij mijn thuiskomst vernam ik van mijn vrouw dat zij voor de SD werkte samen met nog andere vrouwen, onder wie Ans van Dijk, ook een Joodse vrouw. Later moest ik bemerken dat er tussen haar en mijn vrouw een homoseksuele verhouding bestond en dat mijn vrouw geheel onder haar invloed stond. Het heeft mij heel veel verdriet gedaan, omdat ik veel van mijn vrouw hield, en nog steeds hou.'

Om Branca terug te winnen en haar aan de invloed van Ans van Dijk te onttrekken zou hij dan ook akkoord zijn gegaan met hun voorstel zich bij hen aan te sluiten. De beide vrouwen voelden zich namelijk steeds minder veilig en zochten de bescherming van een man. Iemand die met hen meekwam als ze op pad gingen. Van zijn kant had Wilhelmus Johannes Hendricus Houthuijs (18 november 1902, Amsterdam) na zijn vrijlating van het arbeidsbureau Atlanta een oproep gekregen voor de *Arbeitseinsatz* en toen ook een gesprek van zijn vrouw met Kempin niets uithaalde koos hij eieren voor zijn geld. Bovendien had hij al een en ander op zijn kerfstok, zodat die beslissing hem niet erg zwaar moet zijn gevallen.

Nadat hij in 1926 tijdens het dansen geld uit het tasje van een meisje had gestolen, veroordeelde de rechter hem tot drie maanden cel. Hij colporteerde daarna eerst met stofzuigers en vervolgens met radiotoestellen om nog hetzelfde jaar wegens heling voor vier maanden de gevangenis in te verdwijnen. Eenmaal weer op vrije voeten monsterde hij als messbediende aan op het ss Simon Bolivar van de KNSM, maar zodra het vrachtschip een Zuid-Afrikaanse haven aandeed, nam hij met nog zes anderen de benen.

Terug in Nederland had Houthuijs het ene baantje na het andere: reiziger in lampen, chauffeur, kleermaker, broodbezorger, parfumverkoper. In 1930 huwde hij, maar toen hij zes jaar later wegens inbraak een straf van twee jaar moest uitzitten, ging zijn vrouw er met een ander vandoor. Weer vrij ontmoette hij Branca Simons, met wie hij al snel trouwde.

Zonder dat hij officieel als V-man staat geregistreerd, gaat Houthuijs – één meter zeventig, zwart achterovergekamd haar, gouden tanden, gouden ringen – aan de slag. In juli 1944 lappen hij en zijn vrouw hun voormalige onderbuurman Henry van Adelsbergen erbij, in wiens appartement inmiddels de Poppendokter woont. Toen Van Adelsbergen eerder bij een razzia was opgepakt, kreeg hij in Westerbork als gemengd gehuwde de keus tussen deportatie naar Polen of sterilisatie. Na zich aan die ingreep te hebben onderworpen scheidde hij alsnog en begon een nieuwe relatie. Sindsdien raakte hij steeds meer aan lagerwal en verschillende mensen deden over hem hun beklag bij de politie. Hij zou dronken in het café vrouwen lastigvallen; bovendien zou hij met het geld dat hij in de zwarte handel verdiende de patser uithangen.

Als hij ook nog bij een 'arische' vrouw intrekt, ontvangt hij een oproep om zich bij de SD in de Euterpestraat te melden. Op voorspraak van de SD-rechercheur Joop Out, die hij nog van vroeger kent, laten ze hem weer gaan, maar dan loopt hij op de binnenplaats zijn oude buren tegen het lijf. Terwijl Houthuijs hem aan de praat houdt, rent Branca Simons naar binnen om de SD op de gewijzigde situatie te attenderen. 'Hij is gescheiden,' zou ze hebben geroepen, 'en kan dus niet meer voor een gesteriliseerde Jood doorgaan!'

De SD-rechercheur Nap roept Van Adelsbergen daarop terug en sluit hem in. Bij die gelegenheid zou Houthuijs hebben opgemerkt: 'Hij is nog krijgsgevangene ook!' – de man vocht in de meidagen tegen de Duitsers en had zich in 1943 moeten melden – 'Ik ken hem, die rotjood.'[91]

Op instigatie van Schaap werken ze ook samen met de v-vrouw Maria Christina Braams-Baerts (27 augustus 1913, Amsterdam), roepnaam Miep. De vrouw, met wie de rechercheur een kortstondige relatie heeft gehad, heeft eerder elf jaar lang als kraamverpleegster bij de Amsterdamse GGD gewerkt. Hoewel niet meer in dienst loopt ze nog dikwijls rond in verpleegstersuniform en vandaar haar bijnaam zuster Miep. Oorspronkelijk hielp de vrouw de verzetsman Jannes Haan, schuilnaam Ome Jan, bij diens illegale werk voor Joodse onderduikers, maar Schaap had haar omgedraaid, zoals dat heette.

Tot de mensen die het drietal in de val lokt, behoren de latere tweede vrouw van Otto Frank, Elfriede Geiringer-Markovits, roepnaam Fritzi, haar man Erich alsook hun zoon Heinz en hun dochter Eva. Voor ze onderdoken, woonde het uit Oostenrijk gevluchte gezin op het Merwedeplein nummer 46-I tegenover de familie Frank. Vanaf september 1942 hebben ze onder de schuilnaam Akkerman bij het echtpaar Katee-Walda gezeten, eerst in Den Haag en na de verhuizing in november van dat jaar op de Noorderweg 11 in Soestdijk. Wel houden moeder Fritzi en dochter Eva zich sindsdien ook regelmatig op andere adressen schuil. Het echtpaar vindt het te riskant samen nog op één plek te verblijven.

In het begin verloopt alles zonder veel strubbelingen, met vader en zoon Geiringer in hun dakkamertje en Katee die door de week in Den Haag woont, maar dan probeert de hospita, Gerarda Hendrika Katee-Walda, hen steeds meer uit te knijpen. Terwijl ze eerst aan kostgeld vierhonderd gulden per maand bedong, verhoogt ze dit bedrag geleidelijk tot zevenhonderd gulden, omgerekend zo'n vijfduizend euro. Hiervoor krijgen vader en zoon niet meer dan vijf keer per week een warme maaltijd voorgezet. En ze mogen onder geen beding hun schuilplaats verlaten, ook niet 's avonds.

Voor de Geiringers is de maat vol als de vrouw in het voorjaar van 1944 'een onkostenvergoeding' van vijfduizend gulden eist. Dit voor het geval dat de SD bij een inval de onderduikers vindt en als strafmaatregel haar meubilair in beslag zou nemen.

Fritzi Geiringer besluit daarop eind april met haar dochter naar een schuilplaats op de Jacob Obrechtstraat 79B in Amsterdam te vertrekken. Ze vraagt een vriendin, een gemengd gehuwde vrouw, of zij niet kan helpen bij het vinden van een nieuw adres voor haar man en zoon. De vrouw kent een belastingambtenaar die in het verzet zit, Jannes Haan, en deze toont zich tijdens een gesprek bereid te bemiddelen.

Bij een tweede gesprek vertelt hij Fritzi dat hij haar man en zoon een adres op de Kerkstraat kan verschaffen. Het nummer weet hij niet, dat heeft zijn 'medewerkster', die hij niet bij name noemt, maar met wie hij Miep Braams bedoelt (en die trouwens ook zijn maîtresse zou zijn). Na het eerste gesprek had hij haar gepolst of zij misschien niet een adres wist, waarop ze de zaak aan rechercheur Schaap doorbriefde. Hij adviseerde de woning van Ans van Dijk als lokadres te gebruiken, maar toen Mies de Regt ziek bleek, viel de keus op de 'jodenval' onder de etage van Branca Simons.

Het lijkt Fritzi en haar man het verstandigst het echtpaar Katee-Walda, met wie de verstandhouding zienderogen verslechtert, niet over de voorgenomen verhuizing te informeren. Dus als Fritzi op zaterdagochtend 13 mei 1944 haar zeventienjarige zoon Heinz uit Soestdijk weghaalt, geeft ze als reden dat hij naar de oogarts moet, wat in feite nog klopt ook. Haar man zal later die dag samen met twee helpers op het Muiderpoortstation arriveren, waar Fritzi, Haan en Miep hem zullen opwachten. Maar hij komt niet opdagen en ten slotte besluiten ze dat Miep de jongen achter op de fiets naar de Kerkstraat zal brengen. Fritzi volgt met de tram en komt er vrijwel gelijktijdig met hen aan.

Als ze tegen halfzes aanbellen, doet een vrouw met geblondeerd haar – Branca Simons alias Jopie Vis – open. Eerder die dag heeft zij van Schaap te horen gekregen: 'Jopie, je moet vanmiddag thuisblijven, want Miep komt een paar Joden brengen.' Tijdens een verhoor zei Fritzi Geiringer in november 1948: 'Ik vond het toen nogal een beetje raar dat ik mijn zoon zo alleen bij een jonge vrouw moest achterlaten, maar nadat ik de woning op mijn verzoek had gezien, leek mij het adres wel geschikt.'

Zondagmorgen vroeg krijgt ze een telefoontje van haar man, die laat weten dat hij op het Muiderpoortstation staat. Een van de begeleiders had zaterdag verstek laten gaan, zodat hij zich gedwongen zag 's nachts heimelijk via het raam het huis in Soestdijk te verlaten om 's ochtends op de eerste trein naar Amsterdam te kunnen stappen. Ze spreken af in de Vijzelstraat, tussen de Keizers- en de Herengracht, en vandaar brengt Fritzi hem samen met Eva naar de Kerkstraat. Ditmaal doet een man open – Houthuijs –, die op haar een onbetrouwbare indruk maakt, maar als hij hun toevertrouwt dat de Duitsers hem een tijd in het concentratiekamp Vught hebben gestopt, voelt ze zich gerustgesteld.

Nadat ze nog een kop koffie van Branca Simons hebben gekregen, vertrekt Fritzi met Eva naar de Jacob Obrechtstraat. Het valt haar wel op dat niemand hen uitlaat, 'hetgeen ik eigenlijk nog een beetje onbeleefd vond', zei ze later. Die maandag verstrijkt als normaal, maar op dinsdag 16 mei doen de SD-rechercheurs Schaap, Nap en Koning 's ochtends om acht uur een inval op de Jacob Obrechtstraat 79B en arresteren Fritzi, de net vijftienjarige Eva en hun helpers. Op het bureau aan het Adama van Scheltemaplein blijken ook Erich en Heinz Geiringer te zijn opgepakt. Ze zien daar eveneens de man uit de Kerkstraat – Houthuijs – rondlopen.

Tijdens een verhoor in oktober 1946 beweerde Schaap dat vader Geiringer hem bij die gelegenheid het adres in de Jacob Obrechtstraat had gegeven, maar dat klopt niet. Houthuijs bekende later dat hij die zondag moeder en dochter was gevolgd om hun schuiladres te achterhalen.

Miep Braams gebruikt doorgaans in dit soort gevallen tegenover Haan de smoes dat de onderduikers domweg niet kwamen opdagen. Dit keer zegt ze dat de SD weliswaar moeder en dochter heeft opgepakt, maar dat zij vader en zoon tijdig 'om redenen van veiligheid' op een adres aan de Stadhouderskade heeft kunnen onderbrengen. Aanvankelijk beticht hij haar ervan zich niet aan de afspraak te hebben gehouden, in die zin dat ze hem erin had moeten kennen toen ze beiden aan een andere schuilplaats hielp. Tot verschillende mensen uit het verzet hem voor haar beginnen te waarschuwen.

Als hij van haar eist dat ze hem naar het nieuwe adres brengt, geeft ze na veel gedraai toe de Geiringers te hebben verraden. Hij breekt dan met de vrouw, maar hoewel zijn kameraden hem aanraden onder te duiken, legt hij hun advies naast zich neer. Miep Braams brengt prompt ook hem aan en op 16 juni pakt de SD de verzetsman op. Twee, drie dagen eerder zou een bleke, ontdane Haan nog tegen een kennis de verzuchting hebben geslaakt: 'Het zwaard van Damocles hangt boven mijn hoofd.' Hij vertelde toen dat hij de vrouw had voorgehouden: 'Als je mij verraadt, ben je nog eerder dood dan dat ze mij te pakken krijgen.'[92]

Voor het in de val lokken van het gezin Geiringer mochten Branca Simons, haar man en Miep Braams een premie van in totaal vierhonderd gulden van Schaap in ontvangst nemen. Dit bedrag was mede gebaseerd op de waarde van de sieraden die de rechercheur Fritzi Geiringer had ontfutseld. Eerst wilde ze niet zeggen waar ze die had verborgen, ook niet nadat Schaap haar een keer keihard in het gezicht had geslagen. Ze gaf pas toe toen hij haar beloofde dat het gezin dan niet als strafgeval naar Westerbork zou worden gestuurd. De buit, verstopt in een bus met talkpoeder, bestond uit een platina dameshorloge, twee platina broches met diamanten, een ring met een diamant en twee gouden armbanden, alles bij elkaar ter waarde van zo'n vijf-, zesduizend gulden.[93]

De POD pakte Miep Braams-Baerts direct na de oorlog op. Ze zou Joden aan persoonsbewijzen, distributiebescheiden en onderduikadressen hebben geholpen met het vooropgezette doel hen in de val te lokken en te verraden. Ook zou ze als V-vrouw voor Joodsche Zaken hebben gewerkt en de verzetsman Jannes Haan hebben aangebracht. Maar ze ontkende alles, waarop justitie haar in juni weer op vrije voeten stelde.

Drie jaar later, op 3 mei 1948, hield de PRA Miep Braams opnieuw aan en toen ontdekten de rechercheurs dat ze een relatie had met een collega van hen. Een man die heilig in haar onschuld geloofde, zoals hij ook in een verhoor verklaarde.

Tijdens haar proces zei de vrouw niet te hebben geweten dat de SD Kerkstraat 225 als lokadres gebruikte. Ze had er Heinz Geiringer alleen maar voor de deur afgezet. Al die jaren verrichtte ze juist verzetswerk, zoals toen ze met Otto Kempin naar bed ging om op die manier een Joodse vriendin vrij te krijgen. Het bijzonder gerechtshof in Amsterdam veroordeelde haar op 21 april 1949 tot zes jaar gevangenisstraf.

Ook voor Gerarda Katee-Walda (4 juli 1897, Amersfoort) kreeg de zaak nog een staartje. Volgens Schaap kwam de Gestapo er algauw achter dat vader en zoon Geiringer bij haar ondergedoken hadden gezeten, waarop de rechercheurs van haar eisten dat ze binnen tien dagen een willekeurig schuiladres zou leveren. Maar na haar arrestatie in 1947 hield Gerarda Katee vol dat ze eind mei 1944 geheel te goeder trouw de naam van de onderwijzer Benjamin Blankenstein noemde toen twee Joodse vrouwen en een man – Ans van Dijk, Branca Simons en Wim Houthuijs – zich als leden van de verzetsgroep Vrij Nederland bij haar meldden met de vraag of ze niet een onderduikadres wist.

De vrouw kende de verzetsman Blankenstein, omdat hij haar gratis aan distributiebonnen voor de Geiringers had geholpen. Zelf bood hij onderdak aan het Joodse gezin Bernstein. Kort daarna pakte de Gestapo hem en de Bernsteins op.[94] Gerarda Katee zat zeven maanden lang vast in het interneringskamp De Roskam bij Weesp. Op 1 maart 1948 stelde de procureur-fiscaal bij het bijzonder gerechtshof in Amsterdam haar onvoorwaardelijk buiten vervolging.

'Verfoeilijkste handelingen'

Branca Simons, Houthuijs, Ans van Dijk en Mies de Regt komen eind juli 1944 voor het laatst samen in actie, als het echtpaar Houthuijs drie weken vakantie in Zeist houdt. In werkelijkheid zoeken ze in de provincie nieuwe slachtoffers, nu er voor hen in Amsterdam steeds minder te halen valt en ze in vrijwel alle verzetsbladen gesignaleerd staan. Ans van Dijk heeft bovendien een tip gekregen over een geheime zender en drukkerij in Zeist en de SD toont zich in dit soort dingen altijd hevig geïnteresseerd.

Nadat Branca Simons en Ans van Dijk contact hebben weten te leggen met inwoners die onderduikers helpen, trekt Houthuijs de zaak min of meer naar zich toe. Onder de schuilnaam Meerman geeft hij zich voor verzetsman uit die ondergedoken Joodse kinderen schoenen en kleding kan verschaffen. Hij weet het vertrouwen van de helpers te winnen als hij een Joodse vrouw die moet bevallen naar zijn etage op Kerkstraat 225 overbrengt. Dat de SD daar al een uur later voor de deur staat, weet niemand.

Vrijdag 18 augustus slaat de SD dan in Zeist toe. Op aanwijzing van Houthuijs arresteert een Sipo-commando bestaande uit twee Duitse en vijf Nederlandse rechercheurs onder leiding van Kempin op zes verschillende adressen negen onderduikers alsook vijf helpers en verzetsmensen.[95] Tegelijkertijd nemen rechercheurs de zender in beslag. Bij een vuurgevecht vallen aan Nederlandse kant twee doden. Volgens Schaap had Houthuijs in de korte periode dat hij voor Joodsche Zaken werkte 'minstens vijfentwintig Joden' verraden.

Van de groep moet Simon van Hoorn als eerste terechtstaan. Hij heeft de laatste maanden van de oorlog in een zoutmijn gewerkt bij de Duitse stad Schönebeck ten westen van Maagdenburg. Na op 3 mei 1945 door Amerikaanse troepen te zijn bevrijd keert hij aan het einde van die maand terug naar Nederland. De BS arresteert hem op woensdag 20 juni, maar hij komt weer snel op vrije voeten. Ze pakken hem in oktober opnieuw op, nadat Ans van Dijk een boekje open heeft gedaan over hem en ook een reeks andere mensen.

Tijdens de verhoren bekent hij informatie te hebben verstrekt over vijf mensen, maar hij zou enkel en alleen zijn moeder – die overigens de oorlog overleefde – hebben proberen vrij te krijgen. Hij wist echter niet dat 'die vieze Jodin', zoals hij Ans van Dijk steevast noemt, voor de SD werkte en ook had hij voor zijn tips nooit geld van haar gekregen, uitsluitend een paar broodbonnen. Volgens hem had ze altijd al een hekel aan hem gehad, omdat hij Corrie Hanou uit haar kliek van lesbische vrouwen had gehaald.

Op maandag 11 maart 1946 veroordeelt het bijzonder gerechtshof in Amsterdam hem tot levenslange gevangenisstraf, waarvan hij de eerste vijf jaar in een rijkswerkinrichting moet doorbrengen. Begin jaren vijftig zet justitie zijn straf om in tien jaar gevangenisstraf, zodat hij – na tweederde van zijn straf te hebben uitgezeten – op 5 maart 1952 vrijkomt.

Voor Branca Simons en Wim Houthuijs valt het doek op 1 december 1945 in Brussel. Na hun vlucht uit Nederland hebben ze nog enige tijd in Wenen gewoond. Tijdens het proces schildert haar advocaat Branca Simons – 'deze domme, onontwikkelde, doodsbange vrouw' – af als het slachtoffer van Ans van Dijk. Van zijn kant draait Houthuijs die in eerste instantie alles heeft geloochend, er niet langer omheen: 'Ik begrijp dat ik mij als Nederlander slecht heb gedragen en door mijn verraad de kogel heb verdiend.'

Het hof in Amsterdam veroordeelt beiden op zaterdag 24 mei 1947 ter dood. In het vonnis tegen Branca Simons noemt het als een verzwarende omstandigheid dat zij juist als Joodse heeft deelgenomen aan de deportatie van Joodse landgenoten en dat door haar verraad vele Joden en 'verschillende goede vaderlanders' de dood hebben gevonden.

De bijzondere raad van cassatie verwerpt op 11 februari 1948 hun beroep, maar op 7 juni van dat jaar krijgen ze gratie en wordt de doodstraf bij Koninklijk Besluit omgezet in levenslang. Nadat justitie haar levenslang tot twintig jaar heeft teruggebracht, komt Branca Simons na tweederde van haar straf te hebben uitgezeten op 11 maart 1958 vrij. Houthuijs mag in 1960 de gevangenis verlaten, waarop ze vijf jaar later van elkaar scheiden. Branca Simons overlijdt op 21 december 1979 in Amsterdam, Houthuijs op 12 maart 1985.

Rosalie Roozendaal moet in september 1947 voor het bijzonder gerechtshof in Amsterdam terechtstaan.[96] Tot dan heeft ze in Heumen bij de kunstenaar en verzetsman Maris gewoond. Kort na de oorlog heeft ze zich evenals haar moeder tot het rooms-katholicisme bekeerd. De procureur-fiscaal legt haar vijf gevallen van verraad ten laste, maar tijdens het proces getuigt Maris dat ze zich als koerierster meer dan verdienstelijk heeft gemaakt voor het plaatselijk verzet. Met gevaar voor eigen leven zou Rosalie Roozendaal handgranaten door de Duitse linies naar bezet gebied hebben gesmokkeld. Het hof veroordeelt haar tot tweeënhalf jaar gevangenisstraf. Ze overlijdt op 12 augustus 1998 in Nijmegen.

En in al deze processen verschijnt de hoofdrolspeelster in het drama, Ans van Dijk, als een soort schikgodin ten tonele om tegen haar voormalige handlangers te getuigen. Na Dolle Dinsdag wilde ze met Mies de Regt naar Duitsland uitwijken, maar Kempin beweerde dat hij haar als Joodse niet aan de benodigde papieren kon helpen. Ten einde raad vroeg ze Houthuijs, van wie ze had gehoord dat hij en Branca Simons naar dat land zouden afreizen, of hij hen niet kon meenemen.

Ze spraken af op het Amsterdams Centraal Station, maar het echtpaar kwam niet opdagen. Ans van Dijk vertrok daarop met haar vriendin naar Den Haag, waar ze van de zwarte handel leefde. Nog een enkele keer liet ze haar gezicht bij de SD in Amsterdam zien als ze er levensmiddelenkaarten ophaalde.

Het proces tegen haar en haar ex-vriendin Mies de Regt begint op 24 februari 1947 voor het bijzonder gerechtshof in Amsterdam. De procureur-fiscaal beschuldigt Mies de Regt ervan dat ze verscheidene malen Joden in haar woning heeft opgenomen, hoewel ze wist dat hun verblijfplaats zou worden verraden. Terwijl het hof haar op maandag 10 maart tot vier jaar gevangenisstraf veroordeelt, krijgt Ans van Dijk, zoals tijdens elke zitting gekleed in een dikke duffelse jas, de doodstraf.

In het vonnis heet het dat zij 'zich volkomen dienstbaar heeft gemaakt aan het brutale Duitse machtsapparaat tot het deporteren van ras- en landgenoten en zich daarbij tot de verfoeilijkste handelingen heeft geleend'. Het hof noemt het opleggen van de zwaarste straf, ook al betreft het een vrouw, 'niet alleen verantwoord, maar ook uit het oogpunt van verplichting tegenover de menselijke beschaving absoluut geboden'.

Op 24 september 1947 verwerpt de bijzondere raad van cassatie haar beroep met onder meer het argument: 'Het doden van een mens heeft een afschuwelijke zijde, onverschillig of het een man dan wel een vrouw betreft, maar de raad ziet niet in dat in het laatste geval dit bezwaar zo veel groter zou zijn dat van een executie zou moeten worden afgezien.' Kort voordat de executie op woensdag 14 januari 1948 in Fort Diemen bij Weesperkarspel plaatsvindt, schrijft de inmiddels tot het katholicisme bekeerde Ans van Dijk een afscheidsbrief aan haar halfbroer en diens vrouw:

> Beste Maurice en lieve Ro,
> Ondanks het feit dat jullie altijd weigerden mij te bezoeken, zal ik toch op deze manier afscheid van jullie nemen. Ik heb jullie niet veel te zeggen, maar het feit van mijn liefde tot jullie is de oorzaak dat ik deze brief schrijf! Nooit zullen jullie begrijpen wat ik heb doorgemaakt.
>
> Je bent nu zelf vader en moeder, hebt zelf een kind, ik hoop dat God jullie zal sparen en jullie vreugde laat beleven van dat kind of eventueel kinderen. Zullen jullie nog eens anders dan in haat aan mij denken?
>
> Jullie ongelukkige zuster Ans

Op goede gronden

De procureur-fiscaal ging tijdens het proces tegen Ans van Dijk uit van honderdvijfenveertig slachtoffers, van wie honderdzeven Joden en achtendertig niet-Joden, die ze samen met de anderen van haar groep had verraden. Van de Joden stierven er tachtig, van de niet-Joden in ieder geval vier. Niettemin geloofde prof. Belinfante dat gratie op haar plaats zou zijn geweest. 'Het feit dat Ans van Dijk Joods was en dus in een uiterst kwetsbare positie verkeerde, had wellicht een motief voor gratieverlening kunnen zijn,' schreef hij in zijn boek *In plaats van Bijltjesdag*.

Ook dr. De Jong meende in *Het Koninkrijk der Nederlanden in de Tweede Wereldoorlog* dat het hof onvoldoende aandacht had besteed aan de dwangpositie waarin zij zich 'als Jodin die illegaal werk had verricht', bij haar arrestatie door de SD bevond. Maar hoewel hij het doodvonnis op zich niet een te zware straf wilde noemen, wees hij erop dat van de jodenjagers slechts drie voor het vuurpeloton eindigden. 'Alle overigen kregen gratie of werden niet eens tot de zwaarste straf veroordeeld. Wij achten dat feit in schril contrast staan met de executie van Ans van Dijk.'

Ongeveer dezelfde strekking had het betoog van Koos Groen in zijn boek over Ans van Dijk. Weliswaar verdiende ze de doodstraf, maar waar anderen gratie kregen, werd haar dat geweigerd: 'Vanuit de optiek van nu is het niet goed te begrijpen dat figuren als Aus der Fünten en Lages die leiding gaven aan de deportatie van Joden, hun leven behielden, terwijl men een slachtoffer dat om haar hachje te redden dader werd, executeerde.'

Hij vroeg zich af of haar homoseksualiteit misschien mede tot het besluit had geleid haar gratie te weigeren: 'Ans van Dijk leek het vleesgeworden cliché van de leugenachtige, laffe, listige, onbetrouwbare Jood en de vieze wellustige homoseksueel.'

Maar is dat zo? Was Ans van Dijk 'een uit het lood geslagen meisje', zoals het *Nieuw Israëlietisch Weekblad* haar destijds typeerde? Er kan geen twijfel over bestaan dat ze heel goed wist wat ze deed toen ze dag en nacht op onderduikers joeg. In haar agressieve verbetenheid deinsde ze, Joods of niet, voor niets en niemand terug. En wat De Jong ook mag beweren, illegaal werk heeft ze nooit verricht. Nadat ze eind 1941 haar hoedenwinkel had moeten sluiten, hielp ze Joden voor veel geld aan onderduikadressen en valse persoonsbewijzen. Tegelijkertijd plunderde ze samen met een handlanger verzegelde Joodse woningen, maar toen de twee ruzie met elkaar kregen, verraadde ze hem prompt aan de SD.

Een ander punt vormt de vraag of haar Joodse achtergrond als een verzachtende omstandigheid had moeten gelden. Maar voor hetzelfde geld kon dat als een verzwarende omstandigheid worden aangemerkt. Door zich voor hulpvaardige, meelevende lotgenoot uit te geven kwam Ans van Dijk, de Joodse vrouw, gemakkelijker in contact met mensen die wilden onderduiken. Ze deed daar nog een schepje bovenop met het verhaal dat ze werkte voor de illegale organisatie rond *Vrij Nederland* en zodoende over onderduikadressen, valse persoonsbewijzen en distributiebescheiden beschikte.

Blijft over het punt waarom zij geen gratie kreeg en die Duitse en Nederlandse jodenjagers wel: het feit dat justitie veelal onterecht hun leven spaarde, laat onverlet dat Ans van Dijk op goede gronden werd gefusilleerd.

Bloedhond in schaapsvel

Tijdens het proces tegen Ans van Dijk prees de SD-rechercheur Pieter Schaap (18 juni 1902, Zandvoort) haar als de beste van zijn tien v-mannen en -vrouwen. Wie de overigen waren, liet hij in het midden. Het zou kunnen gaan om Branca Simons, de voormalige prostituee Jeanne Valkenburg, de Joodse informant Daniël Blom en de oud-verpleegster Miep Braams, maar het lijkt onwaarschijnlijk dat hij Leopold David de Jong hiertoe heeft gerekend. In dit geval nam het lot een dusdanig bizarre wending dat wat er daarna gebeurde, niet in de planning van Schaap als doorgewinterde politieman kan hebben gepast.

Na de ulo te hebben bezocht kreeg Schaap een baantje bij de Noord-Zuidhollandsche Tramweg Maatschappij. Hij trad in augustus 1926 in dienst van de Amsterdamse politie, waar hij eerst bij de hondenbrigade en vervolgens bij de recherche kwam te werken. Hij meldde zich in 1942 aan als lid van de NSB, de Germaansche SS en het Rechtsfront, de gebruikelijke trits voor foute politiemannen. Begin 1943 volgde bijna logischerwijs zijn overplaatsing naar het Bureau Joodsche Zaken en daar ontpopte hij zich als een van de meest geduchte jodenjagers.

Vooral met zijn collega Mozer arresteerde hij talloze onderduikers, wat hun bij het bureau de bijnaam de 'gouden ploeg' opleverde. Maar in de volksmond heette Schaap – vlezig gezicht, priemende ogen, kortgeknipt haar, forse, corpulente gestalte – minder vleiend 'de bloedhond in schaapsvel'. Na de oorlog bekende hij honderden Joden te hebben aangehouden, om eraan toe te voegen: 'Het juiste aantal kan ik bij benadering niet zeggen.'

Op Dolle Dinsdag vertrok hij, inmiddels tot hoofdrechercheur bevorderd, naar Westerbork, waar de rechercheurs van het voormalige Bureau Joodsche Zaken zich in opdracht van de SD moesten verzamelen. Een week later plaatste het directoraat-generaal voor politie hen op verschillende posten in het noorden van het land, Schaap op de tot *Einsatzkommando Nord* omgedoopte *Aussenstelle* in het Scholtenhuis aan de Groningse Grote Markt. En daar gaven hij en zijn collega's een geheel eigen betekenis aan het al beladen begrip *verschärfte Vernehmung*.

Tijdens een verscherpt verhoor mochten de rechercheurs 'terroristen', verzetsmensen dus, met een gummiknuppel of een buigzame twijg een gedoseerd aantal slagen op rug, zitvlak of bovenbeen toedienen, hen in een donkere cel opsluiten en het voedsel tot een minimum rantsoeneren. Tot Dolle Dinsdag moest het hoofd van de *Aussenstelle* eerst de *Befehlshaber der Sipo und des SD* in Den Haag om toestemming vragen, maar daarna hoefde dat niet meer.

Na de oorlog heeft de PRA een uitvoerig onderzoek ingesteld naar de folterpraktijken in het Scholtenhuis en verhoorde hiertoe tientallen verzetsmensen die in handen waren gevallen van Schaap en consorten, zowel Nederlandse als Duitse SD'ers. Uit de verklaring van de Groningse drukker Alle Smid:

> Bij een van de verhoren werd ik door vijf man, onder wie Kaper, Schaap en Kramer, op een beestachtige wijze afgeranseld. Er waren toen niet genoeg gummiknuppels en daarom nam Schaap een stuk hout en na eerst zijn jas te hebben uitgetrokken sloeg hij dit op mijn lichaam stuk. De anderen sloegen mij met de gummiknuppels. Hierna werd ik door Kaper en Schaap naar de badcel gebracht. Ik moest mij daar uitkleden, terwijl zij de badkuip lieten vollopen. Vervolgens werd ik door hen in de badkuip gestopt en onder water gedrukt. Schaap drukte op mijn borst en Kaper op mijn benen.
>
> Ik werd zo onder water gehouden tot ik bijna het bewustzijn verloor. Ze lieten me daarna weer boven water komen en vroegen dan of ik nu wilde bekennen. Na mijn weigering werd ik opnieuw onder water gedrukt. Dat heeft zich zo enige malen herhaald. Toen zij merkten dat ik toch niet wilde bekennen, hebben zij mijn hoofd zo lang onder water gehouden tot ik bewusteloos raakte. Toen ik weer tot bewustzijn kwam, lag ik naast de badkuip op de vloer.

En de drogist Rolf Hamminga:

> Omdat ik niets wilde vertellen, moest ik over een soort bank gaan liggen, waarna ik met gummikuppels op dijbenen, achterwerk en rug werd geslagen. Degenen die mij sloegen, waren naar ik meen Schaap en een man die enigszins Duits sprak. Een ander hield daarbij mijn hoofd tussen zijn benen. Toen zij mij zo een poosje hadden geslagen, werd ik overeind geschopt. Ik moest voor de tafel gaan staan en Kaper aankijken, terwijl Schaap met een bijl op de tafel vlak bij mijn handen sloeg. Bovendien stond iemand achter mij die met een zweep op en over mijn hoofd sloeg.
>
> Ze legden me vervolgens weer voorover op de bank, waarna ze het geknuppel hervatten. Hierbij werden twee honden ingezet, een herdershond en een bouvier, die aan elke kant naast mij kwamen te staan. Die honden waren schijnbaar goed afgericht, want ze namen elk een oor van mij in hun bek. Steeds als ze wilden toebijten, werden ze teruggeroepen.

Nog relatief onschuldig was een spelletje waarbij een arrestant in een kring van rechercheurs moest gaan staan. Een van hen gaf hem een klap met een gummiknuppel en gooide die vervolgens op de grond. Het slachtoffer diende die op te rapen en aan een andere SD'er te overhandigen die hem dan weer een mep gaf en de knuppel op de grond smeet. Dit kon zo een tijdje doorgaan, maar zodra het bont en blauw geslagen slachtoffer weigerde de knuppel op te pakken, onthaalden zijn kwelgeesten hem op een regen van schoppen en klappen. Tot op een dag een arrestant een van de rechercheurs, Zacharias Sleijfer, een kaakslag gaf en deze in huilen uitbarstte. Pas nadat Schaap de man tegen de grond had geslagen, durfde Sleijfer hem een paar gebroken ribben te schoppen.

Schaap hielp ook een verzetsvrouw, de vijfentwintigjarige studente Mélisande Tatiana Marie Kerkhoven, roepnaam Anda, te elimineren, omdat Sleijfer haar als een persoonlijke bedreiging zag. Met nog een paar SD-rechercheurs hadden ze in het Groningse huis van bewaring de jonge vrouw Anda Kerkhoven eerst flink onder handen genomen. Toen ze haar half bewusteloos hadden geslagen, vouwde de altijd dronken Sleijfer – volgens een uit 1944 daterend signalement: '1,95 meter, grote, lelijke tanden', bovendien broodmager en met door gewrichtsreuma kromgetrokken ledematen – haar tot grote hilariteit van de anderen als het ware dubbel en perste haar tussen twee planken in een kast, waarna hij de deur sloot.

Het was met zijn goede humeur gedaan nadat zijn collega's hem hadden voorgehouden dat Anda als halfbloed nooit zou vergeten hoe hij haar had bejegend. Nog dezelfde dag drong hij er bij de Duitse *Referatleiter* in Groningen, de SS-*Hauptscharführer* Robert Wilhelm Lehnhoff, op aan de vrouw te laten fusilleren. Al zou Sleijfer dit na de oorlog in alle toonaarden ontkennen. 'Ik heb dit alles als een grap opgevat en ik ben hier zeker niet bang van geworden,' zei hij in een verhoor op 23 april 1947.

Maar Lehnhoff hield vol dat hij wel degelijk Anda wilde laten doodschieten: Sleijfer zou hem hebben gevraagd dit bij het hoofd van het *Einsatzkommando Nord*, B.G. Haase, aan te kaarten. Of anders zou hij dat zelf doen. De Duitser, normaal niet zo teerhartig, had wel een beetje vreemd opgekeken van het verzoek: 'Hij kwam de volgende dag bij mij,' vertelde hij, 'en deelde mee dat hij Haase de zaak had voorgelegd en dat Haase het goed had gevonden dat Anda zou worden doodgeschoten.'

Op maandag 19 maart 1945 vermoordde de SD'er Mijndert Vonk – de toekomstige man van Betje Wery – haar op last van Schaap bij een zandweg in de buurt van het Zuid-Groningse gehucht Harenermolen met een nekschot. De rechercheurs begroeven haar lichaam samen met dat van een eveneens vermoorde verzetsman in een kuil.[97]

Schaap draaide voor dit soort moorden sowieso de hand niet om en een maand later doodde hij in de buurt van het Friese dorp Bakkeveen tien zwaar gefolterde verzetsmensen ook met een nekschot. Hij deelde elk van hen mee dat ze ter dood waren veroordeeld en dat hij persoonlijk ter plaatse het vonnis zou voltrekken. Ze moesten in een kuil gaan liggen met het gezicht naar de grond, waarna hij ze met twee schoten door het achterhoofd executeerde. Volgens een Nederlandse SD'er die de slachtpartij bijwoonde, wilde Schaap kennelijk hiermee 'de grote man uithangen'.

Zelf beweerde de rechercheur tijdens zijn proces dat Lehnhoff het voornemen had gehad de tien mannen in een kuil te zetten om vervolgens een paar handgranaten tussen hen in te gooien. Hij, Schaap, zou dit zo onmenselijk hebben gevonden dat hij vrijwillig had aangeboden de executies te voltrekken.[98]

Louis de Jong

Schaap leert Leopold de Jong (24 maart 1901, Groningen), roepnaam Louis, in de tweede helft van 1942 kennen. Deze vertegenwoordiger van kasregisters woont dan in Heemstede, op de Jacques Perklaan 5, met zijn Duitse, niet-Joodse vrouw Frieda Johanna Pley (10 april 1911, Düren). Als hij tijdens een controle te maken krijgt met Schaap, geeft hij zich voor half-Joods uit, maar op de Paulus Potterstraat stelt de SD-rechercheur aan de hand van zijn gegevens vast dat dit niet klopt. Hij ontbiedt De Jong op de *Dienststelle* om hem te vertellen dat zijn huwelijk hem nog vrijwaart van deportatie, op voorwaarde dat de man Joden aanbrengt. In eerste instantie weigert deze, maar ten slotte kiest hij eieren voor zijn geld.

Na de oorlog zei Schaap dat De Jong zo'n vijftig Joden had verraden, onder wie zijn broer Bernard de Jong[99] en op 25 mei 1944 de groenteboer Hendrikus van Hoeve. In diens winkel op de Leliegracht 58 kocht Miep Gies, een administratieve kracht van Otto Frank, groente, fruit en aardappels voor de acht onderduikers in het achterhuis. Behalve Van Hoeve pakten Schaap en zijn collega's Nap, Capelle en Koning tijdens de inval 's nachts om vier uur ook het Joodse echtpaar Richard en Ruth Hanna Weisz-Neumann op, dat er zat ondergedoken.

In haar dagboek schrijft Anne Frank hierover: 'Iedere dag wat anders, vanochtend is Van Hoeven [sic] gepakt, hij had twee Joden in huis. Het is een zware slag voor ons, niet alleen dat die arme Joden weer aan de rand van de afgrond staan, voor Van Hoeven is het vreselijk.' Op 3 september gaat het echtpaar Weisz op het laatste transport vanuit Westerbork naar Auschwitz, samen met 1018 andere mensen, onder wie Otto, Edith, Margot en Anne Frank, verder de familie Van Pels en de tandarts Pfeffer.[100]

Doordat Schaap en Louis de Jong veelvuldig contact met elkaar hebben en de rechercheur op een gegeven moment bij hem in Heemstede over de vloer komt, leert hij diens vrouw kennen. Hij nodigt haar voor een borrel in Amsterdam uit en al bij haar tweede bezoek overnacht ze bij hem op de Kerkstraat 225, in hetzelfde huis waar Branca Simons woont. Frieda Pley gaf na de oorlog toe dat ze een paar keer naakt bij elkaar in bed hadden gelegen, maar ze hadden nooit seks gehad: 'Ik zei altijd tegen hem dat ik niet een normale vrouw was.' En toen ze elkaar vanaf december 1943 één keer per week zagen, zouden ze er elk op een eigen kamer hebben geslapen. Maar Ans van Dijk, die de POD-rechercheurs ook in deze zaak verhoorden, wist wel beter.

Frieda Pley – ook wel Pleij geschreven – kwam niet één keer per week, zei Ans van Dijk, maar drie, vier keer, om het telkens met Schaap op een drinken te zetten. Dat beiden een intieme relatie hadden gehad, kon ze aan het bed zien dat ze op verzoek van Branca Simons regelmatig hielp opmaken. Schaap nam de vrouw ook mee naar het rendez-vousthuis van Bep Stroomberg op de Keizersgracht 235, waar hij altijd met zijn liefjes terechtkon. Het scheen Ans van Dijk niet meer dan logisch toe dat Frieda Pley voor de SD had gewerkt: per slot van rekening vroeg Schaap elke vrouw met wie hij sliep of ze niet Joden voor hem wilde aanbrengen.

Toch wijst veel erop dat deze relatie verder ging dan de vluchtige, nietszeggende avontuurtjes die de meeste SD-rechercheurs bij tijd en wijle hadden. Dit blijkt eveneens uit een verklaring van Mozer, namelijk dat Schaap zelfs de intentie zou hebben gehad na de oorlog met zijn Friedel, zoals hij haar noemde, te trouwen. En hij zou een Duitse SD'er hebben gevraagd of deze soms 'intiemere betrekkingen' met haar had, toen de man Frieda ontmoette bij haar bezoek in maart 1945 aan Groningen. Om eraan toe te voegen dat hij zelf plannen met de vrouw had.

Tegen deze achtergrond moet hij de aanwezigheid van De Jong als buitengewoon hinderlijk hebben ervaren. Als deze komt klagen dat nogal wat mensen hem ervan verdenken voor de SD te werken, ziet Schaap zijn kans schoon en raadt hem aan zich naar Westerbork te laten deporteren. Hij kan daar onderduiken en tegelijkertijd zou hij de kampbewoners kunnen uithoren over mogelijke schuiladressen en hun verborgen bezittingen. Schaap zal ervoor zorgen dat hij in het kamp allerlei privileges en vrijheden krijgt.

De Jong neemt deze raad ter harte om vervolgens in Westerbork naarstig informatie te verzamelen die hij aan Schaap doorbrieft. Hij mag op aanvraag het kamp uit en wanneer de rechercheur na Dolle Dinsdag in Groningen opduikt, bezoekt de V-man hem ettelijke keren op kamer 19 in het Scholtenhuis. Maar begin april 1945, met de Canadese troepen op komst, heeft De Jong genoeg van het kampleven en vertrekt hij uit Westerbork, onder het mom dat hij veertien dagen verlof heeft gekregen. In de wetenschap dat zijn verradersrol hem zwaar zal worden aangerekend meldt hij zich dezelfde dag bij Schaap met het verzoek of deze hem niet aan de benodigde papieren voor Zwitserland kan helpen.

Schaap vertelde na de oorlog dat hij hem had beloofd na te gaan wat voor mogelijkheden er bestonden. Voorlopig kon de man zijn intrek nemen in een twee, drie dagen eerder leeggehaald huis van gedeporteerde Joden op de Waterloolaan 1. De volgende dag zou De Jong opnieuw bij hem voor de deur hebben gestaan, ditmaal met de vraag of hij niet zijn vrouw in Amsterdam kon bellen. Ze zou bij een dokter zijn ingetrokken, met wie ze illegaal werk verrichtte, en De Jong wilde eens en voorgoed van haar af. Maar Schaap had hem uitgelegd dat ze geen telefoonverbinding meer hadden met het westen van het land. Nog dezelfde middag stapte de rechercheur naar zijn chef, de SS-*Hauptsturmführer* Arthur Thomsen, bij wie hij het gedrag van De Jong aankaartte, aldus de verklaring die Schaap na de oorlog gaf. Thomsen zou hem hebben opgedragen de man te arresteren en in het huis van bewaring in te sluiten.

Toen De Jong op maandagmorgen 9 april weer in het Scholtenhuis verscheen, had hij hem meteen ingerekend. Op beschuldiging dat de man geen ster droeg en een persoonsbewijs zonder J van Jood had. Vervolgens nam hij hem met zijn collega Douwe Capelle mee in de auto naar het huis van bewaring. Onderweg kwam de arrestant volgens Schaap echter ineens met het verhaal aanzetten dat op het adres aan de Waterloolaan nog twee Joodse vrouwen verborgen zaten. Ze reden daarop naar het huis, maar troffen er niemand aan.

Op het moment dat Schaap De Jong even alleen liet op de bovenverdieping, zou deze hebben geprobeerd via de keuken te vluchten. Hij kon dit verhinderen door zijn pistool kaliber 7.65 mm uit de zak van zijn jas te trekken en de man onder aan de trap twee keer door het hoofd te schieten.

Terwijl Douwe Capelle na de oorlog, zoals bijna vanzelf sprak, de verklaring van zijn oud-collega bevestigde, had een Duitse SD'er een geheel andere lezing van het gebeuren. En die kwam erop neer dat juist Schaap het slachtoffer naar de woning had gelokt. Hij had namelijk tegen hem gezegd dat zijn vrouw Frieda zich in Groningen bevond en dat als de man haar wenste te spreken, hij hem naar haar toe kon brengen: ze zat in een huis aan de Waterloolaan. Op het bewuste adres had hij de man naar de eerste verdieping meegenomen en daar neergeschoten. Naderhand zou hij tegen de Duitser hebben gezegd: 'De Jood heeft de kogel gekregen die hij heeft verdiend.'

Nog dezelfde dag vond een Groningse politieman het stoffelijk overschot. Volgens het proces-verbaal ging het om een 1,73 meter lange man, zwaargebouwd, met een bol gezicht en donker kroeshaar, gekleed in een lichte regenjas, blauwgrijs gespikkeld kostuum, pullover en bruine lage zomerschoenen. Op het overhemd zat een wit lint waarop met inkt stond geschreven: 'Louis de Jong 24-3-

1901'. Een Duitse SD-man vertelde later dat toen Schaap vlak voor de capitulatie met een groep Nederlandse en Duitse collega's via Zoutkamp de benen nam naar Schiermonnikoog, hij zich daar De Jong noemde en zich onder die naam voorstelde aan de burgemeester.

Na zijn arrestatie legde Schaap een vrijwel volledige bekentenis af: de jacht op Joodse onderduikers en verzetsmensen, de folterpartijen, de executies. Maar hij had nooit ofte nimmer vrouwen mishandeld, ook niet Anda Kerkhoven. Op de vraag van de president van het bijzonder gerechtshof in Groningen hoe hij toch zo tegen landgenoten had kunnen optreden, antwoordde hij dat hij dit al vóór de oorlog als lid van de hondenbrigade had gedaan, bij rellen, stakingen en opstootjes in Amsterdam.

Op 18 oktober 1948 veroordeelde het hof hem ter dood. Voordat de bijzondere raad van cassatie zijn zaak in behandeling nam, deed zijn vrouw in een brief, gedateerd 8 maart 1949, een klemmend beroep op dit rechtscollege:

> Ik smeek u, Heren Rechters, spreekt u niet het afschuwelijke doodvonnis uit. Ik weet, al wat er is gebeurd, is vreselijk geweest, maar gelooft u mij ook dat mijn man eerlijk niet een slecht mens is. Wat er in die ellendige tijd is gebeurd, komt alleen doordat hij niet zichzelf was en zich door de Duitsers heeft laten misbruiken [...] Ik wil nog jaren naar de gevangenis lopen, want mijn man is mij erg dierbaar, maar nogmaals, Heren Rechters, spaart u zijn leven. Onze Almachtige God zal het u vergelden.

Maar het mocht niet baten en op 23 maart 1949 verwierp de raad het beroep van de voormalige SD-rechercheur. Nadat de Kroon op 18 juni van dat jaar zijn gratieverzoek had afgewezen, vond de executie elf dagen later, op 29 juni, plaats. Het bijzonder gerechtshof in Amsterdam had al eerder, op 27 juni 1946, zijn Friedel, de weduwe van Louis de Jong, tot twee jaar gevangenisstraf veroordeeld.

Daan Blom

Twee Joodse verzetsmannen hadden de opdracht gekregen hem te liquideren: op vrijdag 25 juni 1943 schoten Hans Katan en Leo Frijda, beiden lid van de verzetsgroep CS-6, de Joodse verrader Daniël Blom voor zijn woning op de Holendrechtstraat 28-I in Amsterdam neer. Het slachtoffer werd met spoed overgebracht naar de als ziekenhuis gebruikte instelling De Joodsche Invalide op de Nieuwe Achtergracht om er een week later, op zaterdag 3 juli, aan de complicaties te bezwijken. Al doet ook het verhaal de ronde dat hij een spuitje heeft gekregen. Hoeveel mensen hij aanbracht, valt niet meer te achterhalen, maar het moeten er tientallen zijn geweest.

Ook hij maakt deel uit van de groep verraders over wie ik de informatie uit meerdere dossiers heb moeten bijeenschrapen. Een uitlating hier, een zinsnede uit een proces-verbaal daar. Losse fragmenten, een met de hand geschreven notitie van een POD-rechercheur of van een medewerker van het Openbaar Ministerie. Een briefje, soms onder naam, soms anoniem. Elke keer opnieuw blijft het puzzelen, zoals ook alle bij het onderzoek betrokken mensen ooit hebben moeten combineren, deduceren, elimineren.

En zelfs al is een dossier vier, vijf centimeter dik, dan zegt dat an sich nog niets, gezien het feit dat sommige processen-verbaal meer dan zes doorslagen tellen. Maar het CABR-dossier van Daan Blom (31 mei 1916, Amsterdam) bestaat uit slechts een paar velletjes.

Hij is de jongste van zeven kinderen. En niet zes, zoals te lezen staat op het Joods Digitaal Monument in een aanvulling op de gegevens van de vader, de in Sobibor vermoorde diamantslijper Gerrit Blom. Kennelijk in een poging deze schandvlek uit te wissen moet een familielid Daan Bloms naam uit het rijtje nakomelingen hebben verwijderd. Hij of zij noemt wel de namen van zijn drie vermoorde zusters Mina, Celina en Anna.

Op 11 september 1940 getrouwd met een niet-Joodse vrouw, Gerarda Johanna Marckelbach, roepnaam Grada, werkt Blom als kantoorbediende tot hij in 1941 vanwege zijn Joodse afkomst zijn baan verliest, waarop hij een handeltje in cosmetische artikelen begint. Tegelijkertijd zet hij zich in voor het verzet door vervolgde mensen aan persoonsbewijzen en andere documenten te helpen en verzorgt hij met het cabaretgezelschap De Blauwe Lantaarn voorstellingen ten bate van de illegaliteit. Hij heeft als voormalig lid van de Communistische Jeugd Bond in die kringen goede contacten.

Maar dan ontbiedt de SD hem eind 1941, begin 1942 op de Euterpestraat. Als Blom twee dagen later weer opduikt, vertelt hij zijn vrouw Grada dat hij de SD een verhaal op de mouw heeft gespeld en dat ze hem vervolgens hebben vrijgelaten. Hij treedt echter verder niet in details.

Een paar weken later moet hij zich opnieuw in de Euterpestraat melden en ditmaal zegt hij bij thuiskomst dat zijn vrouw beter met de baby naar haar moeder zou gaan. Niettemin keert ze diezelfde avond terug naar hun huis in de Holendrechtstraat, om vast te stellen dat hij er niet is. Kort na middernacht dringen dan vier Amsterdamse SD-rechercheurs haar woning binnen. Terwijl ze alles overhoophalen, fluistert een van hen Grada toe dat ze zich geen zorgen hoeft te maken: haar man zal binnenkort weer vrijkomen.

De rechercheurs doorzoeken ook de woningen op de tweede en derde etage en arresteren enkele buren, alsook op de Holendrechtstraat 30-II Bloms zuster Mina Knopper-Blom en haar man, de meubelmaker Jan Knopper.[101] Twee dagen later komt Daan Blom weer boven water en ook dit keer hangt hij het verhaal op dat hij de SD een en ander heeft voorgespiegeld, maar opnieuw weigert hij opening van zaken te geven.

Sindsdien moet Blom als V-man voor de SD hebben gewerkt, maar verder weten we niet veel over zijn doen en laten. Hij zou nog een relatie met een oud-communiste hebben gehad, de Joodse Dora de Haan, die haar ex-vriend verraadde. Dat zijn contactman Schaap in ieder geval tevreden over hem moet zijn geweest, kan worden opgemaakt uit het feit dat de rechercheur in mei 1943 de verraadster Adriana Valkenburg (10 juni 1894, Schiedam), roepnaam Jane of Jeanne, opdraagt voor Blom te gaan werken. In die zin dat deze Joodse onderduikers op haar huisadres Van Ostadestraat 286-II zal afleveren, waarna zij alleen nog maar Schaap hoeft te bellen.

De SD-rechercheur kende haar vermoedelijk nog van vóór de oorlog. De vrouw had toen al een uitermate slechte reputatie in Amsterdam, als dievegge, prostituee, chanteuse, aborteur. 'Het is het gevaarlijkste wijf dat ik tijdens mijn loopbaan heb ontmoet,' schrijft commissaris H. Voordewind in zijn boek *De commissaris vertelt.*

> Talloze mannen en hun huisgezinnen heeft zij in het ongeluk gestort. Zij was in haar goede dagen bepaald een schoonheid: groot en blond, een heel knap gezicht en een houding als een koningin. Zij had een ijzersterk lichaam. Talloze malen werd zij stomdronken naar het bureau Stadhouderskade gesleept, waartegen zij zich als een dronken polderjongen placht te verzetten, zodat een gedeelte van haar kleding soms totaal verloren ging. [...] Kapitalen heeft dit wijf verdiend, zowel met haar nachthuizen als met berovingen en chantage.

Met veertien broertjes en zusjes opgegroeid in een asociaal milieu in Schiedam belandt de slagersdochter al op jonge leeftijd in de prostitutie. Na een mislukt huwelijk leert ze in 1931 de Joodse marktkoopman in lingerie Jacob Acohen kennen, met wie ze op 2 april 1942 zou trouwen. Als ze met hem op 17 maart in ondertrouw wil gaan, pakt de SD haar toekomstige man 's ochtends vroeg bij een inval op en stuurt hem naar het kamp Mauthausen.[102]

Ze beweerde na de oorlog – maar in de Amsterdamse onderwereld noemden ze haar niet voor niets Jeanne de Leugenaarster – dat ze vervolgens leefde van zijn spaarcenten, zo'n zeventigduizend gulden, omgerekend een half miljoen euro, terwijl ze daarnaast voor een kleine vergoeding Joodse onderduikers hielp. Dat verliep zonder problemen, totdat op een ochtend in mei 1943 drie Amsterdamse SD-rechercheurs de deur bij haar intrapten. 'Je hebt hier een Jood verborgen!' riep een van hen. Toen ze die uit z'n schuilplaats hadden gehaald, zouden ze haar hebben gedwongen onder de codenaam Jans voor de SD te gaan werken.

Nog maar net heeft Schaap de twee aan elkaar gekoppeld of Blom komt met drie slachtoffers aanzetten, die de SD dezelfde avond tegen middernacht oppakt. Joden maken zich namelijk aan een strafbaar feit schuldig wanneer ze zonder officiële toestemming hun intrek nemen op een ander adres. De arrestaties vinden 's avonds na acht uur plaats, om te voorkomen dat de Joden, die zich na dit tijdstip niet meer buitenshuis mogen ophouden, zullen aanvoeren dat ze er slechts op visite zijn.

Voor deze eerste aanhoudingen ontvangt Jeanne Valkenburg van Blom een premie van zestig gulden. Haar volgende slachtoffers zijn Raphaël en Flora Sarphatie-Mok, bijgenaamd Flik en Flok. De vierentwintigjarige vrouw zit bij haar ondergedoken, maar als ze op aandringen van haar man naar zijn schuiladres op de Bos en Lommerweg verhuist, pakken Schaap, Mozer en Van Vreeland hen na een tip van Jeanne nog dezelfde avond op.[103] Nadat de rechercheurs de man zwaar hebben mishandeld, geeft deze het adres van een ondergedoken oom.

Ze slagen er vervolgens in nog eens zes familieleden aan te houden, onder wie op 14 mei Mozes Sarphatie en zijn vrouw Rosetta Sarphatie-Rocco en een dag later tijdens een nachtelijke inval Hanna Sarphatie. Mozer jaagt haar het bed uit met de woorden: 'Zeg, vuile rotjodin, kleed je je gauw aan! Of wil je soms dat ik je daarbij help?'[104]

Eind juni 1943 komt er een abrupt einde aan de samenwerking als Hans Katan en Leo Frijda met Blom afrekenen. De zuster van de verzetsleider Pam Pooters, Nel, kent hem en ze hebben met haar afgesproken dat zij een stukje met de man zal oplopen. Bij de eerste de beste dwarsstraat moet ze afslaan, zodat de twee het karwei kunnen afmaken.

Zijn vrouw Grada verklaarde na de oorlog dat hij in het ziekenhuis eerst had gezegd door de illegaliteit te zijn neergeschoten, maar bij haar derde bezoek informeerde het personeel haar dat hij de SD had ontboden om te vertellen dat niet het verzet erachter zat, maar familieleden. De vrouw toonde zich hierover zo verbolgen dat ze hem voor zijn dood niet meer bezocht. 'Toen pas drong het tot mij door,' zei ze volgens het proces-verbaal, 'mede in verband met zijn verraad op zijn sterfbed aan de SD, dat hij ook wel debet zou kunnen zijn geweest aan de arrestatie van zijn broer en schoonzuster' – bedoeld worden zijn zuster en zwager – 'en de buren uit de Holendrechtstraat.'

Weliswaar deden al in de oorlog allerlei geruchten de ronde, maar pas na de bevrijding zou de vrouw van PRA-rechercheurs hebben gehoord dat haar man voor de Sipo en de SD had gewerkt. Desondanks had ze in de drie jaar dat hun huwelijk duurde, nooit gemerkt dat hij over veel geld beschikte of zich 'uitspattingen' veroorloofde. Al die tijd kende de vrouw juist 'een armoedig bestaan'.

Vergiffenis

Nog voor de dood van Blom begint Jeanne Valkenburg een – kortstondige – relatie met Otto Kempin, die haar aan een lucratief baantje op de zogeheten visitatieafdeling helpt. Ze moet er de kleding van opgepakte Joden lostornen en op geld en juwelen, die verstopt kunnen zitten in de naden, doorzoeken. In diezelfde tijd loopt ze een oude bekende uit het Rotterdamse rosse milieu tegen het lijf, Mietje van Schaik-Presburg (4 oktober 1891, Rotterdam), een moeder van zeven kinderen en een voormalige onderwijzeres die haar brood verdient als prostituee en beroepsoplichtster.

Alleen al voor oplichting heeft de vrouw negen keer terechtgestaan. Begin 1943 zit ze nog enkele maanden vast in Westerbork, maar zodra ze zich in mei als Joodse gehuwd met een niet-Joodse man heeft laten steriliseren, komt ze vrij. Een kleine twee maanden na de ingreep sterft haar man op 13 juli.

De twee vrouwen lichten onder anderen een niet-Joods echtpaar voor drieënhalfduizend gulden op, door te beloven dat ze een met het paar bevriende Joodse man, Herman Milikowski, uit het kamp Vught zullen halen. Diens ondergedoken vrouw Roza krijgt weer van hen te horen dat ze voor de bevrijding van haar man tweeduizend gulden moet betalen aan iemand die ze op de Apollolaan zal ontmoeten. Als de vrouw op 10 september 1943 op het afgesproken tijdstip met het geld staat te wachten, pakken SD-rechercheurs haar op.[105]

Terwijl Mietje vooral met de snuisterijen leurt van opgepakte onderduikers, gouden ringen, vulpennen, horloges, zilveren armbanden, gebruikt Jeanne Valkenburg – inmiddels opnieuw getrouwd – haar appartement nog steeds als 'jodenval'. Eerst op de Van Ostadestraat, na de verhuizing in september 1943 op de Zuider-Amstellaan 120-II, de latere Rooseveltlaan. Ze beschikt daar over twee kamers op de bovenste verdieping, de ene met alleen een tafel, een paar stoelen en een opklapbed, de andere ongemeubileerd.

'Wanneer die Joden dan bij haar in huis waren,' vertelde Schaap na de oorlog, 'gaf zij mij een tip en dan arresteerde ik ze in haar woning. Zo heb ik ongeveer twintig Joden uit haar huis gehaald. Het kunnen er ook meer zijn, dat weet ik niet zo nauwkeurig.'

Het kwam ook voor dat Jeanne Valkenburg de onderduikers met een smoes het huis uit lokte. 'Dan gaf zij een tip waar zij heen ging,' aldus Schaap, 'en als regel deed zij dan boodschappen en liet de Joden op een afgesproken plaats buiten wachten en werden zij door mij gearresteerd. Op die manier heb ik na tips van haar minstens achttien Joden aangehouden.'

Dit lot ondergaan Philip Joseph Adolf van Perlstein en zijn vrouw Johanna Rosa van Perlstein-Gompertz, die al een dag na hun aankomst tijdens een wandeling door de Roerstraat in handen vallen van rechercheurs van Joodsche Zaken. Op advies van Jeanne Valkenburg heeft de vrouw haar gouden horloge thuisgelaten: het zou te gevaarlijk zijn dat op straat te dragen.[106] Jeanne vraagt ook kennissen of buurtgenoten om tijdelijk onderduikers op te nemen. Ze zorgt er, al dan niet met medeweten van de gastheer en gastvrouw, vervolgens voor dat Schaap de slachtoffers binnen vierentwintig uur 's avonds komt oppakken.

De helper mag in dat geval de vooruitbetaalde distributiebonnen en het kostgeld, honderd gulden per persoon, houden. Jeanne Valkenburg heeft dan al de waardevolle spullen ingepikt die ze door de onderduikers bij haar in bewaring heeft laten geven.

Voor Mietje van Schaik klapt de val dicht als agenten van het *Devisenschutzkommando* haar op 28 februari 1944 wegens illegale handel in effecten oppakken. Ze sturen haar naar Westerbork, vanwaar ze naar Auschwitz wordt gedeporteerd. De vrouw overleeft het kamp en op 4 januari 1949 staat ze terecht voor het bijzonder gerechtshof in Den Bosch, dat haar tot een jaar gevangenisstraf veroordeelt, waarvan twee maanden voorwaardelijk.

Ze moet zich bovendien melden bij de Stichting Toezicht Politieke Delinquenten, de reclassering. Maar Mietje is dan alweer met de noorderzon vertrokken, nadat ze wel eerst haar werkgever, een Italiaanse restauranthouder, heeft opgelicht. Ze overlijdt op 26 oktober 1970 in Rotterdam.

Jeanne Valkenburg wordt op 31 maart 1945 in de woning van haar stiefbroer in het Brabantse grensdorp Putte gearresteerd. In eerste instantie ontkent ze alles, tot de rechercheurs haar met een van de weinige overlevenden uit de Sarphatie-familie, Benjamin, confronteren. Na haar de huid te hebben vol gescholden geeft hij haar twee harde klappen in het gezicht, waarop ze voor hem op haar knieën valt en om vergiffenis smeekt. Ook belooft ze eens en voorgoed schoon schip te maken. Jeanne Valkenburg bekent vervolgens vijfentwintig tot dertig Joden te hebben verraden, maar trekt die bekentenis later weer in en houdt het op twee onderduikers.

Het bijzonder gerechtshof in Amsterdam veroordeelt haar op 3 juli 1947 ter dood. Voorafgaand aan de behandeling van haar zaak in hoger beroep onderzoekt een psychiater in het voorjaar van 1948 de vrouw om vast te stellen of ze ontoerekeningsvatbaar is, maar dat blijkt volgens hem niet het geval. Nadat de bijzondere raad van cassatie haar beroep heeft verworpen, krijgt ze bij Koninklijk Besluit alsnog gratie en wordt de doodstraf omgezet in levenslang.

Justitie verandert haar straf op 3 december 1959 in tweeëntwintig jaar en drie maanden. Omdat ze tweederde van haar straf heeft uitgezeten, komt ze meteen op vrije voeten. Jeanne Valkenburg overlijdt op 19 februari 1968 in Bergen op Zoom, drieënzeventig jaar oud.

Rudolf Pollak

Tekenaar-schrijver Marten Toonder had de ontmoeting niet treffender kunnen beschrijven:

> Ik had een vage voorstelling gehad van een SD-Kommissar in Velp, maar deze spotte met alle theorieën. Hij had zwart, geplakt haar, in het midden gescheiden en doorlopend in lange tochtlatten. Een fijn, zwart snorretje ontsierde zijn bovenlip, en zijn ogen waren aan het daglicht onttrokken door een zonnebril. Overigens rookte hij uit een lange, ivoren sigarettenpijp, en daarmee wees hij naar de andere stoel. 'Setzen Sie sich!' blafte hij. Ik ging geschokt zitten, want deze Mexicaanse roverhoofdman overtrof mijn stoutste verwachtingen, hoewel dat ook binnenhuids bleef.

In zijn autobiografie *Het geluid van bloemen* heeft Toonder het over de Joodse Gestapo-informant Rudolf Pollak (17 juli 1903, Praag) zonder dat hij weet wie de man precies is. De Tsjech woont tot 1938 met zijn niet-Joodse Duitse vrouw, Amalie Emilie Lisette Bauckhage, en zijn moeder, Flora Sara Pollak-Parille, in Berlijn, als ze vanwege de situatie in Hitler-Duitsland naar Nederland besluiten te vertrekken. In Amsterdam vinden ze algauw een huis op de Anthonie van Dijckstraat 7. Pollaks voormalige Duitse werkgever, de firma Ireks GmbH in Kulmbach, producent van bakkerij- en brouwerijgrondstoffen, zou hem aan een baan hebben geholpen bij een dochterbedrijf, de N.V. Handelsmaatschappij Alhaco, gevestigd op de Johannes Vermeerstraat 29.

De directeur ervan, de advocaat en zakenman mr. Edward von Saher, sluit een driejarig contract met hem af, op grond waarvan hij vijfhonderdvijftig gulden per maand zou ontvangen, een voor die tijd riant salaris. Von Saher vertrekt korte tijd later met de Italiaanse oceaankruiser Rex naar de Verenigde Staten. Zijn terugkeer naar Nederland staat voor 23 mei 1940 gepland, maar als gevolg van de Duitse inval komt hij in New York vast te zitten.[107] Pollak krijgt dan van Alhaco een afkoopsom van twintigduizend gulden, omgerekend zo'n honderdveertigduizend euro, zonder dat hij er ooit iets voor heeft gedaan. Vermoedelijk leeft hij verder van de zwarte handel alsook van de inkomsten van het pension dat zijn vrouw heeft, tot hij in 1942 in dienst treedt van de Joodsche Raad.

Hij verzorgt er onder meer levensmiddelenkaarten voor Joden die in de Hollandsche Schouwburg en in Westerbork gedetineerd zitten. Doordat hij deze distributietoewijzingen eerst van een hoge Haagse ambtenaar van Economische Zaken en later rechtstreeks van het Centraal Distributiekantoor in Den Haag betrekt en dus als tussenpersoon fungeert, bevindt hij zich in een dusdanige positie dat hij steeds weer nieuwe financiële eisen aan de raad kan stellen. En als ze hem zijn zin niet geven, dreigt hij de bemiddeling te staken.

Daarnaast regelt hij tegen betaling fiets-, verblijfs- en reisvergunningen en helpt Joden bij het 'ariseren' van hun stamboom door hun valse dooppapieren, akten en persoonsbewijzen te verschaffen. Hij stelt hiertoe verzoekschriften op die zijn klanten aan het bureau-Calmeyer kunnen sturen. Voor zijn diensten declareert hij bedragen van tussen de acht- en tienduizend gulden. Ook beschikt hij over een cartotheek met schuiladressen en zegt hij voor veertigduizend gulden mensen te kunnen vrijkopen uit Westerbork. Een enkele keer lukt het, maar het komt vaker voor dat de betrokken persoon toch op transport gaat naar Auschwitz of Sobibor en dat Pollak desondanks het geld opstrijkt.

Voor zichzelf heeft Pollak, hoewel gemengd gehuwd, het zekere voor het onzekere genomen. Aan de hand van een frauduleuze verklaring van zijn moeder heeft hij kunnen aantonen dat zijn echte vader niet-Joods is, zodat hij als half-Jood vanaf juli 1943 geen ster meer hoeft te dragen. Hij zet zijn praktijken voort, tot hij op donderdag 23 maart 1944 een telefoontje krijgt. Een Haagse mejuffrouw De Bruin zou papieren van Calmeyer bij zich hebben die ze hem persoonlijk bij het Centraal Station moet overhandigen. Volgens de beller gaat het om een knappe jonge vrouw met een donker uiterlijk en gekleed in een bontjas.

In plaats van een aantrekkelijke jonge vrouw wachten hem twee rechercheurs van de Haagse Documentatiedienst op. Nadat ze Pollak in het politieposthuis bij het station hebben ingesloten, doen ze huiszoeking bij hem op de Anthonie van Dijckstraat. Bij die gelegenheid biedt de vrouw van Pollak, Amalie Bauckhage (29 augustus 1902, Opladen), hun vijfduizend gulden, op voorwaarde dat ze haar en haar schoonmoeder laten gaan. Als de Hagenaren het geld weigeren, vraagt ze hun haar te volgen naar een aangrenzende kamer.

Doordat de deuren op een kier staan, hoort een Joodse onderduiker die bijna dagelijks bij de familie kwam eten, haar zeggen: 'Als ik u het adres van een paar ondergedoken Joden geef, kunt u ons dan niet vrijlaten?' Ze noemt dan de namen van Salomon en Elsa Charmatz-Jacobson, een echtpaar dat eerder bij hen heeft ondergedoken gezeten. Een van de rechercheurs zou hebben geantwoord: 'In ieder geval wordt het er voor u niet slechter op.'

Amalie Pollak verdedigde zich na de oorlog met het argument dat ze op die manier tijd hoopte te winnen. Ze deed de boekhouding van haar man en wist zodoende dat er belastende papieren in zaten met de namen van zo'n vijfentwintig, dertig mensen, onderduikers, verzetsmensen, die ernstig gevaar liepen en die ze had willen waarschuwen. Bovendien probeerde ze haar schoonmoeder te beschermen: deze had een slecht gemaakt, vervalst persoonsbewijs op de naam van Florina Polliakova, geboren in het Bulgaarse Wanda,

De rechercheurs arresteren nog dezelfde dag het echtpaar Charmatz, samen met hun helper Gerrit Jacob Busser, bij wie het op Stadionweg 3-II ondergedoken zit. Daarna brengen ze allen, ook Pollak, zijn vrouw en zijn moeder, over naar de *Polizeigefängnis* Scheveningen.[108] In de nacht van 24 op 25 maart volgen op grond van papieren die de Haagse politiemannen bij Pollak in beslag hebben genomen – ze verdenken hem ervan op grote schaal met documenten te hebben geknoeid – nog tien arrestaties. Doordat de SD haar na negen dagen vrijliet, verklaarde Amalie Pollak na de oorlog, kon zij alsnog een reeks van mensen redden, door hen telefonisch te waarschuwen of door belastende documenten te vernietigen.

Ze weet dan vermoedelijk nog niet dat haar man zich inmiddels bereid heeft verklaard voor de Gestapo te gaan werken. Als *Kriminalkommissar* Müller neemt hij in de gevangenis zelfs verhoren af. Via het kamp Vught belandt hij bij het naar Velp overgeplaatste *Judenreferat* van de Gestapo. Hij voelt daar dezelfde Joden aan de tand, die hij voorheen nog heeft geholpen bij het 'ariseren' van hun stamboom. En ook perst hij hen af. Op 4 augustus keert Pollak onder de valse naam Schuster terug naar huis, vermomd met een pruik, een bril en een snor. Zelf vertelde hij een kennis over zijn vrijlating dat een SD'er zomaar tegen hem zou hebben gezegd: *'Hau ab!'*

Tien dagen later zou hij een belangrijke rol hebben gespeeld bij het verraad van een kennis van hem, de Joodse Oostenrijker Friedrich Oskar Gottesmann, roepnaam Fritz. Na zijn vlucht begin 1938 naar Nederland richt deze er de Diana Edition International Press Service op, een bedrijfje dat zich in eerste instantie toelegt op de verkoop van stripverhalen. In die tijd zou hij ook Pollak hebben ontmoet, die hij nog begin juli 1939 in Het Poolsch Koffiehuis in de Kalverstraat voorstelde aan de jonge, veelbelovende striptekenaar Marten Toonder.

Op 31 juli 1940 benoemt Gottesmann Toonder tot medefirmant, aan wie hij ook in september 1941 noodgedwongen zijn bedrijf overdraagt. Sindsdien werkt hijzelf als opmaker-corrector bij het *Joodsch Weekblad*. In 1942 duikt hij op zijn eigen huisadres onder, in een schuilplaats op de bovenste verdieping van Keizersgracht 556, maar zes SD-rechercheurs weten hem daar op maandagmiddag 14 augustus 1944 na twee uur zoeken te vinden. Volgens zijn hospita deed Pollak er nog dezelfde avond uitgebreid huiszoeking.

Gottesmann zit enkele dagen in het huis van bewaring aan de Weteringschans, waarna de SD hem voor verder verhoor naar Velp brengt; op 17 augustus sturen ze hem naar Westerbork. Zijn voormalige medefirmant Marten Toonder moet zich vier dagen later ook in Velp melden, maar terwijl Toonder het allemaal zonder kleerscheuren overleeft, gaat Gottesmann op 3 september samen met de onderduikers uit het achterhuis op het laatste transport naar Auschwitz. Vermoedelijk overlijdt hij op zondag 25 februari 1945 in het kamp Mauthausen aan een longontsteking, zesenveertig jaar oud.

Een klein, dikkig mannetje

Pollak tekent zijn doodvonnis met het verraad van de jonge verzetsleider Fritz Gerhard Marie Conijn (27 juni 1923, Alkmaar), verzetsnaam Fritz von Alkmar – maar ook: Fritz, De Haas, Rikus, Roel, Vermeulen. Afkomstig uit de katholieke padvinderij sluit Conijn zich nog in zijn gymnasiumtijd aan bij het verzet om tot een van de belangrijkste exponenten van de illegaliteit uit te groeien.

In maart 1944 richt hij, twintig jaar oud, zijn eigen knokploeg op, die op zoek naar wapens een exclusief door SD- en Sipo-mensen bewoond huis in de Amsterdamse Corellistraat, een *Gemeinschaftshaus*, en politiebureaus aan de Overtoom en op Kattenburg overvalt. Ook neemt hij op 1 mei 1944 deel aan de mislukte overval onder leiding van Gerrit van der Veen op het huis van bewaring aan de Weteringschans. Meer succes heeft hij kort daarna met de liquidatie van twee SD-agenten op de Nassaukade.

Als de Sipo op 25 juni 1944 de KP-Alkmaar oprolt, ontsnapt Conijn op het nippertje naar Amsterdam. Met zijn nieuwe ploeg overvalt hij in augustus onder meer distributiekantoren in Heiloo en in Oudorp bij Alkmaar alsook bonnentransporten in Schagerbrug en Spanbroek. Conijn loopt in de val als hij met de SD wil onderhandelen over de vrijlating van een verzetsman. Mede door toedoen van Pollak kan Oelschlägel hem op 28 augustus in café Centraal bij de Amsterdamse Berlagebrug arresteren.

Amper eenentwintig jaar wordt hij op 6 september, een dag na Dolle Dinsdag, met twee kameraden in het kamp Vught gefusilleerd. 'Hij maakte op mij soms de indruk,' zei een verzetsman over hem, 'dat hij haast had om zoveel mogelijk in zo kort mogelijke tijd te doen. Ik weet ook waarom: Fritz geloofde niet dat hij deze tijd zou overleven.'

De SD-rechercheur Rühl vertelde na de oorlog dat Conijn direct bij arrestatie had doorgeslagen en de namen van zijn medewerkers had verraden. In de wetenschap dat ze door de Gestapo zouden worden gemarteld, hadden Conijn en zijn mensen echter van tevoren een lijst opgesteld met eventueel te noemen namen. De betrokkenen zouden dan in de tussentijd bij de aanhouding van een van hen zo snel mogelijk moeten onderduiken. In het geval van Conijn kwam er iemand de afspraak niet na en kon zodoende door de SD worden opgepakt, wat weer leidde tot de arrestatie en de terechtstelling van twee andere verzetsmensen.

Dat Pollak in de ondergrondse probeert te infiltreren, heeft al enige onrust veroorzaakt, maar na het verraad van Conijn zou Marinus Post, een vooraanstaande verzetsleider en de broer van de legendarische Johannes Post, zich hebben voorgenomen hem uit de weg te ruimen. Die gelegenheid lijkt zich voor te doen als Pollak ineens op vrijdag 20 oktober zijn knokploeg benadert met het verhaal dat hij een onderduikadres voor iemand zoekt. Op dat tijdstip bivakkeren Marinus Post, verzetsnaam Evert, en zijn mensen op de bovenverdieping van Amstel 93.

Om tijd te winnen en alles tot in de puntjes te kunnen voorbereiden laat hij een vrouwelijk KP-lid Pollak meedelen dat deze maandagmiddag om vier uur moet terugkomen. In haar boek *Marinus Post alias Evert* beschrijft dit lid, Atie Ridder-Visser, verzetsnaam Karin, deze ontmoeting:

> Ik kwam de grote keuken in het souterrain binnen. Daar rechts, bij het fornuis, stond een klein, dikkig mannetje, maar iets groter dan ik. Zwart haar. Kalm liep ik naar hem toe, van plan om hem een hand te geven en mijn naam te noemen. Maar op twee meter afstand stond ik met een ruk stil. Bijna had ik van afschuw een stap achteruit gedaan. Ik zag zijn ogen: vals en laf loerden ze naar me, van onderuit en opzij. Nog nooit had ik zoiets gezien, het was afgrijselijk!

Post wil Pollak door twee uit Leiden overgekomen KP'ers laten liquideren. Zijn lichaam zullen ze in een grote reiskoffer stoppen die ze 's nachts in de Amstel zullen dumpen. Ze hebben alles tot in de puntjes voorbereid, maar net als de V-man op het afgesproken tijdstip aanbelt, stopt achter hem een dichte vrachtwagen van het Rode Kruis. Naar Post vermoedt een gecamoufleerde wagen van de SD, waarop hij hen signaleert zo snel mogelijk de benen te nemen. Het blijkt inderdaad een valstrik, en op Post na kunnen allen het vege lijf redden. Als hij in een schuurtje waar hij zich heeft verstopt, in een diepe slaap valt, rekent de SD hem nog dezelfde avond in.

Hoewel zijn mensen dit na de oorlog verontwaardigd hebben ontkend, moet die slaap een gevolg zijn van het slikken van het pepmiddel pervitine. Zoals ook *Het grote gebod, gedenkboek van het verzet in LO en LKP* in een voetnoot schrijft: 'Pervitine werd veelvuldig gebruikt om de behoefte aan slaap te onderdrukken. Het onmatig gebruik van dit middel dat de gezonde slaap uiteraard niet kon vervangen, had uitputing en overspanning tot gevolg. Het was bovendien een riskant middel, omdat zodra het was uitgewerkt, de natuur haar rechten hernam en men in slaap viel. Dit werd Marinus Post noodlottig, die na een schietpartij op een vlucht over de daken plotseling door de slaap werd overmand en later door de Duitsers onder een afdak [sic] werd aangetroffen.'

Voor Pollak is het uitstel, geen afstel. Temeer daar een voormalige pensiongast van hem, Siegfried Viteszlav Willheim, een vriend van Gottesmann en actief in het verzet, er bij de leider van KP-Amsterdam, Johannes Adriaan Meewis, verzetsnaam Carl, op aandringt hem uit de weg te ruimen. Op dezelfde dag dat Marinus Post met vier anderen in Alkmaar wordt gefusilleerd, vrijdag 17 november 1944, schieten twee leden van de KP de V-man neer.

De aanslag vindt om één uur 's middags plaats op de hoek van de Cornelis Schuytstraat en de Johannes Verhulststraat in Amsterdam. Pollak overleeft om een dag later op de Duitse afdeling van het tot Wester Gasthuis omgedoopte Wilhelmina Gasthuis te sterven.[109]

Brandon Bravo

Vanaf medio 1943 zetten de SD, de Gestapo en de *Abwehr* in toenemende mate hun Joodse V-mannen en -vrouwen in als zogeheten provocateurs: infiltranten of undercoveragenten die niet alleen jacht maken op Joodse onderduikers, maar ook van binnenuit informatie over het groeiende verzet moeten verzamelen. Het laatste waaraan je immers dacht als een wanhopige Joodse man of vrouw om hulp aanklopte, was dat hij of zij een verrader zou kunnen zijn. Vooral vrouwen deden het volgens de Duitsers goed en om die reden werkten ze graag met V-vrouwen. Dit in tegenstelling tot de Britse inlichtingendienst MI5, die weinig vertrouwen had in de professionaliteit van vrouwelijke agenten.

De Leidse kleermaker Mozes Brandon Bravo (23 november 1906, Amsterdam), roepnaam Maurits of Maupie, moet in 1943 al enige ervaring hebben gehad op het punt van infiltratie. In aanmerking genomen dat hij nog in juni 1940 een plaatselijke afdeling van het Legioen Oud-Strijders Front, kortweg LOF, heeft helpen oprichten. Harde bewijzen dat hij toen dubbelspel speelde, bevat zijn dossier niet, maar het lijkt wel uiterst aannemelijk. Een voormalige compagnon met wie hij in 1935 in Leiden een winkel in herenkleding had gehad, de Kledingspecialist, zei na de oorlog dat Brandon Bravo zich in die tijd al uitgesproken pro-Duits gedroeg.

'Bij gesprekken die wij wel eens hadden over de politieke toestand in Duitsland en over de Jodenvervolging van Hitler en [als we] daarover onze afkeuring lieten horen, sprong hij op en ging daartegen tekeer. Hij vertelde toen dat Hitler groot gelijk had om de Joden te vervolgen en dat hij alleen de smouzen vervolgde en niet de echte Joden.' Om eraan toe te voegen: 'Hoewel ik persoonlijk geen geld van Brandon Bravo krijg, kan ik wel zeggen dat het een gemene kerel is en een grote oplichter die door zijn grote sluwheid en geraffineerdheid heel wat goedgelovige mensen heeft opgelicht.'

Opgegroeid in Amsterdam als zoon van een diamantbewerker werkt Brandon Bravo – smal, tanig gezicht, grote gebogen neus, bleke huidskleur, achterovergekamd haar, soms een snor – in Duitsland, België, Italië en Zwitserland. Hij heeft een tamelijk roerig liefdesleven, met onder anderen een tweeling bij een Duitse vrouw en vier kinderen bij een vriendin.

Na op instigatie van zijn zwager Aron Polak, de man van zijn zuster Sarah Deborah, de plaatselijke LOF-afdeling te hebben opgericht, rekruteert hij de leden zowel buiten als in Leiden, vooral onder studenten. Ook heeft hij contact met een wachtmeester van de marechaussee, codenaam de Blauwe, die hem documenten over Schiphol en bouwtekeningen van marinehulpvliegtuigen toespeelt. Mogelijk via hem weet Brandon Bravo de hand te leggen op een pistool, een FN kaliber 7.65 mm.

De verzetsdaden van de groep beperken zich hoofdzakelijk tot het kalken van leuzen als 'Nederland vrij, de moffen eruit' en het gooien van zand in de benzinetanks van Duitse auto's, maar de bezetter laat niet met zich sollen. Eind 1940 arresteren de Gestapo en haar Nederlandse handlangers een groot aantal leden, van wie achttien in januari 1941 voor een vuurpeloton eindigen. Brandon Bravo vertelde na de oorlog dat hij nog had willen redden wat er te redden viel door een handjevol diehards per snel- of duikboot of anders met een vliegtuig naar Engeland te transporteren.

De overtocht zou de man tussen de drie- en vierhonderd gulden kosten. Maar voordat ze op woensdagavond 2 april 1941 tussen tien uur en kwart voor elf per motorsloep zouden vertrekken van het strand bij de Zuid-Boulevard in Noordwijk, had zijn vriendin Dora Thea Emondt hem die ochtend om halfzeven gewekt met de woorden: 'Man, daar zijn de moffen!'

De Duitsers pakten die woensdag negen leden van de groep op, onder wie de op Schiphol werkzame marechaussee. Volgens Brandon Bravo had een nieuw lid uit Noordwijk dat voor de *Abwehr* werkte hun plannen verraden. Maar de marechaussee betichtte na de oorlog juist hem ervan de hand in het verraad te hebben gehad. De Gestapo wist dingen die ze alleen van Brandon Bravo konden hebben gehoord, zoals zijn codenaam de Blauwe, en ook dat hij een machinegeweer had verborgen. De marechaussee had de rechercheurs overbluft met de vraag of zij meer geloof hechtten aan de woorden van een Jood dan van een politieman.

Volgens de zuster van Brandon Bravo, Sarah Deborah, zou deze toen eveneens haar man Aron Polak hebben verraden, als degene die nog aan de wieg van de lokale verzetsgroep had gestaan. De Gestapo arresteerde hem een maand later, op 8 mei, om hem half augustus naar het concentratiekamp Gross-Rosen in Neder-Silezië te sturen.[110]

Terwijl de andere leden van de groep in een concentratiekamp belanden – de meesten zullen de oorlog niet overleven – veroordeelt een Duitse rechtbank Brandon Bravo op 18 augustus 1941 wegens wapenbezit tot de ongebruikelijk milde straf van tien maanden cel. Hij geniet in de Scheveningse Cellenbarakken, het zogeheten Oranjehotel, grote vrijheden, mogelijk mede doordat hij er als kleermaker aan de slag gaat.

Eind januari 1942 ontmoet hij daar de cadet-sergeant Willem Pasdeloup, bijgenaamd Padje en onder de verzetsnaam Wolf lid van de Ordedienst. Toen dezen samen met Frans Goedhart en Herman Bernard Wiardi Beckman, beiden kopstukken van de verzetsgroep rond *Het Parool*, in de nacht van 17 op 18 januari naar Engeland wilde oversteken, vielen ze alle drie op het strand van Scheveningen bij toeval in handen van een Duitse patrouille.

Brandon Bravo en Pasdeloup, die weldra dik bevriend raken, voeren lange gesprekken met elkaar. Tot de OD-man hem op een dag toevertrouwt dat nota bene de Gestapo hem wil helpen te ontsnappen uit de gevangenis. De kleermaker brieft dit meteen over aan de onderdirecteur, die contact opneemt met de SD, waar het hoofd van de contraspionage, SS-*Sturmbannführer* en *Kriminaldirektor* Joseph Schreieder, hem te woord staat. Tijdens dat onderhoud vertelt de onderdirecteur dat Brandon Bravo al eerder belangrijke tips heeft gegeven en in zoverre acht hij hem betrouwbaar en bovendien zeer geschikt als v-man.

Wat Pasdeloup, toch een verzetsman van het eerste uur, heeft bewogen met de Gestapo in zee te gaan, blijft een groot raadsel. Hij had een half-Joodse verloofde, Wiesje Bendien, en naderhand deed het verhaal de ronde dat de Gestapo had gedreigd haar anders te zullen deporteren, maar dit verhaal lijkt nergens op gebaseerd. Tot dan hadden haar gemengd gehuwde ouders en haar broer nooit problemen ondervonden en ze zouden die ook niet krijgen. Wiesje Bendien overleefde gewoon de oorlog, om kort erna dodelijk te verongelukken.

Schreieder ontkende later categorisch dat ze Pasdeloup op de een of andere manier onder druk hadden gezet. In plaats daarvan zou de cadet spontaan zijn medewerking hebben aangeboden. Hij wilde in dienst van de Sipo treden, of van de Waffen-ss om aan het oostfront te kunnen vechten. Maar de Duitsers hadden andere plannen met hem: hij moest als v-man in de OD infiltreren. 'Opdat de buitenwacht geen argwaan zou krijgen,' zei Schreieder, zouden ze hem uit de gevangenis laten ontsnappen.

Na Brandon Bravo te hebben verhoord stelt Schreieder zijn Gestapo-collega dr. Bruno Wolf, ss-*Sturmbannführer* en hoofd van de afdeling IV A, *Gegnerbekämpfung*, voor de zaak af te blazen. Dr. Wolf voelt daar niets voor en benoemt beiden zelfs tot v-man: Pasdeloup als no. 29 en Brandon Bravo als no. 92. De laatste krijgt bovendien, afgezien van een salaris van vijftig gulden per week plus reis- en verblijfskosten, een vals persoonsbewijs op naam van Benjamino Marchie, geboren op 23 november 1906 in Verona, woonachtig op de Karel du Jardinstraat 50 in Amsterdam. Hij heeft dan eerst als contactman de Haagse SD-rechercheur Poos, maar korte tijd later wordt dat de ss-*Hauptsturmführer* en *Kriminalrat* Hans Harders.

De twee mannen klimmen op zaterdag 18 april 1942 onder het toeziend oog van de SD-rechercheur en *Kriminalsekretär* Hermann Bartels, die op de Van Alkemadelaan op de uitkijk staat, over de muur van de gevangenis. Pasdeloup moet contact proberen te leggen met de zwaar gehavende top van de OD, en wel met de gewestelijke commandant in de provincie Utrecht, Willem Anton Hendrik Cornelius Boellaard, roepnaam Pim. Deze reservemajoor en voormalige assuradeur heeft tot dusver uit handen kunnen blijven van de Gestapo, die de afgelopen maanden behoorlijk heeft huisgehouden in de rangen van de verzetsorganisatie.

Via een tussenpersoon stelt Boellaard Pasdeloup voor dat ze elkaar op dinsdag 5 mei 1942 ontmoeten in een huis aan de Zwanenburgwal in Amsterdam. Een zakenrelatie van zijn medewerker Cornelis Gootjes woont daar. Op die dag verschijnt niet Pasdeloup op de Zwanenburgwal, maar iemand anders. 'Deze bleek, aan zijn gele ster te zien, een Israëliet te zijn,' schrijft Boellaard in zijn boek *De angst voor lafheid. Dagboek over oorlog en verzet.* 'Kleine man van 35 jaar, netjes in de kleren, met een geprononceerde puntschedel.' Voor deze gelegenheid heeft Brandon Bravo namelijk een ster op zijn jas aangebracht.

Hij verzoekt de verzetsman, die zich als bouwaannemer heeft uitgedost, met pilobroek, leren jas en snor, hem te volgen naar een ander adres, maar deze antwoordt geen tijd te hebben en stuurt zijn koerier Johan de Jonge Melly mee. Boellaard zelf blijft met Gootjes achter in het huis. Eenmaal buiten wordt De Jonge Melly meteen door Bartels en de Haagse SD-rechercheurs Poos en Slagter overweldigd. Ze wachten vijf minuten voordat Poos aanbelt. Zodra Boellaard opendoet, zegt de rechercheur: 'Kom vlug! Je kameraad is net met die andere in een zijstraat gearresteerd. Als je snel bent, kan je nog wegkomen.' Op het moment dat hij en Gootjes de woning hebben verlaten, slaan de rechercheurs ook hen in de boeien.[111]

Vanuit de gevangenis probeert Boellaard de leiding van de OD voor Pasdeloup te waarschuwen, maar er verstrijken maanden alvorens de chef-staf jhr. Six hem gelooft. 'Een onbegrijpelijke blunder van zulke geroutineerde mannen!!' verzucht hij in zijn boek. Als gevolg hiervan krijgen verzetsmensen Pasdeloup pas op 6 januari 1943 te pakken. Nadat ze hem vijf dagen lang in een huis aan de Gerard Brandtstraat bij het Amsterdamse Vondelpark hebben verhoord, schiet een van hen de man op de avond van 11 januari dood.

In de weken daarna zoekt de SD stad en land af naar de spoorloos verdwenen V-man. 'Onze *stoolpigeon*', zoals een SD'er hem smalend noemde. Brandon Bravo moet zelfs nog in opdracht van zijn contactman Harders bij Wiesje Bendien op bezoek om uit te vissen of Padje misschien niet door het verzet was omgedraaid. Tot de politie in maart van dat jaar diens door de ratten aangevreten lichaam uit de Amsterdamse Baarsjesgracht haalt.

Hitlergroet

In Leiden kennen nogal wat mensen hem en blijkbaar uit vrees voor een aanslag verhuist Brandon Bravo begin juni 1942 met zijn gezin naar een woning op het Theemsplein 50 in Haarlem. Algauw is hij er kind aan huis bij de Inlichtingendienst en als hij zich daar meldt, groet hij steevast met *Heil Hitler*.

Hij helpt beruchte jodenjagers als Pieter Johan Faber, Abe Agema en – de eind 1944 door het verzet geliquideerde – Fake Krist bij het opsporen van onderduikers, voor welk doel hij zijn woning als 'jodenval' beschikbaar stelt. En wanneer een politieman een in de val gelokte onderduiker toestemming geeft zich boven aan te kleden en wat spullen in een koffertje te stoppen, vaart Brandon Bravo's vriendin Dora tegen hem uit: 'Lelijke klootzak, straks neemt hij nog de benen!'

Van de SD moet hij de verblijfplaats proberen te achterhalen van jhr. Six, reserveritmeester der huzaren en vanaf zomer 1942 de feitelijke commandant van de OD, en diens adjudant, reservekapitein J.C. Bührman. Maar de OD-mensen vertrouwen hem niet en hij komt dus niets verder. In maart 1943 neemt hij de top van de Vrij-Nederlandgroep in het vizier, met name de leider Henk van Randwijk, de latere hoofdredacteur van het gelijknamige blad, dan nog hoofd van de school Inrichting voor Haveloze Kinderen op de Bloemgracht. Als Brandon Bravo bij een bezoek aan de school beweert zeer goed bevriend te zijn met de ondergedoken Van Randwijk, en dat hij hem dringend moet spreken, trapt niemand erin.

Hij verlegt kort daarna zijn werkterrein naar Drenthe om er voor zijn voormalige contactman Harders, sinds juli 1943 het hoofd van de *Aussenstelle* in Assen, aan de slag te gaan. Hiertoe meldt hij zich als V-92 bij *Kriminalsekretär* en SS-*Sturmscharführer* Johann D. Mählhop, die hij met een *Heil Hitler* begroet. De SD-man neemt hem stomverbaasd van kop tot voet op, waarop hij in de lach schiet: 'Zo, hebben wij ook al Joden als V-mannen?' Maar niet iedereen reageert zo geamuseerd als Mählhop.

Na de oorlog zei een voormalige Sipo-administrateur, een SS-*Unterscharführer*: 'Ik zag meteen dat het een jodentype was en toen hij mijn kamer binnenkwam, groette hij met *Heil Hitler* en stak zijn gestrekte rechterhand ten groet omhoog. Ik ergerde mij als SS'er eraan dat een Jood de Hitlergroet bracht en zei meteen dat hij dat in het vervolg moest laten. Die Jood was een weinig uit het veld geslagen en zei niets hierop.'

Nadat het *Signalementenblad* in oktober van dat jaar heeft onthuld dat achter de Italiaan Benjamin Marchie de Joodse verrader Brandon Bravo schuilgaat, krijgt hij een nieuwe identiteit: Manrico Bandigiatti, kortweg Rico, van beroep handelsagent, woonachtig op de Sleutelbloemstraat 56 in Amsterdam. Tijdens het proces tegen Brandon Bravo merkte Harders hierover op: 'V-mannen waren in de regel na vier of vijf maanden uitgespeeld. De illegaliteit had hen dan gesignaleerd. Dit was ook met verdachte het geval. V-mannen die niet meer bruikbaar voor ons waren, werden niet gearresteerd. Wij hadden geen belangstelling meer voor hen.' Niettemin helpt Brandon Bravo nog in Groningen en Friesland verschillende verzetsgroepen op te rollen.

Op 18 februari 1944 haalt hij zijn gezin naar het ten noorden van Coevorden gelegen Drentse dorp Dalen, waar Harders voor hem een huis heeft gevorderd. In het najaar werkt hij bij de bestrijding van het verzet niet alleen voor het *Einsatzkommando*-Harders, maar ook voor de Landwacht en in Drenthe gelegerde eenheden van de Waffen-SS-divisie Landstorm Nederland. Zijn tips leiden vaak tot grootscheepse razzia's op verzetsmensen en – al dan niet Joodse – onderduikers.

Bij de Landstorm neemt hij onder de codenaam Bertoni deel aan de zogenaamde verscherpte verhoren van arrestanten, meest verzetsstrijders. In één geval dwingt hij een man zich uit te kleden om hem vervolgens tot bloedens toe met een steelgranaat op de rug, het zitvlak en de benen te slaan. Verschillenden van zijn slachtoffers vinden de dood, onder wie de gebroeders Albert Jan en Bernard Hartemink.[112]

Met de komst van de geallieerde troepen lijkt het spel uit te zijn voor Brandon Bravo, maar tot ieders grote verbijstering benoemt de Poolse commandant hem direct na de bevrijding van Dalen, op maandag 9 april, tot hoofd van de Politieke Politie. En vervolgens voltrekken er zich in het toen drieduizend inwoners tellende dorp twee gebeurtenissen die nooit zijn opgehelderd.

Nadat een onbekende op diezelfde maandag een politieman heeft beschoten, vinden BS'ers een dag later in hun hoofdkwartier, het gemeentehuis van Dalen, het lichaam van hun commandant, Wilke Bloem. Deze blijkt te zijn doodgeschoten en hoewel de bewijzen ontbreken, geloven de meeste dorpelingen dat Brandon Bravo als bezitter van een pistool, kaliber 7.65, zowel het een als het ander op zijn geweten heeft.

Hij duikt weer op in Coevorden om er, ditmaal gewapend met een geweer, als lid van de Binnenlandse Strijdkrachten patrouille te lopen. Op 18 april gaat de Canadese *Field Security* over tot zijn arrestatie en zet hem vast in het voormalige doorgangskamp Westerbork.

Tijdens zijn proces ontkent de ex-V-man no. 92 alle beschuldigingen: hij heeft juist illegaal werk verricht en eigenlijk zouden ze hem een ridderorde moeten geven. Het bijzonder gerechtshof veroordeelt hem op 29 oktober 1949 tot achttien jaar gevangenisstraf. In hoger beroep zet de bijzondere raad van cassatie het vonnis om in vijftien jaar. Eind september 1954 komt Brandon Bravo, inmiddels gereformeerd geworden, voorwaardelijk vrij. Hij overlijdt op 25 mei 1973 in Amstelveen, zesenzestig jaar oud.

Irma Seelig

Voor wat Amsterdam betrof beschouwde de bezetter de linkse verzetsgroep CS-6 met de Persoonsbewijscentrale van Gerrit van der Veen als de meest geduchte 'terroristenbende'. Behalve dat deze aan de CPN gelieerde, maar onafhankelijk opererende organisatie een reeks van spectaculaire sabotageacties pleegde, veroorzaakte zij met de eliminatie van enkele vooraanstaande collaborateurs grote paniek in pro-Duitse kringen. In totaal zou de groep vierentwintig liquidaties hebben gepleegd.

Het begon op 4 februari 1943 met de aanslag door de CS-6-leden Leo Frijda en Jan Verleun op de commandant van het Vrijwilligerslegioen Nederland, luitenant-generaal buiten dienst Hendrik Alexander Seyffardt. Daarna volgden aanslagen op onder anderen twee gemachtigden uit Musserts schaduwkabinet, mr. H. Reydon, secretaris-generaal van het departement voor Volksvoorlichting en Kunsten, en oud-minister dr. F.E. Posthuma van Landbouw.

In maart wilde Verleun NSB-leider Mussert zelf neerschieten toen deze het restaurant Dikker & Thijs in de Leidsestraat zou bezoeken, maar een dag voor de aanslag moest de zaak onverwachts sluiten. En nadat de bezetter de verzetslieden had opgepakt die de brand in het Amsterdamse Bevolkingsregister hadden gesticht, wilde de groep tot elke prijs weten wie de uitgeloofde beloning van tienduizend gulden opstreek. Een deel ervan bleek te zijn gegaan naar de uit Amsterdam overgeplaatste opperluitenant van de staatspolitie in Enschede, Pieter Kaaij, die zich overigens zelf Kaay noemde. Op zaterdagmorgen 3 juli, twee dagen na de executie van de betrokken verzetsmensen, moest hij eraan geloven.

Of zoals het blad *De Nederlandsche Politie* meldde: 'Nauwelijks had opperluitenant Kaay omstreeks acht uur opgewekt en vol arbeidslust zijn woning verlaten om zich in dienst te begeven of hij wordt op ongeveer driehonderd meter van zijn woning op de meest laaghartige en afschuwelijke wijze door een onverlaat in de rug geschoten en vrijwel op slag gedood.' Nog de avond ervoor had Kaaij samen met de jodenjager Jan van Limburg, bijgenaamd Jan met de Kappen, een tweejarig Joods meisje bij haar onderduikouders weggehaald.

Niet helemaal volgens plan verliep de liquidatie van de tandarts H.E.B. de Jong Cohen, die, zelf half-Joods, tal van ondergedoken patiënten aan de SD verraadde. Sape Kuiper schoot hem op 22 juli in zijn praktijk op het Johannes Vermeerplein 18 in Amsterdam dood, maar toen hij wilde vluchten, belette een glazenwasser dat door zijn ladder voor Kuipers fiets te gooien. Na zwaar te zijn mishandeld sloeg hij door, als gevolg waarvan de SD enkele leidende CS-6-mensen kon oppakken.

Desondanks gingen de aanslagen verder en op donderdag 24 juli, een dag voor de aanslag op de verrader Daan Blom, schoot Jan Verleun op de Watteaustraat vanaf zijn fiets een vaandrig van de marechaussee, Herman Gerrit Postma, neer. Deze had zijn kosthuis om de hoek op de Milletstraat 55-II en was gedetacheerd bij het voormalige bureau Jonas Daniël Meijerplein, dat in augustus 1942 was omgedoopt tot bureau Houtmarkt, omdat straten en pleinen niet meer naar Joden mochten heten.

De overlevering wil dat Verleun bij die gelegenheid zou hebben geroepen: 'Postma, je gaat eraan! Jij bent verantwoordelijk voor het oppakken van de Paroolgroep. Kijk maar naar het vogeltje!' Hoewel zwaargewond overleefde de vaandrig.[113]

Dat de Amsterdamse *Aussenstelle* en haar Nederlandse handlangers, met voorop de rechercheurs Kuiper en Mollis, CS-6 hebben kunnen uitschakelen, komt mede op rekening van Irma Seelig. Geboren op 9 mei 1916 in het Duitse Homberg ten zuiden van Kassel, groeit ze op in een liberaal Joods gezin met zeven kinderen. Haar ouders hebben er een schoenenzaak, maar als de boycot tegen Joodse winkels begint, raakt haar vader in zo'n diepe depressie dat hij in een psychiatrische inrichting belandt. Irma Seelig zei na de oorlog dat hij evenmin als zij voor zichzelf kon opkomen.

Nadat haar moeder de winkel heeft verhuurd, vertrekt Irma Seelig in 1934 naar Nederland. Ze werkt er eerst in de Joodse psychiatrische inrichting Het Apeldoornsche Bosch, vervolgens als kindermeisje in Overveen, om vanaf begin 1940 huishoudelijk werk te verrichten in de Centraal Israëlietische Ziekenverpleging, de CIZ, aan de Jacob Obrechtstraat in Amsterdam. Daar leert ze ook de medisch analist Leo Frijda kennen, met wie ze een relatie begint.

Frijda studeerde oorspronkelijk medicijnen, maar zag zich door de Duitse verordeningen gedwongen zijn studie te beëindigen. Eind 1942 duikt hij onder, maar hij bezoekt haar nog wel eens in de avonduren. Wat hij precies doet, weet ze niet. In februari 1943 vertelt de directrice van het ziekenhuis haar dat ze er rekening mee moet houden dat de Duitsers de CIZ zullen leeghalen. Irma Seelig schaft zich valse papieren aan op de naam Maria Koops en op maandag 1 maart trekt ze in bij Frijda.

Al een paar dagen later verhuist het paar naar een pension op de Hudsonstraat 151-II en daar vertrouwt Frijda haar toe dat hij onder de verzetsnaam Kleine Willem illegaal werk verricht. Hij introduceert Irma Seelig bij de andere leden van CS-6, onder wie Hans Katan, verzetsnaam Bernard, een voormalige student biologie en een van de leiders, die kort daarna in hetzelfde pension een kamer neemt. Maar Frijda prent zijn vriendin in dat alleen hij haar aanwijzingen geeft.

Ze moet van hem brieven wegbrengen en stempels bezorgen. Na verloop van tijd draagt hij haar op bonkaarten voor onderduikers te regelen, maar allengs krijgt ze steeds gevaarlijker taken, zoals het vervoer van wapens en brandbommen. Doorgaans trekt ze dan een verpleegstersuniform aan, bijvoorbeeld wanneer ze Leo Frijda naar Den Haag begeleidt, die er in hotel Terminus pistolen wil kopen. De Duitse SD'er Emil Rühl meende na de oorlog dat ze toen ook een keer aan een liquidatie had deelgenomen. Niet Reina Prinsen Geerligs, maar Irma Seelig zou samen met Louis Boissevain en

Geertruida van Lier op 3 juli 1943 de foute politieman Pieter Kaaij hebben doodgeschoten.

Soms verzwijgt Leo Frijda evenzogoed dingen voor haar en als ze hem op donderdag 19 augustus naar het Amsterdams Centraal Station brengt, weet ze alleen dat hij een afspraak heeft in de wachtkamer eerste en tweede klas. Irma Seelig loopt met hem op tot het hoofdpostkantoor op de Nieuwezijds Voorburgwal en daar nemen ze afscheid van elkaar. Die nacht blijft hij weg, iets wat ze de volgende ochtend ook tegen haar hospita zegt. 'Ze was erg zenuwachtig,' vertelde de vrouw na de oorlog, 'en keek maar steeds door het raam of Leo er nog niet aan kwam.'

Die zondag volgt een inval van zes Nederlandse en Duitse SD-rechercheurs, onder wie Maarten Kuiper, die rechtstreeks naar de kamer van Irma Seelig stormen. De hospita kan even later goed horen hoe de mannen de huilende vrouw mishandelen. Ze willen weten waar Leo Frijda zijn wapens en andere spullen heeft verstopt. Ten slotte vinden ze tijdens een huiszoeking een pistool. Afgaande op wat Irma Seelig later verklaarde, had Oelschlägel haar tijdens een verhoor in het huis van bewaring aan de Amstelveenseweg aan het verstand gebracht dat ze niet meer te redden zou zijn. Een Joodse vrouw bij wie ze nota bene een wapen hadden gevonden. Wilde ze blijven leven, dan moest ze als informante voor de SD gaan werken.

Begin september confronteert hij haar met de op vrijdag 20 augustus gearresteerde Leo Frijda, die van de SD-man wil weten of er op de een of andere manier nog iets voor haar kan worden gedaan. Oelschlägel antwoordt dat ze geen andere keus heeft dan voor de SD te werken. Irma Seelig verklaarde na de oorlog dat Leo Frijda hierop hoegenaamd niet had gereageerd. Nadat ze hem weer hadden weggebracht, zou Oelschlägel tegen haar hebben gezegd dat ze misschien ook haar vriend zouden laten gaan. Voor haar had dit de doorslag gegeven en al een dag later kwam ze vrij.

Blijkbaar om geen argwaan te wekken wil Oelschlägel dat ze gewoon terugkeert naar haar oude adres op de Hudsonstraat. Irma

Seelig hangt tegen iedereen het verhaal op dat de SD haar bij gebrek aan bewijs weer heeft laten lopen, maar al drie dagen later pakt ze opeens haar koffer. Er zou gevaar dreigen en daarom wil ze naar Den Haag de wijk nemen. Haar hospita zet haar bij de tramhalte af, maar in plaats van naar het station rijdt Irma Seelig naar een *Gemeinschaftshaus* van de SD in de Michelangelostraat in Amsterdam. Daar wonen al drie andere meisjes die voor de dienst werken.

Ze moet van Oelschlägel als eerste Jan van Mierlo, verzetsnaam Fons van den Berg, in de val lokken. Met Leo Frijda heeft ze ettelijke keren de leraar aan de Amsterdamse machinistenschool thuis in Amstelveen bezocht en zijn vrouw Betje vertrouwt haar toe dat ze haar man, die in Haarlem ondergedoken zit, de komende zaterdag zal ontmoeten. Als Irma Seelig informeert of ze mee mag komen, gaat de vrouw akkoord. Irma licht meteen Oelschlägel in, maar hij zegt dat hij het eerst even wil aanzien.

Het gesprek vindt plaats in een café tegenover het station in Haarlem. Ook Louis Boissevain, een achterneef van de initiatiefnemers van CS-6, Gideon en Jan Karel Boissevain, neemt eraan deel, maar na de oorlog beweerde Irma Seelig zich niet te kunnen herinneren of Geertruida van Lier, roepnaam Truus, erbij was. Ze zou de vrouw nooit eerder hebben ontmoet. De SD maakte in september 1943 nog jacht op haar vanwege de liquidatie van de Utrechtse hoofdcommissaris van politie Kerlen en vermoedelijk wilde Irma Seelig voorkomen dat de procureur-fiscaal haar ook het verraad van Truus van Lier in de schoenen zou schuiven. Ze wist nog wel dat Van Mierlo haar had gevraagd of ze hem aan een mantel voor een meisje kon helpen.

Lages had namelijk naar aanleiding van de liquidatie een beloning van tienduizend gulden uitgeloofd voor informatie die zou leiden tot de arrestatie van 'een in grijsgeruite mantel geklede, donkerharige vrouw'. Irma Seelig neemt op dinsdagavond 14 september een jas mee naar een café aan de Tempelierstraat in Haarlem voor een treffen met Van Mierlo, Boissevain en Truus van Lier. Al hield ze na de oorlog bij hoog en laag vol dat ze ook toen nog steeds niet de naam van 'het meisje' kende.

Maar dit strookt niet met de verklaring die Rühl volgens een proces-verbaal aflegde: 'Door een v-vrouw van Oelschlägel, genaamd Irma, werd erop gewezen dat in een groep in Bussum genoemde Geertruida onder de naam Truus werkzaam was en de aanslag op de politiepresident Kerlen uit Utrecht had gepleegd. Door een van tevoren opgezette val in Haarlem die door Irma in scène was gezet, werd Truus gearresteerd. Hier hoorde ik voor het eerst van de naam Truus van Lier uit Utrecht.'

Na de mantel te hebben aangetrokken vertrekt Truus samen met Boissevain. Rechercheurs van het *Sonderkommando*, onder wie Kuiper, Rühl, Oelschlägel en Wehner, hebben al die tijd het café in de gaten gehouden. Voor dit doel hebben ze stenotypistes van de SD ingeschakeld, onder wie Catharina Krina Thonus, die zogenaamd een paartje met een postende rechercheur moeten vormen.

Net op het moment dat de Amsterdamse met Wehner op een terrasje een drankje drinkt, zien ze Truus van Lier en Boissevain passeren. Wehner en de andere rechercheurs volgen de twee te voet en in een vrachtwagen, tot ze afscheid van elkaar hebben genomen. Terwijl de SD'ers Boissevain voorlopig nog laten lopen, overmeesteren ze Truus van Lier, die volgens Kuiper vier pistolen bij zich zou hebben gehad. De SD houdt elf dagen later, op zaterdag 25 september, als volgende Van Mierlo aan, die op dat tijdstip nog geen weet heeft van de arrestatie van Truus van Lier. Zij zit dan op een geheime plek opgesloten, eerst in een *Gemeinschaftshaus* op de Chopinstraat 1 in Amsterdam, vervolgens in de woning van Lages op de Apollolaan.[114]

Irma Seelig vertelde na de oorlog dat Van Mierlo die zaterdag had aangekondigd naar België te willen vluchten. Op zijn vraag of ze zin had mee te komen, had ze bevestigend geantwoord. Nadat ze hadden afgesproken dat hij voor papieren zou zorgen en dat ze elkaar over een week zouden terugzien, bracht hij haar naar het station. Net terug in Amsterdam werd ze gebeld door Oelschlägel, die wilde dat ze hem begeleidde naar Haarlem. Onderweg kregen ze vlak bij die stad pech en gingen te voet verder naar de SD-*Dienststelle* aan het Kenaupark om daar over de arrestatie van Van Mierlo te worden geïnformeerd.

Waar het volgens Irma Seelig om ging, was dat de SD over informatie beschikte dat hij in een café had afgesproken met Boissevain. Zij moest doen alsof ze voor Van Mierlo in de plaats kwam, opdat de rechercheurs ook hem konden oppakken. Kort daarop zouden ze echter tegen haar hebben gezegd dat Van Mierlo inmiddels het adres van Boissevain had prijsgegeven en ze niet meer hoefde te gaan. Maar vermoedelijk heeft ze dit verhaal gelogen.

Het ligt per slot van rekening voor de hand dat ze Oelschlägel van tevoren had geïnformeerd dat ze die zaterdag Van Mierlo zou ontmoeten. Voor de SD was het daarmee een koud kunstje om eerst hem en vervolgens Boissevain in de val te laten lopen. Hierop wijst ook een verklaring van Mollis. Na de oorlog zei hij dat het *Sonderkommando* dankzij haar hulp Boissevain in Heemstede te grazen had kunnen nemen.

Judaskus

Nadat een *Polizeistandgericht* op donderdag 30 september 1943 negentien leden van CS-6 ter dood heeft veroordeeld, schrijft Leo Frijda aan zijn vader: 'Denk ook aan Irmke. Zij is mijn liefste steun geweest deze laatste maanden.' De volgende dag vindt hij samen met onder anderen Van Mierlo, Sape Kuiper, Pam Pooters en Hans Katan in de duinen van Overveen voor een vuurpeloton de dood.

In zijn in 1945 gepubliceerde dichtbundel *Spijkerschrift* wijdde de journalist-dichter Yge Foppema een ballade aan Frijda, dit naar aanleiding van een bericht in het NSB-orgaan *Volk en Vaderland* dat hij tot het laatst over de rol van Jan Verleun had gelogen. Dit leidende CS-6-lid dat ettelijke aanslagen had gepleegd, onder meer op Seyffardt en Postma, en bij Oelschlägel hoog op diens lijst stond, liep najaar 1943 nog vrij rond. Het eerste vers van de ballade luidt:

Voorwaar, dat is de echte Nederlander,
die aan een ander denkt in eigen nood.
De wet der Geuzen: allen voor elkander,
tezamen één, en trouw tot in de dood.
Door zulke mannen werd Oud-Holland groot,
door zulke mannen zal Jong-Holland leven.
Gedenk daarom het sterven en het streven
van Frijda, die voor ons zijn bloed vergoot.
Voor dood en duivel heeft hij niet gebogen:
hij heeft tot voor het peloton gelogen.

Irma Seelig vertelde na de oorlog dat toen ze van de dood van Frijda en van Van Mierlo hoorde, ze zich dagenlang had opgesloten en niet meer voor de SD wilde werken, maar Oelschlägel had haar omgepraat: 'Ook heeft hij mij voorgehouden dat de CS-6-groep iedereen maar neerknalde en hij vroeg of ik daarmee instemde. Ik kon me er toen niet aan onttrekken het optreden van de CS-6-groep af te keuren.' Kort erna begint ze zelfs een relatie met de SD-rechercheur en ze lijkt weer helemaal de oude als ze op woensdag 3 november op het Damrak – toevallig? – Jan Verleun tegen het lijf loopt.

Hij verzoekt haar met hem mee te komen naar een woning in de buurt van het Centraal Station, maar ze weigert dat. Terecht vermoedt ze dat hij weet dat ze voor de SD werkt, en dat hij haar wil vermoorden. Desondanks spreken de twee af elkaar de volgende dag 's ochtends om half elf op de hoek van de Zocherstraat en de Amstelveenseweg te ontmoeten.

Tijdens een bijeenkomst later op de dag ontraadt iedereen Verleun naar de afspraak te gaan, maar deze, zwaar aangeslagen door de executies van zijn kameraden, houdt koppig aan zijn voornemen vast. 'Zij gaat eraan of ik,' herhaalt hij steeds weer. Hij wil de vrouw naar het Vondelpark meelokken om haar daar te liquideren. Irma Seelig heeft meteen Oelschlägel geïnformeerd, die ervoor zorgt dat er de volgende dag in de buurt van de Zocherstraat het tien man tellend *Sonderkommando* klaarstaat. Als Verleun stipt om halfelf verschijnt, overrompelen ze hem dan ook in een mum van tijd. Volgens Mollis had hij twee doorgeladen pistolen op zak gehad.

Voor Verleun op 7 januari 1944 op de Waalsdorpervlakte wordt gefusilleerd – 'dit beestmensch' noemt het NSB-blad *Volk en Vaderland* hem na zijn terdoodveroordeling –, schrijft hij in een afscheidsbrief aan zijn moeder: 'Ik ben verraden door de verloofde van Frijda. [...] Irma is vrij om wie van ons over is, de judaskus te geven.'

Na de oorlog voerde Irma Seelig aan dat ze Oelschlägel had beloofd de kopstukken van CS-6 aan hem uit te leveren en dat ze nu eenmaal een mens was die altijd deed wat ze had beloofd. Volgens een typiste die voor de SD had gewerkt, groeide ze uit tot zijn beste V-vrouw. Oelschlägel prijst zich gelukkig met haar en na het verraad van Verleun brengt hij haar tijdelijk onder bij de SD aan de Paulus Potterstraat, in het gebouw van de *Anlaufstelle*.

Met de executie van in totaal drieëndertig leden heeft de SD in het najaar van 1943 de verzetsgroep vrijwel van de kaart geveegd, maar de nieuwe leiding van CS-6 wil van geen wijken weten. Voor alles neemt ze voorzorgsmaatregelen tegen verraad in de eigen gedecimeerde gelederen. Ze instrueert leden die door de Gestapo zijn opgepakt en vervolgens vrijkomen, ter plaatse dood te schieten. Vanuit de overweging dat die wel verraders moeten zijn. Ook geeft ze opdracht Irma Seelig te liquideren, maar de SD schermt haar zo zorgvuldig af dat de mannen van CS-6 haar niet eens te zien krijgen. 'Er was geen kans haar te elimineren,' verzuchtte een verzetsman na de oorlog.

Als de vrouw weer in het *Gemeinschaftshaus* woont, stelt Oelschlägel haar in december voor een eigen appartement te betrekken. Hij heeft huwelijksproblemen en speelt met de gedachte zijn vrouw, die trouwens ook voor de SD werkt, te verlaten. Zodra Irma Seelig een kamer op de Beethovenstraat 89 heeft gevonden, zorgt hij voor een verdubbeling van haar loon van tot dusver honderd gulden per maand. Sindsdien komt ze voornamelijk buiten Amsterdam in actie, in Venlo, Utrecht en Amersfoort. In Utrecht geeft ze zich uit voor de inmiddels geëxecuteerde Truusje van Lier, met het verhaal dat ze haar uit de gevangenis hebben bevrijd.

Een van de laatsten die ze naar eigen zeggen verraadde, zou een Joodse kennis, de onderduiker Meijer Agsteribbe, zijn geweest. Onder de valse naam Freddy Franco werkt hij in het Wester Gasthuis, onder meer als advertentieverkoper voor het personeelsblad. Als ze elkaar op straat tegen het lijf lopen, pakt Agsteribbe haar op een gegeven moment in een jolige bui het persoonsbewijs af en stopt het in zijn zak. Hij zegt dat hij het pas teruggeeft wanneer ze met hem in Hotel Americain op het Leidseplein gaat lunchen. Na met de man op dinsdag 4 april 1944 te hebben afgesproken, schakelt ze Oelschlägel in, die hem die dag laat arresteren op de trap naar het hotel.[115]

Op Dolle Dinsdag reist ze op advies van Oelschlägel af naar Leipzig, waar ze onderdak vindt bij zijn ouders. Als Joodse heeft ze alleen een paspoort voor statelozen en op 13 oktober 1944 loopt ze bij een controle tegen de lamp. Zijn vader beweegt hemel en aarde om haar vrij te krijgen, maar hij vangt overal bot. Haar kansen lijken helemaal verkeken nadat het verzet op 23 oktober Oelschlägel heeft geliquideerd.

Irma Seelig komt pas half april na de inname door de Amerikanen van Leipzig weer op vrije voeten, maar in juni verdwijnt ze opnieuw de gevangenis in. Het duurt dan nog tot september 1946 voordat de Amerikanen haar aan Nederland uitleveren. Tijdens de verhoren herhaalt ze steeds weer dat ze onder dwang van Oelschlägel heeft gehandeld, al geeft ze toe dat haar handelwijze verkeerd is geweest: ‘Maar wat ik heb gedaan, deed ik uit angst voor de dood. Ik heb veel berouw van mijn daden en hoop dat dit berouw van mij wordt aanvaard.’

Op 10 augustus 1948 veroordeelt het bijzonder gerechtshof in Amsterdam haar tot twaalf jaar gevangenisstraf. Voor haar zaak in hoger beroep dient, laat de bijzondere raad van cassatie een onderzoek instellen naar haar geestelijk vermogen. In zijn rapport concludeert de psychiater dat Irma Seelig ‘verminderd toerekeningsvatbaar' is 'uit hoofde van haar infantiele gepsychopathiseerde structuur' en dat haar daden 'ten volle kunnen worden verklaard uit de eigenschappen van haar karakter'. Volgens hem zou dit alles als een verzachtende omstandigheid moeten gelden, maar de raad deelt in 1949 die opvatting niet en handhaaft het vonnis.

Justitie vermindert in 1951 de straf alsnog met drie jaar, waarna Irma Seelig een jaar later in juli vrijkomt. Omdat de vrouw geen toestemming krijgt zich in Nederland te vestigen, vertrekt ze naar het buitenland, vermoedelijk naar Duitsland.

Weinreb

Uit het grijze oorlogsverleden duikt nog een vierde categorie op: gelukzoekers, oplichters, avonturiers, die er min of meer in rolden, zonder dat de SD, de Gestapo of de *Abwehr* hen rechtstreeks voor de keus hadden gesteld. De beruchtste is wel Friedrich Weinreb (op 18 november 1910 geboren in Lemberg, het latere Lvov), roepnaam Freek. Met zijn vermeende sperlijsten had hij al op grote schaal Joden voor in totaal driehonderdduizend gulden opgelicht, alvorens de Duitsers hem in september 1942 oppakten. Maar Weinreb, niet voor één gat te vangen, liet de gefingeerde Wehrmacht-generaal Von Schumann opdraven die hem toestemming zou hebben gegeven om Joden te helpen emigreren.

Hij wist zich er zo handig uit te kletsen dat de SD hem alweer na drie dagen op vrije voeten stelde, opdat hij de verdwenen generaal kon opsporen. Om de Duitsers verder aan het lijntje te houden verraadde hij in oktober 1942 twee verzetsmensen. In januari 1943, toen ze in de gaten hadden dat hij de boel bedroog, pakten ze Weinreb voor de tweede keer op. Dit keer noemde hij de namen van tien hem bekende personen, terwijl hij ook enkele adressen prijsgaf waar hij onderduikers had laten onderbrengen.

Nadat hij enige tijd met zijn gezin als strafgeval in Westerbork had gezeten, gebruikte de SD hem als celspion in de Scheveningse Cellenbarakken. Op grond van de door hem verzamelde informatie konden de Duitsers zo'n vijfenveertig mensen arresteren.

De SD en Weinreb bedachten vervolgens in augustus 1943 het plan om een tweede sperlijst te lanceren, voor welk doel hij niet alleen in Nederland, maar ook in België gegadigden zou ronselen. Het inschrijfgeld, tussen de honderd en tweehonderd gulden, maakte hij grotendeels over aan de SD en ook de namen gaf hij door. Begin 1944 waarschuwden Radio Oranje en de illegale pers voor de eerste keer voor hem, bij welke gelegenheid het *Signalementenblad* nadere bijzonderheden gaf:

> 1.70 m. lang, korte gedrongen gestalte, kroezig, iets grijzend zwart haar, breed rond hoofd, bril met zeer geslepen en dikke glazen, spreekt lispelend en hakkelend, woestijnpas, nagels zeer kort, waarschijnlijk afgebeten, meestal overjas. Jood zonder ster.

Hoeveel Nederlandse en Belgische Joden door zijn toedoen in handen van de SD vielen, weet niemand. Het geheime weekrapport van de dienst in Nederland, de *Meldungen aus den Niederlanden*, vermeldde alleen al begin februari 1944 de arrestatie van honderdvijftien Joden. In dezelfde maand dook Weinreb met zijn gezin, dat Westerbork had mogen verlaten, onder op de Veluwe.

Hij keerde na de bevrijding naar zijn woonplaats Den Haag terug, waar POD-rechercheurs hem in juni 1945 arresteerden. Er volgde een onderzoek dat resulteerde in de tenlastelegging van twee verraadzaken, vier gevallen van celspionage en verder oplichting. Centraal stond bij dit alles de vraag in hoeverre hij met zijn lijsten Joden een misplaatst gevoel van veiligheid had gegeven, zodat zij verzuimd hadden op een andere wijze het vege lijf te redden.

Toen in mei 1947 het proces tegen hem begon, vonden nogal wat mensen in vooral Joodse kringen dat hij per saldo meer goed dan kwaad had gedaan. Ook het *American Jewish Congress* en aanverwante organisaties mengden zich in de zaak door in telegrammen aan koningin Wilhelmina en de Nederlandse regering te betogen dat Weinreb het slachtoffer van een anti-Joodse rel dreigde te worden. Een Amerikaans blad zag in de Weinreb-zaak zelfs een nieuwe Dreyfus-affaire, een antisemitisch schandaal dat rond 1900 in Frankrijk speelde.

Het bijzonder gerechtshof in Den Haag veroordeelde hem op 27 november 1947 tot drieënhalf jaar gevangenisstraf, maar na een nader onderzoek zette de bijzondere raad van cassatie het vonnis om in zes jaar. Weinreb vroeg daarop gratie en kon al in december 1948 de gevangenis verlaten. Zeventien jaar later keerde hij terug in de publiciteit, dankzij de historicus Presser, die hem afschilderde als het slachtoffer van latent antisemitisme. Op instigatie van Renate Rubinstein, columniste van *Vrij Nederland*, en de publicist Aad Nuis schreef hij zijn memoires, die in 1969 onder de titel *Collaboratie en Verzet 1940-1945. Een poging tot ontmythologisering* in drie delen verschenen.

Toen er steeds meer stemmen opgingen hem te rehabiliteren, besloot de minister van Justitie, mr. Ch.H.J. Polak, de zaak opnieuw te laten onderzoeken door het later tot NIOD omgedoopte Rijksinstituut voor Oorlogsdocumentatie. Het resultaat na zes jaar spitwerk en vraaggesprekken bleek voor Weinreb vernietigend. Niet alleen berustten zijn memoires en verweerschriften op 'fantasieën, leugens en verdachtmakingen', maar ook had zijn verraad geleid tot de arrestatie van minstens honderdnegen mensen, van wie negenenzestig waren omgekomen.

Max Ekstein

Menasse Joseph Ekstein beweerde na de oorlog dat de leider van de Rotterdamse speciale politie-eenheid Groep 10, inspecteur Jacob Breugem, hem zwaar had bedreigd toen hij weigerde zich als v-man te laten strikken. Maar in werkelijkheid had hij geheel uit vrije wil bij zijn voormalige buurtgenoot om hulp aangeklopt, zo blijkt overduidelijk uit getuigenverklaringen en processen-verbaal in zijn CABR-dossier.

Opgegroeid in een pleeggezin geldt de halve wees Max Ekstein (11 april 1919, Rotterdam) als een uiterst labiel, hypernerveus kind dat zich tot twee keer toe onder psychiatrische behandeling moet laten stellen. Op veertienjarige leeftijd verlaat hij de mulo om in de zaak van zijn vader, een papiervernietigingsbedrijf, aan de slag te gaan. Algauw zoekt hij zijn heil elders, maar nadat Duitse Heinkel-bommenwerpers de binnenstad van Rotterdam hebben platgegooid, zit hij zonder werk. Hij zet een fotoatelier op, dat hij als gevolg van de Duitse verordeningen moet sluiten.

Na een baantje bij de Joodse raad als klusjesman te hebben gevonden krijgt hij in juni 1942 de beschikking over een donkere kamer, waar hij foto's voor valse persoonsbewijzen kan afdrukken. Met nog een paar anderen helpt hij onderduikers, maar wat uit idealisme begint, ontaardt al snel in een ordinair handeltje.

Zijn baan bij de Joodse raad komt hem nog van pas als hij op 9 oktober 1942 tijdens een razzia door de politie wordt opgepakt. Hij doet zijn armband van de raad om en loopt doodgemoedereerd Loods 24 uit, het deportatiecentrum. Vervolgens duikt Ekstein op verschillende adressen onder tot hij eind 1942 in contact komt met een passeur, Eddy van Marcke. De man wil hem samen met elf anderen voor tweeduizend gulden per persoon, omgerekend veertienduizend euro, naar Portugal brengen.

Zodra Ekstein het geld bijeen heeft geschraapt, onder meer door zijn camera's te verkopen, verft hij zijn haar blond, haalt de hatelijke ster van zijn kleding en gooit zijn persoonsbewijs met de J weg. Om op de dag van vertrek tot de ontdekking te komen dat Van Marcke hen heeft opgelicht. Hij stapt naar de politie, waar hij zijn beklag wil doen bij Breugem, die hij van vroeger kent. Hij heeft nog bij hem in de Beatrijsstraat gewoond, hij op nummer 50A, de inspecteur op 60A, maar deze blijkt op reis naar het buitenland.

Als Ekstein – volgens het *Signalementenblad*: '1,70 à 1,75 meter, lang, slank postuur, donker uiterlijk, dik blond haar met een scheiding, blauwe ogen, uitstaande oren, draagt laarzen' – zijn verhaal aan Breugems plaatsvervanger heeft gedaan, spreken ze af dat hij de passeur in de val zal lokken. Op nieuwjaarsdag 1943 reist hij naar diens woonplaats Bennekom en daar zegt hij tegen Van Marcke dat hij in ruil voor provisie het met hem op een akkoordje wil gooien. Hij kent nog twaalf mensen die naar Portugal zouden willen. De man behoeft alleen maar naar Rotterdam te komen om de vierentwintigduizend gulden in ontvangst te nemen. De val klapt dicht, maar drie weken later komt Ekstein hem weer op straat tegen. Achteraf hoort hij dat de passeur als een V-man voor de SD werkt.

Hij doet vervolgens nog een klusje voor Breugem. Na de oorlog verklaarde Ekstein dat de SD hem kort daarop had gearresteerd, in januari, maar dat hij door tussenkomst van Breugem weer vrijkwam. Bij het verlaten van de *Dienststelle* zou een SD-man hem toen hebben gevraagd of hij soms een Sara van Gigch kende, maar die naam zei hem niets. Terug op het bureau vertelde Breugem hem dat de vrouw in het najaar van 1942 samen met andere verzetsmensen een aanslag had gepleegd op een spoorwegviaduct in Rotterdam.

Zij hadden het op een militaire trein gemunt, maar bij de aanslag zouden alleen enkele spoorwegarbeiders om het leven zijn gekomen. Op een gegeven moment hadden de Duitsers het vermoeden dat een van de deelnemers, Saartje van Gigch, zich in het Joodse ziekenhuis *Megon Hatsedek* zou hebben verstopt. Ze deden daar op 26 februari 1943 een inval, maar ze vonden haar niet. Bij wijze van represaille deporteerden ze alle patiënten en het verplegend personeel, met inbegrip van zijn broer Alex, die er zogenaamd als ziekenbroeder werkte.[116] Toen Ekstein eenmaal begreep hoe de vork in de steel zat, zo verklaarde hij na de oorlog, had hij Breugem beloofd dat hij voor de aanhouding van deze vrouw zou zorgen, en vroeg hem om een foto van haar.

En inderdaad klopt het dat Saartje van Gigch zich in het ziekenhuis verborgen had gehouden en het klopt ook dat de Duitsers Eksteins broer Alex met het verplegend personeel hadden gedeporteerd, maar het een staat los van het ander. Door de feiten te verdraaien heeft hij zijn verhaal willen dramatiseren om hieraan kennelijk een rechtvaardiging voor zijn verdere gedrag te ontlenen. Als zou hij een wrok koesteren tegen deze gewetenloze vrouw die ook nog eens de arrestatie van zijn broer op haar geweten had. In werkelijkheid lag het allemaal heel anders.

Saartje van Bergen-van Gigch, roepnaam Selma, werkt als gescheiden vrouw en moeder van een kind in een kapsalon in Rotterdam als ze de Joodse handelaar Samuel Zacharius Dormits, roepnaam Sally, ontmoet en korte tijd later bij hem intrekt. Hij heeft in de Spaanse burgeroorlog aan Republikeinse zijde tegen Franco gevochten. Na terugkomst begint hij, huisvader met vrouw en kind, in Den Haag een zaak in radio-onderdelen. Bijgestaan door Saartje van Gigch legt hij zich vanaf oktober 1940 steeds meer toe op het verzetswerk, voor welk doel hij met name oud-Spanjestrijders wil inschakelen.

In de loop van 1942 duiken hij en Saartje onder op een zolderwoning in de Rotterdamse Bijlwerffstraat 376, vanwaar hij als plaatselijk commandant zijn groep, de communistische Nederlandse Volksmilitie, leidt. Dormits, die de reputatie heeft een beetje een cowboy te zijn, roekeloos, onvoorzichtig en loslippig, bewaart er ook de ledenadministratie, propagandageschriften en ingrediënten voor explosieven. Zonder al te veel resultaat pleegt zijn NVM een reeks van aanslagen op spoorlijnen en militaire treinen.

Nadat ze op dinsdag 13 oktober 1942 in de Haagse 2de Lulofsdwarsstraat een opslagplaats van de Wehrmacht voor hooi en stro in brand heeft gestoken, ontketent de politie een klopjacht op de daders. De verdenking valt na enig speurwerk op Dormits, maar die houdt zich alweer schuil op zijn zolderwoning. Tot een Rotterdamse hulpagent hem vier dagen later, op zaterdag 17 oktober, voor iets heel anders inrekent. Een vrouw heeft Dormits betrapt als hij haar handtasje met het persoonsbewijs probeert te pikken. De hulpagent, aan wie hij een valse naam opgeeft, brengt hem naar het politiebureau. Net binnen schiet de verzetsman zich een kogel door het hoofd.

Zodra rechercheurs zijn echte identiteit en ook zijn schuiladres op de Bijlwerffstraat hebben achterhaald, doen ze een inval in zijn woning. Ze treffen er de volledige ledenadministratie aan, die ze prompt aan de SD overdragen. Nog dezelfde avond pakt een *Sonderkommando* van de Sipo in samenwerking met de politie tijdens een grootscheepse razzia meer dan tweehonderd vrouwen en mannen in Den Haag en Rotterdam op. Saartje van Gigch weet te ontsnappen door in het ziekenhuis *Megon Hatsedek* onder te duiken en vervolgens spoorloos te verdwijnen. Op 29 oktober staat in het *Algemeen Politieblad* een oproep tot haar aanhouding, op beschuldiging dat ze als lid van 'een door Joden geleide zuiver communistische organisatie' sabotage zou hebben gepleegd.

Ekstein vertelt Breugem dat hij een man in Utrecht kent, die in het verzet zou zitten. En deze Jan de Haas laat hij weten dat Saartje van Gigch met spoed het land moet verlaten en dat ze het beste naar Portugal uitwijkt. Hij kan haar de benodigde papieren verschaffen. De Haas maakt telefonisch een afspraak voor hem met een tussenpersoon, ene mejuffrouw Margaretha Philomena Taselaar, die op de Herengracht in Amsterdam woont en hem eventueel verder kan helpen.

Als Ekstein daar op woensdag 17 maart 1943 's ochtends vroeg aanbelt, een grijze gleufhoed op, herkent hij de vrouw die opendoet meteen als het meisje van de foto, namelijk Sara van Gigch. Om geen argwaan te wekken vraagt hij naar mejuffrouw Taselaar. Die blijkt er niet te zijn, maar volgens de vrouw komt ze tegen één uur weer thuis. Hij belt direct vanuit een naburige winkel Breugem, die hem opdraagt in de buurt te blijven tot hij met zijn mannen van Groep 10 arriveert.

Het moet tegen drieën zijn als de Rotterdamse SD-rechercheurs de Herengracht op komen rijden. Breugem instrueert Ekstein opnieuw aan te bellen en naar mejuffrouw Taselaar te vragen. Ditmaal steekt een hem onbekende vrouw haar hoofd door het raam naar buiten en informeert wie hij is. Hij noemt de naam van Jan de Haas, waarop ze de voorkeur opendoet. Op hetzelfde moment dringen Breugem en zijn mannen naar binnen en arresteren iedereen in de woning, onder wie Saartje van Gigch.[117]

Bij wijze van beloning ontvangt Ekstein van Breugem vijfhonderd gulden en een nieuw kostuum. Voortaan krijgt hij als vaste medewerker van Groep 10, onder de naam Hendrik de Vos, geboren op 13 augustus 1896 in Rotterdam, van beroep banketbakker-kok, een bedrag van honderd gulden per maand plus reiskosten.

Een reuzeverrassing

Het moet louter toeval zijn geweest dat Ekstein in contact komt met de Joodse ex-student medicijnen Rudi Bloemgarten, een van de leidende figuren van de kleine, radicale verzetsgroep Rattenkruid. Net tweeëntwintig jaar oud heeft Bloemgarten – hij heette oorspronkelijk Bloemgärten – dan al een respectabele staat van dienst als moedige, soms heethoofdige verzetsman die voor niets terugdeinst.

De Gestapo zoekt hem onder meer voor de mislukte moordaanslag op de procureur-generaal in Amsterdam, de NSB'er mr. J. Feitsma. Nadat de Duitsers op 2 februari 1943 uit vergelding voor de liquidatie van een *Oberwachtmeister* van de medische dienst van de Wehrmacht tien gijzelaars in Haarlem hebben gefusilleerd, besluit

Bloemgarten nog dezelfde dag wraak te nemen. Hij dringt Feitsma's woning binnen, maar als deze er niet blijkt te zijn, schiet hij diens zoon, een vrijwilliger bij de Waffen-ss, neer. Overigens moet Feitsma er twee jaar later alsnog aan geloven.

Behalve dat Bloemgarten, verzetsnaam André Hendriksen, heeft deelgenomen aan een reeks van sabotageacties en aanslagen, behoort hij ook tot de groep van verzetslieden die op zaterdag 27 maart 1943 brand hebben gesticht in het Amsterdams Bevolkingsregister aan de Plantage Middenlaan. Door de loslippigheid van een van de betrokkenen kan de Sipo de een na de ander oppakken. Bloemgarten en twee andere leden van Rattenkruid die erbij zijn geweest, duiken onder in een pension in Garderen, maar de Sipo heeft al na twee dagen hun adres.

In strijd met de afspraak dat ze hun verblijfplaats geheim zullen houden, heeft een van hen zijn vriendin telegrafisch laten weten dat ze veilig en wel zijn aangekomen. Als Amsterdamse Gestaporechercheurs een inval in haar woning doen, ligt het telegram met de naam van het pension op haar tafel. De plaatselijke marechaussee moet de drie op donderdag 8 april arresteren, maar Bloemgarten heeft bij hun komst net het pension verlaten. Zodra hij later op de dag terugkeert, tipt de pensionhoudster meteen telefonisch de marechaussee. Een opperwachtmeester krijgt opdracht hem op te pakken, maar op het moment dat hij Bloemgartens persoonsbewijs wil controleren, schiet deze hem dood en gaat er op diens dienstfiets vandoor.

'Hij fietste naar Den Haag, wilde vandaar naar Engeland vluchten, kwam met een *v-Mann* van de Duitsers in contact en werd op 13 april op het station te Voorburg gegrepen,' vat Loe de Jong het verdere verloop gemakshalve – en foutief – samen. Alleen negeert hij hiermee een tamelijke relevante episode volledig en ook laat hij de rol van Ekstein onvermeld.

Ekstein heeft namelijk een paar dagen eerder Bloemgarten ontmoet, op het station van Nijkerk. Ze zijn aan elkaar voorgesteld door de student Auguste Chrétien Joseph Reitsma, roepnaam Guus, die de verzetsman verzekert garant te staan voor de betrouwbaarheid van Joop, de schuilnaam die Ekstein voor deze gelegenheid gebruikt. Evenals Bloemgarten heeft Reitsma aan de aanslag op het Bevolkingsregister deelgenomen, maar hij zit onder de verzetsnaam Geert bij een andere groep. Met hem heeft Ekstein sinds een week of wat contact en het begon met een praatje dat de student half maart in de trein had aangeknoopt met een agent in burger van Groep 10.

Ze hadden over van alles zitten kletsen tot Reitsma hem op een gegeven moment polste of hij tachtig exemplaren van de illegale krant *Het Parool* wilde helpen verspreiden. Toen de man zich in principe hiertoe bereid verklaarde, gaf hij hem zijn adres in Oegstgeest. Breugem had daarop Ekstein opgedragen er eens langs te gaan. Hij deed zich tijdens zijn bezoek voor als illegaal werker en toen de student hem vroeg of hij hen aan wapens en explosieven kon helpen, ze zouden een Duits munitiedepot bij Nijkerk willen opblazen, zei hij dat dit geen enkel probleem vormde. Ook Bloemgarten toonde zich hevig geïnteresseerd in de aanschaf van wapens en 'een helse machine', een tijdbom. Om Ekstein tussen neus en lippen door te vertellen dat hij tijdelijk in Garderen verbleef.

Als Ekstein enkele dagen later, op dinsdag 13 april, Reitsma bezoekt, die bij een kennis in Rotterdam logeert, gedraagt deze zich nogal geagiteerd. Hij legt uit dat er iets aan de hand moet zijn met Rudi Bloemgarten, naar hij heeft begrepen heeft deze dringend hulp nodig, en stelt voor dat ze hem samen opzoeken. Zijn vriend verblijft op de Pompe van Meerdervoortstraat 4 in Voorburg bij een ander lid van Rattenkruid, Cornelis Leendert Barentsen, hoofd van de distributiedienst in deze plaats. Daar zit ook zijn verloofde, Hennie Levie, ondergedoken.

Onderweg naar het station belt Ekstein nog inderhaast vanuit café De Heemraad op de Binnenweg Breugem om hem te laten weten dat ze op weg zijn naar Bloemgarten. Deze heeft zijn schuilplaats in Garderen verlaten en schijnt nu in Voorburg te zitten. Breugem vertelt hem dan dat iemand in het Veluwse dorp vijf dagen geleden tijdens een persoonsbewijscontrole een opperwachtmeester van de marechaussee heeft doodgeschoten, waarop Ekstein oppert dat Bloemgarten wel eens de schutter kan zijn geweest.

Diens kleding blijkt vol bloedvlekken te zitten en hij geeft te kennen dat hij zo snel mogelijk het land uit wil. Nadat Ekstein beide mannen heeft beloofd dat hij ze naar Engeland zal helpen vluchten, begint Bloemgarten hem in te wijden in de activiteiten van Rattenkruid. De springstofaanslagen op spoorwegemplacementen, de mislukte aanslag op Feitsma, de brandstichting in het Amsterdamse Rembrandttheater en het Bevolkingsregister, dit als voorspel voor nieuwe aanslagen op het Centraal Bevolkingsregister in Den Haag en op gewestelijke arbeidsbureaus.

Ekstein en Reitsma vertrekken na dit gesprek naar het station Hollands Spoor om er de trein naar Rotterdam te pakken, maar stoppen nog even bij een café aan de Haagse Schenkkade tegenover het VUC-terrein. Breugem, die hen heeft gevolgd, laat daar Reitsma oppakken. De rechercheurs en Ekstein keren meteen terug naar het schuiladres van Bloemgarten.

‘Ongeveer een kwartier later werd er weer gebeld,’ vertelde de vrouw van Barentsen na de oorlog. ‘Na uit het raam te hebben gekeken en te hebben gezegd: “Daar heb je hem weer”, deed Rudi zelf open. Joop’ – Ekstein dus – ‘kwam binnen en zei: “Ik heb een reuzeverrassing voor je, Rudi.” Hierop zei Rudi: “Oh ja?”’ De vrouw zag hoe drie mannen in burger, rechercheurs van de Haagse Documentatiedienst, en een Duitser in uniform haar huis binnendrongen. Bloemgarten greep nog zijn pistool, maar het wapen ketste. Toen hij het doorlaadde, sloeg een van de mannen tegen zijn arm, zodat de kogel zich in het plafond boorde.

‘Rudi werd overrompeld en door Joop zelf geboeid. Ik schrok en vloog naar voren en vroeg wat dat te betekenen had. Hierop zei Joop: “Nou mevrouw, u hebt een vies ventje geherbergd. Het is een moordenaar en bijna pleegde hij weer een moord.”’ Twee rechercheurs hadden daarna op haar man gewacht tot hij van zijn werk thuiskwam, om hem ook te arresteren.

Ekstein vertelde na de oorlog dat hij een paar dagen later de moeder van Reitsma had geschreven dat de Duitsers haar spoorloos verdwenen zoon hadden opgepakt. Maar volgens de vrouw deed hij het tijdens een bezoek, toen hij een koffer met kleding van haar zoon bracht, juist voorkomen alsof ze zich geen zorgen hoefde te maken. Na te hebben geconstateerd: 'Mevrouwtje, wat heeft u toch een lieve sourire, hetzelfde als Guusje', had hij tegen haar gezegd: 'Ik kom u een boodschap overbrengen. Nu moet u een flinke soldatenmoeder zijn, zoals u altijd al was, want u zult Guusje tot na de oorlog niet meer zien.' Haar zoon zou er namelijk in zijn geslaagd naar Engeland te ontkomen.

De Sipo had zodoende binnen twee weken acht van de negen verzetslieden opgepakt die de aanslag op het Bevolkingsregister hadden gepleegd. Van de in totaal eenentwintig betrokkenen die moesten terechtstaan, veroordeelde een SS- *und Polizeigericht* er dertien ter dood. Nadat een van hen gratie had gekregen, werden de anderen op donderdag 1 juli 1943 gefusilleerd, onder wie Bloemgarten, Reitsma en Barentsen.

Een paar dagen na de arrestatie van haar zoon viel ook de drieenveertigjarige Bernadine Bloemgärten-Hertog in de handen van de Gestapo.[118] Ekstein kreeg voor zijn aandeel in de arrestaties een premie van driehonderd gulden en een nieuwe fiets.

In volle heerlijkheid

Vermoedelijk ook uit angst voor liquidatie huurt Ekstein onder zijn schuilnaam Hendrik de Vos een kamer in een onopvallend pension op de Eikstraat 2 in Den Haag, bij mevrouw A.H.C. Moquette, naar wie hij zich soms ook Henk Moquette noemt. Hij lijkt zich grote zorgen te maken en begin juni stort hij zijn hart uit bij een vijftienjarige Joodse jongen, David, op wie hij stapelverliefd zegt te zijn.

Hij biecht hem alles op, zijn angsten, zijn homoseksuele gevoelens en het verraad van Saartje van Gigch, Ed van Marcke en van een vriend van zijn broer Alex.

Ekstein beweerde na de oorlog dat zijn ogen waren opengegaan toen hij een man had verraden met wie hij nog samen valse persoonsbewijzen had gefabriceerd, de verzetsman Bram Liesveld.[119] Hoewel hij al een kamergenoot had, Thijs, een lid van de Jeugdstorm, en veel optrok met een neefje, Martin, haalde hij David, of Dé, nog dezelfde dag van Maastricht naar Den Haag. 'Ik hoopte hierdoor te worden afgeleid,' zei hij, 'en niemand meer te zullen aangeven. Door David ben ik ook op het goede pad gebleven. Wel durfde ik Breugem niet zonder meer af te zeggen, maar ik heb de opdrachten die ik nog van hem kreeg, met de Franse slag afgedaan, zodat niemand er het slachtoffer van kon worden. Sindsdien waren de resultaten steeds negatief.'

Maar een regelmatige bezoeker van het pension had bij Ekstein geen enkele verandering bespeurd. Niet alleen bleef deze zoals altijd een NSB-insigne dragen, ook hingen er in zijn kamer nog portretten van Hitler, Mussert en Seyss-Inquart. Hij had er een kaartenbak met honderden adressen en bovendien beschikte hij over een heel wapenarsenaal, zoals een legerpistool FN 45, een traangaspistool, een ploertendoder en handboeien. Nog daargelaten de pruiken en de snorren

In werkelijkheid verlegde Ekstein in de tweede helft van 1943 zijn werkterrein naar Limburg en Noord-Brabant om er onder de schuilnamen Hendrik de Vos, Hendrik Smulders, Vasthout, Vasthouten en Han Dronkers in onderduikorganisaties te infiltreren. Samen met twee handlangers heeft hij het gemunt op de crews van neergeschoten geallieerde toestellen die het vege lijf konden redden. Een paar keer lukt het hun vliegers in de val te lokken, onder wie acht Engelsen die ze naar België brengen, tot het verzet concludeert dat de drie Gestapo-agenten zijn. Het laat hun daarop weten dat ze contact moeten opnemen met een groep Engelse vliegers die in de buurt van Sittard verborgen zit.

Op woensdagmorgen 6 oktober arriveren ze met de trein van 11.43 uur in die stad. Een lid van een Limburgse verzetsgroep brengt hen op de fiets naar een tunnel, waar twee mannen hen opwachten, die plotseling het vuur openen als de 'provocateurs' dichterbij komen. Ze schieten een van hen dood en brengen de andere zware verwondingen toe, maar Ekstein kan ontsnappen. Vanaf dan opereert hij met name in Zeeuws-Vlaanderen en ook in plaatsen als Ommen en Overschie, om op 14 april 1944 in het pension van mevrouw Moquette onder te duiken.

Hij vlucht na de Duitse capitulatie met David naar diens woonplaats Maastricht, waar de BS hem arresteert. In de gevangenis begint Ekstein te corresponderen met de weduwe van Breugem, een moeder van zes kinderen die niet verheelt dat ze het werk van haar man verafschuwt. Ze schijnt nogal invloed op hem te hebben en als hij haar schrijft dat hij na lang wikken en wegen de knoop heeft doorgehakt en zich tot het christendom heeft bekeerd, reageert ze in een brief, gedateerd 16 maart 1948, vol geestdrift:

> Jongen, wat vind ik het heerlijk voor je, dat je, ondanks (of moet ik zeggen: dankzij) je gevangenschap en alle narigheden van dien, in de Heiland rust hebt mogen vinden en uitzicht, zij het nu niet hier, eenmaal in volle heerlijkheid zult mogen meezingen in het koor der hemelingen. Ook ik, al ben ik van mijn prille jeugd bij het Woord opgevoed, heb moeilijke jaren gekend, vooral in de oorlog, maar mag mij nu, door Gods genade, geboren weten in Christus onze Heere.

Zijn proces begint op 14 januari 1949 voor het bijzonder gerechtshof in Den Haag, dat hem twee weken later conform de eis ter dood veroordeelt. 'Waarbij het hof de verdachte uiterst zwaar aanrekent,' heet het in een toelichting op het vonnis, 'dat hij, zelf Joods zijnde en bekend met de maatregelen die door de vijand tegen illegale werkers werden genomen, niet heeft geaarzeld een groot aantal dier personen de vijand in handen te spelen.' Maar op 6 juli 1949 zet de bijzondere raad van cassatie het doodvonnis om in levenslang.

Op 22 maart 1958 krijgt Ekstein gratie, in die zin dat zijn levenslang bij Koninklijk Besluit tot twintig jaar wordt teruggebracht. Omdat hij tweederde van zijn straf heeft uitgezeten, komt hij meteen vrij. Hij overlijdt op 22 augustus 2007 in Lelystad.

Roza Busnach

Het moet voor Roza Busnach (26 november 1916, Amsterdam) niet meer dan een formaliteit zijn als de SD-rechercheur Schaap haar op 15 augustus 1944 voor het blok zet: V-vrouw of deportatie. Haar nieuwe status stelt de vrouw in staat af te rekenen met de mensen die haar naar haar gevoel hebben bedrogen, of die haar voor de voeten lopen. Per slot van rekening heeft ze met haar niet-Joodse man, de kapper Cornelis Johannes Steenbergen (10 juli 1944, Amsterdam), roepnaam Cor, al eerder een reeks van mensen verraden. Hij heeft zelfs nog bij de SD gesolliciteerd, maar daar wezen ze hem af vanwege de Joodse afkomst van zijn vrouw.

Roza Busnach – volgens het *Signalementenblad*: 'beetje bol gezicht, geblondeerd haar, ging prat op haar niet-Joodse uiterlijk' – heeft op haar huisadres, Ruyschstraat 60 in Amsterdam, een atelier waar ze overhemden repareert, maar vanaf de tweede helft van 1942 legt ze zich steeds meer toe op het plunderen van woningen van gedeporteerde Joden. Zoals die van haar Surinaamse bovenburen, het gezin Van de Montel, dat ze eerst met haar Surinaamse minnaar Willy Braams (4 mei 1908, Paramaribo), de zwager van de verraadster Miep Braams-Baerts, bij de SD heeft aangebracht.

Nadat Amsterdamse SD-rechercheurs op 8 maart 1943 vader en moeder Van de Montel-Boeken, de dochters Bora en Louise alsook een nichtje hebben opgepakt,[120] slepen de twee de woning leeg. Roza Busnach houdt er onder meer een buidel zilvergeld, sieraden en een zwarte persianer aan over. De jas verkoopt ze voor 2200 gulden, omgerekend zo'n vijftienduizend euro.

Tegen een Joodse onderduiker, die ze louter voor het kostgeld in huis heeft opgenomen, schept ze op 'een reuzeslag' te hebben geslagen. De man, Nathan Abram, walgt van haar praktijken, maar doet er het zwijgen toe. Zonder dat zij en Cor Steenbergen het weten gebruikt hij, onder de verzetsnaam Nico of Gerard van Dijk, hun woning als contactadres voor zijn illegale activiteiten. Hij vervalst er persoonsbewijzen en belt vandaar met de koeriersters van zijn eigen groep-Van Dijk.

Ondanks zijn afkeer begint hij in de zomer van 1943 een relatie met Roza Busnach, die op dat tijdstip ook nog altijd iets heeft met Willy Braams. Ze raakt in oktober zelfs zwanger van Abram, maar nadat ze abortus heeft laten plegen, lijkt het hem het verstandigst naar een ander onderduikadres om te zien. Temeer daar Roza's man, Cor Steenbergen inmiddels zijn verzetsactiviteiten heeft ontdekt en de valse persoonsbewijzen voor driehonderd gulden per stuk wil verkopen. Hij is een zware drinker en gokker die regelmatig Nathan Abram voor zijn speelschulden laat opdraaien.

Zodra hij hoort dat zijn kostganger wil vertrekken, dreigt hij hem bij de Gestapo te zullen aangeven, en ook Roza Busnach roept zijn vrouw en dochter 'op te zullen hangen'. Maar als Abram zijn vrouw Kitty voor haar waarschuwt, zegt deze: 'De ene Jood verraadt de andere Jood toch niet.' Zij en hun dochter Lenie zitten dan ondergedoken op de naburige Grensstraat 21-hs.

Op zondag 5 december verhuist hij zonder een adres achter te laten naar de Herengracht 175. Al vermoedt Roza Busnach dat hij tijdelijk onderdak heeft gevonden op een adres in Sloten. Na een tip van haar doen Amsterdamse SD-rechercheurs er een inval, maar ze vinden niets. Ze pakken wel op maandag 13 december zijn vrouw en dochter op, terwijl het echtpaar Steenbergen aan de overkant van de straat toekijkt. Roza komt er ook nog even 'toevallig' – zoals ze later beweerde – binnenlopen om linnengoed op te halen.

De vrouw bij wie de twee zaten, Magdalena Wilhelmina Sterman-Swarts, vertelde na de oorlog dat Roza Busnach die maandag 's middags om halftwee aanbelde. Ze bleef onder aan de trap staan toen ze vroeg naar het linnengoed dat Magda Sterman in bewaring had. Ook wilde ze weten of Kitty en Lenie er waren. Nadat de vrouw bevestigend had geantwoord, klonk luchtalarm, waarop Roza Busnach riep dat ze later zou terugkomen. Nog geen tien minuten later, nog voor het sein 'veilig' was gegeven, drongen zes SD-rechercheurs, onder wie Sera de Croon en Cornelis Johan Nibbelink, haar woning binnen.

Ze smoorden het boze protest van Magda Sterman door haar een paar harde klappen in het gezicht te geven. Toen Kitty Abram-Speelman hun een vals persoonsbewijs toonde op de naam van Catharina van der Meer, bleek Nibbelink haar bij naam en toenaam te kennen. Een paar dagen later belde Roza Busnach de vrouw op, maar die gaf meteen te kennen dat ze niets meer met haar te maken wilde hebben, 'omdat ik vermoedde dat zij de zaak zou hebben verraden'.

Diezelfde maandag zou Roza Busnach eveneens betrokken zijn geweest, ditmaal samen met Willy Braams, bij het verraad van Charles Salomon Viskoop, een tien maanden oude baby. Zes SD-rechercheurs, onder wie opnieuw De Croon en Nibbelink alsook Schaap en Willem Punt, doen dan een inval bij Adriana Bijmoer-Liscaljet op de Camperstraat 38-III.

Als de onderduikmoeder weigert te zeggen waar ze de baby heeft verstopt, dreigen de mannen haar naar Polen te laten deporteren. Ze wijst hun weliswaar de schuilplaats aan, maar beweert vervolgens dat het kind helemaal niet Joods zou zijn: de moeder werkt in Duitsland en heeft haar gevraagd het te verzorgen. Hoewel De Croon op grond van de stamkaart concludeert dat het kind een Joodse naam heeft, nemen de mannen het niet mee.

Drie dagen later staan weer twee SD-rechercheurs bij haar voor de deur, Punt en Johannes Bouwmeester, die haar gelasten het kind naar de SD op de Euterpestraat te brengen. Na lang soebatten mag Adrie Bijmoer het bij het Bureau Joodsche Zaken afleveren. De vrouw veronderstelt dat ze daar ervoor zullen zorgen dat de baby in een weeshuis komt. Onderweg naar het Adama van Scheltemaplein ziet ze dat twee SD-rechercheurs haar volgen, om zich ervan te vergewissen dat ze niet met het kind vlucht. Later zei ze: 'Ondanks verschillende pogingen die ik heb gedaan om het terug te krijgen, is mij dat niet gelukt.'[121]

Na de oorlog schoof Roza Busnach de schuld inzake het verraad van Kitty Abram en de tienjarige Lenie op haar ex-man. Hij zou haar hebben gedwongen foto's van het gezin aan hem te geven, waarop hij had gezegd dat hij voor de rest zou zorgen.

Nathan Abram vertelde dat hij toen een briefje van zijn vrouw uit het huis van bewaring aan de Weteringschans had gekregen: 'Hierop stond met duidelijke woorden dat Cor Steenbergen bij het verhoor van haar tegenwoordig was geweest en dat hij mijn dochtertje had gevraagd: "Vertel oom Corretje maar waar je pappie is." Volgens het door mijn vrouw geschreven briefje had Cor mijn dochtertje een of meer klappen gegeven toen zij volhield dat haar pappie in Duitsland werkzaam was.'

Een dag later zou hij weer een briefkaart van zijn vrouw hebben ontvangen, die hem op het hart bond vooral voorzichtig te zijn met Roza Busnach en haar man. Tegelijkertijd suggereerde ze met de vraag: 'En is Corretje nog behandeld?' dat hij het niet over zijn kant mocht laten gaan. Ze stuurde nog een kaart uit het kamp Amersfoort en twee, drie uit Westerbork, maar daarna had hij niets meer van haar vernomen.[122]

Eind december wacht Abram Roza Busnach op de Prinsengracht op, waar ze een kamer heeft gehuurd, nadat ze haar man heeft verlaten. Als hij haar ter verantwoording wil roepen, bezweert ze hem dat haar man het verraad heeft gepleegd. Ook zegt ze tegen Abram dat ze nog altijd heel veel van hem houdt, maar hij wil niets meer van haar weten. Hun woordenstrijd ontaardt algauw in een vechtpartij en later beweerde ze dat hij haar zelfs had proberen te wurgen, maar dat ze hem dit had vergeven.

In de daaropvolgende maanden komen ze elkaar nog ettelijke keren tegen en in september 1944 toont Roza Busnach hem een brief. Erin staat dat ze geen ster meer hoeft te dragen en bij iets verdachts een bepaald telefoonnummer moet draaien. Een maand eerder heeft ze zich namelijk bereid verklaard voor de SD te gaan werken, nadat de rechercheurs Schaap en Joop Out haar hadden opgepakt. Dit na een tip van Miep Braams, die Schaap erop attent had gemaakt dat een Joodse vrouw, Roza Busnach geheten, zonder ster rondliep en een vervalst persoonsbewijs had. Ze zou met een zekere Nathan Abram omgaan, een half-Jood, die Joden aan onderduikadressen hielp. Waarna Willy Braams zijn voormalige minnares in de val had gelokt.

Roza Busnach vertelde na de oorlog dat beide rechercheurs zich tijdens het verhoor op 15 augustus 1944 vooral gebeten toonden op Abram, die ze alleen onder zijn schuilnaam Nico van Dijk kenden. Ze zouden zijn groep ervan verdenken samen te werken met de Persoonsbewijscentrale en de Landelijke Organisatie voor hulp aan onderduikers, de LO. Van haar verlangden de mannen dat ze hen bij het onderzoek hielp. Op de vraag van Schaap of ze wel wist wat er ging gebeuren, mocht ze hen niet helpen, zou Roza Busnach hebben geantwoord: 'Ik weet wel waar ik naartoe ga. Mijn ouders zijn ook gearresteerd.'[123]

Hij zou toen een foto van haar dochtertje uit haar tas hebben gehaald, met de woorden: 'Hou je van je kind?'

'Dat is nogal logisch,' had ze gezegd. 'Dat is het enige wat ik heb.'

'Als je van je kind houdt,' beet hij haar toe, 'dan denk je niet aan een ander, want een ander denkt ook niet aan jou. Ze hebben jou ook verraden.'

'Wat willen jullie dan van mij?'

'We willen het adres van Nico van Dijk. Jij spaart hem, maar hij heeft jou ook verraden.' Nadat Schaap in niet mis te verstane bewoordingen zou hebben gedreigd haar dood te schieten, had ze het adres van Nathan Abram genoemd, dat ze inmiddels had kunnen achterhalen. Nog diezelfde dag wees ze de rechercheurs Out en Capelle vanuit de auto dit adres op de Herengracht 175 aan, alsook een tweede onderduikadres op Singel 159. De SD arresteerde er drie mensen, maar Nathan Abram bleek er niet meer te wonen. Op haar aanwijzing hielden de rechercheurs ook nog een Joods echtpaar aan, dat op de Prinsengracht liep te wandelen. Max en

Sibylla Lieselotte Canes-Wolff hadden met hun zoontje naast haar ouders in de Ruyschstraat op nummer 80 gewoond.[124]

Terug in de Paulus Potterstraat kreeg ze van Kempin de bewuste brief dat ze geen ster meer hoefde te dragen, maar Schaap had nog zo zijn twijfels. Op de gang snauwde hij tegen haar: 'Denk erom dat je geen loopje met me neemt! Want waar je ook zit, ik vind je altijd.'

Moffenhoeren

Terwijl Roza Busnach van Schaap moet proberen uit te vinden waar Nathan Abram zich ophoudt, gaat deze achter Cor Steenbergen aan, maar de vermeende verrader van zijn vrouw en dochter lijkt van de aardbodem verdwenen. Sinds Roza hem eind 1943 heeft verlaten, zou hij in de zwarte handel zitten. Tot Abram hem op maandag 18 december 1944 op een brug bij de Stadhouderskade tegen het lijf loopt. Vermoedelijk zocht Steenbergen hem ook, want terwijl hij Abram bij de schouders grijpt, roept hij: 'Nu heb ik je eindelijk en kom je niet meer uit mijn poten!' Hij laat hem weer los als hij ziet dat de verzetsman zijn hand in zijn binnenzak steekt, blijkbaar om een pistool te pakken.

Met de smoes dat er voor de zwarthandelaar nog wat te verdienen valt, neemt Abram hem mee, heimelijk zijn FN 7.65 mm in de hand, naar een contactadres van het verzet op de Jan Luijkenstraat. Hij voelt er samen met zijn ondercommandant Piet de Klerk, die zich daar toevallig ook bevindt, Steenbergen aan de tand, maar die geeft zijn vrouw en Willy Braams de schuld van het verraad.

Na de oorlog vertelde Abram dat hij hem toen een foto van zijn dochter Lenie had getoond, waarop de man alles had bekend. 'Hij ging op zijn knieën liggen en smeekte mij om genade,' aldus Abram. 'Ik voegde hem nog toe dat mijn vrouw en kind vermoedelijk op dezelfde wijze om genade hadden gesmeekt. Op een moment dat er een luchtalarmsignaal klonk, zei Piet de Klerk: het heeft geen zin meer nog langer naar die vuile hond te luisteren. Schiet hem neer, anders doe ik het. Hierop schoot ik Cor Steenbergen neer. Daarna hebben we het lijk weggewerkt.'

De ondercommandant gaf echter een iets andere lezing van het gebeuren. Toen Steenbergen bleef ontkennen, nam hij Abram apart en vroeg wat deze precies voorhad met de man. Abram antwoordde dat hij hem koste wat het kost wilde liquideren, maar in de ogen van De Klerk leek hij veel te nerveus om iets te kunnen doen. Terug in de kamer gaf de ondercommandant Steenbergen met de kolf van zijn 9 mm parabellum een klap op het hoofd. De hevig bloedende man sprong overeind, om op een andere stoel neer te vallen. Ook Abram haalde nu zijn pistool tevoorschijn en bedreigde hem ermee.

Steeds weer riep hij tegen de man dat die 'een gemene kerel' was, en dat hij hun de waarheid moest vertellen, maar Steenbergen zei dat hij zich werkelijk van geen kwaad bewust was. Tot ineens de sirenes van het luchtalarm begonnen te loeien. Abram maakte van deze gelegenheid gebruik om Steenberg een kogel vlak onder het oor te schieten, waarna de man dood omviel. In zijn zakken vonden ze geen enkel bewijs dat hij voor de Duitsers zou hebben gewerkt. Ze hadden het lijk in twee juten strozakken gestopt en nog dezelfde avond op de Reijnier Vinkeleskade in het Noorder Amstelkanaal gedumpt. Het lichaam is overigens nooit teruggevonden.

Zodra Roza Busnach lucht krijgt van de liquidatie van haar man, brengt ze haar dochtertje naar haar schoonouders en duikt zelf onder. Tot dusver heeft ze nog samengewoond met een ss'er op het – in 1945 in Victorieplein omgedoopte – Daniel Willinkplein, terwijl ze er een paar centen heeft bijverdiend in de zwarte handel. Op haar schuiladres in Hillegom begint ze een relatie met een andere onderduiker, een chocoladebewerker die in het verzet heeft gezeten. Hij vertelde later dat ze hem eens had toevertrouwd hoe 'verschrikkelijk' ze het vond Joods te zijn. In Hillegom beleeft ze ook de bevrijding, in die zin dat ze meehelpt bij het kaalscheren van zogenaamde moffenhoeren.

Na haar arrestatie op 7 juni 1945 brengt de BS haar over naar het hoofdbureau van politie in Amsterdam. Een agent, destijds belast met de cellenwacht, herinnerde zich drie jaar later: 'Roza Busnach was een smerige vrouw en naar mijn mening een volslagen hoer. Zij lag zonder directoire in haar cel en wanneer men in haar cel kwam voor het een en ander, dan kwam zij op zodanige wijze overeind dat men haar vrouwelijkheid moest zien. Ik vond haar een gevaarlijke vrouw.'

Roza Busnach ontkent tijdens de verhoren verraad te hebben gepleegd, en ook dat ze als V-vrouw voor de SD heeft gewerkt. Nathan Abram, die een belastende verklaring tegen haar heeft afgelegd, hoont ze weg als 'een grote fantast', om begin 1946 aangifte wegens moord tegen hem te doen. Op 29 april van dat jaar komt ze weer vrij, waarna ze half juli het genoegen mag smaken dat justitie haar voormalige minnaar – na de Duitse capitulatie groepscommandant van de BS en inmiddels filiaalleider van een schoenenzaak op de Nieuwendijk – wegens de liquidatie van Cor Steenbergen laat oppakken.

Als Abram enkele weken later op vrije voeten is gesteld, besluit hij te onderzoeken 'welke vuiligheid' zich in zijn zaak heeft afgespeeld. En dan ontdekt hij dat Roza Busnach een relatie met een van de PRA-rechercheurs heeft gehad, maar deze wetenschap brengt hem vooreerst niet veel verder.

De zaak komt pas echt aan het rollen door een bedrijfsleider van een Amsterdams confectieatelier, waar Roza Busnach een baan als controleuse heeft gevonden. Hij heeft van een met haar bevriend personeelslid gehoord dat ze als politiek delinquente heeft vastgezeten. Naar aanleiding van de berichten in de kranten over de rechtszaken tegen de verraadsters Ans van Dijk en Branca Simons vertelde ze haar op een onbewaakt ogenblik beiden goed te hebben gekend. Maar als de bedrijfsleider in het najaar van 1947 haar antecedenten bij de PRA wil natrekken, laten ze hem daar weten dat de vrouw niet in de cartotheek voorkomt.

De man vermoedt meteen dat iemand met haar gegevens heeft

geknoeid en besluit bij justitie aan de bel te trekken. Nieuwe munitie levert bovendien Max Canes, een overlevende van haar verraad. Hij schrijft een boze brief over haar strafvrijheid, die in januari 1948 in de communistische krant *De Waarheid* verschijnt.

Justitie laat Roza Busnach op 29 januari weer in hechtenis nemen, maar bij de heropening van haar zaak moeten de PRA-rechercheurs vaststellen dat hun collega's in 1945 geen proces-verbaal hebben opgemaakt van de getuigenverklaringen. Ze hadden die van geen belang geacht, heette het. Ook zijn er stukken verdwenen, waaronder een rapport met belastende informatie dat de man van Magda Sterman, bij wie Kitty en Lenie Abram zaten ondergedoken, had opgesteld.

Tijdens een onderzoek wordt algauw duidelijk dat de rechercheurs Roza Busnach toen met zijden handschoenen hadden aangepakt. Ze namen haar mee uit, naar cafés, restaurants of gewoon uit wandelen, en ook lieten ze haar overnachten in een hotel. De vrouw zou in die tijd met verschillenden van hen seks hebben gehad, bij een in zijn huis aan de Overtoom, maar met één rechercheur begon ze een relatie. Hij zou haar hebben beloofd de zaak tegen Nathan Abram dusdanig 'te draaien' dat ze hem moord in de schoenen zouden kunnen schuiven. Van deze man raakte ze ook zwanger, zoals bleek toen de pilletjes van de gevangenisarts om de menstruatie op te wekken niet hielpen. Een rechercheur bracht haar daarop naar een aborteur.

En helemaal onderaan op een binnenpagina van *Het Parool* staat op 15 april 1948 een berichtje van drie alinea's dat justitie een strafvervolging instelt tegen een PRA-rechercheur, 'omdat hij in het najaar van 1945 een verhouding heeft gehad met een gedetineerde in het huis van bewaring'. De krant weet ook te melden dat de man niet betrokken was bij haar zaak. Waarschijnlijk schreef de redacteur dit op gezag van justitie, die met deze affaire zo in de maag moet hebben gezeten dat ze zich deze leugen meende te kunnen permitteren. De rechercheur leidde zelfs het onderzoek.

In mei begint haar proces voor het bijzonder gerechtshof in Amsterdam, maar kort voordat de president het vonnis verkondigt, verrast ze vriend en vijand door op 9 juni te trouwen, met een adjunct-accountant uit het toenmalige Nederlands-Indië. Zelf in de oorlog geïnterneerd door de Japanners mag hij tijdens de zitting een pleidooi houden voor een korte straf. Het hof bedient hem op zijn wenken, nadat de procureur-fiscaal nog zes jaar gevangenisstraf had geëist. Het veroordeelt Roza Busnach op grond van alle mogelijke verzachtende omstandigheden tot twee jaar.

De vrouw komt hiermee meteen op vrije voeten en doordat het ministerie van Justitie haar met voorrang aan een paspoort helpt, kan ze met haar nieuwe man naar Indië vertrekken. Roza Busnach die zich vanaf dan Rie noemt, overlijdt op 7 augustus 1997 in Wageningen.

Prinsengracht 263

Hoewel ik er tijdens mijn onderzoek in de Ahlers-zaak steeds meer van overtuigd raakte dat Tonny Ahlers niet de mensen in het achterhuis had verraden, voelde ik toch nooit de aandrang zelf achter de dader aan te gaan. Ondanks mijn fascinatie voor het verraad vond ik de gedachte alleen al gênant. Waarom ik, uitgerekend ik? Alsof ik iets had goed te maken. Ook de documentairemaker Willy Lindwer die mij vroeg waarom ik niet probeerde uit te vinden wie er dan achter zat, kon mij niet op andere gedachten brengen. Maar nadat ik in de daaropvolgende jaren de dossiers van al die jodenjagers en verraders in het Nationaal Archief en het NIOD had doorgepluisd, herzag ik mijn mening.

Van lieverlede kwam ik tot de conclusie dat een reconstructie van het verraad van het achterhuis, eventueel uitmondend in een hypothese, eigenlijk een niet meer dan logische afsluiting van dit boek zou vormen. Temeer daar er sinds het onderzoek in 1963-1964 door de Rijksrecherche geen serieuze poging van Nederlandse zijde meer is gedaan om de dader te vinden. En ook de theorieën die buitenlandse schrijfsters als Melissa Müller en Carol Ann Lee hebben ontwikkeld, kunnen niet de toets der kritiek doorstaan.

Ik nam nog eens zo'n tweehonderd dossiers door, waaronder de CABR- en de politiezuiveringsdossiers van rond tachtig Amsterdamse rechercheurs, voor kortere of langere tijd verbonden aan het voormalige Bureau Joodsche Zaken. Uit hun gelederen stamde de ploeg van Gestapo-mannen die op vrijdagochtend 4 augustus 1944 het achterhuis binnenviel. En ik bestudeerde de rapporten die rechtstreeks betrekking hadden op het justitiële onderzoek naar het verraad.

Tal van mogelijkheden liet ik de revue passeren, opnieuw Martha Ahlers en Joop Jansen, de gesjeesde seminarist, de helpers van de onderduikers in het achterhuis en hun verwanten, buurtgenoten. Ik had contact met mensen, in Nederland en de Verenigde Staten, die al sinds jaar en dag het mysterie trachten op te lossen door akribisch schema's en lijsten op te stellen met de namen van personen, die op de een of andere manier te maken hadden met Prinsengracht nummer 263.

Verder sprak en mailde ik met onder anderen de inmiddels tachtigjarige Eva Schloss-Geiringer, de dochter van de tweede vrouw van Otto Frank, Fritzi. Maar als ik had gehoopt ergens de *smoking gun* te zullen vinden, kwam ik bedrogen uit. Al die stukken bevatten geen enkele aanwijzing, de processen-verbaal en de rapporten, en Eva Schloss kon mij evenmin verder helpen.

Wat mij wel al eerder tijdens mijn zoektocht in knipselarchieven en bibliotheken aan het denken had gezet, was de houding van Otto Frank inzake het verraad. In een brief aan zijn moeder schreef hij nog op 11 november 1945 dat hij in eerste instantie niets had ondernomen om uit te vinden wie hen had verraden. Het leek hem een onmogelijke opgave. Maar onder druk van anderen had hij besloten er toch werk van te maken.

De dag tevoren had hij bij de POD de foto's bekeken van expolitiemannen – waarschijnlijk rechercheurs van Joodsche Zaken – die mogelijk aan de inval hadden deelgenomen. 'De foto's waren verbluffend: we konden twee mannen identificeren,' schrijft hij. 'Ze zitten nog in de gevangenis en zullen met ons worden geconfronteerd. Het is allemaal nogal schokkend. Dat zijn de moordenaars die verantwoordelijk zijn voor de dood van Edith en de kinderen.' Dan verzucht hij dat dit soort mensen doorgaans niet weet wie de daadwerkelijke verraders zijn. Ze zouden enkel en alleen datgene hebben gedaan wat hun superieuren hun opdroegen.

Maar de twee over wie Otto Frank het had, Gezinus Gringhuis (op 28 september 1895 geboren in het Groningse Onstwedde) en Willem Grootendorst (4 mei 1889, Utrecht), ontkenden domweg aan de inval te hebben deelgenomen. Ook toen PRA-rechercheurs hen op 26 januari 1948 in de gevangenis van Leeuwarden nader aan de tand wilden voelen, dit in het kader van een tegen de magazijnknecht Willem Gerardus van Maaren gericht onderzoek, beweerden ze eensluidend zich niets meer te kunnen herinneren.

Nadat het onderzoek niets had opgeleverd en de Amsterdamse kantonrechter op 13 augustus 1949 de beschuldigingen tegen Van Maaren vervallen had verklaard, stelde hij zich steeds terughoudender op. Het had er zelfs de schijn van als zou hij een verder onderzoek tegenwerken met zijn verzoek aan de helpers van de mensen in het achterhuis om de leider van de arrestatieploeg, de voormalige *Kriminal-Oberassistent* Karl Josef Silberbauer, voortaan 'Silberthaler' te noemen.

Een van de helpers, Miep Gies, zei op 21 november 1963 in *de Volkskrant* dat hij haar dit had gevraagd 'omdat er misschien nog meer mensen Silberbauer heetten en die zouden wij dan in diskrediet brengen'. Hij voerde tegenover hen het argument aan dat de Gestapo-man hem en de andere onderduikers bij hun arrestatie 'zeer correct' had behandeld. Deze zou opeens een heel andere toon hebben aangeslagen toen hij ontdekte dat Otto Frank tijdens de Eerste Wereldoorlog als reserveluitenant in het Duitse leger had gediend.

In een interview met de Duitse schrijver en radioman Ernst Schnabel nam Otto Frank in de tweede helft van de jaren vijftig echter afstand van de verraadtheorie. Schnabel schrijft in zijn in 1958 verschenen boek *Anne Frank. Spur eines Kindes*: 'Hoe het tot hun arrestatie is gekomen, weten ze niet. De heer Frank denkt niet dat iemand hen verraden heeft. Hij gelooft eerder dat iemand die hun geheim kende tegenover iemand anders, die hij niet goed kende, toch een onvoorzichtige opmerking heeft gemaakt.'

Volgens de auteur – hij heeft het eveneens over Silberthaler, al kende hij de echte naam – geloofde van de helpers alleen Elli, het pseudoniem voor Bep Voskuijl, in de schuld van M., Van Maaren dus: 'Maar de heer Frank en zijn vrienden praten niet graag over dit punt en ook Elli is blij als ik het laat vallen. Het was ons lot, zeggen ze. En als iemand ons heeft verraden, dan was het nu eenmaal ons lot verraden te worden.'

Het verraad kwam in 1963 opnieuw aan de orde tijdens een tweede onderzoek tegen Van Maaren. Justitie had hiertoe besloten nadat Simon Wiesenthal de in de anonimiteit verdwenen Silberbauer bij de politie in Wenen had getraceerd. Al die jaren wilde de Oostenrijkse nazi-jager niets liever dan de zaak oplossen, maar Otto Frank zette ook hem op het verkeerde spoor door consequent de naam Silberthaler te gebruiken, totdat een Nederlandse politiefunctionaris Wiesenthal een lijst in handen drukte met onder meer de naam Silberbauer erop.

Frank antwoordde in een verhoor op 2 en 3 december 1963 op de vraag wie hun schuiladres zou kunnen hebben verraden:

> Ik ben daar nooit achter kunnen komen. Silberbauer heeft tegenover mij nooit gezinspeeld op verraad. U vraagt mij of ik mogelijk in staat ben aan te geven welke mogelijkheid of welke omstandigheid de aanleiding is geworden voor de verrader om eerst op 4 augustus 1944 telefonisch de SD in Amsterdam te informeren omtrent onze schuilplaats. Ik ben echter niet in staat u in dezen iets te verklaren. Wel zijn zowel wij als onze verzorgers steeds meer tot de overtuiging gekomen dat voor het verraad eigenlijk alleen maar de magazijnknecht Van Maaren in aanmerking komt. Zelf kan ik u uit eigen wetenschap niets contra die man verklaren. Ik heb uiteraard alles van de zijde van mijn verzorgers vernomen. Ik ben het wel met u eens dat er wel sprake moet zijn van een bijzondere omstandigheid.

Nog geen jaar later, toen ook dit onderzoek zonder resultaat bleef, schreef Otto Frank in een twaalf pagina's tellend memorandum: 'Na de landing van de geallieerden in Normandië in juni 1944 waren wij vol hoop en geloofden dat onze bevrijding ophanden was. Des te erger was de schok toen de Gestapo op 4 augustus 1944 verrassend onze schuilplaats binnendrong en ons arresteerde. Ongetwijfeld was verraad in het spel, maar er kon niet worden vastgesteld wie de verraders waren.'

Sindsdien sprak hij nog slechts sporadisch over het verraad. Hij betoogde dan dat hij een positieve instelling had en bij het uitdragen van de boodschap die het dagboek van zijn dochter bevatte, niet wilde terugblikken. Een enkele keer liet hij zich toch tot een uitspraak verleiden, door een verder niet bij name genoemde Nederlandse politieman te beschuldigen die geld voor zijn informatie zou hebben ontvangen. Ook had hij het over twee NSB'ers, met wie hij Gringhuis en Grootendorst bedoelde, beiden inderdaad lid van de NSB, maar vooral Gestapo-rechercheurs.

In de *Haagse Post* zei Otto Frank op 3 augustus 1968: 'Ik ben in 1945 geconfronteerd met twee NSB'ers die ons verraden hebben. En ik moet eerlijk zeggen: eigenlijk is dat in mijn geheugen verdrongen. Ik zou ze niet meer kennen. Ik ga niet voortdurend naar achteren kijken. Dat heeft helemaal geen doel. Dat is gebeurd.'

Toen de gerenommeerde Amerikaanse journalist Arthur Unger hem negen jaar later interviewde voor de krant *The Christian Science Monitor*, vormde het verraad überhaupt geen thema meer. Het enige wat Otto Frank erover te berde bracht, was dat 'een man' hen had aangebracht. Maar in 1979, een jaar voor zijn dood, leek hij in een artikel van zijn hand dat naar aanleiding van de vijftigste geboortedag van Anne Frank gelijktijdig in het Duitse weekblad *Neue Illustrierte* en het Amerikaanse blad *Life* verscheen, een tipje van de sluier op te lichten.

Hij stelde hierin vast dat ze nooit hadden kunnen achterhalen wie het verraad pleegde, al had er wel verdenking bestaan tegen een politieman: 'Maar men heeft nooit een bewijs gevonden. Het heeft geen zin daar lang over na te denken.' Vervolgens onthulde de dan negenentachtigjarige Otto Frank te hebben gehoord dat een vrouw achter het verraad zat.

Letterlijk zei hij: 'En desondanks heb ik mijn eigen theorie hoe het tot het verraad heeft kunnen komen. Er werd namelijk gezegd dat een vrouwenstem ons telefonisch heeft verraden. Ik neem daarom aan dat de betrokkene die men heeft verdacht, misschien met iemand over ons heeft gesproken.' In het artikel deed hij niet uit de doeken van wie hij die kennis had. En of die persoon hem wellicht niet meer had toevertrouwd. Bijvoorbeeld of de vrouw een vaste informant was geweest, een v-vrouw.

Zijn weduwe Fritzi suggereerde later dat de informatie over de vrouwenstem van de Gestapo kwam, maar ze was niet helemaal zeker van haar zaak. Ze ging niet in op de vraag wat zijn theorie precies behelsde en of hij zou hebben geweten wie het verraad had gepleegd. Van zijn kant kende Wiesenthal op dit laatste punt geen enkele twijfel: Otto Frank wist het. En ook ik geloof dat hij al in de jaren vijftig een vermoeden had, en dat hij het vanaf de jaren zestig wist. Dat de verrader, in dit geval de verraadster, Ans van Dijk heette. Alleen mocht dat onder geen beding bekend worden: een Joodse v-vrouw die nota bene het meisje Anne Frank verraadde.

Wat in de overwegingen van Otto Frank ook moet hebben meegespeeld om niet de naam van Ans van Dijk prijs te geven, was de lastercampagne die Holocaustontkenners en andere rechts-extremisten in de jaren zestig en zeventig in landen als Duitsland, de Verenigde Staten, Groot-Brittannië en Frankrijk voerden als zou het bij het dagboek om een vervalsing gaan. Een Joodse verraadster zou koren op de molen van deze mensen zijn. Naar ik vermoed gaf hij er om die reden blijk van dat de zoektocht naar Silberbauer en bijgevolg de dader voor hem geen prioriteit meer had. Dit weer tot grote ergernis van Wiesenthal.

Toen die in juni 1978 met de Holocaustontkenner Robert Faurisson op de zaak terugblikte – de Fransman kwam onder valse voorwendselen bij hem binnen –, constateerde hij dat, terwijl hij er juist voor wilde zorgen dat er recht geschiedde, Otto Frank alleen maar bezig was de nagedachtenis van zijn dochter te cultiveren. Hij zou er zelfs niet voor terugschrikken voormalige nazi's te ontzien.

Mocht Wiesenthal dit zo hebben gezegd – en waarom zou Faurisson liegen? –, dan zal hij hiermee onder meer de uitlating op het oog hebben gehad die Otto Frank op 23 november 1963 deed tegenover een Duitse correspondente in Den Haag, Elfrun Jacob. In een reactie op het bericht dat de Oostenrijkse justitie een onderzoek tegen

Silberbauer ging instellen, zei Frank toen: 'Ik koester geen wraakgevoelens. Ik heb deze ontdekking ook niet gestimuleerd. Sinds ik uit het concentratiekamp terugkeerde, wist ik wie ons toen op 4 augustus 1944 heeft gearresteerd en afgevoerd: Silberbauer. Maar ik heb hem nooit proberen op te sporen. In een interview voor een documentaire heb ik gezegd: laten we hem Silberthaler noemen.'

Otto Frank ging bij een andere gelegenheid nog een stap verder door hem als 'een armzalige, kleine Gestapo-ambtenaar' te omschrijven. Voor de Oostenrijkse justitie waren zijn verklaringen aanleiding de schorsing van Silberbauer ongedaan te maken. Toen de man in de loop van 1964 mocht terugkeren in actieve dienst bij de Weense politie, schreef zijn moeder meteen een bedankbrief aan Otto Frank.

Niettemin moet Frank op de hoogte zijn geweest, ofschoon niet tot in alle details, van de rol die Silberbauer vanaf diens overplaatsing in november 1943 naar Nederland bij de Jodenvervolging heeft gespeeld. Gegeven het feit dat Frank en de helpers aanvankelijk samen optrokken in hun streven de verrader te vinden, kan het niet anders dan dat hij exact wist wat zijn bedrijfsleider en vertrouweling Johannes Kleiman op 16 juli 1947 aan de PRA in het Hirschgebouw aan het Leidseplein schreef. De aanleiding voor de brief vormde een onderhoud dat Otto Frank enkele weken eerder met een rechercheur had gehad over het moeizame verloop van het onderzoek. Om die reden hadden ze zich voor nadere inlichtingen ook tot het Bureau Nationale Veiligheid gewend.

'Vooropgesteld dat Silberbauer nog in leven is,' schrijft Kleiman, 'is het onbegrijpelijk dat deze nooit naar Holland is overgebracht, aangezien hij toch een belangrijke rol heeft gespeeld in het ophalen van Joodse en andere onderduikers. Hoeveel nog onbekende verraders zou deze man niet kunnen aanwijzen?'

Zo zit er in het dossier van Grootendorst een proces-verbaal over een inval die Silberbauer en deze dan vijfenvijftigjarige rechercheur op 15 juni 1944 deden. Ze zochten op de Amsterdamse Weteringschans 49 de gemengd gehuwde Wolf Tafelkruijer, maar toen ze hem niet vonden, mishandelden ze zijn vrouw en hun huisgenote Cecilia Husfeldt, waarna ze beide vrouwen en een neefje, de vijftien maanden oude José Tafelkruijer, opbrachten. Tijdens de huiszoeking pikte Silberbauer van alles mee, een horloge, twee briljanten spelden en oorbellen afgezet met parels en briljanten.

Terug op de Euterpestraat gaf hij opdracht 'het jodenkind' onverwijld op transport naar Westerbork te zetten, hoewel hij wist dat het een niet-Joodse moeder had. Door de tussenkomst van een advocaat kon de peuter alsnog een dag vóór deportatie uit het kamp worden gered. Cecilia Husfeldt overleefde het daarentegen niet: zij stierf op 31 oktober 1944 in het kamp Ravensbrück aan tyfus.

De beide rechercheurs keerden nog verschillende malen terug naar het verzegelde huis op de Weteringschans teneinde er spullen weg te halen, zoals een trommel met waardepapieren en meubilair. Silberbauer nam dan zijn minnares Everdina Elisabeth Snoek-Hartemink mee, die een baantje als administratieve kracht bij de SD had. Zij was de vrouw van Johan Willem Snoek, de voormalige Waffen-SS'er die onder anderen de verzetsheld Johannes Post met een nekschot doodde.

Op 30 juni 1944 had Silberbauer het gemunt op de Amsterdamse koopman Eliazer Schaap, een gemengd gehuwde Joodse man die zich bovendien had laten steriliseren. Hij verdacht hem ervan zijn bedrijf in oude metalen onder een andere naam voort te zetten en bovendien zijn radio niet te hebben ingeleverd. Nadat Grootendorst de man op last van Silberbauer had gearresteerd, ging deze op transport naar Westerbork. Schaap overleed op 20 januari 1945, een dag voor zijn zesenzestigste verjaardag, in Auschwitz.

Tegen deze achtergrond valt het moeilijk te begrijpen waarom Otto Frank in het verhoor op 2 en 3 december 1963 Silberbauer vrijpleitte, met het argument dat de man slechts zijn plicht had gedaan, maar Van Maaren van het verraad betichtte. Ik heb de indruk dat hij zich bij die beschuldiging toch vooral achter de helpers verschool. Wie bedoelt hij in feite met 'wij' als hij het over 'zowel wij als onze verzorgers' heeft? Hij heeft het per slot van rekening als enige overleefd en normaal heeft hij het in dit soort situaties nooit over 'wij', maar altijd over 'ik'.

Hier is iemand aan het woord die een antwoord ontwijkt, wat ook blijkt uit de toelichting dat hij zijn kennis over de magazijnknecht 'uiteraard' van de helpers heeft. Om zich in één adem door af te vragen waarom Van Maaren, mocht hij de verrader zijn, 'dan niet eerder zijn wetenschap heeft gespuid'. Dat wil zeggen: hen heeft aangebracht.

Terwijl Grootendorst en Gringhuis al kort na de bevrijding werden gearresteerd – de beide jodenjagers kregen levenslang, nadat Gringhuis in eerste aanleg ter dood was veroordeeld –, ontsprong Silberbauer de dans. Weliswaar had Wolf Tafelkruijer een aanklacht tegen hem ingediend, wegens diefstal en in verband met de dood van Cecilia Husfeldt, maar justitie had er geen idee van waar hij woonde. Totdat Wiesenthal hem in het najaar van 1963 opspoorde. Maar tijdens de verhoren ontkende de oud-Gestapo-man ooit betrokken te zijn geweest bij de vervolging van Joden.

Hij zei hierover in een interview dat hij op 20 november 1963 aan de Nederlandse freelancejournalist Jules Huf gaf: 'Het hoorde tot mijn taken niet-Joden die Joden een schuilplaats hadden gegeven, Engelse piloten hadden verstopt of naar vijandelijke zenders hadden geluisterd, te verhoren en te veroordelen. Mijn chef, Lages, ondertekende deze uitspraken dan met een grote L.'

Over de bewuste 4 augustus 1944 vertelde hij in een verhoor op 4 maart 1964 dat hij 's ochtends werd gebeld door het hoofd van de Gestapo in Amsterdam, de *Kriminalinspektor* en SS-*Obersturmführer* Julius Dettmann: 'Hij verklaarde mij dat acht Joden zich op de Prinsengracht – hij noemde ook het huisnummer – hadden verborgen.' Vervolgens had Dettmann de wachtcommandant, Abraham Kaper, geïnstrueerd 'een groep van zes tot acht Hollandse rechercheurs' samen te stellen.

Dat Silberbauer als niet-Nederlander de leiding kreeg, had volgens hem te maken met het feit dat het 'een relatief grote groep verborgen Joden' betrof. Ook moest hij erop toezien dat zijn Nederlandse collega's niet pikten. Geregeld zouden Joden wegens diefstal aangifte hebben gedaan tegen rechercheurs die hen hadden gearresteerd. Hij verzweeg tijdens de verhoren dat hij als *Sachbearbeiter* een min of meer leidende rol op het voormalige Bureau Joodsche Zaken had gespeeld. Het bureau telde zes van deze zelfstandig opererende functionarissen die de grote processen-verbaal uitwerkten en de straffen voor de arrestanten vaststelden. Als een extra-toelage ontving een *Sachbearbeiter* maandelijks dertig gulden, omgerekend tweehonderdtien euro.

De volgende vraag is dan of Dettmann inderdaad het aantal van acht heeft genoemd. Had hij die informatie soms van Ans van Dijk? Ik denk het eigenlijk niet. Vermoedelijk gaat het hierbij om kennis die Silberbauer achteraf heeft verworven. In het interview met Huf gaf hij aan dat hij Anne Franks dagboek en het boek – 'de brochure', zei hij – van Ernst Schnabel had gelezen. En bovendien stuurde de Gestapo normaal geen zeven of zelfs negen rechercheurs, Silberbauer meegerekend, om acht onderduikers te arresteren.

Soms deden ze met z'n vieren een inval en pakten een of twee onderduikers op, maar dan waren ze al samen op pad of de mannen hadden er geen idee van wat ze precies op het adres konden aantreffen. Ook Dettmann en Kaper zouden hooguit hebben geweten dat op de Prinsengracht 263 meerdere mensen zaten, waarop ze het zekere voor het onzekere namen.

In de regel had een ploeg van drie, vier SD- of Gestapo-rechercheurs er geen moeite mee tien, vijftien, laat staan acht weerloze mensen te arresteren. Daar kwam bij dat de klopjacht op Joodse onderduikers nog onverminderd voortduurde en de rechercheurs zodoende genoeg omhanden hadden. Al beweerde Silberbauer dat de situatie na de landing van de geallieerden in Normandië en de aanslag op Hitler in juli 1944 in één klap was veranderd.

'De *Judenaktionen* werden stopgezet en de *Dienststellen* op de komende gebeurtenissen organisatorisch voorbereid, dat wil zeggen op de verdediging van Holland,' zei hij in een verhoor. 'Op 4 augustus 1944, nadat de *Judenaktionen* praktisch waren gestaakt en het *Judenreferat* kort daarna werd ontbonden, volgde dus de arrestatie van Anne Frank en haar familie.' Maar deze voorstelling van zaken klopt niet: alleen al die bewuste vrijdag vonden er zeker drie invallen door Amsterdamse Gestapo-rechercheurs plaats.

Allereerst hebben we het optreden van de v-man Bernhard Joseph en drie rechercheurs in het Brabantse Oss, waar ze op de vroege ochtend achttien mensen oppakten. Later die dag was er om halfelf de inval op de Prinsengracht 263 en 's middags om halfeen arresteerde een ploeg van drie rechercheurs op de Uiterwaardenstraat 47-III een tienjarig Joods jongetje, David Herzberger, en zijn onderduikouders, Abraham Bleekrode en Maria Pieternella Bleekrode-Blom. Het kind stond in het trouwboekje van het echtpaar als hun zoon Jan ingeschreven. De verzetsman Bleekrode overleed op 20 februari 1945 in het concentratiekamp Buchenwald.

Een kardinaal punt in het verhoor van Silberbauer vormde de vraag wie de tip kon hebben gegeven, maar hij hield vol dat niet te weten. De enige die het had kunnen weten, Dettmann, was dood: hij zou kort na de oorlog zelfmoord hebben gepleegd door zich te verhangen. Twee andere min of meer rechtstreeks betrokkenen, Kaper, de wachtcommandant van het voormalige Bureau Joodsche Zaken, en de rechercheur Pieter Schaap, de contactman van Ans van Dijk, waren beiden in 1949 geëxecuteerd.

Willy Lages leefde in 1964 nog wel en in een verhoor op 3 januari meende hij dat het iemand moest zijn geweest die ze bij de SD – casu quo de Sipo – goed kenden. Gevraagd of het gebruikelijk was dat men er na een telefonische tip onmiddellijk op uit trok, verklaarde het voormalige hoofd van de *Aussendienststelle* Amsterdam:

> Ik moet u daarop antwoorden dat mij zulks zeer onlogisch voorkomt, tenzij de tip afkomstig was van een bij de dienst welbekende tipgever. Indien u in het geval van de Anne Frank-zaak kunt vaststellen dat onze dienst onmiddellijk tot actie is overgegaan, nadat een telefoontje daarover bij de dienst was binnengekomen, mag u er rustig van

> uitgaan dat de mededeling dat er in het achterhuis van de Prinsengracht 263 in Amsterdam Joden zouden zijn verborgen, afkomstig is van een bekende tipgever en dan nog een tipgever van wie de mededeling op waarheid berust.

Een typering die zonder meer van toepassing lijkt op Ans van Dijk. Vanwege haar verdiensten mocht zij als een van de weinige v-mannen en -vrouwen haar aangelegenheden telefonisch met de Gestapo afwikkelen. De informanten dienden zich normalerwijs op de *Dienststelle* te vervoegen, wilden ze een zaak aanbrengen. Toen zij op zaterdag 8 april 1944 het schuiladres van het gezin De Groot, vader Meijer, moeder Sophie en dochter Rachel, had opgespoord, belde ze meteen vanuit een naburig café de Gestapo.

Samen met Branca Simons had ze de broer van Meijer de Groot, Israël, die ze vaag kende, enkele weken eerder ontmoet in de Vijzelstraat. Terwijl Branca Simons tegen haar dienstfiets geleund van een afstand meeluisterde, knoopte ze een praatje met de man aan. Ze bood hem aan hem voor vijfhonderd frank naar het niet-bezette deel van Frankrijk te brengen, maar toen ze naar zijn huisadres vroeg, wimpelde hij haar af en liep haastig door.

Een paar dagen later stond Branca Simons toevallig naast Israël de Groot bij een banketbakker in de Vijzelstraat. Zonder dat hij haar herkende, begonnen ze een gesprek. In het verloop hiervan waarschuwde hij voor Ans van Dijk en ook voor de vrouw die haar vaak vergezelde – met wie hij dus Branca Simons bedoelde. Ze volgde hem daarna heimelijk naar een huis aan de Prinsengracht, maar toen ze Ans van Dijk over haar ontmoeting vertelde, kon ze zich het huisnummer niet meer herinneren, waarop de vrouw besloot in de buurt te posten. Algauw stelde ze vast dat het om nummer 825 ging en dat op dat adres een gezin ondergedoken zat. Ook sloop ze een van de onderduikers, Meijer de Groot, achterna toen hij een huis op Keizersgracht 512 bezocht.

Na haar telefoontje wachtte ze met Branca Simons en Wim Houthuijs aan de overkant van de Prinsengracht de komst van de overvalwagen af. Ze ontkende echter later in een verhoor te hebben toegekeken hoe drie Gestapo-agenten onder leiding van de rechercheur eerste klas Grootendorst het gezin De Groot uit het huis haalden:[125] 'Ik was daar in een café in verband met een luchtalarm en heb naar boven staan kijken.' De rechercheurs vielen ook nog het huis op de Keizersgracht binnen, maar daar vonden ze niemand.

Maar hoe wisten Silberbauer en zijn mannen dat ze juist in het achterhuis moesten zijn? In een brief aan Schnabel schreef een van de helpers, Victor Kugler, dat een *Stabsfeldwebel* van de *Grüne Polizei* en 'drie Hollandse burgers' hem hadden meegenomen naar de gang bij de boekenkast. Ze trokken daar opeens hun pistool en met hun wapens op hem gericht beval de *Feldwebel* de kast opzij te schuiven en de deur erachter te openen. Kugler zou hebben geantwoord dat er alleen een kast stond: 'Toen werd de man boos, want hij wist alles, en pakte de boekenkast en trok er zelf aan, en die gaf mee, en de geheime deur werd zichtbaar, misschien omdat de haak erachter niet goed erin zat. Ze maakten de deur open en ik moest vooroplopen, de trap op, en de politiemannen volgden mij, en ik voelde hun pistolen in mijn rug.'

Silberbauer had een geheel andere weergave van het gebeuren en die kwam erop neer dat Kugler hun uit vrije wil de weg had gewezen. Bij binnenkomst troffen ze hem als een van de twee bedrijfsleiders op de eerste etage aan. Terwijl ze hem meteen aan een verhoor onderwierpen, zeiden ze op de man af dat in het huis Joden verborgen zaten die verraden waren.

'Omdat de man een ontkenning van dit feit zinloos toescheen,' verklaarde Silberbauer in een verslag, gedateerd 21 augustus 1963, 'bracht hij ons via een trap een verdieping hoger naar een kleine ruimte. Bij het betreden ervan stond in het blikveld aan de wand ertegenover een dressoir of een stellage. Rechts daarvan was een raam. De bedrijfsleider wees naar het meubelstuk. Dit werd opzijgeschoven, waardoor een andere trap vrijkwam die naar een bovenverdieping leidde.'

In het verhoor van 4 maart 1964 zei Silberbauer over de ontmoeting met Kugler: 'Ik verstond niets van het gesprek, omdat het in het Nederlands werd gevoerd.' Wel stelde hij vast dat de man 'plotseling verschrikkelijk zenuwachtig en helemaal rood in zijn gezicht' was geworden: 'Zonder op de een of andere manier druk op Kugler te hebben uitgeoefend, er werden ook geen pistolen getrokken, stond de man onmiddellijk op en bracht ons naar de schuilplaats van de familie Frank een etage hoger. Ook heeft hij de verborgen deur vrijwillig geopend.'

Op de vraag of hij in het huis op enig moment zijn pistool had getrokken, antwoordde de politieman: 'Ja, en wel op weg van het kantoor naar de schuilplaats, ik corrigeer, pas toen wij voor de draaideur stonden die door Kugler werd geopend en waarachter een steile trap naar boven die in het donker lag, was te zien. Boven aangekomen bevond ik me opeens in de kamer waar de Joden zich hadden verscholen. Toen ik de situatie had overzien, stopte ik mijn pistool weer weg.'

Ook Otto Frank moet het verhaal van Kugler met een korreltje zout hebben genomen, getuige zijn reactie: 'Als Silberbauer thans heeft verklaard dat hem die deur zou zijn gewezen door een van de in het kantoor van ons bedrijf aanwezigen, wil ik, aannemende dat dit laatste waar is, volkomen begrip opbrengen voor het feit dat men bij een inval van gewapende SD-lieden niet lang de waarheid zou kunnen verzwijgen.' Temeer daar volgens hem een huiszoeking toch alles aan het licht zou hebben gebracht.

Gezien de voortvarendheid waarmee Ans van Dijk doorgaans de zaken aanpakte, zal ze de informatie aangaande het achterhuis als mogelijke schuilplaats ergens in de maand juli niet lang voor de inval hebben gekregen. Het zou kunnen zijn dat ze die toen heeft ontfutseld aan de particuliere nachtwaker Martinus Slegers (12 augustus 1885, Deurne). Zijn naam en adres staan namelijk in het notitieboekje van Gringhuis, in de vorm van een cryptische aantekening, gedateerd 26 januari 1944:

Eerst geladen van
den jood
Sleegers
Heerengracht 100

Naar ik aanneem gaat het om twee verschillende, los van elkaar staande zaken. Gringhuis hield in zijn boekje voornamelijk bij wat ze op hun rooftocht zoal in beslag hadden genomen, zodat de datum moet slaan op de eerste twee regels van de aantekening. Bij Slegers – en niet Sleegers – zou het een heel andere kwestie betreffen. Hij was de man die op de avond van zondag 9 april 1944, eerste paasdag, had gezien dat er een gat zat in de magazijndeur van het pand aan de Prinsengracht 263. Na de politie te hebben gewaarschuwd, stelde hij nog dezelfde avond een onderzoek in samen met de politieman Cornelis den Boef, als hoofdwachtmeester van het Politiebataljon Amsterdam, het PBA, gedetacheerd bij het bureau Warmoesstraat.

'*Ingebroken*: politie in huis geweest, tot aan *draaikast*, niet verder,' noteert Anne Frank op dinsdag 11 april op basis van aantekeningen in haar dagboek. 'Inbrekers werden blijkbaar gestoord, hebben magazijn geforceerd en door de tuin ontvlucht.' Het ligt daarom voor de hand dat Slegers en Den Boef behalve in het pand ook in de tuin naar de vluchtroute hebben gekeken, en op hun rondgang kan het achterhuis hun niet zijn ontgaan.

Anne Frank schrijft dan naar aanleiding van het verzoek van een van de helpers, Jan Gies, aan de nachtwaker het pand speciaal in de gaten te houden: 'Nu is het zaak uit te pluizen of die Sleegers [sic] betrouwbaar is [...]' Om vervolgens te verzuchten: 'Wij zijn er heel sterk aan herinnerd dat wij geketende joden zijn, geketend aan één plek, zonder rechten, met duizenden plichten.' Desondanks zag ze nog een sprankje licht in de duisternis:

> In die nacht wist ik eigenlijk dat ik sterven moest, ik wachtte op de politie, ik was bereid, bereid zoals de soldaten op het slagveld. Ik wou

> me graag opofferen voor het vaderland, maar nu, nu ik weer gered ben, nu is mijn eerste wens na de oorlog, maak me Nederlander!
>
> Ik houd van de Nederlanders, ik houd van ons land, ik houd van de taal en wil hier werken. En als ik aan de koningin zelf moet schrijven, ik zal niet wijken voor mijn doel bereikt is!

Maar het zou evenzogoed kunnen dat Gringhuis de informatie over het achterhuis kreeg van Slegers en dat hij Ans van Dijk had verzocht die te checken. Hij vormde regelmatig een koppel met Grootendorst en de v-vrouw heeft ettelijke keren met de laatste samengewerkt, zoals bij de inval in het huis op de Prinsengracht 825. Dat een tip een paar maanden bleef liggen, was trouwens niet uitzonderlijk. Zoiets gebeurde vaker, zeker bij vage, weinig substantiële informatie. Had een rechercheur even geen dringende zaken af te handelen, dan maakte hij er weer werk van.

Een andere mogelijkheid is dat hoofdwachtmeester Cornelis den Boef (28 januari 1897, Rotterdam) Gringhuis heeft getipt en dat deze de naam en het adres van Slegers heeft genoteerd om hem nader aan de tand te voelen. Uit zijn politiezuiveringsdossier blijkt dat Den Boef niet alleen lid was van de NSB en haar beroepsorganisaties Rechtsfront en de Kameraadschapsbond, maar zich ook voor de Waffen-SS had aangemeld. Op 9 januari 1943 keurde een Duitse militaire arts hem af.

Nadat hij van 1918 tot de capitulatie als beroepsmilitair had gediend, op het laatst in de rang van sergeant eerste klas, meldde de kersverse NSB'er Den Boef zich begin 1942 bij de Amsterdamse politie aan. Hij kreeg eerst een opleiding van drie maanden in Schalkhaar, waarna hij in oktober 1942 als nationaalsocialistisch geïndoctrineerde politieman toetrad tot het PBA. Al ontkende hij na de oorlog te hebben deelgenomen aan razzia's en het begeleiden van transporten met opgepakte Joden. Terwijl zijn collega's bij nacht en ontij Joden uit hun huizen haalden, zou Den Boef zich in de thuisbasis van het bataljon aan het Cornelis Troostplein, de Tulpkazerne, hebben beziggehouden met 'huishoudelijke taken', zoals 'het onderhoud en het herstellen van rijwielen en het schoonhouden van het gebouw'.

Getuigen noemden hem echter 'een vurige NSB'er' en 'een zeer onbetrouwbare man', bovendien 'zeer gehaat bij zijn collega's', die hij voor allerlei futiliteiten verklikte. Vooral ook een streber die nooit iets door de vingers zag. Toen de grond hem in september 1944 na Dolle Dinsdag te heet onder de voeten werd, deserteerde hij bij het bataljon en meldde zich in de woonplaats van zijn broer, Apeldoorn, als krijgsgevangene aan. De ex-beroepsofficier ging op transport naar een kamp bij het Duitse Torgau om na de bevrijding weer boven water te komen.

Weliswaar zat hij nog een tijdje vast in het interneringskamp Hoogerheide, in het ten westen van Brunssum gelegen Kasteel Amstenrade en Fort Erfprins bij Den Helder, maar op 3 september 1947 stelde de procureur-fiscaal hem buiten vervolging. Een halfjaar later, op 13 maart, volgde vrijspraak door het tribunaal in Amsterdam. Hij werd wel voor tien jaar uit een aantal burgerrechten ontzet, waaronder het actief en passief kiesrecht.

Den Boef bleef vervolgens volledig buiten beeld, al die jaren tijdens het onderzoek naar het verraad van het achterhuis. Of Otto Frank moet hem hebben bedoeld toen hij in de jaren zestig 'een politieman' ervan beschuldigde geld voor diens informatie te hebben ontvangen. Tot zijn dood op 11 januari 1990 – oneervol ontslagen werkte Den Boef nog als koopman, bontwerker en rijschoolhouder – kwam niemand op het idee de oud-hoofdwachtmeester eens te verhoren over de vraag wat hij zou kunnen weten. En ook heeft geen mens ooit meer zijn zuiveringsdossier ingezien sinds het Openbaar Ministerie in 1948 zijn zaak sloot.

Slegers scheen eveneens van geen belang voor de bijzondere rechtspleging, al moet het de PRA-rechercheurs toch zijn opgevallen dat zijn naam en adres in het notitieboekje van Gringhuis voorkomen. Overigens mag niet worden uitgesloten dat Slegers zijn bevindingen inzake het achterhuis zonder kwade opzet of verdere bijbedoelingen heeft doorgegeven. Er bestaat in ieder geval geen CABR-dossier van de nachtwaker.

Maar hoe verkreeg Ans van Dijk zekerheid dat er onderduikers in het achterhuis zaten? Gaf iemand haar die informatie? Slegers of Den Boef? Of ging ze zelf op onderzoek uit? Het rapport dat de rijksrechercheur A.J. van Helden op grond van het onderzoek in 1963-1964 opstelde, bevat een opmerkelijke passage. Na erop te hebben gewezen dat 'de SD' in Amsterdam onder andere 'een aantal Joodse mannen en vrouwen' gebruikte dat onderduikers opspoorde en aanbracht, schrijft hij:

> Uit de bestudering van meerdere dossiers is mij gebleken dat twee dagen voor de arrestatie van de familie Frank en de anderen, eveneens op de Prinsengracht, in de onmiddellijke omgeving van het na de oorlog bekend geworden Achterhuis een tweetal Joden werd gearresteerd, nadat dit tweetal was verraden door de na de oorlog terechtgestelde Joodse verraders Branca Simons [sic] en Ans van Dijk.

Hieruit kan worden afgeleid dat Van Helden op z'n minst over Ans van Dijk en Branca Simons als daders heeft nagedacht. En het lijkt aannemelijk dat de rechercheur dit aan Otto Frank heeft voorgelegd. Hij had overigens op dat tijdstip nog Branca Simons kunnen verhoren, maar hij veronderstelde ten onrechte dat ze na haar terdoodveroordeling was geëxecuteerd en maakte er verder geen werk van. Bij het onderzoek ging het immers niet zozeer om de vraag wie het verraad had gepleegd, als wel of Van Maaren het had gedaan.

Hoewel ik de door Van Helden gememoreerde zaak niet heb kunnen vinden in de dossiers – ook de NIOD-onderzoekers David Barnouw en Gerrold van der Stroom alsmede Carol Ann Lee maken er melding van, maar zij geven evenmin uitsluitsel –, blijkt wel uit de stukken dat beide vrouwen continu het grachtengebied afstroopten, op zoek naar slachtoffers. Zoals in juli 1944, toen Ans van Dijk het gemunt had op een onderduiker die op de Bloemgracht 64-I zou zitten, hemelsbreed tweehonderd meter van de Prinsengracht 263.

Na de oorlog beweerde ze dat Schaap haar had opgedragen dat

adres te bezoeken. Ze moest de bewoonster wijsmaken dat ze haar kon helpen om voor de man een ander schuiladres te vinden. De vrouw had hem inmiddels al elders ondergebracht, maar zocht nu voor een echtpaar een plek. De volgende dag stuurde Ans van Dijk zekerheidshalve – vermoedelijk vanwege de slechte reputatie die ze met name in Joodse kringen genoot – Wim Houthuijs: hij moest zich voor haar echtgenoot uitgeven.

Terwijl zij op de hoek van de Prinsengracht en de Bloemgracht wachtte, toevallig recht tegenover nummer 263, had Houthuijs een gesprek met de diamantslijper Elias Engelander. Deze zat nog met zijn vrouw Rebecca en zijn zonen Jacob en Isaäc op de Van Walbeeckstraat in Amsterdam-West. Nadat Ans van Dijk hem terug naar zijn schuiladres was gevolgd, deed de Gestapo daar korte tijd later een inval en pakte zijn gezin op,[126] maar Engelander zelf had op dat tijdstip net de woning verlaten. De rechercheurs arresteerden ook vier helpers wegens 'jodenbegunstiging' en Schaap sloeg een van hen alle tanden en kiezen uit de mond toen de man weigerde te zeggen waar Engelander zich zou kunnen ophouden.

Niet meer te achterhalen valt of Ans van Dijk aan Schaap de tip heeft gegeven die op 29 juli, dus zes dagen voor de inval in het achterhuis, leidde tot de arrestatie van vijf Joodse onderduikers in een pension op de Prinsengracht 1093-1095. Er bestond toen ook verdenking tegen Rosa Caner, een Joodse schoonheidsspecialiste en kapster die op de Prinsengracht 1105-II woonde en veel met hoge Duitse functionarissen verkeerde.

'Klein, maar gevaarlijk Gestapo-grut' noemde het illegale *Parool* haar in november 1944, al staat nog helemaal niet vast dat ze als V-vrouw voor de bezetter heeft gewerkt. Rosa Caner zou zich wel hebben geprostitueerd. Maar PRA-rechercheurs slaagden er niet in deze verraadzaak op te lossen.

Zelf verbleef Ans van Dijk in de periode rond de vierde augustus in Zeist. Met haar vriendin Mies de Regt bezocht ze daar Branca Simons en Wim Houthuijs, die onder het mom dat ze er drie weken vakantie wilden houden, een tip natrokken. Tussen de bedrijven door keerden zij en Branca Simons terug naar Amsterdam om het hoofd van de Nederlandse Gestapo-rechercheurs, de SS-*Untersturmführer* Otto Kempin, te informeren 'dat wij [in Zeist] contact hadden met een man die adressen wist waar Joden ondergedoken zaten', aldus Ans van Dijk in een verhoor. Mogelijk viel hun bezoek ook samen met het verraad van de twee Joden over wie de rijksrechercheur Van Helden het in zijn rapport had.

En Otto Frank, wat kan het voor hem hebben betekend toen hij het wist? De man die vanaf de jaren vijftig verkondigde dat hij alleen nog vooruit wilde kijken? Hij had zich altijd als een realist laten gelden, een emotionele man, maar ook een pragmaticus met beide benen op de grond. Als een van de weinigen doorzag hij in 1933 na de machtsovername door Hitler diens intenties, en besloot met vrouw en beide dochters naar Nederland te vertrekken.

Negen jaar later, in de zomer van 1942, maakte hij zich geen enkele illusie toen Margot een oproep voor een werkkamp in Duitsland kreeg, waarna hij prompt met zijn gezin onderdook. Deze man wilde wel degelijk weten wie zijn gezin had verraden. Hij zou zich dan ook geen seconde rust hebben gegund bij de gedachte dat de vrouw van het bewuste telefoontje aan de Gestapo nog vrij rondliep. Ongetwijfeld zou hij de onderste steen boven hebben gehaald om haar achter de tralies te krijgen. Maar Ans van Dijk was op 14 januari 1948 geëxecuteerd.

Mocht hij niettemin nog vragen hebben, dan hoefde hij er niet op te rekenen dat hij het antwoord zou kunnen vinden in haar CABR-dossier: de voormalige V-vrouw had sowieso nooit een zaak uit eigen beweging toegegeven waarvoor geen klacht was ingediend. Ans van Dijk had er doorgaans weinig moeite mee haar misdaden te bekennen, maar altijd moest er wel iets op tafel liggen.

Toen een PRA-rechercheur haar eens vroeg of ze misschien toch niet meer op haar geweten had, zei ze volgens het proces-verbaal: 'Ik herinner me niet dat ik meer mensen heb verraden. Als ik meer wist, zou ik het vertellen. U wilt mij niet geloven, wat ik mij kan voorstellen, want het is natuurlijk wel toevallig dat alle klachten zijn binnengekomen van de mensen die ik en mijn medewerksters Yvonne van Doorn, alias Roza Roozendaal, Simons, haar man Houthuijs en mevrouw De Regt hebben verraden.' En het toeval wil ook dat geen van die klachten betrekking had op het verraad van de onderduikers in het achterhuis.

Naar aanleiding van een recensie van dit boek werd ik gebeld door de oud-journalist Friso Endt. Hij vertelde dat toen hij chef stadsredactie van Het Parool *was, hij rond 1948 Otto Frank had gesproken. Endt had hem ook naar het verraad gevraagd, maar Frank weigerde hierop in te gaan. Na enig aandringen zei hij alleen: 'Wij zijn door Joden verraden.'*

Noten

1.
Na de oorlog suggereerde een voormalige SD'er, Matthias Schmitz, dat het bij de dood van Julius Dettmann (op 23 november 1894 geboren in Königsberg, het latere Russische Kaliningrad) om een buitengerechtelijke executie ging. 'Toen ik na de bevrijding van Nederland vastzat in het huis van bewaring aan de Amstelveenseweg in Amsterdam,' zei Schmitz in een verhoor, 'vernam ik dat de Duitser Dettmann, die ook lid van de *Sicherheitspolizei* was, zich in die gevangenis had opgehangen en dat die ophanging verband hield met het doden van Nederlanders in de duinen bij Overveen, welke Nederlanders betrokken waren geweest bij de overval op het huis van bewaring aan de Weteringschans.'

Tot de vijftien verzetsmensen die op zondag 16 juni in de duinen met een nekschot werden terechtgesteld, behoorde namelijk de legendarische, door de illegaliteit vereerde verzetsheld Johannes Post. De leiding van de executies had de SS-*Obersturmführer* Julius Dettmann.

2.
Op maandag 10 juni 1944 had een kennis, Jan Boogaard, een voormalige Waffen-SS'er en een bewaker in het huis van bewaring, tegen middernacht Maarten Kuiper thuis gebeld, met de mededeling dat hij hem dringend moest spreken. Kuiper had late dienst bij de *Dienststelle* in de Euterpestraat en zei dat hij daarheen kon komen. De man vertelde bij die gelegenheid dat hij eerder die avond een bijeenkomst met een paar kopstukken uit het verzet had bijgewoond en dat ze hem hadden gepolst of hij wilde meewerken aan een overval op het huis van bewaring. Op aanraden van Kuiper legde hij de zaak voor aan Lages, die hem opdracht gaf gewoon mee

te doen, maar de SD wel op de hoogte te houden.

Toen de twaalf verzetsmensen die vrijdagavond de binnenplaats op slopen, in afwachting van Boogaard, die hen in het gebouw zou binnenlaten, stonden elf met machinepistolen gewapende Sipo-rechercheurs, negen Duitse en twee Nederlandse, hen op te wachten. 'Jullie zijn verraden!' riep Kuipers collega Wouter Cornelis Mollis. 'Handen omhoog!' En toen dit geen effect had: 'Blijf allen staan! Alles is afgezet. Tegenstand is nutteloos.' Maar de overvallers bleken niet bereid zich zonder slag of stoot over te geven, waarop een vuurgevecht losbarstte en zes, in het Duitse spraakgebruik, 'terroristen' konden worden overweldigd.

Zaterdagochtend vroeg volgde de arrestatie van de organisator van de overval, Johannes Post. De verrader, de achtentwintigjarige Boogaard, zou na de oorlog de prijs betalen: hij werd als een van de eerste ter dood veroordeelden op 1 maart 1947 terechtgesteld.

3.

Hoewel strakker van opzet en zeker leesbaarder, is de in 2003 verschenen Amerikaanse uitgave *The hidden life of Otto Frank* meer nog dan de Nederlandse en de Britse editie het verhaal van verraad door Tonny Ahlers. In het voorwoord stelt Carol Ann Lee vast dat het boek in Nederland *a furor* – een typisch Amerikaans begrip voor 'enorme ophef' – heeft veroorzaakt. Wat zou hebben geresulteerd in een onderzoek door het NIOD naar het verraad, nadat medewerkers van het instituut eerder de betekenis van de documenten over Ahlers verkeerd zouden hebben ingeschat. 'Dat was een ernstige beoordelingsfout,' concludeert Lee. Temeer daar Ahlers toen nog leefde en de historici hem misschien over het verraad aan de tand hadden kunnen voelen.

En inderdaad wisten zowel Loe de Jong als Harry Paape, stafmedewerker van het toenmalige Rijksinstituut voor Oorlogsdocumentatie en een van de samenstellers van de wetenschappelijke uitgave *De Dagboeken van Anne Frank*, van het bestaan van Tonny Ahlers. Ook kenden ze de brieven die hij aan en over Silberbauer had geschreven. Maar beiden beschouwden hem als een fantast die ze weigerden serieus te nemen.

Lee heeft verder in haar boek een aantal aperte onjuistheden weggelaten. Zoals het verhaal dat Otto Frank goederen had geleverd aan en ontvangen van 'tussenpersonen van het *Armee Oberkommando*, geleid door Hitler persoonlijk en gevestigd in Berlijn'. Ook heeft ze het verhaal geschrapt dat Ahlers zo dik bevriend was met Maarten Kuiper dat hij zijn woning op de Jan van Eijckstraat 22-I in Amsterdam-Zuid aan hem overdeed. Wel heeft ze dat van die vriendschap laten staan – zonder daar overigens ook maar een snippertje bewijs voor te leveren – en dat terwijl ze in de Nederlandse editie juist die overdracht als voorbeeld aanhaalde om de bijzondere band aan te tonen.

Desondanks wemelt ook de Amerikaanse uitgave van onjuistheden, speculaties en halve waarheden. Lee poneert dan iets, waarna ze dit vervolgens een alinea of een pagina verder als een vaststaand feit presenteert. Bijvoorbeeld wanneer ze de veronderstelling oppert dat Ahlers Otto Frank heeft gechanteerd om daarna de vraag te stellen op welke gronden Ahlers hem zo lang heeft kunnen afpersen. Als zou het eerste zonder meer vaststaan.

Lee sluit de appendix en daarmee het boek als het ware af met een voetnoot, waarin ze vertelt dat het sociale dossier van Martha Ahlers zoals vele andere dossiers is vernietigd. Maar volgens de Britse moet er nóg een dossier bestaan met gegevens uit een onderzoek naar haar verleden: 'En zodra dat wordt gevonden, weten we aanzienlijk meer over de persoon die op die prachtige ochtend in augustus 1944 het Gestapo-hoofdkwartier in Amsterdam belde.' Om eraan toe te voegen: 'De auteur blijft pogingen doen om het [dossier] op te sporen.'

4.
Jetje Salomons (16 september 1879, Arnhem) en haar zuster Aaltje (25 juni 1888, Arnhem) – beiden op 27 november 1942 in Auschwitz vermoord.

Hun oudere zuster Sophia (16 januari 1874, Arnhem) met wie ze samen de kruidenierszaak op de Nieuwstad dreven, was al op 24 augustus 1941 een natuurlijke dood gestorven.

5.
Henri van Zuiden (8 september 1907, Hoogeveen) stierf volgens het Digitaal Monument Joodse Gemeenschap in Nederland op 9 mei 1945 in 'Midden-Europa'. Zijn vrouw Marianna van Zuiden-van Adelsberg (11 juni 1906, Amsterdam) en zijn dochter Margaretha Maria van Zuiden (8 mei 1940, Arnhem) werden beiden op 11 juni 1943 in Sobibor vermoord.

6.
Dahmen von Buchholz werd na zijn vertrek door Lages belast met de militaire vorming van de manschappen van de ordepolitie. Op 24 december 1947 veroordeelde het bijzonder gerechtshof in Amsterdam hem tot levenslang. De bijzondere raad van cassatie zette dit vonnis op 15 september 1948 om in twintig jaar gevangenisstraf.

7.
Emanuel Vet (5 mei 1904, Amsterdam), boekhandelaar – op 17 augustus 1942 in Auschwitz vermoord.
Mina Sluyter (31 mei 1916, Amsterdam), naaister – op 30 september 1942 in Auschwitz vermoord.
Leo Denneboom (11 januari 1912, Amsterdam), loonslachter – op 21 januari 1945 in Auschwitz vermoord.
Maurits Wijnschenk (17 juni 1911, Amsterdam) – op 25 januari 1945 vermoord in het kamp Blechhammer, een onderdeel van het Auschwitz-complex.
Rosina Jeannette Schuijer (30 september 1900, Haarlem) – op 16 juli 1943 in Sobibor vermoord.

8.
Van de onderduikers die op het Meerhuizenplein werden opgepakt, overleefden er zes niet:
Elias Bremer (18 augustus 1893, Amsterdam), kelner – op 30 april 1943 in Auschwitz vermoord;
zijn vrouw Veronica Bremer-Zegerius (12 juni 1898, Amsterdam) – op 14 januari 1943 in Auschwitz vermoord.
Mietje Bremer-Koekoek (16 april 1897, Amsterdam) – op 5 februari 1943 in Auschwitz vermoord.
Hilletje Werkendam-Bremer (4 april 1881, Amsterdam) – op 14 januari 1943 in Auschwitz vermoord;
haar dochter Dora Werkendam (3 oktober 1922, Amsterdam), tassenstikster – op 30 april 1943 in Auschwitz vermoord.

Dora's broer Max Werkendam (30 maart 1916, Amsterdam) moest op 13 december 1943 voor het Duitse *Obergericht* in Den Haag terechtstaan. De autospuiter en schilder, die in het verzet zat, werd beschuldigd van ongeoorloofd wapenbezit en het vervalsen van documenten. Hij zou op zeven, acht blanco persoonsbewijzen die hij voor elk vierhonderd gulden had gekocht, een vals stempel hebben getekend. Nadat het *Obergericht* hem ter dood had veroordeeld, werd hij op 22 februari 1944 in Den Haag geëxecuteerd.

9.
De schrijvers van het boek *Gif laten wij niet voortbestaan*, Marnix Croes en Peter Tammes, schatten het aantal Joden dat de Colonne Henneicke en het Bureau Joodsche Zaken, later de Gestapo-afdeling IV B 4, hebben ingerekend, bij elkaar opgeteld op minstens 14 370. Veruit de meesten arresteerden ze in Amsterdam, maar omdat de mannen van Henneicke over het hele land uitzwermden, vielen er ook elders slachtoffers.

10.
Ella Betty Polak (4 oktober 1912, Den Haag), rijksambtenaar buiten dienst – op 17 september 1943 in Auschwitz vermoord.

11.
De vijf mannen die door commissaris Meijer aan de Sipo werden uitgeleverd:
Asser de Jong (29 maart 1868, Epe), metaalhandelaar – op 12 augustus 1942 in Auschwitz vermoord.
Abraham Levie (28 juli 1910, Arnhem), koopman – op 30 september 1942 in Auschwitz vermoord.
Meijer Jozeph Philips (8 juli 1912, Harderwijk), grossier, in de oorlog fietsenmaker – op 19 juli 1942 vermoord in Auschwitz-Birkenau.
Joseph Leverpoll (15 november 1906, Arnhem), onderdirecteur van de Nederlandsche Cocosfabriek, in de oorlog portier – op 14 augustus 1942 vermoord in Auschwitz.
Julius de Jong (17 oktober 1906, Apeldoorn), koopman – op 30 september 1942 in Auschwitz vermoord.

12.
Benjamin de Gorter (3 september 1894, Amsterdam), koopman, en zijn vrouw Jeannette de Gorter-Coronel (19 april 1903, Amsterdam) – beiden op 2 april 1943 in Sobibor vermoord.
Een toen tienjarige zoon heeft de oorlog overleefd.

13.
Jozeph Philips (26 augustus 1875, Vorden), en zijn vrouw Rozette Saartje Philips-Zendijk (19 mei 1876, Olst) – beiden op 21 januari 1943 in Auschwitz-Birkenau vermoord.
Maurits Meijer Philips (20 augustus 1908, Harderwijk), zijn vrouw Alida Philips-de Jong, (29 januari 1906, Apeldoorn), hun kinderen Betsie Rozette (27 maart 1932, Apeldoorn), Jozeph Simon (13 september 1933, Den Haag) en Rozita (28 juli 1937, Apeldoorn) – allen vermoord op 21 januari 1943 in Auschwitz.

14.
Sophia Lopes Cardozo-van Amerongen (4 juli 1871, Den Helder) – op 26 maart 1943 in Sobibor vermoord.

15.
Judith Cohen (17 maart 1896, Amsterdam), hulp in de huishouding;
Itic (Izak) Cohn (20 april 1887, Botosani, Roemenië), bedrijfsleider, en zijn vrouw Sara Cohn-Soesman (17 oktober 1886, Zwartewaal);
David van Zwanenbergh (24 september 1895, Uden) en zijn vrouw Judith van Zwanenbergh-van Leeuwen (9 april 1894, Gorinchem);
Kaatje de Winter (1 december 1870, Veghel) en haar zuster Lena de Winter (3 november 1875, Veghel);
Louis Cutzien (29 augustus 1893, Oldenzaal);
allen op 23 juli 1943 in Sobibor vermoord.

16.
Simeon Tobie Alfred Boas (26 oktober 1886, Amsterdam), toneelagent, en zijn vrouw Maria Catharina Boas-Zelander (5 september 1889, Amsterdam), kunstschilder – beiden op 27 augustus 1943 in Auschwitz vermoord.

17.
Bernard Verduin (27 oktober 1921, Amsterdam), glasblazer – overleden op 2 mei 1945 in Buchenwald.
Charlotte Morpurgo-de Klerk (25 november 1900, Antwerpen), haar in Amsterdam geboren kinderen Raoul (23 september 1921), kantoorbediende, Alfred (9 november 1924), magazijnbediende, Bernard (19 september 1928), Betsy (10 september 1930) en Marcel (31 januari 1943) – allen vermoord op 23 juli 1943 in Sobibor.
De vader, Raphaël Morpurgo (4 september 1901, Amsterdam), koopman, was al op 30 september 1942 in Auschwitz vermoord.

18.
Isidore Lievendag (9 februari 1906, Borne) – op 9 januari 1944 in Auschwitz vermoord.
Elisabeth Henriëtte Levison-Levison (27 september 1874, Eindhoven) – op 27 augustus 1943 in Auschwitz vermoord.
Philip Flesschedrager (8 juli 1920, Amsterdam), winkelbediende –

op 26 december 1943 in Auschwitz vermoord;
zijn vrouw Elisabeth Flesschedrager-Appelboom (2 februari 1921, Amsterdam), naaister – op 18 januari 1945 in Auschwitz vermoord.

De vijfde onderduiker, de zwangere Marie Lievendag-van Aalst (13 mei 1913, Amsterdam) werd samen met haar man Isidore Lievendag naar Westerbork gebracht. Op 24 augustus gingen ze op transport naar Auschwitz, waar SS-artsen de vrouw dwongen een abortus te ondergaan om haar vervolgens aan een reeks van medische experimenten te onderwerpen. Marie Lievendag overleefde de oorlog.

19.
Evertjes man Jan Dirk van Raai werd er na de oorlog in eerste instantie van verdacht de onderduikers uit het pension te hebben verraden. Omdat de procureur-fiscaal meende dat de tegen hem gerezen verdenking ongegrond was, stelde hij hem op 3 februari 1947 onvoorwaardelijk buiten vervolging.

Het bijzonder gerechtshof in Arnhem veroordeelde op 21 maart 1947 Evertje van Raai-Hooijer wegens het verraad van de vijf onderduikers in Deventer tot zeven jaar rijkswerkinrichting oftewel dwangarbeid. Volgens het hof was er onvoldoende bewijs voorhanden om Evertje voor het verraad van de mensen uit haar pension te veroordelen. Haar jongste zoon Dirk Gijsbert kreeg twaalf jaar rijkswerkinrichting.

In hetzelfde proces stond ook Wim Keune terecht, die de rechercheurs bij de jacht op de gevluchte onderduikers had geholpen. Hij bleek zich bij het verzet te hebben aangesloten en volgens een identiteitskaart die hij tijdens zijn arrestatie bij zich droeg, had hij deel uitgemaakt van de sabotagegroepen van de Landelijke Knokploegen, de L.K.P. Een kwartiercommandant van de Binnenlandse Strijdkrachten in Utrecht noemde Keune in een verklaring 'een der besten in de arrestatieploeg'. Hij was op het tijdstip van zijn aanhouding, 1 november 1945, rechercheur bij de POD. Het hof veroordeelde hem tot zes jaar rijkswerkinrichting.

20.
Terwijl de andere rechercheurs van Meijers ploeg gevangenisstraf kregen, veroordeelde het bijzonder gerechtshof Jan Lamberts (op 25 juli 1918 geboren in het Drentse Norg) ter dood. Na zijn terugkeer in de herfst van 1943 naar Drenthe nam hij vanuit zijn standplaats Assen deel aan de bestrijding van het ondergrondse verzet. Lamberts werd op 16 november 1949 geëxecuteerd.

21.
Israel Corper (17 april 1914, Borgerhout, België), bediende, en zijn vrouw Herta Corper-Salomon (28 augustus 1918, Treis, Duitsland);
Jacob Haringman (20 juni 1915, Amsterdam), vleeshandelaar;
allen op 30 september 1942 in Auschwitz vermoord.

22.
Jacob Corper (6 december 1912, Borgerhout België), eerst diamantslijper, later koopman – op 31 mei 1944 in Auschwitz vermoord. Staat op de erelijst van het NIOD vermeld als verzetsstrijder.

23.
Ruitersweg 79:
Levie Corper, roepnaam Louis (28 juli 1889, Amsterdam) en zijn vrouw Heintje Corper-Hamel (11 januari 1888, Amsterdam);
Sanne Hamel-van Tijn (22 september 1866, 's-Graveland);
Grietje Dresden-Scheffer (2 april 1876, Amsterdam);
Benjamin Levie de Leeuw (29 september 1892, Hilversum), koopman, en zijn vrouw Saartje de Leeuw-van Allemans (8 januari 1898, Zaandam);
Wolf Jacob (Willem) Corper (9 augustus 1865, Den Helder), zijn dochters Marianne (10 december 1888, Amsterdam), handwerkster in de confectie, en Elisabeth Corper (13 februari 1896, Amsterdam), hulp in de huishouding;
allen op 22 mei 1944 in Auschwitz vermoord.
Gerard Cohen, roepnaam Gerry (24 november 1921, Amsterdam),

coupeur – op 4 september 1944 in Auschwitz vermoord.
Valk Beekman (15 juli 1881, Amsterdam), kantooremployé, en Klara Beekman-Hamburger (15 januari 1889, Amsterdam) – beiden op 14 oktober 1944 in Auschwitz vermoord.
Elisabeth Haringman-Cohen (3 augustus 1913, Amsterdam) – op 19 januari 1945 in Auschwitz vermoord.
Joseph Corper (6 januari 1931, Hilversum) en zijn broer Philip (13 maart 1933, Hilversum) – beiden op 6 september 1944 in Auschwitz vermoord.
(Hun ouders zaten elders ondergedoken en overleefden de oorlog.)

Leeghwaterstraat 71:
Manus Cohen (11 mei 1887, Amsterdam), verhuurder van marktkramen, en zijn vrouw Jansje Cohen-Allegro (26 februari 1892, Amsterdam) – op 22 mei 1944 in Sobibor vermoord.
Elizabeth Corper-van Coevorden (6 augustus 1893, Strijen) – op 22 mei 1944 in Auschwitz vermoord.
Haar zoon Wolf (Wim) Corper (18 oktober 1924, Amsterdam) – op 31 oktober 1944 in Auschwitz vermoord.
Adriana Nieuwkerk-Dolman (13 april 1900, Hilversum) – overleed op 15 februari 1945 in het concentratiekamp Ravensbrück.

24.
Isaäc Meijer (8 februari 1880, Amsterdam), koopman/handelsagent – op 10 november 1942 in Mauthausen vermoord;
zijn vrouw Sarah Meijer-de Haas (28 juni juni 1877, Londen) – op 26 december 1942 in Auschwitz vermoord;
hun zoon Siegfried Alexander (11 juni 1910, Amsterdam), vertegenwoordiger – op 15 november 1942 in Mauthausen vermoord;
hun zoon Reinier (24 september 1915, Amsterdam), assistent-accountant – op 16 november 1942 in Mauthausen vermoord.

Alice de Jong-Koningsberger (28 juli 1890, Frankfurt am Main) – op 29 oktober 1942 in Auschwitz vermoord.

Celine Nolte-de Jong (15 oktober 1884, Amsterdam) – op 28 mei 1943 in Sobibor vermoord.

Joseph Alfred Josephus Jitta (26 december 1890, Amsterdam), ingenieur, en zijn vrouw Rosi Josephus Jitta-Fleck (25 oktober 1897, Amsterdam) – beiden op 9 april 1943 in Sobibor vermoord.
Hun twee kinderen hebben de oorlog overleefd.

25.
Abraham Poons (1 december 1890, Den Haag), vertegenwoordiger, en zijn echtgenote Vrouwtje Poons-Cohen (20 mei 1886, Amsterdam);
hun zoon Samuel (26 april 1920, Den Haag) en diens vrouw Annie Poons-Bilderbeek (13 april 1924, Den Haag);
haar moeder Sara Bilderbeek-Benavente (13 juni 1892, Amsterdam), weduwe – allen op 2 juli 1943 in Sobibor vermoord.

26.
Wilhelm Christiaan Evert (6 mei 1883, Leiden), uitvoerder, lid van het verzet in Leiden. Na eerst vijf maanden in de gevangenis in Scheveningen te hebben gezeten belandde hij via de kampen Vught en Haren in het concentratiekamp Bergen-Belsen. Hij overleed na de oorlog op 31 mei 1945.

27.
Abraham Kipp (2 juni 1917, Den Haag) werd op 8 september 1949 door het bijzonder gerechtshof in Amsterdam bij verstek tot de doodstraf veroordeeld. Op dat tijdstip zat hij hoog en droog in Argentinië. Later is die straf omgezet in levenslang, maar Kipp heeft nooit een dag vastgezeten. Nadat twee verslaggevers van het *Haarlems Dagblad* hem in 1988 op het spoor waren gekomen, verdween hij. Hij overleed op 6 juli 1995 en ligt begraven in Buenos Aires.

28.
Julius Metzger (30 november 1900, Hochheim, Duitsland), slager – op 31 maart 1944 in Auschwitz vermoord;
zijn vrouw Johanna Metzger-Haas (3 februari 1900, Castrop-Rauxel), hun dochter Liesel Kläre (24 december 1929, Dortmund) en hun zoon Ernst Bernd (27 februari 1943, Dortmund) – alle drie op 10 september 1943 in Auschwitz vermoord.

29.
Beatrice Scheffelaar-Polk (23 februari 1903, Antwerpen), acrobate en koorddanseres – op 6 maart 1944 in Auschwitz vermoord;
haar zoon Mattheus Nico Polk, later Scheffelaar (23 december 1926, Utrecht) – op 29 augustus 1944 in Auschwitz vermoord.

Haar man W.J.P. Scheffelaar overleefde de oorlog; hij hertrouwde in 1949 en overleed op 4 mei 1976 in Amsterdam.

Matthijs Jacobus Keveling (16 december 1916, Leiden) werd wegens het verraad van het gezin Scheffelaar op 19 oktober 1948 tijdens een vereenvoudigde gerechtelijke procedure tot tien maanden gevangenisstraf veroordeeld en voor tien jaar uit het passief en actief kiesrecht ontzet. Eerder had een psychiater na een onderzoek als diagnose gesteld: 'Verdachte is een debiel met een depressieve aanleg met perioden waarin de depressieve verschijnselen verergeren.' Op grond hiervan concludeerde hij dat Keveling in ernstige mate verminderd toerekeningsvatbaar zou zijn. Zelf ontkende de orgelreparateur verraad te hebben gepleegd, nadat hij overigens in eerste instantie een bekentenis had afgelegd.

30.
Salomon Citroen (22 januari 1883, Amsterdam), huisarts – op 6 maart 1944 in Auschwitz vermoord.

31.
Jacob Philipson (24 juni 1903, Den Bosch), administrateur van het Joodse weeshuis in Leiden;

Jacob Simons (12 juli 1871, Oosterhesselen) en zijn vrouw Saartje Simons-Soosman (29 april 1874, Oosterhesselen);
allen op 23 juli 1943 in Sobibor vermoord.

32.
Evenals Sara Lea Philipson overleefden ook haar moeder, haar broertjes Elias, Jacob en Menachem en haar zusje Rika op een onderduikadres. In 1947 emigreerden ze naar Israël om een jaar later in een nieuwe oorlog te belanden. Sara trouwde er en kreeg vijf kinderen.

33.
Jan Wildschut werd op 23 juni 1944 na een mislukte overval op een distributiekantoor in Haarlem aangehouden. Hij was op dat tijdstip leider van de KP-Johannes. Toen hij wilde vluchten, gooide een NSB'er hem zijn fiets voor de voeten, zodat hij kwam te vallen. Johannes Post, opdrachtgever van deze overval en sinds maart 1944 een van de leiders van Landelijke Knokploegen, wilde zijn vriend koste wat het kost uit het huis van bewaring aan de Weteringschans bevrijden. Hij drukte ondanks alle bezwaren van zijn mensen het bevrijdingsplan erdoor, maar door verraad van de bewaker Jan Boogaard liepen ze in de nacht van vrijdag 14 op zaterdag 15 juli in de val. Ook Post werd door de Sipo opgepakt.

De Duitsers, die beseften een kopstuk van het verzet in handen te hebben, wilden hem zo snel mogelijk executeren. Ze vreesden dat het verzet hem en de andere gearresteerde leden van de knokploeg zou proberen te bevrijden. Op grond van het in juli 1944 door Hitler uitgevaardigde *Niedermachungsbefehl* was het niet meer nodig 'terroristen en saboteurs' voor een rechtbank te brengen. Iedere burger uit het bezette gebied die de SD en de Wehrmacht met een wapen of op heterdaad bij het plegen van sabotage betrapten, moest ter plaatse worden gefusilleerd. Bovendien speelde mee dat het verzet die zaterdag de Duitse SD'er Ernst Wehner, die betrokken was geweest bij de aanhouding van Post, had geliquideerd. Hierop besloot de *Befehlshaber* van de SD en de Sipo in Den Haag, Karl Eberhard Schöngarth, dat de zeven aangehouden KP'ers samen met acht andere zogenaamde *Todeskandidaten* op zondag 16 juli zouden worden geëxecuteerd.

Omdat de Sipo niet over een fusilleringspeloton beschikte, had Lages aan Julius Dettmann, het hoofd van de Gestapo in Amsterdam, gevraagd hoe hij het wilde doen. 'Zoals we dat in Rusland gewend waren,' antwoordde deze, namelijk door een nekschot. Lages verklaarde na de oorlog dat hij daar fel tegen gekant was geweest. Nooit eerder hadden ze in Nederland op die manier mensen terechtgesteld. Maar toen Dettmann van Schöngarth het groene licht had gekregen, zou Lages hebben gezegd: 'Goed, dan ben ik van mijn verantwoordelijkheid af en bemoei mij er verder niet mee.' Dettmann had daarop vier SS'ers uitgekozen die aan het oostfront hadden gevochten. Lages zou nog wel die zondagmiddag mee zijn geweest naar de duinen bij Overveen om erop toe te zien dat alles glad verliep.

Na de bevrijding heeft een onderzoek plaatsgevonden naar het verloop van de executie, en op grond hiervan concludeert Loe de Jong in *Het Koninkrijk der Nederlanden in de Tweede Wereldoorlog* dat een door hem niet bij name genoemde Nederlandse SS'er heeft geschoten. Daarentegen meent Geert C. Hovingh, schrijver van *Johannes Post, exponent van het verzet*, dat de schutter Maarten Kuiper zou kunnen zijn geweest. Zelf heeft deze in een verhoor op 5 september 1945 gezegd dat hij de executie slechts als getuige bijwoonde. 'Daar ik veel gruwelverhalen had gehoord over het doodschieten door Russen, wilde ik mij ervan overtuigen hoe het door de Duitsers werd gedaan. Ik heb toen Lages gevraagd of ik mee mocht om van het doodschieten getuige te zijn.'

Hoewel Kuiper het anders niet zo nauw nam met de waarheid, bestond er ditmaal voor hem geen reden te liegen. Hij wist dat hij de doodstraf zou krijgen en verder had hij al toegegeven dat hij het andere boegbeeld van het verzet, Hannie Schaft, had vermoord. Tijdens het verhoor vertelde hij dat zodra ze bij een in de duinen gegraven kuil aankwamen, vijf mannen die aan elkaar waren gebonden het bevel kregen op hun buik met het gezicht naar beneden te gaan liggen. 'Toen ze in die kuil lagen, heeft een vrijwilliger van de SS, ik meen dat het Snoek was, die zich inmiddels van het leven heeft beroofd, bedoelde personen een voor een met een pistoolschot in de nek doodgeschoten. Omdat het pistool steeds weigerde, doordat de huls niet werd uitgeworpen, moest hij het steeds opnieuw laden. Als gevolg van het nekschot spoot het bloed als een fonteintje omhoog.' Om eraan toe te voegen: 'Het was een verschrikkelijk gezicht voor mij en het moet voor de mensen die zijn doodgeschoten, ook verschrikkelijk zijn geweest.'

Op 24 oktober 1947 verhoorde de PRA Kuipers nogmaals hierover, maar toen beweerde hij zich de naam van de SS-man niet te kunnen herinneren. Het had hem allemaal dermate aangegrepen dat hij kort voor de terugtocht naar Amsterdam Dettmann erop zou hebben aangesproken. 'Jullie praten over het bos van Katyn' – waarmee hij de Russische stad bedoelde in de buurt waarvan de geheime dienst NKVD in 1940 meer dan 25 000 Poolse intellectuelen, militairen en geestelijken met een nekschot vermoordde – 'maar jullie doen hier precies hetzelfde.' Een woedende Dettmann snauwde hem daarop toe: 'Je hoort nog van mij!'

Dat de Nederlandse SS-*Scharführer* Johan Willem Snoek (4 augustus 1922, Amsterdam), roepnaam Jopie, de schutter moet zijn geweest, blijkt ook uit de verklaring die de voormalige Sipo-man en *Kriminalassistent* Willy Hermann Klüting op 16 december 1948 aflegde. Hij had de terechtstellingen op een afstand gadegeslagen en hoorde telkens het geluid van één pistoolschot. Na afloop liep hij naar de kuil en vanaf een zandwal zag hij Snoek met het pistool in de hand naast de lijken.

Snoek gold als een uiterst gewelddadige man die aan het oostfront had gevochten tot hij vanwege bevroren voeten voor de frontdienst werd afgekeurd. Nadat zijn tenen in het Wilhelmina Gasthuis in Amsterdam waren geamputeerd, ging hij voor de SD in de Euterpestraat werken. Hij mishandelde meestal zijn arrestanten, waarbij hij hen dwong schoenen en sokken uit te trekken om vervolgens op hun blote tenen te gaan staan. Ook nam hij aan talrijke fusillades deel, onder meer als commandant van een executieploeg. Alleen heeft Snoek direct na de oorlog zelfmoord gepleegd.

Tot grote ontzetting van een voorbijganger schoot hij zich op vrijdagmiddag 8 juni 1945 in een portiek op de Nieuwe Passeerdersstraat niet ver van het Leidseplein met een automatisch pistool een kogel door het hoofd. Hij hield zich tot dan verborgen voor de POD, die hem overal zocht. Een dag tevoren waren rechercheurs bij hem aan de deur geweest op de Wilhelminastraat 51hs. Zijn vrouw, die zich voor zijn zuster uitgaf, had gezegd dat ze hem al sinds zes weken niet meer had gezien. Ze sloot niet uit dat hij bij zijn moeder op de Witsenkade zat. Maar die verklaarde niet te weten waar hij zich ophield en als ze het wel wist, zou ze het hun niet aan de neus hangen. De rechercheurs hadden haar vervolgens opgepakt wegens lidmaatschap van de NSB.

Snoek liet een brief achter die hij gericht had aan de commandant van de opsporingsdienst. Hij schrijft hierin te hebben gehoord dat ze zijn moeder hadden gearresteerd en haar net zo lang zouden vasthouden tot ze hem hadden. Hij gaat dan verder: ‘Ik wil nog iets verklaren. Ik heb geleefd als idealist. Ben naar Rusland gegaan uit overtuiging. Niet als anticommunist, doch als tegenstander van het bolsjewisme. Ook na mijn verwonding, waardoor ik *frontunfähig* werd, heb ik gestreden als overtuigd nationaalsocialist. Ik weet dat u ons haat wegens het fusilleren van velen van uw kameraden. Maar ik was soldaat.’ Hij besluit zijn brief met de oproep: ‘Het valt mij niet gemakkelijk te sterven, maar het moet. Laat alstublieft mijn verdere familieleden met rust; zij hebben nergens mee te maken. En vooral, maak Nederland één.’

De man om wie het allemaal te doen was geweest, Jan Wildschut, werd kort na de mislukte bevrijdingspoging uit het huis van bewaring overgebracht naar de bunker in Vught en vervolgens naar Duitsland. Op 31 januari 1945 overleed hij, eenendertig jaar oud, in het ten westen van Stuttgart gelegen buitencommando Leonberg van het concentratiekamp Natzweiler-Struthof.

34.
Het bijzonder gerechtshof in Leeuwarden veroordeelde op 1 juli 1949 mr. Marinus Krijger wegens nalatigheid tot een voorwaardelijke gevangenisstraf van een halfjaar. Tegen het advies van de zuiveringscommissie in mocht hij echter als burgemeester van Lemsterland in functie blijven. Op 3 december 1957 kwam hij om bij een auto-ongeval. Ondanks alle protesten van bewoners vernoemde het gemeentebestuur een plein naar hem.

35.
Jacob Emanuel Souget (1 april 1921, Amsterdam) – op 18 augustus 1943 in Auschwitz vermoord.
Zijn ouders en zusters hebben de oorlog overleefd.

36.
Levie Staal (1 september 1900, Amsterdam), koopman, zijn vrouw Elisabeth Staal-Staal (13 juli 1900, Amsterdam), hun dochter Betje (16 januari 1930, Amsterdam), hun zoon Jacob Staal (4 februari 1932, Amsterdam), de moeder van Levie Staal, Betje Staal-Morpurgo (19 april 1877, Amsterdam) – allen op 2 april 1943 vermoord in Sobibor.
Alleen Abraham Staal, roepnaam Ebie, overleefde de oorlog.
Nathan Bachrach (2 oktober 1930, Arnhem) – op 21 mei 1943 in Sobibor vermoord.
Selma Hirsch-Rosendahl (4 mei 1873, Witten, Duitsland) – op 2 april 1943 in Sobibor vermoord;
haar zoon Hugo Hirsch (24 juli 1899, Düsseldorf) – op 10 december 1944 in Bergen-Belsen vermoord.

37.
Salomon Leons (4 januari 1858, Rotterdam) en zijn dochters Barendina Leons (12 maart 1892, Rotterdam) en Elisabeth Leons (1 november 1885, Rotterdam) – allen op 2 april 1943 in Sobibor vermoord.

Elisabeth Bertha Leons (30 oktober 1897, Rotterdam) en Koosje Hettij Leons (4 januari 1928, Den Haag) – beiden op 19 november 1943 in Auschwitz vermoord.

38.
Hartog Härtz (23 september 1876, Harderwijk), koopman in manufacturen, en zijn dochter Flora Härtz (18 juli 1906, Harderwijk) – beiden op 9 april 1943 in Sobibor vermoord.
Zijn vrouw Jetje Härtz-Conen (22 maart 1875, De Huizen, gemeente Hoogeveen) was al op 20 februari 1942 in Harderwijk overleden.
Grietje Härtz-van der Hoeden (28 november 1911, Nijkerk) en haar dochter Jetje Härtz (22 januari 1940, Harderwijk) – beiden op 28 mei 1943 in Sobibor vermoord.
Grietjes man Abraham Härtz (26 september 1910, Harderwijk) was op 23 oktober 1942 naar Auschwitz gedeporteerd. Hij werd tewerkgesteld in de steengroeve bij Breslau, nu het Poolse Wroclaw, en overleed op 31 augustus 1943.

39.
Ruchla Roet-Frenkiel (10 april 1914, Sulmierzyce, Polen), en haar dochter Greta Lea Roet (2 september 1939, Amsterdam) – beiden op 9 april 1943 in Sobibor vermoord.
Ruchla's man, Leendert Roet (9 mei 1914, Amsterdam) was eerder, op 28 februari 1943, in Auschwitz vermoord.
40.
Jette Levisson-de Boers (6 januari 1877, Amsterdam) – op 5 maart 1943 in Sobibor vermoord.

41.
Tjepco Adriaan Nawijn (2 september 1883, Leeuwarden), hoofdonderwijzer en lid van het verzet – overleden op 25 januari 1945 in het buitencommando Oranienburg van het concentratiekamp Sachsenhausen.

42.
De acht jodenjagers droegen de eenendertig mensen de volgende dag, 26 oktober 1943, over aan de SD in Den Haag. Van hen werden acht niet-Joodse arrestanten meteen weer vrijgelaten, een andere volgde twaalf dagen later. Tweeëntwintig, van wie zeventien Joods, gingen op transport naar Westerbork, Amersfoort en Vught. Twintig van hen overleefden de oorlog niet:
Betje van Beugen (4 maart 1899, Wildervank), verzorgster;
Samuel Gobits (13 januari 1890, Amsterdam), stoffeerder, zijn vrouw Rebecca Gobits-Leeuwin (3 april 1887, Amsterdam) en hun dochter Greta Gobits (17 december 1916, Den Haag), leerling-verpleegster in het Centraal Israëlietisch Krankzinnigengesticht Het Apeldoornsche Bosch;
Rozetta (Roo) Cohen (7 november 1907, Den Haag), caissière;
Salomon Kesner (14 november 1888, Amsterdam), handelsreiziger, en zijn vrouw Maria Kesner-Poppelsdorf (3 januari 1896, Amsterdam);
Dina Mesritz-van Beugen (3 maart 1900, Wildervank), had in Dordrecht een winkel in rituele artikelen;
Lena Marie Velleman-Eijl (2 januari 1887, Amsterdam), huishoudster in Dordrecht, haar zoon Eliazer Henri (12 maart 1929, Hoek van Holland) en haar dochter Esther Mary Betty (18 augustus 1932, Rotterdam) – beide kinderen zaten in het Israëlietisch Weeshuis in Den Haag;
allen op 19 november 1943 in Auschwitz vermoord.
Henri Hoek (7 april 1889, Vorden), textielagent, en zijn vrouw Betje Hoek-Aptroot (26 januari 1889, Leek) – beiden op 10 februari 1944 in Auschwitz vermoord.
Bernard Arie Cohen (15 november 1937, Den Bosch) – op 11 februari 1944 in Auschwitz vermoord.
Jacob Nico Bachrach (10 augustus 1925, Arnhem) – op 31 maart 1944 in Auschwitz vermoord.
Andries (André) Lezer (3 april 1919, Assen), kantooremployé – op 31 maart 1944 in Auschwitz vermoord.

Jacob van Dam (8 november 1876, Dordrecht), metaalhandelaar – op 24 juli 1944 in Vught gestorven.

De politieman Gijsbertus Gerardus van Bemmelen (21 augustus 1898, Wateringen) hielp als lid van de verzetsgroep Vrij Nederland onderduikers aan bonkaarten. Op 20 juli 1944 overleden in het buitencommando Markich van het concentratiekamp Natzweiler-Struthof.
Gommair Joannes Alphonsius Franciscus Eijsden (21 september 1890, Dordrecht), ambtenaar bij de distributiedienst en verzetsman – op 6 februari 1945 overleden in het kamp Dachau.
De seinhuiswachter en verzetsman Christiaan Anne Pieter Dijkstra (20 februari 1898, Dordrecht) werd na aanvankelijk te zijn vrijgelaten opnieuw gearresteerd. Op 19 april 1945 overleden in een concentratiekamp bij Rockenberg (Duitsland).

43.
Mietje Viskoper (2 november 1936, Amsterdam) – op 11 februari 1944 in Auschwitz vermoord.

44.
Sophie Wiemer (2 juni 1908, Berlijn-Wilmersdorf) – op 30 september 1942 in Auschwitz vermoord.

45.
Simon Tailleur (17 augustus 1892, Amsterdam), makelaar, zijn vrouw Raatje Tailleur-van Cleef (12 juli 1895, Amsterdam) en hun zoon Leo Simon (7 mei 1932, Amsterdam) – allen op 9 juli 1943 in Sobibor vermoord;
hun dochter Metha Judith Tailleur (14 oktober 1919, Amsterdam), tailleuse – op 31 januari 1944 in Auschwitz vermoord;
hun zoon Jacob Tailleur (1 juli 1923, Amsterdam) – op 31 maart 1944 in Auschwitz vermoord.

46.
Barend Buitekant (31 maart 1894, Amsterdam), koopman – op 2 juli 1943 in Sobibor vermoord.
Zijn vrouw Sarah Buitekant-Barend (29 april, Amsterdam) werd twee weken na haar vrijlating alsnog opgepakt. Op 14 mei 1943 in Sobibor vermoord.

47.
Abraham Harrebomée (6 februari 1902, Amsterdam) arresteerde als politiecommandant van Velsen tal van Joodse onderduikers, helpers en verzetsmensen. Voor hij zijn slachtoffers aan de Sipo uitleverde, mishandelde hij ze om informatie los te krijgen. Na de oorlog werd hij mede vanwege zijn betrokkenheid bij de *Silbertanne*-moorden ter dood veroordeeld. Op 6 juni 1947 vond de executie plaats.

48.
Abraham de Kromme (23 januari 1887, Amsterdam), schoenmaker, en zijn vrouw, Alida de Kromme-Sweijd (17 juli 1888, Amsterdam) – beiden op 23 juli 1943 in Sobibor vermoord.

49.
Max Matheus (25 april 1868, Rawitsch; vanaf 1919 het Poolse Rawicz) en zijn vrouw Hedwig Matheus-Herz (7 februari 1887, Berlijn) – beiden op 26 maart 1943 in Sobibor vermoord.
Wilhelm Nathan Sohn (23 november 1865, Rotterdam) – op 20 maart 1943 in Sobibor vermoord.
Auguste Grünbaum-Kierski (26 augustus 1874, Bromberg; vanaf 1919 het Poolse Bydgoszcz) – op 7 mei 1943 in Sobibor vermoord.

50.
Na de oorlog verdacht justitie Roza Boektje ervan zeker twee Joodse onderduikers te hebben aangebracht. Ook zou de vrouw een sigarenwinkelier in Scheveningen hebben verraden, bij wie haar broer

zo'n vierduizend gulden en verder sieraden had verstopt. Zij eiste het geld op, maar de man weigerde het zonder de toestemming van haar broer af te staan, waarop ze hem in de val liet lopen. Bij deze gelegenheid arresteerden de Haagse SD-rechercheurs voor de schijn ook haar. Toen de winkelier bleef ontkennen het geld te hebben, organiseerde de SD een confrontatie.

'Zij maakte op mij niet de indruk te zijn gearresteerd,' zei de winkelier na de oorlog. 'Zij was tamelijk modieus gekapt en gepoederd en droeg roodgelakte nagels. Haar optreden was ook niet als van iemand die door de SD was gearresteerd. Ze lachte en schertste met de mannen die mij verhoorden.' Hij kwam twee maanden later vrij, nadat zijn vrouw duizend gulden aan het Duitse Rode Kruis had gedoneerd. Roza Boektje verklaarde in een verhoor dat het nooit haar bedoeling was geweest de man te laten arresteren. Omdat ze naar België wilde vluchten en het geld dringend nodig had voor de reis, had ze hem schrik willen aanjagen.

Begin mei 1944 liet de SD haar vallen, toen ze weigerde binnen drie dagen de namen en adressen van Joodse onderduikers te geven. Ze ging eerst op transport naar Westerbork en vervolgens op 19 mei naar Auschwitz. Daar overleefde ze om op 25 januari 1945 door het Russische Rode Leger te worden bevrijd. Tot 2 augustus van dat jaar werkte ze voor het Russische Rode Kruis, waarna ze werd gerepatrieerd.

De procureur-fiscaal achtte na een onderzoek verraad in geen van de gevallen bewezen en stelde haar voorwaardelijk buiten vervolging. Onder de conditie dat ze zich drie jaar lang onder toezicht zou stellen van de Stichting Toezicht Politieke Delinquenten.

51.
Leonie Rabl-Fraenkel, roepnaam Lony (16 november 1882, Berlijn), exploitante van café De Paris – op 14 november 1944 in Auschwitz vermoord.

Na haar deportatie veranderde de nieuwe Duitse eigenaar de naam in café Le Chevalier d'Or.

52.
Arnold Rudolf Wafelman (12 januari 1903, Amsterdam), handelsreiziger – op 6 maart 1944 in Auschwitz vermoord.

53.
Het is niet bekend waar Günther Blancke is gebleven. Hij wordt op 26 maart 1946 uitgeschreven uit het Amsterdams bevolkingsregister en de bestemming staat niet aangegeven.

Egon Hans Kochmann zou Joodse onderduikers hebben geholpen hun bezittingen te verkopen, waarna hij met hun geld naar Frankrijk zou zijn vertrokken om dienst te nemen bij de *Organisation Todt*. Later zou hij in het concentratiekamp Neuengamme zijn terechtgekomen. Het is niet bekend of Kochmann het kamp zou hebben overleefd. Bij de ontruiming van Neuengamme heeft de SS-leiding de administratie grotendeels vernietigd.

54.
Hugo Daniel Hes (24 december 1888, Oss), koopman, zijn vrouw Betje Hes-Parfumeur (3 november 1899, Culemborg) en hun allen in Oss geboren kinderen Mia Jetta Sienij (7 oktober 1931), Rosina Jetta Antje (25 april 1933), Hijman Leman (24 augustus 1934), Henriette Dina Truus (6 augustus 1936), Dia Helene (13 juli 1938), Jehudah Jacob Louis (22 februari 1940) en Samuël Aaron Salmij (31 augustus 1942) – allen op 6 september 1944 in Auschwitz vermoord.

Uit het bejaardentehuis (voor zover is na te gaan):
Isaac Elsbach (25 februari 1864, Grave);
Rosina Fresco (28 november 1923, Oss), vermoedelijk verpleeghulp;
Selma Gutmann (18 oktober 1879, Ochtendung, Duitsland);
Esther Koster-Silverenberg (12 oktober 1864, Berghem);
Bartha Leviticus-Woudstra (25 november 1883, Hoogeveen);
allen op 6 september 1944 in Auschwitz vermoord.

Op de door de PRA samengestelde lijst staan ook Erna Passmann-Willner (7 juni 1904, Cloppenburg, Duitsland), Johanna Elsbach (20 april 1881, Benrath, Duitsland) en Emile Benjamin Elsbach (12 mei 1900, Oss), maar volgens het Joods Digitaal Monument zijn zij al eerder vermoord.

Van de in totaal achttien arrestanten zou alleen Bertha Zilverberg hebben overleefd.

55.
Machiel IJzerman (10 april 1911, Amsterdam), stoker en chauffeur – op 18 januari 1945 doodgeschoten tijdens de *Todesmarsch* van Auschwitz naar Buchenwald, toen hij wegens uitputting niet verder kon;
zijn vrouw Marie IJzerman-Trompetter (7 april 1910, Amsterdam) – op 30 september 1944 in Auschwitz vermoord;
haar zuster Betje van Thijn-Trompetter (4 maart 1915, Amsterdam), machinestikster – overleed op 31 oktober 1944 in 'Midden-Europa'.
De man van Betje, de kleermaker Levi van Thijn (18 januari 1917, Amsterdam), was al op 31 maart 1943 omgekomen in het dwangarbeiderskamp voor Joden bij de Silezische plaats Seibersdorf, later het Poolse Zebrzydowice.

56.
Clara Havas-Teitelbaum (17 januari 1893, Des, Hongarije) – volgens het slachtofferregister van de Oorlogsgravenstichting overleden op 6 september 1944 in de omgeving van Auschwitz.

57. Op de lijst van 12 september 1942 staan als informanten genoemd:
Emil Benjamin (28 juni 1881, Salzwedel, Duitsland);
[op 11 februari 1944 in Auschwitz vermoord].
Albert de Jong (14 februari 1909, Amsterdam);
[de bijzondere strafkamer van de Amsterdamse rechtbank veroordeelde hem op 17 april 1950 tot vier jaar en zes maanden gevangenisstraf].

Chiel Hersch Liebermann (9 augustus 1891, Frysztak, Polen);
[op 11 januari 1945 in Bergen-Belsen overleden].
Alfred Bornstein (25 december 1898, Berlijn);
Isaac Maandag (14 mei 1912, Amsterdam);
[op 4 december 1944 in Bergen-Belsen overleden].

58. Op de lijst van 15 april 1943 staan als informanten genoemd:
Albert de Jong (14 februari 1909, Amsterdam);
Alfred Bornstein (25 december 1898, Berlijn);
Kurt Jacubowski (20 maart 1903, Gostyn, Polen);
Robert Maij (13 oktober 1873, Amsterdam);
[overleden op 21 augustus 1962, Amsterdam].
Edgar Fuld (9 januari 1890. Amsterdam);
[verongelukt op 21 oktober 1948, Prestwick, Schotland].
Marianne Nathasius-Rosenthal (17 december 1863, Hamburg);
[direct na de oorlog verklaarde de dan eenentachtigjarige vrouw niet te begrijpen hoe ze op de lijst kwam: ze had nooit contact gehad met de Duitsers].
Martin Frankenhuis (25 januari 1909, Zutphen);
[op 2 juli 1944 in Auschwitz overleden].

59.
Hersz Markus (24 december 1880, Lodz, Polen);
[op 23 maart 1949 met onbekende bestemming vertrokken].

60.
Alfred Bornstein, zijn vrouw Dorothea Bornstein-Behrens (22 juli 1896, Berlijn) en hun dochter Vicky Sara (14 september 1924, Berlijn) – allen op 1 juli 1944 in Auschwitz vermoord.

61.
Herta Kaufmann-Türk (19 mei 1910, Hildesheim), haar zoon Klaus Julian Jacubowski (9 juli 1931, Hannover) en haar dochter Renate Charlotte Jacubowski (18 maart 1935, Amsterdam) – allen op 6 ok-

tober 1944 in Auschwitz vermoord. Van de man met wie Herta Türk op 14 mei 1941 hertrouwde, de behanger Paul Leijser Kaufmann (6 mei 1894, Moers, Duitsland) zijn volgens het Joods Digitaal Monument plaats en datum van overlijden onbekend.

62.
Abraham van Dam (14 december 1878, Groningen), koopman – op 17 september 1942 in Auschwitz vermoord.

63.
Albert Mozes Hes (1 februari 1906, Amsterdam), commissionair in effecten – op 2 maart 1943 in Sobibor vermoord;
zijn vrouw Marie Hes-Meijer (27 juni 1907, Amsterdam), hun zoon Marcel Albert (11 april 1936, Amsterdam) en hun dochter Emmy Marie (5 juni 1938, Amsterdam) – allen op 23 april 1943 in Sobibor vermoord.
Om welke familie Pakter en De Haan het ging, viel niet te achterhalen.

64.
Gerhard Badrian (13 oktober 1905, Beuthen in Duits Silezië; vanaf 1945 het Poolse Bytom), fotograaf – verzetsman – op 30 juni 1944 tijdens een schietpartij gedood.
Frits Reinder Boverhuis (26 maart 1915, Amsterdam), opzichter van een drukkerij en verzetsman – op 16 juli 1944 in de duinen bij Overveen gefusilleerd.
Cornelis Arie Hartog, roepnaam Charly (14 november 1910, Den Haag), directeur van een importfirma – op dinsdag 5 september 1944 gefusilleerd in het kamp Vught.
Anne-Marie Appelboom-Dey werd naar het vrouwenkamp Ravensbrück gebracht, maar overleefde de oorlog.

65.
Zijn optreden in het proces tegen Betje Wery deed Oreste Pinto

voorgoed de das om. Eerder was hij ook al door een andere affaire in opspraak gekomen. Het middelpunt vormde toen Helène Louise ten Cate Brouwer, een beeldschone, elegante verschijning, die oorspronkelijk voor het verzet werkte, maar na haar arrestatie voor de Duitsers in Italië ging spioneren. De geallieerden pakten de vrouw daar op en brachten haar naar Engeland.

Nadat Pinto de vrouw had verhoord, stelde hij haar op vrije voeten, waarop ze nog dezelfde dag bij hem introk. Toen hij ook nog eens openlijk had toegegeven seks met een verraadster als Betje Wery te hebben gehad, was dit voor de Nederlandse minister van Oorlog, Alexander Fiévez, de laatste druppel: hij besloot hem met ingang van 29 februari 1948 te schorsen. Kort daarna volgde Pinto's ontslag.

Pinto – '*the greatest living expert on security*' zou de Amerikaanse opperbevelhebber van het geallieerde leger, generaal Dwight D. Eisenhower, hem hebben genoemd – publiceerde in de jaren vijftig in vier delen zijn memoires: in 1952 de bestseller *Spy-Catcher*, in 1953 *Friend or Foe* en in 1960 *Spy-Catcher* 2 en 3. Zonder enige gêne schreef hij hierin heldendaden en bravourestukjes van collega's op zijn eigen naam. En toen de BBC de op zijn boeken gebaseerde radio- en televisieserie *Spycatcher* uitzond, verwierf hij een haast legendarische status in Groot-Brittanië.

De laatste jaren van zijn leven sleet hij in slechte gezondheid om in de nacht van 17 op 18 september 1961 in Londen aan chronische bronchitis te overlijden, eenenzeventig jaar oud.

66.
Betje Werij-Swaab (17 januari 1859, Amersfoort) – op 19 oktober 1942 in Auschwitz vermoord.

67.
Juda Heide (28 maart 1915, Oberhausen), marktkoopman – op 29 maart 1945 in Dachau gestorven.
Emanuel Louis Kats (5 april 1915, Apeldoorn), kleermaker – op 31 maart 1944 in Auschwitz vermoord.

Samuel Kats (18 mei 1880, Rheden), slager – op 2 april 1943 in Sobibor vermoord.
David Kok (24 januari 1894, Amsterdam), bedrijfsleider – op 28 februari 1943 in 'Midden-Europa' omgekomen.

68.
Isaäc Papegaay (3 november 1896, Amsterdam), handelsreiziger, zijn vrouw Eva Papegaay-Prys (25 februari 1898, Amsterdam) en hun dochters Mimi (13 september 1922, Amsterdam), kantoorbediende, en Janny (25 oktober 1926, Amsterdam) – allen op 16 april 1943 in Sobibor vermoord.

69.
Paul Berets (6 mei 1902, Krefeld), winkelier – op 28 februari 1945 in 'Midden-Europa' omgekomen.
Frits Berets (21 februari 1906, Krefeld) – op 28 maart 1945 in een buitenkamp van Buchenwald omgekomen.

70.
Mozes Koopman (26 augustus 1887, Zwolle);
Karel Denneboom (11 februari 1879, Zwolle), koopman;
Roosje van Gigch-Denneboom (19 mei 1890, Zwolle);
Esther de Leeuwe-Denneboom (28 augustus 1914, Gelsenkirchen);
allen op 27 augustus 1943 in Auschwitz vermoord.
De man van Esther, Mozes de Leeuwe (20 november 1910, Zwolle), koopman – op 20 december 1943 in Auschwitz vermoord.

71.
Kaatje Nort-Kets de Vries (31 mei 1900, Almelo), marktkoopvrouw – op 28 februari 1945 in 'Midden-Europa' vermoord.
De ook eerder vrijgestelde Betje ten Bosch-Nort (17 februari 1894, Den Bosch) – op 11 februari 1944 in Auschwitz vermoord.

72.
Jonas Fresco (27 januari 1914, Den Haag), koopman – op 28 februari 1943 in Auschwitz vermoord.

73.
Willem Hendrik Zeelt (23 augustus 1916, Den Haag), lid verzet – op 31 mei 1945 in het dan voormalige concentratiekamp Dachau bezweken.

74.
Jeannette Chasler (17 februari 1915, Rotterdam), vertegenwoordigster – op 31 mei 1945 in het dan voormalige concentratiekamp Bergen-Belsen overleden aan de doorstane ontberingen.

75.
Betje Fresco ontmoette in België een Engelse officier, met wie ze wilde trouwen. Toen dat voorlopig niet doorging, keerde ze in juni 1945 naar Nederland terug. Nadat de BS haar op 18 juni had gearresteerd, vluchtte ze in oktober samen met een andere gedetineerde naar België. De politie hield haar daar op 8 december in een voorstad van Brussel aan. In afwachting van haar uitlevering mocht ze zich, met het oog op haar huwelijk, in de Engelse kerk laten dopen. Op 14 mei 1947 veroordeelde het bijzonder gerechtshof in Den Haag haar tot twee jaar gevangenisstraf.

In een brief schreef ze naderhand dat ze had gehoopt door leugens en bedrog na de SD ook de PRA om de tuin te kunnen leiden, maar dat ze door haar liefde 'voor God, mijn aanstaande man en voor mijn grootmoeder' had ingezien verkeerd te hebben gehandeld. 'Ik ben uiteindelijk dankbaar dat ik heb bekend en mijn detentie van ongeveer twee jaar voel ik als verdiend.'

76.
Jonas Samuel Fransman (1 maart 1913, Rotterdam), boekhouder – op 30 juni 1944 in 'Midden-Europa' vermoord;

zijn vrouw Mary Fransman-van der Stam (5 mei 1921, Den Haag) en hun baby Jopie Paulina (1 november 1943, Tilburg) – beiden op 11 februari 1944 in Auschwitz vermoord.

Ook de ouders van Lientje en Jonas Fransman vonden de dood: Benedictus Fransman (13 juli 1888, Amsterdam), banketbakker, en zijn vrouw Pauline Fransman-Goldstein (4 augustus 1887, Maastricht) werden beiden op 18 november 1943 in Auschwitz vermoord.

77.
Op haar beurt beschuldigde Ans van Dijk Theodora Polak-Huber (26 oktober 1899, Amsterdam) ervan drie familieleden van haar Joodse man en hun helper te hebben verraden. Nadat de SD in het voorjaar van 1944 het echtpaar Polak-Huber wegens 'jodenbegunstiging' had opgepakt, zou de vrouw hun onderduikadres in Beverwijk hebben gegeven. Nog dezelfde dag zouden zij en haar man op vrije voeten zijn gesteld.

Bij de vier ging het om:
Benjamin Druijf, roepnaam Wollie (4 juli 1907, Amsterdam), fruithandelaar – op 10 mei 1945 in Mauthausen gestorven;
zijn vrouw Duifje Druijf-Cohen, roepnaam Dora (21 januari 1911, Amsterdam) – op 13 november 1944 in Auschwitz vermoord;
hun dochter Lena (7 februari 1935, Amsterdam) – op 22 mei 1944 in Auschwitz vermoord.

Hendrik Stratmann (5 juni 1896, Beverwijk), los werkman en lid van het verzet – na de ontruiming van het concentratiekamp Sachsenhausen op 26 april 1945 tijdens de *Todesmarsch* in de buurt van de Oost-Duitse stad Wittstock overleden.

Het Openbaar Ministerie stelde een onderzoek in tegen Theodora Polak-Huber, maar besloot de zaak te seponeren. De betrokken officier van justitie schreef in dit verband op een kattebelletje: 'Deze zaak zal mijns inziens nooit tot een veroordeling kunnen leider. Anna van D. [Dijk] is dood en haar verklaring is mogelijk door wrok ingegeven. Schaap is niet voldoende positief.'

78.
Jacob van Dijk (13 mei 1907, Amsterdam), kousenhandelaar, zijn vrouw Marianne van Dijk-Levij (25 februari 1909, Amsterdam), hun zoon Aron (11 januari 1929, Amsterdam) en hun dochters Rachel (13 mei 1933, Amsterdam) en Kathe (4 oktober 1937, Amsterdam) – allen op 9 juli 1943 in Sobibor vermoord.

79.
Eliazar Simons (17 december 1885, Amsterdam), bakker, zijn vrouw Sara Simons-van Beem (10 november 1890, Amsterdam) en hun zoon Meijer (18 juli 1929, Amsterdam) – allen op 5 november 1942 in Auschwitz vermoord.

80.
Een andere keer vertelde Schaap dat hij de tip op maandag 31 mei 1943 had gekregen van een 'oom Ko', namelijk de v-man Jacobus Antonius Huyts (27 september 1899, Amsterdam). Deze had hem getipt dat een Joodse man op de Bernard Zweerskade 19-II, Herbert Kohn, persoonsbewijzen vervalste. Wat Huyts vermoedelijk niet wist, was dat Kohn onder de schuilnaam Janbroers als lid van verzetsgroep CS-6 in Noord-Brabant spioneerde, om de foto's, die hij van Duitse militaire objecten maakte, de Britse geheime dienst toe te spelen.

Schaap deed nog diezelfde maandag samen met Mozer een inval op het aangegeven adres. Na Kohn te hebben gearresteerd deden ze er, gesecondeerd door oom Ko, huiszoeking. Terwijl ze daarmee bezig waren, belden er voortdurend mensen aan die een vervalst persoonsbewijs kwamen ophalen of bestellen. Inmiddels hadden ze assistentie gekregen van twee collega's, Jan van der Hoek en Theo van Eysden, zodat ze vijftien mensen konden arresteren. Maar toen ze hen naar een overvalauto brachten, nam Kohn plotseling de benen. Hij kwam niet ver doordat een rechercheur hem neerschoot.

Zodra Van der Hoek en Van Eijsden hem naar de auto wilden slepen, verzette hij zich heftig, waarop ieder van hen één keer op hem schoot. Zwaargewond belandde hij in het door de bezetter in Wester Gasthuis omgedoopte Wilhelmina Gasthuis; op 3 juni overleed hij er. Jacobus Huyts stierf enkele weken na de bevrijding, op 24 juli 1945, aan tbc.

81.
Salomon Vos (24 januari 1903, Amsterdam) – op 2 juli 1943 in Sobibor vermoord.

82.
De PRA onderzocht na de oorlog een reeks van verraadzaken waarbij de raamprostituee Bep Stroomberg betrokken zou zijn geweest. In de meeste gevallen slaagde zij er niet in bewijzen boven water te halen, maar in één zaak lukte dat wel. Met haar medeweten had Schaap zeker één keer haar huis op de Keizersgracht 235 als 'jodenval' gebruikt. Hij kon hierdoor op dinsdag 13 juni 1944 het echtpaar Werner oppakken. Terwijl de vrouw overleefde, werd de man in Auschwitz vermoord. Tijdens haar proces voerde Bep Stroomberg aan dat ze uit angst voor Schaap niet durfde te weigeren.

Daarentegen deed de PRA verder niets met het gegeven dat de vrouw in juni 1944 de ouders van Salomon Vos, Simon en Eva Vos-Ketellapper, op de Kerkstraat 225 had ondergebracht. Nota bene het huis waar Branca Simons woonde en dat Schaap ook als 'jodenval' gebruikte. Na twee weken arresteerde de SD het echtpaar. Nadat de zevenenzestigjarige vrouw op 30 juli 1943 in Westerbork was overleden, stierf de man op 7 januari 1945 in het kamp Bergen-Belsen, zeventig jaar oud.

Op 25 augustus 1948 veroordeelde het bijzonder gerechtshof in Amsterdam Bep Stroomberg tot vijf jaar gevangenisstraf. Ze overleed op 28 december 1968 in Amsterdam.

83.
Abraham Hamburger (2 november 1899, Amsterdam) – op 27 augustus 1943 in Auschwitz vermoord.

84.
Benjamin de Vries (27 november 1895, Haarlem), directeur van het Oude Lieden-gesticht in Amsterdam – op 31 maart 1944 overleden, sterfplaats volgens het Joods Digitaal Monument onbekend;
zijn vrouw Eva de Vries-Samson (6 juli 1888, Harderwijk) – op 3 september 1943 in Auschwitz vermoord.

85.
Hartog Simon de Jonge (11 juli 1896, Winschoten), pensionhouder en huisbaas – op 19 maart 1944 in Auschwitz-Monowitz vermoord.

86.
Rosa Swalef (12 mei 1913, Amsterdam), advocaat-procureur;
Sara Limburg (1 mei 1918, Amsterdam), kantoorbediende;
Selma Bleiberg (10 januari 1925, Bielsko, Polen), naaister;
allen op 24 september 1943 in Auschwitz vermoord.
Leon Kinsbergen en Serafina Anstadt hebben de oorlog overleefd. Serafina slaagde erin met het jongetje uit de Hollandsche Schouwburg te vluchten.

87.
Bertha Eva Sternfeld (14 februari 1924, Arnhem) – op 31 oktober 1944 in Auschwitz vermoord.

88.
Dina Gaby-Smeer (26 juli 1918, Amsterdam), kantooremployé – op 31 oktober 1944 in Auschwitz vermoord;
haar baby Serica Bianca (30 april 1943, Alkmaar) – op 28 februari 1944 in Westerbork overleden;
haar man Semaria Gabay (16 november 1915, Istanboel) – op 15 maart 1945 in 'Midden-Europa' omgekomen;
haar vader Meijer Smeer (8 september 1886, Amsterdam) en haar moeder Branca Smeer-Degen (5 april 1887, Amsterdam) – beiden op 28 januari 1944 in Auschwitz vermoord.

89.
Marcus Pels (3 februari 1906, Amsterdam), grossier – op 21 mei 1944 in Auschwitz vermoord.
Christiaan Antonius Josua Rugge (11 november 1984, Amsterdam) – op 24 januari 1945 overleden in het buitencommando Leonberg van het concentratiekamp Natzweiler-Struthof.
De vrouw van Marcus Pels, Hendrika Pels-Brandon, heeft de oorlog overleefd.

90.
Aaltje van Colle-Scheffer (13 augustus 1901, Amsterdam), tailleuse, en haar dochter Christine (8 augustus 1932, Amsterdam) – beiden op 8 april 1944 in Auschwitz vermoord.

91.
Henry van Adelsbergen (27 mei 1907, Uithoorn), agentuur – op 4 maart 1945 overleden in het buitencommando Vaihingen van het concentratiekamp Natzweiler-Struthof.

92.
Jannes Haan (21 juli 1901, Oude Pekela), belastingambtenaar – lid van het verzet – op 31 januari 1945 in het concentratiekamp Sachsenhausen omgekomen.

93.
Erich Geiringer (11 november 1901, Wenen), koopman – op 31 januari 1945 in Mauthausen omgekomen;
zijn zoon Heinz Felix Geiringer (12 juli 1926, Wenen) – vermoedelijk rond 10 mei 1945 overleden, sterfplaats onbekend.
Fritzi Geiringer-Markovits en dochter Eva overleefden Auschwitz-Birkenau. De weduwe trouwde op 10 november 1953 in Amsterdam met Otto Frank. Eva huwde een jaar eerder Zvi Schloss. Ze schreef over haar ervaringen het boek *Herinneringen van een joods meisje 1938-1945*.

94.
Henry Bernstein (21 januari 1896, Winsen bij Hannover) – op 28 september 1944 in Auschwitz vermoord;
zijn zoon Rolf Bernstein (16 maart 1929, Düsseldorf) – in februari 1945 in Auschwitz overleden;
Benjamin Blankenstein (20 februari 1914, Hilversum), onderwijzer en verzetsman – op 24 februari 1945 in Bergen-Belsen overleden.
De vrouw van Henry Bernstein heeft de oorlog overleefd.

95.
Schoontje Soesman (25 augustus 1883, Zwartewaal, Zuid-Holland);
Esther Posener-Goudsmit (9 augustus 1909, Amsterdam), en haar zoontje Frits Leendert Posener (1 november 1940, Amsterdam);
alle drie op 6 september 1944 in Auschwitz vermoord;
haar man Joseph Posener (4 september 1908, Amsterdam), leraar – op 14 maart 1945 tijdens het zogeheten dodentransport vanuit Mauthausen overleden.
Leendert Vischschraper (5 maart 1914, Amsterdam), vertegenwoordiger – op 4 december 1944 tijdens het dodentransport vanuit Natzweiler-Struthof overleden.
Hartog Komkommer (24 mei 1891, Amsterdam), handelsreiziger – op 12 april 1945 tijdens het dodentransport vanuit Mauthausen overleden.
Zijn vrouw en dochter Sara hebben, evenals een andere onderduikster, overleefd.

96.
Tijdens haar detentie diende Rosalie Roozendaal in 1947 een aanklacht in tegen Jan Engels (25 maart 1902, Utrecht), de man die haar vader zou hebben verraden. Als directeur van de NV Amsterdamsche Handel in Wild en Gevogelte had deze in 1938 het failliete bedrijf van Siegfried Roozendaal, de inblikkerij Tokita Product Onderneming, overgenomen om het twee jaar later weer van de hand te doen, maar in 1941 kocht hij het terug. Roozendaal bleef al die tijd bedrijfsleider,

tot hij in de loop van 1942 moest onderduiken. Op 24 september van dat jaar werd hij opgepakt; volgens het Joods Digitaal Monument overleed hij op 31 maart 1944 in 'Oost-Europa', vijftig jaar oud.

Al in 1942 beschuldigde Rosalie Roozendaal Engels ervan dat hij het appartement van haar vader op de Roerstraat had leeggeplunderd. De SD liet hem weer lopen, nadat hij een contract had overlegd waaruit bleek dat alles op zijn naam stond. Vijf jaar later kwam ze met dezelfde aantijgingen, ditmaal met steun van haar oom Bernard, die verklaarde dat hij uit Westerbork twee brieven op wc-papier van zijn broer had ontvangen met het verzoek wraak te nemen voor het verraad door Engels.

Tegen Engels pleitte bovendien dat hij in 1936 wegens valsheid in geschrifte was veroordeeld en dat hij direct na de oorlog zes maanden dwangarbeid had gekregen. Hij had in 1940 bij een loonconflict vijf werknemers van zijn bedrijf door de Duitsers laten oppakken. Maar bij het onderzoek door de PRA bleek dat de beide brieven uit Westerbork verloren waren gegaan. En ook kon Engels opnieuw aantonen dat de met hem bevriende Roozendaal alle bezittingen op zijn naam had gezet.

Toen hij op 27 mei 1948 voor het tribunaal in Amsterdam wegens collaboratie moest terechtstaan, kwam het vermeende verraad dan ook niet aan de orde. Zijn straf bleef beperkt tot de duur van het voorarrest.

97.
Zacharias Sleijfer (20 maart 1911, Den Helder) beriep zich na de oorlog op de goede relaties die hij met de Joodse raad voor Friesland had toen hij bij de Sipo in Leeuwarden Joodse aangelegenheden deed. In een op 25 augustus 1945 gedateerde brief schreef hij zich nooit iets van de Duitse, tegen de Joden gerichte verordeningen te hebben aangetrokken en hun onbeperkt reis- en verblijfvergunningen te hebben verstrekt: 'Er is dan ook geen provincie in Nederland waar het voor Joden zo gemakkelijk en soepel is gegaan als juist in Friesland.' En toen de Duitsers verordonneerden dat de Joden naar Westerbork

moesten, had hij met de voorzitter van de raad, mr. Mozes Troostwijk, besproken wie wel of niet op de lijst voor transport kwamen.

Met die lijst stapte hij dan naar de Leeuwardense politie, die 's avonds om acht uur de genoemde mensen oppakte en naar de beurs of het station bracht. 'Aan deze arrestaties nam niemand van de Sipo deel. Wel kwam die eens kijken,' schreef Sleijfer. 'De Joden werden door alle rangen van het korps gearresteerd, onder anderen door wachtmeesters-opperwachtmeesters-rechercheurs-inspecteurs.' Samen met mr. Troostwijk keek hij of er 'bijzondere gevallen' tussen zaten, 'zieken-halfzieken-kleine kinderen', om die met het voltallige gezin naar huis te sturen. Bij elk transport zou het zeker om twintig, vijfentwintig mensen zijn gegaan.

Vanwege zijn extreem agressieve, suïcidale gedrag, zoals het in een medisch rapport heette, belandde Sleijfer in de Psychiatrische Inrichting in Franeker. Zijn vrouw had toen inmiddels echtscheiding aangevraagd. Nadat artsen hadden vastgesteld dat hij een hersentumor had, kwam hij in 1952 vrij om een jaar later op 24 mei in Utrecht te overlijden.

98.
De Groningse kamer van het bijzonder gerechtshof in Leeuwarden veroordeelde de ss-*Hauptscharführer* Robert Wilhelm Lehnhoff (op 11 augustus 1906 geboren in het Duitse Mehle) ter dood, waarna hij op 24 juli 1950 werd geëxecuteerd. Hij zou zich niet alleen aan moord hebben schuldig gemaakt, maar ook aan verkrachting van vrouwelijke arrestanten.

99.
Bernard Nico de Jong (30 november 1908, Groningen), musicus – op 10 maart 1945 in Mauthausen omgebracht.

100.
Richard Weisz (7 juni 1091, Mannheim), fabrikant – op 7 januari 1945 overleden in Hailfingen, een kamp bij het concentratiekamp Natzweiler-Struthof;

zijn vrouw Ruth Hanna Weisz-Neumann (15 juni 1910, Berlijn), ontwerpster – op 10 mei 1945 in 'Midden-Europa' overleden.
Hendrikus van Hoeve zat tot zijn bevrijding door Amerikaanse troepen in verschillende concentratiekampen.

101.
Mina Knopper-Blom (9 april 1911, Amsterdam) – op 20 december 1943 in Auschwitz vermoord.
Haar niet-Joodse man Jan Hendrik Maarten Knopper en hun kind hebben de oorlog overleefd.

102.
Jacob Acohen (13 oktober 1903, Amsterdam), marktkoopman – op 29 juni 1942 in Mauthausen omgebracht.

103.
Raphaël Sarphatie (24 december 1917, Amsterdam), winkelier, en zijn vrouw Flora Esther Sarphatie-Mok (30 mei 1919, Den Haag) – beiden op 30 november 1943 in Sobibor vermoord.

104.
Mozes Sarphatie (27 oktober 1884, Amsterdam), winkelier, en zijn vrouw Rosetta Sarphatie-Rocco (25 augustus 1890, Amsterdam); Hanna Sarphatie, 9 juli 1890 in Amsterdam, verkoopster – alle drie op 21 mei 1943 in Sobibor vermoord.

105.
Roza Milikowski-Elburg (9 oktober 1903, Hilversum), kantoor-employé – op 24 september 1943 in Auschwitz vermoord.

106.
Philip Joseph Adolf van Perlstein (30 april 1880, Arnhem) en zijn vrouw Rosa Johanna van Perlstein-Gompertz (3 september 1893, Arnhem) – beiden op 10 september 1943 in Auschwitz vermoord.

107.
Mr. August Eduard Dimitri von Saher (4 oktober 1890, Haarlem) trouwde later met de weduwe van de Nederlands-Joodse kunsthandelaar Jacques Goudstikker, wiens zoon Eduard (Edo) ook zijn naam kreeg. De niet-Joodse Von Saher zette zich toen in voor een teruggave van de befaamde Goudstikker-collectie, maar het zou nog tot 2006 duren voordat de Nederlandse staat de collectie aan de enige erfgenaam, de weduwe van Edo, Marel von Saher, toekende.

108.
Salomon Charmatz (20 december 1894, Brzezany, tot 1939 Pools, later Oekraïens), koopman, en zijn vrouw Elsa Charmatz-Jacobson (4 januari 1905, Kolberg; vanaf 1945 het Poolse Kolobrzeg) – beiden op 31 augustus 1944 in Auschwitz vermoord.

Hun helper, Gerrit Jacob Busser, kreeg wegens 'jodenbegunstiging' zes maanden concentratiekamp. Hij zat langer vast en werd op 16 april 1945 door het Russische Rode Leger bevrijd. Flora Sara Pollak-Parille ging op 31 juli 1944 via Westerbork op transport naar het kamp Theresienstadt, waar ze een voorkeursbehandeling kreeg. Na de oorlog vestigde ze zich in Engeland.

109.
Toen rechercheurs van het Bureau Nationale Veiligheid huiszoeking deden in het huis van Pollak, vonden ze vijfduizend dollar aan bankbiljetten. Ze konden het geld niet in beslag nemen, omdat het echtpaar niet in gemeenschap van goederen bleek te zijn getrouwd en de weduwe beweerde dat ze niet had geweten wat haar man deed. Men kon haar toch niet verantwoordelijk stellen voor zijn misdaden. Ook zei ze over een kwitantie te beschikken die onomstotelijk zou aantonen dat hij de dollars al vóór de oorlog had gekocht bij de Nederlandsche Handelsmaatschappij.

Een jaar later vormde een bedrag van dertigduizend gulden de inzet, nadat de weduwe dit bij de Zwitserse verzekeringsmaatschappij Helvetia had geclaimd. Een advocaat van de Zwitsers wilde in een civiele procedure aantonen dat Pollak als handlanger van de SD niet een natuurlijke dood was gestorven, maar dat het verzet hem had terechtgesteld. Wat zou inhouden dat Amalie Bauckhage geen aanspraak kon maken op het geld. In een brief aan het BNV schreef de advocaat dat zij zonder meer moest hebben geweten dat haar man een verradersrol speelde.

De vrouw stond in mei 1948 terecht voor het bijzonder gerechtshof in Amsterdam. In een brief had Willheim haar ervan beschuldigd dat ze na haar arrestatie door de SD zeker vier mensen had verraden. Bovendien geloofde hij dat de vijfduizend dollar afkomstig waren uit de verkoop van sieraden die hem hadden toebehoord. Pollak zou namelijk een cassette van hem met sieraden ter waarde van dertigduizend gulden achterover hebben gedrukt. Zelf verklaarde de weduwe dat ze de dollars opzij hadden gelegd om er na de oorlog een huisje aan de Rijn van te kopen.

Nadat de procureur-fiscaal een jaar gevangenisstraf tegen haar had geëist, waarvan zes maanden voorwaardelijk, sprak het hof haar vrij. Begin 1949 emigreerde Amalie Bauckhage naar de Verenigde Staten, naar Terre Haute in de staat Indiana.

110.
Aron Polak (28 juni 1904, Amsterdam), expediteur, lid van het verzet – op 27 december 1942 in het kamp Gross-Rosen overleden.

111.
Johan Frederik Henri de Jonge Melly (16 oktober 1905, Amsterdam), lid van het verzet – op 29 juli 1943 op de Leusderheide gefusilleerd.
Cornelis Gootjes (28 maart 1904, Sint Pancras), veehandelaar, lid van het verzet – op 29 maart 1945 overleden in het *Kommando* Melk van het concentratiekamp Mauthausen.

112.
De broers Bernard (23 september 1913, Dalen) en zijn broer Albert

Jan (26 juni 1916, Dalen), beiden landbouwer en lid van het verzet – alle twee op 8 maart 1945 gefusilleerd bij Woeste Hoeve, Apeldoorn.

113.
Niemand van CS-6 wist na de oorlog waarom Jan Verleun de vaandrig Herman Gerrit Postma (19 maart 1919, Smallingerland) als doelwit had uitgekozen. De weinige overlevende leden, onder wie Elisabeth Hendrika Sluyter, die aanwezig was bij de aanslag, hadden geen idee. De broer van de – in 1944 gefusilleerde – Jan Verleun, Theo, zelf ook lid, had van hem gehoord dat de vaandrig 'vele verzetsmensen' aan de SD had uitgeleverd: 'Omdat Postma gevaarlijk zou worden voor andere illegale werkers, kreeg mijn broer de opdracht hem neer te schieten.' En een ander CS-6-lid zei: 'Ik geloof wel dat er voldoende redenen zijn geweest, want onze groep schoot nooit iemand zonder reden neer.'

Het slachtoffer zelf meende tijdens een verhoor op 28 september 1945 dat het verzet 'per abuis' de aanslag op hem had gepleegd. Hij had niets misdaan; ook was hij nooit lid van de NSB geweest. En na zijn overplaatsing naar Den Haag zou hij juist in het geheim hand-en-spandiensten aan het verzet hebben verleend. Maar naarmate de POD dieper in de zaak wroette, kwam er steeds meer boven water.

Postma was weliswaar geen lid geweest van de NSB, maar wel van de zoveel radicalere Germaansche SS en ook had hij de eed van trouw afgelegd op Hitler als 'de Führer aller Germanen'. Op het tijdstip van de aanslag zou hij zich echter voornamelijk hebben beziggehouden met de bestrijding van de zwarte handel. Vanwege zijn verdiensten had de leiding van de marechaussee hem op 1 augustus 1943 bevorderd tot luitenant. Door drie kogels geraakt verbleef hij zes maanden in het omgedoopte Wilhelmina Gasthuis, waarna hij zich met ingang van januari 1944 liet detacheren bij de Kripo-afdeling, de recherche, van de *Aussenstelle* Den Haag. Een paar maanden later stapte hij er over naar de SD om het tot SS-*Untersturmführer* te brengen.

Dat hij na de oorlog zo goed wegkwam, had hij te danken aan een weduwe die een ontlastende verklaring aflegde. De vrouw, wier man door de Duitsers was gefusilleerd en die zelf wegens 'jodenbegunstiging' had vastgezeten, vertelde dat toen Postma haar dochter het hof maakte, zij in overleg met haar verzetsgroep hem een voorstel had gedaan. Mits hij niets meer zou ondernemen tegen de illegaliteit en de weduwe informatie over de activiteiten van de *Dienststelle* zou verschaffen, mocht hij eens in de zoveel tijd in haar aanwezigheid de dochter bezoeken. Niet alleen zou hij hiermee akkoord zijn gegaan, ook zou hij actief het verzet hebben geholpen door dossiers te vernietigen en door mensen te waarschuwen en te laten ontsnappen.

De procureur-fiscaal besloot met name op grond van haar verklaring Postma, die tot dusver vastzat, op 19 oktober 1946 voorwaardelijk buiten vervolging te stellen. In de daaropvolgende maanden kwam echter steeds meer informatie beschikbaar waaruit bleek dat de ex-luitenant vermoedelijk dubbelspel had gespeeld. Voor justitie gaf dit de doorslag in 1947 alsnog een reeks van mensen te verhoren. Langzaam ontstond toen het beeld van een man met een uiterst kwalijke reputatie. 'Een volstrekt onbetrouwbaar sujet,' zoals een getuige hem noemde.

Desondanks zag justitie geen reden de zaak te heropenen. Ook niet nadat zij in 1949 documenten had gevonden met aanwijzingen dat Postma bij de SD deel zou hebben uitgemaakt van een speciale afdeling die tweedracht binnen het verzet moest zaaien. Herman Postma overleed op 7 oktober 1984 in Den Haag.

114.
Truus van Lier (22 april 1921, Utrecht), studente, werd op 24 november 1943 samen met twee andere verzetsvrouwen, Reina Prinsen Geerligs (7 oktober 1922, Semarang, Nederlands-Indië) en Cornelia Kossen (13 juni 1897, Amsterdam), in het concentratiekamp Sachsenhausen-Oranienburg gefusilleerd.

Catharina Krina Thonus (9 januari 1919, Amsterdam) moest al eind 1945 voor het bijzonder gerechtshof in Amsterdam verschijnen, wat inhield dat ze een zware straf kon verwachten. Tijdens het proces bleek dat ze een relatie had gehad met de SD-rechercheur Friedrich Viebahn, die haar eerst aan een administratieve baan bij de *Hausraterfassung* en later bij een *Sonderkommando* van de SD had geholpen. Wegens hulpverlening bij de arrestatie van Truus van Lier eiste de procureur-fiscaal de doodstraf tegen haar. Het hof veroordeelde haar op 31 december 1945 tot vijftien jaar dwangarbeid in een rijkswerkinrichting. Een maand later verwierp de bijzondere raad van cassatie haar beroep.

115.
Meijer Agsteribbe (1 mei 1905, Haarlem), handelsreiziger – op 30 september 1944 in Auschwitz vermoord.

116.
Alex Ekstein (30 oktober 1921, Rotterdam), fotograaf – op 28 februari 1943 in Auschwitz vermoord.

117.
Saartje van Bergen-van Gigch (12 maart 1912, Amsterdam), kapster, verzetsvrouw – op 9 juli 1943 in Sobibor vermoord.

118.
Bernardine Bloemgärten-Hertog (12 september 1899, Maastricht) – op 28 mei 1943 in Sobibor vermoord.

119.
Abraham Liesveld (15 december 1918, Rotterdam), lid van het verzet – op 26 februari 1945 in het kamp Mauthausen overleden.

120.
Hendrika van de Montel-Boeken (28 november 1905, Amsterdam) – op 31 januari 1944 in Auschwitz vermoord.
Haar man en beide dochters hebben de oorlog overleefd. Van het nichtje is niets bekend.

121.
Charles Salomon Viskoop (17 februari 1943, Amsterdam) – volgens het Joods Digitaal Monument op 28 januari 1944 'in de omgeving van Auschwitz' vermoord.

De vader, Sem Viskoop, werd opgepakt toen de moeder, Veronica Viskoop-de Brave, nog niet was bevallen. Direct na de bevalling bracht de achtentwintigjarige vrouw haar baby onder bij Adriana Gerarda Hemonia Bijmoer-Liscaljet, om korte tijd later bij een razzia in de handen van de bezetter te vallen. Sem en Veronica Viskoop stierven beiden in Auschwitz.

122.
Catharina Abram-Speelman (11 juli 1906, Amsterdam) en haar dochter Helena Abram (31 maart 1933, Amsterdam), beiden op 28 januari in Auschwitz vermoord.

123.
Joseph Busnach (10 april 1889, Amsterdam), koopman – op 30 januari 1943 in Auschwitz vermoord;
zijn vrouw Margaretha Busnach-van West (9 februari 1891, Amsterdam), en hun dochter Sara (21 februari 1913, Amsterdam) – beiden op 17 september 1942 in Auschwitz vermoord.

124.
Sibylla Lieselotte Canes-Wolff (5 januari 1923, Schotten, Duitsland), verkoopster – op 31 december 1944 in Bergen-Belsen omgekomen.
Haar man Max Canes en hun zoontje – dat in Limburg ondergedoken had gezeten – overleefden de oorlog.

125.
Meijer de Groot (9 oktober 1897, Utrecht), koopman – op 30 september 1944 in Auschwitz vermoord;
Sophia de Groot-Swaab (10 juni 1900, Utrecht) en hun dochter Ra-

chel de Groot (15 augustus 1927, Amersfoort) – beiden op 22 mei 1944 in Auschwitz vermoord.
Israël de Groot overleefde de oorlog.

126.
Rebecca Engelander-van Praag (15 november 1890, Amsterdam) – op 6 september 1944 in Auschwitz vermoord;
haar zonen Jacob (30 mei 1917, Amsterdam), reparateur van oude kleding, en Isaäc (6 juni 1923, Amsterdam), kantoorbediende – volgens het Joods Digitaal Monument beiden op 31 mei 1945 overleden, sterfplaats onbekend.

LIJST VAN AFKORTINGEN

AIVD: Algemene Inlichtingen- en Veiligheidsdienst
AST: Abwehrstelle
BdS: Befehlshaber der Sicherheitspolizei und des Sicherheitsdienst
BNV: Bureau Nationale Veiligheid
BS: Binnenlandse Strijdkrachten
BVD: Binnenlandse Veiligheidsdienst
CABR: Centraal Archief Bijzondere Rechtspleging
CIZ: Centraal Israëlietische Ziekenverpleging
CS-6: Corellistraat 6 (verzetsgroep)
DDR: Deutsche Demokratische Republik
DSK: Devisenschutzkommando
Gestapo: Geheime Staatspolizei
KP: Knokploeg
LOF: Legioen Oud-Strijders Front
NIOD: Nederlands Instituut voor Oorlogsdocumentatie
NSB: Nationaal-Socialistische Beweging
NSDAP: National-Sozialistische Deutsche Arbeiter Partei
NSNAP: Nationaal-Socialistische Nederlandsche Arbeiderspartij
OD: Ordedienst (verzetsorganisatie)
PBA: Politiebataljon Amsterdam
PBC: Persoonsbewijscentrale (verzetsgroep)
POB: Politie Opleidings Bataljon (Schalkhaar)
POD: Politieke Opsporingsdienst
PRA: Politieke Recherche Afdeling
RIOD: Rijksinstituut voor Oorlogsdocumentatie
RSHA: Reichssicherheitshauptamt
SD: Sicherheitsdienst
Sipo: Sicherheitspolizei
SS: Schutzstaffel
V-vrouw: van Vertrauensfrau (informante)
V-man: van Vertrauensmann (informant)
WA: Weer-Afdeling

Bibliografie

Aalders, Gerard. *Roof: de ontvreemding van joods bezit tijdens de Tweede Wereldoorlog*. Sdu Uitgevers, Den Haag (1999).

Aarts, H.J. *Heerenveen bezet en bevrijd*. Stichting Museum Willem van Haren, Heerenveen (1985).

Aartsma, K., en B. Huizing. *De zwarte politie 1940-1945*. Unieboek, Weesp (1986).

Abma, G., e.a. *Tussen goed en fout*. Wever, Franeker (1986).

Aly, Götz. *Hitlers Volksstaat*. Fischer, Frankfurt am Main (2003).

Anne Frank Stichting. *In Anne Franks Haus*, S. Fischer Verlag, Frankfurt am Main (2004).

Arendt, Hannah. *Eichmann in Jerusalem*. The Viking Press, New York (1963).

Arnoldussen, Paul, en Jolande Otten. *De borrel is schaarsch en kaal geworden*. Bas Lubberhuizen, Amsterdam (1994).

Baarda, Saskia, en Gerrit Valk. *Alkmaar in Oorlogstijd 1940-1945*. Octavo, Bergen (1983).

Bakker, W. *Bezettingsmisère en bevrijdingsvreugde*. Boom, Meppel (1995).

Bakker, W. *Bezetting en verzet: 1940-1945 in Meppel en wijde omgeving*. Boom, Meppel (1984).

Ballintijn, G. *Kroniek van de Tweede Wereldoorlog*. Van der Loeff, Enschede (1945).

Barnouw, D., M. de Keizer, Gerrold van der Stroom (onder redactie van). *1940-1945: Onverwerkt verleden*. HES, Utrecht (1985).

Barnouw, David, Harry Paape en Gerrold van der Stroom. *De Dagboeken van Anne Frank*. Bert Bakker, Amsterdam (1986).

Barnouw, David. *Rost van Tonningen. Fout tot het bittere einde*. Walburg Pers, Zutphen (1994).

Barnouw, David. *Anne Frank voor beginners en gevorderden*. Sdu Uitgevers, Den Haag (1998).

Barnouw, D., en Gerrold van der Stroom. *Wie verraadde Anne Frank?* Boom, Amsterdam (2003).

Bartholomeus, J. *Helmond 1940-1945*. Europese Bibliotheek, Zaltbommel (1977).

Beem, H. *De Joden van Leeuwarden. Geschiedenis van een Joods cultuurcentrum.* Van Gorcum & Comp, Assen (1974).

Beer, A. de. *Zomaar een stad, Tilburg 1944-1945*, Tilburgse Historische Reeks (1994)

Belinfante, A.D. *In plaats van bijltjesdag.* Van Gorcum & Comp & Comp, Assen (1978).

Berg, C.A. van der, en E.P. Boon. *De Joodse gemeenschap in de Kanaalstreek.* Mr. J.H. de Vey Mestdagh Stichting, Groningen (1992).

Berg, H.D. van den. *Onse Joeden. Nijmegen en de geschiedenis van haar Joden.* Walburg Pers, Zutphen (2002).

Berg, Jan van den. *Een in de oorlog. Kroniek van een Noord-Drents dorp.* Noordboek, Groningen (2005).

Berg, Josine van den. *Het verhaal van de Joodse inwoners van Woerden.* Comité Joods Monument in Woerden (2002).

Bergh, S. van den. *Deportaties: Westerbork Theresienstad Auschwitz Gleiwitz.* C.A.J. van Dishoeck, Bussum (1945).

Bloemhof, J.L. *Amersfoort '40-'45.* Bekking, Amersfoort (2005).

Blom, J.C.H., R.G. Fuks-Mansfeld, I. Schöffer (onder redactie van). *Geschiedenis van de joden in Nederland.* Balans, Amsterdam (1995).

Boas, Henriëtte, G.A. van der Berg, Els Boon. *De Joodse Gemeenschap in de Kanaalstreek.* Studie Rosenthaliana. Vol. 27 (1993).

Boas, Jacob. *Boulevard des Misères: het verhaal van doorgangskamp Westerbork.* Nijgh & Van Ditmar, Amsterdam (1988).

Boelema, Horst G.O. *Delft in bezettingstijd 1940-1945.* Gemeente Musea Delft (1990).

Boellaard, W.A.H.C. *De angst voor lafheid.* Kok Voorhoeve, Kampen (1997).

Boere, J.A. *Kroniek van Ede gedurende de bezettingstijd.* Frouws, Ede (1947).

Bolle, Mirjam. *Ik zal je beschrijven hoe een dag er hier uitziet.* Contact, Amsterdam (2003).

Bollegraaf, Ruben. *De Joden te Oss in de bezetting door Duitsland.* Uitgave in eigen beheer (1993).

Bonten, Jef, en Leo Franzen. *Oorlogsjournaa*l. Stichting Troef, Eygelshoven (1995).

Boom, Bart van der. *Den Haag in de Tweede Wereldoorlog.* SeaPress, Den Haag (1995).

Boon, E.P., en J.J.M. Lieftinck. *De Joodse gemeenschappen in Hoogezand, Sappemeer, Slochteren. Noord- en Zuidbroek en omliggende dorpen 1724-1950.* Mr. J.H. de Vey Mestdagh Stichting, Groningen (2001).

Both, Nico de. *Het Scholtenshuis 1940-1945.* In Boekvorm, Assen (2008).

Bottema, J. *Ze waren onder ons: 300 jaar joden in Delfzijl 1642-1942.* Uitgave in eigen beheer, Delfzijl (1980).

Braber, Ben M. *Zelfs als wij zullen verliezen.* Balans, Amsterdam (1990).

Bree, L.W. de. *Zeeland, 1940-1945 (deel I).* Den Boer, Middelburg (1979).

Bregstein, Philo. *Gesprekken met Jacques Presser.* De Prom, Baarn (1999).

Broekema, Swier, e.a. *Verzet in Groningen.* Wolters-Noordhoff, Groningen (1986).

Brouwer, Louis de. *De Joodse gemeente Alphen aan den Rijn,* 1972-1964. Albini, Amsterdam (2002).

Browning, C. *Doodgewone mannen: een vergeten hoofdstuk uit de Jodenvervolging.* De Arbeiderspers, Amsterdam (1993).

Brueren, Leo. *Authentieke verhalen van mensen uit de regio Venlo.* Van Spijk, Venlo (1995).

Bruineman, Joan, en Leo Platvoet. *Metterdaad: vijf jaar onderdrukking en verzet in Bussum.* Walden, Bussum (1985).

Cahen, J. *Ergens in Nederland: brief uit kamp Westerbork 1 november 1942.* Herinneringscentrum Kamp Westerbork, Hooghalen (1988).

Cammaert, A.P. M. *Oorlog en bevrijding in Drenthe.* Drentse Historische Vereniging. Assen (1985).

Cammaert, A.P.M. *Sporen die bleven.* Stichting Deportatie Noord- en Midden-Limburg (1996).

Cammaert. A.P.M. *Het verborgen front.* Eisma, Leeuwarden (1994).

Caransa, Abraham. *Van school verwijderd. Jood.* Uitgeverij Tuindorp. Haarlem (1990).

Cohen, dr. Elie A. *De afgrond. Een egodocument.* Paris/Manteau, Amsterdam-Brussel (1974).

Cornelissen, C.B., en J. Slettenhaar. *In de schaduw van de adelaar.* Witkam, Enschede (1982).

Cornelissen, C.B. *Onvoltooid verleden tijd.* De Bruyn, Oldenzaal (2006).

Creveld, T.B. van. *De verdwenen buurt.* Walburg Pers, Den Haag (1989).

Croes, Marnix. *Ploerten op luchtbanden. Sicherheitspolizei en SD in Nederland*. Afstudeerscriptie 7 februari 1994.

Croes, M.T., en H.D. Flap. *Wat toeval leek te zijn, maar niet was*. Het Spinhuis, Amsterdam (2001).

Croes, Marnix, en Peter Tammes. *'Gif laten wij niet voortbestaan'* (dissertatie). Aksant, Amsterdam (2004).

Daalen, A.P.A. van, en E.C. de Vroedt. *Politie en justitie in Delft*. Gemeentelijke archiefdienst/gemeentepolitie, Delft (1980).

Dam, Alfred van. *Mijn levensloop*. Dagboekcollectie NIOD.

Dam, drs. C. van. *Jodenvervolging in de stad Utrecht*. Walburg Pers, Zutphen (1985).

Dam, J.P.A. van den, en P.M. Toebak. *Speuren naar sporen*. Gem. Archiefdienst, Breda (1990).

Dam, M.J. van, e.a. *Gouda in de Tweede Wereldoorlog*. Eburon, Delft (1995).

Dekkers, C.A., en J.M. van Kasbergen. *Oranje-marechaussee*. Lunet, Naarden (1987).

Dekkers, Frans. *Eindhoven, 1933-1945*. Onze Tijd/In de Knipscheer, Haarlem (1982).

Dekkers, Frans. *King Kong. Leven, dood en opstanding van een verrader*. HP-Balans, Amsterdam (1986).

Dekkers, Frans. *B&W – rond de Tweede Wereldoorlog in Groot-Eindhoven*. In de Knipscheer, Amsterdam (1992).

Dogger, Gerard. *De vierkante maan*. Sijthoff, Amsterdam (1985).

Dongelmans, Jan. *Acht eeuwen politie in Nijmegen*. Walburg Pers, Zutphen (1993).

Dresden, prof. ir. D. *De beul regeert*. De Hofstad, Den Haag (1945).

Drost, H.H. *Harlingen in oorlogstijd*. Flevo, Harlingen (1946).

Drouin, Marion. *Karl Josef Silberbauer, der Mann, der Anne Frank verhaftete*. Proefschrift universiteit van Reims (2004).

Durlacher, G.L. *Strepen aan de hemel. Oorlogsherinneringen*. Wolters-Noordhoff, Groningen (1985).

Eefting, Henk. *De Bijzondere Rechtspleging 1944-1952*. Aspekt, Soesterberg (2007).

Einthoven, Louis. *Heeft de afwezige ongelijk?* Semper Agendo, Apeldoorn (1973).

Einthoven, Louis. *Tegen de stroom in*. Semper Agendo, Apeldoorn (1974).

Eliëns, F.M. (samengesteld door). *Nijmegen tussen bezetting en bevrijding*. Europese Bibliotheek, Zaltbommel (1995).

Enter, E.M. van. *Joden en Leiden*, Gemeentelijke Archiefdienst Leiden (1980).

Fijnaut, Cyrille. *De geschiedenis van de Nederlandse politie*. Boom, Amsterdam (2007).

Foppema, Yge Herman. *Spijkerschrift. Mei 1940-Mei 1945*. De Bezige Bij, Amsterdam (1945).

Frank, Anne. *Het Achterhuis. Dagboekbrieven 12 juni 1942-1 juni 1944*. Bert Bakker, Amsterdam (2003).

Frank, Anne. *Verhaaltjes, en gebeurtenissen uit het Achterhuis, Cady's leven*. Bert Bakker, Amsterdam (2005).

Free, C.J.M. *Luister naar de tranen*. Heinen, Den Bosch (1995).

Friedländer, Saul. *Nazi-Duitsland en de joden*. Het Spectrum, Utrecht (1998).

Friso, K. *Putten 1940/1945. Kroniek*. BDU, Barneveld (1990).

Frijtag Drabbe Künzel, Geraldien von. *Het geval Calmeyer*. NIOD/Mets & Schilt, Amsterdam (2008).

Fuks-Mansfeld, drs. R.G. *50 Jaar Joodse Invalide*. Kinsbergen, Amsterdam (1961).

Galen Last, Dick van, en Rolf Wolfswinkel. *Anne Frank and After*. Amsterdam University Press, Amsterdam (1996).

Gans-Premsela, Jenny. *Vluchtweg*. Bosch & Keuning, Baarn (1990).

Gans, M.H. *Memorboek*. Bosch & Keuning, Baarn (eerste druk oktobert 1971).

Gelder, Johan van. *Terug van weggeweest*. Geldersboek, Groningen (1993).

Gelder, Johan van. *De papieren oorlog*. Geldersboek, Groningen (1997).

Gies, Miep, en Alison Leslie Gold. *Herinneringen aan Anne Frank*. Bert Bakker, Amsterdam (1987).

Giskes, H.J. *Abwehr III F*. De Bezige Bij, Amsterdam (1949).

Goldhagen, D.J. *Hitler's Willing Executioners*. Little, Brown and Company, Londen (1996).

Gommans, Gerrit, en Wiel Mercus. *Leven in oorlog: Blerick 1949-1945*. Blerick-Venlo (1984).

Goudriaan, Buck. *Leiden in de Tweede Wereldoorlog. Van dag tot dag*. F.G.W. Goudriaan, Leiden (1995).

Groen, Koos. *Landverraders, wat deden we met ze?* In den Toorn, Baarn (1974).

Groen, Koos. *Als slachtoffers daders worden*. Ambo, Baarn (1994).

Groenhuis, G. *Emmen in bezettingstijd*. Stichting 4 mei Comité Emmen (1990).

Haan, Ido de. *Na de ondergang: De herinnering aan de Jodenvervolging in Nederland 1945-1995*. Sdu Uitgevers, Den Haag (1997).

Haar, Carel ter, en Edward van Voolen (samengesteld door). *Verhalen uit Joods Amsterdam*. J.M. Meulenhoff, Amsterdam (1993).

Hageman, H. *Leeuwarder Joden of Joodse Leeuwarders*. In: Leeuwarder Historische Reeks. Tresoar, Leeuwarden (1993).

Hagendoorn, Jaap. *Gids langs de geschiedenis van Joods Zwolle*. Stichting Judaica, Zwolle (1999).

Ham, Gijs van der. *Zeeland 1940-1945 (deel II)*. Waanders, Zwolle (1990).

Harmens, P. *Zwolle in oorlogstijd*. Matrijs, Utrecht (1994).

Hartendorf, G.E. *Politieverzet in Haarlem tijdens de Tweede Wereldoorlog*. De Vrieseborch, Haarlem (1994).

Hartendorf, Guus, en Thijs Weustink. *De Velser Affaire: bezettingstijd 1940-1945 in Kennemerland*. De Vrieseborch, Haarlem (2001).

Heere, Peter H., Arnold Th. Vernooij en Jan M.M. van den Bos. *De Eerebegraafplaats te Bloemendaal*. Sdu Uitgevers, Den Haag (2005).

Hellwig, Joachim, en Günther Deicke. *Ein Tagebuch für Anne Frank*. Verlag der Nation, Berlijn (1959).

Helman, Albert. *Gerrit-Jan van der Veen: een doodgewone held*. Het Wereldvenster, Baarn (1977).

Hemelrijk, dr. J. *Er is een weg naar de vrijheid*. W. de Haan, Zeist (1965).

Hemrika, Anneke. *Klein Monument*. Octavo, Bergen (1985).

Hermans, W.J.M., en Bea Beumink. *Andres Kervel-kelder: schuilplaats voor joden*. Stichting Wakker Hengelo (2006).

Herzberg, mr. A.J. *Kroniek der Jodenvervolging*. In: *Onderdrukking en verzet, Nederland in oorlogstijd*. J.M. Meulenhoff, Amsterdam (1950).

Herzberg-Pinas, H. *Drie jaar duurde de nacht. Dagboek van een Joods meisje*. Kluitman, Alkmaar (1979).

Heijden, Chris van der. *Grijs verleden*, Contact, Amsterdam (2001).

Heijink, G. *Met onvergetelijke moed*. Boekhandel Heijink, Hardenberg (2005).

Hilberg, R. *The Destruction of the European Jews*. Holmes & Meier, New York/ Londen (1985).

Hilbrink, dr. Coen, e.a. *De Pruus komt! Overijssel in de Tweede Wereldoorlog*. Waanders, Zwolle (1990).

Hillesum, Etty. *Het verstoorde leven*. De Haan, Haarlem (1981).

Hillesum, Etty. *In duizend zoete armen*. De Haan, Weesp (1984).

Hirschfeld, G. *Bezetting en collaboratie*. Becht, Haarlem (1991).

Hofman, J. *De collaborateurs*. Boom, Meppel (1981).

Hoogeveen, Jos. *'Eveneens voor de goede orde'*. Winants, Heerlen (1984).

Höss, Rudolf, Pery Broad en Johann Paul Kremer. *KL Auschwitz in den Augen der SS*. Krajona Agencia Wydawnica. Katowice, Polen (1981)

Houten, Annelies van. *Geslagen mensen*. Omniboek, Den Haag (1982).

Houwink ten Cate, J.Th.M., en N.K.C.A. in 't Veld. *Fout. Getuigenissen van NSB'ers*. Sdu Uitgevers, Den Haag (1992).

Hovingh, Geert C. *Johannes Post, exponent van het verzet*. Kok, Kampen (1995).

Huessen-Pikaar, Martha van. *Wij en een volk. Belevenissen van een koerierster*. Rond 1953 uitgegeven in eigen beheer.

Huizinga, dr. J.J. *Friesland en de Tweede Wereldoorlog*. Friese Pers Boekerij, Leeuwarden (1996).

Hulst, F.J., en H.M. Luning. *De Joodse gemeente te Assen*. Vanderveen, Assen (1991).

Iddekinge, P.R.A. van, e.a. *Nederland 1940-1945. De gekleurde werkelijkheid*. Zomer & Keunig, Ede (1985).

Jager, D.M. de. *De houding van de Nederlandse politie tijdens de Tweede Wereldoorlog in de grote steden van Noord-Brabant*. Proefschrift KUB (1999).

Jochems, G.M., en R.M. Kemperink. *De Tweede Wereldoorlog*. Gemeentearchief Apeldoorn (2002).

Jong, dr. L. de. *Het Koninkrijk der Nederlanden in de Tweede Wereldoorlog*. Deel 1 tot en met 14. Sdu Uitgevers, Den Haag (1969-1991).

Jong, Salomon de. *Joodse oorlogsherinneringen (1940-1945)*. T. Wever, Franeker (1983).

Karhof, Nicolaas Johannes, e.a. *Zeeland in bewogen dagen: 1940-1945*. Altorffer, Middelburg (1945).

Karin (pseudoniem voor Atie Ridder-Visser). *Marinus Post alias Evert.* Voorhoeve, Kampen (1999).

Karssen, C. *Bodegraven in oorlogstijd.* W. Karssen & Zoon, Bodegraven (1985).

Kasteleyn, Leonard P. *Vervolging en bescherming, joden in Leiden, 1933-1945.* Stedelijk Museum De Lakenhal, Leiden (2003).

Keizer, Jasper. *Handlangers van de vijand.* Friese Pers Boekerij, Drachten (1990).

Keizer, Jasper. *De zwarte wagon: verraders in Friesland.* PENN, Leeuwarden (2007).

Kelder, J.J.. *De Schalkhaarders.* Veen, Utrecht (1990).

Kempner, Robert M.W. *Edith Stein und Anne Frank.* Herder Bücherei, Bazel, Wenen, Freiburg (1968).

Kerkvliet, G. *Een pot piccalilly voor Westerbork.* Q-producties, Den Haag (maart 1973).

Klijn, Margo. *De stille slag. Joodse Arnhemmers, 1933-1945.* Van Gruting, Westervoort (2003).

Klinken, drs. G.J. van, en mr. J.J. de Vey Mestdagh. *De Joodse gemeenschap in het Groningse Westerkwartier, Peize en Roden.* Vrienden van het Rijksarchief Groningen (1987).

Klokhuis, G.J.I. *Twente 1940-1945* (deel 1 en 2). Witkam, Enschede (1975).

Klokhuis, G.J.I. *Twente in de Tweede Wereldoorlog.* Van de Berg, Enschede (1993).

Knoop, Hans. *De Joodsche Raad: Het drama van Abraham Asscher en David Cohen.* Elsevier, Amsterdam (1983).

Kok, René, en Erik Somers. *Oorlogsfoto's tegen het licht.* Veen, Utrecht (1989).

Kok, René, Erik Somers, Gerrie de Jong. *Naar eer en geweten.* Waanders, Zwolle (2001).

Koker, David. *Dagboek geschreven in Westerbork.* Van Oorschot, Amsterdam (1977).

Kolfschooten, Frank van. *De Koningin van Plan Zuid.* L.J. Veen, Amsterdam (1997).

Kooger, J.P. *Joods leven in Dieren, Rheden en Velp.* Walburg Pers, Zutphen (1987).

Kooistra, J., J.J. Mulder en C. Reitsma. *Leeuwarders in oorlogstijd.* Friese Pers Boekerij, Leeuwarden (1985).

Kooistra, Jack. *Strijders, onderdrukkers en bevrijders – Fryslân in de oorlog.* PENN, Leeuwarden (2005).

Kooistra, Jack. *Een laatste saluut. Fryslân in de oorlog.* PENN, Leeuwarden (2008).

Kopuit, M. *De Joden in Nederland.* W. Klein, Assen (1968).

Kopuit, Maurits. *Zo heb ik overleefd.* Kok Educatief, Kampen (1990).

Kopuit, M. *Dat heeft mijn oog gezien.* Kok Educatief, Kampen (1990).

Kraaijenbrink, H. *Politierapport 1940-1945.* Walburg Pers, Zutphen (1986).

Kroon, Phocas. *De joodse gemeenschap in Eindhoven, 1940-1945.* Uitgave in eigen beheer.

Krosenbrink, G.J.H. *Winterswijk in de Tweede Wereldoorlog.* Vereniging 'Het Museum', Winterswijk (1985).

Kuik, B.A. van. *Harderwijk in oorlogstijd.* Flevo, Harderwijk (1946).

Laan-Boelens, J.P. van der. *In antwoord op je vragen.* W.D. Meinema, Delft (1987).

Laansma, Sjoerd. *De Joodse gemeente te Zutphen.* Walburg Pers, Zutphen (1977).

Laansma, S. *De Joodse gemeente te Apeldoorn en het Apeldoornsche Bosch.* Walburg Pers, Zutphen (1979).

Lagerwij, Vincent, en Gert Plekkringa. *Ede 1940-1945.* BDU, Barneveld (1990).

Langelaar, Mies, en Jan Hulscher. *Dagboek van een Naarder, 1940-1945.* Stadsarchief Naarden (1995).

Lee, Carol Ann. *Roses from the Earth: The Biografy of Anne Frank.* Viking, Londen (1999).

Lee, Carol Ann. *Het verborgen leven van Otto Frank.* Balans, Amsterdam (2002).

Lee, Carol Ann. *The Hidden Life of Otto Frank.* HarperCollins, New York (2003).

Lee, Carol Ann. *Anne Frank and the Children of the Holocaust.* Viking, New York (2006).

Lee, Carol Ann. *Anne Frank 1929-1945. Het leven van een jong meisje.* Balans, Amsterdam (2009).

Leiker, Sjoerd Pieter (onder redactie van). *Verzet in West-Friesland.* Pirola, Schoorl (1990).

Leiker, Sjoerd Pieter, en Louise van der Veen. *Op de bres voor de vrijheid.* Grüner, Amsterdam (1973).

Levi, Primo. *Is dit een mens?* J.M. Meulenhoff, Amsterdam (1987).

Levi, Primo, en Leonardo De Benedetti. *Auschwitz rapportage.* J.M. Meulenhoff, Amsterdam (2008).

Liempt, Ad van. *Kopgeld.* Balans, Amsterdam (2002).

Ligtvoet, Pim. *Ik heb een heel tijdje niets van me laten horen. Joden in de Zaanstreek (1940-1945).* Stichting Uitgeverij Noord-Holland, Wormerveer (2007).

Linden, Kees van der, J.J. Temminck, W.A. de Wagt. *Kom ga sjoelen! Bijdragen over de geschiedenis van de joodse gemeenschap in Haarlem.* De Vrieseborch, Haarlem (1999).

Lindwer, Willy. *De laatste zeven dagen.* Gooi en Sticht, Hilversum (1988).

Lindwer, Willy. *Kamp van hoop en wanhoop.* Balans, Amsterdam (1990).

Lindwer, Willy, en Johannes Houwink ten Cate. *Het fatale dilemma.* Sdu Uitgevers, Den Haag (1995).

Lipschits, Isaac. *De kleine sjoa.* Mets & Schilt, Amsterdam (2001).

Lunteren-Spanjaard, M. van, en Joep Wijnberg-Stroz. *Blijvers en voorbijgangers: joden in Delft 1850-1960.* Kok, Kampen (1998).

Maarsen, Jacqueline van. *Ik heet Anne, zei ze. Anne Frank.* Cossee, Amsterdam (2003).

Maas, J., en J. van Vlies (onder redactie van). *Loods 24 – vervolging Rotterdamse Joden in de oorlog.* Stichting Loods 24, Rotterdam (1993).

Maassen, H. *Roermond in de jaren 1940-1944.* Doctoraalscriptie (1979).

Mechanicus, Philip. *In dépôt. Dagboek uit Westerbork.* Polak & Van Gennep, Amsterdam (1964).

Mechanicus, Philip. *'Ik woon, zoals je weet, drie hoog'. Brieven uit Westerbork.* Balans, Amsterdam (1987).

Meershoek, Guus. *Dienaren van het gezag.* Van Gennep, Amsterdam (1999).

Meershoek, Guus. *Bevolen dienst geweigerd.* Politie Amsterdam-Amstelland (2008).

Meijer, Folke, en Martin Scholma. *Appingedam '40-'45. Bezetting en bevrijding.* Profiel, Bedum (1981).

Meijer, Jaap. *Hoge hoeden, lage standaarden.* Wereldvenster, Baarn (1969).

Mendelsohn, Daniel. *Verloren – Op zoek naar zes van de zes miljoen*. De Arbeiderspers, Amsterdam (2007).

Metselaar, Albert. *Op de drempel van de hel*. Eigen beheer, Hoogeveen (1994).

Meyers, J. *Mussert. Een politiek leven*. Aspekt, Soesterberg (2003).

Michman, J., H. Beem, D. Michman. *Pinkas: geschiedenis van de joodse gemeenschap in Nederland*. Kluwer, Ede (1992).

Middelberg, Matthias. *Judenrecht, Judenpolitik und der Jurist Hans Calmeyer in den besetzten Niederlanden 1940-1945*. V&R Unipress. Göttingen (2005).

Middelburg, Bart, en René ter Steege. *Riphagen*. Arbeiderspers, Amsterdam (1997).

Middelburg, Bart. *Jeanne de Leugenaarster*. Nieuw Amsterdam, Amsterdam (2009).

Miert, J. van (onder redactie van). *Een gewone stad in een bijzondere tijd. Utrecht 1940-1945*. Het Spectrum, Utrecht (1995).

Mijnlief, E.R. *De Nederlandse politie tijdens de bezetting*. In: *Onderdrukking en Verzet*. Van Loghum Slaterus, Arnhem, en J.M. Meulenhoff, Amsterdam (1949).

Modiano, Patrick. *La ronde de nuit*. Gallimard, Parijs (1969).

Moore, Bob. *Slachtoffers en overlevenden, de nazivervolging van de joden in Nederland*. Bert Bakker, Amsterdam (1998).

Mouton, G. *Van Schout tot Wout. De geschiedenis van de Utrechtse politie*. Impress, Utrecht (1985).

Müller, Melissa. *Anne Frank. De biografie*. Bert Bakker, Amsterdam (1998).

Niebaum, Peter, en Rolf Dusterberg. *Ein Gerechter unter den Völkern: Hans Calmeyer in seiner Zeit (1903-1973)*. Rasch, Osnabrück (2001).

Niemeijer, Jan A. *Groningen 1940-1945*. Friese Pers Boekerij, Leeuwarden (1996).

Noël de Gaulle, A.J. (pseudoniem van maj. Kas de Graaf). *Carnaval der Desperado's*. De Bezige Bij, Amsterdam (1949).

Noordhuis, H., e.a. *In verdrukking, verzet en vrijheid*. Drukkerij Twentsche Courant, Hengelo (1990).

Norel, K., Anne de Vries, Frits de Zwerver e.a. *Den vijand weerstaan*. NV Gebr. Zomer & Keuning's Uitgeversmij, Wageningen (1946).

Norg, Jan Kornelis. *Harlingen en de Tweede Wereldoorlog*. Flevodruk, Harlingen (2005).

Oberski, Jona. *Kinderjaren*. Bzztôh, Den Haag (1978).

Olm, Rob van. *Recht al barste de wereld*. Conserve, Schoorl (1998).

Ommeren, Anita van, en Ageeth Scherphuis. *'Die man had moeten blijven leven'*. Sijthoff, Amsterdam (1988).

Oord, Niek van der. *Jodenkampen*. Kok Omniboek, Kampen (2007).

Paape, A.H. *Donkere jaren, Episoden uit de geschiedenis van Limburg 1933-1945*. Van Gorcum & Comp., Assen (1969).

Pauw, J.L. van der. *Rotterdam in de Tweede Wereldoorlog*. Boom, Amsterdam (2006).

Pauw, J.L. van der. *Guerrilla in Rotterdam*. Sdu Uitgevers. Den Haag (1995).

Perechodnik, Calel. *Am I a Murderer?* Westview Press, Boulder, Colorado (1996).

Perrick, mr. F. *Politie in Nederland*. Tjeenk Willink, Zwolle (1982).

Pinto, Oreste. *Spy-Catcher*. Laurie, Londen (1952).

Pinto, Oreste. *Vriend of vijand*. Balans, Amsterdam (1986).

Pinto, Oreste. *De Fuik. Spionage, contraspionage*. Scheltens & Giltay, Amsterdam (z.j.).

Platteeuw, J.L. *Vijf woelige jaren. 1940-1945*. Van Aken, Terneuzen (2004).

Poorterman, H.W. *Van bezetting naar bevrijding*. Witkam, Enschede (1978).

Poortman, J. *De jaren 1940-1945*. Boom, Meppel (1968).

Presser, prof. dr. Jacques. *De nacht der Girondijnen*. Boekenweekgeschenk (1957).

Presser, J. *Ondergang. De vervolging en verdelging van het Nederlandse Jodendom. 1940-1945*. Staatsuitgeverij, Den Haag (1965).

Presser, Jacob. *Calmeyer*. Hans Calmeyer-Initiative, Osnabrück (2000).

Pressler, Mirjam. *Daar verlang ik zo naar. Het levensverhaal van Anne Frank*. Bert Bakker, Amsterdam (1993).

Regenhardt, Jan Willem. *In de schaduw van de Dom: overleven in de stad van de NSB*. Uitgeverij Bas Lubberhuizen, Amsterdam (2002).

Ribbens, Kees. *Bewogen jaren: Zwolle in de Tweede Wereldoorlog*. Waanders, Zwolle (1995).

Ribbens, Kees. *'Zullen zij nog terugkeren...'* Amersfoort, Bekking (2002).

Riessen, Hendrik van, en Rogier van Aerde. *Het grote gebod: gedenkboek van het verzet in LO en LKP*. Kok, Kampen, en Nelissen, Bilthoven (1979).

Riet, Frank van. *Handhaven onder de Nieuwe Orde.* (proefschrift) Aprilis, Zaltbommel (2008).

Rinsema, T.J. *Joden in Meppel. 1940-1945.* Walburg Pers, Zutphen (2004).

Roest, Friso, en Jos Scheren. *Oorlog in de stad.* Van Gennep, Amsterdam (1998).

Rooij-Trienekens, Fiet van. *Joden in Heerlen in de Tweede Wereldoorlog.* De Rozet, Beek-Ubbergen (1998).

Roosenboom, H.T.M., e.a. *Leven met bommen en bonnen.* Gemeentelijke Archiefdienst Helmond (1994).

Schendelaar, Rens. *Den Helder in de Tweede Wereldoorlog.* Historische Vereniging Den Helder (2004).

Schloss, Eva. *Herinneringen van een joods meisje 1938-1945.* De Geus, Breda (2005).

Schnabel, Ernst. *Anne Frank. Spur eines Kindes.* Fischer Verlag, Frankfurt am Main (1958).

Schulten, J.W.M. *De geschiedenis van de Ordedienst.* Sdu Uitgevers, Den Haag (1998).

Sijes, B.A. *Studies over Jodenvervolging.* Van Gorcum & Comp, Assen (1974).

Slot, Eric. *De dood van een onderduiker. Louis van Gasteren en de waarheid.* Mouria, Amsterdam (2006).

Smeets, J. *Tussen plicht en geweten: een dilemma van de Utrechtse politie 1940-1945.* Uitgave van Utrechtse politie (1988).

Snijder, L. *De oorlog: 1939-1945.* Tijl, Zwolle (1960).

Steenmeijer, Anna G. *Weerklank van Anne Frank.* Contact, Amsterdam (1970).

Steinberg, Maxime. *De ogen van het monster. De holocaust dag in dag uit.* Hadewijch, Antwerpen-Baarn (1992).

Steinen, Hein. *De joodse gemeente te Heerlen.* Eigen beheer (1993).

Stibbe, David, en Jaap Hagedoorn (red.), *Herinneringsboek Joods Zwolle 1940-1945.* Nederlands-Israëlietische Gemeente Zwolle (1995).

Stigter, Bianca. *De bezette stad.* Athenaeum- Polak & Van Gennep, Amsterdam (2005).

Stokvis, Benno. *Hans Calmeyer.* Hans Calmeyer-Initiative. Osnabrück (1999).

Stoutenbeek, Jan, en Paul Vigeveno. *Joods Nederlands. Een cultuurhistorische gids.* Ludion, Amsterdam (2003).

Stroom, Gerrold van der. *De vele gezichten van Anne Frank*. de Prom, Amsterdam (2003).

Stroom, Gerrold van der. (inleiding door) *Anne Frank: Mooie-zinnenboek*. Bert Bakker, Amsterdam (2004).

Stuifberg, A.N., en W. Rozendaal. *De Leidse agent, een monument*. Uitgave Politie Hollands Midden (2001).

Stuldreher, Coen. *De legale rest: gemengd gehuwde Joden onder de Duitse bezetting*. Boom, Amsterdam (2007).

Temminck, J.J. *Vertrokken onbekend waarheen*. In: *Jaarboek Vereniging Haerlem 1995*. Haarlem (1996).

Toonder, Marten. *Het geluid van bloemen*. De Bezige Bij, Amsterdam (1993).

Tijink, Cor, en Peter Rouwenhorst. *Apeldoorn in de Tweede Wereldoorlog: een kroniek*. Gemeentearchief Apeldoorn (2005).

Tijken, Jan. *40 jaar geleden: het verzet en de bevrijding van Zutphen*. Gemeente Zutphen (1985).

Ultee, W.C. *We mogen nergens heen: we moeten naar Vught*. Sticht-Hollandse Historische Vereniging (1999).

Veld, N.K.C.A. in 't Veld. *De ss in Nederland*. Sijthoff, Amsterdam (1987).

Veld, N.K.C.A. in 't Veld. *De Joodse Ereraad*. Sdu Uitgevers, Den Haag (1989).

Veldman, Guusta. *Kamp Erika te Ommen*. Doctoraalscriptie UvA (1988).

Verkijk, D. *Die slappe Nederlanders – of viel het toch wel mee in 1940-1945?* Aspekt, Soesterberg (2001).

Vernooij, A. *Grenzen aan gehoorzaamheid*. Trezoor, Utrecht (1985).

Veur, M.W.G. van der. *Middelburg in oorlogs- en bezettingsjaren*. Firma G.W. den Boer, Middelburg (1945).

Vey Mestdagh, mr. J.H. de (onder redactie van). *Joden in Noord-Oost-Groningen*. Stichting Vrienden van het Rijksarchief in Groningen. (1980).

Visser, Tini. *Jaren van verduistering: de bezettingsjaren in Amstelveen*. Walburg Pers, Zutphen (1989).

Voolstra, Anna, en Eefje Blankevoort. *Oorlogsdagboeken over de jodenvervolging*. Contact, Amsterdam (2001).

Voordewind, H. *De commissaris vertelt*. D.A. Daamen's Uitgeversmij., Den Haag (1949).

Vos, K.H. (onder redactie van). *Deventer 1940-1945*. Arko Boeken, Deventer (1985).

Vos, K.H. m.m.v. dr. C. Hilbrink. *Klakkende laarzen aan de IJssel*. Arko Uitgeverij, Deventer (1995).

Vree, Jan Pieter van. *Hengelo in oorlogstijd*. Stichting Bevrijdingsfeest Hengelo (1985).

Vries, Anne de. *De levensroman van Johannes Post*. Kok, Kampen (1948).

Vries, W.H. de. *De regio tijdens de Tweede Wereldoorlog*. Stichting Stellingwarver Schrieversroute, Berkoop/Oldeberkoop (2003).

Vuijsje, H. *Vermoorde onschuld*. Bert Bakker, Amsterdam (1986).

Vuijsje, Ies. *Tegen beter weten in*. Augustus, Amsterdam (2006).

Wakker, D.L.G., en A.H. van Namen. *Dit gebeurde in de Weteringschans*. Het Wereldvenster, Amsterdam (1951).

Weel, J.J. van der. *Opeens was alles anders: oorlogsjaren in Middelburg 1940-1945*. Den Boer/De Ruiter, Middelburg (2004).

Weinreb, Friedrich, onder redactie van Renate Rubinstein. *Collaboratie en verzet 1940-1945: een poging tot ontmythologisering*. J.M. Meulenhoff, Amsterdam (1971).

Weustink, G.J.J.W. *Oldenzaal in de Tweede Wereldoorlog*. Witkam, Enschede (1979).

Weustink, G.J.J.W. *Bijdrage tot de geschiedenis der Joden van Twente en het aangrenzende Duitsland*. Eigen beheer, Oldenzaal (1985).

Weustink, G.J.J.W. *Uit de geschiedenis der joden van Oldenzaal*. Noreg Inc., Oldenzaal (1990).

Wiegman, T. *Enschede 1940-1945*. Van de Berg, Enschede (1985).

Wiel, Hans van der. *Assen '40-'45. Oorlog en bevrijding*. Van Gorcum & Comp, Assen (1995).

Wielaert, Jeroen. *Oorlogspad – de bezetting voorbij*. Kosmos-Z&K, Utrecht (2006).

Wielek, H. (H. Heymans en J. Minkenhof), *De oorlog die Hitler won*. Amsterdamsche Boek- en Courantmij N.V., Amsterdam (1947).

Withuis, Jolande. *Weest manlijk, zijt sterk – Pim Boellaard (1903-2001)*. De Bezige Bij, Amsterdam (2008).

Wolf, S. de. *Geschiedenis der Joden in Nederland. Het laatste bedrijf*. Arbeiderspers, Amsterdam (1946).

Wolff, Rudolf. *Der Alltag des Grauens – Anne Frank*. WFB Verlagsgruppe, Bad Schwartau (2007).

Wonink, H. *Stille getuigen 1940-1945*. Broekhuis, Hengelo (1990).
Wijbenga, P. *Bezettingstijd in Friesland*. De Tille, Leeuwarden (1995).
Wijnen, P.A. *Dongen van mobilisatie tot bevrijding 1939-1945*. Leijten, Dongen (1984).
Wyers, Suzette (samengesteld door). *Als ik wil, kan ik duiken...* Thomas Rap, Amsterdam (1995).
Ypma, dr. Y.N. *Friesland A.D. 1940-1945*. Laverman, Drachten (1965).
Zee, Nanda van der. *De kamergenoot van Anne Frank*. Aspekt, Soesterberg (2001).
Zee, Nanda van der. *De oorlog na de oorlog*. Ten Have, Kampen (2006).
Zee, Nanda van der. *Westerbork. Het doorgangskamp en zijn commandant*. Aspekt, Soesterberg (2006).
Zomeren, Dick van, en M.A. Bouhuys. *Geschiedenis van de joodse gemeenschap in Weesp*. Ark/Heureka, Weesp (1983).
Zuylen, L.F. van. *De Joodse gemeenschap te Enschede: 1930-1945*. Witkam, Hengelo (1983).
Zwaan, J. *De zwarte kameraden*. Van Holkema en Warendorf, Weesp (1985).

Andere bronnen:

Amsterdams Gemeentearchief.

Anne Frank Stichting, Amsterdam.

Centraal Bureau voor Genealogie, Den Haag.

Digitaal Monument Joodse Gemeenschap in Nederland.

Gemeentearchief Amsterdam

Koninklijke Bibliotheek, Den Haag.

Nationaal Archief, Den Haag.

Nederlands Instituut voor Militaire Historie, Den Haag.

Nederlands Instituut voor Oorlogsdocumentatie, Amsterdam.

Blom, J.C.H. 'De vervolging van de joden in Nederland in internationaal vergelijkend perspectief.' *De Gids* nummer 6/7, Amsterdam (1987).

Didam, Oudheidkundige Vereniging. *Bezetting en bevrijding van Didam* (1995).

Elsholz, E. *Memoires,* opgetekend tijdens detentie, gedateerd april 1947.

Gelderen, J. van. *Kroniek van de Jodenvervolging. Kampen 1940-1945.* In: *Kamper Almanak* (oktober 1982-1983).

Groningen in oorlogstijd. *Aspecten van de bezettingsjaren 1940-1945.* Knoop & Niemeijer, Haren (1980).

Haarlem: Stichting Gedenkteken Joodse Slachtoffers Tweede Wereldoorlog. *Wij gedenken: omgekomen – ondergedoken.* De Vrieseborch, Haarlem (2004).

Hazenberg, F.R. (onder redactie van) e.a. *Wassenaar in de Tweede Wereldoorlog.* Uitgave van de Stichting Wassenaar '40-'45 (1995).

Hilversum: Werkgroep 'Beschrijving Hilversums Verzet 1945' en Werkgroep 'Herdenking mei 1940-1945': *Hilversum: onderdrukking en verzet 1940-1945.* C. de Boer jr. (1985).

Houwink ten Cate, J.Th.M. *De justitie en de Joodsche Raad.* In: *Geschiedenis en cultuur. Achttien opstellen.* Sdu Uitgevers, Den Haag (1990).

Huf, Jules. Interview Silberbauer in de *Haagsche Post.* 3 november 1963.

Kooij, S.C. *Geschiedenis van de Joden in Harlingen.* Blad *Oud Harlingen* nummer 6 (1991).

Leemhuis, Cornelis, Jan Nicolaas Viëtor en Steven Pegels. *Verweerschrift* (ter gelegenheid van hoger beroep voor bijzondere raad van cassatie).

Lewin, Lisette. *Een kostbaar document van oorlogsvriendschap*. Uit: *Het Oog in 't Zeil*, jaargang 7, nummer 4 (april 1990).

Michman, J. *Rol van de Joodsche Raad*. Bijzondere uitgave *Nieuw Israëlietisch Weekblad*, Amsterdam (1982).

Mieremet, J., en W. Rozendaal. *De Leidse politie tijdens de Tweede Wereldoorlog*. Leids Jaarboek.

Rensman, E. *De Anne Frank Stichting en haar lessen uit de Tweede Wereldoorlog*. Utrechtse Historische Cahiers, jaargang 16 (1995).

Smit, W. *Joden in Middelburg*. In achttiende jaargang *Zeeuws Tijdschrift* (1968).

Voskuil, Bruno, e.a. *Joden in Leiden*. Brochure van de Nieuw Israëlietische Gemeente Leiden (1994).

Westhoff, G.J. *Jodenkampen in Staphorst*. Kwartaalblad *'t Olde Stappert* (2005).

Wormer, 5 Mei-comité. *Beklemmende jaren*. Inmerc BV (1988).

Zeist, Uitgave van de gemeente. (Documentatie). *Zeist tijdens de Tweede Wereldoorlog*. (1988).

Zwolse Historische Vereniging. *Als een strootje in de maalstroom. Zwolle tijdens de tweede wereldoorlog* (1985).

Het Nationale Dagblad. Dagblad van de NSB.

Storm. Weekblad van de Nederlandsche, later Germaansche SS.

Volk en Vaderland. Wekelijks verschijnend partijblad van de NSB.

Documentaires

Blair, Jon. *Anne Frank Remembered.* BBC. In 1996 bekroond met een Oscar.
Discovery. *Who betrayed Anne Frank?*
Lindwer, Willy. *Ze deden hun plicht.* (1999).
Lindwer, Willy. *Holland vaarwel.* (2003).
Verhoeven, Paul. *Mussert, een portret.* VPRO (1969).
Vrijman, Jan. *Het wonder van Anne Frank.* (1960).

Foto's

Ans van Dijk, door Ben van Meerendonk, collectie ISSG;
Omslag Anne Frank, collectie Anne Frank Stichting;
Nationaal Archief;
Nederlands Instituut voor Oorlogsdocumentatie.

Namenregister

Met dank aan

David Barnouw,
Gertjan Broek,
Gerry Cohen en Mary Hamel,
Johannes van Dam,
Koos Groen,
Suzanne Holtzer,
Bert Huizing,
René Kok,
Willy Lindwer,
Menachem Philipson,
Sierk Plantinga,
Lya Helena Quast-Roselaar,
Carlo Schippers,
Eva Schloss-Geiringer,
Teresien da Silva,
Gerrold van der Stroom,
William Vos,
Renée Wagenfeld-Hamel,
Maria van der Zee-Blum,
Rob van Zoest.